子どもの本

楽しい課外活動2000冊

日外アソシエーツ

Guide to Books for Children

2000 Works of Extracurricular activities

Compiled by
Nichigai Associates, Inc.

©2013 by Nichigai Associates, Inc.
Printed in Japan

本書はディジタルデータでご利用いただくことができます。詳細はお問い合わせください。

●編集担当● 青木 竜馬

刊行にあたって

　学校あるいは地域では、国語、算数などいわゆる「教科」を離れた様々な活動が行われている。学校内であれば遠足や運動会・学芸会などの行事、各種委員会活動、また職業体験などもこういった活動の範囲に含まれるだろう。一方地域では子どもを対象としたスポーツチームや文化サークルなどの活動が行われている。加えて、子供と地域、子供と大人が集う季節ごとの行事、博物館などでの催し、地域ボランティアとの連携なども行われている。子ども達に集団で行動することの大切さや社会性を身につけて欲しいという願いがこういった活動を支えている。

　本書は1996年以降に出版された小学生を対象とした「課外活動」について書かれた図書2,418冊を収録した図書目録である。「学校行事」「学校生活」「クラブ活動」「いろいろな遊び」「地域活動」に大別し、さらにテーマ別に見出しを設けて図書を分類した。本文は、現在手に入りやすい本がすぐわかるように出版年月の新しいものから順に排列した。また、選書の際の参考となるよう目次と内容紹介を載せ、巻末には書名索引と事項名索引を付して検索の便を図った。

　本書が公共図書館の児童コーナーや小学校の学校図書館の場などで、本の選定・紹介・購入に幅広く活用されることを願っている。

　　2013年8月

　　　　　　　　　　　　　　　　　　　　日外アソシエーツ

凡　例

1．本書の内容

　　本書は、小学生を対象とした課外活動について書かれた図書を集め、テーマ別にまとめた図書目録である。

2．収録の対象

　1) 小学生を対象とした課外活動について書かれた図書2,418冊を収録した。
　2) 原則1996年以降に日本国内で刊行された図書を対象とした。
　3) 初版と改訂版がある場合などは、最新版を収録した。

3．見出し

　　各図書を「学校行事」「学校生活」「クラブ活動」「いろいろな遊び」「地域活動」に大別し、さらにテーマごとに小見出しを設けて分類した。

4．図書の排列

　　各見出しのもとに出版年月の新しい順に排列した。出版年月が同じ場合は書名の五十音順に排列した。

5．図書の記述

　　書名／副書名／巻次／各巻書名／各巻副書名／各巻巻次／著者表示／版表示／出版地＊／出版者／出版年月／ページ数または冊数／大きさ／叢書名／叢書番号／副叢書名／副叢書番号／叢書責任者表示／注記／定価（刊行時）／ISBN（Ⅰで表示）／NDC（Ⓝで表示）／目次／内容

　　＊出版地が東京の場合は省略した。

6．書名索引

　各図書を書名の読みの五十音順に排列して著者名を補記し、本文での掲載ページを示した。

7．事項名索引

　本文の各見出しの下に分類された図書に関する用語・テーマなどを五十音順に排列し、その見出しと本文での掲載ページを示した。

8．書誌事項の出所

　本目録に掲載した各図書の書誌事項等は主に次の資料に拠っている。
　　データベース「BOOKPLUS」
　　JAPAN/MARC

目　　次

学校行事 ……………… 1

校外学習・課外授業を知ろう …… 1
　　地域の生活を体験 ……………… 16
運動会を知ろう ……………………… 19
遠足・移動教室を知ろう …………… 21
学芸会を知ろう ……………………… 23

学校生活 ……………… 26

学校での生活について考えよう …… 26
あいさつ・マナーについて考えよう … 27
学級活動について考えよう ………… 28
委員会活動について考えよう ……… 30
集会活動について考えよう ………… 35
学校図書館について考えよう ……… 36
給食について考えよう ……………… 39
健康について考えよう ……………… 41
交通安全について考えよう ………… 42
防災について考えよう ……………… 43
心の教育について考えよう ………… 47
　　手話・点字 …………………… 51
国際理解について考えよう ………… 55
お金について考えよう ……………… 60
自由研究について考えよう ………… 60
　　工作 …………………………… 73

作文について考えよう ……………… 78
夏休みを楽しもう …………………… 79
昼休み・放課後を楽しもう ………… 80
その他 ……………………………… 81

クラブ活動 …………… 82

運動系活動を知ろう ………………… 82
　　陸上 …………………………… 93
　　野球・ソフトボール …………… 96
　　サッカー ……………………… 103
　　バレーボール ………………… 107
　　バスケットボール ……………… 109
　　テニス・バドミントン ………… 111
　　卓球 …………………………… 115
　　体操 …………………………… 116
　　水泳 …………………………… 119
　　スキー・スケート ……………… 121
　　剣道 …………………………… 122
　　柔道 …………………………… 123
　　バレエ・ダンス ………………… 124
文化系活動を知ろう ………………… 127
　　美術 …………………………… 130
　　工作・手芸・図工 ……………… 131
　　リサイクル工作 ………………… 147
　　季節の工作 …………………… 151
　　音楽 …………………………… 153
　　調理 …………………………… 157
　　科学 …………………………… 160
　　いきもの ……………………… 174

目次

囲碁 …………………………… 176
将棋 …………………………… 185

いろいろな遊び …………… 195

レクリエーションを知ろう …………… 195
　季節の遊び ………………………… 206
　植物で遊ぶ ………………………… 210
　手作りおもちゃ …………………… 212
屋外の遊びを知ろう ………………… 213
　キャンプ …………………………… 214
　野外の遊び ………………………… 216
室内の遊びを知ろう ………………… 221
　おりがみ・切り絵 ………………… 223
　あやとり・けん玉 ………………… 230
　マジック …………………………… 232
　お笑い ……………………………… 237
　落語 ………………………………… 238
昔の遊びを知ろう …………………… 240
地域の遊びを知ろう ………………… 243
今の遊びを知ろう …………………… 244

地域活動 …………………… 250

ボーイスカウトを知ろう …………… 250
季節の行事を知ろう ………………… 250
　祭り ………………………………… 261
青少年施設を知ろう ………………… 263
　動物園 ……………………………… 264
　水族館 ……………………………… 264
　図書館 ……………………………… 265
　博物館・資料館 …………………… 267

美術館 ………………………… 273
ボランティアについて考えよう …… 274

書名索引 ……………………………… 285
事項名索引 …………………………… 317

学校行事

校外学習・課外授業を知ろう

『応援しよう―林業体験入門』 伊藤幸也著, 全国林業改良普及協会編著 全国林業改良普及協会 ［199-］ 14p 30cm （森林の本シリーズ no.2） 200円
Ⓝ650

『職場体験完全ガイド 35 アニメ監督・アニメーター・美術・声優―アニメーションにかかわる仕事』 ポプラ社 2013.4 47p 27cm〈索引あり〉2800円 ①978-4-591-13293-7,978-4-591-91346-8 Ⓝ366.29
目次 アニメ監督（アニメ監督ってどんな仕事？，インタビュー アニメ監督の遠藤広隆さんに聞きました「作品の『自分らしさ』は意識しなくてもしぜんに出るもの」 ほか），アニメーター（アニメーターってどんな仕事？，インタビュー アニメーターの佐々木洋平さんに聞きました「手をぬかずに、キャラクターにいい芝居をさせることを心がけています」 ほか），美術（美術ってどんな仕事？，インタビュー 美術の河野次郎さんに聞きました「絵の具と筆さえあれば、どんな世界でも描けます」 ほか），声優（声優ってどんな仕事？，インタビュー 声優の浅沼晋太郎さんに聞きました「現実にはぜったいなれない人物を演じられることが楽しいです」 ほか）

『職場体験完全ガイド 34 力士・バドミントン選手・ラグビー選手・プロボクサー―スポーツの仕事 4』 ポプラ社 2013.4 47p 27cm〈索引あり〉2800円 ①978-4-591-13292-0,978-4-591-91346-8 Ⓝ366.29
目次 力士（力士ってどんな仕事？，インタビュー 力士の琴奨菊和弘関に聞きました「心・技・体をみがいて、近い将来かならず横綱になります！」 ほか），バドミントン選手（バドミントン選手ってどんな仕事？，インタビュー バドミントン選手の後藤愛さんに聞きました「大好きなバドミントンに自分のすべてをかけて」 ほか），ラグビー選手（ラグビー選手ってどんな仕事？，インタビュー ラグビー選手の五郎丸歩さんに聞きました「自分を信じて努力し、世界をめざします」 ほか），プロボクサー（プロボクサーってどんな仕事？，インタビュー プロボクサーの黒田雅之さんに聞きました「完璧なボクサーをめざし、世界の頂点に立ちます！」 ほか）

『職場体験完全ガイド 33 稲作農家・農業技術者・魚屋さん・たまご農家―農水産物をあつかう仕事 2』 ポプラ社 2013.4 47p 27cm〈索引あり〉2800円 ①978-4-591-13291-3,978-4-591-91346-8 Ⓝ366.29
目次 稲作農家（稲作農家ってどんな仕事？，インタビュー 稲作農家の大越正章さんに聞きました「地域経済の中心に農業がある世の中にしたい」 ほか），農業技術者（農業技術者ってどんな仕事？，インタビュー 農業技術者の黒木慎さんに聞きました「縁が失われてゆくなか、植物の研究で世の中の役にたちたい」 ほか），魚屋さん（魚屋さんってどんな仕事？，インタビュー 魚屋さんの駒井栄蔵さんに聞きました「おいしい魚ではば広い世代の食生活をゆたかにします」 ほか），たまご農家（たまご農家ってどんな仕事？，インタビュー たまご農家の菅野剛さんに聞きました「おいしいたまごの『地産地消』をめざしています」 ほか）

『職場体験完全ガイド 32 検察官・レスキュー隊員・水道局職員・警備員―くらしを守る仕事 2』 ポプラ社 2013.4 47p 27cm〈索引あり〉2800円 ①978-4-591-13290-6,978-4-591-91346-8 Ⓝ366.29

校外学習・課外授業を知ろう　　　　　　　　　　　　　学校行事

|目次| 検察官（検察官ってどんな仕事？，インタビュー　検察官の川井啓史さんに聞きました「ずるい人が得をして、正直な人が損をするような世の中はおかしい」ほか），レスキュー隊員（レスキュー隊員ってどんな仕事？，インタビュー　レスキュー隊員の関口修平さんに聞きました「信頼できる仲間がいるから危険な現場にも飛びこんでいける」ほか），水道局職員（水道局職員ってどんな仕事？，インタビュー　水道局職員の黒田幸宏さんに聞きました「安全でおいしい水をつくるプロフェッショナルでありたい」ほか），警備員（警備員ってどんな仕事？，インタビュー　警備員の小林遥平さんに聞きました「世の中の人たちが、安心してくらせるようにまもりたい」ほか）

『職場体験完全ガイド　31　ラーメン屋さん・給食調理員・日本料理人・食品開発者―食べものをつくる仕事 3』　ポプラ社　2013.4　47p　27cm〈索引あり〉2800円　Ⓘ978-4-591-13289-0,978-4-591-91346-8　Ⓝ366.29

|目次| ラーメン屋さん（ラーメン屋さんってどんな仕事？，インタビュー　ラーメン屋さんの渡部重信さんに聞きました「毎日食べてもあきないラーメンをつくることが目標です」ほか），給食調理員（給食調理員ってどんな仕事？，インタビュー　給食調理員の藤本英人さんに聞きました「子どもたちと接しながら、給食の可能性を追求したい」ほか），日本料理人（日本料理人ってどんな仕事？，インタビュー　日本料理人の野村大輔さんに聞きました「お客さまを笑顔にする、おいしい料理をつくっていきます」ほか），食品開発者（食品開発者ってどんな仕事？，インタビュー　食品開発者の前原聖子さんに聞きました「おいしいインスタント商品で、人びとを笑顔にしたい！」ほか）

『職場体験完全ガイド　30　スタイリスト・ヘアメイクアップアーチスト・ネイリスト・エステティシャン―おしゃれにかかわる仕事 2』　ポプラ社　2012.3　47p　27cm〈索引あり〉2800円　Ⓘ978-4-591-12731-5　Ⓝ366.29

|目次| スタイリスト（スタイリストってどんな仕事？，インタビュー　スタイリストの関口摩耶子さんに聞きました―「かぎられた条件のなかで自分の個性を発揮したい」，インタビュー　上司に聞きました「みんなが満足にできるように、努力をする人」，スタイリスト　関口摩耶子さんの一日，スタイリストになるには？），ヘアメイクアップアーチスト（ヘアメイクアップアーチストってどんな仕事？，インタビュー　ヘアメイクアップアーチストの角尾ひとみさんに聞きました―「ヘアメイクの仕事は、いつも時間とのたたかい」，インタビュー　上司に聞きました「技術も気配りも、上をめざしつづける努力家」，ヘアメイクアップアーチスト角尾ひとみさんの一日，ヘアメイクアップーアーチストになるには？），ネイリスト（ネイリストってどんな仕事？，インタビュー　ネイリストの井筒貴子さんに聞きました―「努力を積みかさねて得た、お客さんからの信頼」，インタビュー　上司に聞きました「才能と技術をかねそなえたネイリスト」，ネイリストになるには？），エステティシャン（エステティシャンってどんな仕事？，インタビュー　エステティシャンの田村仁美さんに聞きました―「きれいになっていくお客さんを見るのがやりがい」，インタビュー　上司に聞きました「信頼の理由はたしかな技術力と判断力」，エステティシャン田村仁美さんの一日，エステティシャンになるには？）

『職場体験完全ガイド　29　レーシングドライバー・路線バスの運転士・バスガイド・航海士―乗りものの仕事 2』　ポプラ社　2012.3　47p　27cm〈索引あり〉2800円　Ⓘ978-4-591-12730-8　Ⓝ366.29

|目次| レーシングドライバー（レーシングドライバーってどんな仕事？，インタビュー　レーシングドライバーの山本尚貴さんに聞きました―「伝説のレーシングドライバーにあこがれて、レースの世界へ」，インタビュー　チームの監督に聞きました「『勝たせたい』と思わせるドライバー」，レーシングドライバー山本尚貴さんの一日，レーシングドライバーになるには？），路線バスの運転士（路線バスの運転士ってどんな仕事？，インタビュー　路線バスの運転士の久野浩さんに聞きました―「ミスのない運転に大切なのは、落ちついた心をたもつこと」，インタビュー　上司に聞きました「つねに冷静な判断ができる運転士」，路線バスの運転士久野浩さんの一日，路線バスの運転士になるには？），バスガイド（バスガイドってどんな仕事？，インタビュー　バスガイドの大和田詩織さんに聞きました―「楽しいバスの旅になるよう、ふんいきづくりを大切に」，インタビュー　同僚に聞きました「安心してお客さまをまかせられるバス

ガイド」，バスガイド大和田詩織さんの一日，バスガイドになるには？），航海士（航海士ってどんな仕事？，インタビュー 航海士の真嶋秀宜さんに聞きました―「お客さまの命をあずかる，失敗のゆるされない仕事」，インタビュー 上司に聞きました「まじめさとあたたかい心をもつ船乗り」，航海士真嶋秀宜さんの一日，航海士になるには？）

『職場体験完全ガイド 28 水族館の飼育員・盲導犬訓練士・トリマー・庭師―動物や植物をあつかう仕事 2』 ポプラ社 2012.3 47p 27cm〈索引あり〉2800円 ①978-4-591-12729-2 Ⓝ366.29

目次 水族館の飼育員（水族館の飼育員ってどんな仕事？，インタビュー 水族館の飼育員の野村綾さんに聞きました―「大好きなイルカたちと楽しいショーを演じたい」，インタビュー 上司に聞きました「イルカを楽しませるのがじょうずな飼育員」，水族館の飼育員野村綾さんの一日，水族館の飼育員になるには？），盲導犬訓練士（盲導犬訓練士ってどんな仕事？，インタビュー 盲導犬訓練士の福田佳代さんに聞きました―「目の不自由な方のために，よい盲導犬をたくさん育てたい」，インタビュー 先輩に聞きました「分析力にすぐれた盲導犬訓練士」，盲導犬訓練士福田佳代さんの一日，盲導犬訓練士になるには？），トリマー（トリマーってどんな仕事？，インタビュー トリマーの伊藤まどかさんに聞きました―「愛犬を飼い主さんの望む美しいすがたに仕あげたい」，インタビュー 上司に聞きました「イヌの気持ちになることができるトリマー」，トリマー伊藤まどかさんの一日，トリマーになるには？），庭師（庭師ってどんな仕事？，インタビュー 庭師の山田浩二さんに聞きました―「自然の景色の美しさを自分の手で庭に再現したい」，インタビュー 上司に聞きました「『こう』と決めたらゆるがない職人」，庭師山田浩二さんの一日，庭師になるには？）

『職場体験完全ガイド 27 柔道家・マラソン選手・水泳選手・バスケットボール選手―スポーツの仕事 3』 ポプラ社 2012.3 47p 27cm〈索引あり〉2800円 ①978-4-591-12728-5 Ⓝ366.29

目次 柔道家（柔道家ってどんな仕事？，インタビュー 柔道家の穴井隆将さんに聞きました―「日本の武士道精神で世界を相手にたたかいたい」，インタビュー 監督に聞きました「柔道の美しさを世界に見せてほしい」，柔道家穴井隆将さんの一日，柔道家になるには？），マラソン選手（マラソン選手ってどんな仕事？，インタビュー マラソン選手の尾崎好美さんに聞きました―「あきらめないで走りつづけることが大切」，インタビュー 監督に聞きました「素直で明るい性格が強み」，マラソン選手尾崎好美さんの一日，マラソン選手になるには？），水泳選手（水泳選手ってどんな仕事？，インタビュー 水泳選手の伊藤華英さんに聞きました―「水泳は自分と向きあいながらたたかうスポーツ」，インタビュー コーチに聞きました「自分の可能性にチャレンジできる選手」，水泳選手伊藤華英さんの一日，水泳選手になるには？），バスケットボール選手（バスケットボール選手ってどんな仕事？，インタビュー バスケットボール選手の竹内譲次さんに聞きました―「バスケットの魅力はスピード感のある試合展開」，インタビュー コーチに聞きました「日本のバスケ界をせおってほしい」，バスケットボール選手竹内譲次さんの一日，バスケットボール選手になるには？）

『職場体験完全ガイド 26 歯科医師・薬剤師・鍼灸師・臨床検査技師―健康をまもる仕事』 ポプラ社 2012.3 47p 27cm〈索引あり〉2800円 ①978-4-591-12727-8 Ⓝ366.29

目次 歯科医師（歯科医師ってどんな仕事？，インタビュー 歯科医師の比留間輝紀さんに聞きました―「気軽に来てもらえる歯科医院をめざしています」，インタビュー 先輩に聞きました「患者さんとの信頼を大切にする歯科医師です」，歯科医師比留間輝紀さんの一日，歯科医師になるには？），薬剤師（薬剤師ってどんな仕事？，インタビュー 薬剤師の水谷めぐみさんに聞きました―「薬を通して地域の医療に役だっていきたい」，インタビュー 上司に聞きました「勉強熱心で，笑顔がすてきな薬剤師」，薬剤師水谷めぐみさんの一日，薬剤師になるには？），鍼灸師（鍼灸師ってどんな仕事？，インタビュー 鍼灸師の馬場寛さんに聞きました―「いたみで顔をしかめていた人が笑顔になるのがうれしい」，インタビュー 恩師に聞きました「がんばって技術を身につけた努力家」，鍼灸師馬場寛さんの一日，鍼灸師になるには？），臨床検査技師（臨床検査技師ってどんな仕事？，インタビュー 臨床検査技師の小野山志織さんに聞きました―「患者さんの気持ちを考えて検査を行っています」，インタビュー 上司に聞きました「まわりが明るくなるあたたかい技師で

す」，臨床検査技師小野山詩織さんの一日，臨床検査技師になるには？」

『職場体験完全ガイド 25 テレビアナウンサー・脚本家・報道カメラマン・雑誌編集者―マスメディアの仕事 2』 ポプラ社 2011.3 47p 27cm〈索引あり〉2800円 Ⓘ978-4-591-12298-3,978-4-591-91211-9 Ⓝ366.29

目次 テレビアナウンサー（テレビアナウンサーってどんな仕事？，インタビュー テレビアナウンサーの佐藤良子さんに聞きました「特別な体験がたくさんできる仕事です」 ほか），脚本家（脚本家ってどんな仕事？，インタビュー 脚本家の坂口裕二さんに聞きました「いいセリフが書けたときは最高です」 ほか），報道カメラマン（報道カメラマンってどんな仕事？，インタビュー 報道カメラマンの橋本弦さんに聞きました「ニュースの現場のもっとも近くに行ける仕事です」 ほか），雑誌編集者（雑誌編集者ってどんな仕事？，インタビュー 雑誌編集者の梶川由佳さんに聞きました「次にくる流行を予想して読者に伝える，最高におもしろい仕事」 ほか）

『職場体験完全ガイド 24 ゴルファー・バレーボール選手・テニス選手・卓球選手―スポーツの仕事 2』 ポプラ社 2011.3 47p 27cm〈索引あり〉2800円 Ⓘ978-4-591-12297-6,978-4-591-91211-9 Ⓝ366.29

目次 ゴルファー（ゴルファーってどんな仕事？，インタビュー ゴルファーの薗田峻輔さんに聞きました「自分らしく生きながら，上をめざしてゴルフをします」 ほか），バレーボール選手（バレーボール選手ってどんな仕事？，インタビュー バレーボール選手の栗原恵さんに聞きました「ありったけの思いをスパイクにこめて」 ほか），テニス選手（テニス選手ってどんな仕事？，インタビュー テニス選手の添田豪さんに聞きました「自分を高め，もっと強くなって，グランドスラムで勝利をめざします」 ほか），卓球選手（卓球選手ってどんな仕事？，インタビュー 卓球選手の平野早矢香さんに聞きました「情熱を卓球に注ぎ，人生のすべてをかけて」 ほか）

『職場体験完全ガイド 23 和菓子職人・すし職人・豆腐職人・杜氏―食べものをつくる仕事 2』 ポプラ社 2011.3 47p 27cm〈索引あり〉2800円 Ⓘ978-4-591-12296-9,978-4-591-91211-9 Ⓝ366.29

目次 和菓子職人（和菓子職人ってどんな仕事？，インタビュー 和菓子職人の青山洋子さんに聞きました「記録より，記憶に残る和菓子をつくりたい」 ほか），すし職人（すし職人ってどんな仕事？，インタビュー すし職人の高木信幸さんに聞きました「技と心をつくして，おいしいすしをにぎっています」 ほか），豆腐職人（豆腐職人ってどんな仕事？，インタビュー 豆腐職人の高橋佑里恵さんに聞きました「昔ながらの手法を受けつぐことでいまの時代にない特別な存在に」 ほか），杜氏（杜氏ってどんな仕事？，インタビュー 杜氏の田中充郎さんに聞きました「伝統の酒づくりの技を現代の技術でさらに高めたい」 ほか）

『職場体験完全ガイド 22 訪問介護員・言語聴覚士・作業療法士・助産師―福祉の仕事 2』 ポプラ社 2011.3 47p 27cm〈索引あり〉2800円 Ⓘ978-4-591-12295-2,978-4-591-91211-9 Ⓝ366.29

目次 訪問介護員（訪問介護員ってどんな仕事？，インタビュー 訪問介護員の山口沙耶香さんに聞きました「介護を通じて，いろいろなことを教わっています」 ほか），言語聴覚士（言語聴覚士ってどんな仕事？，インタビュー 言語聴覚士の小林祐貴さんに聞きました「その人のためにいまできることを考えつづける仕事です」 ほか），作業療法士（作業療法士ってどんな仕事？，インタビュー 作業療法士の村中正さんに聞きました「生活をささえることで，笑顔の時間をふやしたい」 ほか），助産師（助産師ってどんな仕事？，インタビュー 助産師の阿保美樹さんに聞きました「毎日が感動でいっぱいの，女性が長くつづけられる仕事です」 ほか）

『職場体験完全ガイド 21 和紙職人・織物職人・蒔絵職人・宮大工―伝統産業の仕事 2』 ポプラ社 2011.3 47p 27cm〈索引あり〉2800円 Ⓘ978-4-591-12294-5,978-4-591-91211-9 Ⓝ366.29

目次 和紙職人（和紙職人ってどんな仕事？，インタビュー 和紙職人の久保孝正さんに聞きました「和紙の未来を切りひらき，伝統を伝えていきたい」 ほか），織物職人（西陣織ができるまで，織物職人ってどんな仕事？

学校行事　　　　　　　　　　　　　　　　　　校外学習・課外授業を知ろう

ほか），蒔絵職人（輪島塗と蒔絵職人，輪島塗ができるまで　ほか），宮大工（宮大工ってどんな仕事？，インタビュー　宮大工の有馬茂さんに聞きました―「国宝や重要文化財として後世に残る建てものをつくるのが夢」　ほか）

『職場体験完全ガイド　20　お笑い芸人・俳優・歌手―エンターテインメントの仕事』　ポプラ社　2010.3　47p　27cm　〈索引あり〉　2800円　①978-4-591-11712-5　Ⓝ366.29
|目次| お笑い芸人（お笑い芸人ってどんな仕事？，インタビュー・お笑い芸人のよゐこさんに聞きました―「明日どんなことで笑わせようかな？　考えると仕事が楽しくなります」　ほか），俳優（俳優ってどんな仕事？，インタビュー・俳優の塚本高史さんに聞きました―「俳優という仕事が好きだから，現場を楽しみながら演じたい」　ほか），歌手（歌手ってどんな仕事？，インタビュー・歌手の大野靖之さんに聞きました―「歌を通しておおぜいの人に思いを伝えていきたいです」　ほか），ほかにもある！　エンターテインメントの仕事（タレント，声優　ほか）
|内容| 仕事の現場に完全密着。取材にもとづいた臨場感と説得力。

『職場体験完全ガイド　19　キャビンアテンダント・ホテルスタッフ・デパート販売員―人をもてなす仕事』　ポプラ社　2010.3　47p　27cm　〈索引あり〉　2800円　①978-4-591-11711-8　Ⓝ366.29
|目次| キャビンアテンダント（キャビンアテンダントってどんな仕事？，インタビュー・キャビンアテンダントの佐藤礼美さんに聞きました―「笑顔でお客さまに接し，真心でお世話をしています」　ほか），ホテルスタッフ（ホテルスタッフってどんな仕事？，インタビュー・ホテルスタッフの助川はるかさんに聞きました―「旅が楽しい思い出でいっぱいになるように，笑顔でお客さまに接しています！」　ほか），デパート販売員（デパート販売員ってどんな仕事？，インタビュー・デパート販売員の八木美帆さんに聞きました―「お客さまに喜んでいただけるよう，まごころをつくしています！」　ほか），ほかにもある！　人をもてなす仕事（ファーストフード店員，居酒屋店員　ほか）
|内容| 仕事の現場に完全密着。取材にもとづいた臨場感と説得力。

『職場体験完全ガイド　18　銀行員・証券会社社員・保険会社社員―お金をあつかう仕事』　ポプラ社　2010.3　47p　27cm　〈索引あり〉　2800円　①978-4-591-11710-1　Ⓝ366.29
|目次| 銀行員（銀行員ってどんな仕事？，インタビュー・銀行員の水田亨介さんに聞きました―「金融のプロの視点から，さまざまなお金の相談にのっています！」　ほか），証券会社社員（証券会社社員ってどんな仕事？，インタビュー・証券会社社員の石山恵介さんに聞きました―「お客さまに利益を上げていただくよう，全力をつくしています！」　ほか），保険会社社員（保険会社社員ってどんな仕事？，インタビュー・保険会社社員の工藤綾乃さんに聞きました―「『保険は人を救う』という信念をもって，がんばっています」　ほか），ほかにもある！　お金をあつかう仕事（自己売買業務担当者，証券アナリスト　ほか）
|内容| 仕事の現場に完全密着。取材にもとづいた臨場感と説得力。

『職場体験完全ガイド　17　新聞記者・テレビディレクター・CMプランナー―マスメディアの仕事』　ポプラ社　2010.3　47p　27cm　〈索引あり〉　2800円　①978-4-591-11709-5　Ⓝ366.29
|目次| 新聞記者（新聞記者ってどんな仕事？，インタビュー・新聞記者の海谷道隆さんに聞きました―「日本と世界を動かすことばを引きだすチャンスがある」　ほか），テレビディレクター（テレビディレクターってどんな仕事？，インタビュー・テレビディレクターの古立善之さんに聞きました―「人間の喜怒哀楽のすべてにはたらきかけることができる」　ほか），CMプランナー（CMプランナーってどんな仕事？，インタビュー・CMプランナーの佐藤光仁さんに聞きました―「『ものづくり』のなかでも，『ものを売るためのもの』をつくるおもしろさ」　ほか），ほかにもある！　マスメディアの仕事（放送作家，アナウンサー　ほか）
|内容| 仕事の現場に完全密着。取材にもとづいた臨場感と説得力。

『職場体験完全ガイド　16　花卉農家・漁師・牧場作業員・八百屋さん―農水産物をあつかう仕事』　ポプラ社　2010.3　47p　27cm　〈索引あり〉　2800円　①978-4-591-11708-8　Ⓝ366.29

子どもの本　楽しい課外活動2000冊　5

校外学習・課外授業を知ろう　　　　　　　　　　　　　　　　学校行事

|目次| 花卉農家(花卉農家ってどんな仕事?，インタビュー・花卉農家の大沢知明さんに聞きました―「バラの花づくりを通してたくさんの人に幸せを運びたい」ほか)，漁師(漁師ってどんな仕事?，インタビュー・漁師の金高裕司さんに聞きました―「大海原で潮風を受けながら、魚をとるのは、最高です!」ほか)，牧場作業員(牧場作業員ってどんな仕事?，インタビュー・牧場作業員の額谷真美さんに聞きました―「愛情と責任感をもって、牧場の動物たちの世話をしています」ほか)，八百屋さん(八百屋さんってどんな仕事?，インタビュー・八百屋さんの新倉忠さんに聞きました―「地域の人びとに、新鮮でおいしい野菜やくだものを提供しています」ほか)，ほかにもある！農水産物をあつかう仕事(稲作農家，野菜農家　ほか)
|内容| 仕事の現場に完全密着。取材にもとづいた臨場感と説得力。

『職場体験完全ガイド　15　樹木医・自然保護官・風力発電エンジニア―環境をまもる仕事』ポプラ社　2010.3　47p　27cm〈索引あり〉2800円　①978-4-591-11707-1　Ⓝ366.29
|目次| 樹木医(樹木医ってどんな仕事?，インタビュー・樹木医の大島渡さんに聞きました―「樹木を中心に緑のエキスパートになりたい」ほか)，自然保護官(自然保護官ってどんな仕事?，インタビュー・自然保護官の大下麻子さんに聞きました―「美しい自然をしっかり次の世代につなげたい」ほか)，風力発電エンジニア(風力発電エンジニアってどんな仕事?，インタビュー・風力発電エンジニアの沼尻智裕さんに聞きました―「より効率のいい風車で、環境保護の役に立ちたい」ほか)，ほかにもある！環境をまもる仕事(環境省職員，環境NPO職員　ほか)
|内容| 仕事の現場に完全密着。取材にもとづいた臨場感と説得力。

『職場体験完全ガイド　14　保育士・介護福祉士・理学療法士・社会福祉士―福祉の仕事』ポプラ社　2010.3　47p　27cm〈索引あり〉2800円　①978-4-591-11706-4　Ⓝ366.29
|目次| 保育士(保育士ってどんな仕事?，インタビュー・保育士の山中枝美子さんに聞きました―「生きていることのすばらしさを毎日、子どもたちから教えられています」ほか)，介護福祉士(介護福祉士ってどんな仕事?，インタビュー・介護福祉士の沼尻倫尚さんに聞きました―「数字では表せない『人と人のふれあい』を感じたくて」ほか)，理学療法士(理学療法士ってどんな仕事?，インタビュー・理学療法士の大木英明さんに聞きました―「この人の生活がどうすれば広がるのか」をつねに考えています」ほか)，社会福祉士(社会福祉士ってどんな仕事?，インタビュー・社会福祉士の堀込真理子さんに聞きました―「小さなころから、人と人とを結びつけることが好きでした」ほか)，ほかにもある！福祉の仕事(介護支援専門員，ホームヘルパー　ほか)
|内容| 仕事の現場に完全密着。取材にもとづいた臨場感と説得力。

『職場体験完全ガイド　13　携帯電話企画者・ゲームクリエイター・ウェブプランナー・システムエンジニア(SE)―IT産業の仕事』ポプラ社　2010.3　47p　27cm〈索引あり〉2800円　①978-4-591-11705-7　Ⓝ366.29
|目次| 携帯電話企画者(携帯電話企画者ってどんな仕事?，インタビュー・携帯電話企画者の南部洋平さんに聞きました―「つねに時代を先どりして、もとめられる商品を開発したい」ほか)，ゲームクリエイター(ゲームクリエイターってどんな仕事?，インタビュー・ゲームクリエイターの高塚新吾さんに聞きました―「いつも冒険心をわすれずに、遊ぶ人たちが喜んでくれるゲームをつくりたい！」ほか)，ウェブプランナー(ウェブプランナーってどんな仕事?，インタビュー・ウェブプランナーの谷恵美子さんに聞きました―「インターネットの最前線で、ほんとうによいウェブサイトをつくりたい」ほか)，システムエンジニア(SE)(システムエンジニア(SE)ってどんな仕事?，インタビュー・システムエンジニア(SE)の久保ユカリさんに聞きました―「仕事を通じて、理想の未来社会を実現していきたいです！」ほか)，ほかにもある！IT産業の仕事(ハードウエア開発技術者，ソフトウエア開発技術者　ほか)
|内容| 仕事の現場に完全密着。取材にもとづいた臨場感と説得力。

『職場体験完全ガイド　12　陶芸家・染めもの職人・切子職人―伝統産業の仕事』ポプラ社　2010.3　47p　27cm〈索引あり〉2800円　①978-4-591-11704-0　Ⓝ366.29
|目次| 陶芸家(陶芸家ってどんな仕事?，イ

ンタビュー・陶芸家の安部秀樹さんに聞きました―「子どものころから大好きだった土いじりがいまは自分の仕事です」 ほか），染めもの職人（染めもの職人ってどんな仕事？，インタビュー・染めもの職人の西条しのぶさんに聞きました―「江戸時代から伝わる伝統の染めものをまもり，伝えていきます！」 ほか），切子職人（切子職人ってどんな仕事？，インタビュー・切子職人の堀口徹さんに聞きました―「先達から受けついだ，伝統のわざにみがきをかけて」 ほか），ほかにもある！ 伝統産業の仕事（木工芸職人，竹工芸職人 ほか）

|内容| 仕事の現場に完全密着。取材にもとづいた臨場感と説得力。

『職場体験完全ガイド 11 国会議員・裁判官・外交官・海上保安官―国をささえる仕事』 ポプラ社 2010.3 47p 27cm〈索引あり〉2800円 Ⓘ978-4-591-11703-3 Ⓝ366.29

|目次| 国会議員（国会議員ってどんな仕事？，インタビュー・衆議院議員の河野太郎さんに聞きました―「日本をよくするために，すべてをかけて，たたかいます！」 ほか），裁判官（裁判官ってどんな仕事？，インタビュー・裁判官の田口治美さんに聞きました―「法と良心にしたがい，公正に審理をして，事件の解決をはかっています」 ほか），外交官（外交官ってどんな仕事？，インタビュー・外交官の吉広朋子さんに聞きました―「日本と世界の未来をよりよくするために，せいいっぱい，がんばります！」 ほか），海上保安官（海上保安官ってどんな仕事？，インタビュー・海上保安官の森迫博史さんに聞きました―「海上犯罪や海難救助などに全力でとりくんでいます！」 ほか），ほかにもある！ 国をささえる仕事（国税調査官，公正取引委員会審査官 ほか）

|内容| 仕事の現場に完全密着。取材にもとづいた臨場感と説得力。

『鷲田清一着飾る自分、質素な自分』 NHK「課外授業ようこそ先輩」制作グループ，KTC中央出版編 名古屋 KTC中央出版 2004.1 192p 20cm （課外授業ようこそ先輩 別冊）〈著作目録あり〉1400円 Ⓘ4-87758-258-4 Ⓝ593

『柄本明「絶望」の授業』 NHK「課外授業ようこそ先輩」制作グループ，KTC中央出版編 名古屋 KTC中央出版 2003.10 205p 20cm （課外授業ようこそ先輩 別冊）1400円 Ⓘ4-87758-257-6 Ⓝ771.7

『職場体験実践レポート』 池上彰監修，こどもくらぶ著 小峰書店 2003.4 47p 29cm （たくさんの仕事たくさんの未来 キャリア教育に役立つ 9）2800円 Ⓘ4-338-19009-4,4-338-19000-0 Ⓝ366.29

|目次| 1 将来の仕事さがしのための職場体験（職場体験ってなに？，もっと職場体験について考えてみよう），2 職場体験にチャレンジしよう（体験するための準備，体験当日―体験後のまとめ），3 いろいろあるよ，職場体験実践レポート（「すさきの魚」をテーマに職場体験―わくわくチャレンジinすさき（小学生版）（高知県須崎市立須崎小学校），いらっしゃいませ，布小キッズマートへ（大阪府松原市立布忍小学校） ほか），4 先輩の体験談を聞いてみよう（訪問先ではこんなことをしたよ，こんな体験，あんな体験），5 役立ち資料集（職場体験を申しこむ手紙の書き方例，職場体験を申しこむメールの書き方例 ほか）

|内容| 職場体験は，職場を訪問して仕事を体験するだけのことではない。学校での実践例を見ていきながら，職場体験について，しっかり理解しよう。

『和の心を感じよう』 永井順国監修，石田繁美編 ポプラ社 2003.4 47p 29cm （伝統文化で体験学習 6）2950円 Ⓘ4-591-07567-2,4-591-99491-0 Ⓝ790

|目次| 茶道で体験学習（お茶を育てよう，茶会をしよう ほか），華道で体験学習（生け花体験，自分だけの花器をつくろう ほか），書道で体験学習（書道で国際交流），筆づくりで体験学習（筆づくりを体験），書をあじわおう，剣道で体験学習（武道で心身をきたえる），日本の武道（剣道，柔道），日本の文化のなかの和の心を見よう，和の心と日本の四季，伝統文化・和の心の年表，和の心体験館・情報館

|内容| 本書では，もうすでに和の心の伝統文化に取り組んでいる，小学生の体験学習を中心に和の心のすばらしさを伝えていきます。

『医療の職場―病院/リハビリテーションセンター/歯科医院』 学習研究社

2003.3 32p 27cm (「職場体験学習」にすぐ役立つ本 3 森茂監修)〈シリーズ責任表示：森茂監修〉2000円 ①4-05-201809-5 Ⓝ366.29

目次 医療の職場・病院，医療の職場・リハビリテーションセンター，関連職場・歯科医院

『飲食の職場—レストラン/ファーストフード店/日本料理店』 学習研究社 2003.3 32p 27cm (「職場体験学習」にすぐ役立つ本 6 森茂監修)〈シリーズ責任表示：森茂監修〉2000円 ①4-05-201812-5 Ⓝ366.29

目次 飲食の職場・レストラン，飲食の職場・ファーストフード店，関連職場・日本料理店

『運輸の職場—鉄道会社/郵便局/宅配便』 学習研究社 2003.3 32p 27cm (「職場体験学習」にすぐ役立つ本 11 森茂監修)〈シリーズ責任表示：森茂監修〉2000円 ①4-05-201817-6 Ⓝ366.29

目次 運輸の職場・鉄道会社(車両部)，運輸の職場・郵便局，関連職場・宅配便

『教育の職場—保育所/小学校/幼稚園』 学習研究社 2003.3 32p 27cm (「職場体験学習」にすぐ役立つ本 1 森茂監修)〈シリーズ責任表示：森茂監修〉2000円 ①4-05-201807-9 Ⓝ366.29

目次 教育の職場・保育所，関連職場・幼稚園，教育の職場・小学校

『公共の職場—消防署/市役所/自衛隊』 学習研究社 2003.3 32p 27cm (「職場体験学習」にすぐ役立つ本 12 森茂監修)〈シリーズ責任表示：森茂監修〉2000円 ①4-05-201818-4 Ⓝ366.29

目次 公共の職場・消防署，公共の職場・市役所，関連職場・自衛隊

『工業の職場—筆記具工業/ねじ工業/印刷工業』 学習研究社 2003.3 32p 27cm (「職場体験学習」にすぐ役立つ本 10 森茂監修)〈シリーズ責任表示：森茂監修〉2000円 ①4-05-201816-8 Ⓝ366.29

目次 工業の職場・筆記具工業，工業の職場・ねじ工業，関連職場・印刷工場

『小売の職場—生花店/書店/画材店』 学習研究社 2003.3 32p 27cm (「職場体験学習」にすぐ役立つ本 5 森茂監修)〈シリーズ責任表示：森茂監修〉2000円 ①4-05-201811-7 Ⓝ366.29

目次 小売りの職場・生花店，関連職場・画材店，小売りの職場・書店

『古代の布を織ろう・染めよう』 宮内正勝監修 リブリオ出版 2003.3 40p 27cm (はじまりのもの体験シリーズ 1)〈年表あり〉2400円 ①4-86057-110-X,4-86057-109-6 Ⓝ753.9

『サービスの職場—ホテル/自動車整備工場/球団』 学習研究社 2003.3 32p 27cm (「職場体験学習」にすぐ役立つ本 7 森茂監修)〈シリーズ責任表示：森茂監修〉2000円 ①4-05-201813-3 Ⓝ366.29

目次 サービスの職場・ホテル，サービスの職場・自動車整備工場，関連職場・球団

『縄文土器を焼こう』 宮内正勝監修 リブリオ出版 2003.3 40p 27cm (はじまりのもの体験シリーズ 5)〈年表あり〉2400円 ①4-86057-114-2,4-86057-109-6 Ⓝ751.4

目次 焼き物のはじまり，縄文土器を焼こう，縄文土器の形とデザインのふしぎ，こんな道具で模様をつけてみよう，野焼きをしよう，オーブンで焼き物をつくろう，ふつうの陶器とオーブンでつくる陶器とのちがい，焼き物の歴史，調べ学習に役立つホームページ・ガイド，調べ学習に役立つ参考図書ガイド，体験学習施設ガイド

内容 昔から伝わる身近なものづくりを実際に体験できるように紹介したシリーズ。5巻では材料の準備から火を扱う際の注意など土器の焼き方を解説している。

『職場体験にチャレンジ』 学習研究社 2003.3 32p 27cm (「職場体験学習」にすぐ役立つ本 別巻 森茂監修)〈シリーズ責任表示：森茂監修〉2000円 ①4-05-201822-2 Ⓝ366.29

学校行事　　　　　　　　　　　　　　　　　　　校外学習・課外授業を知ろう

[目次] 職場体験学習のプロセス，あなたがしたい仕事は？，体験できる職場を探そう，体験先の職場への接し方，受け入れ先を事前に訪問しよう―自己アピール票を持っていこう，体験テーマを見つけよう，職場体験学習に備えて一質問用紙を作ろう，体験学習の一日の行動を記録しよう―学習スケジュールカードを活用しよう，ほかの教科との連携も考えて体験に臨もう，トラブルにあわてないための対処法〔ほか〕

『製造の職場―焼物製造業/お菓子製造業/製麺業』　学習研究社　2003.3　32p　27cm　（「職場体験学習」にすぐ役立つ本　9　森茂監修）〈シリーズ責任表示：森茂監修〉2000円　ⓘ4-05-201815-X　Ⓝ366.29

[目次] 製造の職場・焼物製造業，製造の職場・お菓子製造業，関連職場・製麺工場

『大店舗の職場―スーパーマーケット/ホームセンター/家電量販店』　学習研究社　2003.3　32p　27cm　（「職場体験学習」にすぐ役立つ本　4　森茂監修）〈シリーズ責任表示：森茂監修〉2000円　ⓘ4-05-201810-9　Ⓝ366.29

[目次] 大店舗の職場・スーパーマーケット，大店舗の職場・ホームセンター，関連職場・家電量販店

『動物の職場―動物病院/動物園/警察犬・家庭犬訓練所』　学習研究社　2003.3　32p　27cm　（「職場体験学習」にすぐ役立つ本　15　森茂監修）〈シリーズ責任表示：森茂監修〉2000円　ⓘ4-05-201821-4　Ⓝ366.29

[目次] 動物の職場・動物病院，動物の職場・動物園，関連職場・警察犬・家庭犬訓練所

『農林水産の職場―農園/漁業協同組合/森林組合』　学習研究社　2003.3　32p　27cm　（「職場体験学習」にすぐ役立つ本　13　森茂監修）〈シリーズ責任表示：森茂監修〉2000円　ⓘ4-05-201819-2　Ⓝ366.29

[目次] 農林水産の職場・農園，農林水産の職場・漁業協同組合，関連職場・森林組合

『美容・健康の職場―スイミングスクール/美容室/理容室』　学習研究社　2003.3　32p　27cm　（「職場体験学習」にすぐ役立つ本　8　森茂監修）〈シリーズ責任表示：森茂監修〉2000円　ⓘ4-05-201814-1　Ⓝ366.29

[目次] 美容・健康の職場・スイミングスクール，美容・健康の職場・美容室・理容室

『福祉の職場―介護施設/シルバー人材センター/福祉施設』　学習研究社　2003.3　32p　27cm　（「職場体験学習」にすぐ役立つ本　2　森茂監修）〈シリーズ責任表示：森茂監修〉2000円　ⓘ4-05-201808-7　Ⓝ366.29

[目次] 福祉の職場・介護施設，福祉の職場・シルバー人材センター，関連職場・福祉施設

『マスコミの職場―ケーブルTV局/新聞社/出版社』　学習研究社　2003.3　32p　27cm　（「職場体験学習」にすぐ役立つ本　14　森茂監修）〈シリーズ責任表示：森茂監修〉2000円　ⓘ4-05-201820-6　Ⓝ366.29

[目次] マスコミの職場・ケーブルTV局，マスコミの職場・新聞社，関連職場・出版社

『森の動物たち―自然の素材で作る　野外体験学習に役立つ本　4（冬）』　山田辰美監修・執筆　学習研究社　2003.3　47p　27cm　3000円　ⓘ4-05-201689-0，4-05-810696-4　Ⓝ594

『森の動物たち―自然の素材で作る　野外体験学習に役立つ本　3（秋）』　山田辰美監修・執筆　学習研究社　2003.3　47p　27cm　3000円　ⓘ4-05-201688-2，4-05-810696-4　Ⓝ594

『森の動物たち―自然の素材で作る　野外体験学習に役立つ本　2（夏）』　山田辰美監修・執筆　学習研究社　2003.3　47p　27cm　3000円　ⓘ4-05-201687-4，4-05-810696-4　Ⓝ594

『森の動物たち―自然の素材で作る　野外体験学習に役立つ本　1（春）』　山田辰美監修・執筆　学習研究社　2003.3　47p　27cm　3000円　ⓘ4-05-201686-6，4-05-810696-4　Ⓝ594

[目次] 1　待ちにまった春（花のかんむりが

とってもおにあい，春をお祝いしてまきずしの大ごちそう ほか），2 春を歌おうよ（カエルの合唱，ペンギンたちもまけずに ほか），3 春ってきれい！（春の天使たちがおどっているよ，「春ってきれい」の作り方），4 野原で遊ぼう（はっぱのキツネ，はっぱのウサギ ほか），作った動物を写真にとろう

『和紙を漉こう』 宮内正勝監修 リブリオ出版 2003.3 40p 27cm （はじまりのもの体験シリーズ 4）〈年表あり〉 2400円 ①4-86057-113-4,4-86057-109-6 Ⓝ585.6

|目次| 紙づくりのはじまり，和紙・紙を漉こう，牛乳パックから再生紙をつくる，コウゾから和紙をつくる，紙はもともとリサイクル，草や花を漉きこむ，紙はもともと草や木からつくられた，わらから紙をつくる，笹から紙をつくる，変わっていった紙漉きのやり方，紙・和紙の歴史，調べ学習に役立つホームページ・ガイド，調べ学習に役立つ参考図書ガイド，体験学習施設ガイド

|内容| 昔から伝わる身近なものづくりを実際に体験できるように紹介したシリーズ。4巻では牛乳パックを使った手軽な紙漉からコウゾを使った本格的な和紙づくりまでをていねいに解説。

『わら細工をつくろう』 宮内正勝監修 リブリオ出版 2003.3 40p 27cm （はじまりのもの体験シリーズ 2）〈年表あり〉 2400円 ①4-86057-111-8,4-86057-109-6 Ⓝ754

|目次| わら細工のはじまり，わらの馬をつくろう，稲・わらの呼び方，わらのない方，わらぞうりを編もう，わら細工などで使う長さの表し方，稲作り・わらの歴史，調べ学習に役立つホームページ・ガイド，調べ学習に役立つ参考図書ガイド，体験学習施設ガイド

|内容| 昔から伝わる身近なものづくりを実際に体験できるように紹介したシリーズ。2巻ではわらの入手法から加工の仕方まで丁寧に解説。

『川崎和男ドリームデザイナー』 NHK「課外授業ようこそ先輩」制作グループ，KTC中央出版編 名古屋 KTC中央出版 2002.11 204p 20cm （課外授業ようこそ先輩 別冊） 1400円 ①4-87758-256-8 Ⓝ501.83

『矢口高雄ふるさとって何ですか』 NHK「課外授業ようこそ先輩」制作グループ，KTC中央出版編 名古屋 KTC中央出版 2002.9 212p 20cm （課外授業ようこそ先輩 別冊） 1400円 ①4-87758-255-X

『片岡鶴太郎「好き」に一所懸命』 NHK「課外授業ようこそ先輩」制作グループ，KTC中央出版編 名古屋 KTC中央出版 2002.7 206p 20cm （課外授業ようこそ先輩 別冊） 1400円 ①4-87758-249-5

『重松清見よう、聞こう、書こう。』 NHK「課外授業ようこそ先輩」制作グループ，KTC中央出版編 名古屋 KTC中央出版 2002.6 204p 20cm （課外授業ようこそ先輩 別冊） 1400円 ①4-87758-242-8

『玄侑宗久ちょっとイイ人生の作り方』 NHK「課外授業ようこそ先輩」制作グループ，KTC中央出版編 名古屋 KTC中央出版 2002.4 204p 20cm （課外授業ようこそ先輩 別冊） 1400円 ①4-87758-241-X

『榊佳之遺伝子小学生講座』 NHK「課外授業ようこそ先輩」制作グループ，KTC中央出版編 名古屋 KTC中央出版 2002.3 205p 20cm （課外授業ようこそ先輩 別冊） 1400円 ①4-87758-230-4

『見城徹編集者魂の戦士』 NHK「課外授業ようこそ先輩」制作グループ，KTC中央出版編 名古屋 KTC中央出版 2001.12 203p 20cm （課外授業ようこそ先輩 別冊） 1400円 ①4-87758-229-0

『須磨久善心臓外科医』 NHK「課外授業ようこそ先輩」制作グループ，KTC中央出版編 名古屋 KTC中央出版 2001.10 205p 20cm （課外授業ようこそ先輩 別冊） 1400円 ①4-87758-228-2

学校行事　　　　　　　　　　　　　　　　　　　校外学習・課外授業を知ろう

『小林恭二五七五でいざ勝負』　NHK「課外授業ようこそ先輩」制作グループ，KTC中央出版編　名古屋　KTC中央出版　2001.8　205p　20cm　（課外授業ようこそ先輩　別冊）1400円　①4-87758-209-6

『校外学習 くらしをまもる・くらしをささえる　15　空港』　塩浦信太郎文・絵　岩崎書店　2001.4　39p　27×22cm　2400円　①4-265-02575-7
|目次|　空港をさがして，どんな空港も，かってに着陸することはできません。「海の港」と「空の港」，気球から，スペースシャトルまで，国内線の空港とは？　国際線の空港とは？，国際線の空港はどうなっているの？，飛行機に乗る前に，しておかなくてはいけないこと，防犯のために空港では，どんなことをしているの？，飛行機が飛ぶ前にしていることは？，どうやって飛行機は離着陸しているの？〔ほか〕
|内容|　日本から出発する人，外国からやってくる人，たくさんの人が出入りする国際線空港は，空のげんかんだ。人だけじゃない。動物や車，食べ物だって…。さあ，空港をたんけんしてみよう。

『校外学習 くらしをまもる・くらしをささえる　14　気象庁』　財部智文，夏目洋一郎絵　岩崎書店　2001.4　39p　27×22cm　2400円　①4-265-02574-9
|目次|　おや？　おや？　きゅうに雨がふってきたぞ！，天気予報は，かならず当たるわけじゃないんだ，テレビで天気予報の番組を見てみよう…，気象庁の仕事って？，天気図を見てみよう！，天気図がわかってくれば一きもの予報できるぞ！，いろいろな予報がある！，ジャーン！　これが気象観測網だ～！，ずっと先の天気もわかってしまうんだ，天気予報はくらしをささえる大切な情報さ〔ほか〕
|内容|　テレビ局などに，気象のデータを送っている気象庁。全国に気象台や測候所をおいて，気象の変化を観測している。そのほかにも，気象衛星や，海洋気象観測船などもかつやくしている。気象庁のしごとは，天気予報だけじゃない。気象庁とはどんなところか，ちょっとのぞいてみよう。

『校外学習 くらしをまもる・くらしをささえる　13　ガスの道』　長崎武昭文，古谷卓絵　岩崎書店　2001.4　39p　27×22cm　2400円　①4-265-02573-0
|目次|　ガスはどんなところに使われている？，ガスがなかったころのくらしって？，ガスはいつごろから使われはじめたの？，ガスを燃やして熱を利用する時代へ，ガスを家までとどけるふたつの方式，ガスの火のべんりさ！，はじめのころは，石炭からガスを作っていた，公害を出さないガスの原料をさがせ！，ふわふわしたガスを液体にして運ぶ！，LPG（液化石油ガス）で広がるガスの利用〔ほか〕
|内容|　わたしたちの生活の中で，ガスはどんなところに使われているだろう？　ガスストーブに給湯器，ガスレンジ…。ガス工場でつくられたガスは，みんなの家にとどけられるまでに，どんな道を通ってくるのだろう。さあ，いっしょにたんけんしてみよう。

『校外学習 くらしをまもる・くらしをささえる　12　電気の道』　小西聖一文，吉野健一絵　岩崎書店　2001.4　39p　27×22cm　2400円　①4-265-02572-2
|目次|　電気はこんなにはたらきもの，電気をつくるエネルギー，電気をつくる＝火力発電，ものを燃やせばガスが出る。それが問題，にげる熱を，有効に利用する，電気をつくる＝水力発電，電気をつくる＝原子力発電，放射能がもれたらたいへん，いろいろな発電に挑戦中，必要なとき，必要な電気をつくって送る〔ほか〕
|内容|　日本では，電気をつくる主なエネルギーは，火力，水力，原子力だ。そのエネルギーの原料である石炭，石油，天然ガス，ウランの資源にもかぎりがある。それぞれの発電所のしくみをわかりやすく説明するとともに，将来の発電についても考えていきます。

『校外学習 くらしをまもる・くらしをささえる　11　電話』　川瀬勝彦文，かなりりえこ絵　岩崎書店　2001.4　39p　27×22cm　2400円　①4-265-02571-4
|目次|　アッ！　電話がかかってきた，家の中に電話がいっぱい！，電話機は糸電話と同じ，ファックスは文字も絵も地図も送れる，アメリカに住むケンタくんへメールを送る，アッ！　たいへんすぐに電話，電話番号にはきまりがある，交かん機が相手を選んでつなぐ，どんなときでも電話はつながる，電話は海をこえ，空を飛ぶ〔ほか〕
|内容|　ともだちと，ふだんなにげなく会話し

ている電話。でも、どのようにして、ともだちの声が流れてくるんだろう？　さあ、電話線をたどってみよう。

『校外施設で体験学習』　中川志郎監修　岩崎書店　2001.4　47p　29cm　（総合学習に役立つみんなの体験学習実践集5）　2800円　①4-265-05655-5,4-265-10233-6

[目次]　お年よりや養護学校の友達と交流したよ―北海道北野小学校、小川原湖周辺の自然を徹底調査―青森県南小学校、テレビ会議で星の世界を体験―栃木県日向小学校、お年よりを体験したよ―福島県下川崎小学校、「みどりの小道」環境日記をつけたよ―徳島県上勝小学校、テレビ局で番組づくりを体験―熊本県深田小学校、自然博物館で生物や環境について学んだ―茨城県山川小学校、体験学習はみだし集

[内容]　全国の学校でおこなわれた「体験学習」のユニークな実践例をグレード別に紹介。5巻では、博物館、天文台など、学校の外の施設は、体験学習の宝庫！　インターネットをつかうことで日本中・世界中の施設を利用することも可能。巻末に「地図さくいん」があり、シリーズに掲載された学校が一覧できるようになっています。小学校低学年～中学生。

『新聞社』　長崎武昭文、ウノ・カマキリ絵　岩崎書店　2001.4　38p　27cm　（くらしをまもる・くらしをささえる　校外学習 18）　2400円　①4-265-02578-1,4-265-10232-8

[目次]　きみは、新聞を読んだことある？、おじいちゃんの新聞切りぬき帳、新しいニュースを聞きあつめる、日本各地のニュースから世界のニュースまで！、取材したニュースがデスクに集められる、午後4時、あしたの朝刊の紙面づくりがはじまる、コンピュータに入れて、紙面をつくる、『大組み』の紙面を、各地の印刷工場へ、夜10時半、いよいよ明日の朝刊の印刷がはじまる、印刷から発送まで、すべて自動的に！〔ほか〕

[内容]　毎日とどけられる新聞。いったい、記事はどのように作られ、印刷され、わたしたちのもとにとどくのだろう？　ふだんは気づかない人びとの努力を、ちょっと見てみましょう。

『病院・保健所』　井口弘哉文、落合恵子絵　岩崎書店　2001.4　39p　27cm　（くらしをまもる・くらしをささえる　校外学習 17）　2400円　①4-265-02577-3,4-265-10232-8

[目次]　町にはいろいろな病院がある、学校の健康診断、おじいちゃんと病院へ、はじめて診察をうける、お医者さんのしごと、一日中、大いそがしの看護婦さん、病院ではたらく人びと、小児科にきた、リハビリテーション室、病気の予防と早い発見・早い治療〔ほか〕

[内容]　カゼをひいたり、ケガをしたりと、わたしたちはふだんから、病院の世話になっている。地域の人びとの健康や、お店などの衛生をまもる保健所のしごとも、たいせつだ。内科、外科、小児科と、たくさんの専門科がある総合病院も、たずねてみよう。

『港・船』　秋山滋文、田沢梨枝子絵　岩崎書店　2001.4　39p　27cm　（くらしをまもる・くらしをささえる　校外学習 16）　2400円　①4-265-02576-5,4-265-10232-8

『やったぜ体験学習―5・6年』　中川志郎監修　岩崎書店　2001.4　47p　29cm　（総合学習に役立つみんなの体験学習実践集 3）　2800円　①4-265-05653-9,4-265-10233-6

[目次]　生き物が共存できる未来の街をつくろう―宮城県玉沢小学校、めざせバリアフリー祝町―福岡県祝町小学校、英語で友達のコマーシャルをつくろう―島根県城北小学校、われら給食探偵団！―岡山県誕生寺小学校、ウクライナの劇団と演劇交流―兵庫県鳴尾東小学校、地域発　すてきな人みつけた！―秋田県秋田大学教育文化学部附属小学校、赤ちゃんをだっこしたよ―愛知県緒川小学校、地域の5校とテレビ会議―愛媛県柳沢小学校、なんだろう？　Can you guess？―茨城県梅が丘小学校、体験学習はみだし集

[内容]　全国の学校でおこなわれた「体験学習」のユニークな実践例をグレード別に紹介。3巻では、身近な地域にも、遠く離れた学校にも、外国にも、体験学習の先生はたくさんいる！　そんなヒントがみつかる5・6年生の実践例を紹介。巻末に「地図さくいん」があり、シリーズに掲載された学校が一覧できるようになっています。小学校低学年～中学生。

『高城剛まぜる!!マルチメディア』　NHK「課外授業ようこそ先輩」制作グループ、

学校行事　　　　　　　　　　　　　　　　　　　　校外学習・課外授業を知ろう

KTC中央出版編　名古屋　KTC中央出版　2000.9　189p　20cm　（課外授業ようこそ先輩　別冊）　1400円　ⓒ4-87758-166-9

『丸山浩路クサさに賭けた男—オンリーワン！それがHALOだ』　NHK「課外授業ようこそ先輩」制作グループ,KTC中央出版編　名古屋　KTC中央出版　2000.5　205p　20cm　（課外授業ようこそ先輩　別冊）　1400円　ⓒ4-87758-163-4

『けん太とじゅん子のそれ行け!!農業探検隊—よくわかるしがの農業』　滋賀県農政水産部農政課編　第2版　大津　滋賀県農政水産部農政課　2000.3　47p　26cm　〈小学生用滋賀の農業・農村啓発資料〉

『小泉武夫微生物が未来を救う』　NHK「課外授業ようこそ先輩」制作グループ,KTC中央出版編　名古屋　KTC中央出版　2000.3　205p　20cm　（課外授業ようこそ先輩　別冊）　1400円　ⓒ4-87758-162-6

『山本寛斎ハロー・自己表現』　NHK「課外授業ようこそ先輩」制作グループ,KTC中央出版編　名古屋　KTC中央出版　2000.2　213p　20cm　（課外授業ようこそ先輩　別冊）　1400円　ⓒ4-87758-161-8

『国境なき医師団：貫戸朋子』　NHK「課外授業ようこそ先輩」制作グループ,KTC中央出版編　名古屋　KTC中央出版　2000.1　205p　20cm　（課外授業ようこそ先輩　別冊）　1400円　ⓒ4-87758-160-X

『課外授業ようこそ先輩　10』　NHK「課外授業ようこそ先輩」制作グループ編　名古屋　KTC中央出版　1999.12　203p　20cm　1400円　ⓒ4-87758-141-3

『課外授業ようこそ先輩　9』　NHK「課外授業ようこそ先輩」制作グループ編　名古屋　KTC中央出版　1999.11　203p　20cm　1400円　ⓒ4-87758-140-5

『課外授業ようこそ先輩　8』　NHK「課外授業ようこそ先輩」制作グループ編　名古屋　KTC中央出版　1999.10　203p　20cm　1400円　ⓒ4-87758-139-1

『課外授業ようこそ先輩　7』　NHK「課外授業ようこそ先輩」制作グループ編　名古屋　KTC中央出版　1999.9　203p　20cm　1400円　ⓒ4-87758-138-3

『課外授業ようこそ先輩　6』　NHK「課外授業ようこそ先輩」制作グループ編　名古屋　KTC中央出版　1999.8　203p　20cm　1400円　ⓒ4-87758-137-5

『課外授業ようこそ先輩　5』　NHK「課外授業ようこそ先輩」制作グループ編　名古屋　KTC中央出版　1999.7　203p　20cm　1400円　ⓒ4-87758-136-7

『棚田はエライ—棚田おもしろ体験ブック』　新潟県安塚町監修，石井里津子編著　農山漁村文化協会　1999.7　118p　23cm　1619円　ⓒ4-540-99014-4

『課外授業ようこそ先輩　4』　NHK「課外授業ようこそ先輩」制作グループ編　名古屋　KTC中央出版　1999.6　203p　20cm　1400円　ⓒ4-87758-135-9

『課外授業ようこそ先輩　3』　NHK「課外授業ようこそ先輩」制作グループ編　名古屋　KTC中央出版　1999.5　203p　20cm　1400円　ⓒ4-87758-134-0

『課外授業ようこそ先輩　2』　NHK「課外授業ようこそ先輩」制作グループ編　名古屋　KTC中央出版　1999.4　203p　20cm　1400円　ⓒ4-87758-133-2

『課外授業ようこそ先輩　1』　NHK「課外授業ようこそ先輩」制作グループ編　名古屋　KTC中央出版　1999.3　205p　20cm　1400円　ⓒ4-87758-132-4

『「水道道たんけん」がはじまった！』　笠原秀著　アリス館　1999.3　110p　20cm　（調べるっておもしろい！）

1300円　①4-7520-0121-7
[目次] 谷戸にかかる水路橋，たんけんのはじまり，三つの地図で調べる，導水路を歩く，横浜水道記念館へ，地図の旅から水源地帯へ，たんけんはつづく
[内容] バスの中から見えた緑色をした鉄橋のようなもの。調べてみると，水道道（上水道につかう水をはこぶ導水路）だった。「どこから来て，どこへ行く？」。資料を調べながらたんけんしてみると，日本で最初に水道が引かれた横浜の歴史が見えてきた。

『駅』　秋山滋文，田沢梨枝子絵　岩崎書店　1998.4　39p　27×22cm　（校外学習 くらしをまもる・くらしをささえる 3）2400円　①4-265-02563-3
[目次] 駅は町のげんかんです，駅ができるまえ，できてから，駅のしくみはどうなっているの？，きっぷを買ってみよう，改札口を通ってホームへ，きっぷのいろいろ，「一番線に電車がきます」，「出発，進行！」，駅員さんの一日，駅事務室の中はどうなっているの？〔ほか〕
[内容] 駅といっても，何十万人ものりおりする駅があれば，駅員さんのいない無人駅だってあります。出かける時，かならずといっていいほど利用する駅は，どんな役割をはたしているのでしょうか。―子どもたちに身近で，人びとのくらしをささえている公共施設などを，わかりやすく紹介しました。たんに施設紹介だけでなく，施設の役割やしくみ，施設の構造，物の流れ，そこで働く人びと，子どもたちのくらしとの関わりなどを，イラスト・写真をたくさん使ってビジュアルに展開。小学校中学年～高学年向き。

『警察署と交番』　財部智文，夏目洋一郎絵　岩崎書店　1998.4　39p　27×22cm　（校外学習 くらしをまもる・くらしをささえる 8）2400円　①4-265-02568-4
[目次] 安心してくらせる町をめざして，おまわりさんってなに？，おまわりさんの一日，婦警さんもかつやくしている，白バイ隊は運転の名人，パトカーがやってきた，警官ののりものの大集合，交通事故だ！ 110番！，通信指令室から交通かんせいセンターへ，事件発生！〔ほか〕
[内容] 交番にいるおまわりさんは，身近な警察官です。でも，その仕事は，交通安全，防犯対策といろんな分野にまたがっています。そして，犯罪捜査にたずさわるなど，いろんな警察の仕事があります。―子どもたちに

身近で，人びとの生活をささえている公共施設などを，わかりやすく紹介しました。たんに施設紹介だけでなく，施設の役割やしくみ，施設の構造，物の流れ，そこで働く人びと，子どもたちのくらしとの関わりなどを，イラスト・写真をたくさん使ってビジュアルに展開。小学校中学年～高学年向き。

『市役所』　長崎武昭文，かどたりつこ絵　岩崎書店　1998.4　39p　27×22cm　（校外学習 くらしをまもる・くらしをささえる 4）2400円　①4-265-02564-1
[目次] 公ちゃん役場へ行く，おしらべ忍者あらわる！，おしらべ忍者のほうこく，「市立」ってなに？，市役所のしごとをさがせ！，「はてな市」の文字をみつけた，おしらべ忍者がみつけたはてな市のしごと，なぜいろいろなしごとをするの？，市役所のしごとはこんなにある！，ほかにもこんなしごとをしているよ，市役所のしごとはだれがきめるの？，子どもたちの声も聞いてもらおう
[内容] 市役所・役場って，よく聞くけど，いったいどんな仕事をしているのでしょうか。そこでの仕事をさぐることにより，意外に身近な役割をはたしていることが，わかります。―子どもたちに身近で，人びとの生活をささえている公共施設などを，わかりやすく紹介しました。たんに施設紹介だけでなく，施設の役割やしくみ，施設の構造，物の流れ，そこで働く人びと，子どもたちとの関わりなどを，イラスト・写真をたくさん使ってビジュアルに展開。小学校中学年～高学年向き。

『上水道・下水道』　長崎武昭文，夏目洋一郎絵　岩崎書店　1998.4　39p　27×22cm　（校外学習 くらしをまもる・くらしをささえる 6）2400円　①4-265-02566-8
[目次] めずらしいものをもったったひとつの星，地球は水のわく星，わずか0.8％ののみ水，雨水をためにくい日本の川，森林は緑のダム，水道の水をつくる，砂のあいだをゆっくり通してきれいな水をつくる，はやくたくさんの水をつくる方法，川には水をきれいにする力がある，よごれた水をあつめる〔ほか〕
[内容] わたしたちが使う水は，どこからやってきて，どこへ流れていくのでしょう。浄水場や下水処理場を見学しながら，水のゆくえを追っていきましょう。―子どもたちに身近で，人びとの生活をささえている公

共施設などを、わかりやすく紹介しました。たんに施設紹介だけでなく、施設の役割やしくみ、施設の構造、物の流れ、そこで働く人びと、子どもたちのくらしとの関わりなどを、イラスト・写真をたくさん使ってビジュアルに展開。小学校中学年～高学年向き。

『消防署』 秋山滋文，田沢梨枝子絵　岩崎書店　1998.4　39p　27×22cm　（校外学習　くらしをまもる・くらしをささえる　7）　2400円　①4-265-02567-6
〔目次〕毎日どこかで火災がおきる，火災を発見したら119番へ，1秒だってむだにしない，消防隊員の服装のひみつ，消防車のひみつ，いそげ，消防車，わたしたちのくらしをささえる消防署，夜中でもおきている！，火災がなくてもいそがしい，救急隊のしごと〔ほか〕
〔内容〕火事があれば，消防車。事故がおきれば，救急車。消防隊員，救急隊員は、いそがしい毎日です。人命にかかわるだいじな仕事であり，われわれの生活をまもっているのです。―子どもたちに身近で、人びとの生活をささえている公共施設などを、わかりやすく紹介しました。たんに施設紹介だけでなく、施設の役割やしくみ、施設の構造、物の流れ、そこで働く人びと、子どもたちのくらしとの関わりなどを、イラスト・写真をたくさん使ってビジュアルに展開。小学校中学年～高学年向き。

『スーパーマーケット』　財部智文，鈴木びんこ絵　岩崎書店　1998.4　39p　27×22cm　（校外学習　くらしをまもる・くらしをささえる　2）　2400円　①4-265-02562-5
〔目次〕スーパーマーケットではいろいろなものを売っているよ，スーパーマーケットにはくふうがいっぱい，お店のなかは大いそがし，売り場の裏をのぞいたよ，店長さんはたいへんだ，スーパーの1日をおってみよう，いろいろな機械や台車が使われているよ，新鮮さがいちばん！，おべんとうやおかずはこうやってならぶんだ，いつもせいけつにしているよ〔ほか〕
〔内容〕おかあさんが、いつも買い物にいくスーパー。そこでは店員さんやレジ係の人が働いています。では、その裏側では、どんな人が働いて、どんなことをしているのでしょうか。知ってますか？―子どもたちに身近で、人びとの生活をささえている施設などを、わかりやすく紹介しました。たん

に施設紹介だけでなく、施設の役割やしくみ、施設の構造、物の流れ、そこで働く人びと、子どもたちのくらしとの関わりなどを、イラスト・写真をたくさん使ってビジュアルに展開。小学校中学年～高学年向き。

『清掃工場とゴミ』　小西聖一文，吉野健一絵　岩崎書店　1998.4　39p　27cm　（くらしをまもる・くらしをささえる　校外学習　5）　2400円　①4-265-02565-X,4-265-10145-3
〔目次〕どれだけのゴミを出している？，もえないゴミのゆくえを追え！，清掃工場にやってきた，ゴミがいっぱいたまっている，ゴミをもやす，なぜゴミをもやすの？，かんきょうをこわすチリやガス，熱のりよう，清掃工場のしくみ，もえないゴミとそ大ゴミのゆくえ〔ほか〕
〔内容〕ゴミのゆくえを追いながら、清掃工場がどんな仕事をしているかをさぐります。その上で、埋め立て地や、あふれるゴミ問題、ゴミのリサイクルなどについても、あらためて考えてみましょう。―子どもたちに身近で、人びとの生活をささえている公共施設などを、わかりやすく紹介しました。たんに施設紹介だけでなく、施設の役割やしくみ、施設の構造、物の流れ、そこで働く人びと、子どもたちのくらしとの関わりなどを、イラスト・写真をたくさん使ってビジュアルに展開。小学校中学年～高学年向き。

『テレビ局』　小西聖一文，ウノ・カマキリ絵　岩崎書店　1998.4　39p　27×22cm　（校外学習　くらしをまもる・くらしをささえる　10）　2400円　①4-265-02570-6
〔目次〕いろいろな番組が見られるテレビってなに？，どうやって電波はとどくの？，ニュースのスタジオに入った，サブ・コントロール・ルーム（副調整室）のしごと，ニュースを集める人たち，もうすぐニュースの時間だ，地震だ！臨時ニュース，プロ野球を中継する，地球の裏がわでやっているスポーツやニュースが見られる〔ほか〕
〔内容〕きみたちが、いつも見ているテレビは、どうやってとどき、どのようにして放送されているのでしょうか。テレビ局をたんけんしながら、ふだん知らないテレビ局を発見してみましょう。―子どもたちに身近で、人びとの生活をささえている施設などをわかりやすく紹介しました。たんに施設紹介だけでなく、施設の役割やしくみ、施設

の構造，物の流れ，そこで働く人びと，子どもたちのくらしとの関わりなどを，イラスト・写真をたくさん使ってビジュアルに展開。小学校中学年〜高学年向き。

『郵便局』　川瀬勝彦文，かなりりえこ絵　岩崎書店　1998.4　39p　27×22cm　（校外学習　くらしをまもる・くらしをささえる 9）　2400円　Ⓘ4-265-02569-2
[目次]手紙がとどいたよ，手紙がとどくまで，手紙を書いた，郵便局へ行く，ポストに入れた，郵便物をわける，通信日付印（消印）をおす，行き先べつにわける，手紙のたび，郵便局に手紙がついた〔ほか〕
[内容]手紙やハガキがだされてから，きみたちにとどくまで，いろんな人の手がかかわります。郵便局の仕事，郵便配達の人の苦労など，一通の手紙やハガキの「旅」について考えてみましょう。―子どもたちに身近で，人びとの生活をささえている公共施設などを，わかりやすく紹介しました。たんに施設紹介だけでなく，施設の役割やしくみ，施設の構造，物の流れ，そこで働く人びと，子どもたちのくらしとの関わりなどを，イラスト・写真をたくさん使ってビジュアルに展開。小学校中学年〜高学年向き。

『ウォッチング雲と星』　酒井哲雄著　国土社　1997.4　63p　25cm　（校外活動ガイドブック 6）　2000円＋税　Ⓘ4-337-26906-1
[目次]ウォッチング・天気（天気をしろう，天気図のよみかた，日本の天気，観天望気ということ　ほか），ウォッチング・雲（雲について，10種類の雲の型（雲形）），ウォッチング・星（星と星座，星のことさまざま，春の星座，春の星座ものがたり　ほか）

『ウォッチング植物と昆虫』　永吉宏英著　国土社　1997.4　63p　25cm　（校外活動ガイドブック 4）　2000円＋税　Ⓘ4-337-26904-5
[目次]君は自然のアドベンチャラー，グッズできめよう，春の雑木林，夏の雑木林，秋の雑木林，冬の雑木林，生物ごみマップをつくろう，雑木林の昆虫採集，草はらは虫の王国，草はらの昆虫採集〔ほか〕

『バードウォッチング』　酒井哲雄著　国土社　1997.4　63p　25cm　（校外活動ガイドブック 5）　2000円＋税　Ⓘ4-337-26905-3

[目次]野鳥とのおつきあい，バードウォッチングとは，野鳥の習性，バードウォッチングの準備，野鳥観察の道具，大きさで見わける，鳴き声をきく，歩きかたを見る，とびかたを見る，野鳥のすきな場所〔ほか〕

◆地域の生活を体験

『東国文化副読本―古代ぐんまを探検しよう』　松島栄治監修，群馬県文化振興課企画・編集　［前橋］　群馬県　2013.3　59p　30cm　〈共同刊行：群馬歴史文化遺産発掘・活用・発信実行委員会　年表あり〉　Ⓝ213.3

『わたしたちの朝倉―水を育み街を潤す健康文化都市　小学校副読本』　「わたしたちの朝倉」編集委員会編　朝倉　朝倉市教育委員会　2013.3　151p　30cm　〈年表あり〉　Ⓝ375

『おおいたものづくり発見！　ブック―すごいぞ！　みんなの周りの日本―made in オオイタ』　［大分］　大分県商工労働部　2012.8（第5刷）50p　30cm　〈共同刊行：大分県教育委員会〉　Ⓝ375

『柴山ふるさとガイド』　柴山ふるさと教育応援団編　［香美町（兵庫県）］　香美町教育委員会　2012.2　15p　26cm　〈共同刊行：学校支援地域本部香美町実行委員会ほか　年表あり〉　Ⓝ375

『郷土の史跡を探そう―南諫早地区』　向井安雄編著　諫早　向井安雄　2011.11　53p　19cm　Ⓝ291.93

『さがしてみよう！　まちのバリアフリー 4　遊びとスポーツのバリアフリー』　高橋儀平監修　小峰書店　2011.4　44p　29cm　〈索引あり〉　2800円　Ⓘ978-4-338-26304-7,978-4-338-26300-9　Ⓝ369
[目次]公園，バリアフリーレポート　みんなの安心を守るくふう，プール，児童館，バリアフリーレポート　おもちゃの図書館があるの？，水族館，バリアフリーレポート　「夢の国」のバリアフリーのひみつ，映画館，バリアフリーレポート　バリアフリー映画ってどんな映画？，巻末特集　チャレンジ!!バリアを乗りこえよう！

学校行事　　　　　　　　　　　　　　　　　　　　　校外学習・課外授業を知ろう

[内容] 公園、プール、水族館、映画館など。小学校中学年以上。

『さがしてみよう！ まちのバリアフリー 3 交通のバリアフリー』 高橋儀平監修　小峰書店　2011.4　44p　29cm　〈索引あり〉2800円　①978-4-338-26303-0,978-4-338-26300-9　Ⓝ369
[目次] 道路、バリアフリーレポート 歩いって、じつはあぶない場所!?、バス、バリアフリーレポート 「福祉車両」って、どんな車なの?、駅の改札、駅のプラットホーム、バリアフリーレポート いろいろなところに点字ブロックがあるのはなぜ?、空港、バリアフリーレポート ようこそ！ 日本へ!!、巻末特集 行きたいところへもっと自由に！
[内容] 道路、バス、駅の改札、空港など。小学校中学年以上。

『たんけん昔のくらし』　戸田市立郷土博物館編　戸田　戸田市立郷土博物館　2011.3　14p　30cm　Ⓝ383.9

『わたしたちの隅田川』　荒川区環境清掃部環境課編　[東京]　荒川区環境清掃部環境課　2011.2　16p　30cm　Ⓝ375

『余部ふるさとガイド』　余部ふるさと教育応援団編　[香美町（兵庫県）]　香美町教育委員会　2010.11　15p　26cm　〈共同刊行：学校支援地域本部香美町実行委員会ほか　年表あり〉Ⓝ375

『長井ふるさとガイド』　長井ふるさとガイド編集委員会編　[香美町（兵庫県）]　香美町教育委員会　2010.11　15p　26cm　〈共同刊行：学校支援地域本部香美町実行委員会ほか　年表あり〉Ⓝ375

『しもだ―郷土読本　平成22年度改訂版』　下田市教育委員会編　[下田]　下田市教育委員会　2010.9　143p　21cm　〈年表あり〉Ⓝ291.54

『子ども灘百選たんけん手帳』　灘区まちづくり課編　改訂版　[神戸]　灘区まちづくり課　2010.3　32p　21cm　Ⓝ291.64

『すみよし歴史探検地図―住吉歩けば歴史に当たる』　大阪市住吉区編　大阪　大阪市住吉区　2010.3　31p　26cm　Ⓝ216.3

『わかやま何でも帳―ふるさと教育副読本』　和歌山　和歌山県教育委員会　2010.3　95p　30cm　Ⓝ375

『八日市地区の遺跡探検』　東近江市教育委員会埋蔵文化財センター編　東近江　東近江市教育委員会埋蔵文化財センター　2010.2　14p　30cm　〈年表あり〉Ⓝ216.1

『奥佐津ふるさとガイド』　奥佐津ふるさと教育応援団編　[香美町（兵庫県）]　香美町教育委員会　2009.11　15p　26cm　〈共同刊行：学校支援地域本部香美町実行委員会ほか　年表あり〉Ⓝ375

『正ちゃんといっしょに能登川の遺跡探検ものがたり』　東近江市教育委員会埋蔵文化財センター編　改訂版　東近江　東近江市教育委員会埋蔵文化財センター　2009.11　18p　30cm　〈年表あり〉Ⓝ216.1

『まるごとわかるびっくり！ 日本ふしぎ探検百科 3 動物・植物のふしぎ探検』　富田京一監修　日本図書センター　2009.4　56p　31cm　〈文献あり　索引あり〉4400円　①978-4-284-20146-9,978-4-284-20143-8　Ⓝ291
[目次] エゾシマリス―北海道, ホタルイカ―富山県, サキシマスオウノキ―沖縄県, ライチョウ―富山県, モリアオガエル―岩手県, ミカドアゲハ―高知県, アホウドリ―東京都, トミヨ―秋田県, モウセンゴケ―千葉県, アカウミガメ―静岡県 [ほか]

『まるごとわかるびっくり！ 日本ふしぎ探検百科 2 遺跡・建造物のふしぎ探検』　米山勇監修　日本図書センター　2009.4　56p　31cm　〈文献あり　索引あり〉4400円　①978-4-284-20145-2,978-4-284-20143-8　Ⓝ291

『まるごとわかるびっくり！ 日本ふしぎ探検百科 1 自然・風景のふしぎ探

校外学習・課外授業を知ろう　　　　　　　　　　　　　　　学校行事

検』　猪郷久義監修　日本図書センター　2009.4　56p　31cm〈文献あり　索引あり〉　4400円　①978-4-284-20144-5,978-4-284-20143-8　Ⓝ291
目次　フェニックスの褶曲―和歌山県、地獄谷の噴気塔―富山県、勝山の足跡化石―福井県、網走の流氷―北海道、別府竜巻地獄―大分県、仏ヶ浦―青森県、昭和新山―北海道，玄武洞―兵庫県、白糸の滝―長野県、関の尾おう穴群―宮崎県〔ほか〕

『わかやま発見―ふるさと教育副読本』　和歌山県教育委員会ふるさと教育副読本編集委員会編　和歌山　和歌山県教育委員会　2009.3　258p　30cm〈文献あり〉Ⓝ375

『さるくキッズ―長崎のまちを歩いて、見て、聞いて、知る！　小学生用副読本』　〔長崎〕　長崎市文化観光部さるく観光課　〔2009〕　29p　26cm　Ⓝ375

『兎塚ふるさとガイド』　兎塚ふるさと教育応援団編　〔香美町（兵庫県）〕　香美町教育委員会　2008.11　15p　26cm〈共同刊行：学校支援地域本部香美町実行委員会ほか　年表あり〉Ⓝ375

『にっぽん探検大図鑑』　小学館　2006.12　304p　29cm　4286円　①4-09-213172-0　Ⓝ291

『長崎―南蛮文化のまちを歩こう　カラー版』　原田博二著　岩波書店　2006.11　200p　18cm　〈岩波ジュニア新書　548〉980円　①4-00-500548-9　Ⓝ291.93

『ゆめ・花・さくし―わくわくたんけんふるさと発見！　佐久市小学校3・4年社会科副読本　平成18（2006）年度版』　佐久市学事職員会郷土資料委員会編　〔佐久〕　佐久市教育委員会　2006.4　84p　30cm〈奥付のタイトル：ゆめ・はな・さくし〉Ⓝ291.52

『ふるさと大道―郷土読本　おもしろ再発見』　ふるさと大道を掘り起こす会編　〔防府〕　ふるさと大道を掘り起こす会　2006.3　104p　26cm〈年表あり〉

Ⓝ291.77

『ぼくらの時間旅行多摩の学校・むかしむかし―解説リーフレット　パルテノン多摩歴史ミュージアムミニ企画展』　多摩市文化振興財団編　多摩　多摩市文化振興財団　2005.7　24p　30cm〈会期：2005年7月15日―11月15日〉Ⓝ372.1365

『自然と語ろう！　びほろふるさと体験隊2004年度』　美幌町マナビティーセンター，美幌農業館，美幌博物館編　美幌町（北海道）　美幌農業館　2005.3　40p　26cm〈共同刊行：美幌博物館〉Ⓝ379.3

『ふるさとの野山を歩こう―とうがね自然ウォッチング』　ときがねウォッチング編著　東金　東金市環境保全課　2005.3　53p　19cm　Ⓝ462.135

『自然と語ろう！　びほろふるさと体験隊2003年度』　美幌町マナビティーセンター，美幌農業館，美幌博物館編　美幌町（北海道）　美幌農業館　2004.3　42p　26cm〈共同刊行：美幌博物館〉Ⓝ379.3

『ふるさと西区歴史たんけん―総合学習のために』　神戸　西区まちづくり推進部まちづくり推進課　2004.3　87p　30cm　800円　Ⓝ291.64

『東京江戸たんけんガイド―行ってみよう』　田中ひろみ著　PHP研究所　2003.7　147p　22cm　〈未知へのとびらシリーズ〉　1300円　①4-569-68407-6　Ⓝ291.36

『子ども古代探検！　八尾高安古墳群―誰がどうやって造ったの？　平成15年度企画展』　八尾市立歴史民俗資料館編　〔八尾〕　八尾市教育委員会　2003.4　20p　30cm〈会期：・2003年4月25日―6月25日〉Ⓝ216.3

『鎌倉をたずねる』　桜井信夫編著　あすなろ書房　2003.3　39p　31cm　〈歴史と文化の町たんけん　3〉〈年表あり〉2800円　①4-7515-2233-7　Ⓝ291.37

学校行事　　　　　　　　　　　　　　　　　　　　　運動会を知ろう

『京都をたずねる』　三浦はじめ編著　あすなろ書房　2003.3　39p　31cm　（歴史と文化の町たんけん　2）〈年表あり〉2800円　Ⓘ4-7515-2232-9　Ⓝ291.62

『探すことから始めよう―ふるさと大好き！ 再発見』　滋賀県教育委員会編　［大津］　滋賀県教育委員会　2003.3　14p　30cm 、（「郷土の文化」学習ガイド　小学生用　もの編）　Ⓝ291.61

『東京をたずねる』　藤森陽子編著　あすなろ書房　2003.2　39p　31cm　（歴史と文化の町たんけん）〈年表あり〉2800円　Ⓘ4-7515-2235-3　Ⓝ291.36

『奈良をたずねる』　藤森陽子編著　あすなろ書房　2003.2　39p　31cm　（歴史と文化の町たんけん　1）〈年表あり〉2800円　Ⓘ4-7515-2231-0　Ⓝ291.65

『地域ではじめる体験学習』　佐々木定治監修, 高瀬嘉代子著, こどもくらぶ編　ポプラ社　2002.4　45p　27cm　（体験学習アイデアブック　5）　2800円　Ⓘ4-591-07106-5,4-591-99434-1
｜目次｜地図をもって教室の外にでよう，町は歴史の宝箱だ，政治はみんなの願いが実現するしくみ，世界の人と手をつなごう，産業の現場へいこう
｜内容｜町を探検すれば，いろいろな発見があるはずだ。「町の歴史調べ」など、自分と地域のかかわりを、あらためて発見するための活動アイデア集。小学校中～高学年向き。

『ふるさと探検ブック』　宍道町教育研究会（ふるさと教育部）編，安部登監修　宍道町（島根県）　宍道町教育委員会　2002.3　51p　21cm　（宍道町ふるさと文庫　16）〈文献あり〉　Ⓝ291.73

『地域社会―新しいぼくたちの居場所』馬居政幸監修　ポプラ社　2000.4　63p　27cm　（考えよう！ みんなのクラスみんなの学校　6）　2200円　Ⓘ4-591-06368-2
｜目次｜みんなの放課後について，おかあさんから手紙，みんなの地域社会―わたしたちのボランティア（なかよし，ふたり組みなさんへ），ボランティアについて考えよう―わたしたちの貴重な体験，こどもたちと地域社会について―先生はこう思っている，こどもたちと地域社会について―おとうさん，おかあさんから，卒業生からきみたちへ―地域社会には，たからものがたくさんある，地域にもいろいろあるよこどもの活動の場所，みんなの地域にある，たくさんの人たちとふれあう場所，海外レポート，ボランティア活動情報

運動会を知ろう

『ハッピー運動会　楽しさいっぱい運動会飾り』　ポット編集部編　チャイルド本社　2011.7　87p　26×21cm　（ポットブックス）　1800円　Ⓘ978-4-8054-0186-6
｜目次｜会場飾りの主役！ 入退場門のアイデア，子どもたちと作る！ オリジナル万国旗，フレーフレー!!運動会を盛り上げる 応援＆演技グッズ，がんばったね！ の気持ちを込めて メダルカタログ，見やすくて、楽しい！ 案内グッズ，コピー用型紙集
｜内容｜運動会を華やかに彩る、楽しい飾りを全105点掲載。会場飾りの主役＆入退場門をはじめ、オリジナル万国旗、応援グッズ、メダルのほか、プログラムや会場の案内プレートまで、楽しい製作物のアイデアがいっぱい。コピーして使える型紙付き。

『ひろみち＆たにぞうの運動会だよ、ドーンといってみよう！』　佐藤弘道,谷口国博共著　世界文化社　2011.5　72p　26×21cm　（PriPriブックス）　1714円　Ⓘ978-4-418-11713-0
｜目次｜楽しい運動会：小物と衣装のアイデア（お祭りドッキュン！，笑顔戦隊オドルンジャー ほか），1章 ダンスだよドーンといってみよう（入場行進―ぼくらの運動会！，5歳児ダンス―お祭りドッキュン！ほか），2章 競技だよドーンといってみよう（バルーン―ぼくらだんごむし すすめ！ だんごむし，5歳児個人―ぼくらは海賊 ぼくらは小さな海賊だ！ ほか），3章 ピアノだよドーンといってみよう（ぼくらの運動会！，ぼくらは小さな海賊だ！ ほか）

子どもの本 楽しい課外活動2000冊　19

運動会を知ろう　　　　　　　　　　　　　　　　　　　　　　　　学校行事

内容　簡単・カワイイ衣装プラン充実。笑顔が生まれるダンス・競技・体操が満載。

『運動会で1番になる方法』　深代千之作，下平けーすけ絵　アスキー・メディアワークス，角川グループパブリッシング（発売）2009.9　157p　18cm　（角川つばさ文庫　Dふ1-1）〈本文イラスト・図版：山本浩史，佐藤則之，永野雅子　アスキー2004年刊の改稿　並列シリーズ名：Kadokawa tsubasa bunko〉590円　①978-4-04-631047-7　Ⓝ782.3

目次　1章 速くなれば、走るのが楽しくなる！，2章 科学で解明！ 速く走る秘訣はコレだ！，3章 トップアスリートに学べ！ 走りの最前線，4章「ドリル」と「トレーニング」で身体が変わる！，5章 さあ、ドリルをやってみよう！，6章 ドリルで確実に足が速くなる！，目指せ！ 運動会ベストプログラム，おわりに─運動会で1番になったあとは？

内容　最新の科学で解き明かされた、誰でも速く走れるヒケツはコレだ！「走りの最速理論」をもとにしたドリルで、正しい走り方を身につければ、どんどん足が速くなる！「背が高い人が有利？」「靴の選び方は？」みんなの疑問に答えてくれる、運動会が待ち遠しくなる話もいっぱい。走ることが楽しくなる、今までの自分から変わっていく、そんな体験をしてみよう！　小学上級から。

『ひろみち＆たにぞうの躍る大運動会！』　佐藤弘道, 谷口国博共著　世界文化社2008.5　71p　26×21cm　（プリプリBOOKS 13）1429円　①978-4-418-08717-4

目次　俺たち虫歯土木組，風になって，アチャー，元気モリモリ？，かっぱ64，はしるよ！新幹線！，ワレワレワッ！，かわきものジャン，おとなこうえん，やおやさん，だいすきなぼくのまち，チャチャチャの組体操，のりのりわかめ，気分はメリーゴーランド

内容　ひろみちお兄さん＆たにぞうさんのコンビがお贈りする、運動会シリーズ第2弾です。その名も『躍る大運動会』！ 和風お祭り系、中国太極拳風、ダンスホール風、ラテン調などなど、バラエティ感たっぷりなダンスを取りそろえました。さらに競技のアイデアもパワーアップして、今年の運動会も「ひろみち＆たにぞう」でキマリ。

『ダンス・応援パフォーマンス集』　楽しい運動会を創造する教師の会編著, 岩崎美紀イラスト　汐文社　2008.3　79p　27cm　（運動会・イベントアイデアシリーズ 3）2200円　①978-4-8113-8489-4　Ⓝ374.48

目次　1 楽しいダンスにチャレンジ！（ふたりはプリキュア，オブ・ラ・ディ・オブ・ラ・ダ，ひょっこりひょうたん島，フィエスタ ほか），2 応援パフォーマンス（盛り上げる応援のポイント，応援団練習予定表，応援台本その1 開会式編，応援台本その2 ほか）

『運動会アイデア競技集 1』　楽しい運動会を創造する教師の会編著, 種田瑞子イラスト　汐文社　2008.1　79p　27cm　（運動会・イベントアイデアシリーズ 1）2200円　①978-4-8113-8487-0　Ⓝ374.48

『グループ対抗・チャレンジゲーム集』　楽しい運動会を創造する教師の会編著, 中野智美イラスト　汐文社　2008.1　79p　27cm　（運動会・イベントアイデアシリーズ 2）2200円　①978-4-8113-8488-7　Ⓝ374.48

『つなひき─運動会だけじゃつまらない、いつでもやってみよう』　苅宿俊文文, 平尾浩二絵　偕成社　2000.3　31p　31cm　（ふだん着でできる新・学校のスポーツ 4）2500円　①4-03-543340-3

目次　運動ぎらいのぼくが好きになったスポーツ，つなひきは夢中になれるから気持ちいい！，"8の字"って、知ってるかい？，老人クラブのつなひきに飛びいり参加，つなひきの歴史，おじいさんたちと対決，老人クラブからのプレゼント！，つなひきのおもなルール，おじいさんたちに勝つためには？，再戦で、おじいさんたちは…？〔ほか〕

内容　運動が苦手なトモくん（内田友樹）も、このごろは、スポーツをやりたくなってきました…秋の運動会でやった"つなひき"は、なんだか夢中になれたなあ…運動会以外でもできないかな、と考えていると、中台町の老人クラブの運動会で、飛びいりのつなひきがあることを、おじいちゃんが教えてくれました…。

『にが手克服運動会』　NHK科学番組部

編，吉田しんこイラスト　汐文社　1999.2　47p　27cm　（NHKためしてガッテンきみもチャレンジ！　1）1800円　①4-8113-7254-9

|目次| にが手克服運動会，筋肉痛ズバリ解消，快適安全スポーツ上達法，運動ぎらいの君に

|内容| 毎年運動会のシーズンになると，ゆううつになる，きみ。走るのが遅くてかけっこが苦手な，あなた。速く走るためには，もしかしたら，ちょっとしたこつがあるんじゃないだろうか。これから志の輔博士と一緒に，どうしたら楽しく速く走れるようになるか，その秘密を探っていこう。

『運動会のゲーム』　新装版　旺文社　1997.6　63p　31cm　（図解・世界ゲーム大事典）2505円　①4-01-071553-7

|目次| ボール運び，スキンシップ，ガンバレ男の子，長ぐつ段ボール，親子DEデート，むかで競争，清掃時間，つなひき，てんびん，棒ひき〔ほか〕

|内容| メインゲームは，体力向上，協調性などを主体にし，だれでも楽しくできるものです。メインゲームのほかに別のゲームがのっているのは，メインゲームのバリエーションです。概略，方法，反則，勝敗，注意，場所にわけ，より理解しやすくなっております。対象年齢，人数，補助用具，効果は，メインゲームを行うのにいちばん適切なものを記しました。

遠足・移動教室を知ろう

『希望のキャンプ—ふくしまキッズ夏季林間学校』　田口ランディ文　汐文社　2011.10　27p　19×19cm　〈写真：成清徹也〉1600円　①978-4-8113-8837-3　Ⓝ291.1

|内容| 夏休み，福島の子どもたちを北海道に招待しよう！　その試みに日本全国そして海外へも支援の輪がひろがり，「ふくしまキッズ」夏季林間学校がはじまりました。福島の子どもたちの笑顔とありがとうの気持ちがつまった絵本。

『楽しいバスレクアイデアガイド—改正道路交通法対応　3　恐怖の30ほか』　神代洋一編著　汐文社　2011.3　79p　22cm　1600円　①978-4-8113-8780-2　Ⓝ781.9

|目次| 恐怖の30，なぞなぞリレー，じゃんけんチャンピオン，ゴレンジャーゲーム，ステレオゲーム，チョリンパリン，でしでしじゃんけん，口ぱくリレー，命令ゲーム，紙テープちぎりリレー〔ほか〕

|内容| シートベルトをしていても楽しめるあそびやゲームを紹介。

『楽しいバスレクアイデアガイド—改正道路交通法対応　2　ハラハラどきどきリレーほか』　神代洋一編著　汐文社　2011.2　79p　22cm　1600円　①978-4-8113-8779-6　Ⓝ781.9

『楽しいバスレクアイデアガイド—改正道路交通法対応　1　オオカミがきたぞほか』　神代洋一編著　汐文社　2011.2　79p　22cm　1600円　①978-4-8113-8778-9　Ⓝ781.9

|目次| オオカミがきたぞ，こぶたのおなか，タオルリレー，タオル投げ，以心伝心ゲーム，王様ゲーム，四部合唱，紙テープ送り，あっち向いてホイ，新聞紙くぐり〔ほか〕

|内容| シートベルトをしていても遊べる，小さい子から大人まで，だれもが楽しめるあそびを紹介。

『新版　修学旅行の本　奈良』　修学旅行研究会編　国土社　2008.2　40p　26cm　2500円　①978-4-337-25734-4

|目次| 車窓ウォッチング，特集　大和は国のまほろば，特集　さく花のにおうがごとく，自然とくらし，歴史と文化をたずねて，東大寺を中心とする奈良公園，行ってこようとこよう，芸術とひと，おみやげ・ガイド年表，そのほかのスポットさくいん，奈良周辺地図

『新版 修学旅行の本 京都』　修学旅行研究会編　新版　国土社　2007.12　40p　26cm　2500円　①978-4-337-25733-7

|目次| 車窓ウォッチング，特集　京都のなかの平安京，特集　心のふるさと京都，自然とくらし，歴史と文化をたずねて，行ってこよう見てこよう，芸術とひと

|内容| 修学旅行のコース計画や、旧跡名所の事前学習に最適な一冊。見て・聞いて・体

験して思い出深い修学旅行にしよう。

『沖縄修学旅行ガイドブック―ふれあい感動体験』　ふきのとう書房　2005.7　64p　21cm〈［東京］星雲社（発売）〉　750円　①4-434-06559-3　Ⓝ291.99

『京都なるほどガイドブック―楽しく調べて体験する修学旅行』　PHP研究所編　PHP研究所　2004.11　79p　29cm　2800円　①4-569-68508-0　Ⓝ291.62
|目次| 学ぶ・体験する（「衣」から見る京都，「食」から見る京都，「住」から見る京都，「おけいこ」から見る京都　ほか），買う・食べる（世界にひとつしかない京みやげを手に入れる，ちょこっとオーダーで手に入れる自分みやげ，手のひらが生み出す芸術・京菓子の世界，食べきり和菓子と持ち帰り和菓子　ほか），巻末情報
|内容| 京都は日本でも有数の観光地ですが，さまざまな産業が栄え，実際に人々が生活している町でもあります。そんな京都のいろいろな側面を理解していただければと思い，本書では多彩なテーマを設け，ただ見るだけではなく，体験したり，調べ学習に役立つスポットを紹介しています。

『事前に調べる修学旅行パーフェクトガイド　大阪・奈良・伊勢志摩』　日本修学旅行協会監修　金の星社　2003.3　95p　30×22cm　3900円　①4-323-06465-9
|目次| 奈良（奈良市内と近郊，西の京周辺，斑鳩・信貴山，飛鳥・橿原，長谷・室生），大阪（ベイエリア，大阪市北部，大阪市南部），伊勢・志摩

『事前に調べる修学旅行パーフェクトガイド　関東・中部・南東北』　日本修学旅行協会監修　金の星社　2003.3　95p　30cm　3900円　①4-323-06463-2
|目次| 南東北（会津若松周辺，猪苗代湖と磐梯山周辺，宮城，山形），日光，信州（佐渡を含む）（信州，佐渡），富士箱根伊豆（鎌倉周辺を含む）（富士五湖周辺，箱根周辺）

『事前に調べる修学旅行パーフェクトガイド　九州・沖縄』　日本修学旅行協会監修　金の星社　2003.3　95p　30×22cm　3900円　①4-323-06467-5
|目次| 長崎（長崎市街，長崎周辺・佐世保，島原周辺），福岡・佐賀・熊本（熊本，北九州，福岡），沖縄（那覇市街，南部，北部）

『事前に調べる修学旅行パーフェクトガイド　東京・横浜・千葉』　日本修学旅行協会監修　金の星社　2003.3　95p　30×22cm　3900円　①4-323-06464-0
|目次| 東京（千葉を含む）（江戸の町を知る，首都ならでは，科学と技術，乗り物，経済と社会，ミュージアムいろいろ，くらしと文化，ウォーターフロント），横浜

『事前に調べる修学旅行パーフェクトガイド　北海道・北東北』　日本修学旅行協会監修　金の星社　2003.3　95p　30cm　3900円　①4-323-06462-4
|目次| 北海道（札幌・道央，函館・道南，大雪・十勝，道東），北東北（青森，岩手，秋田）

『遠足でのゲーム』　新装版　旺文社　1997.6　63p　31cm　（図解・世界ゲーム大事典）　2505円　①4-01-071554-5
|目次| 何歩かな，自然大好き，ジャンプ，ジャンケンたたき，ジャンケン移動，サークルに逃げこめ，オニの引越し，色オニ，ジェスチャー，ゴーゴーゴー〔ほか〕
|内容| メインゲームは，体力向上，協調性などを主体にし，だれでも楽しくできるものです。メインゲームのほかに別のゲームがのっているのは，メインゲームのバリエーションです。概略，方法，反則，勝敗，注意，場所にわけ，より理解しやすくなっております。対象年齢，人数，補助用具，効果は，メインゲームを行うのにいちばん適切なものを記しました。

『行ってみようキャンプ』　学習研究社　1997.2　48p　27cm　（新体験学習わたしたちの野外活動 1）　①4-05-500286-6，4-05-810488-0

『植物観察と天体観察』　学習研究社　1997.2　48p　27cm　（新体験学習わたしたちの野外活動 6）　①4-05-500291-2，4-05-810488-0

『楽しい野鳥観察』　学習研究社　1997.2　48p　27cm　（新体験学習わたしたちの野外活動 4）　①4-05-500289-0，4-05-810488-0

『仲間でできる応急手当』 学習研究社 1997.2 48p 27cm （新体験学習わたしたちの野外活動 8） ①4-05-500293-9, 4-05-810488-0

『発見いっぱい動物観察』 学習研究社 1997.2 48p 27cm （新体験学習わたしたちの野外活動 5） ①4-05-500290-4, 4-05-810488-0

『役に立つ野外工作』 学習研究社 1997.2 48p 27cm （新体験学習わたしたちの野外活動 3） ①4-05-500288-2, 4-05-810488-0

『やってみよう農作業』 学習研究社 1997.2 48p 27cm （新体験学習わたしたちの野外活動 7） ①4-05-500292-0, 4-05-810488-0

『らくらく野外料理』 学習研究社 1997.2 48p 27cm （新体験学習わたしたちの野外活動 2） ①4-05-500287-4, 4-05-810488-0

学芸会を知ろう

『小学校たのしい劇の本―英語劇付　高学年』 日本演劇教育連盟編　国土社 2007.3　211p　26cm　3200円　①978-4-337-27103-6　Ⓝ775.7

『小学校たのしい劇の本―英語劇付　中学年』 日本演劇教育連盟編　国土社 2007.3　203p　26cm　3200円　①978-4-337-27102-9　Ⓝ775.7

『小学校たのしい劇の本―英語劇付　低学年』 日本演劇教育連盟編　国土社 2007.2　207p　26cm　3200円　①978-4-337-27101-2　Ⓝ775.7

『読んで演じたくなるゲキの本―小学生版』 清水曙美，布勢博一，大西信行，内館牧子，市川森一，冨川元文，藤森いずみ，津川泉，蔡文原著　幻冬舎　2006.6 302p　19cm　1500円　①4-344-01185-6　Ⓝ775.7

『学校演劇で平和を学ぶ』 上田精一［著］ 草の根出版会　2004.12　135p　23cm （母と子でみる A42）　2200円　①4-87648-211-X　Ⓝ375

『学校で楽しむみんなの合唱　1巻（校内合唱コンクール編）』 さいとうみのる文，かざねそよかイラスト，さとうたかひろ編曲　汐文社　2004.8　47p　27cm　2000円　①4-8113-7894-6　Ⓝ767.4

『学校のまつりをつくろう』 千葉昇監修，青木滋一文　ポプラ社　2001.4　47p　29cm　（体験と交流でつくる「総合」6）　2800円　①4-591-06706-8,4-591-99365-5

目次　1 みんなのまつりをつくろう（ミュージカルをつくろう，子どもまつりをしよう，スポーツ大会やゲーム大会をしよう　ほか），2 みんなで足あとをのこそう（何でもアルバムをつくろう，もうひとりの自分をつくろう，2分の1成人式をしよう　ほか），3 ほかの学校やまちを知ろう（インターネットでメッセージを送ろう，自分たちで移動教室をつくろう）

内容　みんなで参加してつくりあげる，新しい学校のまつりを考えよう。小学中学年～高学年向き。

『心つながる劇あそび・劇づくり―中学年』 大門高子［ほか］編著，落合恵子画 岩崎書店　2001.4　158p　27cm　（心とからだで表現しよう　総合学習を豊かにする劇の本 2）　3000円　①4-265-02822-5,4-265-10236-0

『みんなでつくる小学校劇　6年』 北島春信監修，木村たかし［ほか］編　小峰書店　2001.1　279p　27cm　3800円　①4-338-17506-0,4-338-17500-1

目次　千年目のあつまり（牧杜子尾），一枚の手紙（滝井純），レンタル夢ショップ（吉川由香子），郵便鳥（上田和子），円空さんとイナゴ（林一郎），携帯電話（矢島あかね），「あ」（谷信雅），もととり山（武田圭喜），脱出（大森哲夫），まぬけ村物語（岩崎明）

『みんなでつくる小学校劇 5年』北島春信監修, 木村たかし[ほか]編 小峰書店 2001.1 279p 27cm 3800円
①4-338-17505-2, 4-338-17500-1
[目次] 約束(二宮智恵子), ゾンビの館(馬場健秀), おりづる(滝井純), 消えた化け太郎(牧杜子尾), 沼のほとりで(二見恵理子), しゃくみょう山の山姥(三友大五郎), どん助とよめっこ(小川信夫), 文明開化ばんざい(土井彩子), ヘンな雪だるま(椎崎篤), あーぶくたったにえたった(矢島あかね)

『みんなでつくる小学校劇 4年』北島春信監修, 木村たかし[ほか]編 小峰書店 2001.1 271p 27cm 3800円
①4-338-17504-4, 4-338-17500-1
[目次] ムササビ子ども組(岩崎明), ほんとうの宝ものは(牧杜子尾), けんちゃんがしゃべった(木村たかし), 大すき, ウオッシュさん(野口祐之), 形はみんな友だちだ(島田功), レインボーキャップ(蓮見省五), ぼくらの船(古賀千穂), まじょっこピカリ(久保由美子), のびのび島の人々(千野隆之), きもだめしのひみつ(森田貞子)

『みんなでつくる小学校劇 3年』北島春信監修, 木村たかし[ほか]編 小峰書店 2001.1 283p 27cm 3800円
①4-338-17503-6, 4-338-17500-1
[目次] みんな地球のおともだち(武田晋一), よく晴れた朝に(林久博), ファーストミット事件(川島吾朗), 森の自転車教室(小島茂雄), お日様バー, 雨がふるなら風はグー(佐藤信一), さとやまユウたん(安斎正則), 山びこたち(北島春信), わくぱく共和国(鈴木秀尚), 王さまはチョコレートが大すき(長谷川安佐子), 風の子とつむじ風(本田博子)

『みんなでつくる小学校劇 2年』北島春信監修, 木村たかし[ほか]編 小峰書店 2001.1 247p 27cm 3800円
①4-338-17502-8, 4-338-17500-1
[目次] ねずみをおい出せ(長谷川安佐子), 海のむこうは鬼が島(岡田陽), 雨あがり(木村たかし), じゃんけんぽん・まけないぞ(金平正), ふしぎなもりの大ぼうけん(蓑田正治), たぬきはたぬき(二宮智恵子), 赤いふうせん(関明), おいしいうどんを作りましょう(加藤陸雄), がんばれくまた(近藤芙蓉), ひょうたんいけはおおさわぎ(岡信行)

『みんなでつくる小学校劇 1年』北島春信監修, 木村たかし[ほか]編 小峰書店 2001.1 263p 27cm 3800円
①4-338-17501-X, 4-338-17500-1
[目次] たんじょう日カード(木村たかし), お花やさんのみせびらき(蓑田正治), なんだこれ(千野隆之), せまいはし(永井鱗太郎), ぞうさんいーれて(長谷川安佐子), 青いうみ青いうち(横山さやか), 虹とあそぶ(横山昭作), 空にとんでいったこいのぼり(渡辺恵子), わかってるけど…。(三友大五郎), 学校たんけんレッツゴー(保坂弘之)

『イエス・ママ！―日英対訳学校劇脚本集』岩田健著 晩成書房 2000.1 220p 21cm 〈他言語標題：Yes, mama！ 英文併記〉2000円 ①4-89380-227-5

『5―6年生の劇の本 2』生越嘉治著 あすなろ書房 1999.4 190p 27cm (小学校劇の本 クラス全員が出演できるどの子にもセリフがある 5) 3000円
①4-7515-2006-7

『1―2年生の劇の本 2』生越嘉治著 あすなろ書房 1999.3 190p 27cm (小学校劇の本 クラス全員が出演できるどの子にもセリフがある 2) 3000円
①4-7515-2002-4

『5―6年生の劇の本 1』生越嘉治著 あすなろ書房 1999.3 190p 27cm (小学校劇の本 クラス全員が出演できるどの子にもセリフがある 5) 3000円
①4-7515-2005-9

『3―4年生の劇の本 2』生越嘉治著 あすなろ書房 1999.3 190p 27cm (小学校劇の本 クラス全員が出演できるどの子にもセリフがある 4) 3000円
①4-7515-2004-0

『3―4年生の劇の本 1』生越嘉治著 あすなろ書房 1999.3 190p 27cm (小学校劇の本 クラス全員が出演できるどの子にもセリフがある 3) 3000円
①4-7515-2003-2

『1—2年生の劇の本 1』 生越嘉治著 あすなろ書房 1999.1 190p 27cm （小学校劇の本 クラス全員が出演できるどの子にもセリフがある 1） 3000円 ①4-7515-2001-6

『クラスが変わる劇・表現アイデア集』 子どもの表現研究会編著，安土じょう構成・イラスト 汐文社 1997.4 60p 26cm （みんなが変わる話し方・伝え方・演じ方 学校行事や遊びのなかで身につく自己表現 3） 1600円＋税 ①4-8113-7205-0

『クラスが変わる劇・表現アイデア集』 子どもの表現研究会編・著，安土じょう構成・イラスト 図書館版 汐文社 1997.4 60p 27cm （みんなが変わる話し方・伝え方・演じ方 学校行事や遊びのなかで身につく自己表現 3） 2000円 ①4-8113-0343-1

『シュプレヒコール脚本集』 玉川学園小学部編 町田 玉川大学出版部 1996.9 275p 21cm 2884円 ①4-472-12291-X

『1年生のみんなの劇』 演劇教育研究会責任編集 学習研究社 1996.2 152p 27cm （みんな大好き、小さな劇 1） 3000円 ①4-05-500140-1

『5年生のみんなの劇』 演劇教育研究会責任編集 学習研究社 1996.2 160p 27cm （みんな大好き、小さな劇 5） 3000円 ①4-05-500144-4

『3年生のみんなの劇』 演劇教育研究会責任編集 学習研究社 1996.2 152p 27cm （みんな大好き、小さな劇 3） 3000円 ①4-05-500142-8

『2年生のみんなの劇』 演劇教育研究会責任編集 学習研究社 1996.2 152p 27cm （みんな大好き、小さな劇 2） 3000円 ①4-05-500141-X

『4年生のみんなの劇』 演劇教育研究会責任編集 学習研究社 1996.2 152p 27cm （みんな大好き、小さな劇 4） 3000円 ①4-05-500143-6

『6年生のみんなの劇』 演劇教育研究会責任編集 学習研究社 1996.2 160p 27cm （みんな大好き、小さな劇 6） 3000円 ①4-05-500145-2

学校生活

学校での生活について考えよう

『できたできたできた―花まる小学生になろう！』　NHK「できたできたできた」制作班制作協力，いちちひろゆき漫画，講談社編　講談社　2013.2　95p　21cm　950円　①978-4-06-218175-4

[目次] 学校ってどんなところ？，こまったときはどうする？，きょうも一日がんばろう！，ともだちといっしょ，遠足をたのしみにするとすぐみつかるね，わざとじゃなくてもごめんなさい，学校のやくそく，あしたのじゅんびしてるかな？，じぶんのもちものたいせつに，いまはなにをするじかん？：きょうしつきれいがきもちいい，本大すき，からだのスイッチあさごはん，ありがとうがたくさんある日，でんしゃの中のどうぞのこち

[内容] 小学校入学前から小学校低学年・中学年のお子さんに、花まる小学生になるための15の方法を、わかりやすく解説。まんがで楽しみながら内容を理解して、まとめのページで親子いっしょにおさらい。

『学校』　都筑二郎著，井上正治絵　大日本図書　1999.3　62p　27cm　（生活の基本図鑑 2）　2800円　①4-477-00974-7

[目次] 朝礼中に気分が悪くなったら，授業中ねむくなってしまったら，遠足をたのしむために，本の朗読，図書室へ行こう！，あぶない！階段だ，ぼくだけ、わたしだけの安全キット，わっ！どうしよう！トイレに行きたい，生活の初心者コース・家庭科，雨の日，雪の日，学校で〔ほか〕

[内容] 学校の各場面で、子ども自身に知ってほしいルール、身につけてほしいマナー、危険予知能力（自分自身の身のまもり方）などを、わかりやすく解説。価値観やライフスタイルが多様化するなかで、せめて最低限「人にめいわくをかけない」こととはどういうことなのかを考えた。

『よくわかる1ねんのせいかつ』　古川鉄治，新野春海，内田明子著，藤子・F・不二雄キャラクター監修　小学館　1999.1　111p　23cm　（ドラえもん学年別学習まんが）　850円　①4-09-296587-7

[目次] 1 のびたの学校たんけん―学校っていいな，2 おかあさんのゆびわをさがせ―あそびへいこう，3 わくわくするなつ休み―なつがきた，4 生きものとともだち―大きくなったね，5 あきとあそぼう―あき見つけた，6 ママのおしごと―うちの人大すき，7 お正月はなにしてあそぶ？―つくろう，あそぼう，8 1年間のおもい出―もうすぐ2年生

[内容] 本書では、特に学校生活や家庭生活を中心として、自然と季節の変化・公共施設の利用・遊び・動植物の飼育栽培・自分の1年間の成長を取り上げました。

『よくわかる2年の生活』　古川鉄治，井上典子著，藤子・F・不二雄キャラクター監修　小学館　1999.1　127p　23cm　（ドラえもん学年別学習まんが）　850円　①4-09-296588-5

[目次] 1 かいじゅうが町にやってきた！―町のたんけんをしよう，2 ザリガニ大作せん―生きもの広場を作ろう，3 夏だかみなりさまのお手つだい―もうすぐ夏，4 手作りおもちゃでにげろ―おもちゃを作ろう，5 秋っていいなおいしいな―みのりの秋，6 バスにのってサーカスへ―のりものにのろう，7 お正月セット―冬を楽しく，8 みんな赤ちゃんだった―こんなに大きくなったよ

[内容] 本書では、特に地域と学校、自分の生活を中心として、地域の生活・季節や天候と生活の変化・公共物と公共施設の利用・遊びや生活に使うものの製作・動植物の飼育栽培・生まれてからの自分の成長を取り上げました。

『学校と子どもの生活の100年』　桜井信夫編著　PHP研究所　1997.10　39p

31cm （写真でみる20世紀の日本 1）〈年表あり 索引あり〉 2800円 ⓘ4-569-68061-5,4-569-29449-9

『エンマ様もふき出す 学校の法則』 花咲乱之介とその一座編 成美堂出版 1997.6 140p 19cm （とびだせ！ ガキンチョ） 650円 ⓘ4-415-03867-0
[目次] 第1章 クラスメートの法則, 第2章 授業の法則, 第3章 休み時間の法則, 第4章 テストの法則, 第5章 給食の法則, 第6章 宿題の法則, 第7章 先生の法則
[内容] 本書は、学校の「校則」の本ではありません。みなさんが、学校生活を楽しくすごせるような、ちょっとしたコツを教えるための本です。

あいさつ・マナーについて考えよう

『インターネットにおけるルールとマナー こどもばん公式テキスト』 インターネット協会著 改訂版 インターネット協会 2012.3 105p 26cm 1600円 ⓘ978-4-903050-02-7 Ⓝ694.5

『食事のマナー・安全・栄養クイズ』 ワン・ステップ編 金の星社 2012.3 126p 22cm （脳に栄養めざせ！ 食育クイズマスター） 2000円 ⓘ978-4-323-06774-2 Ⓝ596.8

『テーブルマナーの絵本』 高野紀子作 あすなろ書房 2011.11 59p 21×22cm〈文献あり〉 1600円 ⓘ978-4-7515-2548-7 Ⓝ596.8

『体験学習をはじめよう 2 インタビューする・アンケートをとる』 佐々木定治監修, こどもくらぶ編 ポプラ社 2002.4 45p 27cm （体験学習アイデアブック 2） 2800円 ⓘ4-591-07103-0, 4-591-99434-1
[目次] インタビューをしてみよう（インタビューする相手をさがすには？, 連絡をする前にしておくことは？, 電話でのお願いはどうすればいいの？ ほか）, 電子メールを使ってみよう（電子メールってどうやってだすの？, お礼の電子メール, どうだせばいいの？, もらったメールはどうすればいいの？ ほか）, アンケートをとってみよう（アンケートをつくるときのポイントは？, アンケート用紙をつくるには？, アンケートをまとめるには？）
[内容] 知識は本の中だけにあるものではない。知りたいことについての生きた情報を手に入れたいなら、インタビューやアンケートをしてみよう。小学校中〜高学年向き。

『おしゃれな会話』 早見優監修, こどもくらぶ編・著 岩崎書店 1999.4 47p 27cm （なりたいな、おしゃれ・マナーの名人 3） 2800円 ⓘ4-265-02483-1,4-265-10210-7
[目次] 1 ふだんの会話（話をするときに心がけたいこと, 表情にも気をくばろう ほか）, 2 よそゆきの会話（敬語があるとないとでは, いちばんたいせつなこと ほか）, 3 いろんな会話（いろんな方言と共通語, 手話に関するマナー ほか）, 4 早見優のおしゃれな会話の世界
[内容] 子どもにふさわしいことばと、ことばのマナーを身につけて、自分自身の魅力を100%引きだそう。それには、どうすればいいかを、この本を読んで見つける。早見さんは、3歳から14歳までアメリカに住んでいたので、英語の話にもふれている。小学校中学年以上。

『おつきあいのマナー』 武田鉄矢監修, こどもくらぶ編・著 岩崎書店 1999.4 47p 27cm （なりたいな、おしゃれ・マナーの名人 5） 2800円 ⓘ4-265-02485-8,4-265-10210-7
[目次] 1 友だちへのマナー（なんてったって、あいさつが基本, 友だちの輪を広げよう ほか）, 2 家族へのマナー（家の中でも、あいさつが基本, 兄弟姉妹で、たいせつなこと ほか）, 3 地域・社会とのおつきあい（ご近所へのマナー, 障害を持つ人へのマナー ほか）, 4 特別なおつきあい（パーティーのマナー, 贈りもののマナー ほか）
[内容] 「おつきあい」って、ほんとうにむずかしい。たくさんの人と出会って、いろんな人とのおつきあいを通して、人と人との結びつきのたいせつさをひとつひとつ学んでいく。小学校中学年以上。

『しぐさのマナー』 市田ひろみ監修, こどもくらぶ編・著 岩崎書店 1999.4 47p 27cm （なりたいな、おしゃれ・マナーの名人 4） 2800円 Ⓘ4-265-02484-X,4-265-10210-7
［目次］1 美しいしぐさ（まずは姿勢をチェック，姿勢のよいすわり方 ほか），2 きちんとしたふるまい（よその家を訪問するとき，あらたまったおよばれのとき ほか），3 公共のマナー（人のめいわくをかんがえよう，おしゃれマナー ほか），4 フォーマルなふるまい（結婚式によばれたら，葬式に参列するとき ほか），5 手紙の書き方、電話のかけ方（手紙のマナー，電話のマナー）
［内容］しぐさやふるまいのマナーは思いやりの心から生まれるもの。人にめいわくをかけない、人を不愉快にしない、このふたつの気持ちがだいじ。本書でそんなしぐさのマナーを学ぶ。小学校中学年以上。

『食事のマナー』 服部幸応監修, こどもくらぶ編・著 岩崎書店 1999.4 47p 27cm （なりたいな、おしゃれ・マナーの名人 6） 2800円 Ⓘ4-265-02486-6,4-265-10210-7
［目次］1 食べるときのマナー（食べるときの姿勢だいじだよ！，「いただきます」は元気よく，食器を正しく持とう！ ほか），2 食べものへのマナー（いろんな色のものを食べよう！，残さないで食べられるかな？，旬のものを食べよう！），3 テーブルマナー（西洋料理のテーブルマナー，中国料理のテーブルマナー，日本料理のテーブルマナー ほか）
［内容］マナーといっても、ごはんをこぼさないで食べるとか、食事のときの礼儀作法だけじゃない。料理をつくってくれた人に感謝の気持ちを持つことがだいじなんだ。素材をつくってくれた人にもね。そうすれば、自然に食べものをそまつにしないようになる。みんなでたのしく食べるという心くばりもわすれないこと。それが、ほんとうのマナーだ。すてきなおとなになるために、いまから、しっかりレッスンしておこう。

『"話しベタ"克服言葉・あそびアイデア集』 子どもの表現研究会編著, 安土じょう構成・イラスト 汐文社 1997.4 51p 26cm （みんなが変わる話し方・伝え方・演じ方 学校行事や遊びのなかで身につく自己表現 2） 1600円＋税

Ⓘ4-8113-7204-2

『"話しベタ"克服言葉・あそびアイデア集』 子どもの表現研究会編著, 安土じょう構成・イラスト 汐文社 1997.4 51p 27cm （みんなが変わる話し方・伝え方・演じ方 学校行事やあそびのなかで身につく自己表現 図書館版 2） 2000円 Ⓘ4-8113-0342-3

『あいさつは元気よく』 鈴木喜代春指導, 長谷川進絵 あすなろ書房 1997.3 47p 27cm （まんがでべんきょうマナーの本 1） Ⓘ4-7515-1951-4,4-7515-1950-6

『食事は楽しく』 鈴木喜代春指導, 長谷川進絵 あすなろ書房 1997.3 47p 27cm （まんがでべんきょうマナーの本 3） Ⓘ4-7515-1953-0,4-7515-1950-6

学級活動について考えよう

『学校行事に役立つ楽しい切り紙 3 遊べる切り紙』 寺西恵里子デザイン 汐文社 2009.11 48p 27cm 2200円 Ⓘ978-4-8113-8642-3 Ⓝ754.9

『学校行事に役立つ楽しい切り紙 1 季節の切り紙』 寺西恵里子デザイン 汐文社 2009.11 48p 27cm 2200円 Ⓘ978-4-8113-8640-9 Ⓝ754.9

『みんなで作ろう 教室壁かざりアイディア集 2-5 学校の中を楽しくかざろう』 学習研究社 2004.3 48p 30cm〈7刷〉3100円 Ⓘ4-05-500371-4
［目次］作品をかざろう，ポスターをけいじしよう，ニュースコーナーを楽しくしよう，リサイクルしよう，おたよりコーナー，とくべつ教室のひょうじを作ろう，ランチルームを楽しく，図書室のけいじをくふうしよう，保けん室のけいじ，屋外のひょうじをくふうしよう，何をかっているの？，どんな花がさくのかな，プランターを楽しくかざろう，木の名ふだを作ろう

学校生活　　　　　　　　　　　　　　　　　　　　　学級活動について考えよう

『みんなで作ろう　教室壁かざりアイディア集　2-4　教室の前面を楽しくかざろう』　学習研究社　2004.3　48p　30cm〈6刷〉3100円　①4-05-500370-6
目次　こんなクラスにしよう，楽しい時間わり，当番表を作ろう，学級通しんをけいじしよう，校歌をおぼえよう，あいうえおで遊ぼう，こん立表をけいじしよう，お手紙ください，見つけたことコーナー，どんな仕事をするのかな，工作材料コーナー，わたしの仕事，読んでごらん楽しかったよ，楽しかったね あの歌この歌，落し物だれのかな

『みんなで作ろう　教室壁かざりアイディア集　2-3　リサイクルや思い出でかざろう3学期』　学習研究社　2004.3　48p　30cm〈6刷〉3100円　①4-05-500369-2
目次　思い出かるたを作って遊ぼう，目ひょう書きぞめてん，せつ分集会をもり上げよう，かざって遊ぼう，おひな様を作ろう，リレーでお話を作ろう，おもしろいよ点と線，わたしのたから物，思い出コーナーを作ろう，さよなら2組，大きくなったね，1年生のよろこぶ教室にしよう，ありがとう6年生，そつ業おめでとう，そつ業・入学をいわうかざり

『みんなで作ろう　教室壁かざりアイディア集　2-2　自然や体験を調べてかざろう2学期』　学習研究社　2004.3　48p　30cm〈6刷〉3100円　①4-05-500368-4
目次　夏休みの絵日記をかざろう，思い出をとじこめよう，いろいろな虫を見つけたよ，わくわくてんらん会，ぼくはおべんとう屋さん，おいしい秋，学げい会のグッズを作ろう，ペープサートで遊ぼう，楽しいパネルかざり，手作りでおたより，落ち葉やえだで作ろう，そめ物にチャレンジ，見つけたよ，冬，ステンシルで年がじょうを作ろう

『みんなで作ろう　教室壁かざりアイディア集　2-1　友だちや環境にやさしく1学期』　学習研究社　2004.3　48p　30cm〈6刷〉3100円　①4-05-500367-6
目次　友だちになろう，ようこそ新1年生，友だちの名前をおぼえよう，わたしのクラスどんなマークがいいかな，みんなのたん生日，おや，へんしんしたよ，こいのぼりでかざろう，見つけて作ろう町の地図，公園で遊んだよ，いっしょに遊ぼうね，見つけた

がんばるよ運動会，ささかざりを作ろう，水の中の生き物たち，やってみたいな夏休み

『みんなで作ろう　教室壁かざりアイディア集　4　テクニックと材料』　学習研究社　2004.3　48p　30cm〈11刷〉3100円　①4-05-500167-3
目次　パスや絵の具のつかいかたをくふうして楽しもう　テクニック（こすりだし，ひっかき絵，はじき絵，ころがし絵 ほか），こんなもの，あんなものじょうずにつかい分けたい　材料（いろいろな紙，だんボール，ポリ袋，牛にゅうパック ほか）

『みんなで作ろう　教室壁かざりアイディア集　3　3学期』　学習研究社　2004.3　48p　30cm〈11刷〉3100円　①4-05-500166-5
目次　お話おもしろかったね，壁すごろくであそぼう，冬の野原で見つけたよ，マラソンがんばろう，たこあげ大会，楽しいな，マラソン，なわとびがんばったね，かぜをひかないようにしよう，時計を作ろう，おにのおめんを作ろう，そつぎょう生にプレゼントをおくろう，おせわになった人におれいのプレゼントをおくろう，思い出をたいせつにのこしておこう，きぼうのみらいへむかって，新1年生まっているよ

『みんなで作ろう　教室壁かざりアイディア集　2』　学習研究社　2004.3　5冊　30cm　15500円　①4-05-810551-8
目次　1 友だちや環境にやさしく1学期，2 自然や体験を調べてかざろう2学期，3 リサイクルや思い出でかざろう3学期，4 教室の前面を楽しくかざろう，5 学校の中を楽しくかざろう

『みんなで作ろう　教室壁かざりアイディア集　2　2学期』　学習研究社　2004.3　48p　30cm〈10刷〉3100円　①4-05-500165-7
目次　夏休み楽しかったね，たくさんたねがとれたよ，野原できれいな秋を見つけた，きれいな落ち葉ひろったよ，たくさんみのったかな，どの本がおもしろかったかな，木の実・木の葉であそべるね，かざれるね，数えてみよう，くらべよう，あいさつすると気もちいいね，手紙を出そう，お店やさんごっこ，楽しいな，学げい会を楽しく，2学期の思い出をおたよりにして，ねんがじょうも手作りで，教室をきれいに

委員会活動について考えよう　　　　　　　　　　　　　　　学校生活

『みんなで作ろう　教室壁かざりアイディア集　1　1学期』　学習研究社　2004.3　48p　30cm〈11刷〉3100円　Ⓣ4-05-500164-9
[目次]　春の野原で見つけたよ，たん生日はいつかな，どこにどんな教室があるの？，どうぶつがいっぱい，かわいいね，どのかかり，どの当番になりたいかな，給食，楽しいな，「こどもの日」およびクラスのこいのぼり，「うんどう会」もうすぐうんどう会，「うんどう会」がんばれ！　おうえんしよう，虫ばにならないために，「雨の日たんけん」雨の日に見つけたよ，夏の野原で見つけたよ，あさがおいくつさいたかな？，もうすぐ夏休み

『調べてまとめてはっぴょう名人―小学生のためのプレゼンテーションbook』　中川一史,中村武弘監修　ジャストシステム　2003.2　151p　24cm　1200円　Ⓣ4-88309-241-0　Ⓝ375.182
[目次]　1　自己しょうかいからはじめよう（自分をしょうかいしよう，友達のピカイチを見つけよう），2　学校一のはっぴょう名人になろう！（楽しいイベントを考えよう，楽しく読める新聞を作ろう　ほか），3　学校の外にも情報がいっぱい！（お店のガイドブックを作ろう，はっぴょうの名人になろう　ほか），4　家でもできるぞ！　プレゼンテーション（おこづかい値上げ大作戦！，おかしレシピを作ろう　ほか）
[内容]　読んでわかる！　まんがでわかる！　学校の授業に沿った活動テーマから家庭で学べるテーマをピックアップ！　小学生のプレゼン入門。小学生向けプレゼンテーションソフト「はっぴょう名人」を使ったプレゼンのまとめかたも紹介。

『校内のかざり』　菱田清和著　ポプラ社　1997.4　47p　27cm　（リサイクル・作って遊ぶ　6）2800円＋税　Ⓣ4-591-05349-0,4-591-99173-3
[目次]　こんなことができるよ―季節にあわせてかざる（学校の案内，七夕かざり，獅子，おひな様），こんなことができるよ―教室の展示物（牛乳びんのふたのカレンダー，紙皿の自己紹介コーナー，あきかんの風鈴　ほか），こんなことができるよ―係活動で役だつもの（立て札，ペーパーウエイト，手紙入れ　ほか）
[内容]　本書では，ゴミになろうとしているものを再利用して，季節にあわせて学校や教室の中を，きれいにかざったり，係活動に役だったりするものを，紹介しています。小学校中・高学年向。

『飾って遊ぼう』　山野てるひ編　明治図書出版　1996.6　103p　26cm　（手づくり遊びと体験シリーズ―作って遊ぶアイデア集　4）1860円　Ⓣ4-18-792407-8
[目次]　1　大きな空間をかざろう，2　素材・技法遊びから，3　壁や窓をかざろう，4　遊ぶものをかざろう，5　使うものをかざろう

『教室壁かざりアイディア集―みんなで作ろう　4（テクニックと材料）』　学習研究社　1996.3　48p　30cm　Ⓣ4-05-500167-3

『教室壁かざりアイディア集―みんなで作ろう　3（3学期）』　学習研究社　1996.3　48p　30cm　Ⓣ4-05-500166-5

『教室壁かざりアイディア集―みんなで作ろう　2（2学期）』　学習研究社　1996.3　48p　30cm　Ⓣ4-05-500165-7

『教室壁かざりアイディア集―みんなで作ろう　1（1学期）』　学習研究社　1996.3　48p　30cm　Ⓣ4-05-500164-9

『みんなで作ろう　教室壁かざりアイディア集　全4巻』　学習研究社　1996.3　4冊（セット）30cm　12000円　Ⓣ4-05-810467-8
[目次]　1学期，2学期，3学期，テクニックと材料

委員会活動について考えよう

『新聞を作ってみよう！』　古舘綾子構成・文，うしろだなぎさ絵　童心社　2013.3　47p　31cm　（はじめての新聞学習）〈索引あり〉3000円　Ⓣ978-4-494-01279-4　Ⓝ070.163
[目次]　新聞作りのラッキー7，学校で作る新聞には，どんなものがあるの？―学校新聞，学級新聞，学習新聞，新聞を読んでもらうに

は？，新聞作りの流れは，どうなっているの？，いざ，作業開始！，さあ，わりつけよう！，取材をしよう！，さあ，新聞を作ろう！，おつかれさま！）

『学校で役立つ新聞づくり活用大事典』 関口修司監修　学研教育出版，学研マーケティング（発売）　2013.2　95p　29cm　〈文献あり　索引あり〉　4500円　①978-4-05-500988-1　Ⓝ070
目次 第1章 新聞を見てみよう（新聞のおもしろさ，新聞の役割と特徴 ほか），第2章 新聞をいかそう（まず，スクラップ！，スクラップの活用 ほか），第3章 新聞をつくろう（新聞づくりの目的，制作を始める ほか），第4章 新聞のことをもっと知ろう（新聞社の1日，取材記者の仕事 ほか），資料ページ

『かんさつ名人はじめての栽培　8　そだててみたいやさいや花』　東京学芸大学附属小金井小学校生活科部指導，大角修文，菊池東太，高橋尚紀写真　小峰書店　2012.4　35p　29cm　〈文献あり〉　2700円　①978-4-338-27108-0　Ⓝ615

『かんさつ名人はじめての栽培　7　ヒマワリ』　東京学芸大学附属小金井小学校生活科部指導，大角修文，菊池東太，高橋尚紀写真　小峰書店　2012.4　35p　29cm　2700円　①978-4-338-27107-3　Ⓝ615

『かんさつ名人はじめての栽培　6　アサガオ』　東京学芸大学附属小金井小学校生活科部指導，大角修文，菊池東太，高橋尚紀写真　小峰書店　2012.4　35p　29cm　2700円　①978-4-338-27106-6　Ⓝ615

『かんさつ名人はじめての栽培　5　サツマイモ』　東京学芸大学附属小金井小学校生活科部指導，大角修文，菊池東太，高橋尚紀写真　小峰書店　2012.4　35p　29cm　〈文献あり〉　2700円　①978-4-338-27105-9　Ⓝ615

『かんさつ名人はじめての栽培　4　ミニトマト』　東京学芸大学附属小金井小学校生活科部指導，大角修文，菊池東太，高橋尚紀写真　小峰書店　2012.4　35p　29cm　〈文献あり〉　2700円　①978-4-338-27104-2　Ⓝ615

『かんさつ名人はじめての栽培　3　キュウリ』　東京学芸大学附属小金井小学校生活科部指導，大角修文，菊池東太，高橋尚紀写真　小峰書店　2012.4　35p　29cm　〈文献あり〉　2700円　①978-4-338-27103-5　Ⓝ615

『かんさつ名人はじめての栽培　2　エダマメ』　東京学芸大学附属小金井小学校生活科部指導，大角修文，菊池東太，高橋尚紀写真　小峰書店　2012.4　35p　29cm　〈文献あり〉　2700円　①978-4-338-27102-8　Ⓝ615

『かんさつ名人はじめての栽培　1　トウモロコシ』　東京学芸大学附属小金井小学校生活科部指導，大角修文，菊池東太，高橋尚紀写真　小峰書店　2012.4　35p　29cm　〈文献あり〉　2700円　①978-4-338-27101-1　Ⓝ615

『調べてまとめて新聞づくり　5　学級新聞・学校新聞をつくろう』　竹泉稔監修　ポプラ社　2012.3　47p　29cm　〈索引あり〉　2800円　①978-4-591-12804-6　Ⓝ375.19
目次 1 学級新聞をつくろう（なぜ新聞をつくるの？，どんな記事をのせるの？，どの記事をどこにのせる？，どうやってつくるの？，いろいろな学級新聞を見てみよう），2 学校新聞をつくろう（どんなことを記事にするの？，学校新聞づくりの手順，いろいろな学校新聞を見てみよう），3 いろいろな記事のくふう（読者といっしょに考える，アンケートで記事をつくる，インタビューで記事をつくる）

『調べてまとめて新聞づくり　4　研究したことを新聞で発表しよう』　竹泉稔監修　ポプラ社　2012.3　47p　29cm　〈索引あり〉　2800円　①978-4-591-12803-9　Ⓝ375.19
目次 1 新聞づくりで学びを深めよう（なぜ新聞にまとめるの？，どうまとめたらいいの？，新聞をつくる手順），2 調べたことを新聞にまとめよう（環境新聞，国際理解新

委員会活動について考えよう　　　　　　　　　　　　　学校生活

聞，平和新聞，福祉新聞，未来発見新聞，自由研究新聞），3 遠足や宿泊行事の新聞をつくろう（どんな活動をしたの？，校外学習で学べることは，いろいろ）

『調べてまとめて新聞づくり　3　授業のまとめ新聞をつくろう』　竹泉稔監修
ポプラ社　2012.3　47p　29cm〈索引あり〉2800円　Ⓘ978-4-591-12802-2
Ⓝ375.19
|目次| 1 学んだことを新聞にまとめよう（なぜ新聞にまとめるの？，どうまとめたらいいの？，どうやってつくるの？），2 授業のまとめ新聞をつくろう（社会―地域たんけん新聞，社会―昔のくらし新聞，社会―産業新聞，歴史新聞，理科新聞，読書新聞，家庭科新聞），3 社会科見学新聞をつくろう（見学したことを新聞にまとめるには，見学場所での取材がかんじん）

『調べてまとめて新聞づくり　2　新聞のつくり方・見せ方』　竹泉稔監修　ポプラ社　2012.3　47p　29cm〈索引あり〉2800円　Ⓘ978-4-591-12801-5
Ⓝ375.19
|目次| 1 どんな新聞をつくりたい？（学校で取りくむ新聞，だれに，どう読んでもらう？，なぜ新聞にまとめるの？），2 新聞づくりの手順（まずはテーマさがしから，紙面の割りつけを考える，取材方法を考える，現地取材に行く前の準備，いよいよ取材！，記事を書く，見出しとリード，紙面を組む，しあげはていねいに，合評会をおこなう），3 見やすい紙面づくりのテクニック（割りつけの基本X字型，割りつけと記事の流れ，少しのくふうで，こんなにかわる！，手書きか，パソコンか）

『調べてまとめて新聞づくり　1　新聞ってどんなもの？』　竹泉稔監修　ポプラ社　2012.3　47p　29cm〈索引あり〉2800円　Ⓘ978-4-591-12800-8
Ⓝ375.19
|目次| 1「新聞」ということばの意味（「新聞」と「ニュース」，新聞にのるニュースとは？，何をのせるか，のせないか，新聞の種類と性格），2 新聞のくふうを見てみよう（新聞の構成，面でことなるニュース記事，紙面をどう見ればいいの？，紙面の割りつけ（レイアウト）のくふう，ニュース記事の読み方，ニュース記事の要点をつかむ，「事実」と「意見」を読みわける，新聞ができるまで，

最新のニュースをとどけるくふう，新聞をささえる人たち，），3 自分たちの新聞をつくろう（学校でつくる新聞を見てみよう，小学生記者の新聞づくり，新聞にまとめて伝えよう）

『学習新聞のつくり方事典―わかりやすく伝えよう！：取材の方法から記事の書き方まで』　鈴木伸男編　PHP研究所　2011.11　63p　29cm〈索引あり　文献あり〉2800円　Ⓘ978-4-569-78190-7
Ⓝ375.19

『わかりやすく伝えよう！　学習新聞のつくり方事典―取材の方法から記事の書き方まで』　鈴木伸男編　PHP研究所　2011.11　1冊　29×22cm　2800円
Ⓘ978-4-569-78190-7
|目次| 第1章 学習新聞の基礎知識（学習新聞って何？，学習新聞大解剖，新聞を活用しよう），第2章 学習新聞をつくろう（企画を立てる，割付を考える，取材をする，記事を書く，整理・清書・校正する，印刷・発行する，学習新聞づくりをふりかえる），第3章 いろいろな学習新聞（カベ新聞，はがき新聞，国語科新聞，社会科新聞，理科新聞，職場体験新聞，わがまち新聞，遠足・宿泊行司の新聞，知っておこう学習新聞づくりのルール）

『はじめての飼育　8　かってみたい生きもの』　東京学芸大学附属小金井小学校生活科部指導，本間正樹文，菊池東太写真　小峰書店　2011.4　35p　29cm　2700円　Ⓘ978-4-338-26208-8,978-4-338-26200-2　Ⓝ480.76

『はじめての飼育　7　ハムスター』　東京学芸大学附属小金井小学校生活科部指導，本間正樹文，菊池東太写真　小峰書店　2011.4　35p　29cm〈文献あり〉2700円　Ⓘ978-4-338-26207-1,978-4-338-26200-2　Ⓝ480.76

『はじめての飼育　6　モンシロチョウ』　東京学芸大学附属小金井小学校生活科部指導，本間正樹文，菊池東太写真　小峰書店　2011.4　35p　29cm〈文献あり〉2700円　Ⓘ978-4-338-26206-4,978-4-338-26200-2　Ⓝ480.76

学校生活　　　　　　　　　　　　　　　　　　　委員会活動について考えよう

『はじめての飼育　5　コオロギ』東京学芸大学附属小金井小学校生活科部指導，本間正樹文，菊池東太写真　小峰書店　2011.4　35p　29cm〈文献あり〉2700円　Ⓘ978-4-338-26205-7,978-4-338-26200-2　Ⓝ480.76

『はじめての飼育　4　ダンゴムシ』東京学芸大学附属小金井小学校生活科部指導，本間正樹文，菊池東太写真　小峰書店　2011.4　35p　29cm〈文献あり〉2700円　Ⓘ978-4-338-26204-0,978-4-338-26200-2　Ⓝ480.76

『はじめての飼育　3　カタツムリ』東京学芸大学附属小金井小学校生活科部指導，本間正樹文，菊池東太写真　小峰書店　2011.4　35p　29cm〈文献あり〉2700円　Ⓘ978-4-338-26203-3,978-4-338-26200-2　Ⓝ480.76

『はじめての飼育　2　メダカ』東京学芸大学附属小金井小学校生活科部指導，本間正樹文，菊池東太写真　小峰書店　2011.4　35p　29cm〈文献あり〉2700円　Ⓘ978-4-338-26202-6,978-4-338-26200-2　Ⓝ480.76

『はじめての飼育　1　ザリガニ』東京学芸大学附属小金井小学校生活科部指導，本間正樹文，菊池東太写真　小峰書店　2011.4　35p　29cm〈文献あり〉2700円　Ⓘ978-4-338-26201-9,978-4-338-26200-2　Ⓝ480.76

『飼育体験から学ぶヤギのいる学校—つながるいのちの輪』今井明夫，阿見みどり共著　鎌倉　銀の鈴社　2011.3　47p　27cm　(すずのねえほん—もの知り絵本)　1500円　Ⓘ978-4-87786-561-0　Ⓝ645.4

『学校行事に役立つ楽しい切り紙　2　使える切り紙』寺西恵里子デザイン　汐文社　2009.11　48p　27cm　2200円　Ⓘ978-4-8113-8641-6　Ⓝ754.9

『学校で飼う水辺の生き物　2(ザリガニ・エビ・メダカ・キンギョ)』小宮輝之監修，木村義志著　学習研究社　2007.3　47p　29cm　(飼い方観察完全ガイド　学校で飼う身近な生き物　5)　2500円　Ⓘ978-4-05-202571-6　Ⓝ481.75

『学校で飼う水辺の生き物　1(ヤドカリ・カニ・カエル・イモリ)』小宮輝之監修，木村義志著　学習研究社　2007.3　47p　29cm　(飼い方観察完全ガイド　学校で飼う身近な生き物　4)　2500円　Ⓘ978-4-05-202570-9　Ⓝ481.75

『すぐに使える学校放送・学級新聞おもしろアイデアシリーズ　5　メチャうけおもしろ話＆こわい話』WILLこども知育研究所編著　金の星社　2002.3　47p　30cm　2800円　Ⓘ4-323-05175-1
目次　1 おもしろネタ大集合(なんでもかんでもだじゃれまみれ，ああ，はずかしいカンちがい，奇想天外おもしろ話，けっさく江戸小話　ほか)，2 ホントにホント！こわい話(学校の怪談，昔から伝わる日本の怪談，身ぢかにおこった日本の怪談，外国の怪談)
内容　友だちを笑わせることができる人はすぐに学校で人気ものになれますね。この本でしょうかいするだじゃれ，回文，カンちがい，江戸小話などは，学級新聞でも学校放送でも，みんなの笑いをとれることまちがいなし！また，学校の怪談や日本に昔から伝わる怪談なども，新聞や放送で効果的に使えば，意外な人気コーナーになるかもしれませんよ。

『頭脳のチャレンジパズル』WILLこども知育研究所編著　金の星社　2002.3　47p　30cm　(すぐに使える学校放送・学級新聞おもしろアイデアシリーズ　3)　2800円　Ⓘ4-323-05173-5
目次　1 てはじめパズル(マッチ棒パズル，図形パズル　ほか)，2 ことばと文字のパズル(クロスワードパズル，スケルトンクロス　ほか)，3 図形と迷路のパズル(図形パズル，絵合わせパズル　ほか)，4 お絵かきパズル(お絵かきパズルのルール基本のテクニック)，5 難関パズル(マッチ棒パズルひとふでがき，ブロック分けパズル　ほか)
内容　パズルずきにはたまらない，楽しいパズルがせいぞろい。ひとりで考えながらとくのも楽しいけれど，学級新聞にそのままコピーしてのせ，みんなでスピードをきそいあってもいいですね。さらに，ここに

子どもの本　楽しい課外活動2000冊　33

委員会活動について考えよう　　　　　　　　　　　　　　　　　　　　　　学校生活

『ズバリ当てようクイズ』　WILLこども知育研究所編著　金の星社　2002.3　47p　30cm　（すぐに使える学校放送・学級新聞おもしろアイデアシリーズ 2）2800円　①4-323-05172-7

『そのまま使えるカット集』　WILLこども知育研究所編著　金の星社　2002.3　47p　30cm　（すぐに使える学校放送・学級新聞おもしろアイデアシリーズ 6）〈付属資料：CD-ROM1枚（12cm）〉2800円　①4-323-05176-X

『びっくりドキドキ心理テスト＆占い』WILLこども知育研究所編著　金の星社　2002.3　47p　30cm　（すぐに使える学校放送・学級新聞おもしろアイデアシリーズ 4）2800円　①4-323-05174-3

[目次] 1 心の中がわかっちゃう！ 心理テスト＆チャートテスト，（自分のことがわかる13のテスト，自分のことがわかる13のテストの診断，自分をもっと知るチャートテスト，先生や親のことがわかる8のテスト ほか），2 未来をつかもう！ 占い＆おまじない（金運がわかる『小銭占い』，ぴったりの職業がわかる『星占い』，友だちとの相性がわかる『血液型占い』，顔の部分で性格がわかる『人相占い』 ほか）

[内容] 自分の心の中や友だちの心の中をのぞいてみることのできる心理テストや，友だちどうしでできる占いをしょうかい。学校放送や学級新聞のネタとして，人気を集めることまちがいなし！ みんなの興味や関心に合わせて選んで使ってください。

『みんなでナットクなぞなぞ』　WILLこども知育研究所編著　金の星社　2002.3　47p　30cm　（すぐに使える学校放送・学級新聞おもしろアイデアシリーズ 1）2800円　①4-323-05171-9

『飼育と観察百科—自由研究にバッチリ役立つ！』　世界文化社　2001.7　271p　26cm　（別冊家庭画報）1800円　①4-418-01125-0

『スクール・ガーデニング＆フィーディング（学校の栽培・飼育活動）—鉢植え・メダカの世話からビオトープまで』　町田植男編著　名古屋　黎明書房　2001.7　119p　26cm　2600円　①4-654-01691-0

『カブトムシ・クワガタムシ・水生昆虫ほか』　学習研究社　2001.3　47p　27cm　（ふれあいの学級飼育 6）2500円　①4-05-201314-X,4-05-810611-5

『キンギョ・川魚・熱帯魚・海水魚ほか』　学習研究社　2001.3　47p　27cm　（ふれあいの学級飼育 7）2500円　①4-05-201315-8,4-05-810611-5

『ザリガニ・カメ・磯の生き物ほか』　学習研究社　2001.3　47p　27cm　（ふれあいの学級飼育 8）2500円　①4-05-201316-6,4-05-810611-5

『ニワトリ・クジャク・ウズラ・アヒルほか』　学習研究社　2001.3　47p　27cm　（ふれあいの学級飼育 4）2500円　①4-05-201312-3,4-05-810611-5

『ハムスター・ウサギ』　学習研究社　2001.3　47p　27cm　（ふれあいの学級飼育 1）2500円　①4-05-201309-3,4-05-810611-5

『フェレット・ハリネズミ・ヤギ・スナネズミ』　学習研究社　2001.3　47p　27cm　（ふれあいの学級飼育 3）2500円　①4-05-201311-5,4-05-810611-5

『ブンチョウ・インコ・カナリア・ジュウシマツほか』　学習研究社　2001.3　47p　27cm　（ふれあいの学級飼育 5）2500円　①4-05-201313-1,4-05-810611-5

『モルモット・シマリス・ハツカネズミ』　学習研究社　2001.3　47p　27cm　（ふれあいの学級飼育 2）2500円　①4-05-201310-7,4-05-810611-5

『飼育委員会・栽培委員会』　杉山聡著　ポプラ社　1997.4　47p　27cm　（委員会活動アイデア集 1）2500円＋税　①4-591-05273-7,4-591-99172-5

[目次] 飼育委員会とは？，さあ，活動をはじ

めよう，たのしく活動するために，みんなに動物たちを紹介しよう，休み時間に動物たちと遊ぼう，あかちゃんが生まれたよ，いろいろな生き物を育ててみよう，委員会コーナーや委員会室を活用しよう，集会で発表しよう，動物クイズをつくろう〔ほか〕

『集会委員会』　川嶋春美著　ポプラ社　1997.4　47p　27cm　（委員会活動アイデア集 5）2500円＋税　①4-591-05277-X,4-591-99172-5
目次 集会委員会とは？，さあ，活動をはじめよう，たのしく活動するために，活動のアイデア（みんながなかよくなる集会，みんなでたのしむ集会，学年・学級・たてわり班でできる集会，文化的な集会，学校のことを知ろう集会，季節や伝統行事にかかわる集会）

『新聞委員会・掲示委員会』　朝倉深太郎著　ポプラ社　1997.4　47p　27cm（委員会活動アイデア集 3）2500円＋税　①4-591-05275-3,4-591-99172-5
目次 新聞委員会とは？，たのしく活動するために，さあ，活動をはじめよう，新聞の内容を考えよう，取材成功のポイント―取材にでるまえに，記事をつくろう(1)印刷新聞，記事をつくろう(2)壁新聞〔ほか〕

『代表委員会』　青木知典著　ポプラ社　1997.4　47p　27cm（委員会活動アイデア集 8）2500円＋税　①4-591-05280-X,4-591-99172-5
目次 代表委員会とは？，たのしく活動するために，さあ，活動をはじめよう，それぞれの委員会の紹介集会をしよう，代表委員会だよりをだそう，たのしい学校をつくろう―1年生をむかえる会，ボランティア活動をしよう(1)環境・リサイクル，ボランティア活動をしよう(2)ユニセフ募金，ボランティア活動をしよう(3)地域との交流，学校交流をしよう〔ほか〕

『図書委員会』　金子卓著　ポプラ社　1997.4　47p　27cm（委員会活動アイデア集 6）2500円＋税　①4-591-05278-8,4-591-99172-5
目次 図書委員会とは？，さあ，活動をはじめよう，たのしく活動するために，図書館の紹介をしよう，お知らせ活動のいろいろ，図書館のきまりを知らせよう，本のラベルとならび方，おもしろい本をさがすてつだい

をしよう〔ほか〕

『美化・環境委員会』　山村あずさ著　ポプラ社　1997.4　47p　27cm（委員会活動アイデア集 4）2500円＋税　①4-591-05276-1,4-591-99172-5
目次 美化・環境委員会とは？，さあ，活動をはじめよう，たのしく活動するために，そうじ用具を使いやすくしよう，オリジナルそうじ用具をつくろう，そうじ用具をじょうずに使うために，そうじじょうずな学校にしよう，全校のみんなできれいにしよう〔ほか〕

『放送委員会』　石田恒久著　ポプラ社　1997.4　47p　27cm（委員会活動アイデア集 7）2500円＋税　①4-591-05279-6,4-591-99172-5
目次 放送委員会とは？，さあ，活動をはじめよう，毎日の放送を元気にたのしく，コラム　放送のヒントとポイント，コラム　放送室の機材について知ろう，いろいろな番組をつくろう，ビデオカメラを使って番組をつくろう〔ほか〕

『保健委員会・給食委員会』　杉山真理子著　ポプラ社　1997.4　47p　27cm（委員会活動アイデア集 2）2500円＋税　①4-591-05274-5,4-591-99172-5
目次 保健委員会とは？，さあ，活動をはじめよう，たのしく活動するために，毎日の活動をたのしく，みんなに知ってもらおう(1)ポスターをつくろう，みんなに知ってもらおう(2)保健新聞をつくろう，みんなに知ってもらおう(3)校内放送を使って，保健室をたのしく〔ほか〕

集会活動について考えよう

『3学期のあそび・ゲーム』　奥田靖二編・著，八戸さとこ絵　教育画劇　2002.4　47p　27cm（みんなで楽しむ学校イベントあそび・ゲーム集）2800円　①4-7746-0524-7,4-7746-0521-2

『1学期のあそび・ゲーム』　奥田靖二編・著，八戸さとこ絵　教育画劇　2002.2

学校図書館について考えよう　　学校生活

47p　27cm　（みんなで楽しむ学校イベントあそび・ゲーム集）2800円　①4-7746-0522-0,4-7746-0521-2

『屋外でできるおたのしみ会』　林克己著　ポプラ社　1996.4　63p　27×22cm　（小学生のためのおたのしみ会入門 3）2800円　①4-591-05053-X

|目次|なぞなぞ宝探し，ぼくらの町の宝探し，追せきハイク，課題ハイク，学区オリエンテーリング，ミニダム作り，運河ほり大会，魚つり大会をしよう，追いこみ漁，手作りざおのつり大会〔ほか〕

|内容|課題ハイク，学区オリエンテーリング，魚約り大会，ひみつ基地作り，キャンプでの遊びなど，校外に出てできるおたのしみ会を解説。小学生向き。

『おたのしみ会の計画はこうたてよう』　林克己著　ポプラ社　1996.4　63p　27×22cm　（小学生のためのおたのしみ会入門 1）2800円　①4-591-05051-3

|目次|第1章 たのしいおたのしみ会，第2章 おたのしみ会の計画と実行

|内容|はじめのことばの言い方，だしものの順番の決め方，プログラムの作り方，飾り付けの仕方，練習の仕方など，おたのしみ会の計画実行の基本を解説。小学性向き。

『かんたんにできるおたのしみ会』　林克己著　ポプラ社　1996.4　63p　27×22cm　（小学生のためのおたのしみ会入門 2）2800円　①4-591-05052-1

|目次|ショーアップ編，演奏や劇編，クイズいろいろ編，室内ゲーム編，屋外ゲーム編

|内容|楽器演奏や劇，ペープサート，クイズ，ニュースショー，カラオケ大会，スポーツ大会など，かんたんにできるおたのしみ会のアイデアを解説。小学生向き。

『全校でできる集会のアイデア』　林克己著　ポプラ社　1996.4　63p　27cm　（小学生のためのおたのしみ会入門 5）2800円　①4-591-05055-6

|目次|思い出にのこる行事にしよう，行事を成功させるには，1年生をむかえる会，子どもの日集会，子ども祭り，子ども祭りの店，七夕集会，クリスマス集会，兄弟ハイク，キャンプファイヤー〔ほか〕

|内容|1年生を迎える会，子ども祭り，キャンプファイヤー、6年生を送る会、謝恩会など、全校でやる集会を思い出に残る行事にする方法を解説。小学生向き。

『つくって食べるおたのしみ会』　林克己著　ポプラ社　1996.4　63p　27×22cm　（小学生のためのおたのしみ会入門 4）2800円　①4-591-05054-8

|目次|第1章 みんなで食べよう，第2章 野外で食べよう，第3章 育てて食べよう，第4章 おいしく遊ぼう，第5章 おいしい季節の行事

|内容|焼き芋、なべ料理、バーベキュー、飯ごうすいさん、もちつき、白玉だんごや寒天のデザートなど、美味しく食べられるお楽しみ会のアイデアを解説。小学生向き。

学校図書館について考えよう

『3万冊の本を救ったアリーヤさんの大作戦―図書館員の本当のお話』　マーク・アラン・スタマティー作，徳永里砂訳　国書刊行会　2012.12　1冊（ページ付なし）24cm　1400円　①978-4-336-05625-2　Ⓝ016.2273

『本とともだち―静岡県読書ガイドブック 小学生版』　「読書ガイドブック」編集委員会編　3訂版　静岡　静岡県教育委員会社会教育課　2012.6（第5刷）33p　26cm　Ⓝ019.5

『みんなでつくろう学校図書館』　成田康子著　岩波書店　2012.1　214p　18cm　（岩波ジュニア新書 703）820円　①978-4-00-500703-5　Ⓝ017

『小学生96人のわくわく読書体験―「平成23年度わくわく子ども読書キャンプ」報告書』　国立青少年教育振興機構　2011.11　111p　19cm　〈共同刊行：文字・活字文化推進機構〉非売品　Ⓝ019.5

『図書館へ行こう！ 図書館クイズ 2 魅力的な図書委員会の活動・図書館行事の

学校生活　　　　　　　　　　　　　　　　　　　　学校図書館について考えよう

『アイデア集』　五十嵐絹子編著　国土社　2011.3　102p　29cm　2600円　①978-4-337-30202-0　Ⓝ017.2

目次　第1章 図書館へ行こう！ 図書館クイズ（図書館クイズ小学校低学年No.1～10, 図書館クイズ中学生No.1～15 ほか）, 第2章 本をたのしもう！ 読書にチャレンジ（図書館クロスワード, 読書ビンゴ1・2/本でビンゴ！/賞状 ほか）, 第3章 イベントをもりあげる！ 図書館アイデア集（図書委員会集会・読書まつりの発表シナリオ集, なかよし読書（リーディングバディ） ほか）, 第4章 元気の出る図書館委員会の活動（たのしくできる日常活動, 図書委員の自覚を高める学習会 ほか）

内容　図書館に足を踏み入れたことのない生徒をも引きつけ「この本読みたい」といわせる劇仕立てのブックトーク。始めたら必ずはまる図書館クイズ。楽しい読書ビンゴや図書館クロスワード。知識や楽しみが貯まる読書貯金通帳, 辞書引き力アップ間違いなしの辞書引き大会などなど。図書館の大変身をとげた学校での取り組みの技やアイデアを集め, 司書教諭・学校司書たちの工夫を大集合。コピーしてすぐに使えるワークシートや委員会発表シナリオなど, 学校図書館のおもしろ企画が満載です。

『シリーズわくわく図書館　5　図書館ってすごいな―こどものための図書館案内』　笠原良郎, 紺野順子著　アリス館　2010.12　40p　27cm〈索引あり〉2600円　①978-4-7520-0511-7　Ⓝ010

目次　第1部 図書館の昔と今（文字の発明と文明の始まり, 5000年も昔から図書館があった, 本と図書館が人間の文化を発展させた, 図書館が市民のものとなった, 日本での図書館の発達, いろいろな図書館, すべての学校に学校図書館がある, 活発に活動する学校図書館 鳥取県湯梨浜町立羽合小学校）, 第2部 日本と世界のいろいろな図書館（こどものための図書館, こどものための活動がさかんな公共図書館, こんなにたくさんある「こども図書館」, おもしろい特色をもつ図書館, 世界各国の国立図書館, 図書館に親しみ, 図書館を楽しめる人になろう）

『シリーズわくわく図書館　4　夢の図書館―こどもでつくろう』　笠原良郎文, いとうみき絵　アリス館　2010.10　31p　27cm　2600円　①978-4-7520-0510-0　Ⓝ010

『シリーズわくわく図書館　3　図書館でしらべよう』　紺野順子文, こばようこ絵　アリス館　2010.9　31p　27cm　2600円　①978-4-7520-0509-4　Ⓝ010

内容　知る喜び, 未知の世界への探求の喜びを学び, あわせて, 調査・研究の基本について学ぶことができる内容です。

『シリーズわくわく図書館　2　図書館ってどんなところ』　紺野順子文, こばようこ絵　アリス館　2010.9　27p　27cm　2600円　①978-4-7520-0508-7　Ⓝ010

内容　図書館にある各種メディア, 検索方法, レファレンスサービスなど『図書館利用の基本』を紹介。

『シリーズわくわく図書館　1　本のせかいへ』　笠原良郎文, 太田大八絵　アリス館　2010.8　27p　27cm　2600円　①978-4-7520-0507-0　Ⓝ010

『ようこそ、ぼくらの図書館へ！』　二村健監修　鈴木出版　2010.4　31p　27cm（図書館が大好きになるめざせ！ キッズ・ライブラリアン 3）〈索引あり〉2800円　①978-4-7902-9136-7　Ⓝ017.2

目次　第1章 図書館を人気スポットに！（図書館大改造計画！, ほかの学校のぞかせて！ 狛江第三小学校におじゃましま～す）, 第2章 手作りグッズでグレードアップ！（アイデアグッズを作ろう！, キッズ・ライブラリアン・ゲーム おすすめ王決定戦！）, 第3章 わくわくイベントを企画しよう！（みんながよろこぶ！ 図書館イベント, ほかの図書館のぞかせて！ こんな図書館もがんばっているよ, 本で体験！ 図書館の世界）

内容　みんなが図書館をもっと好きになるように, 図書館をもりあげるイベントがたくさん。

『図書館のヒミツ』　二村健監修　鈴木出版　2010.3　31p　27cm　（めざせ！ キッズ・ライブラリアン 図書館が大好きになる 1）2800円　①978-4-7902-9134-3　Ⓝ010

目次　第1章 図書館へ行ってみよう！（図書館ってどんな場所？, 図書館の先生にインタビュー！ 図書館の先生って何をする人？, 本棚のヒミツ ほか）, 第2章 本を探せ！（めざす本を探し出せ！, キッズ・ライブラリア

子どもの本 楽しい課外活動2000冊　37

ン・ゲーム 検索対戦！ 指令の本を探せ，まちの図書館をのぞいてみよう），第3章 図書委員になろう！（図書委員って何をするの？，キッズ・ライブラリアン・ゲーム 難問にトライ！ 図書館クイズ，ほかの学校のぞかせて！ 啓明小学校におじゃましま～す）

[内容] 学校には図書館や図書室があります。調べものやお話しを読みに行ったりしますが，じっくり探検したことはありますか？ じつは，図書館にはヒミツがあるんです。

『このほんば～った！─図書館員が選んだおすすめの読み物』 改訂 静岡 静岡市立図書館 2009.11 49p 21cm Ⓝ028.09

『図書館・学びかたノート─小学校中学年用』 全国学校図書館協議会「図書館・学びかたノート」編集委員会編 新版 全国学校図書館協議会 2008.7 64p 26cm 600円 Ⓘ978-4-7933-2238-9

『図書館・学びかたノート─小学校高学年用』 全国学校図書館協議会「図書館・学びかたノート」編集委員会編 新版 全国学校図書館協議会 2008.7 64p 26cm 600円 Ⓘ978-4-7933-2239-6

『本のさがし方がわかる事典─図書館の達人！ 調べるのがおもしろくなる』 金中利和監修，造事務所編集・構成 PHP研究所 2007.11 79p 29cm 2800円 Ⓘ978-4-569-68744-5 Ⓝ014.4

[目次] 1 3つのヒミツをときあかそう─本の分類（分類のしくみがわかると，本がスグに見つかる，分類とは，おなじような仲間にわけること！，すべての本を仲間わけする分類法のしくみ ほか），2 自分の読みたい本をさがしに行こう─本さがしのコツ（分類記号をフル活用して，本さがしの達人になろう，ラベルの記号が，「本の住所」をあらわす！，さがしてみよう1 織田信長の一生を知りたい！ ほか），3 図書館にもっとくわしくなろう─便利な活用法（図書館を，もっとじょうずに活用しよう，図書館を支える仕事をのぞいてみよう，いろいろな図書館に行ってみよう ほか）

[内容] こわ～いおばけの話や，世界じゅうのめずらしい草花がのっている植物図鑑，ワクワクするような探偵小説─きみは，どんな本がすきですか？ 図書館にはたくさんの本がおいてありますが，1冊1冊の本は似た内容の仲間ごとにグループわけされて，本棚におかれています。読みたい本がどこにあるのか，だれにでもわかりやすいよう，ルールをもとに分類されています。この本では，そうした本の分類のしくみや，それをもとに読みたい本をパッとさがすコツを，わかりやすく紹介しています。

『このほんば～った！─図書館員が選んだおすすめの絵本』 改訂 静岡 静岡市立図書館 2007.10 49p 21cm Ⓝ028.09

『テーマって…どうやってきめるの？』 赤木かん子文，すがわらけいこ絵 ポプラ社 2007.8 32p 31cm （図書館へいこう！ 3）1500円 Ⓘ978-4-591-09653-6 Ⓝ010

『本って，どうやって探したらいいの？』 赤木かん子文，すがわらけいこ絵 ポプラ社 2007.8 32p 31cm （図書館へいこう！ 2）1500円 Ⓘ978-4-591-09652-9 Ⓝ010

『図書館って，どんなところなの？』 赤木かん子文，すがわらけいこ絵 ポプラ社 2007.7 32p 31cm （図書館へいこう！ 1）1500円 Ⓘ978-4-591-09651-2 Ⓝ010

『図書館へ行こう！ 図書館クイズ─知識と情報の宝庫＝図書館活用術』 山形県鶴岡市立朝暘第一小学校編 国土社 2007.3 82p 29cm〈付：オリエンテーション・図書委員会資料〉2500円 Ⓘ978-4-337-30201-3 Ⓝ017.2

[目次] 第1章 図書館へ行こう！ 図書館クイズ（図書館の本のしくみ，本さがしのたび，図書館クイズ，図書館クイズのねらいと活用方法（指導者の方へ），職員用図書館だより，図書館クイズ内容一覧，図書館クイズの解答例，チャレンジ大賞の賞状），第2章 読書生活のスタート！ 図書館オリエンテーション（オリエンテーション資料の使い方，オリエンテーション資料，図書館オリエンテーション資料の活用方法（指導者の方へ）），第3章 図書館のスペシャリストになろう！ 図書委員会（児童とともに作り上げる図書館（指導者の方へ），図書委員のしおり）

学校生活　　　　　　　　　　　　　　　　　　　　　給食について考えよう

|内容| 本書は、「知識と情報の宝庫」である図書館を、子どもたちが生き生きと活用できることを願い、つくりました。図書館の基本的な利用の仕方や約束ごとを学ぶことによって、情報検索力を身につけさせ、自然と「図書館がたのしい！」と感じ、図書館が好きになってくれるように構成してあります。

『キラキラ読書クラブ子どもの本〈644冊〉ガイド』　キラキラ読書クラブ編　日本図書センター　2006.2　317p　27cm　7600円　①4-284-70000-6　Ⓝ028.09

『同級生が選んだ朝の読書のおすすめガイド』　青い鳥文庫ファンクラブ編，藤田裕美絵　講談社　2004.3　190p　18cm　（講談社青い鳥文庫）　460円　①4-06-148645-4　Ⓝ028.09

『体験学習をはじめよう　1　情報を集める・まとめる』　佐々木定治監修，こどもくらぶ編　ポプラ社　2002.4　45p　27cm　（体験学習アイデアブック　1）　2800円　①4-591-07102-2,4-591-99434-1
|目次| 教室を飛びだそう！　でも、そのまえに…（図書館ってどんなところ？，図書館には、なにをもっていけばいいの？，図書館で気をつけることは？　ほか），コンピュータを使って調べてみよう（ソフトを使って調べるには？，インターネットで調べるには？，インターネットで気をつけることは？　ほか），集めた情報を整理しよう（資料はどうやって整理すればいいの？，スクラップブックをつくるには？，どんな読書カードが便利なの？　ほか）
|内容| 教室の外に飛びだす前に、知りたいことを調べておけば、ものごとを見る目も全然ちがってくる。図書館やインターネットでの調べ方マニュアル。小学校中～高学年向き。

『コンピュータで調べよう』　笠原良郎監修，ポプラ社情報システム部編，奥谷敏彦イラスト　ポプラ社　2001.4　49p　27cm　（学ぶ力をそだてる〈新〉図書館シリーズ　5）　2400円　①4-591-06687-8,4-591-99362-0

『読書を楽しもう』　水野寿美子著，すがわらけいこイラスト　ポプラ社　2001.4　49p　27cm　（学ぶ力をそだてる〈新〉図書館シリーズ　6）　2400円　①4-591-06688-6,4-591-99362-0
|目次| どこまでも広がる本の世界，くらしと読書，本との出会い，本とのつきあい（本を楽しく読むには，読み方，いろいろ），みんなでいっしょに，心のアルバム，Q&A　本がきらいな人へのアドバイス
|内容| 読書を楽しみ、毎日のくらしをゆたかにするための本。くらしと読書。自分に合った本を選ぼう。本とのつきあい方。読書で、あなたは変わる！　読書の記録を残そう。本がきらいな人へのアドバイス。

『図書館をつかおう』　笠原良郎著，武田美穂イラスト　ポプラ社　2001.4　55p　27cm　（学ぶ力をそだてる〈新〉図書館シリーズ　1）　2400円　①4-591-06683-5,4-591-99362-0
|目次| 第1章　なぜ学校図書館があるの？，第2章　学校図書館のしくみを知ろう，第3章　学校図書館をつかいきる，第4章　日本と世界のいろいろな図書館，第5章　図書館は過去と未来をつなぐ
|内容| 図書館のことをよく知って、気軽に利用するための本。

『としょかんだいすき―たんけんしようみんなのとしょかん』　福岡県学校図書館協議会研究委員会編著　福岡　福岡県学校図書館協議会　1997.7　50p　26cm　Ⓝ017.2

『としょかんbook―調べて、読んで、楽しんで』　福岡県学校図書館協議会研究委員会編著　福岡　福岡県学校図書館協議会　1997.5　67p　26cm　〈文献あり〉　Ⓝ017.3

給食について考えよう

『ありがとう！　きゅうしょく』　平田昌広ぶん，平田景え　大日本図書　2012.2　32p　26cm　（大日本図書の生活科えほん）　1500円　①978-4-477-02616-9　Ⓝ374.94

子どもの本　楽しい課外活動2000冊　　39

『給食ではじめる食育 4 命をいただく給食』 宮島則子監修 あかね書房 2009.1 47p 31cm〈年表あり 索引あり〉3000円 ⓘ978-4-251-08254-1 Ⓝ374.94
目次 第1章 食べ物は生き物からのおくりもの(体験)！「わくわくモーモースクール」，子豚とふれあい考える授業，給食のニジマスから学ぶ，毎日命をもらっている？，1年に食べている肉，魚はどれくらい？)，第2章 知りたいな！ 食べ物になってくれる命のこと(乳牛博士になろう，乳牛の一生，肉が届けられるまで，松阪牛の学習を一冊の本に！「松阪牛物語」，魚は自然がもたらす恵み，イワシの手開きに挑戦！)，第3章 「もったいない！」を合言葉に(給食をどれだけ残している，給食のごみのゆくえを知ろう，ごみにされてゆく食べ物，ミミズの力で調理ごみが堆肥に，生ごみを堆肥に変える生き物，給食の生ごみを堆肥にしよう)，第4章 食べ物と地球に生きる命(自分を支えてくれる命 自分が幸せにする命，食べ物があるのは当たり前じゃない？，未来を築く学校給食プログラム，日本の給食のあゆみを知ろう，命のバトンをつなげよう)

『給食ではじめる食育 3 郷土から生まれる給食』 宮島則子監修 あかね書房 2009.1 47p 31cm〈索引あり〉3000円 ⓘ978-4-251-08253-4 Ⓝ374.94
目次 第1章 給食と日本の食文化(炊きたてのごはんが給食に，日本の食事に欠かせない米 ほか)，第2章 給食から世界の食文化を知る(手づくりナンで本場インドのカレーを味わう，インドの食事と文化 ほか)，第3章 日本の伝統行事と給食(もちバイキングで一足早いお正月，健康を願って食べる七草がゆ ほか)，第4章 わたしたちの郷土と給食(給食からふるさとを学ぶ，郷土料理について調べよう ほか)

『給食ではじめる食育 2 給食が届けられるまで』 宮島則子監修 あかね書房 2009.1 47p 31cm〈索引あり〉3000円 ⓘ978-4-251-08252-7 Ⓝ374.94
目次 第1章 給食ができるところをみてみよう(給食の調理場はどんなところ？，1万2500人の給食をつくる ほか)，第2章 地域が支える給食(めざせ日本一！ 全国学校給食甲子園大会，給食から地域のことを知る ほか)，第3章 給食の材料はどこからくるの？(マグロから牛肉まで 生産現場をたずねる，生中継で学ぶ地域の野菜 ほか)，第4章 つくってみよう！ 給食の材料(育てたトマトがおいしい給食に，みんなで協力したみそづくり ほか)

『給食ではじめる食育 1 給食は元気のみなもと』 宮島則子監修 あかね書房 2009.1 47p 31cm〈索引あり〉3000円 ⓘ978-4-251-08251-0 Ⓝ374.94
目次 第1章 みんなで一緒 楽しい給食(お祭りの屋台で食べる縁日給食，超人シェフのスーパー給食 ほか)，第2章 給食をしっかり味わおう！(給食の献立のひみつにせまる，給食のスペシャリスト栄養士さん ほか)，第3章 給食で元気な体になろう(うんちから健康を考えるうんち教室，うんちを観察して健康チェック ほか)，第4章 給食で苦手な食べ物を克服(野菜のことならおまかせ！ 小松菜調査隊，野菜をもりもり食べちゃおう なべ給食 ほか)

『給食のしくみ』 日本食育学会監修，Willこども知育研究所編著 金の星社 2008.3 39p 30cm （はじめよう！ 楽しい食育 身につけたい！ バランスレシピと食の知恵 6) 3000円 ⓘ978-4-323-05616-6 Ⓝ498.59

『炊きたてご飯は棚田米―南国市学校給食の歩み 高知県』 農林水産省中国四国農政局企画・監修，門田あさみ，北窪文作画 家の光協会 2008.3 56p 21cm （まんが農業ビジネス列伝 食と農の未来を拓く挑戦者たち v.11) 333円 ⓘ978-4-259-58311-8 Ⓝ616.2

『タローと作る給食レシピ12ヵ月 第4集』 関はる子著 全国学校給食協会 2007.9 52p 26cm 500円 ⓘ978-4-88132-056-3 Ⓝ596

『タローと作る給食レシピ12ヵ月 第3集』 関はる子著 全国学校給食協会 2006.6 52p 26cm 500円 ⓘ4-88132-053-X Ⓝ596

『タローと作る給食レシピ12ヵ月 第2集』 関はる子著 全国学校給食協会 2005.1 52p 26cm〈付・たべものクイズ＆パズル〉500円 ⓘ4-88132-047-5 Ⓝ596

学校生活　　　　　　　　　　　　　　　　　　　健康について考えよう

『タローと作る給食レシピ12ヵ月　第1集』　関はる子著　全国学校給食協会　2004.8　52p　26cm〈付・はるちゃん日記〉500円　Ⓘ4-88132-046-7　Ⓝ596

『学校給食』　戸辺勝弘文，鈴木びんこ絵　岩崎書店　1998.4　39p　27cm（くらしをまもる・くらしをささえる　校外学習　1）2400円　Ⓘ4-265-02561-7,4-265-10145-3

[目次] やった！給食の時間だ，センターでつくる給食，学校でつくる給食，材料がとどくまで，1時間で材料がとどいたよ，栄養士さんのしごと，調理員さんのしごと，給食当番，春のこんだて，夏のこんだて〔ほか〕

[内容] 給食は，もっとも楽しい時間の一つです。給食はみんなにどのようにしてとどくのか，栄養士・調理士さんたちの苦労はどこにあるのか，一年の旬の献立など，学校給食のすべてがわかります。—子どもたちに身近で，人びとの生活をささえている公共施設などを，わかりやすく紹介しました。たんに施設紹介だけでなく，施設の役割やしくみ，施設の構造，物の流れ，そこで働く人びと，子どもたちのくらしとの関わりなどを，イラスト・写真をたくさん使ってビジュアルに展開。小学校中学年～高学年向き。

健康について考えよう

『保健室で見る感染症の本　3　食中毒編—みんなをねらう，危険な敵』　近藤とも子著，大森真司絵　国土社　2013.3　32p　27cm〈索引あり〉2800円　Ⓘ978-4-337-17103-9　Ⓝ493.8

『保健室で見る感染症の本　2　学校感染症編—学校で大あばれ!!バイキン軍団』　近藤とも子著，大森真司絵　国土社　2013.2　32p　27cm〈索引あり〉2800円　Ⓘ978-4-337-17102-2　Ⓝ493.8

『保健室で見る感染症の本　1　インフルエンザ編—いつでもどこでも無差別攻撃』　近藤とも子著，大森真司絵　国土社　2013.1　32p　27cm〈索引あり〉2800円　Ⓘ978-4-337-17101-5　Ⓝ493.8

『おとなの歯がはえてきたよ—親と子の歯・口の健康づくり』　東京都教育庁都立学校教育部学校健康推進課編　東京都教育庁都立学校教育部学校健康推進課　2012.6　13p　30cm　Ⓝ497.7

『みつけてみよう口の中の健康サイン—歯と歯肉の健康づくり』　東京都教育庁都立学校教育部学校健康推進課編　東京都教育庁都立学校教育部学校健康推進課　2012.6　13p　26cm　Ⓝ497.7

『たんけんはっけんじぶんの歯—新しい歯のみがき方』　丸森英史著　少年写真新聞社　2012.2　39p　27cm　1800円　Ⓘ978-4-87981-402-9　Ⓝ497.7

『だめだめ！マサルくん—まんが5分間保健指導』　学校保健教育研究会編，タカクボジュン画・構成　健学社　2011.4　89p　26cm　1000円　Ⓘ978-4-7797-0228-0　Ⓝ498.7

『学校歯科医からの話—健康とたばこ　ステキな笑顔いつまでも　たばこは吸わない』　日本学校歯科医会　2011.3　7p　30cm　（喫煙防止シリーズ　小学生向け）Ⓝ498.32

『保健室で見るアレルギーの本　2　生活のお話』　近藤とも子著，大森真司絵　国土社　2010.3　31p　27cm〈文献あり　索引あり〉2800円　Ⓘ978-4-337-16902-9　Ⓝ493.14

『保健室で見るアレルギーの本　3　環境のお話』　近藤とも子著，大森真司絵　国土社　2010.2　31p　27cm〈文献あり　索引あり〉2800円　Ⓘ978-4-337-16903-6　Ⓝ493.14

『保健室で見るアレルギーの本　1　食べ物のお話』　近藤とも子著，大森真司絵　国土社　2010.1　31p　27cm〈文献あり　索引あり〉2800円　Ⓘ978-4-337-16901-2　Ⓝ493.14

『子どもの救急大事典―応急手当と体のしくみ 救急車が来るまえにみんなでわかるできる学校での応急手当』 窪田和弘著，浅井利夫監修 理論社 2009.3 169p 31cm 〈まんが：伊藤章夫 構成：添田由美 文献あり〉 5000円 Ⓘ978-4-652-04409-4 Ⓝ598.5

『体と心 保健総合大百科 小学校編―小学保健ニュース・心の健康ニュース縮刷活用版 2009年』 少年写真新聞社編 少年写真新聞社 2009.1 231p 30cm 3771円 Ⓘ978-4-87981-282-7
目次 身体測定を正しく受けるためのポイント，正しく受けよう視力検査，5～6月の発生が多いカンピロバクター食中毒の予防，実験編 5日間はいた上ばきの内側の汚れ，人間の髪の毛にすみつくアタマジラミに注意，毛先の面を使い分けて上手にブラッシング，実験編 水と石けんで30秒，汚れの落ち方の違い，指導用 生活リズムは早寝・早起き・朝ごはんから，保健クイズ 1本のタバコで副流煙のにおいはどこまで広がる？，緊急特集 光化学スモッグの発生に注意〔ほか〕
内容 2007年度（平成19年度）に発行した「小学保健ニュース」と「心の健康ニュース」の掲示用カラー紙面，B3判教材用特別紙面，指導者用解説紙面，ほけん通信，保健指導資料の連載などを縮刷して，保存・活用版として一冊にまとめたもの。

『知って防ごう食中毒―家庭や学校で役立つ，食中毒の知識と予防法』 甲斐明美著 少年写真新聞社 2007.2 63p 27cm 〈新体と健康シリーズ 写真を見ながら学べるビジュアル版〉 1900円 Ⓘ978-4-87981-226-1 Ⓝ493.157

『げんきなまいにち―学校保健と目・けがを科学する・食中毒予防』 長屋幸郎，原田碩三，小林一寛監修，ぱすてる書房編 大阪 ぱすてる書房 2004.7 80,80,80p 26cm 〈限定版〉 2800円 Ⓘ4-938732-91-2 Ⓝ491.374

『小学生体と健康ぎもんランキング―学研版』 ぎもんランキング編集委員会編 学習研究社 2002.10 163p 21cm 1000円 Ⓘ4-05-201644-0

『おとなの歯がはえてきたよ―小学校1年生・親と子の歯・口の健康づくり』 東京都教育庁体育部保健給食課編 東京都教育庁体育部保健給食課 1997.5 13p 30cm 〈共同刊行：東京都教育委員会〉

交通安全について考えよう

『自転車ルールを守って楽しく乗ろう 3巻』 日本交通安全教育普及協会監修，和田浩明文，高村忠範イラスト 汐文社 2003.11 47p 21×22cm 1800円 Ⓘ4-8113-7657-9 Ⓝ681.3
目次 今，私たちが使っている自転車は，どのように作られてきたの？，日本では，いつ頃から本格的に自転車が作られるようになったの？，日本製自転車の輸出第1号は？，日本に自転車が伝来したのはいつ頃？，日本人が自転車を最初に作ったのは，いつ頃？，最初の自転車に関するきまりは？，むかし，自転車暴走族がいたって本当？，自転車の乗り方の学校があったって本当なの？，自転車免許証って本当にあるの？，二輪自転車を英語でBicycle（バイシクル）と言うけれど，三輪自転車は？〔ほか〕
内容 主として自転車の生い立ち（歴史）についてQ&Aの形式で書いてあります。本書を読み物としてだけでなく，友達同士での学習用として，あるいは，学級活動やホームルーム活動での教材として，また，親子の間での話題として取り上げてください。

『自転車ルールを守って楽しく乗ろう 2巻』 日本交通安全教育普及協会監修，和田浩明文，高村忠範イラスト 汐文社 2003.11 47p 21×22cm 1800円 Ⓘ4-8113-7656-0 Ⓝ681.3
目次 体に合った自転車って，どんな自転車？，自転車の点検・整備をする場合の重点箇所は？，ブレーキの点検方法は？，ブレーキは，どのようにかけたら安全なの？，自転車のライトについてのきまりは？，自転車用のヘルメットは，本当に役立つの？，自転車の手入れをするとき，注油しなければならないところは？，自転車のチェーンの調整の仕方は？，タイヤの適正な空気圧っ

学校生活　　　　　　　　　　　　　　　　　　　　防災について考えよう

て?』，自転車に荷物を載せる時は、自転車の前と後ろ、どちらがいいの?〔ほか〕
内容　本書では、「体に合った自転車とは」をはじめ、マン（人）・マシン（機械）・システムの望ましいあり方をQ&Aの形で解説しています。また、不幸にも自転車事故を起こしてしまった場合の賠償問題などについてもふれています。安全は知識だけでは保たれません。知識と共に技能がなければ安全は保障されないのです。友達同士での実技学習や学級活動・ホームルーム活動での教材、あるいは親子の間での話題や自転車の整備点検の際のテキスト。

『自転車ルールを守って楽しく乗ろう　1巻』　日本交通安全教育普及協会監修，和田浩明文，高村忠範イラスト　汐文社　2003.10　47p　21×22cm　1800円
①4-8113-7655-2　Ⓝ681.3
目次　自転車は法律の上では、どのように扱われているの?，道路交通法で定められている自転車とは、どんな形の自転車?，自転車で交通違反をした時、どんな罰則があるの?，一輪車や幼児用三輪車で、道路を走ることはできるの?，傘さし運転や2人乗り運転は、法規で禁止されているの?，自転車の駐車について、何かきまりがあるの?，タンデム車（1つの自転車に座席、ハンドル、ペダルが複数ついている自転車）で道路は走れるの?，子供を乗せて、2人乗り運転をしてもいいの?，幼児用座席を2つつければ、3人乗り運転をしてもいいの?，自転車が守らなければならない信号は?〔ほか〕

『たんじょうびのおかいもの―はるかちゃんとおにいちゃんのこうつうあんぜん』　内閣府政策統括官監修，警察庁交通局指導，台東区都市づくり部道路交通課，日本交通安全教育普及協会編　〔東京〕　台東区都市づくり部道路交通課　2003.3　18p　30cm〈共同刊行：日本交通安全教育普及協会〉Ⓝ681.3

『さむらいくんとまなぶこうつうあんぜん』　警察庁交通局監修，日本交通安全教育普及協会編，杉並区都市整備部交通対策課企画　〔東京〕　日本交通安全教育普及協会　［2003］　18p　30cm　Ⓝ681.3

『はじめてのおつかいうさっち・かめっち

―交通安全紙芝居絵本』　日本交通安全教育普及協会編，杉並区都市整備部交通対策課企画　〔東京〕　日本交通安全教育普及協会　［2002］　10枚　30cm　Ⓝ681.3

『ワンタロウくんの交通安全日記』　内閣府政策統括官監修，日本交通安全教育普及協会編，杉並区都市整備部交通対策課企画　〔東京〕　日本交通安全教育普及協会　［2001］　17p　30cm

『けんたくんとおねえちゃんのこうつうあんぜんいってきまーす!』　総務庁長官官房交通安全対策室監修，日本交通安全教育普及協会編　〔東京〕　日本交通安全教育普及協会　［1999］　17p　30cm〈指導：警視庁交通局　共同刊行：杉並区〉

『こうたくんとおねえちゃんのおつかいだいさくせん―こうつうあんぜん』　日本交通安全教育普及協会編，総務庁長官官房交通安全対策室監修　〔東京〕　日本交通安全教育普及協会　［1998］　18p　30cm〈共同刊行：杉並区　指導：警察庁交通局〉

『こうつうあんぜんうさぎさんとかめさんのおつかい』　日本交通安全教育普及協会編，総務庁長官官房交通安全対策室監修　〔東京〕　日本交通安全教育普及協会　［1997］　17p　30cm

『マービーとまなぼう!　こうつうあんぜんどきどきえほん』　日本交通安全教育普及協会編　〔東京〕　日本交通安全教育普及協会　［1996］　16p　30cm〈企画：［東京都］杉並区土木部　監修：総務庁交通安全対策室　指導：警察庁交通局〉

防災について考えよう

『子どものための防災訓練ガイド　3　防

子どもの本　楽しい課外活動2000冊　43

『防災について考えよう　　　　　　　　　　　学校生活

『災キャンプ―みんなで体験！』　松尾知純著，坂道なつイラスト　汐文社　2013.4　47p　27cm　〈文献あり　索引あり〉　2200円　①978-4-8113-8972-1　Ⓝ369.3
[目次]第1章　計画しよう（防災キャンプとは，災害シミュレーション），第2章（イメージしよう，シナリオと訓練，やってみよう！），第3章　振り返ろう（体験を次にいかす，さらにトレーニングを重ねよう，大人になったらするべきこと）
[内容]避難開始，災害直後，避難所作り，避難所生活を，防災キャンプで体験。

『子どものための防災訓練ガイド　2　避難と行動―その時、命を守りきる！』　松尾知純著，坂道なつイラスト　汐文社　2013.3　47p　27cm　〈文献あり　索引あり〉　2200円　①978-4-8113-8971-4　Ⓝ369.3
[目次]第1章　避難と行動（正しい行動の流れ，災害が起きたら何をするの？，災害時の連絡方法），第2章　消火活動（火災とは，消火とは，消火訓練），第3章　救命・救助活動（まずは自分の安全を，救命訓練，搬送訓練，救助訓練）

『子どものための防災訓練ガイド　1　防災マップ・カルテ作り―身近な危険をチェック！』　松尾知純著，坂道なつイラスト　汐文社　2013.2　47p　27cm　〈文献あり　索引あり〉　2200円　①978-4-8113-8970-7　Ⓝ369.3
[目次]第1章　防災ってなんだろう（防災とは，災害とは，「防災の進めかた」），第2章　私の防災カルテ（防災カルテを作る，診察，診断，処方，ハザードマップ），第3章　まちの防災マップ（あなたのまちはどんなまち？，まちの防災マップ作り），第4章　屋内の防災マップ（屋内の危険に備える，屋内の防災マップ作り）

『まるこをすくった命のリレー―動物たちの東日本大震災』　あんずゆき文　文渓堂　2012.7　93p　23cm　1300円　①978-4-89423-788-2　Ⓝ369.31
[目次]1　大震災・その日，2　動物をすくえ！，3　避難所の犬，4　まるこ救出！，5　ペットフードのリレー，6　だれもいない町，7　心のたたかい，8　もういちど、奇跡，

命、つながる，終章　それから
[内容]二〇一一年三月一一日，東日本大震災発生。多くの人や動物の命がうばわれた。岩手県の大船渡で飼い主と平和にくらしていた犬の「まるこ」も，津波にのみこまれ，飼い主とはなればなれに…。そんなまるこに次つぎにさしのべられるすくいの手。それは，動物たちを一ぴきでも多くすくおうとする人びとの願いをこめた命のリレーだった。動物たちをすくおうと，自分のやれることをさがし，行動する人びとをえがく，もうひとつの東日本大震災物語。小学2年～。

『3.11が教えてくれた防災の本　4　避難生活』　片田敏孝監修　京都　かもがわ出版　2012.3　32p　27cm　〈索引あり〉　2500円　①978-4-7803-0490-9　Ⓝ369.31
[目次]避難生活のはじまり（避難所とは？，避難所の管理運営はだれがするのか？，避難所に入りきれないときは？），避難所での生活で直面する問題（食事はどうなるか？，避難所のトイレや風呂の利用はどうなるのか？，気になる健康管理は？，避難所で，少しでも気持ちよく，くらすには？），避難生活はいつまでつづく（避難所生活はいつまでつづくのか？，いつ，学校は再開されるのか？，いつ，もとの生活にもどれるのか？）

『3.11が教えてくれた防災の本　3　二次災害』　片田敏孝監修　京都　かもがわ出版　2012.3　32p　27cm　〈索引あり〉　2500円　①978-4-7803-0489-3　Ⓝ369.31
[目次]地震発生直後の二次災害にそなえよう（避難のときに注意が必要な二次災害は？，避難するとき，最低限必要なものは？，屋外で過ごす場合に注意することは？，身の回りのもので，避難のときに役立つものは？），二次災害を生きぬく知恵をもとう（地域に原子力発電所や石油コンビナートがあったら？，避難したあとにおきる，ガスと電気の二次災害とは？，地震による火災で注意することは？，帰宅困難者になったら…？），こんなことも二次災害？（なぜ計画停電がおこなわれたのか？，風評被害ってなんだろう？）

『72時間生きぬくための101の方法―子どものための防災BOOK』　夏緑著，たかおかゆみこ絵　童心社　2012.3　87p　27cm　〈写真：国森康弘〉　3500円

学校生活　　　　　　　　　　　　　　　　　　防災について考えよう

Ⓘ978-4-494-01127-8　Ⓝ369.3
目次　1部 災害1日目にできること（災害発生！　直後の10秒にできること，災害発生後・直後の1分にできること　ほか），2部 災害2日目にできること（まだ避難できていないきみへ！　災害2日目にできること，避難完了！　避難所2日目にできること），3部 災害3日目にできること（まだ避難できていないきみへ！　災害3日目にできること，避難完了！　避難所3日目にできること），4部 災害1日前にできること（一番怖いのはうっかりミス！　災害にそなえて練習と経験をつもう！，地震にそなえて家の見直しと耐震補強，ワイヤーとネジで家具を固定！　ほか）

『3.11が教えてくれた防災の本　2　津波』
片田敏孝監修　京都　かもがわ出版　2012.2　31p　27cm〈索引あり〉2500円　Ⓘ978-4-7803-0488-6　Ⓝ369.31
目次　津波のメカニズムを知ろう（津波がおきるときはどういうときか？，津波はどのようにしてやってくるのか？，上陸後、津波の高さや速度が上がる？，津波の巨大なエネルギーを知ろう（津波はどれくらいの高さになるのか？，津波の力はどれくらいあるのか？，津波は外国からもおし寄せる？），津波警報が出されたら（津波警報を聞いたらどうするのか？，津波警報が出された時間は？，どこへ避難するのか？，「つねみてんでんこ」とは？）

『3・11を忘れない─小学校版：防災教育補助教材』　東京都教育庁指導部指導企画課編　東京都教育庁指導部指導企画課　2012.1　52p　30cm〈年表あり〉Ⓝ374.92

『みんなを守るいのちの授業─大つなみと釜石の子どもたち』　片田敏孝,NHK取材班著　NHK出版　2012.1　158p　22cm　1400円　Ⓘ978-4-14-081517-5　Ⓝ369.31

『3.11が教えてくれた防災の本　1　地震』
片田敏孝監修　京都　かもがわ出版　2011.12　31p　27cm〈索引あり〉2500円　Ⓘ978-4-7803-0487-9　Ⓝ369.31
目次　そのとき、あわてないために（どんなふうにゆれたか？，どこで地震にあったか？，いつ地震にあったか？），自分の命は自分で守る（ひとりで自宅にいるときは、どうする？，火災が発生したら？，家族との

連絡は？，建物にとじこめられたら？），地震情報を知ろう（緊急地震速報をきいたらどうするか？，テレビの地震情報で、何がわかる？，どこに避難したらよいのか？）

『地しんと安全─小学校1～3年　平成23年度版』　東京都教育庁指導部指導企画課編　東京都教育庁指導部指導企画課　2011.7　6p　30cm　Ⓝ374.92

『地震と安全─小学校4～6年　平成23年度版』　東京都教育庁指導部指導企画課編　東京都教育庁指導部指導企画課　2011.7　6p　30cm　Ⓝ374.92

『地しんと安全─小学校中学年　平成20年度版』　東京都教育庁指導部指導企画課編　東京都教育庁指導部指導企画課　2008.9　6p　30cm　Ⓝ374.92

『防災授業僕たち自然災害を学び隊！─自然災害は、どうして起きるのかな？　どうすればいいのかな？』　山本哲朗著　電気書院　2005.5　131p　26cm　1500円　Ⓘ4-485-30008-0　Ⓝ369.3

『じしんにそなえて─小学校編　2ねんせいよう　平成17年度用』　杉並区小学校防災副読本作成委員会編　［東京］　杉並区教育委員会　2005.3　20p　21cm〈奥付のタイトル：地震に備えて〉Ⓝ374.92

『じしんにそなえて─小学校編　1ねんせいよう　平成17年度用』　杉並区小学校防災副読本作成委員会編　［東京］　杉並区教育委員会　2005.3　20p　21cm〈奥付のタイトル：地震に備えて〉Ⓝ374.92

『地しんにそなえて─小学校編　6年生用　平成17年度用』　杉並区小学校防災副読本作成委員会編　［東京］　杉並区教育委員会　2005.3　20p　21cm〈奥付のタイトル：地震に備えて〉Ⓝ374.92

『地しんにそなえて─小学校編　5年生用　平成17年度用』　杉並区小学校防災副読本作成委員会編　［東京］　杉並区教育

防災について考えよう　　　　　　　　　　　　　　　　　　　　　　　　学校生活

委員会　2005.3　20p　21cm　〈奥付のタイトル：地震に備えて〉Ⓝ374.92

『地しんにそなえて―小学校編　4年生用　平成17年度用』　杉並区小学校防災副読本作成委員会編　［東京］　杉並区教育委員会　2005.3　20p　21cm　〈奥付のタイトル：地震に備えて〉Ⓝ374.92

『地しんにそなえて―小学校編　3年生用　平成17年度用』　杉並区小学校防災副読本作成委員会編　［東京］　杉並区教育委員会　2005.3　20p　21cm　〈奥付のタイトル：地震に備えて〉Ⓝ374.92

『火事・放射能から命を守ろう』　川辺重彦総監修，岩切玲子監修，中村和夫著　小峰書店　2002.4　47p　29cm　（安全な学校生活を考える本　6）　3000円　①4-338-18506-6,4-338-18500-7
目次　第1部　学校が火事になった！（火事がおきたらどうなる？，火事がおきたらどうする？，火事をふせぐために），第2部　火事を科学する（火事発生のメカニズム，火事でおきるさまざまな現象，火を消す3つの方法），第3部　放射能事故がおきた！（東海村で放射能がもれ出した，放射能事故がおきると，こうなる，放射能事故がおきたら，こうしよう）

『暴風雨・落雷・豪雪から命を守ろう』　川辺重彦総監修，岩切玲子監修，久富美智子著　小峰書店　2002.4　47p　29cm　（安全な学校生活を考える本　8）　3000円　①4-338-18508-2,4-338-18500-7
目次　第1部　暴風雨から命を守ろう（暴風雨はこうしておきる，暴風雨が来たら，こうなる！，暴風雨が来たら，こうしよう！），第2部　落雷から命を守ろう（雷は，こうしておきる，雷が落ちたら，こうなる！，雷が近づいたら，こうしよう！），第3部　豪雪から命を守ろう（豪雪はこうしておきる，豪雪のときは，こうなる！，豪雪のときは，こうしよう！）

『どうしたらいいの？　じしん・かじ』　さくらももこ原作，山中竜宏監修　金の星社　1999.3　27p　23×23cm　（ちびまる子ちゃんのあんぜんえほん）1000円　①4-323-03174-2

『地震が起きたらどうするの？』　横山裕道構成・文　アリス館　1996.3　40p　26cm　（地震なんでも質問箱　3）　2500円　①4-7520-0043-1
目次　こんなときどうする？　地震にあったら，こんなときどうする？　けがをしたら
内容　小学校中学年から。

『地震のあとは何をしたらいいの？』　横山裕道構成・文　アリス館　1996.3　40p　26cm　（地震なんでも質問箱　4）　2500円　①4-7520-0044-X
目次　こんなときどうする？　地震のあとに，地震でこまっている人を助けたい，どうすればいいの？
内容　小学校中学年から。

『地震はどうして起こるの？』　横山裕道構成・文　アリス館　1996.3　40p　26cm　（地震なんでも質問箱　1）　2500円　①4-7520-0041-5
目次　地震はどうして起こるのだろう？，津波はどうして起こるの？
内容　小学校中学年から。

『地震は防ぐことがむずかしいの？』　横山裕道構成・文　アリス館　1996.3　40p　26cm　（地震なんでも質問箱　2）　2500円　①4-7520-0042-3
目次　最近，起こった大きな地震には，どんなものがあるの？，どうして，こわれた建物と，こわれなかった建物があるの？，地震が，いつどこで起こるか，わかるの？
内容　小学校中学年から。

『学校でのひなんと備え―すぐに役立つ学校防災』　学習研究社　1996.2　56p　27cm　（大地震が学校をおそったら　1）〈監修：高野尚好〉①4-05-200643-7

『家庭・外出先でのひなんと備え―すぐに役立つ学校防災』　学習研究社　1996.2　56p　27cm　（大地震が学校をおそったら　3）〈監修：高野尚好〉①4-05-200645-3

『行事・通学中のひなんと備え―すぐに役立つ学校防災』　学習研究社　1996.2　56p　27cm　（大地震が学校をおそった

ら 2)〈監修：高野尚好〉Ⓘ4-05-200644-5

心の教育について考えよう

『自閉症・ADHDの友だち』 成沢真介著 文研出版 2011.5 151p 22cm（文研じゅべにーる・ノンフィクション） 1300円 Ⓘ978-4-580-82130-9 Ⓝ378
目次 第1部 自閉症の健二くん（遠くから見た健二くん，わかればできるんだ！，車が見たい，歩行で学んだこと，プール大好き，かかわりたい気持ちは同じ），第2部 ADHDの明くん（入学してきた明くん，明くんの世界，自分をコントロールする，イベント大好き）
内容「自閉症」や「ADHD」ということばを聞いたことがありますか？ 人との会話がうまくできなかったり，場の空気や人の気持ちといった，あいまいで目に見えないものがわかりにくかったり，集中やがまんができにくかったりします。でも，みんなひとりひとり個性を持っています。そういった友だちのことを，知ろうとしてほしいのです。

『なっちゃんの声—学校で話せない子どもたちの理解のために』 はやしみこぶんとえ，かんもくネット監修 学苑社 2011.1 30p 27cm〈医学解説：金原洋治 文献あり〉1600円 Ⓘ978-4-7614-0735-3 Ⓝ378.8

『こうすれば友だちと仲良くできる』 香山リカ著 小学館クリエイティブ, 小学館〔発売〕2010.12 167p 19cm（こどもスーパー新書）800円 Ⓘ978-4-7780-3720-8
目次 第1章 友だちなんて，いなくたっていい!?，第2章 そもそも友だちって，なんだろう？，第3章 友だちはこうやってつくろう，第4章 友情はこうやって深めていこう，第5章 トラブルはこうやって解決しよう，第6章 いじめになやむ人へ
内容 けんかしちゃった！ どうしよう…!? 必ず解決。

『きみはきみだ』 斉藤道雄文・写真 子どもの未来社 2010.11 31p 25cm（教室の絵本シリーズ）1600円 Ⓘ978-4-86412-014-2 Ⓝ378.2

『みんなで考えよう障がい者の気持ち—読んでわかる、体験してわかる 7 自閉症』 玉井邦夫, 東条吉邦, 広瀬由美子監修 学研教育出版, 学研マーケティング（発売）2010.2 43p 28cm〈文献あり〉2500円 Ⓘ978-4-05-500753-5,978-4-05-811166-6 Ⓝ369.27
目次 第1章 「自閉症」って何？（自閉症って，どんな障がいなの？，さまざまな自閉症1 言葉の理解が苦手，さまざまな自閉症2 状況の理解が苦手。音に敏感，さまざまな自閉症3 人の気持ちが読めない，さまざまな自閉症4 強いこだわり，さまざまな自閉症5 感覚がちがう），第2章 「自閉症」の人とのつき合い方のポイント，第3章 活躍する「自閉症」の人たち（言語聴覚士・村上由美さん，川崎市職員・明石徹之さん，発達障がいサポーター・笹森理絵さん）

『みんなで考えよう障がい者の気持ち—読んでわかる、体験してわかる 6 発達障がい〈LD、ADHD〉』 玉井邦夫, 服部美佳子, 海津亜希子監修 学研教育出版, 学研マーケティング（発売）2010.2 43p 28cm〈文献あり〉2500円 Ⓘ978-4-05-500752-8,978-4-05-811166-6 Ⓝ369.27
目次 第1章 「発達障がい」を知ろう（次の文章が読めるかな？，書かれた文字を書き写せるかな？ ほか），第2章 「発達障がい」って何？（発達障がいのある人へのサポート，さまざまな発達障がい1 じっとしていることが苦手（ADHD1）ほか），第3章 苦手なことでもサポートで得意に変身（うずうずしちゃうこうすけくんの場合 苦手なことでもサポートで得意に変身1，うっかりさんのあいちゃんの場合 苦手なことでもサポートで得意に変身2 ほか），第4章 活躍する「発達障がい」のある人たち（ADHDカウンセラー・高山恵子さん，テレビ番組制作・編集者・大橋広宣さん ほか）

『みんなで考えよう障がい者の気持ち—読んでわかる、体験してわかる 5 知的障がい』 玉井邦夫, 堀江まゆみ監修 学研教育出版, 学研マーケティング（発売）2010.2 43p 28cm〈文献あり〉2500

円　①978-4-05-500751-1,978-4-05-811166-6　Ⓝ369.27
[目次]第1章　「知的障がい」って何？（知的障がいってどんな障がいなの？），第2章「知的障がい」のある人と暮らすには？（知的障がい―ダウン症のめぐみさん，知的障がいのある人を理解しよう1　知的障がいと自閉症がある場合　知的障がいと自閉症があるりょうくん　ほか），第3章　「知的障がい」のある人とのかかわり方（知的障がいのある人とのかかわり方，知的障がいのある人たちの生活　ほか），第4章　活躍する「知的障がい」のある人たち（アーティスト・山野将志さん，トライアスロン選手・阪野翔生さん　ほか）

『みんなで考えよう障がい者の気持ち―読んでわかる、体験してわかる　4　肢体不自由』　玉井邦夫,大沼直樹監修　学研教育出版,学研マーケティング（発売）　2010.2　43p　28cm〈文献あり〉2500円　①978-4-05-500750-4,978-4-05-811166-6　Ⓝ369.27
[目次]第1章　「肢体不自由」を知ろう（指が使えなくても平気？，手足が曲げられなくても平気？　ほか），第2章　「肢体不自由」って何？（肢体って何？，肢体不自由ってどういう障がいなの？　ほか），第3章　体が動かなくても困らないこと体が動かなくて困ること（肢体不自由の人が困らないこと，肢体不自由の人が不便に感じること　ほか），第4章　「肢体不自由」の人を手助けする（肢体不自由の人を手助けするとき，肢体不自由の人を手助けする機器），第5章　活躍する「肢体不自由」の人たち（車いすバスケットボール選手・京谷和幸さん，障がい者自立生活サポーター・玉木幸則さん　ほか）

『みんなで考えよう障がい者の気持ち―読んでわかる、体験してわかる　3　言語障がい』　玉井邦夫,小林倫代監修　学研教育出版,学研マーケティング（発売）　2010.2　43p　28cm〈文献あり〉2500円　①978-4-05-500749-8,978-4-05-811166-6　Ⓝ369.27
[目次]第1章　「言語障がい」を知ろう（うまく伝わるかな？，うまく話せるかな？　ほか），第2章　「言語障がい」って何？（声が出るしくみ，さまざまな言語障がい），第3章　「言語障がい」があると困ること（吃音や構音障がいのある人が困ること，言葉に

おくれのある人が困ること　ほか），第4章「言語障がい」のある人とのつき合い方（会話をするときに注意すること，言語障がいのある人を手助けする機器），第5章　活躍する「言語障がい」のある人たち（落語家・三遊亭円歌さん，歌手・スキャットマン・ジョンさん　ほか）

『みんなで考えよう障がい者の気持ち―読んでわかる、体験してわかる　2　聴覚障がい』　玉井邦夫,石原保志監修　学研教育出版,学研マーケティング（発売）　2010.2　43p　28cm〈文献あり〉2500円　①978-4-05-500748-1,978-4-05-811166-6　Ⓝ369.27
[目次]第1章　「聴覚障がい」を知ろう（音がなくてもわかるかな？，騒音の中でもわかるかな？），第2章　「聴覚障がい」って何？（どうして音が聞こえるの？，どうして聴覚障がいになるの？　ほか），第3章　耳が聞こえなくても困らないこと，耳が聞こえなくて困ること（聴覚障がいがあっても困らないこと，聴覚障がいがあって不便なこと　ほか），第4章　「聴覚障がい」のある人を手助けする（聴覚障がいのある人への手助け，言いたいことが見える会話　ほか），第5章　活躍する「聴覚障がい」のある人たち（プロ野球選手・石井裕也さん，薬剤師・早瀬久美さん　ほか）

『みんなで考えよう障がい者の気持ち―読んでわかる、体験してわかる　1　視覚障がい』　玉井邦夫,青柳まゆみ監修　学研教育出版,学研マーケティング（発売）　2010.2　45p　28cm〈文献あり〉2500円　①978-4-05-500747-4,978-4-05-811166-6　Ⓝ369.27
[目次]第1章　「視覚障がい」を知ろう（さわって、わかるかな？，音を聞いて、わかるかな？　ほか），第2章　「視覚障がい」って何？（どうしてものが見えるの？，視覚ってどんな感覚なの？　ほか），第3章　目が見えなくても困らないこと、目が見えなくて困ること（目が見えなくても困らないこと，目が見えなくて困ること　ほか），第4章　「視覚障がい」のある人を手助けする（視覚障がいのある人を手助けするとき，こんな場面ではどうする？　ほか），第5章　活躍する「視覚障がい」のある人たち（テノール歌手・新垣勉さん，元パラリンピック競泳選手・河合純一さん　ほか）

『しあわせのバトンタッチ―障がいを負っ

学校生活　　　　　　　　　　　　　　　　心の教育について考えよう

た犬・未来、学校へ行く』　今西乃子著　岩崎書店　2009.12　133p　22cm　（イワサキ・ノンフィクション　16）〈写真：浜田一男〉　1300円　Ⓘ978-4-265-04286-9　Ⓝ645.6

『みんなが主人公の学校―学校はみんなでつくる場所』　保井隆之著　大日本図書　2009.3　172p　20cm　（ドキュメント・ユニバーサルデザイン）〈並列シリーズ名：Document universal design　文献あり〉　1600円　Ⓘ978-4-477-01991-8　Ⓝ378
[目次]　はじめに　いきいきと笑顔で学ぶ学校, 第1章　外国にルーツをもつ子どもとともに―アイデンティティを育てる日本語国際学級, 第2章　自分の言葉は自分で決めたい―手話で学ぶ小学校, 第3章　みんなのことはみんなで決める中学校―不登校の子がいきいきできる学校, 第4章　自分に合った高校を探しながら―ディスレクシアの自分と出会うまでの長い道のり, 第5章　居心地のいい学校をつくっていこう―新しい取り組みと先輩たちのメッセージ, おわりに　さまざまな個性の子と学ぶ学校に
[内容]　個性と笑顔がいっぱいの学校に。

『きこえの障がいってなあに？』　エレイン・アーンスト・シュナイダー著, トム・ディニーンイラスト, 柳沢圭子訳, 全日本難聴者・中途失聴者団体連合会監修　明石書店　2007.8　35p　21×21cm　（知りたい、聞きたい、伝えたいおともだちの障がい　6）　1200円　Ⓘ978-4-7503-2602-3　Ⓝ378.2

『学校と生活がたのしくなる本―ADHDの子のためのサポートブック』　ジョン・F.テイラー著, 上田勢子訳, 中田洋二郎監修　大月書店　2007.6　103p　26cm　1800円　Ⓘ978-4-272-41185-6　Ⓝ378
[目次]　第1章　ADHDってなんだろう？, 第2章　毎日を気分よくすごすには, 第3章　きみを助けてくれる人たち, 第4章　健康な食生活をしよう, 第5章　家での生活をきもちよく, 第6章　学校生活がうまくいく6つの方法, 第7章　友だちとなかよくする7つのアイディア, 第8章　おさえきれないきもちをしずめる8つの方法
[内容]　子ども自身がADHDについて理解し,

家庭と学校の生活で起こる問題への対処を身につける本。友だちとのつきあい方や課題のこなし方、助けの求め方など、具体的ですぐ活用できるアドバイスが満載。

『ことばの障がいってなあに？』　ジョン・E.ブライアント著, トム・ディニーンイラスト, 服部律子訳　明石書店　2007.6　37p　21×21cm　（知りたい、聞きたい、伝えたいおともだちの障がい　5）　1200円　Ⓘ978-4-7503-2582-8　Ⓝ378.2

『からだの不自由な友だち』　飯野順子監修, 灰崎武浩文　金の星社　2005.3　31p　30cm　（障害を知ろう！　みんなちがって、みんないい　7）　2500円　Ⓘ4-323-06567-1　Ⓝ378.3

『ことばの不自由な友だち』　大伴潔監修, 灰崎武浩文　金の星社　2005.3　31p　30cm　（障害を知ろう！　みんなちがって、みんないい　6）　2500円　Ⓘ4-323-06566-3　Ⓝ378.2

『自閉症の友だち』　吉田昌雄, 川北敏晴監修, 土橋圭子文　金の星社　2005.3　31p　30cm　（障害を知ろう！　みんなちがって、みんないい　2）　2500円　Ⓘ4-323-06562-0　Ⓝ378

『耳の不自由な友だち』　桑原隆俊監修, 灰崎武浩文　金の星社　2005.3　31p　30cm　（障害を知ろう！　みんなちがって、みんないい　5）　2500円　Ⓘ4-323-06565-5　Ⓝ378.2

『目の不自由な友だち』　田中徹二監修, 灰崎武浩文　金の星社　2005.3　31p　30cm　（障害を知ろう！　みんなちがって、みんないい　4）　2500円　Ⓘ4-323-06564-7　Ⓝ378.1

『LD（学習障害）、ADHD（注意欠陥/多動性障害）の友だち』　吉田昌雄, 川北敏晴監修, 土橋圭子文　金の星社　2005.3　31p　30cm　（障害を知ろう！　みんなちがって、みんないい　1）　2500円　Ⓘ4-323-06561-2　Ⓝ378

『ダウン症の友だち』　吉田昌雄, 川北敏晴

子どもの本　楽しい課外活動2000冊　　49

監修, 土橋圭子文　金の星社　2005.2　31p　30cm　(障害を知ろう！　みんなちがって, みんないい　3)　2500円　Ⓘ4-323-06563-9　Ⓝ378.6

『義足のロングシュート―夢はプロ！サッカー少年・誠くんの挑戦』　祓川学作, 鈴木大介画　ハート出版　2004.7　157p　22cm　1200円　Ⓘ4-89295-306-7　Ⓝ369.27

『こころの二人三脚―自閉症児と級友たち』　NHK「こども」プロジェクト編　汐文社　2004.5　113p　22cm　(NHKスペシャルこども・輝けいのち　ジュニア版　5)　1400円　Ⓘ4-8113-7825-3　Ⓝ493.9375

『子どもだってにんげんさ―子どもの権利条約』　CAP北九州, 児童虐待と子育て支援を考える会, 北九州人権フォーラム制作・編集　第2版　〔北九州〕〔CAP北九州〕　2002.2　59p　21cm

『くらしの中の人権とは？』　戸波江二監修, 矢島基美編著　あかね書房　2001.4　39p　31cm　(今, 考えよう！　日本国憲法　2)　3000円　Ⓘ4-251-07942-6

『バリアフリーをめざして』　黒崎恵津子著, 大中美智子絵　岩崎書店　2000.4　47p　27cm　(ボランティアに役立つはじめてであう点字　5)　2800円　Ⓘ4-265-02495-5, 4-265-10222-0

目次　あなたなら, どうする？, なんて, あいさつしたらいい？, テレビの話をしてもいい？, じゃんけん, トランプ, どうやるの？, トイレっていわれたら, どうしよう, ハイキング, 見えなくてもたのしい？, 白い杖はなんのため？, 手だってあげたいけれど…, 点字ブロックって, どんなもの？, 道がわからなくなることはない？, 席をゆずろうとしたら, ことわられちゃった…〔ほか〕

内容　「バリアフリー」ということばがよく使われるようになりました。障害をもつ人やお年寄りにとって, バリア(じゃま)になるものをとりのぞいていこうという考えかたです。障害をもつ人ももたない人も, おたがいに気持つよく, たのしく生活していくためには, どんなことが必要なのか

しょう。「バリア」になっているものって, いったいなんなのでしょうか。本書を読みながら, いっしょに考えていきましょう。小学校中学年～中学生向き。

『ドラえもんの車いすの本』　共用品推進機構編, 町田ヒューマンネットワーク監修　小学館　1999.11　112p　25cm　(バリアフリーブック―体の不自由な人の生活を知る本)　1260円　Ⓘ4-09-387274-0

目次　1　北斗くんのいす, 2　ドラえもんの空飛ぶ車いす, 3　いっしょに歩いてみませんか(車いすでまちを歩けば, もっと知ろう車いすのこと―車いすと歩くためのガイド, 車いすライフ不便さ調査, みんなで使える共用品)

内容　体の不自由な人の日常の不便さを知る。…そして, 共に生きることを考える。小学生から大人までの本。

『きみは, どっち？』　静岡県校長会, 静岡県教職員組合, 静岡県出版文化会編　静岡　静岡教育出版社　1999.7　120p　21cm　(出文books―心の教育シリーズ　1(小学校))　1000円

『ノープロブレムの社会に！―学習やつきあいが苦手な人をサポートする』　学習研究社　1998.2　52p　27cm　(からだが不自由ってどんなこと？　4)　3000円　Ⓘ4-05-500329-3

目次　「交流」って, なんだろう？, みんなWAになって, 4年1組の友だちと遊ぼう, 養護学校のみなさんよろしくね, 本庄小学校のみなさんよろしくね, みんなで合奏しよう, 楽しい思い出が, またひとつ, 1年間ありがとう, ふれあい学びあい(石川県辰口町立中央小学校の交流), 勇気をだして話しかけてみてください, 合言葉はノー・プロブレム

『友だちになろうよ―障害のある人とともに』　嶋田泰子文　ポプラ社　1996.4　46p　27cm　(ボランティアわたしたちにできること　2)〈監修：池田明彦〉　2500円　Ⓘ4-591-05067-X

目次　友だちは宝物, 障害ってなんだろう, キャンプで友だちができた, トイライブラリーにおいでよ, おもちゃをプレゼント, 手話で話そう, 手話でうたおう, 点字の本ができた, りっぱな盲導犬になってね, 車いすの

人への介助，目の不自由な人への介助，ともに生きていくために

◆手話・点字

『わかる！できる！おやこ手話じてん』全国早期支援研究協議会編　新装版　東邦出版　2012.5　199p　21cm〈索引あり〉1800円　Ⓘ978-4-8094-1038-3　Ⓝ378.28

『G-10（テン）とマナブくんの点字教室』全国視覚障害者情報提供施設協会編　大阪　全国視覚障害者情報提供施設協会,大活字（発売）2011.6　57p　26cm〈タイトル：G-10とマナブくんの点字教室〉477円　Ⓘ978-4-86055-650-1　Ⓝ369.275

『はじめての手話ダンス＆ソング　3　どんなときもほか』立教大学手話サークル「Hand Shape」編著，野口岳史，細野昌子監修　汐文社　2011.3　47p　27cm　2000円　Ⓘ978-4-8113-8765-9　Ⓝ369.276

『はじめての手話ダンス＆ソング　2　空も飛べるはずほか』立教大学手話サークル「Hand Shape」編著，野口岳史，細野昌子監修　汐文社　2011.3　47p　27cm　2000円　Ⓘ978-4-8113-8764-2　Ⓝ369.276

『手話の絵事典─気持ちをこめて伝えよう！基本表現がよくわかる』全国手話研修センター監修　PHP研究所　2011.2　63p　29×22cm　2800円　Ⓘ978-4-569-78115-0
目次　第1章　あいさつ・自己しょうかいの手話（あいさつしよう，名前を表してみよう，数字を表してみよう，趣味を伝えよう，家族について話してみよう），第2章　過去・現在・未来のことを話そう（今日のことを話そう，過去や未来のことを話そう，1週間のことを話そう，1年のことを話そう，将来の夢を話そう），第3章　学校のことを話そう（先生について話そう，学校をしょうかいしよう，得意な教科は？，行事について話してみよう），付録（手話で歌おう，知っておいてほしいこと）

『はじめての手話ダンス＆ソング　1　世界に一つだけの花ほか』立教大学手話サークル「Hand Shape」編著，野口岳史，細野昌子監修　汐文社　2011.2　47p　27cm　2000円　Ⓘ978-4-8113-8763-5　Ⓝ369.276
目次　はじめに，この本の使い方，わたしたちの手話ダンス＆ソング，世界に一つだけの花，フラワー，チェリー，手話の指文字
内容　聴覚障がいを持った方とのコミュニケーション手段の一つである「手話」を知るキッカケづくりとして，手話歌とダンスパフォーマンスを紹介する。

『たのしい点字』桜雲会監修，こどもくらぶ編　岩崎書店　2010.11　39p　30cm（しらべよう！りかいしよう！点字の世界　2）3000円　Ⓘ978-4-265-03372-0
目次　点字の本を見るには？，点字図書館って，どんなところ？，点字図書館にいってみよう！，各都道府県のおもな点字図書館，点字の本の作り方，録音図書の作り方，コラム　インタビュー，特別支援学校って，どんなところ？，点字Q&A，チャレンジ！点字クイズ
内容　点字の本の貸しだしをおこなう点字図書館や，目の不自由な子どもたちのための特別支援学校などを紹介。

『点字って、なに？』こどもくらぶ編，桜雲会監修　岩崎書店　2010.10　39p　30cm（しらべよう！りかいしよう！点字の世界　1）3000円　Ⓘ978-4-265-03371-3
目次　点字って，なに？，点字の大きさ，点字って，どう読むの？，コラム　点字のとくちょう，とくべつな音，点字のきまり，コラム　点字のはじまり，図形もあらわす点字，点字Q&A，チャレンジ！点字クイズ
内容　点字のしくみ，読み書きや，町にあるさまざまな点字，目の不自由な人の生活などを解説。本物の点字つき。

『子どものための点字事典』黒崎恵津子著，福田行宏イラスト　汐文社　2009.3　109p　27cm〈文献あり　索引あり〉3200円　Ⓘ978-4-8113-8540-2　Ⓝ378.18
目次　1　点字って何？（身のまわりの点字をさがしてみよう，音や，さわってわかる工

夫、はっきりと見やすい表示も)，2 点字の文字(あいうえお…、点字でどう書く？，点字の50音 ほか)，3 点字の書き方(ふつうの文字の書き方とどこがちがう？，ポイント1 発音どおりに書く ほか)，4 視覚障害に関する用語集(視覚障害とは？，視覚障害者と生活 ほか)，5 点字の歴史(世界で最初の盲学校，点字以前の文字、凸字 ほか)，資料編

『子どものための手話事典』 全日本ろうあ連盟監修，イケガメシノ絵 汐文社 2008.4 182p 27cm 3000円 Ⓘ978-4-8113-8199-2 Ⓝ378.28

『みんなの手話ソング 3(夏川りみと沖縄のうた)』 こどもくらぶ編 同友館 2007.5 119p 26cm 〈手話ソング創作・指導：大場伸子〉 1900円 Ⓘ978-4-496-04297-3 Ⓝ378.28

『みんなの手話ソング 2(ジブリのうた)』 こどもくらぶ編 同友館 2006.8 119p 26cm 〈手話ソング創作・指導：大場伸子〉 1900円 Ⓘ4-496-04182-0 Ⓝ378.28

『みんなの手話ソング 1(スマップのうた)』 こどもくらぶ編 同友館 2006.8 119p 26cm 〈手話ソング創作・指導：大場伸子〉 1900円 Ⓘ4-496-04180-4 Ⓝ378.28

『こんにちは』 なかむらなおこ文，おてもりのぶお絵 アイ企画，生活ジャーナル(発売) 2006.7 31,15p 27cm 〈手話えほん 1〉〈付・解説書「手の動きと表現のしかた」〉 1500円 Ⓘ4-88259-119-7 Ⓝ378.28
[内容] 手話はこえをださなくてもいろんなことをいっぱい話せるの。目でみるおしゃべり。おもしろいでしょ。この本のページをめくって、絵をみながらおぼえてね。

『まねっこまちのひと』 田中ひろし文，せべまさゆき絵，こどもくらぶ編 ほるぷ出版 2005.3 1冊(ページ付なし) 22×22cm 〈手であそぼう〉 1300円 Ⓘ4-593-57806-X Ⓝ378.28
[内容] 「けいさつかん」に「しょうぼうし」に「コック」に「だいく」に「うんてんしゅ」。まちではたらく人たちを手話で表してみよう！ 手話をやりながら読んであげたり、子どもといっしょにやってみたり…。手話を使った、親子で楽しい絵本です。巻末にちょっと詳しい手話の解説つき。

『てですき・きらい』 田中ひろし文，せべまさゆき絵，こどもくらぶ編 ほるぷ出版 2005.2 1冊(ページ付なし) 22×22cm 〈手であそぼう〉 1300円 Ⓘ4-593-57805-1 Ⓝ378.28
[内容] 「うれしい」「たのしい」「すき」「きらい」…。そんな気持ちを手話で表すとどうなるのかな？ 気持ちを表す手話が楽しい絵本になりました。手話をやりながら読んであげたり、子どもといっしょにやってみたり…。手話を使った、親子で楽しい絵本です。巻末にちょっと詳しい手話の解説つき。

『ゆびであいうえお』 田中ひろし文，せべまさゆき絵 ほるぷ出版 2005.1 1冊(ページ付なし) 22×22cm 〈手であそぼう〉 1300円 Ⓘ4-593-57804-3 Ⓝ378.28
[内容] 「あ」から「ん」までの指文字が楽しい絵本になりました。手話をやりながら読んであげたり、子どもといっしょにやってみたり…。手話を使った、親子で楽しい絵本です。巻末に指文字の一覧表つき。

『こども手話じてん—写真とイラストでひと目でわかる！』 谷千春監修 ポプラ社 2004.4 239p 29cm Ⓘ4-591-08029-3,4-591-99556-9 Ⓝ378.28

『こども手話じてんセット』 谷千春監修 ポプラ社 2004.4 2冊(セット) 29×22cm 〈付属資料：ビデオ1〉 9900円 Ⓘ4-591-99556-9
[目次] 手話ソングブック(大きな古時計，故郷，ありがとうさようなら，翼をください，ぼくらの未来 ほか)，こども手話じてん(手話の基本を覚えよう(基本編)，「見る言葉」を覚えよう(じてん編)，都道府県，いろいろな地域・国)
[内容] 五十音順に約1400単語の手話を紹介。

『いつでもどこでも手話ソング 3』 こどもくらぶ編 同友館 2003.8 119p 26cm 1900円 Ⓘ4-496-03588-X

学校生活　　　　　　　　　　　　　　　心の教育について考えよう

Ⓝ378.28

『いつでもどこでも手話ソング　2』　こどもくらぶ編　同友館　2003.8　119p　26cm　1900円　Ⓘ4-496-03586-3
Ⓝ378.28

『いつでもどこでも手話ソング　1』　こどもくらぶ編　同友館　2003.8　119p　26cm　1900円　Ⓘ4-496-03584-7
Ⓝ378.28

『Sign dance―手話で歌おう』　新田順子編　大阪　せせらぎ出版　2003.3　89p　15×21cm　952円　Ⓘ4-88416-116-5
Ⓝ378.28

『自分でつくろう手話ソング』　田中ひろし著，こどもくらぶ編　国立　今人舎　2002.6　55p　26cm　(大人と子どものあそびの教科書)　1800円　Ⓘ4-901088-18-1　Ⓝ378.28

『やってみよう！　はじめての手話　6　写真・イラストで見る手話じてん』　こどもくらぶ編・著　岩崎書店　2001.11　31p　30cm　1500円　Ⓘ4-265-02776-8
内容　手話のことば，全259話を写真・イラストで解説。

『やってみよう！　はじめての手話　5　手話で世界とともだち』　こどもくらぶ編・著　岩崎書店　2001.11　31p　29×22cm　1500円　Ⓘ4-265-02775-X
目次　1 えほんでくらべる日本とアメリカの手話(日本はごはん，アメリカはパン)，2 手話くらべ(え！数字の指文字もちがうの？，くらべてみよう！　日常会話，くらべてみよう！　いろんな手話，アメリカの手話ソングをやってみよう！)，3 しらべてみよう！　いろんな国の手話
内容　世界の手話をやさしく解説しています。国際理解に役立ちます。

『やってみよう！　はじめての手話　4　はじめての手話ソング』　こどもくらぶ編・著　岩崎書店　2001.11　31p　29×22cm　1500円　Ⓘ4-265-02774-1
目次　1 えほんで見る手話ソングのこころ(こころのことばを見てもらおう)，2 ソングをたのしもう(サザエさん，星に願いを，翼をください，アンパンマンのマーチ)，3 手話でおどろう！(大きな栗の木の下で)
内容　手話でうたをうたってみましょう。アンパンマンなど7曲紹介。

『やってみよう！　はじめての手話　3　手話であそぼう』　こどもくらぶ編・著　岩崎書店　2001.10　31p　30cm　1500円　Ⓘ4-265-02773-3
目次　1 えほんでまなぶ手話のおぼえかた(ウルトラマンじゃんけん)，2 手話であそぼう！(シュワシュワバスケット，手話しりとり，なまえ漢字手話しりとり，指文字かなビンゴ，指文字数字ビンゴ　ほか)

『やってみよう！　はじめての手話　2　指文字をおぼえよう』　こどもくらぶ編・著　岩崎書店　2001.10　29p　30cm　1500円　Ⓘ4-265-02772-5
目次　1 えほんで知る指文字のおぼえかた(まほうのカード)，2 指文字のはなし―指文字をマスターしよう(指文字とは，指文字カードのつくりかた，なまえさがしゲーム，つぎはなにかな？，注意力テスト　ほか)

『やってみよう！　はじめての手話　1　手話をはじめよう』　こどもくらぶ編・著　岩崎書店　2001.10　31p　30cm　1500円　Ⓘ4-265-02771-7
目次　1 えほんで見る手話のこころ(しらんぷりじゃないんだ)，2 手話のはなし(いろんな手話を見てみよう，手話って，なに？，手話には種類がある，うさぎのまねっこしてみよう，バナナをむくまねしてごらん　ほか)

『点字で学ぼう』　黒崎恵津子著，大中美智子絵　岩崎書店　2000.4　47p　27cm　(ボランティアに役立つはじめてであう点字 3)　2800円　Ⓘ4-265-02493-9,4-265-10222-0
目次　盲学校での生活，点字で勉強(国語，算数，理科，社会，音楽，体育，図工，自立活動，図書室)
内容　盲学校での毎日，どんなふうでしょうか。点字の練習ばかりだと思いますか？それは大ちがい！3年生の時間割を見てください。国語，算数，理科，社会，それに図工や音楽，体育，児童会活動もあるし，5年生になれば，家庭科もあります。運動会，社会

子どもの本　楽しい課外活動2000冊　　53

科見学、修学旅行、スキー教室、いもほり…いろいろな行事もあって、楽しいよ。小学校中学年～中学生向き。

『点字のことば百科』 黒崎恵津子著，中野耕司絵 岩崎書店 2000.4 47p 27cm （ボランティアに役立つはじめてであう点字 2） 2800円 ①4-265-02492-0,4-265-10222-0

|目次| 点字を読もう！，点字の書きかた（点字のしくみ，点字の書きかたのきまり，点字を書く道具）

|内容| 自分の名前、たんじょう日、身長、体重、家族…。点字で書くと、こんなふうになります。数字やアルファベットはどうなっているでしょうか。いろいろなことばを、点字で読んでみてください。小学校中学年～中学年向き。

『点字のひみつ』 黒崎恵津子著，中野耕司絵 岩崎書店 2000.4 47p 27cm （ボランティアに役立つはじめてであう点字 4） 2800円 ①4-265-02494-7,4-265-10222-0

|目次| 点字の疑問におこたえします。「見えない」って、どんなこと？、弱視の人は、どんなふうに見えるの？、目の見えない子は、みんな盲学校にいくの？、目の見えない人は、どんな仕事をしているの？、目の見えない人は、みんな点字を使っている？、点字はどうやっておぼえていくの？、点字は、どのくらいの速さで読めるの？、点字のでこぼこって、ほるの？、点字は、いつ、だれがつくったの？〔ほか〕

|内容| 点字は、目の見えない人にとって、たいせつな文字です。6つの点の組み合わせを、指でさわって読んでいきます。指でさわって読む文字なので、目で読むふつうの文字とは、いろいろなちがいがあります。たった6つの点で、どんなことでも書きあらわせるなんて、すごいことだと思いませんか。いったい、どうやって？ こんなことも書ける？ 本書では、そんな点字のひみつにせまります。小学校中学年～中学生向き。

『指から広がる世界』 黒崎恵津子著，鈴木びんこ絵 岩崎書店 2000.4 47p 27cm （ボランティアに役立つはじめてであう点字 1）〈付属資料：カラー点字プレート〉 2800円 ①4-265-02491-2,4-265-10222-0

|目次| 点字は、さわって読む文字です。目は、たくさんのものを見ている。でも、ほんとうに見ているものは…，見ないでもできる、こんなこと、あんなこと、鼻を使って、耳を使って、指を使って…、指先には、目がある、指先の目をおこそう！、街の点字あれこれ、点字の本を見るには、うきあがった文字がいい？，点字はこうして生まれた、日本の点字の誕生、指先から、新しい世界を広げよう

|内容| 点字は、さわって読む文字です。ふつう、指でさわって読みます。点字の感触って、どんなものでしょうか。目をつぶって、さわってみてください。目で見て、文字を読むのと、指でさわって読むのは、ずいぶんちがうと思いませんか？ 目で見る世界と、指で見る世界、どんなちがいがあるのでしょう。小学校中学年～中学生向き。

『点字どうぶつえん』 菊地清絵，同友館編集部編 同友館 2000.3 39p 19×27cm 1800円 ①4-496-02954-5

『はじめての手話 2』 矢沢国光，長谷川純子文，つだかつみ絵 偕成社 2000.3 31p 28×22cm （バリアフリーの本―「障害」のある子も"みんないっしょに" 5） 2500円 ①4-03-543250-4

|目次| きょうは入学式、社会科見学にいきました、好きな教科はなんですか？、おとなりの小学校にいきました、結婚パーティーに出席しました、「みんなが手話で話した島」、ママは手話の先生です、手話落語を知っていますか？、デパートに買い物にいきました、かぜをひいてしまいました、わたしの夢、手話で歌おう・大きな古時計、みんなに考えてもらいたいこと

|内容| あなたは、『はじめての手話 1』を読んでくれましたか？ 手や顔の表情をつかって話す、もうひとつの、ゆたかな言葉「手話」。あなたも、手話で、「耳に障害のある人」と話してみませんか。

『はじめての手話 1』 矢沢国光，長谷川純子文，石森愛彦絵 偕成社 2000.3 31p 28×22cm （バリアフリーの本―「障害」のある子も"みんないっしょに" 4） 2500円 ①4-03-543240-7

|目次| はじめまして！、わたしの家族、手話や指文字で話します、わたしの学校、わたしのクラス、わたしの朝ごはん、ママとお風呂に入ります、手話をおぼえると、こーんなに

学校生活　　　　　　　　　　　　　　　　　　　国際理解について考えよう

便利!!，テレビはなにが好き？，はじめての
ハワイ旅行，アメリカからのお客さま，ママ
の誕生日，指文字をおぼえよう，手話はこと
ば(言語)です
[内容] あなたは，手話を知っていますか？
「耳に障害のある人」の言葉ですね？　手や顔
の表情をつかって話す，もうひとつの，ゆた
かな言葉です。あなたも，手話を話せるよ
うになって，耳に障害のある人と友だちに
なりませんか。

『はじめての点字』　石井みどり文，平井
伸造写真　偕成社　2000.3　31p　28×
23cm　（バリアフリーの本—「障害」の
ある子も"いっしょに" 2）2500円
①4-03-543220-2
[目次] 身のまわりの点字をさがしてみましょ
う，点字の歴史，指先は人体のなかでもっと
も敏感，点字のしくみ，点字の文のきまり，
点字を読んでみましょう，点字を書いてみ
ましょう，視覚障害者をとりまく読書環境，
絵本，そして点字との出会い，コンピュー
ターを利用する，「点字があったから」—竹
下弁護士の活躍
[内容] あなたは，「点字」を知っています
か？　点字は，目の見えない人の文字です。
点字は，いつ・どこで・だれがつくりだした
ものでしょうか？　あなたは，点字が読める
ようになったらいいなと思いませんか。

『パソコンクラブ手話クラブ』　横山正監
修，池田博，古田潔子著　ポプラ社
1999.4　47p　27cm　（みんなでつくる
クラブ活動 1）2400円　①4-591-
05946-4,4-591-99289-6

『手話・点字によるボランティア—情報・
資料編』　新谷弘子監修　文研出版
1999.3　55p　27cm　（わたしたちにも
できるこれからのボランティア 5）〈付
属資料：1枚〉3200円　①4-580-81229-
8,4-580-88104-4

『小・中学生の手話教室　スクールライフ
の巻』　中野善達,伊東儁祐著，新谷貴美
子イラスト　福村出版　1997.10　151,
6p　19cm〈索引あり〉1200円　①4-
571-12083-4
[目次] きょうは始業式，勉強がんばろう，ク
ラブ活動大好き，いろいろな行事，ボラン
ティア活動

『小・中学生の手話教室　ファミリーライ
フの巻』　中野善達,伊東儁祐著，新谷貴
美子イラスト　福村出版　1997.10
151,7p　19cm〈索引あり〉1200円
①4-571-12084-2
[目次] わたしの家族，町を歩こう，デパート
でお買物，楽しいキャンプ，病気大嫌い

『手でお話しうれしいな—手話をみんなで
学ぶ』　七尾純文，藤本四郎絵　学習研
究社　1997.2　31p　27cm　（ボラン
ティアふれあいのえほん 10）1648円
①4-05-500278-5,4-05-810500-3

『点字であそぼう—はじめてのボランティ
ア』　田中ひろし企画・著，二宮祐子編
同友館　1996.7　66p　21cm　（はじめ
てのボランティア）〈付（点字ペン2本）
ホルダー入(28cm)〉1200円　①4-496-
02404-7
[目次] 1 形をおぼえよう，2 読んでみよう，
3 書いてみよう，4 文を書いてみよう，
もっと点字のことを知ろう（盲学校のお友だ
ちの学校訪問，点訳ボランティアの仕事，こ
んな点字マーク知ってた？，おとなの人
へ），点字ペンの使い方，点字であそぼう

『手話で伝えたい—まんがキャンパス物
語』　たかねきゃら編著，保沢環画　広
済堂出版　1996.5　229p　18cm　（広
済堂ブックス）850円　①4-331-00739-1
[目次] 1年生　大学生になりました，2年生　彼
ができました，3年生　人に頼らないで最後ま
でやると決めた，4年生　社会人へのステップ
[内容] 手話を使えれば個性が伝わる，心がふ
れあう。手話で学生生活をエンジョイ。

国際理解について考えよう

『国際人をめざせ！　コミュニケーション
の達人—表現する力をきたえる　4 パ
フォーマンス』　菊池省三監修　フレー
ベル館　2004.4　47p　27×22cm
3200円　①4-577-02802-6
[目次] 1 詩のボクシングにちょうせん！—言

国際理解について考えよう　　　　　　　　　　　　　　　　　　　　学校生活

葉の力でリングで戦う詩のボクシング大会，2　メールマガジンにちょうせん！―ニュースを集めてみんなに発信わたしたちのクラスを紹介します！，3　ポスターにちょうせん！―色や言葉で視線をキャッチ校内のルールを守ってもらいたい，4　群読にちょうせん！―想像力を使って声に気持ちをこめる詩の世界をみんなの声で表したい，5　創作ダンスにちょうせん！―熱い気持ちをおどりで表す生きものの大切さをうったえたい！，6　紙しばいにちょうせん！―絵と話を合わせて発表する新1年生をかんげいしたい，7　ユニバーサルデザインにちょうせん！―みんなに役立つアイデアを考える人にやさしいデザインを作ろう，8　劇にちょうせん！―昔のことを調べ昔の人になりきる地域に伝わる物語を紹介したい

『国際人をめざせ！　コミュニケーションの達人―話し合う力をきたえる　3　ディベート』　菊池省三監修　フレーベル館　2004.4　47p　27×22cm　3200円　①4-577-02801-8

|目次|　ディベート達人への道（論題を決めよう，メリットとデメリットを整理して，道すじを見つけよう，意見を支える証拠資料を探そう，立論を組み立てよう，議論の流れを予測しよう，反ばくを準備しよう，さあ，ディベート本番！），ディベート実践レポート（価値論題―ペットを飼うなら，イヌがいいか，ネコがいいか，政策論題―この学校に，校内に自動販売機を設置するべきである，政策論題―この学校は，宿題をやめて自主学習にするべきである）

『国際人をめざせ！　コミュニケーションの達人―聞く力をきたえる　2　インタビュー』　菊池省三監修　フレーベル館　2004.4　47p　27×22cm　3200円　①4-577-02800-X

|目次|　インタビュー達人への道（テーマを決めて情報を集めよう，質問をじゅんびしよう，インタビューのお願いをしよう，さあ，インタビュー本番！，インタビューをまとめよう），インタビュー実践レポート（メールでショーン先生にとつげき取材！，地域とふれあうインタビュー学習，体験とインタビューで「共に生きる」を学習，パイロットの仕事を知る！，電話でインタビュー，インタビューで外国の文化を知ろう，インタビューや体験で理解を深める総合的な学習）

『国際人をめざせ！　コミュニケーションの達人―伝える力をきたえる　1　スピーチ』　菊池省三監修　フレーベル館　2004.4　47p　27×22cm　3200円　①4-577-02799-2

|目次|　スピーチ達人への道（テーマを決めて話す材料を集めよう，材料についてくわしく調べよう，材料を整理しよう，原稿を書いて意見をまとめよう，さあ，スピーチ本番！），スピーチ実践レポート（スピーチ発表会にチャレンジ！，市場をたんけん！　資料を作ってスピーチしよう，スピーチ上達へのトレーニング，話し合いで自分の意見を主張するスピーチ，学年代表が力を競う校内スピーチ大会）

『国際理解に役立つ　世界の民族音楽　6　南・北アメリカの音楽』　千葉泉著，こどもくらぶ編　ポプラ社　2003.4　47p　30cm〈付属資料：CD1〉　2850円　①4-591-07531-1

|目次|　アンデス周辺の音楽，ブラジルの音楽，アルゼンチン・チリの音楽，カリブ海周辺の音楽，北アメリカの音楽

|内容|　16世紀以降，ヨーロッパの国ぐにに征服された南・北アメリカ。ヨーロッパやアフリカ，ネイティブの人びとの文化がまじり生まれた，多様な音楽を紹介する。小学校高学年～中学生向。

『国際理解に役立つ　世界の民族音楽　5　ヨーロッパとロシアの音楽』　冨浪貴志監修，こどもくらぶ編　ポプラ社　2003.4　47p　30cm〈付属資料：CD1〉　2850円　①4-591-07530-3

|目次|　ケルトの音楽，ヨーロッパ南部の音楽，ヨーロッパ中部・東部の音楽，ヨーロッパ北部の音楽，ロシアの音楽

|内容|　地域によって，ことなる音楽文化を持っているヨーロッパ。南，北，中央・東ヨーロッパの国ぐにと，ケルト文化を受けついだアイルランド周辺の国ぐにの音楽を紹介する。小学校高学年～中学生向。

『国際理解に役立つ　世界の民族音楽　4　アラブとアフリカの音楽』　若林忠宏監修，こどもくらぶ編　ポプラ社　2003.4　47p　30cm〈付属資料：CD1〉　2850円　①4-591-07529-X

|目次|　イラン・アフガニスタンの音楽，アラビアの音楽，北アフリカの音楽，トルコの音楽，サハラ以南のアフリカの音楽

学校生活　　　　　　　　　　　　　　　　国際理解について考えよう

|内容| イスラム文化のさかえたペルシア、アラビア、トルコ、北アフリカなどアラブの国ぐにと、多様な文化が各地にさかえたサハラ以南のアフリカの国ぐにの音楽を紹介する。小学校高学年～中学生向。

『国際理解に役立つ　世界の民族音楽　3　南アジアと中央アジアの音楽』　若林忠宏監修，こどもくらぶ編　ポプラ社　2003.4　47p　30cm〈付属資料：CD1〉2850円　①4-591-07528-1
|目次| チベット・ヒマラヤ周辺の音楽，中央アジアの音楽，北インドの音楽，南インドの音楽，パキスタンの音楽
|内容| 古くから独自の文明をつくりあげたインドと、仏教文化のさかえたヒマラヤ周辺の国ぐに、そしてイスラムの影響を受けたパキスタンや中央アジアの国ぐにの音楽を紹介する。小学校高学年～中学生向。

『国際理解に役立つ　世界の民族音楽　2　東南アジアと太平洋の島じまの音楽』　冨田健次監修，こどもくらぶ編　ポプラ社　2003.4　47p　30cm〈付属資料：CD1〉2850円　①4-591-07527-3
|目次| インドシナ半島の音楽，マレーシア・インドネシアの音楽，タイの音楽，ビルマの音楽，フィリピンの音楽，ハワイの音楽
|内容| 中国、インド、イスラム世界、そして欧米の文化から影響を受け、独自の音楽文化をつくりあげた東南アジアの国ぐにと、太平洋にうかび独特の文化をもつハワイの音楽を紹介する。小学校高学年～中学生向。

『国際理解に役立つ　世界の民族音楽　1　東アジアと日本の音楽』　井口淳子著，こどもくらぶ編　ポプラ社　2003.4　47p　30cm〈付属資料：CD1〉2850円　①4-591-07526-5
|目次| 中学の音楽，モンゴルの音楽，韓国の音楽，沖縄の音楽，日本の音楽
|内容| 大昔から高度な文明がさかえ、東アジアの文化の中心であった中国と、その周辺で独自の文化を生みだしたモンゴル、韓国、日本、沖縄の音楽を紹介する。小学校高学年～中学生向。

『あそび・音楽・スポーツで国際交流』　ピーター・バラカン監修，こどもくらぶ編・著　岩崎書店　2002.4　47p　29cm（地域でできるこれからの国際交流 4）3000円　①4-265-04454-9,4-265-10268-9
|目次| 1 まんがで考えよう！『あそびは、国際交流のはじめの一歩』，2 国際交流をたのしもう（あそびで国際交流，スポーツで国際交流，音楽で国際交流，民族衣装で国際交流，絵・音楽・スポーツの交流をすすめている団体紹介）
|内容| 外国人どうしでも、サッカーをしているときには、ことばはいらないね。音楽には国境がないともいうよ。あそび、音楽、そしてスポーツは、国際交流をしようとするきみたちにとっての、強い味方だ。この本は、どうしたら、あそび、音楽、スポーツが国際交流につながっていくのか、いろんな例をあげて紹介しているよ。

『インターネットで国際交流』　中島章夫監修，稲葉茂勝著　岩崎書店　2002.4　47p　29cm　（地域でできるこれからの国際交流 7）3000円　①4-265-04457-3,4-265-10268-9
|目次| 1 まんがで考えよう！『インターネットで国際交流って、なに？』，2 みんなで考えよう！ 調べよう！（インターネットでできること、どんな国際交流ができるの？，インターネットで国際交流をはじめよう，まんがで見る「テディベアプロジェクト」），3 インターネットで気をつけること（「○○を教えてください」ではダメ、してもらうこと、してあげること、してはいけないこと、交流をつづけるために）
|内容| インターネットをつかえば、遠く外国にいるお友だちとも、かんたんに手紙（電子メール）のやりとりができるね。文字だけではなく、絵や写真、声や音声だっておくれるよ。最近ではテレビ会議といって、テレビカメラでとった画像と音声を、おたがいにおくりあうという交流もできるんだ。この本には、どんなことができるかが、たくさん紹介されているよ。

『国際交流データブック』　中島章夫監修，こどもくらぶ編　岩崎書店　2002.4　47p　29cm　（地域でできるこれからの国際交流 8）3000円　①4-265-04458-1,4-265-10268-9
|目次| データブックのつかい方とマナー，基本データ，日本でくらす外国人，国際交流活動，国際ボランティア
|内容| シリーズ第1巻から第7巻までにのっていた、いろいろな国際交流に関する資料が

子どもの本 楽しい課外活動2000冊　57

国際理解について考えよう　　　　　　　　　　　　　　　　　　　　学校生活

いっぱい。きみたちが、このシリーズを読んで、いろんなことに挑戦していこうとするときに役立つ資料もたくさんのっているよ。また、実際に国際交流をしようとすれば、調べたいことがでてくると思うけど、それらの調べ先についても、いろいろ紹介しているよ。

『国際交流入門』　米田伸次監修，稲葉茂勝著　岩崎書店　2002.4　47p　29cm　（地域でできるこれからの国際交流 1）　3000円　①4-265-04451-4,4-265-10268-9
[目次]　1　まんがで考えよう！『国際交流ってなに？』，2　みんなで考えよう！　調べよう！（「地域でできる国際交流」でできることを見つけよう，「国際理解」について考えよう），3　先生たちの話しあいをきいてみよう（地域から広がる国際交流，国際交流はたのしい！）
[内容]　外国のお友達とどんどん交流しよう。そのためには、外国のことをよく理解していなければならないね。でも、交流をつづけていくうちに、相手のこと、その人の国のことが、わかってくるという面もあるよ。「国際交流って、どういうこと？」「国際理解とは？」にはじまり、国際交流そのものについて、いろいろな角度から考えてみよう。

『国際交流のテーマさがし』　米田伸次監修，稲葉茂勝著　岩崎書店　2002.4　47p　29cm　（地域でできるこれからの国際交流 2）　3000円　①4-265-04452-2,4-265-10268-9
[目次]　1　まんがで考えよう！『地域でできる国際交流を考えよう！』，2　みんなで考えよう！　調べよう！（国際交流のテーマをさがそう，地域の外国人学校と交流しよう，きみの町の国際交流の経験を調べよう，国際交流協会にいってみよう），3　テーマで考える国際交流（食べものをとおして考えよう，あそび・スポーツは国際交流のはじめの一歩，地域ゆかりの人物、動・植物が国際交流を生みだす，ボランティアは、国際交流の産みの親，国際交流にインターネットを活用しよう）
[内容]　どこの国のお友だちと、どんなテーマで交流をしていったらいいのだろう？　これらは、国際交流をはじめようとすると、だれもがなやむことだね。そこで、この本では、地域でできる国際交流には、どんなテーマがあるかについて、食べもの、あそび、人物、動・植物、ボランティア、インターネッ

トの5つのテーマを紹介しているよ。きみの興味・関心のあるテーマをみつけよう。

『人物、動・植物で調べる国際交流』　ピーター・バラカン監修，こどもくらぶ編・著　岩崎書店　2002.4　47p　29cm　（地域でできるこれからの国際交流 5）　3000円　①4-265-04455-7,4-265-10268-9
[目次]　1　まんがで考えよう！『歴史上の人物から現代キャラクターまで』，2　調べてみよう、やってみよう！（どうやって調べるの？地域ゆかりの人物、動・植物、国際交流のきっかけになった歴史上の人物を調べよう，動物で調べる国際交流，植物で調べる国際交流，子どもの人気者から生まれた国際交流）
[内容]　きみの住んでいる地域にも、国際的に活躍した人や国際交流に力をつくした人がいるはずだよ。人ばかりではなく動物だってそうだね。たとえば、パンダを思いだしてごらん。日本と中国のあいだの国際交流に活躍したね。また、きみたちの大すきな動物のキャラクター、ピカチュウは世界じゅうで大人気なんだ。この本は、これらについてもふれていて、とてもたのしいよ。

『食べもので国際交流』　中島章夫監修，こどもくらぶ編・著　岩崎書店　2002.4　47p　29cm　（地域でできるこれからの国際交流 3）　3000円　①4-265-04453-0,4-265-10268-9
[目次]　1　まんがで考えよう！『食べもので国際交流って、どういうこと？』，2　みんなで考えよう！　調べよう！（「食べもので国際交流」のテーマ，食材の原産地を調べよう，世界の食事マナーを調べよう，日本の食卓は料理の国際社交場！，海外にでた日本食を調べよう，ファストフード・スローフードを考えよう）
[内容]　食べもので国際交流って、どういうこと？　と、ふしぎに思う人も、この本を読めば、そうか、こういうことが国際交流になるのかと、気がつくよ。おすし、ハンバーガー、カレーライス、ラーメンなど、きみたちが大すきな食べものをとおして、どんな国際交流ができるか、いっしょに考えてみよう。

『ボランティアで国際交流』　米田伸次監修，稲葉茂勝,風巻浩著　岩崎書店　2002.4　47p　29cm　（地域でできるこれからの国際交流 6）　3000円　①4-

学校生活　　　　　　　　　　　　　　　　　　　　国際理解について考えよう

265-04456-5,4-265-10268-9
目次 1 まんがで考えよう！『いろんなボランティア・国際交流いろいろ』，2 調べてみよう、やってみよう！(子どもからはじまった国際ボランティア，身近にできることはいくらでもある，くわしく調べよう)，3 カンボジアにいった愛知県の少女(地雷をなくすための絵本づくり，柴田知佐さんにきく)
内容 ボランティアをする人がふえているよ。このボランティアが国際交流になることを、きみは知っているかな？ ボランティアでは、外国の人たちといっしょに活動をすることがよくあるんだ。外国人どうし、いっしょに行動していれば、しぜんと国際交流が生まれるね。どんな国際交流があるか、この本でいっしょに調べていこう。

『遊びと勉強』　梅沢実監修　学習研究社　2002.2　55p　29cm　(世界を知って日本を知ろう　身近に学ぶ国際理解　第5巻)　2900円　①4-05-301227-9,4-05-810663-8
目次 日本にある外国の学校はどんなようすなんだろう？，ドイツ学園の授業のようすを見学させてもらったよ！，日本にある韓国学校ではどんな授業をしているのかな？，活発に国際理解を深める授業をおこなっている小学校を紹介するよ！，いろいろな国の子どもたちと日本のお友だちがいっしょに遊ぶ保育園へ行ってきました，世界の国々の入学式のようす，新学期について調べたよ！，外国の子どもたちの通学のようすを見てみよう，外国の学校でも朝礼はしているのだろうか？，外国の小学校の授業のようすはどんな感じなんだろう，外国の子どもたちは、どんな教科書を使って勉強しているの？〔ほか〕
内容 この巻は、みなさんと同じ年令の世界の子どもたちが、どんな学校で、どんなふうに学んでいるかを教えてくれる。

『世界の人と友だちになろう』　千葉昇監修，遠藤喜代子文　ポプラ社　2001.4　47p　29cm　(体験と交流でつくる「総合」5)　2800円　①4-591-06705-X,4-591-99365-5
目次 1 いろいろな国の人と交流しよう(韓国・朝鮮の人と交流しよう，ブラジルの人と交流しよう，オーストラリアの人と交流しよう)，2 外国の文化にふれよう(民族衣装を体験・サリーを着てみよう，世界の味のひみつをさぐろう、手食を体験しよう ほか)，3 世界をもっと知ろう(日本と外国の文化をくらべよう，世界で活動している人たちと交流しよう，日本と外国の橋をつなごう)
内容 世界の人と交流して、外国のことを知って自分の国のことを伝えよう。小学中学年〜高学年向き。

『アメリカの友だち』　佐藤郡衛監修　学校図書　2000.4　71p　21cm　(世界の友だちとくらし)　1500円　①4-7625-1955-3
目次 アメリカに行ってみよう，アメリカにすむ日本人，シカゴ日本人学校，かんたんな英語をおぼえよう，アメリカの小学校，アメリカと日本の交流，世界の人びとの交流，アメリカの家庭にホームステイ，アメリカのくらし，シカゴの町の探険，アメリカの農村をたずねて，日本にいちばん近いアメリカ，アメリカでみつけた日本，もっとよく知ろうアメリカ合衆国
内容 「総合的な学習の時間」対応。子どもたちの"あそび"がわかる、"食べ物"がわかる、"学校生活"がわかる。これでキミも国際人になれる。

『オーストラリアの友だち』　佐藤郡衛監修　学校図書　2000.4　71p　21cm　(世界の友だちとくらし)　1500円　①4-7625-1957-X
目次 オーストラリアへ行ってみよう，オーストラリアの先住民，メルボルンの日本人学校，日本とオーストラリアの交流，オーストラリアの小学校，オーストラリアの家族のくらし，オーストラリアの町の探検，オーストラリアの自然と動物，もっとよく知ろうオーストラリア
内容 「総合的な学習の時間」対応。子どもたちの"あそび"がわかる、"食べ物"がわかる、"学校生活"がわかる。これでキミも国際人になれる。

『モンゴルに米ができた日―日本の村の大きな国際協力』　鈴木喜代春作　金の星社　1997.10　187p　20cm　(ときめき文学館 6)　1300円　①4-323-02526-2

お金について考えよう

『夢をかなえるおこづかい帳』　やまもとゆか著　講談社　2011.11　79p　19cm　952円　①978-4-06-216891-5　Ⓝ591
[目次]第1章 自分の夢は自分でかなえる！（小さいころの夢を思いだしてみよう，小さな願いもまた夢　ほか），第2章 夢をかなえるために，お金をためよう（お金で夢がかなうの？，ほしいものはすぐに買ってもらえばいいじゃない　ほか），第3章 お金となかよしになろう？（お金はどうしてできたの？，お金はどこからやってくる？　ほか），おこづかい帳をつけてみよう！（自分のほしいものを自分で貯金して買ってみよう，お金をためるプランを立てよう　ほか）
[内容]お金のじょうずな使い方が身につきます。先どり貯金でお金がスイスイたまるよ。

『学校でもったいない活動』　岡本正志監修　学習研究社　2007.2　47p　27cm　（もったいない生活大事典 2）　2800円　①978-4-05-202610-2　Ⓝ519

『もったいないを見つけよう』　岡本正志監修　学習研究社　2007.2　47p　27cm　（もったいない生活大事典 1）　2800円　①978-4-05-202609-6　Ⓝ519

『9歳からのマネープラン―おこづかいを始めよう』　あんびるえつこ著　主婦と生活社　2004.12　86p　26cm　（別冊すてきな奥さん）　880円　①4-391-61984-9　Ⓝ591.8

『おこづかいはなぜもらえるの？―家計と仕事』　山根法律総合事務所法律監修　ほるぷ出版　2002.12　39p　29cm　（家族ってなんだろう　池上彰総監修，こどもくらぶ編・著）〈シリーズ責任表示：池上彰総監修　シリーズ責任表示：こどもくらぶ編・著〉2300円　①4-593-57502-8　Ⓝ591.8
[目次]1 まんがで考えよう，2 家族についてこう考えてみよう（支え合ってこそ家族，家計って何？，職業と社会，女性と社会），3 調べてみよう・やってみよう（家族それぞれの仕事・役割を調べよう，家族の職業を調べよう，家計のようすを知ろう）
[内容]おとなが働いて得たお金で，家族みんながくらしていること，子どものおこづかいは，家計の一部であることなどを，具体的に解説しながら，家族のたいせつさを考えます。

『運動会・学芸会に使うモノはいくら？』　秋山滋文，田沢梨枝子絵　汐文社　2002.4　47p　27cm　（学校モノのねだん図鑑 3）　2000円　①4-8113-7459-2
[目次]つなひきのつなはいくらかな？，運動会で使うモノはまだまだある，こてき隊，全部まとめていくら？，税金の使われかたは？，スポットライトのねだんは？，体育館をたんけんしよう！，体重計はいくらかな？，身長・体重の全国平均はどれくらい？，握力計はいくらする？，ストップウォッチはいくらする？〔ほか〕

『音楽室・理科室にあるモノはいくら？』　秋山滋文，田沢梨枝子絵　汐文社　2002.4　47p　27cm　（学校モノのねだん図鑑 2）　2000円　①4-8113-7458-4
[目次]試験管をわっちゃった！，理科じゅんび室を調査しよう，ビート板はいくらかな？，学校の水道代や電気代はどれくらい？，ピアノは高ーい，楽器にもいろいろある，図書室をたんけんしよう，図書室のエチケットをまもろう，ただいまマイクの調査チュウー，視聴覚教室もしらべよう！〔ほか〕

『ネーマワールドの大冒険―大人社会をマンガでシミュレーション　未来をゲットする準備の本』　西村隆男監修，たまいかずお文，しらがみとおる絵　大阪　日本消費者金融協会　1998.4　101p　21cm　（JCFA消費生活教育教材シリーズ 7）〈付属資料：16p〉非売品

自由研究について考えよう

『鳥の自由研究　3　山や海で観察―春夏

学校生活　　　　　　　　　　　　　　　　　　　　　　　自由研究について考えよう

秋冬』　吉野俊幸写真，寒竹孝子文，高橋和枝絵　アリス館　2013.3　48p　27cm〈索引あり〉2600円　Ⓘ978-4-7520-0607-7　Ⓝ488.21

『だれでもアーティスト―自由研究の宝箱』　ドーリング・キンダースリー社編，結城昌子訳　岩波書店　2013.2　80p　29cm〈索引あり〉2000円　Ⓘ978-4-00-111235-1　Ⓝ707
目次　神聖な動物たち ラスコーの洞窟壁画―洞窟壁画に挑戦しよう，夢見る色の粒 アボリジナル・アーティスト―石にかこう，アフリカの仮面 クバ族―仮面をつくろう，一風変わったへんな顔 ジョゼッペ・アルチンボルド―野菜で顔をつくろう，竜とヒーロー 葛飾北斎―版画をつくろう，シャッターチャンス エドガー・ドガ―パステルの挑戦しよう，うずまく夜空 フィンセント・ファン・ゴッホ―夜空をかく，ジャングル大好き アンリ・ルソー―ジャングルをコラージュ，音楽のような絵 ワシリー・カンディンスキー―音楽をかく，線と形 パウル・クレー―町をかく，モザイクのふしぎな力 ディエゴ・リベラ―モザイクをつくる，もこもこのかたまり ヘンリー・ムーア―人の形をつくる，スピリチュアルアート ケノジュアク アシェヴァク―鳥をつくる，ポップアート アンディ・ウォーホル―ポップアートの肖像画

『鳥の自由研究　2　町のまわりで観察　秋冬』　吉野俊幸写真，寒竹孝子文，高橋和枝絵　アリス館　2013.2　48p　27cm〈索引あり〉2600円　Ⓘ978-4-7520-0606-0　Ⓝ488.21

『鳥の自由研究　1　町のまわりで観察　春夏』　吉野俊幸写真，寒竹孝子文，高橋和枝絵　アリス館　2013.1　48p　27cm〈索引あり〉2600円　Ⓘ978-4-7520-0605-3　Ⓝ488.21

『学研の小学生の自由研究―まとめ方がよくわかる！：「発展・関連研究」&「まとめ方の例」つき　科学編　実験　観察　工作』　改訂版　学研教育出版，学研マーケティング（発売）2012.6　144p　26cm〈タイトルは背・表紙による.標題紙・奥付のタイトル：小学生の自由研究　文献あり〉950円　Ⓘ978-4-05-203564-7　Ⓝ407.5
目次　実験（花を長持ちさせるには？，なんでもシャボン玉作り，野菜のうきしずみ実験 ほか），観察（アリが寄ってくる食べ物は？，テントウムシめいろ，ザリガニだましづりほか），工作（ゴムで動くびっくり動物，食品でおもしろそめ物，思い出，貝がら工作 ほか）
内容　ペットボトル，スーパーボールなど，身近なものを使った，ドキドキものの実験で，ものの性質やはたらきを調べよう。カブトムシ，ザリガニなどの生き物や，アサガオ，ヒマワリなどの植物，雲などを観察して，自然のふしぎを研究。ものの性質やはたらきをうまく利用した，科学工作にチャレンジ。「発展・関連研究」&「まとめ方の例」つき。

『環境自由研究の手引き　2012』〔東京〕千代田区環境安全部環境・温暖化対策課〔2012〕34p　30cm　Ⓝ375

『調べ学習・自由研究に役立つお天気まるわかりBOOK』　山内豊太郎監修　成美堂出版　2011.7　127p　26cm〈文献あり　索引あり〉900円　Ⓘ978-4-415-31078-7　Ⓝ451

『調べ学習・自由研究に役立つ理科の実験まるわかりBOOK―不思議おもしろ実験がいっぱい！　48テーマ：身のまわりのものでもできる！　見る作る体験する』　滝川洋二監修　成美堂出版　2011.7　127p　26cm〈文献あり　索引あり〉900円　Ⓘ978-4-415-31079-4　Ⓝ407.5

『名探偵コナン理科ファイルデジカメで自由研究！』　青山剛昌原作，ガリレオ工房監修　小学館　2011.7　127p　19cm（小学館学習まんがシリーズ―名探偵コナンの学習シリーズ）〈下位シリーズの並列シリーズ名：CONAN COMIC STUDY SERIES　文献あり〉700円　Ⓘ978-4-09-296185-2　Ⓝ746
目次　第1章 お家の人とやってみよう！（美しきクモの芸術品！，「親子」の証拠をゲット！ ほか），第2章 身の周りにあるアート（うずの秘密に迫れ！，水をはじく葉の秘密！ ほか），第3章 瞬間VS長時間！（飛び出る皮の汁の鉄砲！，ミルクで王冠ができる！ ほか），第4章 光をとらえよう！（不

子どもの本　楽しい課外活動2000冊　　61

自由研究について考えよう　　　　　　　　　　　　　　　　学校生活

思議なシャボンの膜！，これぞ虹色のアート！　ほか），第5章 やってみよう！ 面白写真（草むらがジャングルに！，陸上で一番高い目線！　ほか）
|内容| 本格的な科学写真が必ず撮れる！ カメラと写真の基礎が学べる！ まとめかたも発表のしかたもしっかりわかる！ 自由研究の決定版。

『小学生の夏休み自由研究―おもしろテーマがいっぱい！』　ガリレオ工房編著　永岡書店　2011.6　158p　26cm〈文献あり　索引あり〉980円　①978-4-522-43027-9　Ⓝ407.5

『すぐできる！ よくわかる！ 学研キッズネットの自由研究―小学生』　学研キッズネット編集部編　学研教育出版デジタルコンテンツ制作室,学研マーケティング（発売）　2011.6　159p　26cm〈索引あり〉950円　①978-4-05-203455-8　Ⓝ407.5
|目次| 科学実験の自由研究（ペーパーブーメラン，ペーパークロマトグラフ　ほか），観察・環境調査の自由研究（アリの行列を観察しよう，テントウムシのもようを観察　ほか），社会科・調べ学習の自由研究（旅行の思い出すごろく，通学路を調べよう　ほか），工作・フリーアートの自由研究（ひみつ貯金箱，パタパタホバークラフト　ほか），こうすればできる！ 自由研究（実例を参考にしよう，自由研究の進め方）
|内容| とじ込み教材ですぐに実験できる。身近な材料で研究できるテーマばかり。研究がスムーズに進むワンポイントアドバイス。全テーマにまとめ方のアドバイス。みんなと差がつく「ランクアップ！」アドバイス。

『夏休みの自由研究料理をつくろう！―画期的な夏休みの自由研究本！』　講談社編　講談社　2011.6　47p　26cm〈付（1冊）：提出用ノート〉1200円　①978-4-06-216680-5　Ⓝ596

『小学生のクッキングで自由研究―楽しい！ おいしい！ 料理しながらかんたん実験！』　尾嶋好美,神みよ子監修　成美堂出版　2010.7　111p　26cm　900円　①978-4-415-30856-2　Ⓝ596

『でんじろう先生のわくわく！ 自由研究』　米村でんじろう［監修］　主婦と生活社　2010.7　120p　26cm　1300円　①978-4-391-13886-3　Ⓝ407.5
|目次| 10円玉ピカピカ作戦，にじのできかた調べ，表面張力を調べよう，衝突エネルギーの伝わり方を調べよう，ものの浮き沈みを調べる，静電気は電気かな？，摩擦の働きを調べる，味はどこで感じるか？，水と油の仲を調べる，光の道を調べる，空気砲でいろいろ実験，さびの研究，かびの研究，電気の流れるものさがし，いろいろ冷凍実験，結晶を作ろう，氷はなぜ浮くのか？，太陽光でいろいろ実験，ふりこの研究，リトマス試験紙でいろいろ実験，磁石でいろいろ実験，磁石でもっと実験，ふくらむ空気の研究，山に登って，気圧の研究
|内容| 楽しく挑戦できる自由研究のテーマを紹介。また，でんじろう先生の科学実験室，ワークスのヒミツも紹介する。

『やってみよう！ 夏休みの自由研究―びっくり実験楽しい工作不思議観察なっとく調査 身近なものでおもしろ実験スタート！　3・4年生［2010年］』　成美堂出版編集部編　成美堂出版　2010.7　159p　26cm〈奥付のタイトル：夏休みの自由研究　索引あり〉950円　①978-4-415-30857-9　Ⓝ002.7
|目次| 実験してみよう（虫めがねの実験，糸電話の実験　ほか），工作してみよう（楽器を作ろう，モビールを作ろう　ほか），観察してみよう（身の周りの植物の観察，カブトムシを観察しよう　ほか），調査してみよう（町の様子を調べよう，町の産業を調べよう　ほか），自由研究，コツのコツ（テーマの見つけ方，じゅんびを進めよう！　ほか）
|内容| びっくり実験，楽しい工作，不思議観察，なっとく調査。身近なものでおもしろ実験スタート。

『キッチン・おもしろ自由研究―科学への興味はここからはじまる！』　ガリレオ工房編著　永岡書店　2010.6　127p　26cm　980円　①978-4-522-42912-9　Ⓝ407.5

『キッチンでかんたん実験120―楽しく遊びながら，かしこくなる！　6　電子レンジの実験―冷とう室・オーブントースター　自由研究のまとめ方』　学研教育

出版,学研マーケティング(発売) 2010.2 43p 29cm 2800円 ⓘ978-4-05-500718-4,978-4-05-811118-5 Ⓝ407.5

『お父さんが教える自由研究の書きかた』 赤木かん子著 自由国民社 2009.8 101p 21cm 〈索引あり〉 1400円 ⓘ978-4-426-10783-3 Ⓝ002.7

『自由研究にも使える! ペットボトル・牛乳パックでかんたん工作』 くるくるリサイクル工作研究会著 メイツ出版 2009.7 128p 21cm ([まなぶっく])〈並列シリーズ名:Mana books〉 1300円 ⓘ978-4-7804-0659-7 Ⓝ594
|目次| 牛乳パック(牛乳パック/遊んじゃおう!, 牛乳パック/使っちゃおう!), ペットボトル(ペットボトル/飾っちゃおう!, ペットボトル/演奏しちゃおう!, ペットボトル/遊んじゃおう!, ペットボトル/使っちゃおう!)
|内容| 身近なもので簡単にできる。「作ってたのしい」「遊んでうれしい」がこんなにいっぱい。

『やってみよう! 夏休みの自由研究―びっくり実験たのしい工作ふしぎ観察なっとく調査 身近なもので面白実験スタート! 5・6年生[2009年]』 成美堂出版編集部編 成美堂出版 2009.7 159p 26cm〈奥付のタイトル:夏休みの自由研究 索引あり〉 950円 ⓘ978-4-415-30642-1 Ⓝ002.7
|目次| 実験してみよう(不思議な電池を作ろう, 二酸化炭素の実験 ほか), 工作してみよう(紙を作ろう, 炭を使った電池作り ほか), 観察してみよう(動物園の動物を観察しよう, 地層のようすを観察しよう ほか), 調査してみよう(道路の交通を調査しよう, スーパーとコンビニを調べよう ほか), 自由研究,コツのコツ(テーマの見つけ方, しっかり準備しよう ほか)

『自由研究ヒントbook 2009 調べてみよう天気のひみつ』 日本電気協会新聞部電気新聞メディア事業局 2009.6 47p 21cm (でんきしんぶんジュニアムック vol.6) 286円 ⓘ978-4-902553-73-4 Ⓝ407.5

『環境問題を考える自由研究ガイド』 エコ実験研究会編 東京書籍 2008.7 127p 26cm 1300円 ⓘ978-4-487-80252-4 Ⓝ519

『こうすればできる!「自由研究」の選び方&まとめ方がわかる本 1・2・3年生』 子ども学力向上研究会著 メイツ出版 2008.7 128p 21cm (まなぶっく) 1300円 ⓘ978-4-7804-0453-1
|目次| 理科の自由研究(潮だまりにはどんな生きものがいるかな?, 雲の形と名前を調べてみたよ!, このよう虫, どんな虫になるのかな? ほか), 社会の自由研究(ぼくの町の安全マップ いつもの道は, どれだけ安全?, この食べものはどこから来たのかな?, いざ! というときにそなえてぼくの家の防さい対策 ほか), 国語の自由研究(『かさこじぞう』を読んで, 『ブレーメンの音楽隊』を読んで, 『はじめて食べる流しそうめん』 ほか)
|内容| 理科・社会・国語のテーマ別にくわしく解説。

『こうすればできる!「自由研究」の選び方&まとめ方がわかる本 4・5・6年生』 子ども学力向上研究会著 メイツ出版 2008.7 128p 21cm (まなぶっく) 1300円 ⓘ978-4-7804-0454-8
|目次| 理科の自由研究(月の大きさと満ち欠けの秘密!, ミクロの世界を探検!!, 鳥のくちばしの形はどうしてちがうのかな? ほか), 社会の自由研究(商店街をウオッチング!, ぼくが住んでいる渋温泉を調べる, カップヌードルができるまで ほか), 国語の自由研究(『坊っちゃん』を読んで, 『ガリレオ』を読んで, 浦島太郎のその後 ほか)
|内容| 理科・社会・国語のテーマ別にくわしく解説。

『地球からのSOSエコで応答せよ!―小学生の自由研究 おいしく楽しくエコ・クッキング』 東京ガス「食」情報センター監修, 三神彩子作 近代映画社 2008.7 63p 26cm 1000円 ⓘ978-4-7648-2188-0 Ⓝ596

『科学じかけの貯金箱自由研究book―ふえる楽しみとふしぎがいっぱい! ベスト30』 立花愛子, 佐々木伸著 いかだ

自由研究について考えよう　　　　　　　　学校生活

社　2008.6　79p　26cm　1400円
①978-4-87051-239-9　Ⓝ594
目次 コインを入れる楽しみ（首ふりベコ，1円玉ぱっくんカエル ほか），コインが貯まっていく楽しみ（ウサギさんこんにちは，アレイ型貯金箱 ほか），予定額到達の楽しみ（羽を広げるトリ，光るカップ ほか），セキュリティーのしかけの楽しみ（歌うロボット，パトカー ほか）

『サイ＆スーの自由研究だ～いすき！ ―静岡かがく特捜隊』　静岡サイエンスミュージアム研究会編著　静岡　静岡新聞社　2008.6　131p　26cm　1200円　①978-4-7838-0544-1　Ⓝ407.5
目次 テーマ集（よく回るコマを作ろう，ペーパージャイロを飛ばそう，紙コプターを飛ばせ！，虫眼鏡で紙に火をつけよう ほか），ミニテーマ集（結晶を作ろう，ペットボトルをつぶそう，ペットボトル風車，虹をつくろう ほか）

『親子で学ぼう電気の自由研究』　福田務編著　電気学会，オーム社（発売）　2007.8　107p　26cm　1800円　①978-4-88686-259-4　Ⓝ427

『エコ・クッキングで地球を救え！ ―小学生の自由研究』　東京ガス「食」情報センター監修，三神彩子作　近代映画社　2007.7　64p　26cm　（未来の地球は，手の中に pt.2）　1000円　①978-4-7648-2139-2　Ⓝ596

『差がつく！ 夏休み自由研究小学3・4年生 ―とことん調べて，楽しくまとめるなるほど知図式』　昭文社　2007.7　95p　26cm　900円　①978-4-398-14691-5　Ⓝ002.7
目次 危ない場所を見逃さない！ ―まちの「安全地図」を作ろう，みんなに優しいまちって？ ―まちのバリアフリー度チェック，うるおいスポットはどこ？ ―まちの自動販売機を見つけよう，民話から怪談まで ―地域につたわる伝説調査，今日はどちらでお買い物？ ―お店の分布とまちの様子を調べよう，今日のおかずはどこから来たの？ ―夕食のふるさと，災害発生!! ―知っててよかった避難所への道，地下鉄の世界を徹底解剖 ―わたしのオリジナル路線計画，鳥や草木にたくした思い ―全国都道府県のシンボルを調べよう，わたしのまちは大家族？ ―姉妹都市マップ〔ほか〕
内容 本書では，何かをとことん調べて，それを楽しく「知図」にして理解を深める『知図式』の自由研究テーマを満載しています。

『夏休み自由研究 小学5・6年生 ―とことん調べて，楽しくまとめるなるほど知図式』　昭文社　2007.7　95p　26cm　900円　①978-4-398-14692-2
目次 ホントに見えるの？ ―「富士見」から見る富士山，頂上目指してレッツゴー ―最高地点ハンター，作ってわかる日本のデコボコ ―日本立体地図，作ってわかる海のデコボコ ―海底立体地図，あの角の向こう側は？ ―一駅前探検に出かけよう！，海を越えた運命の出会い ―MADE IN ○○，電線だって明るい生活 ―電気の来る道，これで実現，快適ドライブ ―渋滞解消の秘策！，タイムマシンの着く先は？ ―わたしのまちの未来予想図，今，日本で何が起こってる？ ―全国ニュースマップ〔ほか〕
内容 本書では，何かをとことん調べて，それを楽しく「知図」にして理解を深める『知図式』の自由研究テーマを満載しています。

『小学生の実験・観察・工作自由研究　科学チャレンジ編』　ガリレオ工房編著　永岡書店　2007.6　159p　26cm　980円　①978-4-522-42384-4　Ⓝ407.5

『ぼくとわたしの「小麦粉」自由研究』　製粉振興会　2007.5　17p　30cm　Ⓝ619.3

『差がつく！ 夏休み自由研究小学5・6年生 ―とことん調べて，楽しくまとめるなるほど知図式』　昭文社　c2007　95p　26cm　900円　①978-4-398-14692-2　Ⓝ002.7

『人気の昆虫図鑑 ―観察の仕方や自由研究のテーマもいっぱい！』　岩淵けい子監修　日東書院本社　2006.6　191p　21cm　（いきものシリーズ）　1500円　①4-528-01717-2　Ⓝ486.038

『やってみよう！ 夏休みの自由研究　3・4年生』　成美堂出版編集部編　成美堂出版　2006.6　159p　26cm　〈奥付のタイトル：夏休みの自由研究〉　950円

学校生活　　　　　　　　　　　　　　　　　　自由研究について考えよう

①4-415-04214-7　Ⓝ002.7
|目次|実験してみよう（虫めがねの実験，糸電話の実験　ほか），工作してみよう（楽器を作ろう，モビールを作ろう　ほか），観察しよう（身の周りの植物の観察，カブトムシを観察しよう　ほか），調査してみよう（町の様子を調べよう，町の産業を調べよう　ほか），自由研究，コツのコツ（テーマの見つけ方，じゅんびを進めよう！　ほか）

『調べ学習・自由研究に役立つ理科の実験まるわかりBOOK』　滝川洋二監修　成美堂出版　2005.7　127p　26cm　900円　①4-415-02967-1　Ⓝ407.5

『ペットボトルで作る、調べるなるほど自由研究』　滝川洋二監修　成美堂出版　2005.7　111p　26cm　900円　①4-415-02968-X　Ⓝ407.5
|目次|工作編（太陽光でお湯を作る―ポカポカ温水器，おふろの水はりに役立つ―水位お知らせ器，太陽の光で時刻を知る―ボトル型日時計　ほか），実験編（光が曲がる角度―白い光を分ける実験，深さで変化する水の圧力―水圧を見る実験，水の流れと空気の流れ―うずまきを作る実験　ほか），飼育・観察編（地中の生き物をつかまえる―光ムシとり装置，小魚をつかまえる―水中トラップ，昆虫をつかまえる―オサムシトラップ　ほか）
|内容|遊べるおもちゃ、生活に役立つ道具を作ってみよう！　虹や雲のできかたなど自然のしくみを調べてみよう！　生きものをつかまえたり、育てたりして観察してみよう！　ペットボトルをつかった楽しい実験や工作がいっぱい。

『やってみよう！　夏休みの自由研究　5・6年生』　成美堂出版編集部編　成美堂出版　2005.7　159p　26cm　950円　①4-415-02988-4　Ⓝ002.7
|目次|実験してみよう（不思議な電池を作ろう，二酸化炭素の実験　ほか），工作してみよう（紙を作ろう，炭を使った電池作り　ほか），観察してみよう（動物園の動物を観察しよう，地層のようすを観察しよう　ほか），調査してみよう（道路の交通を調査しよう，スーパーとコンビニを調べよう　ほか），自由研究、コツのコツ（テーマの見つけ方，しっかり準備しよう　ほか）

『やってみよう！　夏休みの自由研究　1・2年生』　成美堂出版編集部編　成美堂出版　2005.7　143p　26cm　900円　①4-415-02963-9　Ⓝ002.7
|目次|ためしてみよう（しおのふしぎ，色水であそぼう！　ほか），作ってみよう（かまぼこいたで作ろう！，やじろべえを作ろう！　ほか），かんさつしよう（アサガオをかんさつしよう！，木にあつまる虫をかんさつしよう！　ほか），しらべてみよう（どうぶつのかんばんをさがそう！，いろいろなところで顔をさがそう！　ほか），自由研究コツのコツ（テーマを見つけよう，じゅんびをしよう　ほか）

『社会―わたしたちとくらし』　鈴木寛一ほか監修　学習研究社　2005.3　48p　29cm　（発展学習・自由研究アイデア101　3）　2800円　①4-05-202155-X　Ⓝ302.1
|目次|わたしたちの町とくらしをよく知ろう，わたしたちのまちみんなのまち（人の形のマーク調べ，マンホールのふたを調べよう，町の生き物調べ），人びとのしごととわたしたちのくらし（コンビニをたんけんしよう，工場を見学しよう，制服を調べてみよう，お菓子のパッケージ調べ），くらしをまもる（交通安全調べ，地震の対策を調べよう，消防のしくみを調べる），住みよいくらしをつくる（ゴミのゆくえを調べる，電気のくる道調べ），きょう土につたわるねがい（竹で作った道具調べ，町の昔を調べる），わたしたちの県（県のマーク調べ，県の鳥を調べる，県の特産物調べ），調べ方・まとめ方のポイントとこつ

『自由研究ガイドブック』　左巻健男監修　東京書籍　2004.8　391p　21cm　2000円　①4-487-79894-9　Ⓝ407
|目次|1　授業で疑問に思ったことを調べたり、授業でやったことを発展させる（動物園の動物を徹底調査，身近なもので、動物の骨格を調べよう　ほか），2　生活の中で疑問に思ったことを調べたり、実験したりする（落ち葉の下にはどんな生物がいるのだろう？，生物の地中での暮らしを調べよう　ほか），3　新聞・テレビから話題を探して調べたり、実験したりする（ミニビオトープを作ろう，近くの川の水質調査をしよう　ほか），4　いろいろ工夫して、ものを作り、原理やしくみを知る（形が工夫できる万華鏡を作ろう，紙ロケットを作ろう　ほか）
|内容|この一冊があれば、もう安心。数時間でできちゃう研究から数週間かけてじっく

自由研究について考えよう　　　　　　　　学校生活

りやる研究までとにかくおもしろい60のテーマを紹介！ 小学生対象。

『お天気まるわかりbook—調べ学習・自由研究に役立つ』山内豊太郎監修
［東京］ 成美堂出版　2004.7　127p　26cm　900円　Ⓣ4-415-02631-1　Ⓝ451

『小学生の自由研究—観察・体験・作る・調べる75のテーマ』 若葉クラブ編著
金園社　2004.7　159p　26cm　（エンジョイ・シリーズ　homework）　1200円　Ⓣ4-321-41713-9　Ⓝ002
目次 たいけんしてみよう，かんさつしてみよう，つくってみよう，やってみよう，かいてみよう，かんさつしてみよう，しらべてみよう

『カラー版 デジカメ自然観察のすすめ』
海野和男著　岩波書店　2004.6　198p　18cm　（岩波ジュニア新書）　980円
Ⓣ4-00-500475-X
目次 1 デジカメは楽しい！，2 デジカメで写真撮影，3 自然のなかに身を置けば，4 初夏から夏にかけての撮影，5 秋になれば，6 パソコンとネットを使いこなそう
内容 昆虫撮影のプロが，デジカメの選び方，自然観察や撮影のテクニックから，インターネットの活用法までを大公開。これまで難しかったことが，デジカメでなら簡単に実現でき，深く観察ができるようになります。写真に撮ることで，身のまわりの不思議なことにも気がつくはず。デジカメ片手に外へ飛び出しましょう。

『ののちゃんの自由研究 2 調べてガッテン』 朝日新聞社編，いしいひさいちまんが　朝日新聞社　2004.3　159p　26cm　（朝日ジュニアブック）　1500円
Ⓣ4-02-220620-9　Ⓝ375
目次 第1部「ののちゃんの自由研究」（守りたい！ 伝えたい！ 世界遺産，行ってみたいな宇宙の旅，水にもどす？ 持って帰る？ 外来魚ブラックバス，なんのためにあるの？ 参議院，アニメはパラパラ漫画　ほか），第2部 補習授業 新聞で自由研究（写真には情報がぎっしり，見出しは知恵の結晶，地図・イラスト・グラフで理解が深まる，テレビ欄で意外な情報を発見，広告には記事とひと味ちがう情報　ほか）
内容「朝日新聞」に好評連載の「ののちゃんの自由研究」と「ののちゃんのせんせいおしえて」をまとめたシリーズの第2巻です。新聞のニュースに接して，「どうして？」とか「おもしろそう！」と感じるお子さんの疑問や感想を出発点にして，自由研究をしてみました。むずかしそうなニュースがゼロからわかり，総合学習，調べ学習のヒントがいっぱいです。第2部「新聞で自由研究」（書き下ろし）は，実例をもとに，自由研究のポイントをていねいに解説しています。

『自由研究わくわく探検大図鑑』 小学館
2003.7　295p　29cm　4190円　Ⓣ4-09-213161-5　Ⓝ375

『小学生の自由研究—学研の　科学編』
学習研究社　2003.7　144p　26cm　950円　Ⓣ4-05-201886-9　Ⓝ375
目次 実験（花を長持ちさせるには？，なんでもシャボン玉作り，野菜のうきしずみ実験　ほか），観察（アリが寄ってくる食べ物は？，テントウムシめいろ，ザリガニだましづり　ほか），工作（ゴムで動くびっくり動物，食品でおもしろそめ物，思い出，貝がら工作　ほか）
内容 この本には，手軽にできて，ふしぎでおもしろい科学的な自由研究のテーマと，その進め方やまとめ方がたくさんのっています。自由研究にどんなことをしたらいいかよくわからない，どう調べたらいいかわからない，まとめ方がわからない，という人や，ちょっと変わった自由研究をしてみたいという人にぴったりの本です。

『小学生の自由研究1・2年生—調べ学習に役立つ！』 成美堂出版編集部編　［東京］ 成美堂出版　2003.7　175p　22cm　820円　Ⓣ4-415-02279-0　Ⓝ375
目次 じっけん（くだもののたねをそだててみよう，水のリレー　ほか），かんさつ（あきかんとペットボトルを見よう，自分だけの星ざをつくろう　ほか），うごく工作（ういたりしずんだりする魚，せんたくばさみでジャンプ　ほか），おもちゃ（ビー玉ビリヤード，バーン！ わりばしでっぽう　ほか），アイディア工作（マーブリングうちわ，ジグソーパズル　ほか）
内容 みのまわりのものやリサイクルできるものをつかって，じっけん，かんさつ，工作のやりかたをわかりやすくせつめいしました。小学1・2年生向け。

『小学生の自由研究3・4年生—調べ学習に

役立つ！』 成美堂出版編集部編 ［東京］ 成美堂出版 2003.7 175p 22cm 820円 ⓣ4-415-02280-4 ⓝ375
[目次] じっけん（かみの毛でじっけんしよう，かんたん道具で魚をつくろう ほか），かんさつ（お父さん，お母さんの一日をきこう，みんなの朝ごはんを調べよう ほか），ゲーム（帆船バランスゲーム，くねくねスネークパズル ほか），サイエンス（カムでデザインルーラーをつくろう，大食いクジラの貨物船 ほか），アイディア（安全ピンでペンダント，わりばしでなべしきをつくろう ほか）
[内容] リサイクルできるものや身近なもので，実験観察，工作の進めかた，まとめかたをわかりやすく説明しました。小学3・4年生向け。

『小学生の自由研究5・6年生―調べ学習に役立つ！』 成美堂出版編集部編 ［東京］ 成美堂出版 2003.7 175p 22cm 820円 ⓣ4-415-02281-2 ⓝ375
[目次] 実験（酸素をつくろう，人体模型をつくろう ほか），観察（虫を集める落としあな，月を調べよう ほか），ゲーム（ハットとばしゲームで遊ぼう，おさるのジャンピングゲーム ほか），サイエンス（光の万華鏡，セロハン湿度計 ほか），アイディア（ペーパークラフトをつくろう，クリスマスツリー ほか）
[内容] リサイクル工作や電気を使った工作，見学したり，お店の人に話を聞いてまとめたり，ふだん見なれているものが，どこからきたのかなど5・6年生向けのテーマを集めました。

『やさしいオリジナル自由研究と工作―低・中学年向』 くもん出版 2003.7 143p 26cm 1100円 ⓣ4-7743-0715-7 ⓝ375
[目次] キミにピッタリのテーマを見つけよう，自由研究テーマ集（たねのようすはどうなってる？，はやくかわくヒミツの場所は？ ほか），自由研究Q&A―テーマ選びから結果まで，友だちに差をつける！自由研究まとめ方ガイド，工作を始める前に，工作実例集（フワフワたこちゃん，マヨ水でっぽう ほか），工作のきほんを学ぼう!!，工作で使う材料を知る！
[内容] 本書は，前半に自由研究，後半に工作のテーマがのっている。それぞれの作業のすすめ方がわかりやすく書いている。

『やってみよう！ 夏休みの自由研究3・4年生―身近なものを使って面白実験開始！』 成美堂出版編集部編 ［東京］ 成美堂出版 2003.7 159p 26cm 950円 ⓣ4-415-02334-7 ⓝ375
[目次] 実験してみよう（虫めがねの実験，糸電話の実験 ほか），工作してみよう（楽器を作ろう，モビールを作ろう ほか），観察しよう（身の回りの植物の観察，カブトムシを観察しよう ほか），調査してみよう（歩行者の服装を観察しよう，町の産業を調べよう ほか），自由研究，コツのコツ（テーマの見つけ方，じゅんびを進めよう！ ほか）

『やってみよう！ 夏休みの自由研究5・6年生―身近なものを使って面白実験開始！』 成美堂出版編集部編 ［東京］ 成美堂出版 2003.7 159p 26cm 950円 ⓣ4-415-02333-9 ⓝ375
[目次] 実験してみよう（不思議な電池を作ろう，ものの燃え方 ほか），工作してみよう（紙を作ろう，炭を使った電池作り ほか），観察しよう（植物のつくりを観察しよう，地層のようすを観察しよう ほか），調査してみよう（道路の交通を調査しよう，町の歴史を調べよう ほか），自由研究，コツのコツ（テーマの見つけ方，しっかり準備しよう ほか）

『わくわく自由研究ベスト20』 白岩等，田中力監修 主婦と生活社 2003.7 49p 26cm （小学生の夏休みブック） 880円 ⓣ4-391-12817-9 ⓝ375

『かんたん・かっこいい「自由研究」実例114―小学校新学習指導要領対応』 向山洋一監修，TOSS東京西部著 騒人社 2002.7 47,63,79p 26cm 1800円 ⓣ4-88290-045-9 ⓝ375

『NHKわくわく自由研究―親子で活用！インターネット』 日本放送協会編 日本放送出版協会 2001.8 127p 26cm （教育シリーズ） 900円 ⓣ4-14-932155-8

『実験・自由研究』 学習研究社 2001.7 168p 30cm （ニューワイド学研の図鑑） 〈索引あり〉 2000円 ⓣ4-05-500425-7

自由研究について考えよう　　　　　　　　　　　　　　学校生活

|目次| 観察自由研究（家のまわりや公園での自由研究，野原や林，川での自由研究，海での自由研究），実験・工作自由研究（実験自由研究，工作自由研究）

|内容| 「観察自由研究」と「実験・工作自由研究」の二つのブロックに分かれています。自由研究のヒントや研究の進め方，まとめ方などを写真やイラストで，くわしくしょうかいしています。

『小学生の自由研究リサイクルとエコロジー』　外西俊一郎監修　成美堂出版　2001.7　143p　26cm　900円　①4-415-01720-7

|目次| 1 家でできるおもしろ研究と観察（牛乳パック工作—生まれかわり！ 牛乳パックの再生紙，発泡スチロール工作—水に強いトレー船で世界の海へ出航だ！　ほか），2 びっくり！ 私の町の研究と観察（雨水検査—空からふってくる雨水はなぜがいっぱい！，大気の検査—町の空気はどれだけよごれているの？　ほか），3 あそんでたのしい！ 研究と観察（海の観察—手づくりメガネであわよう！ 野外調理—野外でつくろう！ ごみなしクッキング　ほか），4 カードだけじゃない！ あそびの研究と観察（福祉マップ作成—人にやさしい町づくりをしらべよう！，手話の研究—手話をおぼえて広げよう友だちの輪　ほか）

|内容| 自由研究をすすめながらエコロジー（環境問題）がたのしく学べます。身近な生活用品のリサイクルに役立つ知識がえられます。ボランティアについての理解も深まります。

『やってみよう！ 夏休みの自由研究1・2年生』　成美堂出版編集部編　成美堂出版　2001.6　143p　26cm　〈奥付のタイトル：夏休みの自由研究1・2年生　索引あり〉　900円　①4-415-01709-6

|目次| ためしてみよう（もののうきしずみ，色水あそび　ほか），作ってみよう（音の出るものを作ろう，やじろべえを作ろう　ほか），かんさつしよう（アサガオをかんさつしよう，木にあつまる虫をかんさつしよう　ほか），しらべてみよう（商店がいをたんけん，むかしのようすをきこう　ほか），自由研究，コツのコツ（テーマを見つけよう！，じゅんびをすすめよう！　ほか）

|内容| ためしてみよう—じしゃくや，かがみ，みのまわりのものをつかってたのしくあそぼう！ つくってみよう—いろんなおも

ちゃをつくってみよう！ うごくものや，音の出るものとかいろいろあるぞ！ かんさつしてみよう—みのまわりの虫や花をじっくり見てみよう！ たのしい自由研究のテーマがいっぱい。

『やってみよう！ 夏休みの自由研究3・4年生』　成美堂出版編集部編　成美堂出版　2001.6　159p　26cm　〈奥付のタイトル：夏休みの自由研究3・4年生　索引あり〉　950円　①4-415-01710-X

|目次| 実験してみよう（虫めがねの実験，糸電話の実験　ほか），工作してみよう（楽器を作ろう，モビールを作ろう　ほか），観察しよう（身の回りの植物の観察，カブトムシを観察しよう　ほか），調査してみよう（歩行者の服装を観察しよう，町の産業を調べよう　ほか），自由研究，コツのコツ（テーマの見つけ方，じゅんびを進めよう！　ほか）

|内容| 実験してみよう—オモシロ実験で遊んでみよう！ 工作してみよう—みんながびっくりするようなおもちゃを作ってみよう！ 観察してみよう—自分のまわりにも不思議はいっぱい！ 楽しい自由研究のテーマがいっぱい。

『やってみよう！ 夏休みの自由研究5・6年生』　成美堂出版編集部編　成美堂出版　2001.6　159p　26cm　〈奥付のタイトル：夏休みの自由研究5・6年生　索引あり〉　950円　①4-415-01711-8

|目次| 実験してみよう（不思議な電池を作ろう，ものの燃え方　ほか），工作してみよう（紙を作ろう，炭を使った電池作り　ほか），観察しよう（植物のつくりを観察しよう，地層のようすを観察しよう　ほか），調査してみよう（道路の交通を調査しよう，町の歴史を調べよう　ほか），自由研究，コツのコツ（テーマの見つけ方，しっかり準備しよう　ほか）

|内容| 実験してみよう—身のまわりにあるものを使って，さあ実験だ！ 工作してみよう—焼き物や，電池，染め物など日ごろできないものづくりにチャレンジ！ 観察してみよう—何か不思議なものを見つけたら興味をもって観察してみよう！ 楽しい自由研究のテーマがいっぱい。

『ののちゃんの自由研究』　朝日新聞社編，いしいひさいちまんが　朝日新聞社　2001.5　159p　26cm　（朝日ジュニアブック）　1500円　①4-02-222036-8

学校生活　　　　　　　　　　　　　　　　　　　　　　　　　自由研究について考えよう

|目次| 第1部 ののちゃんの自由研究（環境―自然の宝庫・里山を守ろう，情報―インターネット・情報集めならおまかせ，スポーツ―サッカー・ワールドカップ・世界一はどこの国？，宇宙―宇宙旅行の時代・火星人っているの？　ほか），第2部 補習授業―自由研究の達人になろう（図書館の歩き方，インターネット活用術，博物館・動物園探検，街の見方　ほか），校外学習（体験して楽しめる博物館ベスト10，全国のおもな博物館，ユニークな博物館など）

|内容| 「朝日新聞」に好評連載の「ののちゃんの自由研究」と「ののちゃんのせんせいおしえて」を1冊にまとめました。新聞は情報の宝庫。でも、時々刻々伝えられるニュースは、重要だけれど、むずかしくてよくわからない、という子どもたちのために、ののちゃんと藤原先生が、ゼロからわかるように、やさしく解説しています。社会科の自由研究や総合学習、調べ学習のヒントがいっぱい。

『インターネットで自由研究―調べ方から、まとめ方まで、やさしく解説！』ブティック社　2000.8　98p　26cm（ブティック・ムック no.298）700円　①4-8347-5298-4

『やってみよう！　夏休みの自由研究1・2年生―ふしぎ観察びっくり実験たのしい工作　身近なものを使って面白実験開始！』成美堂出版編集部編　成美堂出版　2000.7　143p　26cm〈索引あり〉900円　①4-415-01063-6

|目次| ためしてみよう，作ってみよう，かんさつしよう，しらべてみよう，自由研究，コツのコツ

|内容| たのしい自由研究のテーマがいっぱい。

『やってみよう！　夏休みの自由研究5・6年生―ふしぎ観察びっくり実験たのしい工作　身近なものを使って面白実験開始！』成美堂出版編集部編　成美堂出版　2000.7　159p　26cm〈索引あり〉950円　①4-415-01065-2

|目次| 実験してみよう，工作してみよう，観察しよう，調査してみよう，自由研究，コツのコツ

|内容| 楽しい自由研究のテーマがいっぱい。

『1日でできる自由研究』MPC編集部企画・編　改訂版　エム・ピー・シー　1999.6　128p　21cm　740円　①4-87197-374-3

|目次| 明治はじめて物語，コンビニ探検，「自分」物語をかこう，楽しい実験室，食中毒から身を守ろう，「麻薬」は「魔薬」，おいしい料理で世界一周，においの世界をのぞこう，日本の中の外国，だれでもできる身近な防災研究〔ほか〕

|内容| 本書では自由研究のテーマをいくつかとりあげ、それぞれのテーマごとに、何通りかの研究の方法を紹介している。

『ガンガンつくって自由研究―ともだちもびっくり 小学生のための』田中力著　旺文社　1999.4　111p　26cm　1143円　①4-01-070973-1

|目次| 第1章 アートする（「から」の標本を作ろう，川原の石に絵をかく　ほか），第2章 工作する（楽しいスライム，ふしぎなまんげきょう　ほか），第3章 クッキングする（ぜったいこげないふわふわケーキ，はじけるポップコーン　ほか），第4章 見せる読ませる（指人形を作って人形げきをする，紙しばいを作る　ほか）

『5・6年生の新自由研究―つくってあそんでたのしくしらべる』江川多喜雄著　草土文化　1999.4　103p　23cm　1200円　①4-7945-0771-2

|目次| 1 つくってあそんでまたつくる，2 実験であそんで考える，3 みつけてみようわたしたちのまわりの自然，4 わたしたちの町や村をたずねてみよう，5 知ったこと、わかったことをまとめて新聞をつくろう，6 自分のからだを調べてみよう，7 本を読もう本をつくろう，8 その他の自由研究

|内容| 夏休みの宿題では定番"自由研究"、テーマさがしから、発表したこと、これがあればもう大丈夫。疑問に思ったこと、日ごろ空想したことを実験しよう。あそびや趣味をいかし、楽しんで理解を深めよう。

『3・4年生の新自由研究―つくってあそんでたのしくしらべる』江川多喜雄著　草土文化　1999.4　103p　23cm　1200円　①4-7945-0770-4

|目次| 1 つくってあそんでまたつくる（動かしてあそぶ，変身！ ダンボール、ポリ袋），2 楽器をつくろうたのしくならそう（笛づくり，いろんな楽器），3 外にでて身のまわり

子どもの本 楽しい課外活動2000冊　69

自由研究について考えよう　　　　　学校生活

の自然をみつけよう（生きものさがし，いろいろな虫 ほか），4 実験であそんでしらべてみよう（いろんなものをとかしてみよう，坂道をさがしてみよう ほか），5 自分の町や村のことをしらべてみよう（町や村をしらべる，家で使った水はどこに流れるか ほか）

[内容] 夏休みの宿題では定番"自由研究"、テーマさがしから、発表まで、これがあればもう大丈夫。興味を持ったものは、できるところまで続けてみよう。つくって、あそんで、楽しく調べよう。

『ドキドキちょうせん自由研究―ともだちもびっくり 小学生のための』 田中力著　旺文社　1999.4　111p　26cm　1143円　①4-01-070972-3

[目次] 第1章 ひょうげんする（手話で歌おう，ゆめの公園を作る ほか），第2章 つくる（リズムをとる楽器，ふわふわソーラーバルーン ほか），第3章 きわめる（大きな大きなシャボン玉，糸電話はどこまでつながるか ほか），第4章 ひたいにあせする（サトウキビからさとう，竹を使ってごはんをたくほか），第5章 アウトドアする（しおひがりで競争！，夏の夜のたんけん ほか）

『3日でできるじゆうけんきゅう1年生』チャイルドコスモ編　ポプラ社　1999.4　79p　26cm　1000円　①4-591-05908-1, 4-591-99283-7

『3日でできるじゆうけんきゅう2年生』チャイルドコスモ編　ポプラ社　1999.4　79p　26cm　1000円　①4-591-05909-X, 4-591-99283-7

『3日でできる自由研究3年生』チャイルドコスモ編　ポプラ社　1999.4　79p　26cm　1000円　①4-591-05910-3, 4-591-99283-7

『3日でできる自由研究4年生』チャイルドコスモ編　ポプラ社　1999.4　79p　26cm　1000円　①4-591-05911-1, 4-591-99283-7

『3日でできる自由研究5年生』チャイルドコスモ編　ポプラ社　1999.4　95p　26cm　1000円　①4-591-05912-X, 4-591-99283-7

『3日でできる自由研究6年生』チャイルドコスモ編　ポプラ社　1999.4　95p　26cm　1000円　①4-591-05913-8, 4-591-99283-7

『ワクワクしらべて自由研究―ともだちもびっくり 小学生のための』 田中力, 白岩等著　旺文社　1999.4　111p　26cm　1143円　①4-01-070974-X

[目次] 第1章 昔のことを知る（昔の新聞調べ，石造物をたずねる ほか），第2章 自然となかよくする（なんでもけんびきょう，ミノムシの家づくり ほか），第3章 町のことを知る（町の中のマークを集めよう，いろいろなマンホール ほか），第4章 世の中のことを知る（方言調べ，駅弁の研究 ほか），第5章 くらしを考える（ものについているマーク調べ，ごはんいちぜんの値段 ほか）

『1・2年生の新自由研究―つくってあそんでたのしくしらべる』 江川多喜雄著　草土文化　1999.3　103p　23cm　1200円　①4-7945-0769-0

[目次] 1 つくってあそんでまたつくる（いろんなくるま，おもさでうごくおもちゃ ほか），2 じっけんであそんでかんがえる（じしゃくでたんけん，しゃぼんだまであそぼう ほか），3 しぜんとあそんでかんがえる（虫をさがしにいこう，虫のこうどう ほか），4 じぶんのからだをしらべてみよう（からだの中のおとをきいてみよう，うまれたときとくらべてみよう ほか），5 本をかいてみようつくってみよう（かみしばいをつくろう，本をつくろう）

[内容] 夏休みの宿題では定番"自由研究"。テーマさがしから、発表まで、これがあればもう大丈夫。いろんなことを体験して楽しく覚えよう。つくったり、あそんだり、楽しい夏休みを過ごすアイデア集。

『小学生のたのしい自由研究』 自由研究指導会編　梧桐書院　1998.7　167p　21cm　1000円　①4-340-06208-1

[目次] 身近なものの図鑑，生活科の自ゆうけんきゅう，社会科の自由研究，理科の自由研究，国語の自由研究，図画工作の自由研究

[内容] 本書は、生活科・理科・社会・国語・図工と幅広い内容を、教科別に載せてありますので、自由研究のテーマが探しやすいです。テーマが数多く載っていますので、自由研究のテーマが見つからなくて困っている人から他人とは違った自由研究をする人まで、幅広い興味に役立ちます。教科書

学校生活　　　　　　　　　　　　　　　　　　　　　　　　自由研究について考えよう

の内容に則していますので、自由研究だけではなく、毎日の学習にも使えます。テーマの内容について、例を挙げたり、手順を詳しく説明してありますので、自由研究を簡単に行うことができます。

『実験観察　自由研究ハンドブック』　「たのしい授業」編集委員会編　仮説社　1997.7　314p　19cm　2000円　Ⓣ4-7735-0129-4
目次　もう自由研究になやまない！，発見しちゃおう，実験ってなに？，身近なもので実験してみよう，みんなの研究物語，自然を実感！，実験観察　自由研究の楽しみ方

『やさしい理科の自由研究と工作―小学校低中学年向き』　くもん出版　1997.7　135p　30cm　1000円　Ⓣ4-7743-0068-3
目次　家の中でできる自由研究（夏向きのシャツはどんな色？，チーンでカンタンおし花，じしゃくのふしぎ研究　ほか），身近なざいりょうで作る工作（オリジナル虫かご，おどる人形，回転UFO　ほか），モーターを使った動く工作（クルクルさら回し，スーパーボート，オフロードカー　ほか）

『理科の自由研究と工作―小学校中高学年向き』　くもん出版　1997.7　135p　30cm　1000円　Ⓣ4-7743-0069-1
目次　家の中で行う理科の実験・観察（活性炭で電池を作ろう，電磁石で作る方位磁針，牛乳パックで紙作り　ほか），野外に出て行う理科の実験・観察（星と星の角度を測る，葉はどんなはたらきをしている？，イソギンチャクの食べ物調べ　ほか），身近な材料で作るアイデア工作（クルクルUFOアニメ，トコトコよっぱらいおじさん，雨ふりカエルセンサー　ほか），モーターを使った動く工作（おしゃれな熱帯魚，バッテリーチェッカー，シャクトリムシ　ほか）

『学研の自由研究　5・6年生版』　学習研究社　1997.6　143p　26cm　1100円　Ⓣ4-05-200904-5
目次　成功しやすい自由研究の進め方，これでOK！　自由研究の進め方，君もやってみよう自由研究テーマ集，自由研究のテーマ・ヒント集（観察しよう，試そう，調べよう，作ろう），自由研究便利メモ
内容　迷わずできる実験・製作。研究テーマの見つけ方・研究の進め方・レポートの書き方がよくわかる。研究を上手に進めるコツをわかりやすく紹介。個性豊かな研究に発展させるためのヒント紹介。

『学研の自由研究　3・4年生版』　学習研究社　1997.6　143p　26cm　1100円　Ⓣ4-05-200903-7
目次　成功しやすい自由研究の進め方，これでOK！　自由研究の進め方，君もやってみよう自由研究テーマ集，自由研究のテーマ・ヒント集（観察しよう，試そう，調べよう，作ろう），自由研究便利メモ
内容　迷わずできる実験・製作。研究テーマの見つけ方・研究の進め方・レポートの書き方がよくわかる。研究を上手に進めるコツをわかりやすく紹介。個性豊かな研究に発展させるためのヒント紹介。

『学研の自由研究　1・2年生版』　学習研究社　1997.6　143p　26cm　1100円　Ⓣ4-05-200902-9
目次　こうすればいいよ自由研究のすすめ方，こうするといいよ！　お友だちの自由研究から，きみもやってみよう自由研究テーマ集，自由研究のテーマ・ヒント集（かんさつしよう，ためそう，しらべよう，作ろう），自由研究べんりメモ
内容　迷わずできる実験・製作。研究テーマの見つけ方・研究の進め方・レポートの書き方がよくわかる。研究を上手に進めるコツをわかりやすく紹介。個性豊かな研究に発展させるためのヒント紹介。

『小学生のたのしい自由研究』　自由研究指導会編　梧桐書院　1997.6　167p　21cm　940円　Ⓣ4-340-06208-1
目次　身近なものの図鑑，生活科の自ゆうけんきゅう，社会科の自由研究，理科の自由研究，国語の自由研究，図画工作の自由研究

『チャレンジ自由研究　アウトドア＆料理編』　MPC編集部企画・編集　MPC　1997.6　111p　21cm　740円　Ⓣ4-87197-366-2
目次　アウトドアにチャレンジ　自然とふれあおう，料理にチャレンジ　シェフになっちゃおう，ボランティアをはじめよう，自由研究としてまとめるためのポイント

『自由研究―沖縄の素材を生かした』　浦添　沖縄出版　1996.7　3冊　31cm　全12800円　Ⓣ4-900668-59-1

自由研究について考えよう　　　　　　　　　　　　　　　　　　　学校生活

|目次| 生活科，理科，社会科，家庭科，国語

『小学生の自由研究―調べる！　実験する！　つくる！　5・6年生』　成美堂出版　1996.7　191p　22cm〈監修：須田孫七〉780円　ⓘ4-415-08396-X

|内容| 興味深いオリジナルなテーマとヒント大集合。「調べる」自由研究は、まず興味を持ってものを見ることから始まる。いろんなものを見て、調べてみよう。「実験する」オモシロ実験で遊んでみよう。不思議だなと思ったことにレッツ・トライ。きっと発見がある。「つくる」工作大好きな人におすすめ。自分のアイデアを加えて、ぐっとオリジナルなものをつくってみよう。

『小学生の自由研究―見る！　遊ぶ！　つくる！　3・4年生』　成美堂出版　1996.7　191p　22cm〈監修：須田孫七〉780円　ⓘ4-415-08395-1

|目次| 見る（キャンプ日記をつくろう、サル山を観察しよう、マンホールのふたを調べよう　ほか）、遊ぶ（氷で遊ぼう、自分の体を試してみよう、野菜の水栽培をしよう　ほか）、つくる（牛乳パックで紙をつくろう、保存食をつくろう、楽しい本をつくろう　ほか）

『たのしい自由研究―見る！　あそぶ！　つくる！　1・2年生』　成美堂出版　1996.7　191p　22cm〈監修：須田孫七〉780円　ⓘ4-415-08394-3

|目次| 見る（いろんなマークをあつめてみよう、お店やさんをたんけんしよう、たねをあつめよう　ほか）、あそぶ（ういてこい!!、シャボン玉をつくろう、アサガオの花であそぼう　ほか）、つくる（うごくおもちゃをつくろう、きれいなそめ紙をつくろう、やじろべえをつくろう　ほか）

『夏休み自由研究　4～6年生用』　伸光教育研究会編著　金園社　1996.7　80p　26cm　(Let's enjoy homework)　1030円　ⓘ4-321-41712-0

|目次| キャンプをたのしむ、地球の自転を確かめる、台風の正体は風のうず！、野鳥にくわしくなろう、ミニトマトを育てる、たべものの栄養を調べる、電気の消費量を調べる、スカーフでおしゃれする、すてきなラッピング、光の芸術を撮ってみる〔ほか〕

|内容| 本書では、星の話からスポーツ、日常の身ぢかなことまで、学校の授業では得られない面白いテーマを幅広く取り上げ、イラストと写真を使い、分かりやすく解説しました。

『夏休み自由研究　1～3年生用』　伸光教育研究会編著　金園社　1996.7　80p　26cm　(Let's enjoy homework)　1030円　ⓘ4-321-41711-2

|目次| キャンプに行こう、星の色を見くらべる、雲博士になろう、にじは、なぜ七色？、野鳥を見に行こう、かんたん・パッチワーク！、草花のハガキをつくろう、たのしい焼物づくり、ふしぎなかざ車、タマネギの皮でそめる〔ほか〕

|内容| 本書では、星の話からスポーツ、日常の身ぢかなことまで、おもしろいテーマを幅広く取りあげ、イラストと写真でわかりやすく解説しました。

『おもしろ自由研究―小学校の先生たちが教える』　あゆみ出版編集部編　あゆみ出版　1996.6　159p　26cm　1200円　ⓘ4-7519-0369-1

|目次| 自由研究をはじめる前に（自由研究っておもしろいぞ!!、テーマをどうえらぶか）、自由研究大作戦！（好きなもの・とくいなもの別―自由研究おすすめメニュー、おまけ―夏休みをたのしくすごそう、INFORMATION―自由研究のためのお役立ち情報）、まとめ方・発表のしかた（研究のしかた・まとめ方がよくわかる！実例研究、まとめ方アイデア集、研究発表のコツ）

『小学生のための自由研究・宿題アイディアブック　3（社会科編）調べる・たずねる・たのしさいっぱい』　江川多喜雄著　草土文化　1996.4　91p　26cm　1000円　ⓘ4-7945-0687-2

|目次| 1　わたしたちの町や村、2　むかしのことをしらべよう、3　旅の記録をのこそう、4　わたしたちのくらし、5　世界と日本、6　新聞をつくろう、7　わたしたちのくらしとことば

|内容| 調べたいことはあるけれど、どうやったらいいのかわからない。そこでこの巻の登場。本をヒントに自分のテーマを決めて、レポートにまとめよう。

『小学生のための自由研究・宿題アイディアブック　2（工作編）アイディアいっぱい・つくってあそぼ』　江川多喜雄著　草土文化　1996.4　91p　26cm　1000

学校生活　　　　　　　　　　　　　　　　　　　　　　自由研究について考えよう

円　Ⓘ4-7945-0686-4
目次　1 動くおもちゃ，2 紙でつくる，3 布でつくる，4 かざってあそぶ，5 楽器をつくる，6 むずかしいものに挑戦！
内容　簡単に出来るものから，何日もかかる難しいものまで。何度かつくるうちに別のものが頭にうかんで来るはず。そしたら，もうあなたは工作名人。

『小学生のための自由研究・宿題アイディアブック　1（理科編）　自然観察・たのしさいっぱい』　江川多喜雄著　草土文化　1996.4　91p　26cm　1000円　Ⓘ4-7945-0685-6
目次　1 さがしてみよう，2 どんなところにいるのかな，3 見つけたら…，4 草や花も見てみよう，5 野菜やくだもの，6 葉っぱや花であそぼう，7 調べたことをかいておこう
内容　町の中でもちょっと「見る目」を変えれば，自然がいっぱい。自然観察に大切な「見る目」のヒントを具体的な例を出しながら，提示していきます。

◆工作

『たのしく作ろう!!こどもの工作―夏休みに作りたいアイデア工作がいっぱい春夏秋冬』　ブティック社　2012.7　80p　26cm　（レディブティックシリーズ3411―クラフト）　743円　Ⓘ978-4-8347-3411-9　Ⓝ594

『子どもと楽しむ工作・実験・自由研究レシピ』　曽江久美，種村雅子，石井恭子，大西ハルカ，小川賀代，興治文子著　実教出版　2012.6　112p　26cm　1200円　Ⓘ978-4-407-32574-4　Ⓝ407.5

『100円ショップで手作り楽器―お安く簡単！ちゃんと鳴る！：夏休みの工作宿題完全対応』　坂口博樹著　シンコーミュージック・エンタテイメント　2011.8　81p　30cm　（シンコー・ミュージック・ムック）　900円　Ⓘ978-4-401-63597-9　Ⓝ763

『自由研究に役立つ実験工作キットBOX』　左巻健男監修　成美堂出版　2011.7　64p　26cm　（Seibido mook）〈背・表紙のタイトル：自由研究に役立つ実験工作キットBOXブック〉　1580円　Ⓘ978-4-415-10985-5　Ⓝ407.5

『からくり工作ブック―小学生の自由研究』　塩浦信太郎著　学研教育出版，学研マーケティング（発売）　2010.7　127p　26cm　950円　Ⓘ978-4-05-203287-5　Ⓝ594

『小学生の自由工作かんたん！すごい!!アイデアBOOK』　成美堂出版編集部編　成美堂出版　2010.7　111p　26cm　900円　Ⓘ978-4-415-30858-6
目次　かざれる！アイデア小物（ウサギの貯金箱，キラキラ水族館　ほか），たのしい！アイデア工作（びっくりコーン人形，おのぼり人形　ほか），おしゃれ！アイデア小物（くるみボタンでいろいろ，ミサンガ　ほか），びっくり！アイデア工作（万華鏡，びっくりマジシャン　ほか）
内容　すぐできる！楽しく遊べる42テーマ。

『できる！ふしぎ！楽しい自由研究と工作―夏休みの課題にもオススメ　3年生～6年生向け』　左巻健男監修　ブティック社　2009.8　96p　26cm　（レディブティックシリーズ　no.2885）　943円　Ⓘ978-4-8347-2885-9　Ⓝ407.5

『楽しい！かんたん！小学生の自由工作＆アイデアクッキング―おしゃれな小物やわくわくおもちゃ，かわいいお料理がいっぱい!!』　オオノユミコ，神みよ子監修　成美堂出版　2009.7　111p　26cm　900円　Ⓘ978-4-415-30621-6　Ⓝ594
目次　布や毛糸で作ろう（おしゃれなてるてるぼうず，バンダナで作る和風手さげ　ほか），フェルトで作ろう（えんぴつ立てとえんぴつキャップ，フェルトパズル　ほか），紙で作ろう（オリジナルレターセット，牛乳パックで作るぱっくん貯金箱　ほか），いろいろな材料で作ろう（木の実キャッチャー，ゆらゆらモビール　ほか），料理で自由研究（ぷるぷるフルーツグミ，あわあわレモンゼリー　ほか）
内容　おしゃれな小物やわくわくおもちゃ，かわいいお料理がいっぱい。すぐ作ってみたくなる，かわいい工作。自由研究にもぴったりの料理レシピを紹介。

『ちびまる子ちゃんの手作り教室―はじめてのお料理、おかし作り、工作、手芸など』 さくらももこキャラクター原作，上田るみ子企画・構成，相川晴ちびまる子ちゃん絵・まんが　集英社　2009.6　133p　19cm　(満点ゲットシリーズ)　〈料理・お菓子作り指導：みないきぬこ　工作・手芸指導：河野亜紀，相川晴〉　800円　①978-4-08-314046-4　Ⓝ596.4
|目次| ちびまる子ちゃんとなかまたち，「手作りって楽しいね！」の巻，「いろいろあるよ調理道具」の巻，「みんなでピクニック」の巻，お花と水玉のロールサンド，手まりおにぎり，はちみつクッキー，クリスタルゼリー，たまごボーロ，「たまちゃんのバースデーカード」の巻〔ほか〕
|内容| はじめてのお料理、おかし作り、工作、手芸など。

『夏休みエコロジ自由工作―地球環境力アップ！』 トモ・ヒコ著　大和書房　2009.6　143p　26cm　1000円　①978-4-479-92015-1　Ⓝ594
|目次| しぜんそざい，ペットボトル，ようき，いろいろ，道具のしゅるいと使い方，材料の寸法表
|内容| エコロジーってなんだ？ リサイクルってなんだ？ を考える自由工作！ 小学校全学年対象。

『夏休みからくり自由工作』 トモ・ヒコ著　大和書房　2008.7　143p　26cm　1000円　①978-4-479-92006-9　Ⓝ594
|目次| あそぶ工作（ゾウのつなひき，くるくるモンタージュ，変形ロボット　ほか），ふしぎな工作（プリティミラー，ヒミツの本，動く顔　ほか），うごく工作（カメレオンの虫取り，ヨコ歩きカニさん，ダンシング人形　ほか）
|内容| さあ、夏休み！「からくり」工作で、友だちに差をつけろ！「遊ぶ・不思議・動く」工作が36点。小学校全学年対象。

『小学生の自由研究　5・6年生』 成美堂出版編集部編　成美堂出版　2008.6　175p　22cm　820円　①978-4-415-30392-5　Ⓝ407.5
|目次| 研究のもくじ（実験，観察），工作のもくじ（ゲーム，サイエンス，アイディア）
|内容| 手軽に、楽しくできる実験・観察・工作の実例を40本収録。

『小学生の自由研究　3・4年生』 成美堂出版編集部編　成美堂出版　2008.6　175p　22cm　820円　①978-4-415-30391-8　Ⓝ407.5
|目次| 研究のもくじ（じっけん，かんさつ），工作のもくじ（ゲーム，サイエンス，アイディア）
|内容| 手軽に、楽しくできる実験・観察・工作の実例を41本収録。

『小学生の自由研究　1・2年生』 成美堂出版編集部編　成美堂出版　2008.6　175p　21cm　820円　①978-4-415-30390-1　Ⓝ407.5
|目次| けんきゅうのもくじ（じっけん，かんさつ），工作のもくじ（ゲーム，おもちゃ，アイディア）
|内容| 手軽に、楽しくできる実験・観察・工作の実例を41本収録。

『楽しく実験・工作小学生の自由研究―身近なものでおもしろ実験をやってみよう！　高学年編（4・5・6年）』 成美堂出版編集部編　成美堂出版　2008.6　127p　26cm　800円　①978-4-415-30373-4　Ⓝ507.9
|目次| 実験してみよう（空気で遊ぼう！，不思議な電池を作ろう！　ほか），工作してみよう（いろいろなモーターを作ろう！，紙を作ろう！　ほか），観察してみよう（月や星を観察しよう！，海の生き物を観察しよう！　ほか），調査してみよう（工場を見学しよう！，自分の町をPRしよう！　ほか）
|内容| 身近なものでおもしろ実験をやってみよう！ わくわくする自由研究のテーマがいっぱい。

『楽しく実験・工作小学生の自由研究―身近なものでおもしろ実験をやってみよう！　低学年編（1・2・3年）』 成美堂出版編集部編　成美堂出版　2008.6　127p　26cm　800円　①978-4-415-30372-7　Ⓝ507.9
|目次| じっけんしてみよう（インクのひみつをさぐろう！，いろいろなジュースを作ろう！　ほか），作ってみよう（ドライフラワーを作ろう！，楽しいちょ金箱を作ろう！　ほか），かんさつしてみよう（メダカ

学校生活　　　　　　　　　　　　　　　　　　　自由研究について考えよう

をかんさつしよう！，雲の形をかんさつしよう！　ほか），調べてみよう（町の温度を調べよう！，石の形を調べよう！　ほか）
[内容]身近なものでおもしろ実験をやってみよう！　わくわくする自由研究のテーマがいっぱい。

『作って楽しい!!こども工作125点―夏休みの自由工作はこれで決まり!!』　ブティック社　2007.8　96p　26cm　（レディブティックシリーズ　no.2581）800円　①978-4-8347-2581-0　⑩594

『夏休み工作アイデア貯金箱』　コスミック出版　2007.8　96p　26cm　（Cosmic mook）752円　①978-4-7747-5059-0　⑩594

『超かっこいい！　男の子の手作り自由工作BOOK』　近藤芳弘，石川ゆり子作　主婦と生活社　2007.7　79p　26×21cm　980円　①978-4-391-13435-3
[目次]はしる，とぶ，まわる，かざる，おと，あそぶ，伝承
[内容]動く！　あそべる！　じまんできる！　かっこいい工作がかんたんに作れるよ！　小学1～6年生対応。

『楽しく実験・工作小学校5年生の自由研究』　成美堂出版編集部編　成美堂出版　2007.6　127p　26cm　900円　①978-4-415-30147-1　⑩407.5

『楽しく実験・工作小学校6年生の自由研究』　成美堂出版編集部編　成美堂出版　2007.6　127p　26cm　900円　①978-4-415-30149-5　⑩407.5

『超かわいい！　女の子の手作り自由工作BOOK』　いしかわまりこ著　主婦と生活社　2006.7　79p　26×21cm　933円　①4-391-13270-2
[目次]使おう！　つくえのまわりを楽しくかざろう（やっぱり！　貯金箱，これならわすれない！　メモホルダー，かべのインテリア），遊ぼう！　動かすおもちゃで大はしゃぎ（かんたん！　手作りゲーム＆おもちゃ，楽しい！　パーティごっこ），身につけよう！　手作りで，ちょっぴりおしゃれに（おしゃれ小物を作ろう！，ハンカチ＆バンダナで作ろう！，Tシャツやジーンズで作ろ

う！，フェルトで作ろう！，消しゴムスタンプで作ろう！，オーブンねんどで作ろう！）
[内容]使える！　遊べる！　身につける！　かわいい小物や楽しいおもちゃ，おしゃれなアイテムがかんたんに作れるよ！　小学1～6年生対応。

『わくわく自由研究工作・観察・実験ブック―ヒントがたくさん！　しくみがわかる！　2』　山崎健一著　国土社　2005.7　71p　28cm　1000円　①4-337-16512-6　⑩407.5
[目次]自由研究の進め方とまとめ方，針穴カメラを作ろう，ろうそくを作ろう，水溶液の性質を調べよう，しぼり染めを作ろう，スイッチを作ろう，浮沈子を作ろう，石けんで試してみよう，アメンボをうかべよう，花のつくりを調べよう〔ほか〕

『わくわく自由研究工作・観察・実験ブック―ヒントがたくさん！　しくみがわかる！　1』　山崎健一著　国土社　2005.7　71p　28cm　1000円　①4-337-16511-8　⑩407.5
[目次]自由研究の進め方とまとめ方，砂糖でおかしを作ろう，紙を作ってみよう，まんげきょうを作ろう，モビールを作ろう，クリップモーターを作ろう，植物のからだを調べよう，結晶を作ってみよう，風船ロケットを作ろう，ストローぶえを作ろう〔ほか〕

『身近なもので30分からできるアイデア自由工作　1・2年生』　滝口明治著　金の星社　2004.5　80p　26cm　1000円　①4-323-05521-8
[目次]走れ！　カメ吉，フウフウ風車，かざみどり，ユラユラてんとう虫，紙ざらへーンシン，ひっつきカブト・クワガタ虫，きょうりゅうワールド，三角どうぶつ，おわんルーレット，うらないコマ〔ほか〕
[内容]「ひっつきカブト・クワガタ虫」「おばけピエロ」「お金を食べる貯金箱」「ロケットカウントダウン」「紙ざらへーんしん」…あっと驚くアイデアいっぱいの工作29作品を掲載しました。

『身近なもので30分からできるアイデア自由工作　3・4年生』　滝口明治著　金の星社　2004.5　80p　26cm　1000円　①4-323-05522-6
[目次]ダンスペンギン，ハッピーピエロ，は

自由研究について考えよう　　　　　　　　　　　　　学校生活

らぺこワニ貯金箱，お金が消える!?貯金箱，行き戻りロール，バランスワンちゃん，木遊びコアラ，風車ダンサー，パックンちりとり，快足！ステゴザウルス〔ほか〕
|内容| 工夫と楽しさいっぱいの29作品。

『身近なもので30分からできるアイデア自由工作　5・6年生』　滝口明治著　金の星社　2004.5　80p　26cm　1000円　①4-323-05523-4
|目次| 踊るコックさん，偏心板のはばたき鳥，オリジナル万華鏡，頭の上下するトリケラトプス，ティラノザウルス貯金箱，口を開くアロサウルス，コトコト落とし，風力ケーブルカー，マイファン，観覧車〔ほか〕
|内容|「オリジナル万華鏡」「モーター発電機」「ペーパードライヤー」「風力ケーブルカー」「ビー玉ピンボール」…電池モーター使用作も多く収録，動きのある楽しい工作27作品も掲載しました。

『工作のコツ絵事典—道具の使い方がよくわかる　自由研究のヒントになる！』　霜野武志監修　PHP研究所　2003.11　79p　29cm　2800円　①4-569-68436-X　Ⓝ594
|目次| 第1章 紙で工作をしてみよう（箱でびっくり，こんにちは！，窓辺を飾る光の芸術 ほか），第2章 粘土で物を形づくってみよう（粘土でつくる自分だけの置き物，色を楽しむ軽量紙粘土 ほか），第3章 木で遊び道具をつくってみよう（世界最古の楽器，うなり木をつくろう！，玉ころがし台でビー玉遊び ほか），第4章 版画でオリジナル作品をつくってみよう（ローラーでオリジナルの絵をかこう，紙でつくるかんたん版画 ほか），第5章 画材・用具の基礎を知ろう（知っておきたい！のこぎりの基礎知識，知っておきたい！金づちとキリの基礎知識 ほか）
|内容| 学年にあった作品ができる―難易度を示すため学年を表示しています。制作に必要な道具や素材がわかる―必要な材料をすべて表示しています。作品完成までの時間がわかる―制作時間の目安を表示しています。工作に使う素材の特徴がわかる―素材の違いと特徴を解説しています。道具の使い方の基礎がわかる―写真とイラストで扱い方を解説しています。

『おもしろ自由工作ベスト20』　立花愛子，佐々木伸著　主婦と生活社　2003.7　49p　26cm　（小学生の夏休みブック）　880円　①4-391-12816-0　Ⓝ594

『オリジナル自由研究と工作—中・高学年向』　くもん出版　2003.7　143p　26cm　1100円　①4-7743-0716-5　Ⓝ375
|目次| キミにピッタリのテーマを見つけよう，自由研究テーマ集（パスタの食べごろ実験，ドライアイスパック走行実験 ほか），テーマ選びから結果まで自由研究Q&A，友達に差をつける自由研究まとめ方ガイド，工作を始める前に，工作実例集（動くクマさんペンダント，ミニカプセルゲーム3 ほか），工作の基本を学ぼう！，工作で使う材料を知る！
|内容| 本書は，前半に自由研究，後半に工作のテーマがのっている。それぞれの作業のすすめ方がわかりやすく書いている。

『やさしいオリジナル自由研究と工作—低・中学年向』　くもん出版　2003.7　143p　26cm　1100円　①4-7743-0715-7　Ⓝ375
|目次| キミにピッタリのテーマを見つけよう，自由研究テーマ集（たねのようすはどうなってる？，はやくかわくヒミツの場所は？　ほか），自由研究Q&A—テーマ選びから結果まで，友だちに差をつける！自由研究まとめ方ガイド，工作を始める前に，工作実例集（フワフワたこちゃん，マヨ水でっぽう　ほか），工作のきほんを学ぼう!!，工作で使う材料を知る！
|内容| 本書は，前半に自由研究，後半に工作のテーマがのっている。それぞれの作業のすすめ方がわかりやすく書いている。

『つくってみよう！　夏休みの自由工作　5・6年生』　成美堂出版編集部編　成美堂出版　2001.7　143p　26cm　〈索引あり〉　950円　①4-415-01636-7
|目次| 作ってみよう（スノーツリー，ペットボトル船，ペットボトルモビール，かわりやじろべえ，3連カタパルト　ほか），自然の工作（竹で作ろう！　枝で作ろう！　つるで作ろう！，アシで作ろう！　板で作ろう！　ほか）
|内容| 家で外でかんたんにできるおもしろ工作がいっぱい！　身のまわりのものだけでできるよ。学校の宿題にもバッチリ。

『つくってみよう！　夏休みの自由工作　3・4年生』　成美堂出版編集部編　成美

学校生活　　　　　　　　　　　　　　　　　　自由研究について考えよう

堂出版　2001.7　143p　26cm　〈索引あり〉950円　①4-415-01635-9
[目次]作ってみよう（ウォーターパズル，ペットボトルカタパルト，ペットボトル船，マジックハンド，びっくりばこ　ほか），自然の工作（竹で作ろう！，つるで作ろう！，えだで作ろう！貝で作ろう！，石で作ろう！）
[内容]家で外でかんたんにできるおもしろ工作がいっぱい！身のまわりのものだけでできるよ。学校の宿題にもバッチリ。

『つくってみよう！夏休みの自由工作1・2年生』　成美堂出版編集部編　成美堂出版　2001.7　127p　26cm　〈索引あり〉900円　①4-415-01634-0
[目次]作ってみよう！（メガホンマラカス，ポケットティッシュホルダー，おもしろマラカス，ボトルすな時計，ペットボトルのギター　ほか），しぜんの工作（草花で作ろう！，石で作ろう！，ささで作ろう！竹で作ろう！，えだで作ろう！）
[内容]家で外でかんたんにできるおもしろ工作がいっぱい！身のまわりのものだけでできるよ。学校の宿題にもバッチリ。

『夏休みのかんたん工作』　竹井史郎著　小峰書店　2000.7　79p　24cm　1200円　①4-338-08139-2
[目次]ひよけぼうし，かんさつケース，ちからもちかぶとむし，くわがた，じーじーぜみ，せみ，ぱくりへび，おはようあさがお，たなばたモビール，おりひめとひこぼし〔ほか〕
[内容]みぢかにある材料で，すぐできる工作で，夏休みを楽しもう。

『リサイクル自由研究』　こどもくらぶ編集部編　双葉社　1998.7　63p　27cm　1600円　①4-575-28855-1
[目次]牛乳パックで作っちゃおう！，紙で作っちゃおう！，ペットボトルで作っちゃおう！，プラスチックで作っちゃおう！，カンで作っちゃおう！，ビンで作っちゃおう！
[内容]この本には，リサイクルについて，きみが知っておくと得をする情報がたっぷり入っているよ。楽しいおもちゃや，役に立つ小物などの作り方もたくさん。

『自由工作　明かりの工作—メルヘンの輝き』　五茂健著　誠文堂新光社　1997.7　66p　26cm　（夏休み宿題図書）1200円　①4-416-39701-1
[目次]工作を始める前に，アンティーク・ランプ，青い鳥のスタンド，金魚のランプ，あんどんランプ，ビー玉の街灯，アラジンのランプ，おはじきのシャンデリア，フラワー・スタンド，かぐや姫のスタンド

『世界のおもちゃを作ろう—自由工作　アメリカ編』　堂本保著　誠文堂新光社　1997.7　62p　26cm　1200円　①4-416-39703-8
[目次]工作のざいりょうと用具について，工作のきそ，動く大トカゲ，不死身の矢，クリスマスかざり，フリスビー，ハンググライダー，飛行機ぼうし，なべつまみ，汽笛が歌う〔ほか〕

『世界のおもちゃを作ろう—自由工作　ヨーロッパ編』　堂本保著　誠文堂新光社　1997.7　62p　26cm　1200円　①4-416-39700-3
[目次]工作のざいりょうと用具について，工作のきそ，小石から—フィンランド，キャンドルティック—スエーデン，月けいかんのがくぶち—スエーデン，のぼり人形—スイス，カチカチ—フランス，三目ならべ—ドイツ，やさしい三目ならべ—ドイツ，立体三目ならべ—ドイツ〔ほか〕

『工作あそび—自由課題にピッタリ』　野田則彦著　ナツメ社　1997.5　151p　21cm　1000円+税　①4-8163-2106-3
[目次]玉とばし，パタパタちょうちょ，パタパタ鳥，パクパク人形，つなひき，パックのパチパチパンチ，つなわたりタヌキ，上り人形，パックンかいじゅう，くるくるダンス，ダンボールの体そう人形，あやつり人形〔ほか〕

『1・2年生の夏休み工作』　服部鋼資著　大泉書店　1996.7　119p　26cm　800円　①4-278-08021-2
[目次]せい高のっぽのキリンくん，ヘビくんのお出ましだ，こんばんは，ろくろ首です，スイカを食べるロボットくん，ハジケル絵，パクパクカバさん，のびたりちぢんだり，ビュンビュンネコくん，目がかわる，ふしぎふしぎ，ビュンビュン，ツバメ〔ほか〕
[内容]家の中，とくに台どころは，ペットボトルやタマゴのパックなど，工作につかえるものがたくさんあるよ。じゆうに，じぶんのすきなものを，作ってみよう。

子どもの本　楽しい課外活動2000冊　77

『3・4年生の夏休み工作』 服部鋼資著　大泉書店　1996.7　119p　26cm　800円　ⓘ4-278-08022-0
[目次] シーソーネコ君大変身，おちゃめなピエロ君，大事件，ケーキ走る！，食べちゃうぞウサギさん，サンタさんどこへ行くの？かい力，うで立て君，重りょう挙げチャンピオン，風で動くファンタジックカー，こんにちは，ごきげんいかが？，坂道走る，ちょうとっ急ライオン君〔ほか〕
[内容] 紙コップや空箱など，身のまわりにあるいろいろな材料を使って工作を楽しみましょう。アイデアしだいでゆかいなものがたくさん作れるよ。

『自由工作 やさしいモーターの工作』 摺本好作著　誠文堂新光社　1996.7　61p　26cm　1200円　ⓘ4-416-39607-4
[目次] 模型のモーターは楽しい…，モーター工作の用具と材料とコツ，モーターのいろいろな使い方，「工作クン」の作り方

『世界のおもちゃを作ろう―自由工作　アジア編』　堂本保著　誠文堂新光社　1996.7　62p　26cm　1200円　ⓘ4-416-39608-2
[目次] 工作を始める前に，工作のきそ，ふしぎな花―インド，金魚モビール―タイ，ベルかざり―中国，三脚置台―パキスタン，金魚ちょうちん―日本，小鳥のかざり―インド，バランス鳥―台湾〔ほか〕

『図画宿題お助けブック―夏休み』 MPC編集部編　エム・ピー・シー　1996.6　47p　21cm　556円　ⓘ4-87197-339-5
[目次] いろいろなはり絵，なんでもスタンプ，型ぬき絵で遊ぼう，絵の具をはじいて浮き出る絵，洗うと出てくる不思議な絵，ひっかいて絵をかこう，絵の具をたらして絵をかこう，合わせ絵，紙染め，材料と道具

作文について考えよう

『「とっちゃまん」の読書感想文書き方ドリル　2012』 宮川俊彦[著]　ディスカヴァー・トゥエンティワン　2012.7　223p　26cm　1400円　ⓘ978-4-7993-1187-5　Ⓝ019.25

『だれでも書ける最高の読書感想文』 斎藤孝[著]　角川書店,角川グループパブリッシング（発売）　2012.6　254p　15cm　〈角川文庫 さ42-6〉　514円　ⓘ978-4-04-100324-4　Ⓝ019.25

『親子でとりくむ読書感想文―だれでも書ける楽しく書ける』 村上淳子著　国土社　2010.7　1冊　26cm〈指導者用・子ども用ワークシート付〉1200円　ⓘ978-4-337-45043-1　Ⓝ019.25

『読書かんそう文のかきかた　低学年向き』 紺野順子著　ポプラ社　2010.6　127p　26cm　800円　ⓘ978-4-591-11878-8　Ⓝ019.25

『読書感想文の書き方　高学年向き』 笠原良郎著　ポプラ社　2010.6　143p　26cm　800円　ⓘ978-4-591-11880-1　Ⓝ019.25

『読書感想文の書き方　中学年向き』 依田逸夫著　ポプラ社　2010.6　143p　26cm　800円　ⓘ978-4-591-11879-5　Ⓝ019.25

『お父さんが教える読書感想文の書きかた』 赤木かん子著　自由国民社　2009.9　79p　21cm〈索引あり〉1400円　ⓘ978-4-426-10784-0　Ⓝ019.25

『スイスイ！ ラクラク!!読書感想文　小学5・6年生』 成美堂出版編集部編　成美堂出版　2009.7　143p　26cm〈索引あり〉800円　ⓘ978-4-415-30620-9　Ⓝ019.25

『スイスイ！ ラクラク!!読書感想文　小学3・4年生』 成美堂出版編集部編　成美堂出版　2009.7　143p　26cm〈索引あり〉800円　ⓘ978-4-415-30623-0　Ⓝ019.25

『スイスイ！ ラクラク!!読書感想文　小

学1・2年生』 成美堂出版編集部編　成美堂出版　2009.7　143p　26cm　〈索引あり〉　800円　①978-4-415-30622-3　Ⓝ019.25

『読書感想文からオトナの世界が見える―Writing』　恩田ひさとし著　雷鳥社　2009.7　159p　17cm　（学問no近道！ぬけ道？　散歩道）　1200円　①978-4-8441-3529-6　Ⓝ019.25

『スラスラ書ける読書感想文　小学校5・6年生』　上条晴夫企画・監修　永岡書店　2008.6　159p　26cm　〈文献あり〉　800円　①978-4-522-42539-8　Ⓝ019.25

『スラスラ書ける読書感想文　小学校3・4年生』　上条晴夫企画・監修　永岡書店　2008.6　159p　26cm　〈文献あり〉　800円　①978-4-522-42538-1　Ⓝ019.25

『スラスラ書ける読書感想文　小学校1・2年生』　上条晴夫企画・監修　永岡書店　2008.6　141p　26cm　〈文献あり〉　800円　①978-4-522-42537-4　Ⓝ019.25

『必ず書けるあなうめ読書感想文』　青木伸生監修　学習研究社　2007.7　128p　23cm　750円　①978-4-05-202882-3　Ⓝ019.25

『すぐ書ける読書感想文―読みたい本が見つかる実例で書き方のコツがわかる　小学高学年以上対象』　あさのあつこ監修, 学研編　学習研究社　2007.6　143p　26cm　800円　①978-4-05-302549-4　Ⓝ019.25

『すぐ書ける読書感想文―読みたい本が見つかる実例で書き方のコツがわかる　小学中学年』　あさのあつこ監修, 学研編　学習研究社　2007.6　147p　26cm　800円　①978-4-05-302548-7　Ⓝ019.25

『すぐ書ける読書感想文―読みたい本が見つかる実例で書き方のコツがわかる　小学校低学年』　あさのあつこ監修, 学研編　学習研究社　2007.6　148p　26cm　800円　①978-4-05-302547-0　Ⓝ019.25

『読書感想文のじょうずな書き方―小学校2年生』　立原えりか監修　成美堂出版　2007.6　143p　26cm　800円　①978-4-415-30132-7　Ⓝ019.25

『読書感想文のじょうずな書き方―小学校1年生』　立原えりか監修　成美堂出版　2007.6　143p　26cm　800円　①978-4-415-30131-0　Ⓝ019.25

『小学校1・2年生の読書感想文―実例作文がいっぱい！』　立原えりか監修　成美堂出版　2006.6　143p　21cm　750円　①4-415-04213-9　Ⓝ019.25

『小学校3・4年生の読書感想文―実例作文がいっぱい！』　立原えりか監修　［東京］　成美堂出版　2004.7　143p　22cm　〈文献あり〉　750円　①4-415-02634-6　Ⓝ019.25

『小学校5・6年生の読書感想文―実例作文がいっぱい！』　立原えりか監修　［東京］　成美堂出版　2004.7　143p　22cm　〈文献あり〉　750円　①4-415-02635-4　Ⓝ019.25

『読書かんそう文のかきかた―低学年向き』　水野寿美子著, 武田美穂絵　ポプラ社　2000.5　87p　20cm　950円　①4-591-06463-8

『読書かんそう文のかき方―中学年向き』　依田逸夫著, 長野ヒデ子絵　ポプラ社　2000.5　104p　20cm　950円　①4-591-06464-6

『読書感想文の書き方―高学年向き』　吉岡日三雄著, 福田岩緒絵　ポプラ社　2000.5　119p　20cm　950円　①4-591-06465-4

夏休みを楽しもう

『カブトムシとクワガタ―決定版！』　グ

ループ・コロンブス編　主婦と生活社　2003.7　48p　26cm　(小学生の夏休みブック)　880円　Ⓒ4-391-12818-7　Ⓝ486.6

昼休み・放課後を楽しもう

『できたよ、なわとび』　ベースボール・マガジン社編，太田昌秀監修　ベースボール・マガジン社　2011.10　128p　21cm　(こどもチャレンジシリーズ)　〈検定付　文献あり〉1500円　Ⓒ978-4-583-10401-0　Ⓝ781.95

[目次]　1　なわとびを始める前に(なわとびのいいところ，なわとびの選び方，やりやすい服装，場所)，2　わになれよう(なわとびの持ち方，なわの回し方，ジャンプのしかた　ほか)，3　さぁ，とぼう！(その場でなわを回す，前方一回旋二跳躍とび　ほか)，4　いろいろやってみよう(前方順二回旋とび，後方順二回旋とび　ほか)，5　これで君もヒーロー(前方順二回旋と順三回旋とび，後方順二回旋と順三回旋とび　ほか)

[内容]　振り返りチェックとオリジナル検定付。はじめてなわとびにさわるときの基礎から二回旋とび，あやとび，などの発展技までなわとびの全てがわかる，身につく。

『ドッジボールをはじめよう』　南雲健一文，髙村忠範絵　汐文社　2005.10　47p　27cm　(イラスト図解遊びとゲームを楽しもう！　ニュースポーツ)　2000円　Ⓒ4-8113-7965-9　Ⓝ783.3

[目次]　ドッジボールを楽しもう，準備体操をしよう，公式ドッジボールコート，基本ルールを覚えよう，試合開始のジャンプボール，アタックの基本，キャッチの基本，パスの基本，ドッジングの基本，攻撃のフォーメーション，守備のフォーメーション，ファールに注意，ストレッチングをしよう，突き指をしたときは，全国大会に出てみよう，審判の動作，ドッジボールの歴史

『ドッジボール必勝攻略book』　村上としや監修　小学館　2003.7　128p　19cm　(ワンダーライフスペシャル)　714円　Ⓒ4-09-106107-9　Ⓝ783.3

『おにごっこ』　嶋野道弘監修　ポプラ社　2000.4　39p　27cm　(みんなであそぼう校内あそび4)　2200円　Ⓒ4-591-06303-8

[目次]　おにごっこをしてあそぼう，なかまをつくるおにごっこ，わになってあそぶおにごっこ図形をかいてあそぶおにごっこ，かくれんぼ・じんとり

[内容]　ただ走り回るだけのおにごっこばかりではなく，なかまを作って協力して追いかけたり，頭を使ってにげ方を考えたりする，いろいろなタイプのおにごっこを紹介しています。小学校低学年～中学年向き。

『なわとび・ゴムとび』　嶋野道弘監修　ポプラ社　2000.4　39p　27cm　(みんなであそぼう校内あそび3)　2200円　Ⓒ4-591-06302-X

[目次]　なわとび(なわとびをしてあそぼう，短なわとび，短なわあそび，長なわとび，長なわあそび，なわとび大会を開こう！)，ゴムとび(ゴムだん，ゴムふみ)

[内容]　「あやとび」や「二重とび」など基本的な短なわとびのとび方をはじめ，楽しく歌いながらとぶ長なわあそびなど，なわとびとゴムとびのとび方・あそび方を多数紹介しています。小学校低学年～中学年向き。

『ボールあそび』　嶋野道弘監修　ポプラ社　2000.4　37p　27cm　(みんなであそぼう校内あそび2)　2200円　Ⓒ4-591-06301-1

[目次]　キャッチボール，ボールはくしゅ，ボールキック，とのさまボール，なかあて，ストップボール，ろくむし，5度ぶつけ，6パス，サークルポートボール〔ほか〕

[内容]　投げる，受け取る，けるなど，ボールの使い方はさまざま。いろいろな大きさのボールを使った，あそびとしてもスポーツとしても楽しめるボールあそびを紹介しています。小学校低学年～中学年向き。

『ドッジボール』　苅宿俊文著　大日本図書　1999.3　63p　27cm　(クラスみんなでボールゲーム)　2800円　Ⓒ4-477-00993-3

[目次]　第1章　熱血ストーリー　ああ，青春のドッジボール，第2章　さあ，いよいよ練習だ!!，第3章　ドッジボールのルールを知

| 学校生活 | その他 |

ろう！
|内容| ドッジボールは、中学年の体育で取り組むスポーツです。ルールもかんたんですし、だれにでもやりやすいので、高学年で取り入れている学校も多いです。この本では、ドッジボールは、もちろん投げることも楽しいけれど、ひらり、ひらりとボールをかわしていくのも楽しいゲームだということを、練習を通して理解していただきます。

『ボールとロープあそび』　菅原道彦著
ベースボール・マガジン社　1996.4
140p 26cm　（あそびの学校 3）　2500円　①4-583-03290-0
|目次| 一人ベース、ノックあそび、三角ベース、キックベース、8の字野球、全員ランナー、棒ノック、手うちテニス、天下、大高中小〔ほか〕

その他

『おもしろ学校ごっこ　中級』　おもしろ学校職員室編著　名古屋　KTC中央出版　1998.7 127p 21cm 1200円
①4-87758-104-9
|目次| つくる・食べる（吹き玉で遊ぼう，かわりもようで遊ぼう　ほか），数とことば（「わり山の探検」の前に，わり山の探検　ほか），歌とゲーム（パックゴン，友だちよんでこいよ　ほか），人間（家族ってなんだろう，どうして男が先？　ほか）
|内容| 現役教師がこっそり教える楽しく学ぶコツ。自由研究のヒントもたくさん！　小学校3・4年生向き。

『おもしろ学校ごっこ　上級』　おもしろ学校職員室編著　名古屋　KTC中央出版　1998.7 127p 21cm 1200円
①4-87758-105-7
|目次| つくる・食べる（かんたんケーキをつくろう―リンゴケーキとバナナケーキ　ほか），数とことば（算数レストラン，単位なんてこわくない　ほか），歌とゲーム（少年少女探検団，テストブギ　ほか），人間（家族ってなんだろう，女らしさ，男らしさをこえて　ほか）
|内容| 現役教師がこっそり教える楽しく学ぶコツ。自由研究のヒントもたくさん！　小学校5・6年生向き。

『おもしろ学校ごっこ　初級』　おもしろ学校職員室編著　名古屋　KTC中央出版　1998.7 127p 21cm 1200円
①4-87758-103-0
|目次| つくる・たべる（手打ちうどんはいかが，スライムであそぼう　ほか），かずとことば（「じゅうに」は102とかかないよ，たし算ってなんだ？　ほか），うたとゲーム（カイジュウロック，いたずらばんざい　ほか），にんげん（かぞくってなんだろう，男と女とどっちがとく？）
|内容| 現役教師がこっそり教える楽しく学ぶコツ。自由研究のヒントもたくさん！　小学校1・2年生向き。

クラブ活動

運動系活動を知ろう

『体育のコツ絵事典―運動が得意になる！かけっこから鉄ぼう・球技まで』 湯浅景元監修 PHP研究所 2013.5 63p 29cm 〈文献あり 索引あり〉 2800円 ①978-4-569-78303-1 Ⓝ780.7
[目次] 序章 キミの体を正しくあつかおう！，1章 かけっこ，2章 鉄ぼう，3章 とび箱，4章 マット，5章 水泳，6章 なわとび，7章 球技
[内容] 体力テスト、短距離走・長距離走・リレー、前回り・さか上がり、開きゃくとび・閉きゃくとび・台上前転、前転・後転・倒立、クロール・平泳ぎ、前とび・二重とび、ドッジボール・サッカー。苦手な運動が得意になるコツがいっぱい。

『一輪車をはじめよう！ 第3巻 みんなでいっしょに』 神代洋一著 汐文社 2012.3 47p 25cm 2200円 ①978-4-8113-8815-1
[目次] チャレンジ編 基本のテクニック（グライディング，立ちグライディング，立ちグライディングのバリエーション），テクニック編1 パフォーマンス（ペア）（蹴りあげ乗車，くぐりスピン（高速）とコンビネーション，バック片足こぎからバックグライディング，立ちグライディングからビールマン，バックアラベスク ほか），テクニック編2 パフォーマンス（グループ）

『一輪車をはじめよう！ 第2巻 乗り方いろいろ』 神代洋一著 汐文社 2012.3 47p 25cm 2200円 ①978-4-8113-8814-4 Ⓝ786.5
[目次] チャレンジ編 基本のテクニック（バック走行，アイドリング，移動アイドリング，片足アイドリング ほか），テクニック編 レベルアップ（高速スピン，片足スピン，コンパス，サドル前（後ろ）持ち ほか）

『一輪車をはじめよう！ 第1巻 きほんの乗り方』 神代洋一著 汐文社 2012.1 47p 25cm 2200円 ①978-4-8113-8813-7 Ⓝ786.5
[目次] チャレンジ編―練習とサポート（まずは「へっぴり腰」の克服だ！，壁に背中をあずけて乗ってみよう，壁や手すりなどにつかまりながら、ペダルをとび越してみる、タイヤを押さえるブロックを使ってみよう ほか），テクニック編―いろいろな乗り方（円走行・8の字走行・小回り，スラローム，ペットボトル拾い，メリーゴーランド ほか）

『クレヨンしんちゃんのまんが体育おもしろ上達ブック―苦手な運動がみるみる上達する！』 臼井儀人キャラクター原作，リベロスタイル編集・構成，下山真二監修 双葉社 2011.9 206p 19cm （クレヨンしんちゃんのなんでも百科シリーズ）〈文献あり〉 800円 ①978-4-575-30352-0 Ⓝ780.7
[目次] プロローグ マッスル皇帝あらわる，第1章 もっと速く走りたい！，第2章 鉄ぼう（さかあがり）がうまくなりたい！，第3章 とび箱がうまくなりたい！，第4章 なわとびがうまくなりたい！，第5章 マット運動がうまくなりたい！，第6章 球技がうまくなりたい！，エピローグ みんな運動がうまくなったぞ！
[内容] 現在、子どもたちの体格は向上しているにもかかわらず、運動能力は低下傾向にあります。そのため、近年では体育の授業の重要性が問われるようになりました。この本では子どもたちの運動能力を高めるため、次の3つに重点をおいています。(1) まんがを読み進めながら、それぞれの運動のコツを覚える！(2) 運動するときのポイントを、図解とやさしい文章でわかりやすく解説！(3) カンタンなトレーニング法で、楽しみながらコツを身につける！ この一冊で、

様々な運動のコツを習得でき、苦手な運動もみるみる上達します。かけっこ、さかあがり、とび箱、鉄ぼう、なわとび、ドッジボール、サッカー、ソフトボール、あらゆる運動ができるようになって、体育の授業が楽しくなります。

『できたよ、一輪車』 日本一輪車協会監修, ベースボール・マガジン社編　ベースボール・マガジン社　2011.9　128p　21cm　〈こどもチャレンジシリーズ〉〈検定付き〉1500円　Ⓘ978-4-583-10400-3　Ⓝ786.5

『小学生のための体育基本レッスン―コツをつかんで苦手を克服！』 水口高志監修　朝日学生新聞社　2011.4　107p　26cm　1100円　Ⓘ978-4-904826-18-8　Ⓝ780

『忍者になろう　みんなと修行いざ！からくり屋敷・忍者合戦の巻』 アフタフ・バーバン著　いかだ社　2011.4　62p　21cm　1400円　Ⓘ978-4-87051-311-2　Ⓝ781.9
|目次| どこでもからくり屋敷に変身だ‼（忍の書，暗号解読修行，ちがいを探せ！修行　応用編，仲間の忍者を見つけだせ‼修行，仲間の忍者を救い出せ修行，忍者道修行），いざ！からくり屋敷に潜入（巻き物を探せ‼修行，謎とき巻きもの探し！，巻物お届け修行‼，関所越え修行，手作り＆びっくり修行，伝達変身合戦修行‼，旗取りチャンバラ修行，スペシャル迷路　お城までたどりつけ‼）
|内容| いよいよ仲間とともに忍者対忍者の修行だぞ。忍者VS.忍者であそびあおう。

『忍者になろう　キミも忍者だはじめよう！わくわく入門の巻』 アフタフ・バーバン著　いかだ社　2011.4　63p　21cm　1400円　Ⓘ978-4-87051-309-9　Ⓝ781.9
|目次| 忍者の五感修行（見る修行，聞く修行，におい修行，さわる修業，味わう修業），クラスで挑戦（すばやく7秒タッチ修行，おたすけ忍者修行，忍者屋敷修行，10秒へんしん修業），忍者にへんしん！（忍者はどんなものを身につける？，風呂敷1枚で忍者にへんしん，忍者グッズをつくっちゃお！，かんたん！しゅり剣＆剣）

|内容| ようこそ忍者の道場へ。楽しい修行がまってるぞ。部屋だって教室だって道場だ。変身グッズもあるよ。

『忍者になろう　仲間で修行さあ行くぞ！宝探しの巻』 アフタフ・バーバン著　いかだ社　2011.4　63p　21cm　1400円　Ⓘ978-4-87051-310-5　Ⓝ781.9
|目次| 宝探し・室内編（あいうえお宝探し修行，しりとり宝探し修行，色紙宝探し修行，びっくりアップの謎‼修行，シルエット（影）の謎をとけ！修行，忍者がかくれんぼに行った‼修行，隠されし言葉の謎をあばけ！修行），宝探し・野外編（密書忍者を探せ！修行，お頭様（道場主様）を探せ！修行，かわら版修行，秘密の指令「〇〇を探せ！」修行　人物編，姿変え修行（交換修行），隠されし言葉の謎をとけ！修行，お届け修行！修行）
|内容| いつでも・どこでも・何でも仲間と宝ものを見つけよう。1人ひとりの力を合わせて室内から街へ。

『運動ができるようになる本　5　一輪車にのれる！―一輪車竹馬自転車』 水口高志監修　ポプラ社　2011.3　31p　27cm　〈索引あり〉2400円　Ⓘ978-4-591-12321-8,978-4-591-91206-5　Ⓝ780
|目次| 第1章　竹馬（竹馬にのる，竹馬であそぶ），第2章　一輪車（一輪車にのる，一輪車をこぐ，一輪車でまがる，一輪車であそぶ），第3章　自転車（自動車にのる，自転車でまがる）

『運動ができるようになる本　4　かけっこがはやくなる！―かけっこはばとびなわとび』 水口高志監修　ポプラ社　2011.3　31p　27cm　〈索引あり〉2400円　Ⓘ978-4-591-12320-1,978-4-591-91206-5　Ⓝ780
|目次| 第1章　かけっこ（走る，スタートとゴール，リレー），第2章　はばとび（立ちはばとび，走りはばとび），第3章　なわとび（前とび，うしろとび，あやとび，二重とび，大なわとび）

『運動ができるようになる本　2　ボールがうまくなげられる！―野球サッカー』 水口高志監修　ポプラ社　2011.3　31p　27cm　〈索引あり〉2400円　Ⓘ978-4-591-12318-8,978-4-591-91206-5　Ⓝ780

運動系活動を知ろう　　　　　　　　　　　　　　　　　　　　　　　クラブ活動

|目次| 第1章 野球（ボールをなげる，ボールをとる，フライとゴロをとる，ボールを打つ），第2章 ドッジボール（ボールをなげる，ボールをとる・よける），第3章 サッカー（ボールをける，シュート，ボールをうまくあつかう），第4章 バスケットボール（パス，ドリブル，シュート）

『運動ができるようになる本　1　さかあがりができる！―鉄ぼうマットとび箱』水口高志監修　ポプラ社　2011.3　39p　27cm〈索引あり〉2400円　Ⓘ978-4-591-12317-1,978-4-591-91206-5　Ⓝ780
|目次| 第1章 鉄ぼう（鉄ぼうになれよう，前回り，さかあがり，空中さかあがり），第2章 マット（前転，後転，三点倒立，側転），第3章 とび箱（開きゃくとび，台上前転），第4章 校庭器具（のぼりぼう，うんてい）

『空手道―基本をきわめる！　1　歴史と発展』　全日本空手道連盟監修，こどもくらぶ編　チャンプ　2011.2　31p　29cm〈年表あり〉2500円　Ⓘ978-4-86344-004-3　Ⓝ789.23

『Q&A式子ども体力事典　4　体力をつける運動』こどもくらぶ編　ベースボール・マガジン社　2011.2　31p　29cm〈タイトル：Q&A式子ども体力事典　索引あり〉2200円　Ⓘ978-4-583-10287-0　Ⓝ780.19

『空手道―基本をきわめる！　4　稽古と競技』　全日本空手道連盟監修，こどもくらぶ編　チャンプ　2010.12　31p　29cm〈索引あり〉2500円　Ⓘ978-4-86344-003-6　Ⓝ789.23

『空手道―基本をきわめる！　3　立ち方・技・形』　全日本空手道連盟監修，こどもくらぶ編　チャンプ　2010.12　31p　29cm〈索引あり〉2500円　Ⓘ978-4-86344-002-9　Ⓝ789.23

『Q&A式子ども体力事典　3　体力をつける食事』こどもくらぶ編　ベースボール・マガジン社　2010.12　31p　29cm〈タイトル：Q&A式子ども体力事典　索引あり〉2200円　Ⓘ978-4-583-10286-3　Ⓝ780.19

『相撲』日本相撲連盟監修，こどもくらぶ編　岩崎書店　2010.10　55p　29cm（さあ，はじめよう！　日本の武道 3）3200円　Ⓘ978-4-265-03383-6　Ⓝ788.1
|目次| 1 相撲を知ろう（相撲ってなに？，どんなものをつけるの？，どんなところでするの？，勝敗の決まり方とは？，試合の仕方は？），2 相撲をやってみよう（基本動作は？，受け身はたいせつ，基本となる技は？，相撲体操），3 もっとくわしくなろう（大相撲，アマチュア相撲，国内の大会を見てみよう世界への広がりを知ろう，国際大会を見てみよう，相撲に似たスポーツは？）

『Q&A式子ども体力事典　2　体力チェック』こどもくらぶ編　ベースボール・マガジン社　2010.10　31p　29cm〈タイトル：Q&A式子ども体力事典　索引あり〉2200円　Ⓘ978-4-583-10285-6　Ⓝ780.19

『かけっこが速くなる1週間おうちレッスン＋なわとび・さかあがり―3才〜10才のうちに！』　野村朋子監修　主婦の友社　2010.9　127p　24×18cm（主婦の友αブックス）1200円　Ⓘ978-4-07-272371-5
|目次| 1 かけっこ（わが子の走りをチェック，遊びながら走る力をつける　ほか），2 さかあがり（わが子の力をチェック，遊びながら鉄棒になれる　ほか），3 なわとび（わが子の力をチェック，遊びながらなわになれる　ほか），4 ストレッチ（股関節／長座体前屈（準備体操・整理体操），肩まわし／足首まわし（準備体操）　ほか）
|内容| 外遊びの機会が減少した今、小さいうちにママが子どもを"その気"にさせることが大切。学校では教えてくれないかけっこ、なわとび、さかあがりが楽しくなるコツを教えます。どんな子も必ずできる魔法の上達法。

『空手道―基本をきわめる！　2　礼・空手衣・道場』　全日本空手道連盟監修，こどもくらぶ編　チャンプ　2010.9　31p　29cm　2500円　Ⓘ978-4-86344-000-5　Ⓝ789.23

『Q&A式子ども体力事典　1　体力基礎知識』こどもくらぶ編　ベースボール・マガジン社　2010.8　31p　29cm〈タ

クラブ活動　　　　　　　　　　　　　　　　運動系活動を知ろう

イトル：Q&A式子ども体力事典　索引あり〉2200円　Ⓘ978-4-583-10284-9　Ⓝ780.19

『目で見る体育がどんどん上達する本—逆上がりや跳び箱もらくらくクリア！』
高畑好秀著　永岡書店　2010.6　191p　21cm　1300円　Ⓘ978-4-522-42684-5　Ⓝ780.7

『小学生のための元気な体をつくる運動』
岡本香代子, 港野恵美著, 岡本勉監修　茨木　歩行開発研究所　2010.4　157p　21cm〈イラスト：中島みなみ　文献あり〉1400円　Ⓘ978-4-902473-12-4　Ⓝ781.4

『Q&A日本の武道事典　4　日本の武道と世界の格闘技』　ベースボール・マガジン社編　ベースボール・マガジン社　2010.3　31p　29cm〈索引あり〉2200円　Ⓘ978-4-583-10207-8　Ⓝ789
目次　1 日本武道協議会は、どのような団体？，2 武道の試合って、どのようにおこなわれるの？，3 試合のない武道では、試合のかわりに何がおこなわれるの？，4 武道には、どのような国内大会があるの？，5 武道には、どのような国際大会があるの？，6 武道の段級制度とは、どのようなもの？，7 日本の武道はどのように世界にひろがっているの？，8 日本の武道によく似た格闘技は？，9 総合格闘技の「総合」とは？，10 総合格闘技の起源は？
内容　武道の試合や大会、武道に似た世界の格闘技など、日本の武道と世界の格闘技について、くわしく解説。

『スポーツなんでも事典武道』　こどもくらぶ編　ほるぷ出版　2010.2　71p　29cm〈文献あり　年表あり　索引あり〉3200円　Ⓘ978-4-593-58416-1　Ⓝ789
目次　歴史、礼、道衣と袴、道具、道場と試合場、稽古、受け身、基本動作、技、柔道、空手道、合気道、少林寺拳法、剣道、弓道、なぎなた、銃剣道、相撲、形と演舞、世界の武道事情、国内大会、国際大会、武道選手への道
内容　武道の歴史、道衣や袴、道場から、各武道の特徴、世界の武道事情などなど。この本は、武道についてさまざまなことがら

をテーマごとにまとめて解説した、ビジュアル版子ども向け事典です。武道について、何を、どのように調べたらよいかがわかります。

『Q&A日本の武道事典　3　用具をつかう現代武道を調べよう！』　ベースボール・マガジン社編　ベースボール・マガジン社　2010.2　31p　29cm〈索引あり〉2200円　Ⓘ978-4-583-10206-1　Ⓝ789
目次　Q1 剣道、弓道、なぎなた、銃剣道の共通点は？，Q2 剣道、弓道、なぎなた、銃剣道の形は？，Q3 剣道って、どんな武道？，Q4 弓道って、どんな武道？，Q5 なぎなたって、どんな武道？，Q6 銃剣道って、どんな武道？，Q7 用具をつかったほかの武術とは？
内容　剣道、弓道、なぎなた、銃剣道の技やルールなど、用具をつかっておこなう現代武道について、くわしく解説。

『スポーツなんでも事典学校スポーツ』
こどもくらぶ編　ほるぷ出版　2010.1　71p　29cm〈年表あり　索引あり〉3200円　Ⓘ978-4-593-58414-7　Ⓝ374.98
目次　学校とスポーツの歴史、体操着、運動場、器具と固定施設、かけっこ・短距離走、マット運動、鉄棒、とび箱、ドッジボール、フットベースボール、新しいボールゲーム、おにあそび、一輪車、竹馬、なわとび、ゴムとび、運動会、国際大会、世界の学校のスポーツ、学校スポーツと健康
内容　学校スポーツについて、その歴史から、体操着や運動場について、各スポーツのルールについて、また、世界の学校スポーツ事情についてなど—この本は、学校スポーツにかかわるさまざまなことがらをテーマごとにまとめて解説した、ヴィジュアル版の子ども向け事典です。学校スポーツについて、何を、どのように調べたらよいかがわかります。

『Q&A日本の武道事典　2　用具をつかわない現代武道を調べよう！』　ベースボール・マガジン社編　ベースボール・マガジン社　2009.12　31p　29cm〈索引あり〉2200円　Ⓘ978-4-583-10205-4　Ⓝ789
目次　1 柔道、空手道、相撲、合気道、少林寺拳法のなかで、投げ技がないのはどれ？，2 武道の「形」とは、どういうもの？，3 柔

子どもの本　楽しい課外活動2000冊　85

道って，どんな武道？，4 相撲って，どんな武道？，5 空手道って，どんな武道？，6 合気道って，どんな武道？，7 少林寺拳法って，どんな武道？

|内容| 武道は，日本に古くから伝わる武術などから生まれた，わたしたち日本人のたいせつな文化です。文部科学省は，2008年，武道を通して，相手と競いあうのしさとよろこびをあじわい，相手を尊重する気持ちをやしなうようにしようと決めました。そこで，実際に武道をはじめる前に，武道がどういうものなのかを知ることからはじめましょう。この「Q&A日本の武道事典」は，みなさんの興味や関心のあることがらについて，Q&A形式で，ていねいに説明しています。さあ，この本で，武道についての，しっかりとした知識をつけていきましょう。

『Q&A日本の武道事典 1 武道の精神って，どういうこと？』 ベースボール・マガジン社編 ベースボール・マガジン社 2009.10 31p 29cm 〈年表あり 索引あり〉 2200円 Ⓘ978-4-583-10204-7 Ⓝ789

|目次| Q1 武道は，どうやってはじまったの？，Q2 日本最古の武術は相撲って，ほんと？，Q3 流派って，いったいなに？，Q4 武士道ってなに？ 武道とちがうの？，Q5 柔道は，いつだれがはじめたの？，Q6 「礼にはじまり，礼におわる」って，どういうこと？，Q7 武道とスポーツのちがいは，なに？，Q8 武道が学校で教えられはじめたのは，いつ？ なんのため？，Q9 柔道競技は，いつごろからさかんになったの？

|内容| 武道のはじまり，武士道という言葉の意味など，武道の歴史や精神について，くわしく解説。

『あたらしいボールゲーム 4 タグラグビー』 こどもくらぶ編 岩崎書店 2009.9 47p 29cm 〈索引あり〉 3000円 Ⓘ978-4-265-03354-6 Ⓝ783

|目次| 1 タグラグビーを知ろう（タグラグビーってなに？，どんなものをつかうの？，どのようにやるの？，試合のやりかた，攻撃のしかたとルール，守備のしかたとルール，もっとかんたんに「とくべつルール」），2 さあ，やってみよう（準備運動をわすれずに！，タグラグビー基本の動き，いよいよ試合だ！，しっかり守ろう！，タグラグビー大会をひらこう），3 こんなやりかたもあるよ！（こんなゲームもあるよ，いろいろなた

のしみかたを見てみよう）

『あたらしいボールゲーム 3 プレルボール』 こどもくらぶ編 高橋健夫監修 岩崎書店 2009.9 47p 29cm 〈索引あり〉 3000円 Ⓘ978-4-265-03353-9 Ⓝ783

|目次| 1 プレルボールを知ろう（プレルボールってなに？，どんなものをつかうの？，どこでやるの？，試合のやりかた，ルールをおぼえよう，もっとかんたんに「とくべつルール」），2 さあ，やってみよう（まず，やることは？，準備運動をわすれずに，プレルボール基本の動き，やさしいゲームで練習しよう，いよいよ試合だ！，プレルボール大会をひらこう），3 こんなやりかたもあるよ！（こんなゲームもあるよ，いろいろなやりかたを見てみよう）

『あたらしいボールゲーム 2 フラッグフットボール』 こどもくらぶ編 岩崎書店 2009.9 47p 29cm 〈索引あり〉 3000円 Ⓘ978-4-265-03352-2 Ⓝ783

|目次| 1 フラッグフットボールを知ろう（フラッグフットボールってなに？，どんなものをつかうの？，どのようにやるの？，試合のやりかた，攻撃のしかたとルール，守備のしかたとルール，応用ルール），2 さあ，やってみよう（まず，やることは？，準備運動をわすれずに！，フラッグフットボール基本の動き，いよいよ試合だ！ しっかり守ろう！，フラッグフットボール大会をひらこう），3 こんなやりかたもあるよ！（こんなゲームもあるよ，大会のようすを見てみよう）

『あたらしいボールゲーム 1 ティーボール』 こどもくらぶ編 日本ティーボール協会監修 岩崎書店 2009.9 47p 29cm 〈索引あり〉 3000円 Ⓘ978-4-265-03351-5 Ⓝ783

|目次| 1 ティーボールを知ろう（ティーボールってなに？，どんなものをつかうの？，どのようにやるの？，試合のやりかた，攻撃のしかたとアウト，守備のしかたとルール，もっとかんたんに「とくべつルール」），2 さあ，やってみよう（まず，やることは？，準備運動をわすれずに！，ティーボール基本の動き，いよいよ試合だ！，しっかり守ろう！，ティーボール大会をひらこう），3 こんなやりかたもあるよ！（こんなゲームもあるよ，いろいろなたのしみかたを見てみよう）

『忍者大集合―忍者になって遊んじゃおう！』 山本和子, あさいかなえ著　チャイルド本社　2009.8　71p　26cm〈文献あり〉2000円　Ⓘ978-4-8054-0148-4　Ⓝ781.9
|目次| 子どもと読むページ 忍者になって遊んじゃおう！(忍者はすごい！, 忍者はもっとすごい！, 忍者に変身！), 作って遊ぶでござる (しゅりけん, 的, しゅりけんと的で遊ぼう, 忍者の道具, 忍者の道具で遊ぼう, 修行グッズ, グッズで修行を開始, 敵役を作ろう, 忍者なりきり忍び込み！), 子どもと読むページ-超ワイド展開図 たいへんでござる, 修行でござる (猿飛びの術, 横走りの術, うずら隠れの術, 忍び足の術, きつね走りの術, 呪文の術), めいっぱい忍者！(運動会, 劇遊び)
|内容| 忍者になりたーい！衣装や忍者アイテム作りから、運動遊び、劇遊びまで一冊まるごと忍者の本。

『それいけ！子どものスポーツ栄養学』 矢口友理著　健学社　2009.7　152p　21cm　1500円　Ⓘ978-4-7797-0153-5　Ⓝ780.19

『少年弓道』 高橋かおる絵, 窪田史郎監修　アリス館　2009.4　63p　27cm（シリーズ日本の武道 3）〈文献あり〉2600円　Ⓘ978-4-7520-0433-2　Ⓝ789.5
|目次| 最高位・範士八段吉本清信物語, こども武道憲章, 弓道ってどんな武道なんだろう, さあ, 弓道をはじめよう, 弓道はどんな用具をつかってやるの, 弓道場内では決まりを守ろう, 稽古の前にはかならずじゅんび運動をしよう, 自分の負けない心を学んだ麻美さんのこと, 基本の姿勢を身につけよう, 基本の動作を身につけよう, 矢を射る手順をおぼえよう, 弓道の「そこが知りたい」, 競技に出て, 自分の力をたしかめよう
|内容| 弓道は、弓で矢を射り、的にあてる日本の武道。「ポン！」という的中音をたてて矢が的にあたったときは、とても気持ちがよく、うれしいものだ。それにね、矢を射るためには美しいかたちがあって、それが身につくことも、とてもすばらしいことなんだ。さあ、弓道をはじめよう。

『子どものためのスポーツ・ストレッチ―イラスト図解　第2巻　野球・テニス・バレーボール・剣道ほか』 杉田一寿, 川口毅著　汐文社　2009.1　47p　27cm　2000円　Ⓘ978-4-8113-8532-7　Ⓝ781.4
|目次| 野球・ソフトボールのストレッチ, バレーボール・バスケットボール・ハンドボールのストレッチ, テニス・バドミントン・卓球のストレッチ, 水泳のストレッチ, 剣道のストレッチ
|内容| 「野球・ソフトボール」「バレーボール・バスケットボール・ハンドボール」「テニス・バドミントン・卓球」「水泳」「柔道」などに必要と思われるストレッチを分類。みなさんが効率的にストレッチをおこなえるようにまとめています。また、しっかり時間がとれる時や、あまり時間がない時など、いくつかのパターンにわけて紹介しています。

『子どものためのスポーツ・ストレッチ―イラスト図解　第1巻　基本のストレッチ』 杉田一寿, 川口毅著　汐文社　2008.11　47p　27cm　2000円　Ⓘ978-4-8113-8531-0　Ⓝ781.4
|目次| 1 ストレッチとは（ストレッチとは, なぜ？ストレッチするの？, ストレッチの方法 ほか), 2 基本のストレッチ1（うで・肩・胸部のストレッチ, うで・肩・胸・わき腹のストレッチ, うで・肩・背中のストレッチ ほか), 3 基本のストレッチ2（友達と仲良く!!ペアストレッチ, 勉強やパソコン・ゲームで疲れた時のストレッチ）
|内容| 部活動や体育の授業をはじめ、さまざまなスポーツに対応したストレッチ方法をイラストでわかりやすく解説。

『逆上がりができるコツかけっこが速くなるコツ―みるみる運動神経がよくなる本』 水口高志監修　学習研究社　2008.10　127p　26cm　1600円　Ⓘ978-4-05-203033-8　Ⓝ780.7
|目次| 1章 みるみる鉄棒ができるようになる！, 2章 みるみるとび箱ができるようになる！, 3章 みるみるマット運動ができるようになる！, 4章 みるみるかけっこが速くなる！, 5章 みるみるなわとびができるようになる！, 6章 みるみるボール運動ができるようになる！, 7章 みるみる基礎体力がアップするようになる！
|内容| 体育でぶつかる壁、おちいりやすい点を克服するために、練習方法のコツやポイントをビジュアルに紹介

『スポーツを得意にする方法　2　いろい

『ろなスポーツ―技とコツ』 大沢清二監修 ［東京］ 教育画劇 2008.4 63p 27cm 2800円 ①978-4-7746-0919-5, 978-4-7746-0917-1 Ⓝ780

|目次| 第1章 器械運動, 第2章 陸上競技, 第3章 水泳, 第4章 ドッジボール バレーボール ポートボール バスケットボール, 第5章 野球・ソフトボール, 第6章 サッカー, 第7章 武道, 第8章 ダンス

『スポーツを得意にする方法 1 運動の基本を身につけよう』 大沢清二監修 ［東京］ 教育画劇 2008.4 55p 27cm 2800円 ①978-4-7746-0918-8, 978-4-7746-0917-1 Ⓝ780

|目次| 第1章 基本となる体力をつけよう（体力ってなあに？―さまざまな体力, 運動をおこす力―筋力と瞬発力, 運動を続ける力―持久力 ほか）, 第2章 運動能力を高めよう（思春期にはこんな運動能力をのばそう, トレーニングの5大原則, やって防ごうスポーツ障害 ほか）, 第3章 基本となる運動（スポーツの基本となる「動きかた」を身につけよう, 走る(1) 正しい走りかたを体でおぼえよう, 走る(2) さあ, 走ろう！ ほか）

『子どものためのスポーツ・ストレッチ―イラスト図解 第3巻 サッカー・陸上・体操・ダンス・柔道ほか』 杉田一寿, 川口毅著 汐文社 2008.3 47p 27cm 2000円 ①978-4-8113-8533-4 Ⓝ781.4

|目次| サッカーのストレッチ, 陸上・ランニングのストレッチ, 体操・新体操・ダンスのストレッチ, 柔道のストレッチ, ラグビーのストレッチ

|内容| それぞれの競技「サッカー」「陸上・ランニング」「体操・新体操・ダンス」「柔道」などに必要と思われるストレッチを分類し, みなさんが効率的にストレッチをおこなえるようにまとめています。また, しっかり時間がとれるときや, あまり時間がないときなど, いくつかのパターンにわけて紹介しています。

『スポーツを得意にする方法 3 スポーツってすごい！―スポーツの効果』 大沢清二監修 ［東京］ 教育画劇 2008.3 55p 27cm 2800円 ①978-4-7746-0920-1, 978-4-7746-0917-1 Ⓝ780

|目次| 第1章 スポーツは体にいい？（骨を成長させ, じょうぶにする, 筋力やパワーをつける ほか）, 第2章 スポーツは心や脳にいい？（脳や神経を発達させる, やる気をおこさせる ほか）, 第3章 運動能力をフルに発揮するには（しっかり栄養をとろう, よい眠りを, じゅうぶんに ほか）, 第4章 けがの予防と疲労回復（疲労とはどんなことか, 疲労を回復するには？ ほか）

『イラストでよくわかる！ ひかる先生のやさしい体育―スポーツのコツを楽しく学ぼう』 田中光著 PHP研究所 2007.8 95p 21cm 1200円 ①978-4-569-68731-5 Ⓝ780.7

|目次| 第1章 スポーツの基本をおさえよう, 第2章 鉄棒がうまくなるコツ, 第3章 とび箱がうまくなるコツ, 第4章 マットがうまくなるコツ, 第5章 なわとびがうまくなるコツ, 第6章 水泳がうまくなるコツ, 第7章 球技がうまくなるコツ, 第8章 陸上が好きになるコツ

『エンジョイ！ スポーツ!!』 日本医師会, 日本学校保健会監修 大塚製薬 2007.3 127p 19cm （Otsuka新漫画ヘルシー文庫 6（スポーツって楽しいね編） 上巻）〈他言語標題：Enjoy sports！ 漫画部分は英語併記〉 Ⓝ780.7

『スポーツ力アップゲーム』 篠原菊紀監修, 造事務所編集・構成 ポプラ社 2007.3 47p 27cm （頭げんき！ 超かんたん脳トレ 2） 2800円 ①978-4-591-09612-3 Ⓝ780.7

|目次| 1 パワーが強くなる（うずまきでキャッチボール, 数字でスクワット！, バッテン歩きでぐるぐるまわろう！, ひざをたおしてボールリレー, さあ, すすめ！ クマ・ロボットマーチ）, 2 バランスがよくなる（1本足でゆらゆらバランス, 本をかぶって！ バランスチャンバラ, ジャンプですすもう！ 足ふみスポット, めざせ達人！ 足で書道家！, 手と足でひっぱりっこ, 落とさずはこぼう風船リレー）, 3 すばやく動ける（上下どっち？ ボール投げ, おにごっこでしっぽとり, いそいで走って柱をキャッチ！, 相手のおしりをつかまえろ, 追いかけまねっこ足ふみ, うでと足でスピード信号！, のぼっておりて階段まねっこ！）

『スポーツは体にいいの？』 日本医師会,

クラブ活動　　　　　　　　　　　　　　　　　　運動系活動を知ろう

日本学校保健会監修　大塚製薬　2007.3　127p　19cm　〈Otsuka新漫画ヘルシー文庫 6（スポーツって楽しいね編）中巻〉〈他言語標題：Are sports good for the body？　漫画部分は英語併記〉　Ⓝ780.19

『読めばうまくなるスポーツまんが　全8巻』　学習研究社　2007.2　8冊　22cm　9600円　Ⓘ978-4-05-810840-6

[目次] 1 サッカーがうまくなる！ 上, 2 サッカーがうまくなる！ 下, 3 バスケットボールがうまくなる！ 上, 4 バスケットボールがうまくなる！ 下, 5 バレーボールがうまくなる！ 上, 6 バレーボールがうまくなる！ 下, 7 野球がうまくなる！ 上, 8 野球がうまくなる！ 下

『ワールドスポーツ大事典—世界の国ぐにのいろんな競技　新しいスポーツにチャレンジしよう！』　日本ワールドゲームズ協会監修, 造事務所編集・構成　PHP研究所　2007.2　79p　29cm　2800円　Ⓘ978-4-569-68664-6　Ⓝ780

[目次] 1 えっ, これも!?ワールドスポーツ入門（つな引き, スポーツチャンバラ ほか）, 2 これならできる！ そっくりさんスポーツ（クリケット, スカッシュ ほか）, 3 うっと見ちゃう！ ビューティフルスポーツ（ダブルダッチ, トランポリン ほか）, 4 まだまだあるよ！ ワールドスポーツ（カーリング, ペタンク ほか）, 5 きみもチャレンジ！ ワールドスポーツ（ワールドスポーツをはじめよう！, 準備運動, 整理運動をしよう ほか）

『トップアスリートが教える子どものためのスポーツのすすめ』　子どもスポーツ編集委員会編　講談社　2006.7　142p　26cm　〈こどもライブラリー〉　1900円　Ⓘ4-06-259057-3　Ⓝ780.7

『きょうから体育が好きになる！—サッカー/ドッジボール/バスケットボール/ソフトボール』　下山真二著　鈴木出版　2006.4　39p　31cm　2200円　Ⓘ4-7902-3174-7　Ⓝ783

[目次] 1 サッカー（サッカー理想のフォーム, サッカーのヒミツの特訓 ほか）, 2 ドッジボール（ドッジボール理想のフォーム, ドッジボールのヒミツの特訓 ほか）, 3 バスケットボール（バスケットボール理想のフォーム, バスケットボールのヒミツの特訓 ほか）, 4 ソフトボール（ソフトボール理想のフォーム, ソフトボールのヒミツの特訓 ほか）

[内容] この本には, いろいろな運動ができるようになるためのポイントが書いてあります。一気に上達できるような道具も紹介しています。説明をよく読み, イラストをよく見て, そのとおりにやってみてください。

『くらしの中でどう動いてる？』　原田奈名子著　草土文化　2006.3　39p　25cm　〈びっくり！ からだあそび・シリーズ 2〉　2667円　Ⓘ4-7945-0936-7　Ⓝ780.11

『小学生熱中！ ニュースポーツ事典—体育＆コミュニケーション・ワークに使える30選』　前山亨監修　明治図書出版　2006.3　150p　21cm　2160円　Ⓘ4-18-705017-5

[目次] 第1章 ニュースポーツとは（現代社会の課題, 『ニュースポーツ』とは）, 第2章 ニュースポーツメニュー30（ドリブル・リレー, ロープ・ジャンプ×, ロープ・ジャンピング10, グループ・バンプーダンス ほか）, 第3章 ニュースポーツ実践事例（チームワークが生まれるドッヂビー, 全ての子どもが楽しめるソフトアルティメット, 協力・協調が学べるキンボール, フェアープレーの精神のシャフルボード ほか）, 資料編 各ニュースポーツ問い合わせ先

[内容] 「子供たちにもっと多くの選択肢を, そして一人でも多くの子が本当に自分にあったスポーツを選択できたら…」「体を動かすことの苦手な子や体育嫌いの子供たちに, スポーツの楽しさを少しでも伝えられたら…」の2点を重視し, 運動量の多いものから少ないものまで, 幅広く30種目を精選。特色をはじめとして, 基本的な進め方, 留意事項・応用といった形態をとり, 多くの写真や図を用いて見やすいように工夫している。

『有馬隼人の楽しい！ はじめてのアメフト』　有馬隼人著, アサヒビールシルバースター監修・協力　ベースボール・マガジン社　2005.8　111p　21cm　1500円　Ⓘ4-583-03860-7　Ⓝ783.46

『タグ・ラグビーをはじめよう』　鈴木秀人監修, 高村忠範文・絵　汐文社　2005.6

子どもの本 楽しい課外活動2000冊

48p　27cm　（イラスト図解遊びとゲームを楽しもう！ ニュースポーツ）2000円　Ⓘ4-8113-7963-2　Ⓝ783.48

[目次] タグ・ラグビーを楽しもう！，タグ・ラグビーをやってみた！，タグ・ラグビーってなに？，はじめてのタグ・ラグビー，ゲームになれたら，ゲームの中でのいろいろな動き，いろいろな攻め方，いろいろな守り方，準備運動を楽しくしよう，ストレッチングをしよう，ラグビーの用具，タグ・ラグビーの全国大会，タグ・ラグビーの歴史

『ハンドボールをはじめよう』　高村忠範文・絵　汐文社　2005.6　56p　27cm（イラスト図解遊びとゲームを楽しもう！ ニュースポーツ）2000円　Ⓘ4-8113-7964-0　Ⓝ783.3

[目次] ルール編（コートの大きさ，チームの構成，ボールを持ったら3歩まで，ボールを手に持てるのは3秒間 ほか），技術編（ハンドリング，キャッチング，パス，ドリブル ほか）

『球技』　山本悟著　ゆまに書房　2005.2　43p　27cm（苦手な運動が好きになるスポーツのコツ 4）3000円　Ⓘ4-8433-1607-5　Ⓝ783

『ジュニアスポーツ上級編』　松本光弘著　学習研究社　2003.11　6冊　26cm　15600円　Ⓘ4-05-810553-4

[目次] 1 サッカー，2 バスケットボール，3 バレーボール，4 ソフトテニス，5 卓球，6 バドミントン

『ヒカルくんのスポーツのコツ絵事典―体育が好きになる！』　田中光監修　PHP研究所　2003.7　79p　31cm　2800円　Ⓘ4-569-68408-4　Ⓝ780.7

[目次] 第1章 スポーツの基本をおさえよう，第2章 鉄棒がうまくなるコツ，第3章 とび箱がうまくなるコツ，第4章 マットがうまくなるコツ，第5章 なわとびがうまくなるコツ，第6章 水泳がうまくなるコツ，第7章 球技がうまくなるコツ，第8章 陸上が好きになるコツ

[内容] サッカー，鉄棒，とび箱，水泳…。スポーツがもっともっと得意になるキーポイントを，アトランタオリンピック体操日本代表選手，田中光がアドバイス。「体育」が好きで好きでたまらなくなるスポーツのコ

ツ絵事典。

『ジュニア・ボウリング・ガイド』　宮田哲郎著　チクマ秀版社　2003.1　63p　15cm〈他言語標題：Youth bowler orientation guide〉380円　Ⓘ4-8050-0409-6　Ⓝ783.9

[目次] 1 ストライク編（ボウリング大好きなみなさん，こんにちは！，レッツ・ゴー・ボウリング！ さあ，投げよう！，ストライクにチャレンジ！），2 スペア編（スペアにチャレンジ！，むずかしい！ 10番ピンのとり方），3 ルール・マナー編（守ろう！ エチケットとマナー，スコアとルール），4 ステップ・アップ編（スランプからの脱出，ステップ・アップをめざそう）

『マット，ボール，なわとび』　小学館　2001.4　192p　19cm（ドラえもんの学習シリーズ―ドラえもんの体育おもしろ攻略）〈指導：立木正〉760円　Ⓘ4-09-253174-5

[目次] 1 マット運動，2 サッカー，3 野球（ソフトボール），4 ドッジボール，5 バスケットボール，6 バレーボール，7 なわとび，8 一輪車

[内容] 本書では，「マット運動」をはじめ，「サッカー」・「野球（ソフトボール）」，「ドッジボール」・「バレーボール」などの「ボール運動」を取り上げ，友達となかよく，楽しく運動やスポーツに親しめるようにしました。また，「なわとび」や「一輪車」のコツをわかりやすく解説し，友達と教え合ったり，一人で楽しんだりすることができるように構成しました。

『一輪車・竹馬』　嶋野道弘監修　ポプラ社　2000.4　39p　27cm（みんなであそぼう校内あそび 1）2200円　Ⓘ4-591-06300-3

[目次] 一輪車（一輪車の名前，自分に合った一輪車をえらぼう，どんな服そうがいいの？，一輪車に乗る場所 ほか），竹馬（竹馬に乗ってみよう！，いろいろな乗り方にチャレンジ，昔から伝わる乗り方，竹馬で遊ぼう ほか）

[内容] 乗り方やおり方などの基本動作から，こどもたちの目標となる上級テクニックまで，一輪車・竹馬を楽しむためのポイントや効果的な練習方法などをくわしく紹介しています。小学校低学年～中学年向き。

クラブ活動　　　　　　　　　　　　　　　　運動系活動を知ろう

『サイクリング入門』　栗田秀一著，高橋透絵　岩崎書店　2000.4　111p　21cm　（きみもチャレンジ！ ジュニア入門シリーズ 6）1500円　④4-265-02646-X
[目次]第1章 自転車をよく知ろう（サイクリング車の種類，目的に合わせて自転車を選ぶ ほか），第2章 ポジション・フォーム・ペダリング（ポジションを見つける，ドロップハンドルの使い方 ほか），第3章 技術を身につける（バランス感覚をためす，バランス感覚を高める ほか），第4章 サイクリングに出かける（はじめて走る人のために，プランニング（一日のツーリング計画をたてる） ほか）
[内容]サイクリング歴47年、自転車競技歴10年、現在フレームビルダーとして活躍する著者が、少年少女におくるサイクリング入門の書。楽しいサイクリングをするためには、自転車のことをよく知り、正しい乗り方、走り方をおぼえ、乗る技術を身につけ、きけんから身をまもる能力を開発することがだいじだ、という考えのもとに、それぞれのポイントを解説する。小学校中学年〜中学生向。

『一輪車こんなのりかたできるかな？』　日本一輪車協会編，三木たかし，秋山健司著，川上政男画　国土社　2000.3　40p　27cm　（一輪車にのろう 2）2500円　④4-337-16002-7
[目次]れんしゅう（ひとりのり，ターン，スラローム ほか），一輪車であそぼう（しっぽとりゲーム，いじわるゲーム，おもしろレース ほか），一輪車なんでもじょうほう，一輪車のメンテナンス
[内容]一輪車にのれるようになったら、むずかしくおもっていたのがうそのようです。走りはじめたらおもしろくて、やめられないはず。本書では、ただ走るだけでなく、いろいろなのりかたにチャレンジしてみよう。はじめて一輪車にのれたときの、パズルがとけたようなおもしろさが、たくさんあじわえます。

『一輪車みんなでおどろう！』　日本一輪車協会編，三木たかし，秋山健司著，川上政男画　国土社　2000.3　40p　27cm　（一輪車にのろう 3）2500円　④4-337-16003-5
[目次]1 一輪車の演技ってなあに？，2 ソロ演技，3 ペア演技，4 シンクロ，5 きほんてきな走行パターン，6 フォーメーション，7 グループ演技，8 ペアでおどろう，9 グループでおどろう，10 いろいろな乗車ほうほう
[内容]音楽にあわせておどれば、運動会や発表会でかつやくできる。

『一輪車はじめてのれた！』　日本一輪車協会編，三木たかし，秋山健司著，川上政男画　国土社　2000.2　40p　27cm　（一輪車にのろう 1）2500円　④4-337-16001-9
[目次]一輪車ってどんなのりもの，のるまえにおぼえておこう，れんしゅう，一輪車であそぼう，一輪車なんでもじょうほう，一輪車の魅力
[内容]ちょっとむずかしそうな一輪車。「ほんとうにのれるのかな？」と、はじめはみんなおもいます。でも、すこしれんしゅうをがんばれば、だれでもたのしくのれるようになります。自分ひとりで、かんがえながらためしてみるのも、ひとつのたのしみかただけれど、この本を読めば、遠まわりしないで、あんぜんにのれるれんしゅうのしかたが、わかります。

『地域の特色をいかした活動』　宮川八岐監修　PHP研究所　1999.9　47p　27cm　（体験活動・クラブ活動・部活動の本 第5巻）2500円　④4-569-68195-6，4-569-29452-9

『スポーツクラブ』　横山正監修，阿部哲夫著　ポプラ社　1999.4　47p　27cm　（みんなでつくるクラブ活動 8）2400円　④4-591-05953-7,4-591-99289-6

『マウンテンバイク—自転車・一輪車』　和田肇，額田安悟文　ポプラ社　1998.11　127p　19cm　（あそびとスポーツのひみつ101 9）780円　④4-591-05841-7
[目次]第1章 これがMTB（マウンテンバイク）だ！，第2章 風を切って走ろう！，第3章 よくばりライディング！，第4章 もっと知りたい！ 自転車の世界，第5章 一輪車に乗ろう！
[内容]ギアがうまく変速しないときは？ ウイリーを教えて、ツーリング用に改造したいときは？ MTB（マウンテンバイク）の乗り方から、修理、改造、レース情報まで、MTBの魅力がいっぱい。自転車の情報や一輪車の乗り方も、わかりやすく教えるよ。

運動系活動を知ろう　　　　クラブ活動

『少年少女の空手道―イラスト版』　内藤武宣著　東京書店　1998.4　188p　18cm　1500円　①4-88574-660-4
[目次] 1章 空手道を始める前に，2章 空手道の組織，3章 空手道の基本，4章 空手道の形，5章 空手道の組手，6章 空手の歴史と現在のありさま

『スーパーテクニック ヨーヨーマスター2 究極奥義書』　ジーエフドメイン編著　ジャパン・ミックス　1998.3　55p　19cm　520円　①4-88321-468-0
[目次] ヨーヨー基本編，スリーピングプレイ，ヨーヨーQ&A―基礎編，ストリングプレイ，ヨーヨーQ&A―トリック編，ルーピングプレイ，ヨーヨーQ&A―メンテナンス編，ほのぼのYo‐Yoげきじょう
[内容] 本書は、わかりやすさを追求。キミの知りたい、あんなコトからこんなコトまで、Q&Aでばっちり紹介！もちろん新トリックも盛り沢山。

『ヨーヨースーパーテクニック―オリジナル・トリックにトライしてみよう』　新宿区　池田書店　1998.3　111p　19cm　680円　①4-262-14391-0
[目次] 基本トリック（ロング・スリーパー，ウォーク・ザ・ドッグ，ザ・クリーパー，ロケット ほか），オリジナルトリック（サブウェイ，オーバー・ザ・フェンス，リバース・ループ・ザ・ループ，シューティング・スター ほか）
[内容] なつかしいヨーヨーから話題のヨーヨーまで。見て楽しむヨーヨーカタログ。

『ヨーヨー名人への道―ステップ101』　山内ススム構成・文　ポプラ社　1998.3　127p　19cm　（あそびとスポーツのひみつ101 2）780円　①4-591-05560-4
[目次] ヨーヨーを始める前に，トラブルシューティング（基礎編，トリック編，メンテナンス編），ヨーヨーをもっと知るために
[内容] ヨーヨーのトリックがじょうずになるにはどうすればいいの？ ヨーヨーのメンテナンスはどうすればいいの？ などヨーヨーの名人になるためのステップがいっぱい！めずらしいヨーヨーのコレクションも楽しんでください。

『ヨーヨー』　山内ススム構成・文　ポプラ社　1998.1　127p　19cm　（あそび

とスポーツのひみつ101 1）780円　①4-591-05542-6
[目次] ヨーヨーを始める前に，ヨーヨーのトリック（スリーピング・プレイ，ルーピング・プレイ，ストリング・プレイ），ヨーヨーのメンテナンス＆チャレンジ
[内容] どうしてヨーヨーっていう名前なの？正しい構えかたってあるの？ループ・ザ・ループのコツは？ など、ヨーヨーの達人になれる？ がいっぱい。いろんなヨーヨーの写真やパタパタマンガも楽しんでください。

『スポーツの本―みんなでやってみよう』　宮下充正監修　［東京］　児童憲章愛の会　1997.9　255p　21cm　〈東京 人間の科学社（発売）〉　1300円　①4-8226-0161-7
[目次] 1 基本運動，2 ボールゲーム（野球，ソフトボール，バスケットボール，バレーボール，サッカー，バドミントン，硬式テニス，卓球，ゲートボール）
[内容] 本書は、みなさんにスポーツに親しんでいただくことを目的に、たくさんの人達が楽しんでいるボールを使ったゲームを選んでまとめてあります。

『ボールゲーム―ドッジボール/ポートボール/ラインサッカー/ハンドベースボール』　ポプラ社　1997.4　55p　27cm　（ルールと技術がよくわかる小学生スポーツブック 5）2800円＋税　①4-591-05333-4

『うまくなるコツとひみつ 2 サッカー・バレーボール編』　栗山英樹著，保立浩司絵　小峰書店　1997.3　31p　27cm　（栗山英樹のスポーツおもしろランド 5）1325円　①4-338-13405-4
[目次] プロはかっこいいね！，サッカー（リフティングをじょうずにするには？，どうしたらじょうずにドリブルができるの？，どうしたらじょうずにパスができるの？，トラップってどんなこと？，どうしたらじょうずにフェイントができるの？，どうしたらじょうずにシュートがうてるの？ ほか），あこがれの選手たち（写真），バレーボール（どうしたらじょうずにパスやレシーブできるの？，どうしたらじょうずにスパイクできるの？，どうしたらじょうずにサーブできるの？）

クラブ活動　　　　　　　　　　　　　　　　運動系活動を知ろう

『クラス全員でできるアイデアスポーツ』
日本レクリエーション協会編著　学習研究社　1997.2　47p　28cm　（学校でできるアイデアスポーツ212　4）①4-05-500201-7,4-05-810496-1

『10人からできるアイデアスポーツ』　日本レクリエーション協会編著　学習研究社　1997.2　47p　28cm　（学校でできるアイデアスポーツ212　3）①4-05-500200-9,4-05-810496-1

『2人からできるアイデアスポーツ』　日本レクリエーション協会編著　学習研究社　1997.2　47p　28cm　（学校でできるアイデアスポーツ212　1）①4-05-500198-3,4-05-810496-1

『6人からできるアイデアスポーツ』　日本レクリエーション協会編著　学習研究社　1997.2　47p　28cm　（学校でできるアイデアスポーツ212　2）①4-05-500199-1,4-05-810496-1

『うまくなるコツとひみつ　1　野球・陸上競技・バスケットボール編』　栗山英樹著，保立浩司絵　小峰書店　1997.1　31p　27cm　（栗山英樹のスポーツおもしろランド　4）1325円　①4-338-13404-6

[目次] うまくなるヒントはないの？，野球　どうしたらじょうずに投げられるの？，野球　どうしたらじょうずに打てるの？，野球　どうしたらじょうずにボールを捕球できるの？，野球　どうしたらじょうずに走塁ができるの？，あこがれの選手たち（写真），陸上競技　スポーツの基本じょうずに走るためには？，陸上競技　跳躍力を伸ばすためには？，バスケットボール　バスケットボールがうまくなるには？，道具の手入れは？

[内容] わすれがちな基本をふまえながら，うまくなるコツやひみつを，楽しい絵とともに，くわしく説明します。

『ためしてみよう！　スポーツのふしぎ』　栗山英樹著，保立浩司絵　小峰書店　1996.11　31p　27cm　（栗山英樹のスポーツおもしろランド　3）1325円　①4-338-13403-8

[目次] ためしてみよう！　スポーツのふしぎ，ハードルは色のちがいで，タイムがかわるよ，ほかにも色によって結果がかわるものがあるよ，ユニフォームのたてじまとよこじまには意味がある，ユニフォームの着方もくふうしだいだ，ユニフォームの素材や形で，勝敗が分かれることもある，スパイクにもくふうがこらされているよ！，帽子もうまく使おう！〔ほか〕

『スポーツのうそ・ほんと』　栗山英樹著，保立浩司絵　小峰書店　1996.9　31p　27cm　（栗山英樹のスポーツおもしろランド　2）1325円　①4-338-13402-X

[目次] まちがった練習をしていない？，水をのんではいけないの？，スポーツ選手は泳いではいけないの？，重たいものは持ってはいけないといわれたけれど，うさぎとびをたくさんやれば，足腰が強くなる？〔ほか〕

[内容] 本書では今まで言われてきたスポーツのうそや，現在，話題になっていることをとりあげ，くわしく，楽しく解説します。

◆陸上

『ジュニアアスリートのための最強の走り方55のポイント―誰でも足が速くなる！』　石原康至監修　メイツ出版　2013.2　128p　21cm　（コツがわかる本―ジュニアシリーズ）1400円　①978-4-7804-1266-6　Ⓝ782.3

『中長距離・駅伝』　両角速著　ベースボール・マガジン社　2012.9　159p　21cm　（陸上競技入門ブック）1500円　①978-4-583-10376-1　Ⓝ782.3

『もっと速く走れる！―めざせ！　ナンバー1』　近藤隆夫著　汐文社　2012.8　83p　19cm〈「キミはもっと速く走れる！　1」(2011年刊)の改題、再編集、軽装版〉1300円　①978-4-8113-8908-0　Ⓝ782.3

[目次] つま先を、真っすぐ前に向けているか？，腕は前後真っすぐに振れているか？，上半身を起こし、胸を張っているか？，カラダのアクセルをうまく使えているか？，リラックスして走れているか？，りきまずスタートできているか？，腹筋に上手に力を込めているか？，カラダを上手に前傾させて走れているか？，全力を出せているか？，しっかりと地面を踏めているか？，上半身

子どもの本　楽しい課外活動2000冊　　93

と下半身を一緒に動かしているか？，カラダのバネが使えているか？，音楽を聴きながら走ってみよう

『Q&A陸上競技─勝利をたぐり寄せる48の㊙トレーニング：自己ベストを出す練習法，教えます！』　滝谷賢司監修　ベースボール・マガジン社　2012.6　98p　26cm　（B.B.MOOK 818─スポーツシリーズ No.688）　1143円　①978-4-583-61852-4　Ⓝ782

『足が速くなるこけし走り』　斉藤太郎監修　池田書店　2012.4　95p　21cm　1000円　①978-4-262-16371-0　Ⓝ782.3

[目次] 第1章 こけし走りはこんな走り方，第2章 「し」ができる練習メニュー，第3章 「け」ができる練習メニュー，第4章 「こ」ができる練習メニュー，第5章 総合的な練習メニュー，第6章 0.7秒タイムが縮まった練習方法

[内容] こけし走りとは，「こ(骨盤)」け(肩甲骨)」し(姿勢)」を意識した走り方。つまり"体幹(体の軸)"を使った走り方のこと。この本では「体幹を使って速く走る方法」を子どもたちでもわかるようにまとめました。「こけし」をキーワードにして，イラストや写真を使ってわかりやすく解説しています。

『速く走るコツ大研究─体育，運動会が楽しくなる！：基本フォームからリレー，ハードルまで』　征矢範子監修　PHP研究所　2012.4　63p　29cm〈索引あり〉　2800円　①978-4-569-78221-8　Ⓝ782.3

[目次] 1章 走るための基本(走るときのスタイル，正しい姿勢，体をまっすぐにするトレーニング ほか)，2章 走る(短距離走)(きれいな走り方，走るときこうなっていませんか？ コツ1 ひざを高く上げる ほか)，3章 リレー・ハードル(リレー，ハードル走，ハードルのコツ1 リード足をまっすぐ上げる ほか)

『短距離・リレー』　土江寛裕著　ベースボール・マガジン社　2011.10　159p　21cm　（陸上競技入門ブック）〈並列シリーズ名：A Guide to Track and field athletics〉　1500円　①978-4-583-10373-0　Ⓝ782.3

『キミはもっと速く走れる！　3　速く走るための15のかんたんトレーニング』　近藤隆夫著　汐文社　2011.3　31p　21×22cm　2000円　①978-4-8113-8744-4　Ⓝ782.3

[目次] 足が速くなるのは「突然」なのです。大きなボールを投げる，力を入れる箇所を確認する，ヒザを真っすぐ前に曲げる，軸をつくるシーソー運動，階段昇りで「体幹での移動」を覚える，腰を押し出して前進する，太ももの裏側を意識して歩く，腕をリズミカルに振る，「もも上げ」ではなく「足踏み」〔ほか〕

『速く走るコツ─マンガでみるスポーツ科学』　小田伸午原作・監修，三ツ井滋之脚本・画　朝日出版社　2011.3　223p　21cm　1200円　①978-4-255-00568-3　Ⓝ782

『キミはもっと速く走れる！　2　どうして足が速い人と遅い人がいるのか？』　近藤隆夫著　汐文社　2011.1　31p　21×22cm　2000円　①978-4-8113-8742-0　Ⓝ782.3

[目次] ウサイン・ボルト(ジャマイカ)，伊東浩司(日本)，「走り」のしくみ，「正しい走り方」を知ろう，「足の速い人」と「足の遅い人」の違いは？，まずは，しっかりと立とう，「大きくカラダを動かす」ことが大切，スタートの上手な切り方，腕は左右ではなく前後に振る，骨盤を前傾させる！〔ほか〕

『こうすればかけっこが速くなる』　朝原宣治[著]　小学館　2010.4　159p　19cm　（こどもスーパー新書）　800円　①978-4-09-253801-6　Ⓝ782.3

[目次] 第1章 体を前に運べば速くなる！，第2章 体に軸をとおせば速くなる！，第3章 こうすれば，かけっこが速くなる！，第4章 運動会でスターになる！，第5章 未来のスプリンターになる！，第6章 みんなにバトンをわたそう！

『できる！スポーツテクニック　9　陸上競技』　高野進監修　ポプラ社　2010.3　159p　22cm　1600円　①978-4-591-11653-1　Ⓝ780

[目次] 短距離走，リレー，ハードル走，中・長距離走，走り幅跳び，走り高跳び，トレーニング用語解説

| クラブ活動 | 運動系活動を知ろう |

『小・中学生のための走り方バイブル―スポーツの基礎足の速さがアップする』
伊東浩ział, 山口典孝著　カンゼン　2008.5　127p　21cm〈付属資料：DVD1〉1500円　①978-4-86255-009-5
目次　すべてのスポーツの基礎 走りの能力をアップさせる，序章 きれいな"走り"を身につけよう！, 第1章 エネルギーがあふれ出すウォーミングアップ, 第2章 今より速くなれる！ ステップアップドリル, 第3章 ジュニア達の晴れ舞台運動会でスターになろう！, 第4章 "走り"を武器にしてスポーツで活躍する！, 第5章 走りのヒントを伝授！ トップスプリンターの提言, 第6章 さらに上を目指す！ 補助トレーニング
内容　速く走ることは，決して難しいことではありません。本書で紹介する楽しくできるレッスンで，子ども達のカラダを最大限に動かし，走ることにポジティブな思いを抱かせてあげてください。小・中学生のうちに，理想の走りをマスターすることで，子ども達の可能性は広がります。走る力は，さまざまなスポーツにも通じますし，何より走ることは楽しいことなのです。

『陸上競技』　こどもくらぶ　ほるぷ出版　2008.3　71p　29cm　（スポーツなんでも事典）　3200円　①978-4-593-58409-3　Ⓝ782
目次　歴史，陸上競技場，走る競技，跳ぶ競技，投げる競技，ウェアとシューズ，オリンピック，いろいろな国際大会，国内大会，世界の陸上事情，審判員と判定，障害者陸上，陸上選手への道
内容　陸上競技の歴史から，各種目のルールや特徴，歴史に残るスター選手や陸上競技選手の生活についてなどなど。陸上競技にかかわるさまざまなテーマごとにまとめて解説した，ヴィジュアル版子ども向け陸上競技事典です。陸上競技について，なにを，どのように調べたらよいかがわかります。

『ぐんぐんこどもの足が速くなる―4スタンス理論で劇的に変わる』　辰巳出版　2008.1　95p　26cm　（タツミムック）　1100円　①978-4-7778-0484-9
目次　第1章 Reash基本理論，第2章 劇的能力進化のプロセス，第3章 こどものからだに合わせたトレーニング，第4章 やってみよう！ かけっこ編，第5章 やってみよう！

ジャンプ編, 第6章 やってみよう！ スポーツで実践してみよう編, 第7章 やってみよう！ 親子でTRY編
内容　からだの使い方をカンタンわかりやすく解説。大人も必見の今まで学んだことのない画期的体育の教科書完成。

『朝原宣治のだれでも足が速くなる』　朝原宣治著　学習研究社　2007.8　127p　21cm　（GAKKEN SPORTS BOOKS）　1200円　①978-4-05-403435-8
目次　かけっこは，素質じゃない，朝原宣治式かけっこの極意 スタートライン編「あのドキドキ感が足を速くする！」, かけっこの極意第1条 タイミングをつかめ！, かけっこの極意第2条 からだの力を抜く！, かけっこの極意第3条 ボールが弾むように走る！, かけっこの極意第4条 スタートでは，1歩1歩を踏みしめる！, かけっこの極意第5条 母指球で着地！, かけっこの極意第6条 からだを1本の軸にする！, かけっこの極意第7条 2本のライン上に足を着く！, かけっこの極意第8条 加速の走りでは足で地面をつかまえる！〔ほか〕
内容　連続シャシンでイメージし，即実践できる。足が速いのは素質じゃない。

『走る・とぶ・投げる―にっこり笑って走る』　山本晃弘著，大庭賢哉絵　童心社　2006.3　79p　27cm　（脳とからだを育てる運動 1　正木健雄監修）　2500円　①4-494-01290-4　Ⓝ782
目次　遊びながら走る，しっかりしたからだになる，いろいろな走り方をおぼえる，いろいろなとび方をおぼえる，速く走る，遠くへとぶ―走り幅とび，高くとぶ―走り高とび，うまくとんで走る―ハードル走，みんなで走る，遠くへ投げる

『陸上』　木下光正, 清水由著　ゆまに書房　2005.1　43p　27cm　（苦手な運動が好きになるスポーツのコツ 2）　3000円　①4-8433-1606-7　Ⓝ782
目次　短距離走，リレー，ハードル，持久走（長距離走），幅とび，走り高とび，ボール投げ

『陸上競技・水泳競技―ルールと技術』　関岡康雄, 高橋伍郎校閲・指導　学習研究社　2002.8（15刷）63p　27cm　（絵

子どもの本 楽しい課外活動2000冊　95

でわかるジュニアスポーツ 4　関岡康雄監修）　3300円　Ⓘ4-05-200235-0　Ⓝ782

『はやく走れジャンプできる』　小学館　1998.11　191p　19cm　（ドラえもんの学習シリーズ―ドラえもんの体育おもしろ攻略）〈指導：立木正〉760円　Ⓘ4-09-253168-0

[目次]　1 世界の運動会はオリンピック，2 かけっこ・短距離走，3 リレー，4 持久走（長く走ること），5 ハードル走，6 遠くへジャンプ，7 高くジャンプ

『陸上競技―短・長きょり走/リレー/障害走/走りはばとび/走り高とび』　ポプラ社　1997.4　55p　27cm　（ルールと技術がよくわかる小学生スポーツブック 6）　2800円＋税　Ⓘ4-591-05334-2

◆野球・ソフトボール

『少年野球「基本と上達」のすべて―ハンディサイズだからどこでもチェック』　本間正夫著　主婦の友社　2012.10　191p　16cm　（カラージュニアスポーツ文庫）　752円　Ⓘ978-4-07-285468-6　Ⓝ783.7

『少年野球「よくわかるルール」のすべて―ハンディサイズだからどこでもひける：写真で解説』　本間正夫著　主婦の友社　2012.10　191p　16cm　（カラージュニアスポーツ文庫）〈「少年野球「ルール」のすべて」（2006年刊）の改題　文献あり〉　752円　Ⓘ978-4-07-285474-7　Ⓝ783.7

『最新少年野球一番わかりやすいルールブック』　小林毅二監修　日本文芸社　2012.9　175p　21cm〈索引あり〉1000円　Ⓘ978-4-537-21037-8　Ⓝ783.7

『立浪＆野村が教える！　野球少年が親子でうまくなるプロ思考』　立浪和義，野村弘樹著　集英社　2012.9　191p　19cm　1200円　Ⓘ978-4-08-780659-5　Ⓝ783.7

『少年野球基本とレベルアップ練習法』　前田幸長監修　日本文芸社　2012.6　207p　21cm　1200円　Ⓘ978-4-537-21012-5　Ⓝ783.7

『分かりやすいソフトボール守備の基本―内野手・外野手』　磯野稔監修，ソフトボール・マガジン編集部編　ベースボール・マガジン社　2012.6　82p　26cm　（B.B.MOOK 815―スポーツシリーズ No.685）　1143円　Ⓘ978-4-583-61848-7　Ⓝ783.78

『野球上達"特訓"バイブル―プロ直伝の上手くなる個人練習メニュー：小中高の夢見る野球少年必読！』　三才ブックス　2012.4　144p　21cm　（三才ムック vol.486）　1300円　Ⓘ978-4-86199-461-6　Ⓝ783.7

『DVDつき　少年野球必勝バイブル―リトルリーグ世界一の江戸川南流』　有安信吾監修　主婦の友社　2012.3　159p　21cm〈付属資料：DVD1〉1400円　Ⓘ978-4-07-280130-7

[目次]　1 準備と基礎（準備と基礎　概要とポイント，ランニング　ほか），2 バッティング（バッティング　概要とポイント，バットの握り方　ほか），3 守備（守備　概要とポイント，内野の構え　ほか），4 ピッチング（ピッチング概要とポイント，プレートの立ち方　ほか），5 走塁（走塁　概要とポイント，打者走者の一塁への駆け抜け方　ほか）

[内容]　スローモーションで細かい動きがよくわかる，連携プレーの動きがわかる，50分DVDつき。

『ジュニア世代の骨盤力―野球のバッティング』　手塚一志著　ベースボール・マガジン社　2011.8　159p　21cm　1800円　Ⓘ978-4-583-10388-4　Ⓝ783.7

『野球で大活躍できる！　小学生のためのバッティングがうまくなる本』　有安信吾監修　メイツ出版　2011.4　128p　21cm　（まなぶっく）〈並列シリーズ名：MANA BOOKS〉1300円　Ⓘ978-4-7804-0954-3　Ⓝ783.7

[目次]　1 基本のスイングをマスター！（理想のスイング―グリップの位置から振り下ろすような気持ちでスイングする，バットの握り方―濡れた雑巾を軽くしぼるようにや

らかく握る ほか), 2 アベレージヒッターになる!（高打率打者の理想のスイング―後ろを小さく前を大きくしてスイングする，ストライクの見極め方―打撃練習のときにストライクゾーンを体に覚えさせる ほか), 3 パワーヒッターになる!（強打者の理想のスイング―小さく振り出して当たったら大きく円を描く，トップでパワーをためる―静止した状態でパワーをためて一気に振り出す ほか), 4 バッティング実践編（理想のチームバッティング―的確な状況判断ができるように実戦練習を積む，右投手を打つ―右打者の場合はインコースの対応が重要なカギとなる ほか）

内容 理想のスイングをマスターして，打撃でライバルに差をつけよう！ ボールの見極め方，コースの打ち分け方からヒットエンドランを成功させるポイントまで，リトルリーグ世界一のチームを導く監督がわかりやすく教えます。

『いちばんわかりやすい少年野球「ルール」の本―最新版』 林秀行著，成城ヤンガース監修 学研パブリッシング，学研マーケティング（発売）2011.3 192p 21cm （〔Gakken sports books〕―学研ジュニアスポーツ） 1100円 ①978-4-05-404838-6 Ⓝ783.7

目次 第1章 試合のルール編（野球場，野球場の規格 ほか），第2章 打者のルール編（バッターの義務，足がバッターボックスの外に出る ほか），第3章 走者のルール編（進塁の仕方，塁を踏み忘れた時 ほか），第4章 投手のルール編（ピッチャーのグラブとリストバンド，ボールに対してやってはいけないこと ほか），第5章 守備のルール編（野手の位置，ボーク（13）キャッチャーの位置 ほか）

内容 ルールを知れば，野球がもっと楽しくうまくなる。スコアブックのつけ方も解説。

『ビギナー中学生・小学生のためのソフトボール上達はじめて読本』 ソフトボール・マガジン編集部編 ベースボール・マガジン社 2010.11 98p 26cm （B.B.mook 707―スポーツシリーズ no.578） 1143円 ①978-4-583-61723-7 Ⓝ783.78

『少年野球「基本と上達」のすべて―楽しく始めてめきめき上達 コーチと子ども

たちの疑問を写真図解でわかりやすく解決！』 本間正夫著 新版 主婦の友社 2010.10 191p 21cm （主婦の友ベストbooks） 1300円 ①978-4-07-274915-9 Ⓝ783.7

『必ずうまくなる野球・練習法―少年野球1日10分で理想のフォームが身につく』 高畑秀秀，西村永子監修 コスミック出版 2010.8 144p 21cm （Cosmic mook） 1205円 ①978-4-7747-5393-5 Ⓝ783.7

『楽しみながらうまくなる！ キッズ野球』 ユメノベースボールクラブ監修 池田書店 2010.8 159p 21cm 1200円 ①978-4-262-16340-6 Ⓝ783.7

『いちばん強くなる少年野球コーチング』 成城ヤンガース監修 学研パブリッシング，学研マーケティング〔発売〕2010.7 191p 21cm （学研ジュニアスポーツ） 1100円 ①978-4-05-404432-6

目次 第1章 キャッチボール編，第2章 守りの基本編，第3章 バッテリーの上達法編，第4章 内野手のフォーメーション編，第5章 外野手のフォーメーション編，第6章 バッティング編，第7章 走塁編，第8章 コーチの仕事編

内容 守備力・攻撃力・走力を強化して，試合に勝てるチームを作る。ポジション別の役割を理解して，一挙に上達。

『少年野球基本・練習・コーチング』 伊東勤監修 西東社 2010.5 207p 21cm （少年少女スポーツシリーズ）〈並列シリーズ名：Boys & Girls SPORTS SERIES〉 1200円 ①978-4-7916-1693-0 Ⓝ783.7

目次 1 キャッチボールをしよう！，2 バッティングがうまくなろう！，3 バッテリーをレベルアップ！，4 内野守備がうまくなろう！，5 外野守備がうまくなろう！，6 ランニングをマスターしよう！

『少年野球上達パーフェクトマニュアル』 ベースボール・マガジン社編，川崎憲次郎，元木大介監修 ベースボール・マガジン社 2010.5 159p 26cm 1300円

運動系活動を知ろう　　　　　　　　　　　　　　　　　　　　　　　　クラブ活動

①978-4-583-10260-3　Ⓝ783.7

『はじめての少年軟式野球　バッティング・ピッチング・守備』高島エイト, 都営ヤング, 山野レッドイーグルス監修　成美堂出版　2010.5　175p　19cm（ジュニアライブラリー）900円
①978-4-415-30829-6　Ⓝ783.7
[目次] 1 バッティング, 2 ピッチング, 3 内野と外野, 4 ポジション別守備, 5 走塁, 6 カラダづくり
[内容] Q&A形式の解説で悩みも解決。はじめてのルールをイラストで紹介。

『いちばんうまくなる少年野球』山西英希著, 成城ヤンガース監修　学研パブリッシング, 学研マーケティング（発売）2010.4　192p　22cm（[Gakken sports books]―学研ジュニアスポーツ）〈用語&ルール解説つき〉1100円
①978-4-05-404453-1　Ⓝ783.7
[目次] 1章 キャッチボール, 2章 守りの基本, 3章 内野手の基本, 4章 外野手の基本, 5章 バッテリーの基本, 6章 バッティングの基本, 7章 走塁の基本, 8章 マナー&トレーニング
[内容] 試合で絶対役立つ！「投げる・捕る・打つ」の基本を完全マスター。

『できる！スポーツテクニック 2 野球 バッティング・走塁』後藤寿彦監修　ポプラ社　2010.3　151p　22cm　1600円　①978-4-591-11646-3　Ⓝ780
[目次] バッティング（構え, バットの握り方, スタンスと立つ位置 ほか）, 走塁（打ったあとの第1歩, ベースの踏み方, 一塁をかけぬける ほか）, トレーニング用語解説（ストレッチ, 動体操, 野球（バッティング・走塁）用語解説）

『できる！スポーツテクニック 1 野球 ピッチング・守備』後藤寿彦監修　ポプラ社　2010.3　159p　22cm　1600円
①978-4-591-11645-6　Ⓝ780
[目次] ピッチング（ワインドアップ, ノーワインドアップ ほか）, 内野手・外野手の守備（内野手の構え, 捕球の流れ ほか）, キャッチャー・ピッチャーの守備（基本スタイルと構え, キャッチャー用具 ほか）, フォーメーショントレーニング用語解説（全員で守るフォーメーション, ランニング ほか）

『野球少年の食事バイブル―強い選手は食事もスゴイ！　北海道日本ハムファイターズ強さのひみつ』日本ハム株式会社中央研究所著, 木村修一監修　女子栄養大学出版部　2010.3　95p　25cm　1500円　①978-4-7895-5130-4　Ⓝ783.7
[目次] 第1章 新入団選手に教える食事の基本（食べることの3つのはたらき, アスリートの基本―エネルギー ほか）, 第2章 キャンプイン！なにをどれだけ食べるか（1日あたりのエネルギー量, 食べもののグループ ほか）, 第3章 ファイターズの強さのひみつ（朝ごはん―ベテラン稲葉篤紀選手が強い理由, 大きなからだ―プロは入団後にからだを育てる ほか）, 第4章 「もっと強く！」にこたえる野球ごはん（強いからだをつくるメニューの立てかた, 朝食・ごはんの献立 ほか）
[内容]「どんぶりを準備してください！」―ダルビッシュ有選手, 森本稀哲選手のからだを大きくした食事法。100点満点！稲葉篤紀選手のキャンプ中の朝ごはん。「疲れているときこそガツンと…」―選手の失敗から学ぶバテ気味のときの食事―1日あたりの食事量, 食生活クイズ, 一流のからだをつくる食事アドバイスなど, 親子で楽しめるスポーツ食育本。

『少年野球レベルアップ練習メニュー―基本技術と考える力を身につける！』小野寺信介著　日本文芸社　2009.12　237p　21cm（実用best books）1500円　①978-4-537-20781-1　Ⓝ783.7

『ジュニア野球「投手・捕手」練習メニュー150―考える力を伸ばす！』江藤省三監修　池田書店　2009.9　191p　21cm　1300円　①978-4-262-16327-7
[目次] 投手総合, フォーム作り, 投球練習, けん制の基本, 投手守備, 捕手総合, 捕球の基本, 理想の送球, 捕手守備, 理想のブロック, 配球の基本, 体作り
[内容] チームや選手に合わせて練習メニューをプログラム！「守備の柱徹底強化」編。守りの軸となるバッテリーの基本から, 実戦までの練習メニューが満載。

『少年野球「バッテリー」のすべて―少年野球で初！「バッテリー」強化の入門書

クラブ活動　　　　　　　　　　　　　運動系活動を知ろう

決定版 オールカラーでよくわかる』 本間正夫著　主婦の友社　2009.8　191p　21cm　（主婦の友ベストbooks）1300円　①978-4-07-267000-2　Ⓝ783.7
[目次] バッテリーの基本（ピッチャーの投げ方の基本，ランナーが出塁したときのピッチャーの基本，ピッチャーの守備の基本，キャッチャーの捕球の基本，キャッチャーの送球の基本，キャッチャーの守備の基本），バッテリーの練習法（ピッチャーの練習法，キャッチャーの練習法），ベスト・バッテリーへの道
[内容] ピッチャーとキャッチャーはチームの要。その基本と練習法を徹底解説。

『野球選手なら知っておきたい「からだ」のこと 打撃編』　土橋恵秀，小山田良治，小田伸午著　大修館書店　2009.7　102p　26cm　1600円　①978-4-469-26686-3　Ⓝ783.7

『野球選手なら知っておきたい「からだ」のこと 投球・送球編』　土橋恵秀，小山田良治，小田伸午著　大修館書店　2009.7　118p　26cm　1600円　①978-4-469-26685-6　Ⓝ783.7

『もっと活躍できる！ 小学生のための野球がうまくなる本』　大前益視監修　メイツ出版　2009.6　128p　21cm　（まなぶっく）〈並列シリーズ名：Mana books〉1300円　①978-4-7804-0494-4　Ⓝ783.7
[目次] 第1章 バッティング，第2章 ピッチング，第3章 守備，第4章 走塁，第5章 体をつくるトレーニング，第6章 もっとうまくなるためにやること
[内容] バッティング，ピッチング，守備，走塁…。練習のやり方から試合に勝つ心がまえまで，世界選手権優勝チームの監督が教えます。

『はじめての少年軟式野球』　高島エイト監修　成美堂出版　2009.5　175p　19cm　（ジュニアライブラリー）900円　①978-4-415-30566-0　Ⓝ783.7
[目次] 1 はじめてのキャッチボール，2 はじめてのバッティング，3 ゴロやフライを捕えよう，4 ピッチャーになろう，5 試合をしよう，6 はじめての野球道具

『一番よくわかる少年野球ルールブック―最新』　Winning ball編著　西東社　2008.10　175p　21cm　880円　①978-4-7916-1460-8　Ⓝ783.7

『小・中学生のための野球上達法―決定版！　2　投球術＆フォーメーション』　川口和久，本西厚博監修　ベースボール・マガジン社　2008.5　170p　29cm　（B.B.mook 543―スポーツシリーズno.417）〈「小・中学生のための野球上達トラの巻」の新装改訂版〉1143円　①978-4-583-61533-2　Ⓝ783.7

『小・中学生のための野球上達法―決定版！　1　打撃編＆守備編』　大島康徳，高木豊，簑田浩二監修　ベースボール・マガジン社　2008.5　170p　29cm　（B.B.mook 542―スポーツシリーズno.416）〈「小・中学生のための野球上達トラの巻」の新装改訂版〉1143円　①978-4-583-61532-5　Ⓝ783.7

『少年野球「バッティング」のすべて―この1冊で打率が上がる！ 飛距離がのびる！』　本間正夫著　主婦の友社　2007.8　191p　21cm　（主婦の友ベストBOOKS）1300円　①978-4-07-256455-4
[目次] 1 バッティングの基本，2 バッティングのレベルアップ，3 バントの基本，4 バッティングの欠点を直す方法，5 バッティングの練習法を覚えよう，6 「右投げ左打ち」になろう，7 バッティングのためのトレーニングと指導法
[内容]「野球が好き！」という子どもに「野球のどこが好き？」と尋ねると，ほとんどの子どもが「バッティング！」と答えます。それくらい「バッティング」は楽しいものです。しかし，実はこの「バッティング」くらい，むずかしいものはないのです。なにしろ，日本のプロ野球選手の中で1シーズン通して打率4割，本塁打60本を打った打者はまだ一人もいないのです。そんな「バッティング」だけに，しっかりと基本と練習法を身につけることが大切です。そんな基本と練習法をやさしく解説したのが本書です。

『小・中学生のためのバッティングの教科書』　成美堂出版編集部編　成美堂出版

子どもの本 楽しい課外活動2000冊　　99

2007.6　144p　26cm　（Seibido mook）　905円　Ⓘ978-4-415-10475-1　Ⓝ783.7

『上達法がよくわかる・完全図解少年野球』　中村順司監修，茶留たかふみ絵　集英社　2007.5　240p　23cm　（集英社版・学習漫画）　1500円　Ⓘ978-4-08-288090-3　Ⓝ783.7

|目次| 第1章 正しい姿勢と形をつくる，第2章 キャッチボール，第3章 ピッチングとスローイング，第4章 バッティング，第5章 守備はチームを救う，第6章 守備は練習で必ず強くなれる，第7章 打線をつないで勝利をゲット！，第8章 ケガに注意してプレーする

|内容| ピッチング、バッティング、守備、キャッチボールや走塁などの技術から、試合で役立つ野球ルールの基本まで、わかりやすく、全てを図解で解説。マンガだから、楽しく読めて、よくわかる。完全図解だから、体の動きが、のみこめる。

『ひと目でわかる少年野球のルール』　北島仁監修　成美堂出版　2007.5　175p　19cm　（ジュニアライブラリー）　820円　Ⓘ978-4-415-30218-8　Ⓝ783.7

|目次| 野球の基本，1 バッターのルール，2 ピッチャーのルール，3 野手のルール，4 ランナーのルール，5 グラウンドのルール，6 試合のルール，7 記録をしよう

|内容| ストライクとボール、振り逃げ、インフィールドフライ、守備妨害…、すべてを写真・イラストで解説。むずかしいルールもよくわかる。

『よくわかる少年野球ルール―オールカラー　ハンディサイズだから試合中にもすぐひける』　本間正夫著　主婦の友社　2007.3　191p　17cm　（主婦の友ポケットBOOKS）　900円　Ⓘ978-4-07-254746-5

|目次| 1 よくわかる基本のルール，2 よくわかる投手のルール，3 よくわかる打者のルール，4 よくわかる守備のルール，5 よくわかる走塁のルール，6 よくわかる記録のルール，7 よくわかるスコアブックのつけ方

|内容| ハンディサイズだから試合中や練習中にもすぐひける。すべてオールカラー写真で解説だからわかりやすい。日ごろの疑問もこれでスッキリ。

『立花竜司のメジャー流少年野球コーチング 小学生編』　立花竜司著　高橋書店　2006.5　191p　21cm　1200円　Ⓘ4-471-14230-5

|目次| 第1章 投げる―ピッチング＆スローイング，第2章 打つ―バッティング，第3章 守る―フィールディング，第4章 走る―ベースランニング，第5章 ウォーミングアップ，第6章 俊敏性を養うトレーニング，第7章 バランス感覚と筋力のトレーニング

『ひと目でわかる少年野球のルール』　北島仁監修　成美堂出版　2006.5　175p　19cm　（ジュニアライブラリー）　820円　Ⓘ4-415-03090-4　Ⓝ783.7

|目次| 野球の基本，1 バッターのルール，2 ピッチャーのルール，3 野手のルール，4 ランナーのルール，5 グラウンドのルール，6 試合のルール，7 記録をしよう

|内容| ストライクとボール、振り逃げ、インフィールドフライ、守備妨害…、すべてを写真・イラストで解説。むずかしいルールもよくわかる。

『ホップ・ステップ・ジャイアンツ！ メソッド4（11-12歳用）』　読売巨人軍ジャイアンツアカデミー編，平野裕一，及川研監修　ベースボール・マガジン社　2006.4　79p　27cm　800円　Ⓘ4-583-03896-8　Ⓝ783.7

|目次| 第1章 投げる，第2章 守る，第3章 打つ，第4章 走る，第5章 からだづくり，終章 試合をしよう

|内容| この「ホップ・ステップ・ジャイアンツ！」シリーズは、ジャイアンツアカデミーのテキストで、コースごとの4冊で構成されています。ボールをはじめて握った子どもから、むりなく学べるように、からだの使い方や練習の方法をわかりやすくまとめました。

『ホップ・ステップ・ジャイアンツ！ メソッド3（9-10歳用）』　読売巨人軍ジャイアンツアカデミー編，平野裕一，及川研監修　ベースボール・マガジン社　2006.4　79p　27cm　800円　Ⓘ4-583-03895-X　Ⓝ783.7

|目次| 第1章 投げる，第2章 守る，第3章 打つ，第4章 走る，第5章 からだづくり，終章 試合をしよう

|内容| この「ホップ・ステップ・ジャイアン

| クラブ活動 | 運動系活動を知ろう |

『ホップ・ステップ・ジャイアンツ！メソッド2（7-8歳用）』 読売巨人軍ジャイアンツアカデミー編，平野裕一，及川研監修 ベースボール・マガジン社 2006.4 67p 27cm 800円 ①4-583-03894-1 Ⓝ783.7
[目次] 第1章 投げる，第2章 守る，第3章 打つ，第4章 走る，第5章 からだづくり，終章 試合をしよう
[内容] この「ホップ・ステップ・ジャイアンツ！」シリーズは、ジャイアンツアカデミーのテキストで、コースごとの4冊で構成されています。ボールをはじめて握った子どもから、むりなく学べるように、からだの使い方や練習の方法をわかりやすくまとめました。

『少年野球勝つための基本とテクニック―走攻守の基本を学んで試合に勝つ』 小野寺信介著 日本文芸社 2006.3 207p 21cm （実用best books） 1200円 ①4-537-20431-1 Ⓝ783.7
[目次] 1 スローイングとキャッチング―「投げる」「捕る」の基本を身につけよう！，2 バッティング―確実にボールをとらえる技術を身につけよう！，3 ベースランニング―正しい走り方と判断力を身につけよう！，4 内野手のフィールディング―ポジション別の守備テクニックを学ぼう！，5 外野手のフィールディング―広い守備範囲をカバーできる外野手になろう！，6 ピッチング―投球術の基本をマスターしよう！，7 チームプレー―連係プレーをマスターしてチームに貢献しよう！，ふろく
[内容] 現役野球部監督が「うまくなるポイント」を実践指導！ ボールの投げ方、捕り方、打ち方を基本からカラー写真で解説。ポジション別に「守り方」のコツを紹介。試合に勝てる「攻守のチームプレー」をやさしく指導。

『絶対にうまくなる少年野球 打撃・走塁編』 本間正夫著 実業之日本社 2006.2 167p 21cm 1300円 ①4-408-40335-0
[目次] 1 野球をたのしもう，2 「打つ」ことをたのしもう，3 「バント」することをたのしもう，4 「左打ち」をたのしもう，5 「バッティング練習」をたのしもう，6 「走る」ことをたのしもう，7 小学生の日常の体力づくり，8 指導者、ご両親へのお願い！ 「野球をたのしむ」ことを教えよう，9 野球のプレー中に起こりがちなケガの応急手当
[内容] バッティング、ベースランニングの基本がすべてわかる。小さい頃からおぼえたい"左打ち"のすすめなど、小学校低学年からの指導・練習で役立つアドバイスがいっぱい。

『絶対にうまくなる少年野球 投手・守備編』 本間正夫著 実業之日本社 2006.2 167p 21cm 1300円 ①4-408-40334-2
[目次] 1 キャッチボールをたのしもう（キャッチボールを始める前に、捕ってみよう ほか），2 「投げる」ことをたのしもう（ストライクゾーン、マウンド ほか），3 「守る」ことをたのしもう（ゴロの捕球、ゴロの捕球から送球 ほか），4 「投げる」「守る」練習法（正しいひじの使い方をおぼえる練習法，正しい全身の使い方をおぼえる練習法 ほか），5 小学校低学年の体力づくりとトレーニング（大人と子どもは違う、年齢、時期に合ったトレーニングをする ほか）
[内容] 楽しくスタート！ はじめてのキャッチボール。小さい頃からおぼえたい正しい投げ方・守り方など、小学校低学年からの指導・練習方法を完全解説。

『野球』 こどもくらぶ編 ほるぷ出版 2005.12 71p 29cm （スポーツなんでも事典）〈年表あり〉 3200円 ①4-593-58401-9 Ⓝ783.7
[目次] 歴史，用具，野球場，ルール，審判，選手の役割，球種，少年野球，高校野球，大学野球〔ほか〕
[内容] 野球の歴史や道具のことから、日本のプロ野球やメジャーリーグ、そして世界の野球事情まで、野球にかかわるさまざまなことがらをテーマごとにまとめて解説した、ヴィジュアル版子ども向け野球事典です。野球について、なにを、どのように調べたらよいかがわかります。

『野球・ソフトボール―ルールと技術』 小川幸三校閲・指導 学習研究社 2005.2 63p 29cm （絵でわかるジュニアスポーツ 新版 1 関岡康雄監修）

子どもの本 楽しい課外活動2000冊　101

〈シリーズ責任表示：関岡康雄監修〉
3300円　Ⓒ4-05-202185-1　Ⓝ783.7
[目次] 野球（ルール（競技場・チーム，ゲームの開始・得点・勝敗 ほか），技術（ピッチング，セットポジションとけん制球 ほか）），ソフトボール（ルール（競技場・チーム・ゲームの勝敗，投球の決まり ほか），技術（ピッチング・ベースランニング））

『マンガ野球入門―めざせレギュラー！2（バッティング＆フィールディング編）』 大沢啓二監修，寺島敬治原作・マンガ　山海堂　2004.6　143p　21cm　1200円　Ⓒ4-381-07953-1　Ⓝ783.7

『ジュニア野球コーチングと練習メニュー』 田中慎太郎監修　池田書店　2004.5　191p　21cm　1300円　Ⓒ4-262-16289-3　Ⓝ783.7

『マンガ野球入門―めざせレギュラー！1（ピッチング編）』 大沢啓二監修，しいやみつのり原作・マンガ　山海堂　2004.4　143p　21cm　1200円　Ⓒ4-381-07952-3　Ⓝ783.7

『少年野球コーチング―基本と練習法』 本間正夫著　西東社　2003.5　199p　21cm　1300円　Ⓒ4-7916-1168-3　Ⓝ783.7

『ソフトボール―ルールと技術』 小川幸三校閲・指導　学習研究社　2002.8（15刷）　63p　29cm　（絵でわかるジュニアスポーツ 5　関岡康雄監修）　3300円　Ⓒ4-05-200236-9　Ⓝ783.78

『野球』 荒木大輔著　旺文社　2001.4　127p　22cm　（Jスポーツシリーズ 2）〈ハードカバー〉　1600円　Ⓒ4-01-071822-6,4-01-071734-3
[目次] 1st STAGE（世界を動かしたスーパープレーヤー，野球の歴史，荒木大輔ヒストリー ほか），2nd STAGE（ウォーミングアップ・クールダウン，キャッチボール，ピッチャー ほか），野球の基本ルール，野球用語の基礎知識，ピッチングQ&A，守備Q&A，打撃Q&A，走塁Q&A
[内容] この本は，「野球を始めたい」「もっと野球がうまくなりたい」という，小・中学生に向けて書かれたものです。具体的な野球の技術解説ページは，守備や打撃，走塁などの技術ごとに，「FILE」という章単位で解説しています。

『少年野球教室』 沼沢康一郎著　成美堂出版　2000.10　191p　19cm　（ジュニアスポーツシリーズ）　700円　Ⓒ4-415-01463-1

『ソフトボール』 苅宿俊文著　大日本図書　1999.3　63p　27cm　（クラスみんなでボールゲーム）　2800円　Ⓒ4-477-00992-5
[目次] 第1章 熱血ストーリー ソフトボールで決まりだね！，第2章 さあ，いよいよ練習だ!!，第3章 ソフトボールのルールを知ろう！

『ジュニアのための ベースボールコンディショニング』 立花竜司著　日刊スポーツ出版社　1999.2　319p　26cm　3500円　Ⓒ4-8172-0173-8
[目次] 第1章 大人と子供の違い，第2章 子供たちには環境も大切，第3章 トレーニング総論，第4章 実践トレーニング，第5章 ビジョンコンディショニング，第6章 基礎栄養学
[内容] ニューヨーク・メッツで，日本人として初めてメジャーリーガーのコンディショニングを担当した著者による，小・中学生のためのコンディショニング・メニュー。

『遊youキッズベースボール』 牛島和彦著　ベースボール・マガジン社　1998.4　160p　21cm　1400円　Ⓒ4-583-03495-4
[目次] 第1章 家のなかでボールあそび，第2章 外に出よう！，第3章 "エースで4番"をめざす，第4章 野球（ゲーム）をやろう，第5章 ケガをしないために，第6章 いつでも「なぜ？」Question&Answer

『ソフトボール・野球』 ポプラ社　1997.4　55p　27cm　（ルールと技術がよくわかる小学生スポーツブック 3）　2800円＋税　Ⓒ4-591-05331-8

『ソフトボール・野球』 杉浦俊之文　あかね書房　1997.4　47p　28cm　（クラブ活動に役立つスポーツ図鑑 4　鈴木秀雄監修）　3000円　Ⓒ4-251-07984-1

クラブ活動　　　　　　　　　　　　　　　　運動系活動を知ろう

『マンガ ソフトボール入門―わかりやすくてうまくなる！』 小室しげ子作画，本間正夫原作　有紀書房　1996.8　158p　21cm　860円　Ⓘ4-638-01121-7
目次　1 ソフトボールのルール，2 バッティングのポイント，3 ピッチングのポイント，4 守備のポイント，5 走塁のポイント，6 ソフトボールのトレーニング

◆サッカー

『少年サッカー必勝バイブル―スタメンを勝ちとる！ 試合に勝てる！ 80分DVDつき』 柏レイソル監修　主婦の友社　2012.3　159p　21cm〈付属資料：DVD1〉1400円　Ⓘ978-4-07-281810-7
目次　1 サッカー選手に必要な能力を高めよう（基礎トレーニング，キックのトレーニング），2 ボールをコントロールするテクニック（止めるテクニック，蹴るテクニック ほか），3 実戦的な技術を身につけよう（コーチングのテクニック，シュートのテクニック ほか），4 実戦練習メニュー（実戦メニュー），5 その他，サッカーに必要なテーマ（GKのテクニック，コンディション維持のテクニック）
内容　サッカーがうまくなるには，何が必要だろう？ ボールをあやつるテクニック？ 走るスピード？ 体力？ もちろん，そうだろう。でも，それだけじゃない。リフティングが何百回できようが，それがそのままサッカーのうまさにつながるわけじゃない。きみと，サッカーが上手なあの子との差は何だろう？―答えは，この本の中にある。

『はじめての8人制サッカー』 大豆戸フットボールクラブ監修　成美堂出版　2011.9　159p　19cm　（ジュニアライブラリー）900円　Ⓘ978-4-415-31129-6　Ⓝ783.47

『少年サッカー基本・練習・コーチング』 堀池巧監修　西東社　2011.7　207p　21cm　（少年少女スポーツシリーズ）〈並列シリーズ名：Boys & Girls SPORTS SERIES〉1200円　Ⓘ978-4-7916-1843-9　Ⓝ783.47

『ライバルに差をつける！ 小学生のサッカー最強のテクニックが身につく本』 バディサッカークラブ監修　メイツ出版　2011.7　128p　21cm　（まなぶっく）〈並列シリーズ名：MANA BOOKS〉1500円　Ⓘ978-4-7804-1023-5　Ⓝ783.47
目次　サッカーが上手くなる3つの体の使い方（「ゆっくり」と「速く」をひざで切りかえる！，腰を下げて低くかまえればあたり負けしない！ ほか），第1章 ドリブル（足の内側を使ってドリブルをする，足の裏を使ってドリブルをする ほか），第2章 ボールコントロール（足裏でボールコントロール，インサイドでボールコントロール ほか），第3章 キック（インサイドキック，インステップキック ほか），第4章 基本テクニック集（パスを出すタイミング，パスをもらうチェックの動き ほか），第5章 実践テクニック集―エリア別（ポストプレーからサイドへ，ポストプレーからシュートへ ほか）
内容　ボールコントロール、ドリブル、キックはもちろん、パスやシュートなど実践で使える個人技の上達ポイントを東京都制覇、全国大会でも活躍する実力チームの指導者が教えます。

『いちばんうまくなるジュニアサッカー―8人制に対応』 福西崇史監修　学研パブリッシング，学研マーケティング（発売）2011.3　194p　21cm　（[Gakken sports books]―学研ジュニアスポーツ）1300円　Ⓘ978-4-05-404890-4　Ⓝ783.47

『もっと活躍できる！ 小学生のためのサッカーがうまくなる本』 ライフネットスポーツクラブ監修　メイツ出版　2010.5　128p　21cm　（まなぶっく）〈並列シリーズ名：MANA BOOKS〉1300円　Ⓘ978-4-7804-0820-1　Ⓝ783.47
目次　第1章 ボールタッチ―自由自在にボールを操ろう，第2章 ファーストタッチコントロール―思い通りにボールを止めよう，第3章 パス&シュート―正確にボールをけろう，第4章 ドリブル―巧みなフェイントで敵を抜こう，第5章 ストレッチ&ウォーミングアップ―体を温めてプレーの準備をする
内容　パス、ドリブル、シュート、ディフェンス…練習のやり方から試合に勝つ心がまえまで、元Jリーグ監督や日本代表がわかりやすく教えます。

『日本一忙しいコーチが書いた!!「サッ

『カー小僧」に読ませたい本』 保坂信之監修 スタジオタッククリエイティブ 2010.2 179p 21cm 1500円 ⓘ978-4-88393-375-4 Ⓝ783.47
[目次] 第1章 個人テクニックを身につける（個人テクニックを身につけることとは？, ボールフィーリング, 基本テクニックのトレーニング, しなやかさとリズム感のトレーニング, フェイント）, 第2章 勝負するために（ボールをうばう, ボールをける/受ける, 相手を抜く, フィニッシュする）, コーチと保護者へ, 最後に伝えたいこと
[内容] U-12（6～12歳）世代に贈る！「ゴールを決める」ための教科書。

『よくわかる！ 少年サッカールール—ハンディサイズだからどこでもすぐひけるオールカラー』 ファンルーツ監修 主婦の友社 2009.6 191p 17cm （主婦の友ポケットbooks） 900円 ⓘ978-4-07-265709-6 Ⓝ783.47

『よくわかる！ 少年サッカールール—オールカラー』 ファンルーツ監修 主婦の友社 2008.11 159p 21cm （主婦の友ベストbooks） 1300円 ⓘ978-4-07-263283-3 Ⓝ783.47
[目次] 第1章 サッカーの楽しみ, 第2章 試合を始める準備をしよう, 第3章 審判の仕事, 第4章 試合中にプレーが止まること, 第5章 得点の瞬間, 第6章 試合終了
[内容] サッカーは世界じゅうで最も愛されているスポーツです。1個のボールさえあれば、いつでも、どこでも、だれでもできるシンプルなスポーツだからです。そのシンプルなサッカーをより奥深く、おもしろくしているのが「ルール」です。「オフサイドってどこで見分けるの？」「直接フリーキックと間接フリーキックの違いは？」「ゴールはどの瞬間に決まるの？」などなど、意外に正確なルールを知らないままプレーをしたり観戦したりしているものです。本書では実写写真とイラストで目からうろこが落ちるようにわかりやすくルールを解説しました。この1冊で、サッカーがいままでより何倍も楽しくなるはずです。

『少年サッカー基本プレー完全攻略!!—これでキミもレギュラーになれる！』 大岳真人監修 学習研究社 2008.10 138p 21cm （Gakken sports books）

〈「Striker DX」特別編集〉 1200円 ⓘ978-4-05-403919-3 Ⓝ783.47
[目次] 第1章 攻撃編（1対1, 2対1, 2対2, チームでの攻め方）, 第2章 守備編（ボールへの守備, マークへの守備, 数的不利の守備, チームで守る）, 第3章 ポジション別レッスン（FW, サイドプレーヤー, 攻撃的MF, 守備的MF, センターバック, GK）

『クイズでサッカートレーニング！—ルールを知らなきゃピッチの上で戦えない！』 日本サッカー協会監修 カンゼン 2008.7 175p 19cm 1000円 ⓘ978-4-86255-013-2 Ⓝ783.47

『DVDでうまくなる！ 少年サッカー—基本・練習・指導法』 前園真聖監修 西東社 2008.6 159p 21cm 〈付属資料：DVD1〉 1500円 ⓘ978-4-7916-1473-8
[目次] 1 ボールに慣れよう！—楽しみながらボールに触れる, 2 ボールを蹴ってみよう！—自分の思うところにボールを蹴る, 3 ゴールを決めよう！—シュートはゴールへのラストパス, 4 ボールをコントロールしよう！—創造力豊かなプレーをする, 5 ドリブルしてみよう！—繊細なボールタッチで大胆に攻める, 6 相手の攻撃をふせごう！—守備の優先順位をおぼえる

『突然うまくなる！ 少年サッカー「上達」の秘密—個人戦術とグループ戦術』 和賀崇, 鈴木俊祐著 主婦の友社 2007.11 191p 21cm （主婦の友ベストbooks） 1300円 ⓘ978-4-07-257816-2 Ⓝ783.47
[目次] 1 個人戦術（攻撃）（ゴールを目ざそう！ ボールを運ぼう, ボールをコントロールしよう, ボールをもらおう, ボールを見よう, プレー別個人戦術編）, 2 個人戦術（守備）（ゴールを守ろう！ 守るものは何か, ボールを奪う, 相手の攻撃を遅らせよう, ボールの近くにいないときはどうしよう, 空中戦を征しよう, ポジションごとの役割（FW編, MF編, DF編）, 3 グループ戦術（ファーストアタッカーの役割）
[内容] サッカーのトレンドは時代とともに変化をしていきますが、絶対に変わることのない「本質」があります。ピッチ上で素晴らしいプレーを披露してくれる名選手たちに共通するのは、どの選手も皆、「プレーの本質」を理解していることです。ひとつひと

つのプレーには共通した目的（ゴールを奪う）があり、その目的を達成するためにプレーをするのがサッカーです。そして、サッカーにおいて、最後に勝負を決めるのが局面を打開する「個」だといえます。本書では、ジュニア年代に必要なサッカーの基本でもある、「ボール、自分、相手」との関係について、わかりやすく解説しています。

『小・中学生のためのサッカーの教科書』 成美堂出版編集部編　成美堂出版　2007.8　143p　26cm　（Seibido mook）　950円　①978-4-415-10501-7　Ⓝ783.47

『超実戦的ジュニアサッカー——世界を目指す子供たちのための』　遠藤雅大著　スキージャーナル　2007.7　112p　21cm　1300円　①978-4-7899-2111-4

目次　01 キック&ボールコントロールをみがく（インサイドキック，インサイドでのプッシュシュート，インステップキック ほか），02 球際のプレーに強くなる（実戦で必要な身体のぶつかりあい，ルーズボールをマイボールにする，切り返しのルーズボールの攻守 ほか），03 2対1の攻守（ドリブルで扉を開ける，ドリブルとパスの組み合わせで扉を開ける，ふたりでクロスしてひとりを抜く ほか）

『小学生・中学生のためのジュニアサッカー食事バイブル』　間宮裕子監修　カンゼン　2007.3　191p　21cm　1600円　①978-4-901782-93-7

目次　第1章 今から始める身体作りのためのサッカーレシピ（足の速いスピードのある選手になりたい，身長を伸ばしてプレーで有利になりたい ほか），第2章 子どもの体質改善のためのサッカーレシピ（太り気味の体を改善して，動きをすばやくしたい，やせ気味の体を改善して，せり負けないようにしたい ほか），第3章 サッカー選手に必要なココロを育むためのサッカーレシピ（いつも怒りっぽく，ファールをしやすい心を改善したい，試合や練習中に受けるストレスに弱い ほか），第4章 トラブルで困った時のためのサッカーレシピ（熱が出て寝込んでしまった，アキレス腱，靱帯のケガをしてしまった ほか），第5章 チームスケジュールに合わせたサッカーレシピ（練習時の食事と捕食，試合前日の食事 ほか）

内容　サッカーに関する能力は，食を通じてサポートすることができます。サッカープレーヤーにとって，体作りや食事は大切だとわかっていても，どんな食事がいいのか困っている人は多いはず。本書では，そんな悩みに答えます。子どもの体と心の成長に必要な栄養素は，身近な食材で簡単に摂れます。食を通じて，親子二人三脚でサッカーのレベルアップを目指しましょう。

『上達法がよくわかる・完全図解少年サッカー』　池内豊，早川直樹監修，茶留たかふみ絵　集英社　2006.6　240p　23cm　（集英社版・学習漫画）　1500円　①4-08-288089-5　Ⓝ783.47

目次　第1章 ボールフィーリング，第2章 ドリブル&フェイント，第3章 キック，第4章 パス&トラップ，第5章 複合フェイント&ヘディング，第6章 ルール，第7章 ミニゲーム，第8章 体づくりとケガの予防

内容　ドリブル、キック、リフティング、パス&トラップ、ヘディング、ミニゲーム、ルール、フィットネスをわかりやすく、全てを図解で解説。

『少年サッカー「基本と上達」のすべて——楽しく始めてめきめき上達』　平野淳著　主婦の友社　2006.6　191p　21cm　（主婦の友ベストbooks）　1300円　①4-07-250866-7　Ⓝ783.47

『フットサルをはじめよう』　遠藤則男文，高村忠範絵　汐文社　2006.4　47p　27cm　（イラスト図解遊びとゲームを楽しもう！ニュースポーツ）　2000円　①4-8113-7966-7　Ⓝ783.47

目次　ルール編（ピッチとボール，基本的なルール，特有のルール ほか），基礎編（リフティングからはじめよう，足の裏でボールをあつかう，キックを使い分ける ほか），戦術編（ポジションとフォーメーション，点を取る戦術）

『ジュニアサッカー キッズのトレーニング集——U-6/U-8/U-10・幼児～小学生』　豊田一成編著　カンゼン　2006.3　239p　21cm　1600円　①4-901782-66-5

目次　1 キッズのトレーニング（からだ遊びについて，ボール遊びについて，ゲーム遊びについて），2 キッズのスキル指導（キック，ドリブル，ヘディング ほか），3 キッズ指導の実践Q&A（キッズの基礎知識，現場レ

運動系活動を知ろう　　　　　　　　　　　　　　　　　　　クラブ活動

ベルの疑問，サッカーグッズ　ほか），コラム（スター選手の子ども時代—井原正巳さんの場合，スター選手の子ども時代—小野伸二選手の場合，スター選手の子ども時代—大谷未央選手の場合　ほか）

|内容| 遊びながら上達するドリルと，現場の疑問に答えるQ&A集。JFA（日本サッカー協会）では，幼児年代からのサッカー普及を目指し，キッズプログラムを提唱しています。そのキッズプログラムを率先している滋賀県サッカー協会の取り組みによって，本書が誕生しました。トレーニング集，スキル指導，Q&Aなど，さまざまなアプローチで指導のポイントを解説。子どもたちの「サッカーが好き！」という気持ちを大切にしながら指導できるヒントが散りばめられています。

『少年サッカーコーチングブック—基本を身につけ，ボールを味方にしよう！』高木琢也監修　日本文芸社　2006.3　159p　21cm　（実用best books）1200円　ⓘ4-537-20430-3　Ⓝ783.47

『ジュニアサッカー イングランドのドリル集101—ジュニアユース編』　マルコム・クック著　カンゼン　2005.10　239p　21cm〈原書第2版〉1600円　ⓘ4-901782-54-1

|目次| 1章 ウォーミングアップ，2章 ドリブル，3章 パス，4章 シュート，5章 ヘディング，6章 クロスとフィニッシュ，7章 ゴールキーピング，8章 ターンとスクリーンプレイ，9章 クールダウン

|内容| サッカーの本場イングランドの練習メニューを，わかりやすいイラストとともにシンプルに解説。12歳〜16歳までのテクニックを向上できるドリル集です。著者はプレミアリーグの名門クラブ，リバプールの元コーチ，マルコム・クック氏。高価な専門用具が必要なく，この年代に最適な101種類の実践的なメニューを紹介しています。

『少年サッカーコーチング—基本と練習法』　木村和司監修　西東社　2005.5　198p　21cm　1300円　ⓘ4-7916-1303-1　Ⓝ783.47

|目次| 1 ボールと友達になろう，2 基本のキックをマスターしよう，3 トラップでボールをコントロールしよう，4 ドリブルで相手を抜こう，5 ゴールを決めよう，6 相手の攻撃をふせごう

『いつでもどこでもフットサル』　須田芳正著　アイオーエム　2002.11　91p　21cm　（少年サッカーシリーズ 1）900円　ⓘ4-900442-26-7　Ⓝ783.47

『少年サッカー—シュートを決めろ！』　実業之日本社　2002.5　239p　15cm　（ヤングセレクション）676円　ⓘ4-408-61581-1

『これできみもサッカー博士—ルールと用語』　滝本茂著，湯浅健二監修　小峰書店　2001.3　127p　22cm　（たのしいサッカー教室 4）1500円　ⓘ4-338-17604-0

|目次| 1 サッカーのルールを知ろう（競技のフィールド，ボール，競技者の数 ほか），2 サッカーの用語をおぼえよう（ルール・グラウンドの用語，戦術の用語，技術の用語 ほか），3 サッカーのルールQ&A

|内容| ルールの根本にあるフェアプレーの精神を理解しよう。サッカーことばをおぼえてプレーに活用しよう。

『サッカーはともだち—入門』　千葉幹夫著，湯浅健二監修　小峰書店　2001.2　119p　22cm　（たのしいサッカー教室 1）1500円　ⓘ4-338-17601-6

|目次| 1 サッカーはたのしい（サッカーは世界一さかんなスポーツ，一一人が心をあわせてやるスポーツ ほか），2 サッカーは友だち，サッカーで友だち（Jリーガーになりたい人は，Jリーグの選手になるのはたいへん ほか），3 サッカーをたのしもう（小学生のときがいちばんうまくなる，正しい技術とはなんでしょう ほか），4 試合をする（試合のまえに，試合のはじめ ほか），5 サッカーをもっとたのしもう（ルールを理解しよう，サッカーを見てたのしむ ほか）

|内容| サッカーをこれからはじめる人，はじめたばかりの人へおくるサッカーへのしたしみかた。

『サッカー入門』　加藤久著，吉森みき男イラスト　岩崎書店　2000.4　111p　22cm　（きみもチャレンジ！ジュニア入門シリーズ 1）1500円　ⓘ4-265-02641-9,4-265-10219-0

|目次| 第1章 サッカーで世界をめざせ（サッカーはどの国でも，ナンバーワンスポーツ

だ，世界のサッカーを見ておこう，日本と世界のサッカーをつなぐ ほか），第2章 ベーシック・テクニックを身につける（サッカー選手の4つの要素，キック，キックの練習 ほか），第3章 個人戦術・グループ戦術（攻撃戦術，守備戦術）

内容 元日本代表の主将として活躍した著者が，強化委員，監督などの豊富な経験をもとに少年少女におくる，サッカー上達のための基本中の基本！キック，ヘディング，ドリブル，トラップ，タックルの5つのベーシック（基本）・テクニックの基本練習とそのポイントを解説。「まわりを見る」「ボールがくる前に考える」「パスして動く」など，現代サッカー戦術をわかりやすく説く。小学校中学年〜中学生向。

『遊youキッズサッカー』 松木安太郎著 ベースボール・マガジン社 1998.4 160p 21cm 1400円 ①4-583-03496-2
目次 第1章 ボールは友だち，第2章 ぼくらはあそびの天才だ！，第3章 さあ，ボールをけってみよう，第4章 ける・止める・はこぶ，第5章 シュートを決めよう！，第6章 悩み解決！質問箱

『ジュニアサッカー トレーニング編—スポーツ マニュアル』 藤田一郎著 有紀書房 [1996.3] 159p 21cm 820円 ①4-638-05153-7
目次 1 テクニック，2 ミニゲーム，3 ゴールキーピング，4 フィットネス
内容 本書は1974年から20年間，日本サッカー協会のセントラル・トレセン（中央研修会）で，全日本少年サッカー大会の優勝選手たちをもっと高いレベルに育てるためのトレーニングをしていた著者がそこで使われていたトレーニングメニュー（練習内容）を，そのときのコーチングスタッフの協力をえてまとめたものです。やさしいトレーニングから少し難しいものまでのっています。

◆バレーボール
『もっと活躍できる！小学生のためのバレーボールがうまくなる本』 山野辺善一監修 メイツ出版 2011.10 128p 21cm （まなぶっく）〈並列シリーズ名：MANA BOOKS〉 1500円 ①978-4-7804-1046-4 Ⓝ783.2

『できる！スポーツテクニック 4 バレーボール』 寺廻太監修 ポプラ社 2010.3 159p 22cm〈2004年刊の改訂〉 1600円 ①978-4-591-11648-7 Ⓝ780
目次 基本プレー（サーブ，トス ほか），ポジション（スパイカー，セッター ほか），コンビネーション（攻撃作戦，守備作戦），トレーニング＆基礎知識

『バレーボールがうまくなる！ 下』 寺廻太監修，市川能里まんが 学習研究社 2007.2 143p 22cm （読めばうまくなるスポーツまんが 6） 1200円 ①978-4-05-202745-1 Ⓝ783.2
目次 第6章 お父さんがコーチに!?（スパイクの基本，オープンスパイク ほか），第7章 もうすぐ秋の大会が始まる（ブロックの基本，移動してブロックする ほか），第8章 カズミ，セッターになる（トスの基本，オープントス ほか），第9章 おたがいに信らいし合って（三段攻撃の基本，基本のフォーメーション ほか），第10章 みんなが1つになった！（Aクイック，Bクイック ほか）

『バレーボールがうまくなる！ 上』 寺廻太監修，市川能里まんが 学習研究社 2007.2 143p 22cm （読めばうまくなるスポーツまんが 5） 1200円 ①978-4-05-202744-4 Ⓝ783.2
目次 第1章 バレーボールを始めよう．（手を組んでみよう，正しいフォームでパスしよう ほか），第2章 パスのコーチはお父さん！（手の形と使い方を覚えよう，正しいフォームでパスしよう ほか），第3章 パスとレシーブは，バレーボールの基本（構えを覚えよう，正しいフォームでレシーブしよう ほか），第4章 サーブレシーブは，素早く動いて（正しい受け方を覚えよう，前に動いてレシーブしよう ほか），第5章 何種類ものサーブにびっくり！（サーブの基本を覚えよう，アンダーハンドサーブ ほか）

『バレーボール』 こどもくらぶ編 ほるぷ出版 2006.11 72p 29cm （スポーツなんでも事典） 3200円 ①4-593-58406-X Ⓝ783.2
目次 歴史，ボール，ユニフォーム，コート，プレー，ポジションとローテーション，ルール，反則，審判，国際大会，オリンピック，海外のプロリーグ，Vリーグ，ビーチバレー，ソフトバレーボール，シッティングバ

レーボール，プロ選手への道
[内容] バレーボールの歴史や道具のことから，日本Vリーグや世界のバレーボールリーグ，そしてビーチバレーやシッティングバレーボールなどなど。バレーボールにかかわるさまざまなことがらをテーマごとにまとめて解説した，ヴィジュアル版子ども向けバレーボール事典です。バレーボールについて，どのように，なにを調べたらよいかがわかります。

『ソフトバレーボールをはじめよう』 遠藤則男文，高村忠範絵　汐文社　2006.1　47p 27cm （イラスト図解遊びとゲームを楽しもう！ ニュースポーツ）2000円　Ⓘ4-8113-7967-5　ⓃN783.2
[目次] ルール編（基本的なルールを知ろう，ゲームのすすめ方，コートとネット，こんなプレーは反則！ ほか），技術編（ボールになれよう！，オーバーハンドパス，アンダーハンドパスとレシーブ，サーブを入れる ほか）

『バレーボール—攻め方・守り方がよくわかる』 斎藤勝著　学習研究社　2005.3　91p 26cm （ジュニアスポーツ上級編3）〈7刷〉2600円　Ⓘ4-05-500374-9
[目次] ポジション別必修スキル（セッター，スパイカー，レシーバー，バレーボールのためのファンダメンタル），プレイヤーのための基本技術（基本姿勢とフットワーク，パス，トス，サーブ，スパイク，レシーブ，ブロック），チームのための戦術（アタックレシーブフォーメーション，サーブレシーブフォーメーション，アタックフォーメーション，ブロックカバー）

『基本がわかるスポーツルールバレーボール—イラスト版』 下山隆志監修，尾沢とし和著　汐文社　2005.2　63p 22cm　1500円　Ⓘ4-8113-7902-0　Ⓝ783.2

『バレーボール—ルールと技術』 高橋和之校閲・指導　学習研究社　2005.2　63p 29cm（絵でわかるジュニアスポーツ 新版 4　関岡康雄監修）〈シリーズ責任表示：関岡康雄監修〉3300円　Ⓘ4-05-202188-6　Ⓝ783.2
[目次] ルール（6人制バレーボール，9人制バレーボール），技術（パス，サービス，レシーブ，トス，スパイク，ブロック，オープ

ン攻撃・時間差攻撃，フォーメーション）

『バレーボール—オリンピックのスーパープレーでうまくなる！』 寺廻太監修　ポプラ社　2004.12　159p 21cm （めざせ！ スーパースター 3）1200円　Ⓘ4-591-08340-3　Ⓝ783.2
[目次] 基本プレー（サーブ，トス ほか），ポジション（スパイカー，セッター ほか），コンビネーション（攻撃作戦，守備作戦），トレーニング＆基礎知識（トレーニング，日常の心がけ ほか）

『バレーボール—ルールと技術』 斎藤勝校閲・指導　学習研究社　2002.8（15刷）63p 27cm （絵でわかるジュニアスポーツ 3　関岡康雄監修）3300円　Ⓘ4-05-200234-2　Ⓝ783.2

『バレーボール』 青山繁著　旺文社　2001.4　127p 21cm （Jスポーツシリーズ 4）1100円　Ⓘ4-01-071834-X
[目次] 世界で活躍するスーパープレーヤー，バレーボールの歴史，青山繁ヒストリー，青山繁選手からのメッセージ，ストレッチと準備運動，基本プレーとポジション，パス，トス，サーブレシーブ，スパイクレシーブ，サーブ，スパイク，ブロック，フォーメーション
[内容] 本書は，バレーボールをやってみたい，バレーボールがうまくなりたい，という小・中学生のみなさんに向けて書かれたものです。近年の世界のトップ選手やバレーボールが誕生してからの歴史を紹介するとともに，著者のバレーボール人生を綴りました。バレーボールをやるために必要な基本技術，応用編，上手になるためのコツ，練習方法なども書かれています。

『バレーボール』 青山繁著　旺文社　2001.4　127p 22cm （Jスポーツシリーズ 4）〈ハードカバー〉1600円　Ⓘ4-01-071824-2,4-01-071734-3
[目次] 1st STAGE（世界で活躍するスーパープレーヤー，バレーボールの歴史，青山繁ヒストリー ほか），2nd STAGE（ストレッチと準備運動，基本プレーとポジション，パス ほか），実戦で役立つルール解説，審判のハンドシグナル，コート・用具
[内容] この本は，バレーボールをやってみたい，バレーボールがうまくなりたい，という

クラブ活動　　　　　　　　　　　　　　　運動系活動を知ろう

小・中学生に向けて書いたものです。技術編では、FILE1〜9まで順に、バレーボールをやるために必要な基本技術、応用編、上手になるためのコツ、練習方法などが書かれています。FILE10では、チームとして試合中、どのように動けば良いか、フォーメーションについてまとめました。

『ソフトバレーボール』苅宿俊文著　大日本図書　1999.3　63p　27cm　（クラスみんなでボールゲーム）2800円　Ⓣ4-477-00994-1
目次　第1章 熱血ストーリー ソフトバレーにむちゅうなの！、第2章 さあ、いよいよ練習だ!!、第3章 ソフトバレーボールのルールを知ろう！
内容　ソフトバレーボールは、にぎやかに楽しめるスポーツです。バレーボールとちがって、つき指の心配もありませんし、手がいたくなることもありません。だから、思いきってボールをあつかってください。コートの中は、チームの4人が協力しあう場です。協力できるいいムードがあれば、多彩な攻めと守りができます。いい汗かいて、楽しみましょう。

『バレーボール—攻め方・守り方がよくわかる』関岡康雄監修, 斎藤勝著　学習研究社　1999.2　91p　27cm　（ジュニアスポーツ 上級編 3）2600円　Ⓣ4-05-500374-9,4-05-810553-4

『すぐわかる！ うまくなる！ マンガバレーボール』小室しげ子作画　有紀書房　[1998.7]　159p　21cm　860円　Ⓣ4-638-01125-X
目次　テクニックをみがけ！（パスなんてサダサダ？、トホホ！ トスって難しい、待ってました！ スパイク、でた〜！ 顔面ブロック、うるうるうる あこがれの回転レシーブ、受けてみろ！ わたしの天井サーブ）、さあいよいよ実戦だ！—フォーメーション攻撃でいくわよ、さあ2回目の実戦だ！—フォーメーションで守るわよ、番外編ビーチバレーボール—真夏の海岸より打田夏美がレポートします

『バレーボール』ポプラ社　1997.4　55p　27cm　（ルールと技術がよくわかる小学生スポーツブック 4）2800円＋税　Ⓣ4-591-05332-6

『バレーボール』日野原昌弘, 皆川善之文　あかね書房　1997.4　47p　28cm　（クラブ活動に役立つスポーツ図鑑 2　鈴木秀雄監修）3000円　Ⓣ4-251-07982-5

◆バスケットボール

『ミニバスケットボール基本れんしゅう—クラブで習う基本＆実戦テクニックのすべてがわかる！』目由紀宏監修　大泉書店　2013.2　159p　21cm　（012 ジュニアスポーツ）1000円　Ⓣ978-4-278-04917-6　Ⓝ783.1

『もっと活躍できる！ 小学生のためのミニバスがうまくなる本』小鷹勝義監修　メイツ出版　2010.11　128p　21cm　（まなぶっく）〈並列シリーズ名：MANA BOOKS〉1300円　Ⓣ978-4-7804-0884-3　Ⓝ783.1
目次　1 バスケットの基本, 2 シュートを打とう, 3 ドリブルでボールを動かす, 4 正確なパスを出そう, 5 フォーメーション, 6 実戦練習
内容　シュート、ドリブル、パス、リバウンド…練習のやり方から、試合に勝つ心構えまで、全国優勝チームの監督がわかりやすく教えます。

『いちばんうまくなるミニバスケットボール』永田睦子監修　学研パブリッシング, 学研マーケティング（発売）2010.7　184p　21cm　（[Gakken sports books]―学研ジュニアスポーツ）1100円　Ⓣ978-4-05-404654-2　Ⓝ783.1
目次　1章 ボールハンドリング編, 2章 ドリブル編, 3章 シュート編, 4章 パス編, 5章 ディフェンス編, 6章 体の使い方編, 付録 はじめてでもよくわかる基本のルール
内容　より実戦的に基礎を身につけよう！ 試合で絶対役立つ！ ドリブル、パス、シュートの基本をマスター！ ポイントがわかるルール解説つき。

『できる！ スポーツテクニック 6 バスケットボール』阪口裕昭監修　ポプラ社　2010.3　159p　22cm　1600円　Ⓣ978-4-591-11650-0　Ⓝ780
目次　1人1人がうまくなろう（基本動作, シュートはこう打つ, ドリブルでゴールに

子どもの本 楽しい課外活動2000冊　　109

| 運動系活動を知ろう | クラブ活動 |

近づこう ほか），チームでうまくなろう（チームで攻めよう，チームで守ろう），トレーニング基礎知識

『ミニバスケットボール基本・練習・コーチング』 原田裕花監修 西東社 2010.3 207p 21cm （少年少女スポーツシリーズ）〈並列シリーズ名：Boys & girls sports series〉 1200円 ①978-4-7916-1694-7 Ⓝ783.1

『バスケットボールがうまくなる！ 下』 塚本清彦，中原雄監修，岩崎つばさまんが 学習研究社 2007.2 143p 22cm （読めばうまくなるスポーツまんが 4） 1200円 ①978-4-05-202743-7 Ⓝ783.1
目次 第6章 ようこそ広北スターズへ（ディフェンスの基本の構え，相手の動きに対応しよう ほか），第7章 男子チームのアドバイス（ピボットから相手をぬこう，前回りのピボットを素早く ほか），第8章 攻撃力アップのカギは？（パスしたら走ろう，2人平行に走ってパス＆ランをしよう ほか），第9章 広北スターズ初勝利なるか？（ドリブルを入れてパスをつなごう，ドリブルを入れて2オン2をやろう ほか），第10章 大好きなバスケットボール（ダブルカットをしよう，スクリーンでパスをつなごう ほか）

『バスケットボールがうまくなる！ 上』 塚本清彦，中原雄監修，岩崎つばさまんが 学習研究社 2007.2 143p 22cm （読めばうまくなるスポーツまんが 3） 1200円 ①978-4-05-202742-0 Ⓝ783.1
目次 第1章 バスケットボールを始めよう！（高さを変えてドリブルしよう，床に置いたボールをたたいてドリブル ほか），第2章 チームの名前が決まった！（ドリブルで前へ進んでみよう，ストップやターンを入れてみよう ほか），第3章 5人目のチームメイト（パスの基本！ チェストパス，頭の上からオーバーヘッドパス ほか），第4章 初めての試合が始まる！（セットシュートの基本姿勢，両手のセットシュート ほか），第5章 決まるか？ 初めてのシュート（レイアップシュート，クローズアップシュート ほか）

『バスケットボール』 こどもくらぶ編 ほるぷ出版 2006.3 71p 29cm （スポーツなんでも事典） 3200円 ①4-593-58402-7 Ⓝ783.1

目次 歴史，ボール，シューズ，コート，ポジション，ルール，審判，NBA，海外リーグ，世界選手権〔ほか〕
内容 バスケットボールの歴史や道具のことから，日本のバスケットボールリーグやアメリカのNBA，そして車椅子バスケットボールやストリートバスケットボールなど。バスケットボールにかかわるさまざまなことがらをテーマごとにまとめて解説した，ヴィジュアル版子ども向けバスケットボール事典です。バスケットボールについて，なにを，どのように調べたらよいかがわかります。

『バスケットボール——ルールと技術』 笠原成元校閲・指導 学習研究社 2005.2 63p 29cm （絵でわかるジュニアスポーツ 新版 3 関岡康雄監修）〈シリーズ責任表示：関岡康雄監修〉 3300円 ①4-05-202187-8 Ⓝ783.1
目次 ルール（チーム・競技時間・コート，ジャンプボール，スローイン，ゴール・得点と勝敗 ほか），技術（パス，ドリブル，ストップとピボット，フェイク ほか）

『基本がわかるスポーツルールバスケットボール——イラスト版』 中村啓子著 汐文社 2004.11 63p 22cm 1500円 ①4-8113-7903-9 Ⓝ783.1
目次 バスケットボールの特徴と規格（バスケットボールの特徴，コートと必要な物，チーム ほか），バスケットボールの戦い方とルール（ボールをあつかうときのルール，ドリブルでボールをはこぶ，ピボットで向きを変える ほか），バスケットボールのゲームのすすめ方とルール（ジャンプボールでゲーム開始，アウトオブバウンズ，スローインでゲームをつづける ほか）

『どんどんうまくなる！ ミニバスケットボール入門』 榎本日出夫監修 ［東京］ 成美堂出版 2004.8 175p 19cm （ジュニアライブラリー） 820円 ①4-415-02752-0 Ⓝ783.1

『バスケットボール——攻め方・守り方がよくわかる』 笠原成元著 学習研究社 2003.11 95p 26cm （ジュニアスポーツ上級編 2）〈6刷〉 2600円 ①4-05-500373-0
目次 ポジション別必修スキル（ガードプレ

| クラブ活動 | 運動系活動を知ろう |

イヤー，フォワードプレイヤー，センタープレイヤー，バスケットボールのファンダメンタル），プレイヤーのための基本技術（ボディコントロール，ボールコントロール，インディビデュアルオフェンス，インディビデュアルディフェンス），チームのための戦術（オフェンス，ディフェンス，ウォームアップ・クールダウンストレッチング）

『バスケットボール』 佐古賢一著 旺文社 2001.4 127p 21cm （Jスポーツシリーズ 3） 1100円 Ⓘ4-01-071833-1
目次 世界を動かしたスーパープレーヤー，バスケットボールの歴史，佐古賢一ヒストリー，佐古賢一選手からのメッセージ，ストレッチング&ハンドリング，ドリブル，パス，シュート，ディフェンス，パスミート，リバウンド，その他の個人技，チームディフェンス，チームオフェンス，バスケットボールの基本ルール，試合に使われる主な審判の合図，バスケットボールの施設と用具
内容 本書は，バスケットボールをやってみたい，バスケットボールが上手になりたいという小・中学生のみなさんに向けて書いたものです。バスケットボールの歴史をはじめ，マイケル・ジョーダンやマジック・ジョンソンなど，過去にかがやかしい成績を残したプレーヤーや，現在活躍中のプレーヤーたち，バスケットボールの基礎となるパス，ドリブル，シュートの方法やルールなど，実践で使えるテクニックを紹介しています。

『バスケットボール入門』 萩原美樹子著，松下佳正イラスト 岩崎書店 2000.4 112p 22cm （きみもチャレンジ！ジュニア入門シリーズ 3） 1500円 Ⓘ4-265-02643-5,4-265-10219-0
目次 第1章 オフェンス，第2章 ディフェンス，第3章 ゲームをしよう，第4章 心のトレーニング，第5章 世界のバスケットボール，第6章 バスケットの基本的なルール
内容 全日本チームの名フォワードで，アジアで初のアメリカ女子プロバスケットボールリーグ（WNBA）選手として活躍した著者が少年少女におくる，楽しいバスケットボール入門の書。ドリブルやパスなどの基本練習から，オフェンスでのシュートやフェイク（フェイント）の技術，"合わせの動き"などのチームプレー，さまざまなディフェンスの方法など，現代バスケットの基本を伝授。小学校中学年～中学生向。

『無茶雄くんのバスケットボール―バスケットボール』 日本学校保健会監修，二階堂正宏漫画 大塚製薬 1999.5 47p 15cm （Otsuka漫画ヘルシー文庫 第11巻（スポーツのケガと予防編）7）

『ミニバスケットボール』 苅宿俊文著 大日本図書 1999.3 63p 27cm （クラスみんなでボールゲーム） 2800円 Ⓘ4-477-00990-9
目次 第1章 熱血ストーリー バスケットボールにありがとう！，第2章 さあ，いよいよ練習だ!!，第3章 ルールを知ろう！

『バスケットボール―攻め方・守り方がよくわかる』 関岡康雄監修，笠原成元著 学習研究社 1999.2 95p 27cm （ジュニアスポーツ 上級編 2） 2600円 Ⓘ4-05-500373-0,4-05-810553-4

『よくわかる！ うまくなる！ マンガ バスケットボール―NBAドリームチーム完全ガイド付』 本間正夫原作，高梨としみつ作画 有紀書房 1998.1 159p 21cm 860円 Ⓘ4-638-01123-3
目次 第1章 さあゲームを始めよう，第2章 フェアプレーで戦おう―ルール違反と罰則，第3章 覚えておきたい基礎知識，第4章 審判の指示・合図

『バスケットボール』 大木喜知文 あかね書房 1997.4 47p 28cm （クラブ活動に役立つスポーツ図鑑 3 鈴木秀雄監修） 3000円 Ⓘ4-251-07983-3

『ミニバスケットボール・バスケットボール』 ポプラ社 1997.4 55p 27cm （ルールと技術がよくわかる小学生スポーツブック 1） 2800円＋税 Ⓘ4-591-05329-6

◆テニス・バドミントン

『小学生のためのテニスがうまくなる本―もっと活躍できる！』 増田健太郎監修 メイツ出版 2013.4 128p 21cm （まなぶっく E-20） 1500円 Ⓘ978-4-7804-1301-4 Ⓝ783.5

『クラブ活動アイデアブック 5 バドミントンクラブ』 杉田洋監修 フレーベ

子どもの本 楽しい課外活動2000冊　111

ル館　2010.12　53p　27cm　3500円　①978-4-577-03855-0　Ⓝ375.18

[目次]　1　グループを決めて計画を立てよう！（クラブ活動を始めよう，クラブ長を決めよう，グループを決めよう　ほか），2　さあ，バドミントンクラブを楽しもう！（バドミントンってこんなスポーツ，バドミントンの基本のルール，活動前に必ず行う仲よし準備運動　ほか），3　活動内容を発表しよう！（発表会の計画を立てよう，バドミントンの楽しさをみんなに教えたい！　バドミントン教室を開こう，バドミントンのかっこよさを伝えたい！　バドミントンのここがスゴイ！）

[内容]　みんなが大好きなクラブ活動の時間を，さらに盛り上げるためのシリーズ。練習や試合を通して，仲間とのきずなが深まるバドミントンクラブ。

『できる！スポーツテクニック　7　テニス・ソフトテニス』　神和住純，田中弘監修　ポプラ社　2010.3　159p　22cm　1600円　①978-4-591-11651-7　Ⓝ780

[目次]　テニス（テニスの基本，グラウンドストローク，ボレー＆スマッシュ　ほか），ソフトテニス（ソフトテニスの基本，グラウンドストローク，ボレー＆スマッシュ　ほか），トレーニング用語解説

『ジュニア・ソフトテニス―とっておき！練習ドリル　もっと上手になる！　もっと強くなる！』　ベースボール・マガジン社　2008.3　97p　26cm　（B.B.mook　531―スポーツシリーズ　no.405）〈他言語標題：Junior soft tennis〉　1143円　①978-4-583-61520-2　Ⓝ783.5

『バドミントン』　こどもくらぶ編　ほるぷ出版　2007.12　71p　29cm　（スポーツなんでも事典）3200円　①978-4-593-58408-6　Ⓝ783.59

[目次]　歴史，シャトル，ラケット，ユニフォームとシューズ，コート，ルール，ショット，フォルトとレット，違反と罰則，審判，日本の大会，日本リーグ，世界のバドミントン，世界の大会，オリンピック，日本代表，いろいろなバドミントン，障害者バドミントン，ジュニアバドミントン，部活動，大学バドミントン，実業団選手への道

[内容]　バドミントンの歴史やシャトルのつくられ方から，バドミントン大国のインドネシアや中国について，バドミントン選手の生活についてなどなど。バドミントンにかかわるさまざまなことがらをテーマごとにまとめて解説した，ヴィジュアル版子ども向けバドミントン事典です。バドミントンについて，なにを，どのように調べたらよいかがわかります。

『松岡修造の楽しいテニス　3巻（勝つ！ためのテニスと方法）』　松岡修造著，庄司猛イラスト　汐文社　2007.10　47p　21×22cm　1800円　①978-4-8113-8197-8　Ⓝ783.5

[目次]　「ほんとうのテニスの力」に，みがきをかける！，足でリズムを取ろう！，いい打点でボールを捕らえるには？，「体の回転」が，生きたボールを打つカギ！，バックハンドをマスターしよう！，バックハンドでパワーボールを打つ方法，ボール7個分を打ちぬくイメージでスイング！，バックボレーを打ってみよう！，ボールに回転をかけてみよう！，回転を自由自在にあやつる，回転を意識しすぎると，弱弱しいボールになる，ロビングをマスターしよう！，スマッシュをマスターしよう！，アプローチショットをマスターしよう！，パッシングショットをマスターしよう！，アングルショットをマスターしよう！，修造からのメッセージ！

『松岡修造の楽しいテニス　2巻（熱血テニス楽しく上達！）』　松岡修造著，庄司猛イラスト　汐文社　2007.8　47p　21×22cm　1800円　①978-4-8113-8196-1　Ⓝ783.5

[目次]　チャレンジし続ければ，自分がどんどん変わってくる！，「1，」でテイクバックして「2！」でスイング，左手のシールが見えるように受けてから，打ち返す，ケンケンでマスター！　正しい体のひねり方，もどし方，「ラケットとめ打ち」でパワーアップ！，へび縄＆大縄テニスにチャレンジ！，「逆算」のイメージでボールをコントロールしよう，ボレーはとにかく攻めに出ること！，ボレーが上達する練習法，すわってボレー，ローボレーは，ていねいに打ち返す，速いボールに対する反応のしかた，上から打つサーブは，投げる動作に似ている，サーブのできは，トスしだい！，サーブをパワーアップする方法，自然なサーブのフォームを視につけよう，自分に合ったグリップを見つけよう

『バドミントンノックバイブル』　能登則男監修，ベースボール・マガジン社編

クラブ活動　　　　　　　　　　　　　　　　　運動系活動を知ろう

ベースボール・マガジン社　2007.5　113p　26cm　(Sports bible series)〈他言語標題：Badminton knock bible〉1200円　ⓘ978-4-583-10027-2　Ⓝ783.59

『松岡修造の楽しいテニス　1巻（テニス大好き！）』　松岡修造著，庄司猛イラスト　汐文社　2007.5　47p　21×22cm　1800円　ⓘ978-4-8113-8195-4　Ⓝ783.5

|目次| 楽しく遊んでいるうちに，スポーツが得意になる本だ！，姿勢がいいと，すばやく動けるようになる，いつでも，すばやく動き出せるようになるための練習法，体の回転を使えば，強いボールが打てる！，大きなボールを打ってみよう，バックハンドを打ってみよう，ノーバウンドで打つボレーに挑戦！，遊びながら，ボレーの正しい動作を身につけよう，スポーツ・アイをきたえよう（目の使い方），呼吸を工夫して，ボールのスピードを変えてみよう！，トランポリンでバランス感覚をやしなおう，しっかりとねらいをだだめて打つ！，10球ラリーに挑戦！，ポイントを取り合うゲームをしよう！

『テニス』　こどもくらぶ編　ほるぷ出版　2006.10　71p　29cm　（スポーツなんでも事典）　3200円　ⓘ4-593-58404-3　Ⓝ783.5

|目次| 歴史，コート，用具，ルール，ポジションとフォーメーション，ショット，審判，4大大会，世界プロツアー，日本の大会，記録，国別対抗戦，オリンピック，マナー，観客，ソフトテニス，いろいろなテニス，プロ選手への道

|内容| テニスの歴史や道具のことから，はなばなしく活躍するプロ選手や世界大会のしくみ，アマチュアレベルでたのしむ人まで。テニスにかかわるさまざまなことがらをテーマごとにまとめて解説した，ヴィジュアル版子ども向けテニス事典です。テニスについて，なにを，どのように調べたらよいかがわかります。

『バドミントンノック100選―うまくなりたいジュニアのために』　ベースボール・マガジン社　2006.8　113p　26cm　(B.B.mook 422―スポーツシリーズ no.300)〈他言語標題：This is the knock！〉857円　ⓘ4-583-61401-2　Ⓝ783.59

『親子でチャレンジ！　はじめてのキッズ＆ジュニアテニス―世界への一歩はここから踏み出そう』　中嶋康博監修，井上剛指導　スキージャーナル　2006.7　79p　21cm〈付属資料：DVD1〉2000円　ⓘ4-7899-7517-7

|目次| 基礎編（ボールの説明，家の中でできる練習方法　ストローク編，家の中でできる練習方法　ボレー編，家の中でできる練習方法　スマッシュ編，家の中でできる練習方法　サーブ編　ほか），基本編（基本のフォームを覚えよう（ストローク），基本のフォームを覚えよう（ボレー），素速く動くためのステップを覚えよう，動きを入れたヒッティングにチャレンジ（ストローク編），打つコースを決めてヒッティングにチャレンジ　ほか）

『ジュニア審判マニュアル―ソフトテニスのルール（きまり）と審判のしかた』　日本ソフトテニス連盟編　日本ソフトテニス連盟　2006.4　55p　18cm　Ⓝ783.5

『ジュニア硬式テニスコーチングと練習メニュー』　田頭健一監修　池田書店　2004.6　189p　21cm　1300円　ⓘ4-262-16290-7　Ⓝ783.5

|目次| 1 基礎編　テニスコートで遊ぼう（コートを走ってみよう！，いろいろな走り方で走る　ほか），2 初級編　テニスをしてみよう！（サイドステップですばやく走る，コーンでボールをキャッチ！　ほか），3 中級編　ショットの基礎を身につける（フォアハンドストローク，ボレー，スマッシュ　ほか），4 上級編　教えて！　スーパーショット（バギーホイップショット，ライジングショット　ほか），5 ドリル編　練習は楽しく合理的に（ストレート/クロスの打ち分け，体重移動をしっかりおこなう　ほか）

|内容| 親子で楽しみながらがうまくなる！　お父さん，お母さんにも役に立つコーチへのアドバイス満載！　小学生の子供にもわかりやすいようにふりがな付き。

『確実に上達するジュニアテニス』　志津テニスクラブ監修　実業之日本社　2004.3　173p　21cm　(Sports level up book)　1300円　ⓘ4-408-39547-1　Ⓝ783.5

『バドミントン―攻め方・守り方がよくわ

子どもの本　楽しい課外活動2000冊　113

かる』 栂野尾昌一著　学習研究社　2003.11　87p　26cm　（ジュニアスポーツ上級編 6）〈6刷〉2600円　Ⓢ4-05-500377-3

|目次| 強くなるための必修スキル（クリアー、ドロップ、スマッシュを打ち分ける、スマッシュのコース打ち、スマッシュのリターン、ネット際に強くなるショット、変化に富んだサービス、サーブレシーブで第1次攻撃、バドミントンのファンダメンタル）、プレイヤーのための基本技術（基本姿勢とフットワーク、ストローク、ショット、サービス）、チームのための戦術（シングルス、ダブルス）

『強くなるテニス入門―めざせ！ スーパーエース』 伊良子妙子監修　［東京］成美堂出版　2003.6　177p　19cm（ジュニアライブラリー）820円　Ⓢ4-415-02391-6　Ⓝ783.5

|目次| 第1章 テニスはフォームが命（きれいなフォームを身につけるために）、第2章 スイング別・フォームの完成（ラケットの握り方、正しい構え方、フォアハンド・ストローク、バックハンド・ストローク、フォアハンド・ボレー、バックハンド・ボレー、スマッシュ、サービス）、第3章 エースをねらうスイング練習法、第4章 ボールとラケットになれる、第5章 勝てるプレイヤーになるトレーニング法、教えるのではなく、育てるテニスを

|内容| みやすい連続写真と、わかりやすいワンポイントアドバイスで、テニスの基本とコツをかんたん解説。きれいなフォームを身につける方法を、スイング別に、ていねいに紹介。ラケット、ボールのなれ方から、試合ですぐに使えるポイントまで、役にたつレッスンがいっぱい。

『テニス』 松岡修造著　旺文社　2001.4　127p　21cm　（Jスポーツシリーズ 7）1100円　Ⓢ4-01-071837-4

|目次| 1st STAGE 世界でプレーする選手たち（歴史を作ったスーパープレーヤー、世界で活躍するトッププレーヤー、テニスの歴史 ほか）、2nd STAGE トップ選手から学ぼう（ストレッチング、練習を始める前に、グラウンドストローク ほか）、TECHNIQUE STAGE 試合に勝つための応用テクニック編

|内容| この本は、テニスをやってみたい、テニスが強くなりたい、という小・中学生のみ

なさんに向けて書いたものです。「硬式テニス」についての内容が中心です。テニスの歴史や、過去に活躍したプレーヤー、現在活躍中のプレーヤーたちの紹介から、テニスの基礎となる技術やルールなどを紹介しています。

『ジュニアテニス塾―きみをチャンピオンにする！ スーパードリル100』 竹内映二［著］　学習研究社　2001.3　129p　21cm　（Gakken sports books）1000円　Ⓢ4-05-401355-4

|目次| 1 はじめに、2 テニスの基礎、3 ベースライン、4 ネットプレー、5 サーブとレシーブ、6 戦術と、ドリルの仕上げ

|内容| この本の特色は、技術解説とその具体的な習得法（ドリル）を直結させたことです。また、ドリルは、技術の習得だけでなく、体力アップやメンタルの強化、予測力の向上にも結びつきます。

『テニス入門』 沢松奈生子著，落合恵子イラスト　岩崎書店　2000.4　111p　22cm　（きみもチャレンジ！ジュニア入門シリーズ 5）1500円　Ⓢ4-265-02645-1,4-265-10219-0

|目次| 第1章 テニスとは？、第2章 さあテニスを始めましょう！、第3章 すこし上達したら、第4章 試合に出場するようになったら、第5章 プロ選手のツアー生活に学ぶ

|内容| 15才で全日本選手権優勝。17才でプロツアーに参戦し、世界ランキング最高14位、全豪オープンベスト8進出、ツアー優勝4回、通算205勝など、つねに日本女子テニス界をリードしてきた著者が少年少女におくる、テニス入門の書。テニスの楽しさから、グランドストロークやボレー、サービスなどの基本技術、試合での心がまえ、ツアー生活のエピソードなどを、つぶさに伝える。小学校中学年～中学生向。

『フリーテニス―小さなラケットと小さなコート、どこでも楽しめる』 苅宿俊文文，福井典子絵　偕成社　2000.3　31p　31cm　（ふだん着でできる新・学校のスポーツ 5）2500円　Ⓢ4-03-543350-0

|内容| 楽しみにしていた家族旅行なのに…、フリーテニスって、テニス？、卓球のラケットと、軟式テニスのボール？、打ち合いからはじめよう、フリーテニスの歴史と特徴、迫力のスマッシュ！、ボレーは1回おきに…、

家族で試合がはじまった，フリーテニスのおもなルール，フリーテニス自慢の一家登場！〔ほか〕

[内容] アッくん（木村明彦）の家族は，毎回，なにかテーマを決めて旅行にいきますが，今回は「テニス」です…目的地に着いたつぎの朝は大雨！ スポーツが苦手なぼくは，ほっとしていましたが，あきらめきれない父さんに，ペンションの人が「"フリーテニス"のコートなら体育館にあるよ」って教えてくれました…。

『ソフトテニス―攻め方・守り方がよくわかる』 関岡康雄監修，西田豊明著 学習研究社 1999.2 87p 27cm （ジュニアスポーツ 上級編 4） 2600円 Ⓘ4-05-500375-7,4-05-810553-4

[目次] 陣形・ポジション別必修スキル（ダブルス，シングルス，プレイヤーのための基本技術（グラウンドストローク，サービス，レシーブ，ボレー，スマッシュ），チームのための戦術（ダブルス，シングルス，ウォームアップ）

◆卓球

『クラブ活動アイデアブック 1 卓球クラブ』 杉田洋監修 フレーベル館 2010.11 53p 27cm 3500円 Ⓘ978-4-577-03851-2 Ⓝ375.18

[目次] 1 グループを決めて計画を立てよう！（クラブ活動を始めよう，クラブ長を決めよう，グループを決めよう ほか），2 さあ，卓球クラブを楽しもう！（卓球ってこんなスポーツ，卓球の基本のルール，活動前に必ず行う仲よし準備運動 ほか），3 活動内容を発表しよう！（発表の計画を立てよう，卓球が大好きなわたしたちを見てほしい！ ステージでスマッシュ！，1年でとても仲よくなったようすを伝えたい！ 仲よし写真展）

[内容] みんなが大好きなクラブ活動の時間を，さらに盛り上げるためのシリーズ。みんなが仲よくなれるコツや，おもしろい活動アイデアがいっぱい。

『できる！ スポーツテクニック 5 卓球』 前原正浩監修 ポプラ社 2010.3 159p 22cm 〈2005年刊の改訂〉 1600円 Ⓘ978-4-591-11649-4 Ⓝ780

[目次] プレーの基本（基礎編，応用編 ほか），サービス＆レシーブ（サービス，レシーブ），戦術（ドライブ主戦型，カット主戦型 ほか），トレーニング＆基礎知識

『卓球』 こどもくらぶ編 ほるぷ出版 2007.1 71p 29cm （スポーツなんでも事典） 3200円 Ⓘ978-4-593-58405-5 Ⓝ783.6

[目次] 歴史，ラケット，ボール＆ユニフォーム，卓球台，試合，ルール，打ちかた，打法，プレースタイル，審判〔ほか〕

[内容] 卓球の歴史や道具のことから，はなばなしく活躍するプロ選手や世界大会での試み，ゲームとしてのたのしむ人まで。卓球にかかわるさまざまなことがらをテーマごとにまとめて解説した，ヴィジュアル版子ども向け卓球事典です。卓球について，なにを，どのように調べたらよいかがわかります。

『基本がわかるスポーツルール卓球・バドミントン―イラスト版』 中村啓子著 汐文社 2005.3 63p 22cm 1500円 Ⓘ4-8113-7905-5 Ⓝ783.6

[内容] 卓球（卓球の基本的なプレー，卓球のコートと用具，試合の勝敗，サービスのルール ほか），バドミントン（バドミントンの基本的なプレー，バドミントンのコートと用具，試合の勝敗，サービス ほか）

『卓球―攻め方・守り方がよくわかる』 森武著 学習研究社 2005.3 87p 26cm （ジュニアスポーツ上級編 5） 〈7刷〉 2600円 Ⓘ4-05-500376-5

[目次] 戦型別必修スキル（ドライブ主戦型プレイヤー，前陣速攻型プレイヤー，カット主戦型プレイヤー卓球のファンダメンタル），プレイヤーのための基本技術（グリップと構え，ドライブ，ショート，つっつき・カット，スマッシュ・強打，サービス，レシーブ，フットワーク），チームのための戦術（シングルスの戦術（戦型別），ダブルスの戦術，ウォームアップ）

『卓球―オリンピックのスーパープレーでうまくなる！』 前原正浩監修 ポプラ社 2005.2 159p 21cm （めざせ！スーパースター 5） 1200円 Ⓘ4-591-08523-6 Ⓝ783.6

[目次] プレーの基本（基礎編，応用編，カット編），サービス＆レシーブ（サービス―オリンピックのスーパープレー，レシーブ―オリンピックのスーパープレー），戦術 戦型紹介（ドライブ主戦型―オリンピックの

運動系活動を知ろう　　　　　　　　　　　　　　　　　　　　　クラブ活動

スーパープレー，前陣攻守型―オリンピックのスーパープレー，カット主戦型―オリンピックのスーパープレー，異質型―オリンピックのスーパープレー，実践編，ダブルス編），トレーニング＆基礎知識
|内容| 本書では、初めて卓球に挑戦するみなさんに向けて、アテネ大会で活躍したスーパースターを紹介しながら、彼らのような一流選手になるための第一歩としてどのように練習したらよいかを基礎からお伝えしています。「ここに注意！」では、とくに気をつけなければいけないことをくわしく解説しました。また、「オリンピックコラム」ではオリンピックでの卓球の歴史や歴代スターの物語を学ぶことができます。

『卓球』　松下浩二著　旺文社　2001.4　127p　21cm　（Jスポーツシリーズ 8）　1100円　①4-01-071838-2
|目次| 世界を動かしたスーパープレーヤー、松下浩二ヒストリー、松下浩二選手からのメッセージ、自分だけのプレースタイル、基本レッスン、サービス＆レシーブ、ドライブ主戦型、前陣速攻型、カット主戦型、試合に強くなる
|内容| 本書は、卓球をやってみたい、卓球が強くなりたい、という小・中学生のみなさんに向けて書いたものです。歴史編では、近年の世界のトップ選手や卓球の起源を紹介するとともに、著者の卓球人生の歩みを綴りました。技術編では、どんなプレーをしていくのか、どんな用具を使ったらいいのかという初歩的なことから、必ず身につけておきたい基本技術やサービス、レシーブのコツ、戦型ごとに必要な技術や練習法をまとめました。

『卓球―攻め方・守り方がよくわかる』　関岡康雄監修，森武著　学習研究社　1999.2　87p　27cm　（ジュニアスポーツ　上級編 5）　2600円　①4-05-500376-5,4-05-810553-4

◆体操
『できたよ、鉄棒・平均台』　ベースボール・マガジン社編，行本浩人，赤羽綾子監修　ベースボール・マガジン社　2012.2　127p　21cm　（こどもチャレンジシリーズ）〈検定付〉　1500円　①978-4-583-10403-4　Ⓝ781.5
|目次| 鉄棒・平均台をはじめる前に、鉄棒になれよう、逆上がりをしてみよう、これで君もヒーロー、平均台になれよう、平均台の上でうごいてみる
|内容| 振り返りチェックとオリジナル検定付。鉄棒は握り手、平均台は正しい歩き方から、ともえや大ジャンプなどの発展技までを解説。鉄棒・平均台の全てがわかる、身につく。

『新沢としひこのみんなのたいそう―うたってはずんで1・2・3！』　新沢としひこ著　鈴木出版　2012.1　86p　26cm〈著作目録あり〉　1700円　①978-4-7902-7230-4　Ⓝ781.9

『ラジオ体操でみんな元気！　3　みんなの体操』　スタジオダンク作，青山敏彦監修　汐文社　2012.1　32p　21×22cm　2000円　①978-4-8113-8824-3　Ⓝ781.4

『できたよ、とび箱・マット』　ベースボール・マガジン社編，行本浩人監修　ベースボール・マガジン社　2011.12　127p　21cm　（こどもチャレンジシリーズ）〈検定付〉　1500円　①978-4-583-10402-7　Ⓝ781.5
|目次| Part1 とび箱・マットをはじめる前に（とび箱・マットで君のここが伸びる，とび箱・マットのここに注意　ほか），Part2 とび箱になれよう（こんな技があるよ―技の紹介・構造，とびおり着地　ほか），Part3 これで君もヒーロー1（開脚とび（横，縦），水平開脚とび　ほか），Part4 マットになれよう（こんな技があるよ―技の紹介・構造，柔軟・バランス　ほか），Part5 マットでこんな技もやってみよう（伸膝後転，倒立前転　ほか），Part6 これで君もヒーロー2（壁倒立から壁ブリッジ，立位から壁ブリッジ　ほか）
|内容| とび箱は開脚とび、マットは前転のキソから、転回やロンダードなどの上級者技まで分かりやすく解説。振り返りチェックとオリジナル検定付。

『ラジオ体操でみんな元気！　2　ラジオ体操第2』　スタジオダンク作，青山敏彦監修　汐文社　2011.11　31p　21×22cm　2000円　①978-4-8113-8823-6　Ⓝ781.4
|目次| 全身をゆする運動、腕とあしを曲げるばす運動、腕を前から開き、回す運動、胸を

そらす運動，体を横に曲げる運動，体を前後に曲げる運動，体をねじる運動，片あしとびとかけあし，あし踏み運動，体をねじりそらせて斜め下に曲げる運動，体をたおす運動，両あしでとぶ運動腕をふってあしを曲げのばす運動，深呼吸

『ラジオ体操でみんな元気！　1　ラジオ体操第1』　青山敏彦監修，スタジオダンク作　汐文社　2011.9　32p　21×22cm　2000円　Ⓘ978-4-8113-8822-9　Ⓝ781.4

『ハンドスプリング完全攻略本—前転とび』　吉田哲郎監修　スタジオタッククリエイティブ　2011.2　127p　18cm　1300円　Ⓘ978-4-88393-436-2　Ⓝ781.5
目次　準備運動編，基礎運動編（前転，後転，壁倒立　ほか），ハンドスプリング編（腕支持，手の振りを素早くする練習，前倒し　ほか），ハンドスプリング発展技編（片足着地ハンドスプリング，助走なしハンドスプリング，クラップハンドスプリング　ほか）

『バク転完全攻略本』　吉田哲郎監修　スタジオタッククリエイティブ　2010.7　126p　18cm　1300円　Ⓘ978-4-88393-399-0　Ⓝ781.5
目次　準備運動編，回転運動編，倒立運動編，側転運動編，ブリッジ編，バク転編
内容　マット運動の基礎からバク転まで，楽しく解説。

『体操』　こどもくらぶ編　ほるぷ出版　2008.11　71p　29cm　（スポーツなんでも事典）　3200円　Ⓘ978-4-593-58412-3　Ⓝ781.5
目次　歴史，体育館とセッティング，ウェアと用具，ルール，演技と技，ゆか，あん馬，つり輪，跳馬，平行棒〔ほか〕
内容　体操の歴史から，各種目のルールや器具の特徴，選手が着るウェアの秘密，そして，体操選手の生活，引退後についてなどを，体操にかかわるさまざまなことがらをテーマごとにまとめ解説した，ヴィジュアル版子ども向け体操事典です。体操について，何を，どのように調べたらよいかがわかります。

『ひろみちお兄さんの親子たいそう百科—からだの根っこを育てよう！』　佐藤弘道著　ポプラ社　2008.10　63p　26×21cm〈付属資料あり〉　1380円　Ⓘ978-4-591-10517-7
目次　どうぶつまねっこたいそう，のりものまねっこたいそう，たべものまねっこたいそう，わくわくぼうけんたいそう，道具をつかったたいそう，おまけの顔たいそう
内容　本書で紹介している「親子たいそう」は，体の「根っこ」をしっかり育てます。ぜひこの本をヒントにして，お子さんといっしょに思いっきり体を動かしてみてください。

『なりきり歌舞伎体操』　湯浅景元監修　ポプラ社　2008.7　125p　22×19cm　1500円　Ⓘ978-4-591-10425-5
目次　なりきり歌舞伎・基礎編（すっと立つ，するりと歩く，踏み出す　ほか），なりきり歌舞伎・動き編（踏み出し，宙返り　ほか），なりきり歌舞伎・台詞編（知らざあ言って聞かせやしょう—「弁天娘女男白浪」，こいつあ春から縁起がいいわえ—「三人吉三廓初買」，話すことあり聞くことあり—「菅原伝授手習鑑・車引」　ほか）
内容　歌舞伎を観る楽しみの一つは，その独特の動きにある。力強い足さばき，すべるように舞台を移動するすり足，軽やかな舞い，そして惚れ惚れするような見得のポーズ。本書は，誰もがイメージできる，これらの動きに一つ一つ注目し，身体のさまざまな部位がどのように働いているのか，そして，この動きを模倣することで，どのような身体的効果がもたらされるのかを，大いに真面目に考えた本である。

『跳び箱ができる！　自転車に乗れる！—日本で一番わかりやすい体育の本』　下山真二監修　池田書店　2006.12　157p　21cm　1300円　Ⓘ4-262-16238-9　Ⓝ780.7

『こうすればOK！　とび箱・かけっこ・逆上がりが得意になるコツ50』　小山スポーツスクール監修　メイツ出版　2006.9　128p　21cm　（コツがわかる本）　1300円　Ⓘ4-7804-0089-9　Ⓝ781.5
目次　1　かけっこがはやくなる（腕を大きくふりまっすぐに歩いてみよう，フープを続けてとびふみける力を強くする　ほか），2　逆上がりができる（鉄棒の高さと逆上がりをはじめる姿勢を確認しよう，うしろにおい

た足を軽くふりあげてみよう ほか)、3 と
び箱をとんでみよう(ふみきりの位置がわか
ればおもいきりジャンプできる、手をつく
タイミングがわかるとびやすくなる ほ
か)、4 二重とびをやってみよう(ゴムホ
ースをつかうなわをまわす感覚をおぼえよう、
フープを連続してとびリズムをつかむ ほ
か)、5 きれいな前転と後転(きれいな前転
をするための用意の姿勢をおぼえる、頭の
うしろをマットにつけるようにしてまわっ
てみよう ほか)
|内容|『とび箱』が大好きになるなるほど技
を伝授! ビックリするくらい『かけっこ』
が速くなる走り方があった! 居残り練習い
らずの『逆上がり』ができるコツはこれ!
親子でチャレンジ! 楽しく『なわとび』が
うまくなる方法! クルクル回れる『前転・
後転』のテクニック大公開。

『できるよ! とびばこ、さか上がり―親
子で楽しく、運動能力をアップ!』 柳
沢秋孝指導・監修、主婦の友社編 主婦
の友社 2006.9 95p 21cm (Family
セレクトbooks) 1200円 ⓘ4-07-
252049-7 Ⓝ781
|目次| 1 力がつくよ!―遊びながら運動の基
礎の力を育てよう(ジャンプ力、支持力、け
んすい力)、2 できるよ!―苦手な運動も、
少しずつ成功に近づけよう(馬とびに挑戦し
よう、開脚とびこしに挑戦しよう、側転に挑
戦しよう、前転に挑戦しよう、なわとびに挑
戦しよう、さか上がりに挑戦しよう)
|内容|「できた!」といううれしい気もちは
たからもの。少しずつ、一歩ずつ、目標に近
づこう。子どものうちに、たくさん運動し
て、「できた!」喜びを実感しよう。強く、
心やさしい人間になれるように。とびばこ、
なわとび、さか上がり…にがてな運動も、ス
テップごとのクリアーをつみかさねれば、
かならずできるようになるよ。

『マット・とび箱・鉄棒―大きくふって、
着地で決める』 横田誠仁著、大庭賢哉
絵 童心社 2006.3 79p 27cm (脳
とからだを育てる運動 2 正木健雄監
修) 2500円 ⓘ4-494-01291-2 Ⓝ781.5
|目次| 遊具で遊ぶ(まわりの遊具をながめて
みよう!、ぶら下がってみよう! ほか)、
マット運動(上手に転がってみよう、ダイナ
ミックに動こう ほか)、とび箱(助走を生か
して、高くとぼう、リズム良くとぼう ほ
か)、鉄棒(地球まわり、足かけあがり ほ

か)、器用になる運動(平均台、一輪車 ほ
か)

『体操競技(器械運動)―ルールと技術』
加藤沢男校閲・指導 学習研究社
2005.2 63p 29cm (絵でわかるジュ
ニアスポーツ 新版 7 関岡康雄監修)
〈シリーズ責任表示:関岡康雄監修〉
3300円 ⓘ4-05-202191-6 Ⓝ781.5
|目次| ルール(体操競技・新体操競技)(体操
競技の競技場、ゆか・平均台、あん馬・跳
馬、平行棒・段ちがい平行棒、つり輪・鉄
棒、新体操競技(女子)の種目・手具)、技術
(器械運動)(マット運動、鉄棒運動、とび箱
運動、平均台運動)

『器械運動』 松本格之祐著 ゆまに書房
2004.12 43p 27cm (苦手な運動が
好きになるスポーツのコツ 1) 3000円
ⓘ4-8433-1604-0 Ⓝ781.5
|目次| 鉄棒運動(逆上がりのコツ、ひざかけ
後転のコツ、うで立て逆上がりのコツ、だるま回
りのコツ、うで立て前転のコツ、こうもりふ
りおりのコツ)、マット運動(前転のコツ、
開脚前転のコツ、とび前転のコツ ほか)、と
び箱運動(開脚とびのコツ、かかえ込みとび
のコツ、台上前転のコツ、はねとびのコツ)

『アッというまにさかあがりができたよ―
わが子の苦手な運動を一発で解消する
魔法ワザ』 下山真二著、もとくにこ絵
河出書房新社 2004.7 95p 26cm
1200円 ⓘ4-309-01638-3 Ⓝ780.7

『まいにちあそぼ! 親と子の新体操あそ
び』 日本体操協会新体操委員会編著
財務省印刷局 2002.7 95p 26cm
1000円 ⓘ4-17-140200-X
|目次| リボンであそぼ!(リボンあそびの基
本、エンジェル&バードラン ほか)、フー
プであそぼ!(フープあそびの基本、フープ
を持ってA・B・C ほか)、ボールであそ
ぼ!(ボールあそびの基本、マッサージボー
ル ほか)、クラブであそぼ!(クラブあそび
の基本、クラブカッチン ほか)、ロープで
あそぼ!(ロープあそびの基本、なかよし
ロープ ほか)

『ピーマン村体操CDブック』 中川ひろた
か詞曲、村上康成絵、ミツオ、ミツル振
付 童心社 2001.7 67p 21×23cm

〈付属資料：CD1〉 3400円　①4-494-03006-6

『着地にご用心―体操』　日本学校保健会監修，秋竜山漫画　大塚製薬　1999.5　47p　15cm　（Otsuka漫画ヘルシー文庫第11巻〈スポーツのケガと予防編〉9）

『器械運動―マット運動/鉄ぼう/とび箱』　ポプラ社　1997.4　55p　27cm　（ルールと技術がよくわかる小学生スポーツブック 7）　2800円＋税　①4-591-05335-0

◆水泳

『目で見る水泳の手ほどき―臨海学校・川・プールの水泳』　上野徳太郎監修，菅野信正著　博文堂出版　[19--]　32p　20cm　Ⓝ785.2

『水泳のコツ大研究―キミにもできる！水中遊びからクロール、平泳ぎまで』　後藤真二監修　PHP研究所　2013.6　63p　29cm　〈索引あり〉　2800円　①978-4-569-78324-6　Ⓝ785.2
|目次| 第1章 水になれる（プールに入る前に，水に入って動く　ほか），第2章 水中を進む（けのびや背浮きで進む，ばた足をする　ほか），第3章 クロール（クロールの足の使い方，クロールの腕の使い方　ほか），第4章 平泳ぎ（平泳ぎの足の使い方，平泳ぎの腕と息継ぎのやり方　ほか）

『命を守る着衣泳―泳がずに、浮いて待て！』　鈴木哲司監修，富士山みえるマンガ　インタープレス　2012.8　39p　21cm　（もっと知ろうからだのこと　20）　500円　①978-4-906723-04-1　Ⓝ785.2

『小学生～中学生に贈るケガ予防＆速く泳ぐためのカラダ作り―水泳体型のススメ　ストレッチ編』　小泉圭介監修・著　ベースボール・マガジン社　2011.10　98p　26cm　（B.B.mook 779―スポーツシリーズ no.649）　1143円　①978-4-583-61808-1　Ⓝ785.2

『クロール完全攻略本』　水口高志監修　スタジオタッククリエイティブ　2011.6　127p　18cm　1300円　①978-4-88393-458-4　Ⓝ785.22

『運動ができるようになる本　3　25メートルおよげる！―クロール平およぎ』　水口高志監修　ポプラ社　2011.3　31p　27cm　〈索引あり〉　2400円　①978-4-591-12319-5,978-4-591-91206-5　Ⓝ780
|目次| 第1章 水になれる（水のなかを歩く，水のなかにもぐる，水にうく，けのび），第2章 クロール（クロールでおよぐ，バタ足でキックする，手で水をかく，面かぶりクロール，いきつぎ），第3章 平およぎ（平およぎでおよぐ，足で水をける，手で水をかく，手と足のタイミング）

『水泳フォーム完全ガイド―ジュニアスイマーのための基本ポイント選　「正しい姿勢」がきれいで、速い泳ぎを生む！「スイミング・マガジン」が贈るジュニア水泳上達ガイド』　村上二美也監修　ベースボール・マガジン社　2010.11　98p　26cm　（B.B.mook 714―スポーツシリーズ no.585）　1143円　①978-4-583-61730-5　Ⓝ785.2

『できる！スポーツテクニック　8　水泳』　青木剛監修　ポプラ社　2010.3　159p　22cm　〈2005年刊の改訂〉　1600円　①978-4-591-11652-4　Ⓝ780
|目次| クロール，平泳ぎ，背泳ぎ，バタフライ，個人メドレー，トレーニング＆基礎知識

『つまずき解消！クイック水泳上達法―みんなで泳げる！誰でも泳げる！水慣れ遊びから着衣泳まで55』　牧野満編著　いかだ社　2009.6　119p　21×12cm　1400円　①978-4-87051-261-0
|目次| 水慣れ，お話水泳，ドル平，近代泳法，着衣泳，日本泳法，教室でする水泳
|内容| 幼児から高学年まで発達段階別でわかりやすい水泳指導の決定版。

『スポーツなんでも事典水泳』　こどもくらぶ編　ほるぷ出版　2009.1　71p　29cm　〈索引あり〉　3200円　①978-4-593-58410-9　Ⓝ785.2
|目次| 歴史，プール，水着と用具，ルールと

運動系活動を知ろう　　　　　　　　　　　　　　　　　　　　　　　クラブ活動

泳ぎ方，クロール，水の抵抗とのたたかい，平泳ぎ，背泳ぎ，バタフライ，メドレーとリレー，競技役員，オリンピック，国際大会，国内大会，障害者の水泳，いろいろな水泳，競泳選手への道
  内容 いちばんはやく泳げる泳ぎ方って？　水泳選手は，いつもどれくらいの距離を泳いでいる？「はやく泳げる水着」って，何？　水泳には，競泳以外にも種目があるの？　水泳の歴史から，各競技・種目のルールや泳ぎ方の説明，水着の秘密，そして，水泳選手の生活や，引退後はどうしているのかなどなど。水泳にかかわるさまざまなことがらをテーマごとにまとめて解説した，ヴィジュアル版子ども向け水泳事典。

『北島康介の水が怖くなくなる魔法の本』
北島康介著・画　講談社　2008.8　101p　21cm　（トップアスリートkamiwazaシリーズ ビギナーズ）1600円　Ⓘ978-4-06-214653-1　Ⓝ785.2

『やってみよう！水泳』東島新次，堂下雅晴著　ベースボール・マガジン社　2007.2　159p　21cm　（小学生レッツ・スポーツシリーズ）1200円　Ⓘ978-4-583-10006-7　Ⓝ785.22
  目次 第1章 水とあそぼう，第2章 4つの泳ぎを覚えよう，第3章 みんなでゲーム！100選，第4章 さあ試合！ドキドキわくわく体験，第5章 よい選手の見分けかた，第6章 悩みを解消　Question&Answer
  内容 泳ぐのって，楽しいね。あそんで，学んで，うまくなろう。

『親子で楽しむはじめてのスイミング』
稲田法子，宮崎義伸指導，セントラルスポーツ株式会社監修，主婦の友社編　主婦の友社　2006.7　127p　21cm　（Familyセレクトbooks）1200円　Ⓘ4-07-251848-4　Ⓝ785.22
  目次 プールへ入る前に，はじめてのレッスン，クロール，背泳ぎ，平泳ぎ，バタフライ，はじめてのスイミングQ&A，セントラルスポーツのスイミングスクール
  内容 本書は，これから水泳を覚えたいお子さん向けの水泳の入門書です。オリンピックスイマーがお手本を見せてくれます。せっかく覚えるのですから，きちんと正確に水泳を覚えたほうがいいですよね。お手本写真をまねてきれいなフォームをマス

ターしましょう。とはいっても，たいせつなのは水泳を好きになることです。楽しみながら泳いでくださいね。

『水遊び・水泳—じっくりのびのび泳ぎこむ』　高柴光男著，大庭賢哉絵　童心社　2006.3　79p　27cm　（脳とからだを育てる運動 4　正木健雄監修）2500円　Ⓘ4-494-01293-9　Ⓝ785.2
  目次 遊びながら水と仲良しに（水と仲良し，水になれましょう），プール（水着・持ちもの，水着に着がえたら　ほか），泳ぎ方をおぼえる（クロール，背泳ぎ　ほか），いろいろなところで泳ぐ（川で泳ぐ，海で泳ぐ　ほか）

『水泳』平川譲著　ゆまに書房　2005.3　44p　27cm　（苦手な運動が好きになるスポーツのコツ 3）3000円　Ⓘ4-8433-1605-9　Ⓝ785.2
  目次 水泳の基本，クロール，平泳ぎ，背泳ぎ，バタフライ，その他

『水泳—オリンピックのスーパースイムでうまくなる！』青木剛監修　ポプラ社　2005.2　159p　21cm　（めざせ！スーパースター 4）1200円　Ⓘ4-591-08408-6　Ⓝ785.2
  目次 クロール，平泳ぎ，背泳ぎ，バタフライ，個人メドレー，トレーニング&基礎知識

『水泳入門—めざせ！トップスイマー』
野本敏明監修　［東京］成美堂出版　2004.7　176p　19cm　（ジュニアライブラリー）820円　Ⓘ4-415-02751-2　Ⓝ785.2
  目次 上達へのはじめの一歩，第1章 クロール，第2章 背泳ぎ，第3章 バタフライ，第4章 平泳ぎ，第5章 トレーニングメニュー&ストレッチ
  内容 みやすい連続写真と，わかりやすいワンポイントアドバイスで，水泳の基本とコツをかんたん解説。クロール→背泳ぎ→バタフライ→平泳ぎの順にうまくなろう。キック，ブレス，ローリング，ストローク，ターンなど基本テクニックから応用まで役に立つレッスンがいっぱい。

『陸上競技・水泳競技—ルールと技術』
関岡康雄，高橋伍郎校閲・指導　学習研究社　2002.8（15刷）63p　27cm　（絵

| クラブ活動 | 運動系活動を知ろう |

でわかるジュニアスポーツ 4　関岡康雄監修）　3300円　Ⓘ4-05-200235-0　Ⓝ782

『水泳』　糸井統著　旺文社　2001.4　127p　22cm　（Jスポーツシリーズ 9）〈ハードカバー〉　1600円　Ⓘ4-01-071829-3,4-01-071734-3
[目次] 1st STAGE（世界を動かしたトップスイマー，日本を代表するスイマーたち，水泳の歴史 ほか），2nd STAGE（泳ぐ前に知っておこう，クロール，背泳ぎ ほか），水泳の基本ルール，練習で使用する用具とその特徴
[内容] この本は、水泳をやってみたい、速く泳げるようになりたいと思っている、小・中学生の参考に書いたものです。各種目ごとの泳ぎの基本や練習方法、さらには陸上トレーニングの方法などについて、一般的なことだけではなく、著者が長い選手生活の中で経験したことを中心にまとめています。

『水泳入門』　長崎宏子著，古谷卓イラスト　岩崎書店　2000.4　111p　22cm　（きみもチャレンジ！ ジュニア入門シリーズ 4）　1500円　Ⓘ4-265-02644-3,4-265-10219-0
[目次] 第1章 水になれる（水に浮く・水面を進む、水の中の世界へ、水しぶきと水のクッションを楽しむ ほか）、第2章 基本泳法をマスターする（クロール：キック、背泳ぎ：キック、平泳ぎ：キック ほか）、第3章 スタートとターン（スタート：ダイビングスタート、ターンとタッチ：ハンドターン（クロール・背泳ぎ））
[内容] 12才で平泳ぎ日本一。小学生で初のオリンピック代表。日本選手権200m平泳ぎ8年連続優勝。数かずの記録を打ちたて、現在ベビースイミング教室やスポーツコンサルタントとして活躍する著者が少年少女におくる、楽しい水泳入門の書。"水になれれば泳げる"という考えのもとに、さまざまな水遊びを紹介し、基本の4泳法をわかりやすく説く。小学校中学年〜中学生向。

『水泳—クロール/平泳ぎ/背泳ぎ/バタフライ』　ポプラ社　1997.4　55p　27cm　（ルールと技術がよくわかる小学生スポーツブック 8）　2800円＋税　Ⓘ4-591-05336-9

『水泳』　飯田明文著　あかね書房　1997.4　47p　28cm　（クラブ活動に役立つスポーツ図鑑 5　鈴木秀雄監修）　3000円　Ⓘ4-251-07985-X

◆スキー・スケート
『スポーツなんでも事典スキー・スケート』　こどもくらぶ編　ほるぷ出版　2009.11　71p　29cm　〈文献あり 年表あり 索引あり〉　3200円　Ⓘ978-4-593-58413-0　Ⓝ784.3
[目次] 歴史、用具、ウェア、スキー場、スケート場、スキー(1)アルペン競技、スキー(2)ノルディック競技、スキー(3)フリースタイル競技、スノーボード(1)アルペン競技、スノーボード(2)ハーフパイプ・スノーボードクロス〔ほか〕
[内容] 歴史、ウェアや用具、各種目の特徴、ルールなど、スキー・スケートについてさまざまなことがらをテーマごとにまとめて解説した、ビジュアル版子ども事典。選手の生活は？ けがをしたら？ 引退したら？ 選手についての情報も満載！ スキー・スケートについて、何を、どのように調べたらよいかがわかります。

『やってみよう！ スキー』　野沢温泉スキークラブ編著　ベースボール・マガジン社　2007.2　159p　21cm　（小学生レッツ・スポーツシリーズ）　1200円　Ⓘ978-4-583-10005-0　Ⓝ784.3
[目次] 第1章 雪は友だち、第2章 スキーで滑ろう、第3章 さあ、斜面に挑戦だ！、第4章 いよいよゲレンデ、第5章 もっと速く、もっとうまく滑ろう、第6章 雪の世界はこんなに広い
[内容] すべるのって、楽しいね。あそんで、学んで、うまくなろう。

『遊youキッズスキーイング』　野沢温泉スキークラブ編著　ベースボール・マガジン社　1999.12　160p　21cm　1400円　Ⓘ4-583-03618-3

『インラインスケート楽勝book』　インラインスケート普及協議会監修　青春出版社　1999.8　85p　21cm　（青春キッズ・コレクション）　860円　Ⓘ4-413-00708-5

『滑って転んでオレ、元気—スキー/ス

子どもの本 楽しい課外活動2000冊　　121

ケート』　日本学校保健会監修，間部正志漫画　大塚製薬　1999.5　47p　15cm　（Otsuka漫画ヘルシー文庫　第11巻（スポーツのケガと予防編）8）

『スキー教室』　三浦雄一郎著　成美堂出版　1996.11　191p　19cm　（ジュニア・スポーツシリーズ）720円　Ⓘ4-415-01296-5
[目次]　第1章　スキーの歴史，第2章　トレーニング，第3章　スキー用具，第4章　技術・初級編，第5章　技術・中級編，第6章　技術・上級編，第7章　技術・応用編，第8章　技術・実戦編，第9章　わたしの冒険

◆剣道

『新・苦手な運動が好きになるスポーツのコツ　2　剣道』　柴田一浩著　ゆまに書房　2013.3　43p　27cm　〈文献あり〉　3000円　Ⓘ978-4-8433-4109-4,978-4-8433-4107-0　Ⓝ780

『部活で大活躍できる!!勝つ！　剣道最強のポイント60』　所正孝監修　メイツ出版　2011.5　128p　21cm　（コツがわかる本）　1300円　Ⓘ978-4-7804-0979-6　Ⓝ789.3

『剣道』　こどもくらぶ編　岩崎書店　2010.10　55p　29cm　（さあ、はじめよう！　日本の武道　2）　3200円　Ⓘ978-4-265-03382-9　Ⓝ789.3
[目次]　1 剣道を知ろう（剣道ってなに？，どんなものを着るの？，どんな用具を使うの？，防具はどのようにつけるの？，剣道の「礼」とは？，勝敗の決まり方は？，試合の仕方は？），2 剣道をやってみよう（基本動作「構えと体さばき」とは？，基本動作とその練習「基本打突」とは？，基本となる技「しかけ技」とは？，「応じ技」とは？），3 もっとくわしくなろう（段と級ってなに？，国内の大会を見てみよう，世界への広がりを知ろう，用具を使うそのほかの武道を見てみよう，剣道に似たスポーツは？）

『少年剣道』　テラカドヒトシ絵，田口栄治監修　アリス館　2009.3　63p　27cm　（シリーズ日本の武道　2）〈文献あり〉　2600円　Ⓘ978-4-7520-0432-5　Ⓝ789.3
[目次]　こども武道憲章，努力の天才剣士　宮崎正裕物語，剣道って、どんな武道なんだろう？，ここが剣道場だよ！，剣道の稽古ってどんなことをするの？，剣道着の着かたを覚えよう，正座できるかな？，剣道具をつけてみよう，きれいにたたんでかたづけ、まずは礼をすることからはじめよう，稽古の前後に準備運動をしよう，竹刀のあつかいかた，竹刀を構えてみよう，足さばきを覚えよう，素振りをしてみよう！，剣道具をつけて打ち込み稽古をしよう，相手に打たせる，切り返しを覚えよう，上をめざして立ち向かう洋介くんのこと，試合稽古をしてみよう！，試合で役に立つ攻め技のいろいろ，ふだんからの心がけ
[内容]　剣道は、剣道具を身につけて竹刀で相手を打ち込む、とてもはげしい武道。稽古で流す汗は、すがすがしくて気持ちがいい。さあ、剣道をやろう！　きっと君も、立派な剣士に成長できる。

『少年剣道基本げいこ―道場で習うけいこ・技術のすべてがわかる！』　榎本松雄監修　大泉書店　2009.1　159p　21cm　（012ジュニアスポーツ）　1000円　Ⓘ978-4-278-04697-7　Ⓝ789.3
[目次]　第1章　礼法と着装，第2章　構えと足さばき，第3章　素振り，第4章　基本技術，第5章　仕かけ技，第6章　応じ技

『正しく学んで強くなる少年剣道のきほん―間合から試合稽古までぐんぐん力がつく9ステップ　下』　菅野豪監修　スキージャーナル　2005.11　95p　21cm　（よくわかるDVD＋BOOK）〈付属資料：DVD1〉　1800円　Ⓘ4-7899-7509-6
[目次]　10 間合，11 面打ち，12 小手打ち，13 胴打ち，14 切り返し，15 ひき技，16 連続技，17 打ち込み稽古，18 稽古法
[内容]　正しい基本は強さにつながる！　下巻は、面、小手、胴打ちをはじめ、その技をみがく稽古法までを、全国大会優勝者を数多く育てた監修者をむかえ、わかりやすく解説。リアルな動きは映像でチェック。

『剣道・柔道―ルールと技術』　佐藤成明，竹内善徳校閲・指導　学習研究社　2005.2　63p　29cm　（絵でわかるジュニアスポーツ　新版　5　関岡康雄監修）〈シリーズ責任表示：関岡康雄監修〉　3300円　Ⓘ4-05-202189-4　Ⓝ789.3
[目次]　剣道（ルール，技術），柔道

| クラブ活動 | 運動系活動を知ろう |

『強くなる剣道入門―めざせ一本勝ち!』 香田郡秀著 [東京] 成美堂出版 2004.1 175p 19cm (ジュニアライブラリー) 820円 ⓘ4-415-02355-X Ⓝ789.3
|目次| 1章 スーパー剣士になろう!, 2章 基本の動きをおぼえる, 3章 基本テクニックをおぼえる, 4章 一本がとれる!応用テクニック, 5章 強くなれる!稽古のやりかた, 6章 正しい礼法とルールをおぼえる
|内容| 剣道の基本から応用技まで強くなるコツをカンタン解説。技のつながりや細かいポイントも連続写真でよくわかる!正しい礼法や剣道着、剣道具のつけ方も紹介。

『剣道』 栄花直輝著 旺文社 2001.4 127p 22cm (Jスポーツシリーズ 6) 〈ハードカバー〉 1600円 ⓘ4-01-071826-9,4-01-071734-3
|目次| 1st STAGE(歴史に名を残す名剣士, 剣道の歴史, 栄花直輝ヒストリー ほか), 2nd STAGE(けいこの前に, けいこをはじめよう, 基本打突 ほか), おしえてQ&Aコーナー, 日本剣道形, 剣道の基本ルール, 剣道の基礎用語
|内容| この本は中学生までのジュニアが対象です。連続技を多く掲載したり、ワンポイントレッスンを入れて高校生になっても役立つように補足しました。

◆柔道

『ジュニアのための考える柔道――一本をとるヒント』 向井幹博, 山口香著 改訂新版 東京書店 2013.3 159p 21cm 〈文献あり〉 1200円 ⓘ978-4-88574-636-9 Ⓝ789.2

『新・苦手な運動が好きになるスポーツのコツ 3 柔道』 鮫島元成著 ゆまに書房 2013.3 43p 27cm 3000円 ⓘ978-4-8433-4110-0,978-4-8433-4107-0 Ⓝ780

『柔道』 こどもくらぶ編 岩崎書店 2010.10 55p 29cm (さあ、はじめよう!日本の武道 1) 3200円 ⓘ978-4-265-03381-2 Ⓝ789.2
|目次| 1 柔道を知ろう(柔道ってなに?, どんなものを着るの?, どんなところでするの?, 勝敗の決まり方は?, 試合の仕方は?), 2 柔道をやってみよう(基本動作とは?, 受け身はたいせつ, 基本となる技「投げ技」とは?,「固め技」とは?, 連絡技をやってみよう), 3 もっとくわしくなろう(段と級ってなに?, 国内の大会を見てみよう, 世界への広がりを知ろう, オリンピックの正式種目、そのほかの国際大会を見てみよう, 柔道に似た世界の格闘技)

『できる!スポーツテクニック 10 柔道』 鮫島元成監修 ポプラ社 2010.3 159p 22cm 1600円 ⓘ978-4-591-11654-8 Ⓝ780
|目次| 投技(手技, 足技 ほか), 固技(抑技, 絞技 ほか), 技の連絡 技の変化(連絡, 変化), トレーニングルール用語解説(スクワット, ジャンプスクワット ほか)

『少年柔道基本げいこ―道場で習うけいこ・技術のすべてがわかる!』 中西英敏著, 中西美智子, 北田晃三, 宇津浩執筆・指導 大泉書店 2009.8 159p 21cm (012ジュニアスポーツ) 1000円 ⓘ978-4-278-04698-4 Ⓝ789.2

『少年柔道』 いとうみき絵, 鮫島元成監修 アリス館 2009.2 63p 27cm (シリーズ日本の武道 1) 〈文献あり〉 2600円 ⓘ978-4-7520-0431-8 Ⓝ789.2
|目次| 少年・山下泰裕物語, こども武道憲章, 柔道ってどんな武道なんだろう?, 柔道を始めよう, 柔道衣を着よう、帯の結びかたをおぼえよう, 礼をすることから柔道は始まる!, 稽古のすすめかたをおぼえよう, 安全に柔道をするためにじゅんび運動をきちんとやろう!, かまえかたと相手との組みかたをおぼえよう, 体の動かしかたを学ぼう!, 受け身のしかたをおぼえよう, 柔道をやることで自信を持てるようになった富夫くんのこと, 遊びながら体ほぐしをしてみよう, 柔道の技をおぼえよう!, もしもケガをしてしまったら…応急処置をおぼえておこう, 固め技をおぼえよう!, 柔道のためだけではなく、強い体になるために、日ごろからやっておきたいこと, 柔道のそこが知りたい

『スポーツなんでも事典柔道』 こどもくらぶ編 ほるぷ出版 2009.2 71p 29cm 〈年表あり 索引あり〉 3200円 ⓘ978-4-593-58411-6 Ⓝ789.2
|目次| 歴史, 柔道衣, 試合場と畳, 礼, 基本

子どもの本 楽しい課外活動2000冊 123

動作，受け身，投げ技，固め技，技の連絡変化，勝敗〔ほか〕

内容 柔道の歴史，試合場の大きさ，技の種類，勝敗の決まり方やルールから，柔道の名選手，そして稽古のようすや，引退後はどうしているのかなどなど。この本は，柔道にかかわるさまざまなことがらをテーマごとにまとめて解説した，ヴィジュアル版子ども向け柔道事典です。柔道について，何を，どのように調べたらよいかがわかります。

『強くなる柔道入門―めざせ一本勝ち！』
小俣幸嗣著　成美堂出版　2005.7
175p　19cm　（ジュニアライブラリー）
820円　Ⓣ4-415-03022-X　Ⓝ789.2
目次 スペシャルページ 強くなりたい！ 少年柔道のみんなへ 金メダリストからのメッセージ，1章 基本のうごきをマスターしよう（姿勢（自然体・自護体），組みかた，歩きかた，いどうのしかた，くずし，体さばき，うけ身），2章 投げ技をマスターしよう（足技，手技，腰技），3章 寝技をマスターしよう（寝技の基本動作，寝技），4章 連絡技・かえし技をマスターしよう（連絡技/投げ技から投げ技へ，連絡技/寝技から寝技へ，連絡技/投げ技から寝技へ，技の防ぎかた，かえし技），5章 基本のルールをおぼえよう（姿勢・組みかたの反則，おさえこみのルール・寝技での反則 ほか）
内容 強くなりたい！ 少年柔道のみんなへ 金メダリストからのメッセージ。一本背おい投げから大外がえしまで63の技を紹介。知っておきたい基本のルールと礼法も掲載。技のかけ方や細かいうごきも連続写真でよくわかる。

『剣道・柔道―ルールと技術』　佐藤成明，竹内善徳校閲・指導　学習研究社
2005.2　63p　29cm　（絵でわかるジュニアスポーツ 新版 5　関岡康雄監修）〈シリーズ責任表示：関岡康雄監修〉
3300円　Ⓣ4-05-202189-4　Ⓝ789.3
目次 剣道（ルール，技術），柔道

『柔道』　古賀稔彦著　旺文社　2001.4
127p　22cm　（Jスポーツシリーズ 5）
〈ハードカバー〉　1600円　Ⓣ4-01-071825-0,4-01-071734-3
目次 1st STAGE（シドニーオリンピック・ダイジェスト，伝説の日本人柔道家，JUDOの伝説的選手，柔道の歴史 ほか），2nd STAGE（練習の前に，礼法と基本動作，投げ技 ほか），柔道の基本ルール
内容 この本は，柔道をやってみたい，強くなりたいという小・中学生に向けて書かれたものです。技術編は，大きく，投げ技，固め技に分けてあり，実際の練習をする前に知っておきたいこと，また基本的な身のこなしを勉強した後の，実際の技のかけ方が，くわしく書かれています。技の連続写真のページでは，著者独自のチェックポイントがちりばめられ，ページ下にはワンポイントレッスンも入っています。練習の流れや，トレーニング方法，ルールについても紹介しました。

『少年少女の柔道』　山本秀雄著　東京書店　1997.12　191p　19cm　1500円
Ⓣ4-88574-661-2
目次 1章 柔道を正しく理解しよう（柔道のすばらしさ，柔道の正しい意味 ほか），2章 練習はどのようにしてやるか（柔道をならいたいと思ったら，どうしたら強くなれるか―上達の心がまえ ほか），3章 投げわざの基本と練習のしかた（背負い投げ，一本背負い ほか），4章 固めわざの基本と練習のしかた（けさ固め，横四方固め ほか）
内容 本書は，柔道をはじめて学ぼうとする人が，まず柔道の本当の意味を正しく理解し，それから一つ一つのわざを正確に勉強できるようにまとめてあります。

◆バレエ・ダンス

『新・苦手な運動が好きになるスポーツのコツ 1 ダンス』　七沢朱音著　ゆまに書房　2013.3　43p　27cm　3000円
Ⓣ978-4-8433-4108-7,978-4-8433-4107-0
Ⓝ780

『おうちでできる！ バレエ・レッスン』　クララ編，川瀬美和監修，小野恵理イラスト　新書館　2012.10　47p　26cm　760円　Ⓣ978-4-403-33055-1　Ⓝ769.9

『DANCE☆generation vol.1 ダンスとおしゃれが大好きな女のコ集まれ〜!!』
セブン＆アイ出版　2012.10　106p　29cm　（saita mook）〈本文は日本語〉
648円　Ⓣ978-4-86008-310-6　Ⓝ590

『ダンスの教科書―小学校低学年〜高学年用』　須田浩史監修　山と溪谷社
2012.7　127p　26cm〈付属資料：

クラブ活動　　　　　　　　　　　　　　　　運動系活動を知ろう

DVD1〉2500円　Ⓘ978-4-635-13008-0
[目次] 第1章 やる気になるはじめの一歩（リズムの基本，音に合わせてウォーミングアップ ほか），第2章 ダンスが楽しくなるステップ（ダウンとアップ（ダウン），ダウンとアップ（アップ） ほか），第3章 現代的なリズムのダンス（ヒップホップ，ロックダンス ほか），第4章 表現運動（表現）（イメージを表現する，集団を活かした動き），第5章 表現運動（フォークダンス）（海外のフォークダンス，マイムマイム（イスラエル） ほか）

『できたらうれしい★ダンス＆シェイプアップ』ピチレモンブックス編集部編 学研パブリッシング，学研マーケティング（発売）2012.6　127p　19cm（ピチ・レモンブックス）　700円　Ⓘ978-4-05-203609-5　Ⓝ799
[目次] 第1章 ダンスのキホンをおぼえよう（どんな服をきて練習すればいいの？，おどる前には必ずストレッチをしよう ほか），第2章 おしえて!!ダンスの動き（ヒップホップのステップ，ヒップホップダンス用語辞典 ほか），第3章 ダンスの動きでシェイプアップ!!（ダンスをやると，なぜスリムになれるの？，おうちでできるダンス★エクササイズ ほか），第4章 きちんと食べてビューティ・ボディになる（ダンスをして，しっかり食べてモデル体型になろう！，ダンスのときにかかせない栄養素のことをおぼえよう！ ほか），第5章 ダンスファッション・おしゃれアドバイス（ダンスファッション・アドバイス，キラキラ・ダンスヘア ほか）
[内容] 人気のヒップホップからかっこいいジャズまでダンスのキホン完全マスター。友だちとおどることマチガイなしっ！のスペシャルなテクニックも。楽しみながらやせちゃう!?ビューティやダイエットのとっておきのウラワザも。ダンス上達＆ビューティーアップおまもりつき。

『表現・創作ダンス』村田芳子監修　岩崎書店　2012.4　47p　29×22cm　（めざせ！ダンスマスター 1）3200円　Ⓘ978-4-265-02091-1
[目次] 1 おどる前に知っておこう！（表現・創作ダンスの歴史，表現・創作ダンスの特徴），2 さあ，おどってみよう！（まずはからだをほぐそう，ポイントは「4つのくずし」 ほか），3 作品をつくってみよう！（テーマをえらび，動きを見つけよう，動きをつなげてみよう），4 もっと知ろう！（用

語解説，表現・創作ダンス役立ち情報）

『めざせ！ダンスマスター 3 リズムダンス』日本ストリートダンス協会（JSDA），エイベックス・プランニング＆デベロップメント株式会社監修　岩崎書店　2012.4　47p　29cm〈共通の付属資料が「1」にあり　索引あり〉3200円　Ⓘ978-4-265-02093-5　Ⓝ799
[目次] 1 おどる前に知っておこう！（リズムダンスとは？，学校とリズムダンス，ヒップホップダンスの歴史と特徴），2 さあ，おどってみよう！（ダンスの前に準備運動，リズムをたのしもう，基本はダウンとアップ，ステップをふんでみよう，ふりつけをおどってみよう），3 もっと知ろう！（ダンスバトルにチャレンジ！，アイソレーションにチャレンジ！，用語解説，リズムダンス役立ち情報）

『めざせ！ダンスマスター 2 フォークダンス』日本フォークダンス連盟監修　岩崎書店　2012.4　47p　29cm〈共通の付属資料が「1」にあり　索引あり〉3200円　Ⓘ978-4-265-02092-8　Ⓝ799
[目次] 1 おどる前に知っておこう！（ダンスのはじまり，フォークダンスの歴史，フォークダンスの特徴，民謡の歴史と特徴），2 さあ，おどってみよう！（ダンスの前に準備運動，マイム・マイムをおどろう，オクラホマ・ミキサーをおどろう，ソーラン節をおどろう，炭坑節をおどろう），3 もっと知ろう！（フォーメーション（隊形），進行方向と回転方向，いろいろなポジション，いろいろなステップ，民謡の基本動作，用語解説，フォークダンス役立ち情報）

『プリマをめざす！子どものためのバレエとっておきレッスン』厚木彩監修　メイツ出版　2011.7　128p　21cm　1500円　Ⓘ978-4-7804-1020-4　Ⓝ769.9

『こどものためのバレエ用語―写真でわかるバレエのことば』堀口朝子著　文園社　2010.9　67p　19cm　1000円　Ⓘ978-4-89336-246-9　Ⓝ769.9

『スポーツなんでも事典ダンス』こどもくらぶ編　ほるぷ出版　2010.3　71p　29cm〈文献あり　年表あり　索引あり〉3200円　Ⓘ978-4-593-58415-4　Ⓝ799

子どもの本 楽しい課外活動2000冊　125

運動系活動を知ろう　　　クラブ活動

|目次| 歴史，衣装，音楽，練習場と発表の場，バレエ，社交ダンス・ダンススポーツ，ジャズダンス，ヒップホップダンス，フォークダンス，外国の民族舞踊〔ほか〕

|内容| ダンスの歴史をはじめ，衣装や音楽，動きの特徴，名ダンサーなどなど。ダンスについて，さまざまがらをテーマごとにまとめて解説した，ビジュアル版子ども向け事典です。ダンスについて，何を，どのように調べたらよいかがわかります。

『きれいをつくるバレエ習慣』　千田裕子著　新書館　2009.7　229p　19cm　1400円　①978-4-403-33031-5　Ⓝ769.9

『バレエのなやみSOS』　クララ編　新書館　2009.5　191p　19cm　1400円　①978-4-403-33029-2　Ⓝ769.9

『すぐにできる！楽しいダンス　3（フォークダンス・ベスト編）』　TOSS（東京教育技術研究所）編著，向山洋一監修　汐文社　2009.4　78p　27cm　2300円　①978-4-8113-8573-0　Ⓝ781.4

|目次| フォークダンスとは，タタロチカ，キンダーポルカ，ジェンカ，ロンドンブリッジ，マイムマイム，しあわせなら手をたたこう，アルプス一万尺，私のヒンキーディンキーパーリーブー，オクラホマミキサー，コロブチカ，ホーキー・ポーキー

『すぐにできる！楽しいダンス　2（最新レクダンス編）』　TOSS（東京教育技術研究所）編著，向山洋一監修　汐文社　2009.4　78p　27cm　2300円　①978-4-8113-8572-3　Ⓝ781.4

|目次| 1 万能ステップで楽しく踊ろう！，2 となりのトトロ─パラパラダンス，3 バタフライ─みんなで踊ろう！全校パラパラダンス，4 WAになっておどろう─楽しくかっこよく踊ろう！，5 Happinessでダンサー気分！，6 スーパーアドベンチャー─5Sを意識して楽しく踊ろう，7 BAN！BAN！バカンス─運動会で踊ろう！，8 マツケンサンバⅡ（ショートバージョン）─ステージで踊ろう！

『すぐにできる！楽しいダンス　1（よさこいソーラン・阿波踊り編）』　TOSS（東京教育技術研究所）編著，向山洋一監修　汐文社　2009.3　77p　27cm　2300円　①978-4-8113-8571-6　Ⓝ781.4

|目次| 1 よさこいソーランをかっこよう踊ろう！（全体イメージはこれだ，隊形，これを用意しよう，1日目，2日目，3日目），2 よさこいソーラン侍（準備するもの，隊形，1日目，2日目，3日目），3 ニャティティソーラン─アフリカの踊りをとりいれて（ニャティティソーランってなに？，準備するもの，隊形，1日目，2日目，3日目），4 阿波踊り（準備するもの，隊形，1日目 足の動きを練習，2日目 手の動きを練習，3日目 「おもしろい顔」をつくる，連（グループ）の作り方，旗竿の作り方，隊形移動の工夫，踊りのうまさのめやす）

『みんなのバレエ・ストレッチ』　Clara編，小野恵理イラスト，川瀬美和監修　新書館　2009.3　47p　26cm　760円　①978-4-403-33025-4　Ⓝ769.9

|目次| きれいなつま先をつくろう！，まっすぐのびるながいあしをつくろう！，こかんせつをやわらかくしよう，はいきんをきたえよう，きれいなスプリッツのために☆，アン・ドゥオールをみにつけよう，きれいなアラベスクのために☆，足のうらをきたえよう，すらりとのびたくびをつくろう！，ストレッチQ&A

|内容| この本で紹介しているのは，床に座るか，寝た状態でおこなう，ストレッチ。立っておこなうよりも，体に負担をかけずに，バレエの体をつくることができます。

『たのしくおどろう！DVDつき手あそびうた』　浅野ななみ監修　成美堂出版　2008.5　155p　24×19cm　〈付属資料：DVD1〉　1400円　①978-4-415-30350-5

|目次| 1 人気のうた，2 動物のうた，3 食べもののうた，4 からだのうた，5 物語のうた，6 英語のうた

|内容| 64曲のうち，30曲がDVDに入っています。お兄さん，お姉さんといっしょにおどってみましょう。1人であそべるうたから，2人組，集団であそべるうたまで，バリエーションも豊富。あそび方のコツや，慣れてきたときのアドバイスもイラストでわかりやすく紹介しています。

『ティアラといっしょ！やさしいバレエ』　Clara編，早川恵美子監修，小野恵理イラスト　新書館　2007.5　149p　26cm　1600円　①978-4-403-33021-6　Ⓝ769.9

『ガムQのダンススクール』 ウィーヴ編 ヴィレッジブックス, ソニー・マガジンズ〔発売〕 2006.11 63p 24×19cm〈付属資料：DVD1〉 1980円 Ⓘ4-7897-2998-2
[目次] レッスン1 ウォーミングアップ（基本のリズム, ストレッチ, アイソレーション）, レッスン2 ガールズHipHop！（ステップの練習, コンビネーション, DVD撮影ウラ話1）, レッスン3 チアスタイルHipHop！（ステップの練習, コンビネーション, DVD撮影ウラ話2）
[内容] フジTVワンナイ「ゴリエ杯」で準優勝のガムQとレッツ！ ヒップホップ！ ウォーミングアップ、基本のステップからコンビネーションまでDVDつきでヒップホップダンスがすぐにおどれちゃうよ。

『バレエスクール』 ナイア・ブレイ モファット著, デイビット・ハンドレイ写真撮影, 白川直世訳 文園社 2005.8 47p 29cm 1500円 Ⓘ4-89336-202-X Ⓝ769.9

『ダンスでコミュニケーション！』 香瑠鼓著 岩波書店 2005.3 167p 18cm （岩波ジュニア新書 500） 840円 Ⓘ4-00-500500-4 Ⓝ799

『みんなでダンスでチュウ！―ポケットピカチュウ！』 MANCHU編 アクセラ 1998.6 1冊 21cm 680円 Ⓘ4-900952-93-1
[目次] ピカチュウダンス, キコキコダンス, ブーブーダンス, 秘密ダンス（乗り物編）, はやおきダンス, ガリベンダンス, ランチでダンス, おやつダンス, エンジョイダンス, 秘密ダンス（放課後編）〔ほか〕
[内容] ダンスでピカチュウとなかよし！ ちょっぴり変わったポケットピカチュウブック。

文化系活動を知ろう

『暗記しないでうまくなる百人一首―"かるた甲子園"5連覇の指導者が教える』 田口貴志著 横浜 コーエーテクモゲームス 2012.12 111p 21cm〈イラスト：東野あこ 索引あり〉 1400円 Ⓘ978-4-7758-0857-3 Ⓝ798

『演劇は道具だ』 宮沢章夫著 イースト・プレス 2012.1 169p 19cm （よりみちパン！セ P029）〈理論社2006年刊の復刊〉 1200円 Ⓘ978-4-7816-9028-5 Ⓝ770

『ぼく、歌舞伎やるんだ！―こども歌舞伎に挑戦した、ふつうの小学生の一年』 光丘真理文 佼成出版社 2009.11 127p 22cm （感動ノンフィクションシリーズ） 1500円 Ⓘ978-4-333-02407-0 Ⓝ774

『「百人一首」かるた大会で勝つための本』 カルチャーランド著 メイツ出版 2009.1 128p 21cm 1500円 Ⓘ978-4-7804-0530-9 Ⓝ798

『劇・朗読劇―気持ちを合わせて名演技』 工藤直子, 高木まさき監修 光村教育図書 2007.2 63p 27cm （光村の国語 読んで、演じて、みんなが主役！ 2） 3200円 Ⓘ978-4-89572-733-4 Ⓝ775.7

『おしばいにいこう！―子どものえんげき入門』 ヌリア・ロカぶん, ロサ・マリア・クルトえ, 鴻上尚史やく 日本劇作家協会, ブロンズ新社（発売） 2006.3 35p 25×25cm 1500円 Ⓘ4-89309-381-9 Ⓝ771
[内容] おしばいをするために、大切なことはたったひとつ。ほかのだれかやなにかのふりをすること。たとえば、かなしいとき、どんな顔をする？…じゃあ、だれかにぎゅっとだきしめられたら？ きみもきみのともだちもたくさんのおしばいを作って、だれかやなにかになることができるんだ。さあ、やってみようぜ。

『歌舞伎―市川染五郎私がご案内します』 市川染五郎監修 アリス館 2006.3 47p 31cm （こども伝統芸能シリーズ 図書館版 1） 2600円 Ⓘ4-7520-0333-3 Ⓝ774

『かんたん人形劇―雑貨屋劇場がやってきた』 黒須和清著　鈴木出版　2005.12　63p　26cm　(造形とびきりセレクション)　1500円　①4-7902-7189-7
[目次] ハリネズミのおはなやさん，でんたろうとあまのすけ，サバンナのふしぎなプール，ヤドカリのうみのいえ，ウルトラスーパーローリングコースター，うちゅうじんにあっちゃった，あかはしのロバくん，スノウとダルコのこいものがたり
[内容] カランコロンと鈴をならしてパリの街に移動雑貨屋さんがやってきました…団長の合図で幕があくといろいろな雑貨が人形に変わって動き出しました。身の回りの雑貨にちょっと手を加えるだけ。かんたん，おしゃれな人形劇にLet'sチャレンジ。

『茶の湯の心とマナー』　秋山滋文，田沢梨枝子絵　汐文社　2004.3　47p　27cm　(はじめての茶道　3)　2000円　①4-8113-7814-8　Ⓝ791
[目次] 茶室にいってみよう，茶室と露地，茶事の流れ，茶の湯と季節感，懐石料理とは，和食のマナーをおぼえよう，茶花を飾ろう，茶の湯のお菓子，茶の湯の歴史，茶の湯の心―和敬清寂〔ほか〕

『茶の湯の楽しみ』　秋山滋文，田沢梨枝子絵　汐文社　2004.2　47p　27cm　(はじめての茶道　2)　2000円　①4-8113-7813-X　Ⓝ791
[目次] 割りげいこをはじめよう，けいこに必要なもの，茶会で使われる道具，ふくさの扱いかた，ふくさのさばきかた，なつめのふきかた，茶しゃくのふきかた，茶せん通し(茶せんとうじ)，茶きんの扱いかた，茶わんのふきかた〔ほか〕

『茶の湯をはじめよう』　秋山滋文，田沢梨枝子絵　汐文社　2003.12　47p　27cm　(はじめての茶道　1)　2000円　①4-8113-7812-1　Ⓝ791
[目次] お茶会にいってみよう！，日本のお茶，世界のお茶，抹茶ってな〜に，抹茶はからだにいい！，お茶と日本の伝統文化，お茶会にいくための準備，服装はどうする？，大寄せ茶会の受付で，大寄せ茶会ってな〜に？，お菓子をとる，お茶が運ばれてくる，お茶をいただく，お茶をはじめよう

『こどものためのそうさくえいごげき』 柚木圭著　文芸社　2003.8　177p　14×20cm　1700円　①4-8355-6094-9　Ⓝ775.7

『ビデオ・レッスン―撮り方・楽しみ方』 渡辺浩著　岩波書店　2001.6　189p　18cm　(岩波ジュニア新書)　780円　①4-00-500376-1
[目次] はじめはガイダンス，ユニット1　表現の基礎(ハードを知る，撮影するためには)，ユニット2　学校行事を記録する(講堂での行事，スポーツを撮る，学校を出て)，ユニット3　映像表現を広げる(ドラマへの挑戦，編集について)，終章　フレームの外に
[内容] 誰にでも手に入り，すぐにも撮れるビデオカメラ，でも一歩進んだ表現にはどうしたらいいでしょうか。このレッスンでは，撮影機材やレンズ，撮影の基礎からはじめて，編集の仕方，ドラマの構成にいたるまで映像の文法をわかりやすく指導してゆきます。いまや個人の自由な発想でつくられた作品が映像の歴史に新しい扉を開く時代なのです。

『めざせ！カメラ名人　3　仲間の輪をひろげよう』　楠山忠之著　汐文社　2001.3　55p　26cm　2000円　①4-8113-7374-X
[目次] 見て楽しむ学級通信をつくろう，デジカメで学校生活を記録，身近なテーマを写してスピード写真展，デジカメ写真集をつくろう，カメラ選びと使い方，構え方，撮影後，友だちに画像を送ろう，デジカメ選びは使う目的できめる，写しやすい点・写しにくい点，写真で仲間の輪をひろげよう，家族を写真で紹介する〔ほか〕

『めざせ！カメラ名人　2　35ミリ一眼レフで楽しもう』　楠山忠之写真・文，吉田しんこイラスト　汐文社　2001.2　55p　26cm　2000円　①4-8113-7373-1
[目次] 35ミリ一眼レフは魔法のカメラ，広角・標準・望遠レンズのちがい，撮影には基礎知識が必要だ，近寄ってクローズアップ，大迫力写真，花は光とバックがポイント，スポーツ写真はボールと表情，風景は広さを写す奥行きを写すか？，人物スナップはマナーが大切，カラー写真は色をねらおう，上達するにはポイントが大切，望遠レンズで動物の表情をつかむ，トリック・フォト・ストーリーをつくろう，身近な鳥たちのアルバムづくり，ガラス板で宙に浮かす，鏡で

クラブ活動　　　　　　　　　　　　　　　　　　　文化系活動を知ろう

つくるお化けワールド，暗闇に浮かぶ光を生かし写す，フラッシュと長時間露光で光のデッサン，ズームレンズは画角をかえられる，多重露光で「わたしが2人」，これだけは知っておく，35ミリ一眼レフ以外のカメラ，モノクロフィルムの現像にトライ，一眼レフカメラの仕組みを知る，カメラなんでも質問箱Q&A

『めざせ！カメラ名人　1　使いきりカメラを楽しもう』　楠山忠之写真・文，吉田しんこイラスト　汐文社　2001.1　55p　26cm　2000円　①4-8113-7372-3
[目次]　使いきりカメラは，どれを選ぶか，フィルムはどれを選ぶか，カメラを構えてみよう，自分の町をカメラ探検だ!!，セルフポートレートを撮ろう，鳥の目，虫の目になる，写したいものは角度を変えてカシャ!!，色セロファンで夢の世界へ，水族館で観察写真をカシャ!!，昔みたいな写真をつくろう〔ほか〕
[内容]　本書はシリーズをとおして，カメラの楽しさを知ってもらうこと，写真の世界の深さ広さを自分の目と足とカメラで体験してもらうこと，さらにカメラが友だちの輪をひろげる道具にもなることを遊び感覚で学んでもらえるように編集した。本巻は，"使いきりカメラ"でここまで楽しめるというアイデアを満載，トリック写真にも挑戦して"嘘写真"の写し方をチョッピリでものぞいてほしい。

『押し花アートを楽しもう　4　野菜や果物で押し花アート』　花と緑の研究所著　汐文社　2000.4　47p　26cm　1800円　①4-8113-7277-8
[目次]　野菜や果物の花たち，台所で楽しもう，押し花の作り方（基本編，上級編），野菜や果物押し花アラカルト，野菜や果物の押し方，野菜でできたヘルシー家族，台所たんけん隊，牛乳パックで作るレターケース，日本の押し花作家増山洋子さんの作品〔ほか〕

『押し花アートを楽しもう　2　森の宝で押し花アート』　花と緑の研究所著　汐文社　2000.2　47p　26cm　1800円　①4-8113-7275-1
[目次]　森のなかで宝ものさがし，押し花器のつくり方，さあ，森へ行こう，木の葉の名前を調べてみよう，ハガキを作ろう，押し葉帳を作ろう―木の葉のスタンプラリー，助けあって生きる植物と虫たち，木の葉で虫を

作ろう，森の絵を作ってみよう，石や木の実で動物を作ろう，木の葉のしおりを作ろう〔ほか〕

『地域の特色をいかした活動』　宮川八岐監修　PHP研究所　1999.9　47p　27cm　（体験活動・クラブ活動・部活動の本　第5巻）　2500円　①4-569-68195-6，4-569-29452-9

『科学クラブアウトドアクラブ』　横山正監修，石田恒久，杉山聡著　ポプラ社　1999.4　47p　27cm　（みんなでつくるクラブ活動　3）　2400円　①4-591-05948-0，4-591-99289-6

『器楽・合唱クラブ演劇クラブ』　横山正監修，笹沼まり子，大類研治著　ポプラ社　1999.4　47p　27cm　（みんなでつくるクラブ活動　7）　2400円　①4-591-05952-9，4-591-99289-6

『工作クラブ手品・ゲームクラブ』　横山正監修，青木知典，太田真著　ポプラ社　1999.4　47p　27cm　（みんなでつくるクラブ活動　6）　2400円　①4-591-05951-0，4-591-99289-6

『手芸クラブ料理クラブ』　横山正監修，山村あずさ，竹前直子著　ポプラ社　1999.4　47p　27cm　（みんなでつくるクラブ活動　4）　2400円　①4-591-05949-9，4-591-99289-6

『写真であそぼうスナップ・クラブ』　小野寺俊晴文・写真　岩崎書店　1997.10　31p　25cm　（手づくりbox　4）　1500円　①4-265-02624-9
[目次]　1　まず，カメラをようい，2　光をつかまえる，3　フレームのなかに，4　いまだ！，5　なんだか気になる1まい，6　みんな，同じ大きさ？，7　ぜんぶでひとつ，8　写真でプレゼント，9　ほら，作品集，10　それ，大集合，11　みらいの写真？，12　時間を止めよう，13　箱にたいせつに

『ハーブをたのしもう』　神田シゲ著，中村広子絵　さ・え・ら書房　1996.4　47p　27cm　（母と子の園芸教室）　1370円　①4-378-01217-0

文化系活動を知ろう　　　　　　　　　　　　　　　　　　　　クラブ活動

『イラスト 子ども俳句 冬』炎天寺編，なかにしけいこ絵　汐文社　1996.3　1冊　21cm　1200円　①4-8113-0307-5

[内容] 本編に収録されている作品は，小林一茶縁の寺，「炎天寺」（東京・足立区）が主催している「全国小中学生俳句大会」に応募された俳句の中からプロのイラストレーターがさらに選句し，画を添えた楽しく親しみやすい俳句集です。

『イラスト 子ども俳句 秋』炎天寺編，岩間みどり絵　汐文社　1996.3　1冊　21cm　1200円　①4-8113-0306-7

[内容] 本編に収録されている作品は，小林一茶縁の寺，「炎天寺」（東京・足立区）が主催している「全国小中学生俳句大会」に応募された俳句の中からプロのイラストレーターがさらに選句し，画を添えた楽しく親しみやすい俳句集です。

『イラスト 子ども俳句 夏』炎天寺編，ヒロナガシンイチ絵　汐文社　1996.3　1冊　21cm　1200円　①4-8113-0305-9

[内容] 本編に収録されている作品は，小林一茶縁の寺，「炎天寺」（東京・足立区）が主催している「全国小中学生俳句大会」に応募された俳句の中からプロのイラストレーターがさらに選句し，画を添えた楽しく親しみやすい俳句集です。

『イラスト 子ども俳句 春』炎天寺編，斎藤美樹絵　汐文社　1996.3　1冊　21cm　1200円　①4-8113-0304-0

[内容] 本編に収録されている作品は，小林一茶縁の寺，「炎天寺」（東京・足立区）が主催している「全国小中学生俳句大会」に応募された俳句の中からプロのイラストレーターがさらに選句し，画を添えた楽しく親しみやすい俳句集です。

『イラスト 子ども俳句 クイズ・学習』炎天寺編，高村忠範絵　汐文社　1996.3　91p　21cm　1200円　①4-8113-0303-2

[目次] 俳句ってなんじゃろ，リズムで勝負じゃ，有名な俳句を味わってみよう，自分のまわりを再発見するのじゃ，俳句つなぎクイズじゃ，俳句つなぎクイズの答えじゃ，松尾芭蕉ってどんな人，これが奥の細道じゃ，小林一茶ってどんな人，芭蕉VS一茶〔ほか〕

◆美術

『だまし絵の不思議な世界―誰でも描ける・へんな立体が作れる』杉原厚吉著　誠文堂新光社　2011.12　95p　24×19cm　（子供の科学★サイエンスブックス）　2200円　①978-4-416-21139-7

[目次] 1 だまし絵を描こう（切ったカードをランダムに貼り合わせてみる，前後入れ替えのワザで不思議な絵が描ける，棒を通して作る不思議な世界，輪をくぐらせて作る不思議なだまし絵，重力がヘンになった？上下かくらんのだまし絵，何もないところにりんかく線が見えてくる，絵の中にかくれたもうひとつの絵を描く），2 へんな立体を作ろう（水平と垂直の葛藤，なんでも吸引四方向すべり台，無限階段，落ちないかまぼこ屋根，お化け通路）

『偉大な芸術家に教わる絵の描きかた スポーツ・レジャー編』スー・レイシー原作，神田由布子訳　汐文社　2006.3　30p　29×22cm　2000円　①4-8113-8033-9

[目次] 芸術家になりきろう！，マッケ―水彩で描くピクニック，ミュンター―表現主義で描く舟遊び，ギリシャのせともの―古代ギリシャ芸術，エッチングで描くテニス―エッチング，ブリューゲル―スケートをする人びと，ドガ―立体のバレリーナ，スーラ―点描画法で描くサーカス，インドのムガール絵画―細密画，ピカソ―ボールで遊ぶ人の抽象画，ルノワール―油絵の具で描く街の様子，ゴーギャン―馬に乗った人を描く，ダリ―シュールレアリスムで描くサッカー選手

[内容] 『偉大な芸術家に教わる絵の描きかた スポーツ・レジャー編』は，世界の偉大な芸術家のスポーツやレジャーに関する作品を紹介し，わかりやすく解説しています。ちがう時代，ちがう国ぐにで人びとがどんなスポーツを楽しみ，休日は何をしていたのか，この本を読めばきっとわかるでしょう。ドガの踊り子像やダリの描いたサッカー選手のように，生き生きとした作品のつくりかたをこの本で学んでみましょう。

『偉大な芸術家に教わる絵の描きかた 動物編』スー・レイシー著，神田由布子訳　汐文社　2006.1　30p　29×22cm　2000円　①4-8113-8031-2

[目次] 芸術家になりきろう！，スタッブズ，ポンペイ遺跡のモザイク，ピカソ，デュー

| クラブ活動 | 文化系活動を知ろう |

ラー, ラスコーの洞窟壁画, ムーア, フランツ・マルク, ルソー, クレー, アフリカの仮面, クウェン・ジョン, ラファエロ
[内容] 本書では、世界の偉大な芸術家を選んで、その作品を紹介しています。何を使って、どのようなやりかたで、そしてなぜ、彼らがその作品をつくったのか、この本を読めばきっとわかるでしょう。ピカソがつくったおもしろい彫刻の山羊、ルソーの描いたジャングルの動物たち、夢のなかに浮かんでいるようなクレーの魚、ぎらぎら光るラファエロの竜など、さまざまな動物たちのつくりかたをこの本で学んでみましょう。

『偉大な芸術家に教わる絵の描きかた 静物編』 スー・レイシー著, 西川美樹訳 汐文社 2005.11 30p 29×22cm 2000円 ①4-8113-8030-4
[目次] 芸術家になりきろう！, セザンヌ, ルドン, ゴーギャン, ダ・ヴィンチ, マグリット, ムーア, シュヴィッタース, ピカソ, ゴッホ〔ほか〕
[内容] 本書は、子どもたちに世界の偉大な芸術家を何人かえらんで紹介し、芸術家が物をどうやって描きあらわしているかについてやさしく解説します。この本を読めば、みなさんもピカソ風の静物画を描く方法が学べますよ。また、ヘンリー・ムーア流の彫刻のつくりかたや、セザンヌのような絵画の描きかたもわかります。

『偉大な芸術家に教わる絵の描きかた 人物編』 スー・レイシー著, 西川美樹訳 汐文社 2005.10 30p 29×22cm 2000円 ①4-8113-8029-0
[目次] 芸術家になりきろう！, 古代の壁画—表面に色をぬる, ピカソ—立体をつくる, クリムト—模様と色, モネ—カリカチュア（おもしろ似顔絵）, ドガ—画材をくらべる, ミケランジェロ—彫ってつくる, ゴッホ—自画像を描く, クレー—抽象画に挑戦, ラヴェンナ—モザイクをつくる, アルチンボルド—вあつめの絵（アサンブラージュ）, モリゾ—色を使いわける, ジェゲデ—想像してみよう
[内容] 本書は、世界の偉大な芸術家を何人か選んで紹介し、芸術家が作品をつくるときに使った材料や手法について、やさしく解説しています。この本を読めば、みなさんもヴァン・ゴッホ風の自画像を描く方法が学べますよ。また、モネの描いたようなカリカチュア（おもしろ似顔絵）や、ピカソの作品に似た頭像のつくりかたもわかります。

『えかきあそび』 竹井史郎著 小峰書店 2000.2 31p 25cm （たのしい室内あそび 1） 1900円 ①4-338-16401-8,4-338-16400-X
[目次] ひとふでがき, りょう手がき, さかさがき, かがみかき, じゃんけんがき, モンタージュ, かくしのぞき, はめえ, ゆびえ, ひもえ〔ほか〕
[内容] 本書には、みなさんが大すきなえかきあそびが、いっぱいとりあげてあります。ひとりで絵をかいてあそべるものから、クラス全員で絵をかいてあそぶものまで、いろいろな絵あそびがあります。すきなものから、かいてあそんでみましょう。そして、あそびをおぼえたら、友だちや、きょうだいに教えてあげて、いっしょにあそんでくださいね。小学校低学年以上。

『絵本作りクラブまんが・イラストクラブ』 横山正監修, 山村あずさ,大類研治著 ポプラ社 1999.4 47p 27cm （みんなでつくるクラブ活動 5） 2400円 ①4-591-05950-2,4-591-99289-6

『絵をかこう』 福本謹一編 明治図書出版 1996.6 102p 26cm （手づくり遊びと体験シリーズ—作って遊ぶアイデア集 8） 1860円 ①4-18-792803-0
[目次] 1 いろいろためしてみよう（こんなものから絵ができた！, ふしぎな花 ほか）, 2 こんなふうに見たら楽しいね（顔のヒミツ・クイズを作ろう, 顔のパズル ほか）, 3 いろいろな世界を想像してみよう（光る星の国, こんなところに住みたいな ほか）, 4 こんな楽しい絵もあるよ（とびだせ恐竜, パノラマの街 ほか）
[内容] 教師の「絵画」概念の拡がりと多様な表現への理解に根ざした意識革命がこれまで以上に求められている。本書では、そうした点を一緒に考えていく契機となればと思い、意識的にさまざまな指導観に基づいた多様な題材を提示することにした。

◆工作・手芸・図工

『アイデアいっぱい!!子どもの工作』 寺西恵里子著 成美堂出版 2013.3 127p 26×21cm 1400円 ①978-4-415-31534-8
[目次] リサイクル工作, 遊べる工作, 自然物

子どもの本 楽しい課外活動2000冊　　**131**

で工作，キッチンから工作，手芸工作，ギフトになる工作，カード工作，行事の工作

『子どもと作る壁面アイデア12か月』
ポット編集部編　チャイルド本社　2013.2　103p　26×21cm　（potブックス）〈付属資料：型紙〉1800円　①978-4-8054-0208-5

目次　さくらの丘でピクニック，ちょうちょうがやって来た！，たんぽぽ野原で，すやすや，お友達とラララ，あま～いペロペロキャンディー，虹の向こうへピクニック，こいのぼりがた～くさん，お弁当いただきま～す！，カラフル！恐竜の卵，カーネーションのブーケ〔ほか〕

内容　4月から3月まで，季節や園行事にそった全61作品を掲載。便利な型紙付き。製作のプロが明かす「知ってると役に立つ9つの技法テク」掲載。そのほか，上手に仕上げるワンポイント・アドバイスも紹介。

『手づくり工作レクリエーション―つくってあそんで楽しさ2倍！　ベスト29』　木村研編著　いかだ社　2013.1　63p　26cm　（学校レクリエーション 3）1300円　①978-4-87051-371-6　Ⓝ374.98

『作って遊んで大発見！不思議おもちゃ工作』　平林浩著，モリナガヨウ絵　太郎次郎社エディタス　2012.12　125p　26cm　（工作絵本）〈文献あり〉1900円　①978-4-8118-0756-0　Ⓝ594

目次　不思議おもちゃ1―手品のようなしかけに挑戦（"パッチン！"作りでウォーミング・アップ！，マジック・カード"消えるんです！"―パッチン！応用編1，"パタパタ"でくるくるもようがえ―パッチン！応用編2　ほか），不思議おもちゃ2―コツをつかんでたのしく遊ぶ（飛べ飛べ！"紙とんぼ"，もどってくるかな？"紙ブーメラン"，松風おこす"びゅんびゅんごま"，科学おもちゃ―わくわく実験しながら遊ぶ（"尿素の花"を咲かせましょう！，キラキラかがやく"みょうばんツリー"，"ライデンびん"で電気（静電気）を集めよう　ほか）

内容　小さな竹筒から大きなセミの声が聞こえる「ギーギーゼミ」，へんてこな動きでおそってくる「モグモグヘビ」など，おもしろくて不思議なおもちゃ作りに挑戦。作って遊んでいくうちに，不思議の正体がわかる。

てくる。頭とからだでしくみを味わう，科学につながるものづくり。

『竹細工』　全国郷土玩具館監修，畑野栄三文　文渓堂　2012.4　32p　26×24cm　1600円　①978-4-89423-763-6

目次　世界の竹細工，日本の竹細工のおもちゃ（飛ばす/回す竹細工，からくり竹細工，見立ての竹細工　ほか），暮らしの中の竹細工，竹と竹細工の材料（竹の性質を知ろう，竹の種類を知ろう，竹細工の材料を知ろう　ほか），竹のおもちゃを作ろう（竹とんぼ，水鉄砲，うぐいす笛　ほか），竹細工の歴史

内容　日本のおもちゃの代表格である竹細工には長く深い歴史がある。各地域の特色ある郷土玩具をはじめ，竹と竹細工の世界を広く紹介。

『Kids工作BOOK　まるごとたこ凧カイト―よくあがる凧ベスト20』　土岐幹男編著　いかだ社　2011.11　87p　26cm　1500円　①978-4-87051-345-7

目次　こま，とんぼ，ちょう，こうもり，ふくろう，せみ，てんとう虫，パンダ，つばめ，かえる〔ほか〕

『楽しい！どんぐりまつぼっくり落ち葉の工作BOOK』　おさだのび子著　ナツメ社　2011.9　95p　24×19cm　1300円　①978-4-8163-5132-7

目次　プチ図鑑，工作をはじめる前に，色や形を楽しもう（木の実ワールド，落ち葉アート），身につけてあそぼう（アクセサリー，王様・女王様ヘンシンアイテム），かざって楽しもう（ステーショナリー，壁かざり，つるしかざり，ハロウィンかざり，クリスマスかざり），作ってあそぼう（冬の木の実&落ち葉あそび，おもちゃ&楽器，スイーツパーティー，ゲーム作り）

内容　写真やイラストがたくさん入っているので，作りかたもわかりやすい。90種類以上の工作から選んで作れる。工作は対象年齢の目安つき。

『動く！遊べる！小学生のおもしろ工作―飛ぶ，浮かぶ，走る！作って楽しい30テーマ』　滝川洋二監修　成美堂出版　2011.7　111p　26cm　900円　①978-4-415-31080-0

目次　第1章　空気・水の力（CDスライダー―風船がふき出す空気で浮かんで進む，ビ

ニールぶくろだこ—風であがるビニールぶくろのかんたんなたこ ほか），第2章 おもさの力（ビー玉ジェットコースター—ビー玉を転がして遊ぶコース，ブンブン回転装置—ブンブンと音をたてて回転する装置 ほか），第3章 しくみの力（でるでる絵本—どんどんページが現れる不思議な絵本，クルクル光るUFO—回転しながら下に降りるUFO ほか），第4章 ゴム・ばねの力（動物レスキューゲーム—的をうって動物をおりから助けるゲーム，にわとりの親子—ひよこがにわとりを追いかけるおもちゃ ほか），第5章 電気・磁石の力（リニアモーターカプセル—電気と磁石で回転しながら進むカプセル，リモコンロボット—前，左右にコントロールできるロボット ほか）
内容 生活に役立つ道具遊べるおもちゃを作ってみよう！ ものが動く力やそのしくみを調べてみよう。

『動く！ 遊べる！ 小学生のおもしろ工作eco編—飛び出す！ 発電で動く！ 変身する！』 成美堂出版編集部編　成美堂出版　2011.7　127p　26cm　900円　①978-4-415-31076-3
目次 第1章 空気・水で動く（ロケット発射台—わりばしをひいてロケットを飛ばそう，カバぐるま—風船の空気を使って走るカバの車 ほか），第2章 重さで動く（ゆらゆらドラゴン—竜の形のやじろべえ，ぱっくんパニック—はさまれないようにおはじきを取ろう ほか），第3章 しくみで動く（パタパタ変身パズル—いろんな形に変わる不思議なパズル，かたかたクワガタ—ひもをひくとアゴを動かしながらのぼる ほか），第4章 ゴム・バネで動く（よちよちザウルス—ゴムの力でゆれながら走る恐竜，プルバックパトカー—赤いランプを回しながら走るパトカー ほか），第5章 電気・磁石で動く（ロボウォーカー—2本の足を動かして歩くロボット，くるくるバレリーナ—磁石の力でくるくる回るバレリーナ ほか）
内容 牛乳パックやペットボトルなど，使わなくなったものを再利用して楽しいおもちゃを作って遊ぼう！ 自由研究のテーマ探しにもぴったり。

『使える！ 役立つ！ はつめい工作』 きむらゆういち，宮本えつよし著　いんなあとりっぷ社　2011.5　79p　26×21cm　（親と子のヒラメキ工作 1）　1429円　①978-4-266-00090-5

目次 おうちグッズ（スライド本立て，おしゃれブーツ立て ほか），おかざりグッズ（キラキラ絵，ふうとうモビール ほか），整理グッズ（アニマルハンガー，出むかえスリッパ立て ほか），お楽しみグッズ（わいわいきっさセット，かんたんクラッカー ほか）

『きむらゆういち・みやもとえつよしのガラクタ工作 第11巻 紙皿・紙コップで遊ぼう』 きむらゆういち，みやもとえつよし著　チャイルド本社　2011.2　79p　26×21cm　2000円　①978-4-8054-0177-4
目次 パクパク人形，ゴロゴロねんど，おきあがりこぼし，ロケットジャンプ，かえるジャンプ，おしゃれけん玉，おうえんブブゼラ，ガオガオかいじゅう，糸電話，ストロー電話〔ほか〕
内容 「あらしのよるに」きむらゆういちの身近な素材でエコ工作！ いつでもどこでも手に入る紙皿と紙コップが遊べるおもちゃに大変身！ 劇遊びができる書き下ろしおはなしつき。

『楽しいダンボール工作—素材別キッズハンドクラフト』 立花愛子，佐々木伸著　いかだ社　2011.2　79p　21cm　1400円　①978-4-87051-303-7　Ⓝ754.9

『おもしろ紙おもちゃづくり教室—紙おもちゃを作って遊ぼう　vol.2』 岐阜女子大学文化創造学部初等教育学専攻子ども発達専修企画・監修　岐阜　日本アーカイブ協会　2010.12　8p　30cm　〈子どもゆめ基金（独立行政法人国立青少年教育振興機構）助成活動〉 非売品　Ⓝ754.9

『素材別キッズハンドクラフト 楽しいストロー工作—図書館版』 立花愛子，佐々木伸著　いかだ社　2010.12　79p　22×19cm　2000円　①978-4-87051-304-4
目次 吹いたり吸ったり息を使って（プロペラキャップ，ろくろっ首 ほか），曲がる部分を活かして（マジックハンド，クランクボックス ほか），パイプを活かして（トロッコ，エレベーター ほか），形や色を活かして（グライダー，いかだ型の舟 ほか）
内容 軽い，曲がる，水に強い，安い。ストローの特徴を活かしてつくるベスト38。

『素材別キッズハンドクラフト 楽しいテープ工作―図書館版』 立花愛子, 佐々木伸著 いかだ社 2010.12 79p 22×19cm 2000円 Ⓘ978-4-87051-305-1
[目次] 食べ物（スイーツ，紙テープのパスタ ほか），おもちゃ（エアーホッケー，コマ ほか），かざり・雑貨（はりこのつぼ，サンバがさ ほか），生き物（虫，海の生き物 ほか），手品（1つが大きく，丸が四角に！ ほか）
[内容] くっつける，むすぶ，まるめる，ひらひらさせる。テープの特徴を活かしてつくるベスト43。

『きむらゆういち・みやもとえつよしのガラクタ工作 第10巻 いろいろな紙箱で遊ぼう』 きむらゆういち，みやもとえつよし著 チャイルド本社 2010.10 79p 26×21cm 2000円 Ⓘ978-4-8054-0171-2
[目次] 坂道すいすい，ケーブルカー，おててクルクル，ゆらゆら人形，ポンポコたぬき，パクパク人形，マトリョーシカ，おしゃれボックス，ロケット，ジャンプねこ〔ほか〕
[内容] いろいろな空き箱が遊べるおもちゃに大変身。ただ作るだけの工作じゃない。遊べる工作が盛りだくさん。劇遊びができる書き下ろしおはなしつき。

『おもしろ紙おもちゃづくり教室―紙おもちゃを作って遊ぼう』 岐阜女子大学企画・監修 岐阜 日本アーカイブ協会 2010.9 14p 30cm〈子どもゆめ基金（独立行政法人国立青少年教育振興機構）助成活動〉非売品 Ⓝ754.9

『おもちゃ博士のかんたん！ 手づくりおもちゃ』 佐野博志著 子どもの未来社 2010.8 103p 26cm 1400円 Ⓘ978-4-86412-009-8 Ⓝ594
[目次] 鳥もおどろく！―とりかもひこうき，飛んでる女の子―まさえちゃん（ひこうき），華麗に舞うよ―まさえちゃんの友だち，華麗に飛ばそう―つばめひこうき，衝撃吸収バージョン―翔（かけ）るくん，目が回る―クルクルロケット，目まいがするかも―くるくるあそび，見たら伝えにゃいられない―うわさの紙ひこうき，ふたには実は―なかよしさん―吹きごまA 吹きごまB，よくある3枚ごま―富士ごま〔ほか〕
[内容] 身近な素材でスグできる。昔のあそび

をとりもどそう。

『きむらゆういち・みやもとえつよしのガラクタ工作 第9巻 レトルト箱で遊ぼう』 きむらゆういち，みやもとえつよし著 チャイルド本社 2010.6 79p 26×21cm 2000円 Ⓘ978-4-8054-0158-3
[目次] ドラムゴリラとポンポコたぬき，パタパタどり，てくてくどうぶつ，かみしばい，びっくり！ へんしん顔，かくれんぼ，くるりんぱっ，ねことねずみ，ドキドキからす，はみがきごしごし，かえるのがっしょう，はらぺこひなどり，ボクシング，うさぎのもちつき，びっくりカメラ，パクパク人形，とりとひこうき，むしむしワールド，へびとぞう，きょうりゅうワールド，はたらくくるま，すいすいボート，ひよこのおさんぽつなひきワッショイ！
[内容] 食べたあとのレトルトの箱が遊べるおもちゃに大変身。劇遊びができる書き下ろしおはなしつき。

『素材別キッズハンドクラフト 楽しいテープ工作』 立花愛子, 佐々木伸著 いかだ社 2010.6 79p 21×18cm 1400円 Ⓘ978-4-87051-296-2
[目次] 食べ物（スイーツ，紙テープのパスタ ほか），おもちゃ（エアーホッケー，コマ ほか），かざり・雑貨（はりこのつぼ，サンバがさ ほか），生き物（虫，海の生き物 ほか），手品（1つが大きく，丸が四角に！ ほか）
[内容] くっつける，むすぶ，まるめる，ひらひらさせる。テープの特徴を活かしてつくるベスト43。

『素材別キッズハンドクラフト 楽しいストロー工作』 立花愛子, 佐々木伸著 いかだ社 2010.3 79p 21×19cm 1400円 Ⓘ978-4-87051-285-6
[目次] 吹いたり吸ったり息を使って（プロペラキャップ，ろくろ首 ほか），曲がる部分を活かして（マジックハンド，クランクボックス ほか），パイプを活かして（トロッコ，エレベーター ほか），形や色を活かして（グライダー，いかだ型の舟 ほか）

『きむらゆういち・みやもとえつよしのガラクタ工作 第8巻 ポリぶくろで遊ぼう』 きむらゆういち，みやもとえつよし著 チャイルド本社 2009.11 79p 26×21cm 2000円 Ⓘ978-4-8054-

0150-7

|目次| エコバッグ,ふわふわぬいぐるみ,かんたんポリボール,ヨーヨー,空中かいてん,おきあがりこぼし,およげ！こいのぼり,おしゃべりパペット,かさぶくろロケット,なんちゃってかたな〔ほか〕

|内容| 「あらしのよるに」きむらゆういちの身近な素材でエコ工作！ おうちにたまったレジ袋で思いっきり工作が楽しめる！ 劇遊びができる書き下ろしおはなしつき。

『ミヒャルスキィ夫妻の楽しい工作教室―日本語版』 ウーテ・ミヒャルスキィ,ティルマン・ミヒャルスキィ著,横山洋子訳 武蔵野 アトリエニキティキ 2009.10 139p 30cm 〈索引あり〉 2800円 ①978-4-9904509-0-8 Ⓝ759

|目次| 紙で遊ぶ（いたずらべー君,イースターのうさぎ ほか）,フェルト遊び（羊毛でフェルト作り,雪だるまのオーナメント ほか）,木の工作（釣り小屋,流木の人魚 ほか）,粘土と陶土（はじまりはじまり！,おしゃれなちょう ほか）,明かりと遊ぶ（筒型ランタン,ちょうちんアンコウ ほか）

|内容| 紙,羊毛,木,粘土を使った子どもたちのセンスあふれる作品の数々。身近にある工作材料の魅力が存分に紹介されています。陽気な顔の指人形,きれいな色のおもちゃ,心温まるランタンや,立派なインディアンの酋長まで。きれいな写真とイラストは小さな子どもたちも楽しめます。作品はどれも作り方をわかりやすく説明。ひとりでできる簡単なものから手ごたえのあるものまで,工作のヒントが満載です。おとなと一緒なら4才から。

『ミヒャルスキィ夫妻の楽しい木工教室―日本語版』 ウーテ・ミヒャルスキィ,ティルマン・ミヒャルスキィ著,横山洋子訳 武蔵野 アトリエニキティキ 2009.10 112p 30cm 〈索引あり〉 2800円 ①978-4-9904509-2-2 Ⓝ754.3

|目次| 部屋で遊ぶ,外で遊ぶ,みんなの仲間たち,動くおもちゃ,使うもの,飾るもの,楽器,模型と建物,年中行事の飾り

|内容| 木は生きている素材。木材のあたたかみを生かしたきれいな工芸品や便利な実用品,楽しいおもちゃなどの作り方を紹介しています。10才くらいからひとりで挑戦できる作品をはじめ,おとなと一緒に取り組む手ごたえのある大作まで。夢のある作品のきれいな写真とイラストが,みんなの創作意欲を引き出します。

『おもしろ工作実験―作る！ 動かす！ 楽しむ！』 森政弘著 オーム社 2009.7 110p 26cm 2500円 ①978-4-274-20731-0

|目次| 光の3原色R・G・Bを理解―色の付いた陰,超簡単でよく動く―裸のモータ,原理がよくわかる―ビー玉スターリングエンジン,予想外に強い電磁力の実験―コインを天井まで打ち上げよう,くねるだけで進む―「ヘビ」メカニマル,交流誘導モータの原理をみる―ビール缶を回転磁場で回そう,専門家ほどビックリする―懐中電灯を使った光通信,疑似直線とトグルのメカニズム―「カニ」メカニマル（その1）,動かす原理とカニの両足を作る―「カニ」メカニマル（その2）,6本足で水平に歩く―「カニ」メカニマル（完成）,足の開閉で前進する―「アメンボ」メカニマル,48本の足が波打って移動して進む―「ムカデ」メカニマル

|内容| 色の付いた陰を映し出す,ビール缶を回転磁場で回す,電磁力でコインを飛ばす,アルミ板から動くカニロボットを作る…動く原理,組み立て,実験方法までを楽しく解説。「アメンボ」メカニマル,「ムカデ」メカニマルなど,電気モノ・機械モノ工作10点を紹介。

『葉っぱの工作図鑑―楽しいおもちゃ・制作ベスト64』 岩藤しおい著 いかだ社 2009.7 78p 21cm 1500円 ①978-4-87051-262-7 Ⓝ594

|目次| 葉っぱにふれてあそんで,葉っぱミニ図鑑,工作の前に,葉っぱでつくる昆虫,葉っぱでつくる人形・動物,指人形・ペープサート,葉っぱのおもちゃ1 舟・飛行機,葉っぱのおもちゃ2 しゅりけん・風車・お面・ぞうり,葉っぱのおもちゃ3 ままごとあそび・バッグ,葉っぱのおしゃれ 葉っぱのレイ・ペンダント・ネクタイ・ぼうし〔ほか〕

『ヒダオサムの造形のココロ』 ヒダオサム著 チャイルド本社 2009.7 79p 26×21cm 2000円 ①978-4-8054-0146-0

|目次| 1 紙と遊ぼう！（びりびりじん,びりびり動物園,くるりんカール ほか）,2 いろいろな描き方で遊ぼう（なにに見えるかな？,2つ折りオニ,吹き絵花火 ほか）,3 いろいろな素材で遊ぼう（紙皿の鳥,スト

ローアクロバット，発泡トレー動物 ほか〕
内容 破いた紙片がかわいい「びりびりちゃん」になったり，ぽたりとたらした絵の具からイヌが浮かんできたりと，作りながらワクワクしてくる，創造性豊かな造形アイデアがいっぱいです。

『女の子の手作り自由工作BOOK―超おしゃれ！』 いしかわまりこ著 主婦と生活社 2009.6 79p 26×21cm 933円 ①978-4-391-13796-5
目次 1 工作系おしゃれ女子集まれ！（紙ねんどで作ろう，牛乳パックで作ろう，紙ざら＆紙コップで作ろう，紙のしんやアルミホイルで作ろう），2 手芸系おしゃれ女子集まれ！（フェルトで作ろう，リボンやレースで作ろう，カラーロープで作ろう，タオルやハンカチで作ろう，カラーふくろや毛糸などで作ろう）
内容 アクセサリー，キーホルダー＆ストラップ，簡単にできちゃう。おしゃれな小物がいっぱい。

『ちびまる子ちゃんの手作り教室―はじめてのお料理，おかし作り，工作，手芸など』 さくらももこキャラクター原作，上田るみ子企画・構成，相川晴ちびまる子ちゃん絵・まんが 集英社 2009.6 133p 19cm（満点ゲットシリーズ）〈料理・お菓子作り指導：みないきぬこ 工作・手芸指導：河野亜紀，相川晴〉 800円 ①978-4-08-314046-4 Ⓝ596.4
目次 ちびまる子ちゃんとなかまたち，「手作りって楽しいね！」の巻，「いろいろあるよ調理道具」の巻，「みんなでピクニック」の巻，お花と水玉のロールサンド，手まりおにぎり，はちみつクッキー，クリスタルゼリー，たまごボーロ，「たまちゃんのバースデーカード」の巻〔ほか〕
内容 はじめてのお料理，おかし作り，工作，手芸など。

『きむらゆういち・みやもとえつよしのガラクタ工作 第7巻 プラ容器で遊ぼう』 きむらゆういち，みやもとえつよし著 チャイルド本社 2009.5 79p 26×21cm 2000円 ①978-4-8054-0140-8
目次 パックンわにさん，わくわくスタンプ，ふうりん，くびふり人形，おさんぽ人形，パタパタかめさん，くすだま，コロコロ

スイスイ，ひこうとう，エコカー〔ほか〕
内容 今の時代は"石油時代"と言っても過言ではない。日常の暮らしの中に石油を材料にした物があふれている。毎日，どれくらいプラ容器を捨てているのだろう。スチロール皿，たまごパック，プリンや果物の容器…。捨てる前にこれをおもちゃとして活用してみようと思う。さまざまな容器の形を利用して生き返ったおもちゃたちには，アイデアやくふうがあふれている。

『しかけのあるカードとえほんを作ろう！』 柴田泰監修，aque絵 文化出版局 2008.12 63p 23×19cm 1000円 ①978-4-579-21063-3
目次 1 しかけのあるカードを作ろう！（サッカーのシュートとかわいいおかしやさん，星もようのかめさんとピンクのぞうさん，どうぶつの電車とキュートなプレゼント ほか），2 しかけをくみ合わせて作ろう！（くまさんがとび出すプレゼント，わんちゃんがとび出すカード，バースデーメッセージカード ほか），3 しかけのあるえほんを作ろう！（たのしいのりもの，わたしのおうち，なかよしどうぶつえん ほか）

『きむらゆういち・みやもとえつよしのガラクタ工作 第6巻 ペットボトルで遊ぼう』 きむらゆういち，みやもとえつよし著 チャイルド本社 2008.10 79p 26×21cm 2000円 ①978-4-8054-0127-9
目次 きむらゆういちのおはなしげきじょう，人形げき，ステンドボトルとがくぶちボトル，お人形ケース，ちょきんばことペットボトルホルダー，わなげ，水族館，プカプカボトル，ういたりしずんだり，ポンポコどうぶつ，マラカス，コロコロゴムカー，ヘリコプターとくるくるたこさん，しんかんせんとひこうき，ボトルカー，ゆらゆらモビール，パタパタ人形，つりゲーム，らくらくボーリング

『つくってうたってあそべるパネルシアター』 後藤紀子著 アイ企画，生活ジャーナル〔発売〕 2008.8 102p 30cm 2000円 ①978-4-88259-135-1
目次 この本のポイント，パネルシアターの利点，参加型パネルシアターの特長，大切にしたいこと，絵人形の作り方，"しかけ"いろいろ，パネルボードとステージ，パネルシアターの演じ方，作品紹介―脚本/楽譜/作り

方/演じ方のポイント/発展・遊びのヒント/応用，作品下絵

『きむらゆういち・みやもとえつよしのガラクタ工作　第5巻　紙ぶくろで遊ぼう』　きむらゆういち，みやもとえつよし著　チャイルド本社　2008.6　79p　26×21cm　2000円　①978-4-8054-0121-7

|目次| ふうとう人形，かぶととこいのぼり，おにに変身！，カードホルダー，ふうとうフレーム，どうぶつポシェット，おもしろ変装グッズ，わりばしぶくろ人形，ふうとうパペット，どうぶつぼうし，おしゃべり人形，着せかえ人形，かくれんぼクイズ，宙返りどうぶつ，変身紙ぶくろ，パクパク人形，いもほり迷路，かいじゅうゲーム

|内容| きむらゆういちリサイクル工作の集大成。紙ぶくろからいろ〜んなおもちゃができちゃった。おもしろアイデアが満載。劇遊びができる書き下ろしおはなしつき。

『きむらゆういち・みやもとえつよしのガラクタ工作　第4巻　ティッシュ箱で遊ぼう』　きむらゆういち，みやもとえつよし著　チャイルド本社　2008.4　79p　26×21cm　2000円　①978-4-8054-0110-1

|目次| パックンおばけとパックンどうぶつ，お口にポーン!!，レターケース，どこへいこうかな？，ポロロンウクレレ，ししまい・うさぎまい・かばまい，スカイピンポン，おしゃれバッグ，シンバルモンキー，いないいないばあお面，パクパクどうぶつ，くるまでゴー！，おしゃべりどうぶつ，パックンつりゲーム，びっくり的当てゲーム，メリーゴーラウンド＆ゴーストゴーラウンド，マジックボックス，パタパタどり，トコトコ競走

|内容| ティッシュの空き箱だけで一冊にまとめた。そこその箱に，ポップアップの原理や，重力や，形そのものを使ったおもちゃをいろいろと集めてみると，同じティッシュの空き箱でも，実に幅広いおもちゃが作れることに驚く。きっと，みなさんの手にかかれば，この原理を使って，まだまだいろいろなものが生まれるに違いない。そして，身近にあるこの箱が，さまざまに変身していくのを楽しんでほしい。

『しかけがいっぱい！ 手づくりカード集』　いしかわまりこ著　成美堂出版　2008.4　111p　26×21cm　1000円　①978-4-415-30345-1

|目次| 道具と材料・使い方（きほんの道具と材料，道具と型紙の使い方），いろいろなカードの作り方（12カ月のカード，お楽しみカード，あいさつカード ほか），紙と絵の素材集と型紙（紙の素材集，絵の素材集，型紙）

|内容| かんたん子どももつくれる！ かわいいつくって楽しい，もらってうれしい！ わかりやすい。すぐできる。

『針金細工—WIRE ART』　中嶋郁子著　文渓堂　2008.4　31p　26×24cm　1600円　①978-4-89423-558-8

|目次| 世界の伝統的針金工作，日本の伝統的針金工作，世界と日本の現代作家，針金の伝承遊び，作ってみよう，初級，中級，上級，伝承遊び，針金と針金細工の歴史

|内容| スロバキアやチュニジア，南アフリカなどの世界の針金細工の作品と，青森ねぶたや京都の金網細工，秋田の銀線細工など日本の伝統的針金細工の作品を，多数カラー写真で紹介。

『かんたん！ 遊べる！ ビックリ工作—すぐに作れて大満足』　築地制作所編著　PHP研究所　2008.2　95p　26cm　1200円　①978-4-569-69763-5

|目次| オモシロくてビックリ！（UFOフリスビー，かんたん輪投げ，ダンボール・ゴルフゲーム，おはじきシューター ほか），不思議でビックリ！（おどろきのコップ人形，おしゃべりガーガー・カエル，走る？ 泳ぐ？ ハンガーひらめ，すいすいロープウエイ ほか）

『きむらゆういち・みやもとえつよしのガラクタ工作　第3巻　せんたくばさみで遊ぼう』　きむらゆういち，みやもとえつよし著　チャイルド本社　2007.12　79p　26×21cm　2000円　①978-4-8054-0103-3

|目次| トントンどうぶつ，きょうりゅうランド，どうぶつえん，ふしぎの国の仲間たち，メモばさみ，ポンポントランポリン，バランス体操，ドキドキの木，どうぶつひこうき，スルスルどうぶつ，ヤジロどうぶつ，コロコロカー，お花とブローチ，フリフリどうぶつ，針金めいろ，ちょうちょうのブーメラン，タップダンス，くるりん体操，ジャンピングキャッチ，パチンコ

|内容| せんたくばさみには仕掛けの要素が

文化系活動を知ろう　　　　　　　　　　　　　　　　　　　　　　　　　　　　クラブ活動

『きむらゆういち・みやもとえつよしのガラクタ工作　第2巻　ペーパーの芯で遊ぼう』　きむらゆういち,みやもとえつよし著　チャイルド本社　2007.11　79p　26×21cm　2000円　①978-4-8054-0102-6

[目次] きむらゆういちのおはなしげきじょう、トコトコゆび人形、バタバタ人形、パクパク人形、おすわりどうぶつ、サッカーゆび人形、お城の食器たて、木登りどうぶつとロケット、どうぶつわなげ、プロペラひこうき、コロコロどうぶつ、クネクネへび、つり人形、ペーパーがくぶち、ヨーヨーZOO、びっくりフラワー、カズーラッパ、ドキドキでっぽう、変身めがね、ゆかいなけんだま、いろいろなどうぶつを作ってみよう！

[内容] トイレットペーパーの芯が、動くオモチャに大変身。バラエティー豊かな作品が満載。

『きむらゆういち・みやもとえつよしのガラクタ工作　第1巻　牛乳パックで遊ぼう』　きむらゆういち,みやもとえつよし著　チャイルド本社　2007.9　79p　26×21cm　2000円　①978-4-8054-0101-9

[目次] きむらゆういちのおはなしげきじょう、かみコプター、ポットとカップ、パタパタペンギンとあひるのおにごっこ、おこったりわらったり、はたらくくるま、しんかんせんとヘリコプター、ふね、はばたきどり、パクパクパック、パックハウス—ふうしゃとけいだい、トコトコどうぶつ、お花のえんぴつたて・うしのじょうろ、くすだま、はっしゃだいひこうき、かぶなつり、ジャンピングボール・パックインゲーム、くびふりうし、牛乳パックで街を作ってみよう！

[内容] ただ作るだけの工作じゃない。遊べる工作が盛りだくさん。

『つくって遊ぼう！ちょっとの時間でできるかんたんおもしろ工作1・2・3年生』　立花愛子,佐々木伸著　メイツ出版　2007.7　128p　21cm　（まなぶっく）　1200円　①978-4-7804-0266-7

[目次] つくってあそぶ（スチレン皿のビー玉ころがし、ダンボールのジグソーパズル、ポリフリスビー ほか）、つくってかざる（ペットボトルキャップのモザイク絵、ゆらゆら

べこ恐竜、テープのデザート ほか）、つくってつかう（ガーデニンググッズ、万年カレンダー、カニさん貯金箱 ほか）

『つくって遊ぼう！ちょっとの時間でできるかんたんおもしろ工作4・5・6年生』　立花愛子,佐々木伸著　メイツ出版　2007.7　128p　21cm　（まなぶっく）　1200円　①978-4-7804-0267-4

[目次] 作ってあそぶ（オセロゲーム、一人テニス、ゴムライフル ほか）、作ってかざる（ダンボールの組み立てツリー、バルサのふっくらかべかざり、ひも引き"まわりどうろう" ほか）、作ってつかう（大きなビーズのペン立て、風船はりこのランプシェード、クジラの水中あくび人形 ほか）

『ロボットへの入口—ビンやカンを道具にした革新的工作』　滝口明治著　星の環会　2006.8　96p　26cm　2000円　①4-89294-441-6

[目次] 作品（街、客船、貨物船、竜、すいつきロボット、ロードローラー ほか）、作り方（トンボ、ウグイス、ログハウス、すべり台、ビー玉飛ばし機、ヘリコプター ほか）

[内容] 目のさめる斬新な技法を子どもたちに。アルキメデス以来の新工作法！図工・美術にトコトンやさしい画用紙の立体工作筒に巻く、つぶす…円周率がわかってくる。

『走る！動く！あそべる工作—身近なものでかんたんに作れる手作りおもちゃ』　トモ・ヒコ著　主婦の友社　2006.7　96p　26cm　（主婦の友生活シリーズ）　905円　①4-07-252339-9　Ⓝ507.9

『子どもが作る手づくりプレゼント—製作のポイント・ことばがけ例つき』　平井洋子著　大阪　ひかりのくに　2006.5　87p　26×21cm　1800円　①4-564-60297-7

[目次] プレゼントに添えてメッセージカードバリエーション、プレゼントに添えてお花のバリエーション・イメージヒント集、ありがとうプレゼント、大好きだよプレゼント、元気でねプレゼント、心を込めてプレゼント、低年齢児からカードのプレゼント、付録（1）プレゼントに大活躍!!かわいいリボンの結び方、付録（2）子どもの製作活動で育つもの、付録（3）製作・材料選びのポイント、付録（4）プレゼントに添えてメッセー

クラブ活動　　　　　　　　　　　　　　　　　　文化系活動を知ろう

ジカードバリエーション型紙
[内容] 子どもたちが，保護者の方々に作って渡すプレゼントの素敵なアイディアがいっぱい。

『あそべるアイディア工作―親子でつくる！』立花愛子，佐々木伸著　ナツメ社　2005.7　159p　21cm　1000円　Ⓣ4-8163-3941-8
[目次] リサイクル工作（ゴムチョロカー，牛乳パックのびっくり箱　ほか），ユニーク工作（プロペラボート，水中あくび人形　ほか），木を使った工作（ジグソーパズル，穴あきけん玉　ほか），金属，電気の工作（アルミ皿のかんむり，アルミ缶アニマル　ほか）
[内容] 作って楽しい，遊んで楽しい，親子で作る工作が大集合。身近な材料や，木や金属を使って作るおもちゃや小物がいっぱい。道具の使い方や，親子で工作をするときのアドバイスも掲載。

『絵てがみのおくりもの』白石範孝著　学事出版　2005.7　31p　26cm　（絵音ブックス）1900円　Ⓣ4-7619-1109-3
[目次] どんな手かな？，おもいっきり大きく，花のつぶやき，かん字のかんじ，ちぎり文字かるた，なにをかくの？，小さな命のこころ，雨にうたれてひとりごと，おいしい音ってどんな音？，きこえてくる夏の声，絵てがみいろいろ，お話のなかから，絵てがみで成長日記
[内容] この本は，きれいな絵本のようです。絵音ブックスといいます。すてきな絵てがみがいっぱいあります。おもしろいちぎり文字もありますね。こんどは，あなたが感じたことをかいてごらん。ほら，あなただけの成長日記ができますよ。

『できた！ふしぎな形』山本良和著　学事出版　2005.7　31p　26cm　（絵音ブックス）1900円　Ⓣ4-7619-1110-7
[目次] 鏡みたいだね！，鏡みたいだけど…何かがちがう!?，線対称・点対称の形をつくってみよう！，何のなかまだろう？，じつは…みんな同じ広さのなかまだよ，不思議な世界，じつは…展開図です，ゆがんだ直線，もとの形を変えてみると，線対称になるようにデザインすると…，曲がって曲がって…お花が咲いた！，変身する風車，対角線の万華鏡，コンパスで絵を描こう，きれいな色をぬってみよう！
[内容] この本は，きれいな絵本のようです。

絵音ブックといいます。ふしぎな図や形がいっぱいあります。なんだかとてもわくわくしてきます。さあ，ふしぎな形の世界をたんけんです。ふしぎのヒミツがきっとみつかりますよ。

『はじめてのこうさくあそび』ノニノコ著　のら書店　2005.7　62p　22cm　1500円　Ⓣ4-931129-22-6　Ⓝ594
[目次] えをかく，プリントする，かみでつくる，おもちゃをつくる，へやをかざる，ぬのでつくる
[内容] おかあさんといっしょに楽しめる，こどもがひとりでも楽しめる，ものづくりのヒントがいっぱいつまった，こうさくあそびの本です。

『ろうそくとはなかざりのあそび―遊びのこうさく万華鏡』かこさとし著　農山漁村文化協会　2005.5　47p　27×22cm　（かこさとしあそびの大宇宙 4）〈4刷〉1262円　Ⓣ4-540-90034-X
[目次] ろうそくとはなかざりのうた，正月かざり/しめかざり　もちばなかざり　まつかざり，まゆだまかざり　かざりはごいた　もちかざり，お年玉のつつみ　お年玉あそび，おにクイズ　おにはパタン　うちはパチン，ろうそくのかがく　ろうそくのあかり，うめのひなかざり　たまごびな，あきばこびな　ものひなかざり，ぼんぼりのあかり　あかりクイズ，ランプのひかり　ろうそくともしゲーム〔ほか〕

『音を出す』藤原義勝著　改訂版　京都同朋舎メディアプラン　2005.4　123p　31cm　（手づくり遊びがおもしろい　第5巻　東山明監修）〈東京　リブリオ出版（発売）シリーズ責任表示：東山明監修〉Ⓣ4-86057-202-5,4-86057-197-5　Ⓝ763
[目次] 1 吹く―管楽器（草笛，野菜の笛　ほか），2 はじく―弦楽器（輪ゴムの琴，一弦琴　ほか），3 たたく―打楽器（マラカス，紙皿のタンバリン　ほか），4 音の出るおもちゃ（糸電話，パッチン　ほか），5 音を出して使ってみよう（人形のノッカー，キツツキのノッカー　ほか）

『作ろう遊ぼう工作王 5　道具図鑑』かざまりんぺい，えびなみつる著　旬報社　2005.4　31p　26cm　1400円　Ⓣ4-

子どもの本　楽しい課外活動2000冊　　139

8451-0920-4
[目次]切る1（ハサミ他），つかむ（ペンチ他），打つ（金槌他），切る2（ナイフ他），切る3（ノコギリ），穴をあける（錐他），ドライバー＆スパナ，研磨する（ヤスリ他），測る（定規・曲尺他），ハンダゴテ，接着する（接着剤他），研ぐ（ナイフを研ぐ）

『作ろう遊ぼう工作王　4　作ってゲーム！』　かざまりんぺい，えびなみつる著
旬報社　2005.4　31p　27cm　1400円
①4-8451-0919-0　Ⓝ594
[目次]1 クリップ・クレーン，2 缶ケンダマ，3 割りばし鉄砲，4 トントン紙相撲，5 ストロー・ブロー・サッカー，6 イライラ棒，7 コリントゲーム

『作ろう遊ぼう工作王　3　ふしぎ発明発見?!』　かざまりんぺい，えびなみつる著
旬報社　2005.4　31p　26cm　1400円
①4-8451-0918-2
[目次]1 ジャンボ・シャボン玉，2 スライム，3 どんぐりヤジロベエ，4 簡単万華鏡，5 エコー・マイク，6 クリップ・モーター，7 天体望遠鏡，8 鉱石ラジオ

『作ろう遊ぼう工作王　2　動くぞ！』　かざまりんぺい，えびなみつる著　旬報社　2005.3　31p　26cm　1400円　①4-8451-0917-4
[目次]1 急な坂道グングン登る！『缶タンク』，2 スペシャルゴム動力カー『スペース・レーサー』，3 高速プロペラ・カーに挑戦！『風神』，4 ペットボトル・ヨット『風まかせ』，5 本格ゴム動力潜水艦！『ノーチラス』，6 蒸気エンジンで動く！『ポンポン船』，7 F1タイプ坂道レーサー『キャスター・カー』

『いますぐはじめる紙飛行機』　二宮康明
紙飛行機設計　ジャイブ　2004.12　48p　26cm　667円　①4-86176-060-7
[目次]紙飛行機を楽しむ人たち，紙飛行機のいろいろな種類，紙飛行機の全国大会，まんが 紙飛行機に挑戦！，二宮康明先生インタビュー，紙飛行機一家インタビュー，お店で買える紙飛行機，紙飛行機テクニック集，全国おすすめの紙飛行機広場，ふろく 切りぬく紙飛行機

『風の力をつかう風の工作』　住野和男著
勉誠出版　2004.12　78p　30cm　1200円　①4-585-05306-9
[目次]工作編—風を利用した工作（空飛ぶ円盤を作ろう，ホーバークラフトを作ろう，風速計を作ろう），資料編—風の話（風利用の歴史，くらしと風，風の工業利用，風はきらわれもの，風のおもしろ利用）

『熱の力をつかう熱の工作』　住野和男著
勉誠出版　2004.12　69p　30cm　1200円　①4-585-05304-2
[目次]工作編—熱を利用した工作（パン焼き器を作ろう，温度計を作ろう，ポンポン船を作ろう），資料編—熱の話（熱利用の歴史，くらしと熱，熱の工業利用，熱はきらわれもの，熱のおもしろ利用）

『光の力をつかう光の工作』　住野和男著
勉誠出版　2004.12　67p　30cm　1200円　①4-585-05307-7
[目次]工作編—光を利用した工作（照度計を作ろう，キャンプライトを作ろう，ソーラーボートを作ろう），資料編—光の話（光利用の歴史，光とくらし，光の工業利用，光はおもしろ利用）

『水の力をつかう水の工作』　住野和男著
勉誠出版　2004.12　59p　30cm　1200円　①4-585-05305-0
[目次]工作編—水を利用した工作（雨量計を作ろう，ジェットボートを作ろう），資料編—水の話（水利用の歴史，くらしと水，水の工業利用，水はきらわれもの，水のおもしろ利用）

『おもちゃの工作ランド』　成井俊美作，三枝祥子絵　福音館書店　2004.11　120p　26cm　1800円　①4-8340-2025-8　Ⓝ594
[目次]動物園（にわとりの親子，はばたくがちょう ほか），サーカス（空中ブランコ，ピエロのお手玉 ほか），ウォーターランド（ペットボトル水族館，ふうせんタコとゆらゆらマンボウ ほか），スペースランド（宇宙船，回転ロケット ほか），遊園地（飛行タワー，回転ブランコ ほか），型紙
[内容]5つの工作ランドへ行って，楽しい手づくりおもちゃをつくろう。33種類の楽しい動くおもちゃ。親子でつくるなら5才から。自分でつくるなら小学生から。

『エンジニアがつくる不思議おもちゃ—しくみを考え、楽しむ本』　大東聖昌著

クラブ活動　　　　　　　　　　　　　文化系活動を知ろう

工業調査会　2003.7　158p　21cm　1700円　①4-7693-2168-6
[目次]1 二人で遊ぶ(絵柄の変わるサイコロ, マトリョーシカ, 入れ子人形 ほか), 2 まわる, くだる, 登る, 飛ぶ(パクパクあひる, 体操人形 ほか), 3 昔のおもちゃ(茶運び人形, 復元製作, 古典からくり, 五段返り ほか), 4 音と光(手作りヴァイオリン, エオリアンハープ ほか), 5 お気に入り(小石人形トトロ, 四つ葉のクローバー ほか)
[内容]本書は, 手作りおもちゃの本である。60種類近くのおもちゃについて, どのようなものであるか, どのように作るのかについて説明している。何らかのきっかけがあって, それに不思議さを感じ, 謎の再現のために著者が自作したおもちゃ集。

『オリジナル自由研究と工作—中・高学年向』くもん出版　2003.7　143p　26cm　1100円　①4-7743-0716-5　Ⓝ375
[目次]キミにピッタリのテーマを見つけよう, 自由研究テーマ集(パスタの食べごろ実験, ドライアイスパック走行実験 ほか), テーマ選びから結果まで自由研究Q&A, 友達に差をつける自由研究まとめ方ガイド, 工作を始める前に, 工作実例集(動くクマさんペンダント, ミニカプセルゲーム3 ほか), 工作の基本を学ぼう!, 工作で使う材料を知る!
[内容]本書は, 前半に自由研究, 後半に工作のテーマがのっている。それぞれの作業のすすめ方がわかりやすく書いている。

『スーパー紙とんぼワンダーランド—指とんぼからジャンボとんぼまでベスト28』鎌形武久編著　いかだ社　2003.7　94p　26cm　(遊ブックスワイド)　1500円　①4-87051-133-9
[目次]基本のつくり方(2まい羽根とんぼ, 1まい羽根(片羽根)とんぼ, 2だん羽根とんぼ ほか), 変わりとんぼ(合体とんぼ(紙とんぼと羽根とんぼ), スパイラルとんぼ, 円形羽根とんぼ(3つ目・4つ目) ほか), 素材別(底紙でつくる7cmとんぼ(牛乳パックを使って(1)), 高性能牛乳パックとんぼ(牛乳パックを使って(2)), 層ざしとんぼ(牛乳パックを使って(3)) ほか)

『やさしいオリジナル自由研究と工作—低・中学年向』くもん出版　2003.7　143p　26cm　1100円　①4-7743-0715-7　Ⓝ375
[目次]キミにピッタリのテーマを見つけよう, 自由研究テーマ集(たねのようすはどうなってる?, はやくかわくヒミツの場所は? ほか), 自由研究Q&A—テーマ選びから結果まで, 友だちに差をつける! 自由研究まとめ方ガイド, 工作を始める前に, 工作実例集(フワフワたこちゃん, マヨ水でっぽう ほか), 工作のきほんを学ぼう!!, 工作で使う材料を知る!
[内容]本書は, 前半に自由研究, 後半に工作のテーマがのっている。それぞれの作業のすすめ方がわかりやすく書いている。

『工作ワンダーランド—こんなものがつくれる! おどろきのアート&クラフト・ブック』西本修絵・文　ブロンズ新社　2003.6　119p　19×19cm　1200円　①4-89309-293-6
[目次]ネボスケイモムシ(メキシコ), タマゴ星人(アメリカ), ピカソ福笑い(スペイン), プカプカくろくらげ(オーストラリア), ミニミニちょうこく展(フランス), マグネットシアター(チェコ), すもう世界大会(モンゴル), デンデンプレート(日本), スイカロデオ(アメリカ), おきあがりこぼし(中国)〔ほか〕
[内容]夏休みの自由研究はこれでキマリ! フツーの工作はもういらない! 工作しながら, 世界をめぐってみよう…! 親子でつくってみんなで遊べる, おもしろアイデアがいっぱい。

『竹細工・木工細工をつくろう』宮内正勝監修　リブリオ出版　2003.3　40p　27cm　(はじまりのもの体験シリーズ3)〈年表あり〉2400円　①4-86057-112-6,4-86057-109-6　Ⓝ754.7
[目次]竹細工・竹工のはじまり, 竹トンボをつくろう, 四つ目の竹かごを編もう, いろいろな竹かご・竹ざる, 木工のはじまり, 大工道具で箸をつくろう, 木を組んで写真立てをつくろう, 竹細工・木工の歴史, 調べ学習に役立つホームページ・ガイド, 調べ学習に役立つ参考図書ガイド, 体験学習施設ガイド
[内容]昔から伝わる身近なものづくりを実際に体験できるように紹介したシリーズ。3巻では細工の方法からナイフやのこぎりなど刃物を扱う際の注意まで解説している。

『つくってみよう!—おうちにある材料で, 楽しくつくる工作の本』浦嶋洋子

子どもの本 楽しい課外活動2000冊　141

著　カワイ出版　2002.8　64p　28×22cm　1800円　①4-7609-4710-8

|目次| 楽しい海の博物館，世界にひとつのマイうちわ，粘土でつくるキーホルダーとアクセサリー，プラバンでつくるブックマーカー，紙コップであそぼう，ライス・マラカス，空きびんの大へんしーん!!，ほのかに香るポプリ・スティック，トイレットペーパーの芯でつくるくねくねへびさん，ワイヤー・フラワー〔ほか〕

『ものづくり道具のつかい方事典』　峰尾幸仁監修　岩崎書店　2002.3　175p　30cm　5000円　①4-265-05952-X

|目次| 第1章 紙の工作，第2章 木の工作，第3章 金ぞくの工作，第4章 プラスチックなどの工作，第5章 そのほかの工作

|内容| 心に浮かんだイメージを絵にしましょう。いろいろな材料をつかって，楽しい物，すてきな物をつくりましょう。この本では，物をつくるときに役だつ，いろいろな道具たちとそのつかい方を紹介しています。

『みんなでつくろう！ 大型クラフト　3　かんたんハウス』　桧山永次，中井秀樹，野出正和著，水谷桃子イラスト　大月書店　2002.1　31p　31×22cm　3000円　①4-272-61303-0

|目次| つくりはじめる前に，どこでもかんたんシートハウス，ペットボトルのパオハウス，牛乳パックのペーパーハウス，ダンボールのピラミッドハウス，ベニヤでつくるトンネルハウス，すのこのメルヘンハウス，ロフトつきのわんぱくハウス，ダンボールのログハウスに挑戦

『みんなでつくろう！ 大型クラフト　2　屋台・お店』　桧山永次，中井秀樹，野出正和著　大月書店　2001.12　31p　31×22cm　3000円　①4-272-61302-2

|目次| 折りたたみ式夜店の屋台，かるくて，かんたんダンボール屋台，いつでもどこでもワンマン屋台，たたんで，ホイ！ ダンボールチェアー，ペットボトルのスケルトンテーブル，ペットボトルのみえみえすだれ，牛乳パックのカラフルショップ，牛乳パックの客よせロボット，CD目玉のメニューおじさん，ダンボールのデカちょうちん，ゆれてたのしいマスコットぞう

『イベント・シンボル』　檜山永次，中井秀樹，野出正和著，水谷桃子イラスト　大月書店　2001.11　31p　31cm　（みんなでつくろう！ 大型クラフト　1）3000円　①4-272-61301-4

|内容| ゴミ袋でつくるおいでおいでマン，ダンボールをかさねてトルネードタワー，すけてみえるペットのキリン，ベニヤと紙はりこのビッグエッグ，軽くて大きなダンボールツリー，ペットボトルの光る得点板，牛乳パックでつくるカラフルゲート，丸棒とホースでつくるほねほねアーチ，ペットボトルでつくる透明ゲート，ダンボール恐竜ステゴザウルス

『親子でつくるわりばし工作―恐竜飛行機動物動くおもちゃなど』　滝口明治［著］　実業之日本社　2001.7　98p　26cm　（ヤングセレクション）　838円　①4-408-61557-9

『きりぬいてつくるなつのこうさく』　五味太郎，本間純著　ブロンズ新社　2001.7　1冊　20×21cm　950円　①4-89309-229-4

|内容| なつをつくろう！ はさみできったりあなをあけたりいろをぬったりくみたてたり…らくがきが，さらにたのしくひろがるよ。

『バルーンであそぼう―なにができるかな?』　テッド・ランビー，アンディ・リーチ企画，ジュリアン・ロウ文，とみながほし訳　ポプラ社　2000.10　1冊　31×27cm〈付属資料：おもちゃ1〉1760円　①4-591-06552-9

|目次| 海ぞくさまのお通りだ!，ドライヤー，白鳥，とことこダックスフント，キリン，ハチドリ，すてきな花，ゆらゆら木馬，おしゃべりオウム，ブロントサウルス，バンジョーをひこう，ピンクのゾウ，さあ，大空へ!，いたずらなサル

|内容| バルーンのテクニックをマスターして，タネもしかけもない風船でいろいろな作品をつくりましょう！ ひねり方やまげ方をいくつかおぼえるだけで，あなたも，キリンやオウムや恐竜から，花やバンジョーや飛行機まで，いろいろな作品がつくれるようになりますよ！ すべての作品のつくり方を，手順を追って写真入りでせつめいしてあります。はじめての人でもかんたんにつくれる作品から，ちょっとコツのいる作品

クラブ活動　　　　　　　　　　　　　　文化系活動を知ろう

まで、ここに紹介した作品をひととおりマスターしたら、キミだけのオリジナル作品だってつくれます。

『ストローでカラクリ工作』　芳賀哲著
誠文堂新光社　2000.7　98p　26cm　1200円　①4-416-30017-4
[目次]　ストローで楽しい動きをつくろう!!、こんな材料を使います・こんな道具を使います、ストローとフィルムケース、紙コップなどを使った工作（ストロー笛、はにわ笛、たたされぼうず、アクションマン、てつぼうピエロ　ほか）、ストローと牛乳パックを使った工作（水車、よく立つヤシの木、おばけパック、パクパクかば、パックンくわがた　ほか）、ストローと画用紙などを使った工作（いないいないバー、ばんざいオニさん、ちゃんちゃかおさる、おしゃれワニさん、怪獣！と思ったら…　ほか）
[内容]　本書は、こんなものを作ってみたい、あんなことをやってみると楽しいな…と思いをめぐらすうちに出てきたアイディアをまとめたものです。身近な材料や道具でつくれる楽しい工作ばかりです。

『カラクリにんぎょう』　塩浦信太郎文・絵、常葉雅人写真　岩崎書店　2000.6　32p　25×22cm　（手づくりBOX 11）　1500円　①4-265-02631-1
[目次]　カラクリってなに？、どうぐばこ、ふしぎばこのつくりかた、のびちぢみするどうぶつくんたち、ジャンピングガエルのつくりかた、はなのびるゾウさんのつくりかた、そらとぶヒコーキ・はしるシマウマくん、シマウマくんのつくりかた、そらとぶヒコーキのつくりかた、まわるメリーゴーラウンド・おどるウサギさん〔ほか〕
[内容]　身近なところにある紙やダンボール、そしてコンビニでもさがせる材料を使って、みんなもカラクリにんぎょうをつくってみましょう。この本で紹介するカラクリにんぎょうは、だれでも簡単につくれ、手で簡単に動かせます。

『押し花アートを楽しもう　3　花・いろいろお絵かき』　花と緑の研究所著　汐文社　2000.3　47p　27×19cm　1800円　①4-8113-7276-X
[目次]　夢見が丘花園、押し花の作り方（基本編、上級編）、そのまま押せる花たち、押すのがむずかしい花たち、押す前にすること、バラの花の作り方、カーネーションの花の作り方、押し花絵を作ろう、押し花絵―応用編、押し花カードを作ろう、楽しい押し花アレンジメント、かざりボトルを作ろう

『草花染めkids―自然の色をもらう！』　箕輪直子著　小学館　1999.11　111p　21cm　（21世紀こども遊び塾 6）　1000円　①4-09-204206-X
[目次]　基本の染め方（野原にいこう！、花屋さんにいこう！　ほか）、染め方の応用（模様を作ろう、紅花で染めよう　ほか）、こんなものも染めよう（紙を染めよう、糸を染めよう　ほか）、コラム（昔からある草木染め、日本の染物、織物　ほか）、カラーチャート（草・木のカラーチャート、花・実のカラーチャート　ほか）、作品の作り方（しぼり染めのしかた、新聞紙で作るくま　ほか）
[内容]　かんたんに、何でも染まる！草花のカラーチャートつき。

『古代体験book縄文土器をつくろう』　いのうえせいしん編著　いかだ社　1999.11　93p　21cm　（遊youランド）　1300円　①4-87051-085-5
[目次]　第1章　縄文土器って何だろう（縄文土器は"焼きもの"のルーツ、縄文土器の誕生）、第2章　縄文土器のつくり方（土器の製作工程、粘土の採取　ほか）、第3章　さまざまな縄文土器に挑戦（隆線文にチャレンジ尖底土器、菱形文様と波形文様にトライ尖底土器　ほか）、第4章　オリジナル縄文土器に挑戦（みがいて仕上げる彩色土器、焼かずに仕上げる黒陶土器　ほか）
[内容]　私たちが縄文土器をつくる体験によって感じることは、人それぞれであると思います。そして、人それぞれがことなった思いを持つところに縄文土器の持つ奥深さがあるのです。

『ぼくはうみわたしはひかり―色セロハンあそび』　やべみつのり作　童心社　1999.9　29p　25cm　（絵本・ふしぎはたのしい）　1400円　①4-494-00965-2
[内容]　色セロハンは光を透かして、ふしぎな世界が生まれます。光と色の色セロハンあそびをはじめよう。

『作って遊ぶ！　工作kids』　奥山英治、よしだきみまろ共著　小学館　1999.8　111p　21cm　（21世紀こども遊び塾 4）　1000円　①4-09-204204-3

|目次| 屋外のわんぱく遊び（竹で遊ぶ，つるで遊ぶ，ロープで遊ぶ，枝で遊ぶ ほか），屋内のおもしろ工作（お散歩アルマジロ，カントリーレース，かいじゅうビニラ，かみつきモンスター ほか）
|内容| 地球はボクらの遊び場だ！ 野外で遊ぶ，ワンパク遊びにチャレンジだ。

『ねんど・古新聞でつくる手づくり貯金箱 おもしろ工作ランド』 井上征身編著 いかだ社 1999.5 94p 21cm （遊youランド） 1300円 ①4-87051-080-4
|目次| 紙ねんどで貯金箱をつくってみよう（とってもおいしそうだね—メロン，世界を周ろう—熱気球，動きだしそうだな—恐竜 ほか），古新聞で張りぼて貯金箱をつくってみよう（かっこいいな—飛行船，すてきだね—UFO，ウフフフ—ピエロさん ほか），コラージュして貯金箱をつくってみよう（ねむそうだね—王様，大好きだよ—五目ラーメン，1年で大金持ちさ—カレンダー ほか）
|内容| 本書の中では，貯金箱をつくるというテーマで，いろいろな材料を使いますが，どれも身のまわりにあるごく一般的な物ばかりです。これらの材料のもつ性質を上手に引き出すことができれば，テーマである貯金箱は，楽しい作業として無理なく仕上っていくでしょう。

『あそびにやくだつ工作 2（屋外編）』 こどもくらぶ編 ポプラ社 1999.4 47p 31cm （やくにたつアイデア工作 7） 2600円 ①4-591-05945-6,4-591-99288-8
|目次| ペットボトルUFOいろいろ，ペットボトルロケット，ビニール袋カイト，円盤パラシュート，パラシュート，熱気球，おり紙飛行機，フルノ式ペーパープレイン，スチレントレー飛行機，あき缶ポックリ〔ほか〕
|内容| ダンボール迷路，ペットボトルいかだなど，みんなで作っておもいきり遊んじゃおう。ペットボトルロケット，熱気球などとともに，夢を大空に打ち上げましょう。小学校中学年以上向。

『あそびにやくだつ工作 1（室内編）』 こどもくらぶ編 ポプラ社 1999.4 47p 31cm （やくにたつアイデア工作 6） 2600円 ①4-591-05944-8,4-591-99288-8
|目次| ヨーヨーいろいろ，けん玉，連発式ふき矢，わりばしでっぽう，紙ブーメラン，牛乳パックポックリ，牛乳パックゴマ，フィル

ビー，笛アラカルト，ウォーターゲーム〔ほか〕
|内容| ヨーヨー，イライラ迷路など，流行のおもちゃが手作りできるアイデアがいっぱい。たった10秒で作れるビー玉とばし器・フィルビー，5分でできる水笛など，超かんたん工作もいっぱい。小学校中学年以上向。

『つくってあそぼ』 和田ことみ著 明治図書出版 1999.4 84p 21cm （子もといっぱい遊ぼう 4） 1700円 ①4-18-929406-3
|目次| 魚つり，帽子を作ろう，ビリビリ破ろう，ペタペタペッタン，ボールの投げっこ，びっくり扇子，紙飛行機，くっつきカエル，ケーブルカー，望遠鏡，トンネル，新幹線〔ほか〕

『ボランティアにやくだつ工作』 こどもくらぶ編 ポプラ社 1999.4 47p 31cm （やくにたつアイデア工作 1） 2600円 ①4-591-05939-1,4-591-99288-8
|目次| 点字カレンダー，点字カルタ，点字メニュー，かんたん点字板，点字時刻表，指文字カルタ（相手の手），手話カルタ，かんたんボタンかけ，ビー玉迷路，フィルムケースさしゲーム〔ほか〕
|内容| コピーしてかんたんにできる手話カルタ・指文字カルタなど，ボランティアにやくだつアイデアがいっぱい。お年寄りの機能回復にやくだつ工作などで，ボランティアのこころをやしないます。小学校中学年以上向。

『やくだつ道具をつくろう』 こどもくらぶ編 ポプラ社 1999.4 47p 30cm （やくにたつアイデア工作 5） 2600円 ①4-591-05943-X
|目次| 手作りアイスクリームメーカー，べんりな小道具いろいろ，スチロールカッター，オドメーター，見上げ角度計，かんたん電池，天気予報ハウス，ボート型電磁針，地震懐中電灯，手作り時計〔ほか〕
|内容| 小学生の「こんなのあればいいな」から生まれたアイデア工作，クワガタはかり，オドメーターなど。背のびするかわりに使う，背のびスコープ。水中の岩かげもバッチリ見える水中スコープなど，たのしくてやくにたちます。小学校中学年以上向。

『「おもちゃの作り方」大図鑑』 石川球人著 デジタルハリウッド出版局

クラブ活動　　　　　　　　　　　　　　　　　文化系活動を知ろう

1998.12　269p　17cm　1600円　④4-925140-06-X

『ダンボールおもしろ工作ランド』　すずお泰樹編著　いかだ社　1998.12　94p　21cm　（遊youランド）1300円　④4-87051-075-8
|目次| たくさんつくるぞ！―コマ，うまくできるかな―ヨーヨー，まわしてごらん!!―パクパクおじさん，おっとっと―ロデオ，こんにちわ…―フラダンス人形，ゆらゆら〜り―玉のり人形，じょうずだね！―一輪車つなわたり，体操しているよ―おさるの鉄棒，リズムにのって―回転人形，止まらないでね！―カタカタ落とし〔ほか〕
|内容| ダンボールとひと口に言っても，かなりの種類があります。いろいろなダンボールを組み合わせることによって，つくって遊んだ後は，飾っておいても飽きのこない「手づくりおもちゃ」がつくれるのです。本書では，ダンボール箱ひとつで2〜3点つくれる小さなおもちゃから，子どもが入って遊べる家まで，31点を紹介しています。

『春夏秋冬 自然とつくる』　浦部利志也著，酒井猛写真撮影　大月書店　1998.6　75p　21×22cm　（シリーズ・子どもとつくる 49）1600円　④4-272-61149-6
|目次| 春（ワークショップ・ファイルをつくる，土で描く ほか），夏（夏の便り，石でつくる―しおきとゲーム ほか），秋（葉っぱのコスチューム，小枝の迷路 ほか），冬（樹のカスタネット，クヌギのリース ほか）

『動くおもちゃ工作』　多田千尋著　池田書店　1998.5　287p　21cm　1500円　④4-262-15261-8
|目次| 材料・道具の紹介，ころがるおもちゃ，はしるおもちゃ，まわるおもちゃ，とびだすおもちゃ，とぶおもちゃ，ゆれるおもちゃ，くりかえすおもちゃ
|内容| 走る，まわる，とぶ，ころがる，とびだす楽しい手作りおもちゃ大集合。

『重さで動く―落ちる・転がる・バランス・フリコ』　成井俊美著・イラスト，チャプモン京子著　草土文化　1998.5　67p　21×19cm　1200円　④4-7945-0751-8
|目次| 落ちる，転がる，バランス，落ちる力で動く，立体絵画

『飛びだすピエロ』　木村裕一作　ほるぷ出版　1998.4　96p　26cm　（手作りおもちゃ箱 2）1400円　④4-593-50791-X
|内容| 小さな力で大きな動きを生む「てこ」の原理を利用したおもちゃ，紙を折ったり曲げたりして動かすおもちゃ，紙を折ったり曲げたりして動かすおもちゃ，クルクル回して遊ぶおもちゃ，石や木，貝がらなど自然のものから作るおもちゃや人形，アクセサリーなど。

『たのしい輪ゴム工作』　左巻健男監修，佐久間徹著，水原素子絵　汐文社　1998.1　43p　27cm　（はじめてのじっけんあそび 2）1500円　④4-8113-7207-7
|目次| わゴムパワーにちょうせん！，びっくりパッチン，かえるのぴょん，とびだすカード，紙とわゴムのクラッカー，ロケットはっしゃき，わゴムでとぶUFO，わゴムのゆみ，ダイコンてっぽう，かみだまパチンコ〔ほか〕

『のびのびゴリラ』　木村裕一作　ほるぷ出版　1998.1　100p　26cm　（手作りおもちゃ箱 1）1400円　④4-593-50790-1
|目次| ハエ取りガエル，鼻のばすゾウ，のびのびゴリラ，びっくりキリン，糸引き風車，空飛ぶじゅうたん，風車，ブタ飛行機，紙皿飛行機，ストロー飛行機〔ほか〕
|内容| 空気の力で動くおもちゃ，ゴムの力で遊ぶおもちゃ，飛行機やたこなど飛ばして遊ぶおもちゃ，光をあてて切り絵やげん灯機，映して遊ぶピンホールカメラ，くっついたりはなれたりする磁石の力で動くおもちゃなど。

『自由工作 明かりの工作―メルヘンの輝き』　五茂健著　誠文堂新光社　1997.7　66p　26cm　（夏休み宿題図書）1200円　④4-416-39701-1
|目次| 工作を始める前に，アンティーク・ランプ，青い鳥のスタンド，金魚のランプ，あんどんランプ，ビー玉の街灯，アラジンのランプ，おはじきのシャンデリア，フラワー・スタンド，かぐや姫のスタンド

『お部屋をかざる工作 おし花づくり』　柳川昌子著　大阪 ひかりのくに　1997.5　80p　21×19cm　1180円　④4-564-20315-0

子どもの本 楽しい課外活動2000冊　　145

文化系活動を知ろう　　　　　　　　　　　　　　　　　　　　　クラブ活動

|目次| さくひん(写真におし花を，春の野は花いっぱい ほか)，テクニック(草花の採集，アルミカバーのし方 ほか)，かんそう法(美しいおし花をつくるために，花の採集におすすめのおし花器)，下準備(花のおし方，おし花の下準備・基本)
|内容| 本書は，おし花でつくる作品と，おもだった花のおし方を，わかりやすく説明してあります。

『しかけおもちゃ工作』　多田千尋著　池田書店　1997.5　309p　21cm　1500円　①4-262-15260-X
|目次| 動くおもちゃ，しかけおもちゃ，アイデアおもちゃ，手芸おもちゃ，伝承遊びおもちゃ，絵本・カードおもちゃ

『工作あそび』　沢柳清,小野和,造形遊び研究会著　鈴木出版　1997.4　85p　27cm　(しらべ学習に役立つたのしいあそび・アイデア集 6)　2800円　①4-7902-7147-1
|目次| 春(お花が咲いた，カタツムリ ほか)，夏(パラシュート，風船 ほか)，秋(レーシングカー，スピードウサギ ほか)，冬(びっくり箱，おきあがりこぼし ほか)，四季を通して(パクちゃん・カメラ，紙鉄砲 ほか)

『こどものやきものあつまれ』　こどものやきもの研究会編　小峰書店　1997.4　31p　26cm　(はじめてのやきもの 3)　2000円　①4-338-13703-7
|目次| にぎにぎやきもの，ぺったんこやきもの，ほじくりやきもの，ひもひもやきもの，あつまれ，やきもの，やきもの，だいすき，「手で見て」つくるやきもの—千葉県立千葉盲学校の生徒たちの作品
|内容| かんたんで実用的なものから，自由な感性あふれる作品まで，こどもがつくったやきものをバラエティゆたかに紹介します。

『カップシアター—紙カップで作る絵人形劇』　浅野ななみ著　フレーベル館　1996.12　95p　26cm　(手づくり保育シリーズ 9)　2200円　①4-577-80194-9
|目次| 1 くいしんぼゴリラのうた，2 三びきのこぶた，3 こぶたのはみがき，4 クッキングポン，5 ブレーメンの音楽隊，6 ダメダメメラスくん，7 とんでった麦わら帽子，8 つよくてよわいぞジャンケンポン
|内容| 本書では，紙カップ，アイスクリームやヨーグルト容器など身近な素材の様々なカップに，出来上がっている人形を貼りつけるだけで，簡単にキャラクターを作り，演じることのできる人形劇を紹介しています。

『つくってあそぼう！ ダンボール』　ねもといさむ著　フレーベル館　1996.12　95p　26cm　(手づくり保育シリーズ 8)　2200円　①4-577-80192-2
|目次| 1 小さなダンボール工作，2 ダンボールおもちゃ，3 行事のために，4 ダンボールおばけ，5 大きなダンボール工作

『空飛ぶ空き容器—おもしろ工作ランドヒコーキ・ブーメラン・タコとにかくよく飛ぶ！』　すずお泰樹編著　いかだ社　1996.10　93p　21cm　(遊YOUランド)　1339円　①4-87051-056-1
|目次| ストローでつくる方向自由型ヒコーキ，ストローでつくる発射台つきロケット，紙皿でつくるよく飛ぶヒコーキ，わりばしでつくるかっこいいグライダー，ゴムカタパルト(発射台)をつくってみよう，わりばしでつくる本かく派ヒコーキ，ゴム動力で飛ぶプロペラヒコーキ，バルサ材でつくるすてきなヒコーキ，牛乳パックでつくる紙ヒコーキ，とっともよく飛ぶ紙ヒコーキ1号〔ほか〕

『つくってあそぼう発ぽうスチロールとバルサの工作』　水上喜行著　大阪ひかりのくに　1996.8　79p　21×19cm　1200円　①4-564-20314-2
|目次| 発ぽうスチロールとバルサのなかま，発ぽうスチロールとバルサのせいしつ，使う道具のいろいろ，つくりかたのちえ，クッキーパズルとバウムクーヘンパズル，スチロールトップ，マリーンわなげ，へんしんトーテムポール，トリップロン，スチモスラ〔ほか〕
|内容| 発ぽうスチロールやバルサは加工しやすい材料です。思いついたことを手軽にためすことができます。本書にのっている作品をつくると，日常生活のいろんな場面に応用できる生きた知恵が身につきます。

『自由工作 やさしいモーターの工作』　摺本好作著　誠文堂新光社　1996.7　61p　26cm　1200円　①4-416-39607-4
|目次| 模型のモーターは楽しい…，モーター工作の用具と材料とコツ，モーターのいろいろな使い方，「工作クン」の作り方

クラブ活動　　　　　　　　　　　　　　　文化系活動を知ろう

『見ながら作れる　紙ねんど工作』　創作紙粘土協会作品製作　ひかりのくに　1996.7　80p　21×19cm　1200円　ⓣ4-564-20313-4
目次　テーブルの人気もの，やさしいうつわ作り，わたしだけのおひなさま，ひらひら小物入れ，かべかざりとコルクボード，かぎかけとドアプレート，すてきなぺったんこ，リースとプレート，おしゃれな小物〔ほか〕

『からくりおもちゃ工作』　多田信作著　池田書店　1996.5　326p　21cm　1500円　ⓣ4-262-15259-6
目次　とび出すからくり，もようからくり，まわるからくり，音からくり，力からくり，はんぷくからくり，変身からくり

◆リサイクル工作

『★いまいみさの★牛乳パックでつくるエコおもちゃ』　いまいみさ［著］　実業之日本社　2011.8　72p　26cm　〈ヤングセレクション〉　1143円　ⓣ978-4-408-61752-7　Ⓝ754.9

『ペットボトルおもちゃ―マンガKids工作BOOK：決定！　おもちゃの達人がえらんだベスト25』　すずお泰樹著　いかだ社　2011.7　79p　26cm　〈『まるごとペットボトルリサイクル工作ランド』（2000年刊）の改訂版〉　1400円　ⓣ978-4-87051-343-3　Ⓝ594

『牛乳パック＆ペットボトルKids工作図鑑―超かんたん！　身近な素材で100倍楽しむ本』　立花愛子，佐々木伸著　いかだ社　2007.3　79p　26cm　1600円　ⓣ978-4-87051-204-7
目次　おもちゃ（パクパク人形／ダブルパクパク人形，取っ手つきパクパク人形，トントンずもう人形　ほか），のりもの（自動車・車輪をつける，タンクローリー・消防車・ダンプカー，キャタピラー月面車　ほか），かざり＆小物（スノー・ドーム／ドロドロ時計，光のオブジェ，牛乳パックのリース（1）フタほか）

『ピコロのわくわくリサイクル―みんなで作ってあそぼう　1』　学研編集部編　学習研究社　2005.1　80p　26×21cm　（Piccolo Selection）　1800円　ⓣ4-05-402695-8
目次　1　牛乳パック，2　空き箱，3　段ボール，4　トイレットペーパーのしん，5　紙袋，6　新聞紙，作りかた
内容　牛乳パック，空き箱，段ボール，トイレットペーパーのしん，紙袋，新聞紙など，身近な廃材を用いたリサイクル工作のアイディア集。ていねいな作り方図が定評の，ピコロならではの環境にやさしい工作集。

『リサイクルで作る小学生の楽しい工作』　成美堂出版編集部編　成美堂出版　2003.7　143p　21cm　780円　ⓣ4-415-02282-0
目次　牛乳パック工作（犬のメモばさみ，すすめ！　水力船　ほか），ペットボトル工作（サボテンのわなげ，ももんが飛行機　ほか），スチロール工作（プラネタリウム，クリオネのキラキラドーム　ほか），しん工作（かっぱの親子のメモホルダー，すわるウサギ　ほか），なんでも工作（金魚の貯金箱，くるくるマウス　ほか）
内容　牛乳パック，ペットボトルなど身のまわりのものを再利用して，いろいろな工作ができるよ。

『スーパーリサイクル貯金箱おもしろ工作ランド』　すずお泰樹編著　いかだ社　2002.6　94p　21cm　1300円　ⓣ4-87051-114-2
目次　ロボットくん，紙ざらUFO，貯金ブック，金魚でチョ（貯），スペースシャトル，おすましフクロウ，潮ふきまっこうクジラ，おさいせん箱，サッカー貯金箱，ダンボールカー，占い貯金箱，のりのりロデオ，カバくん，おひなさま，おカッパ貯金箱，ぶんぶく茶釜，いっぱいためるゾウ，ケロケロカエル，ストライクボーリング，ピンホール貯金箱，コインころりん，坂道コロコロ，ちょっ金ランド

『リサイクル工作と手芸　5　おしゃれ小物作り』　松永サチコほか製作　学習研究社　2002.3　47p　27×22cm　2600円　ⓣ4-05-201535-5
目次　アクセサリーを作ろう，小物入れを作ろう，ステーショナリーを作ろう，インテリアかざりを作ろう，お手伝いグッズを作ろう，遊び道具を作ろう，Tシャツリメイク，ジーンズリメイク，マイバッグを作ろう

『リサイクル工作と手芸　4　びっくりプ

子どもの本　楽しい課外活動2000冊　　147

文化系活動を知ろう　　　　　　　　　　　　　　　　　クラブ活動

『レゼント作り』 久保進ほか製作　学習研究社　2002.3　47p　27×22cm　2600円　①4-05-201534-7

目次　鳴くカンカン鳥，もこもこお化け，ぴゅっとふき矢，のびーるゾウ，ホーホーミミズク笛，ぴくぴくウサギ，カップクラッカー，ポットペンギン，ジャンプガエル，ゆらゆらカメの花入れ〔ほか〕

『リサイクル工作と手芸　3　かっこいい記念品作り』 久保進ほか製作　学習研究社　2002.3　47p　27×22cm　2600円　①4-05-201533-9

目次　思い出一輪ざし，のびのびウサギ，ウサギの写真立て，きらきらフリスビー，ふわふわ水族館，ころころタンク，ペットペットBUBO，うきうきフラダンス，おもしろカメラ，ぷかぷかクジラ〔ほか〕

『リサイクル工作と手芸　2　アイデア実用品作り』 久保進ほか製作　学習研究社　2002.3　47p　27×22cm　2600円　①4-05-201532-0

目次　花かごモビール，スニーカー型レターラック，めがねスタンド，クラゲのドアチャイム，コレクションボックス，星のかべポケット，メモボード，ベルト用ポーチ，植木ばちカバー，ネームプレート〔ほか〕

『たのしくつかえる！ 親子でつくるリサイクル工作』 岩野絵美子著　新星出版社　2001.7　173p　21cm　1000円　①4-405-07079-2

目次　おもちゃ屋さん（ペットボーリング，ルームパターゴルフ　ほか），文房具屋さん（クリアペンたて，ひっつき小物入れ　ほか），雑貨屋さん（みんなのメモスタンド，フォト＆ペンスタンド　ほか），手芸屋さん（手芸をはじめる前に，ペットきんちゃく　ほか）

内容　いつもなんとなく捨てているゴミですが，ちょっとしたアイデアで，おもちゃや便利な雑貨として生まれ変わります。そのちょっとしたアイデア，それがリサイクルなのです。でも，学校から作品を持ち帰ったら，すぐゴミ箱行きでは意味がありません。やっぱり便利に使ってこそリサイクル。この本は，そんなことを意識しながら考えられたアイデアばかりを集めています。

『最新リサイクル工作図鑑―リサイクルお

もちゃ大集合』 黒須和清著，石川篤子，大内すみ江，角慎作絵　改訂版　東京書籍　2001.5　199p　21cm〈索引あり〉1600円　①4-487-79678-4

目次　ビーコロマウンテン，くるくるハウス，回転スコープ，おそうじママ，くねくねザウルス，ガーゴーシャトル，ハナケン（花けん玉），モコモコ水上パンダ，はたあげピョン吉，じたばたくまくん〔ほか〕

内容　発泡スチロールの皿，ペットボトル，カップラーメンの容器，牛乳パックなどの廃品を利用した楽しいおもちゃ工作を満載！ 材料費ほとんど0円！ 環境にやさしいおもちゃづくりを教える。

『リサイクルこうさく―いらないものでつくろうたからもの』 学習研究社　2001.5　64p　26cm　（あそびのおうさまずかん　12）780円　①4-05-201339-5

『楽しくつくろう 小学生のリサイクル工作』 成美堂出版編集部編　成美堂出版　2000.6　175p　21cm　780円　①4-415-00860-7

目次　牛乳パックをリサイクルしよう，ペットボトルをリサイクルしよう，空きかんをリサイクルしよう，空き箱をリサイクルしよう，スチレン容器をリサイクルしよう，しんをリサイクルしよう，ハンガーをリサイクルしよう，ペットボトルとしんをリサイクルしよう，空き箱としんをリサイクルしよう，牛乳パックと空きかんをリサイクルしよう，いろんなものをリサイクルしよう

内容　空き容器でつくろう！ うごくオモチャ，ゲーム，かわいい小物などつくりたくなる工作がいっぱい!!対象・小学校全学年。

『まるごと牛乳パック リサイクル工作ランド』 木村研編著　いかだ社　2000.6　93p　21cm　（遊YOUランド）1300円　①4-87051-096-0

目次　よく飛ぶよ！ 飛ばして遊ぶおもちゃ，かわいいね！ 動くおもちゃ，みんなで遊ぼ！ 楽しいゲーム，種類もいろいろ！ 手づくりおもちゃ，ふしぎだね！ びっくりおもちゃ，あったら便利だね！ 生活用品

内容　本書では，おもちゃやパズルのほかにも牛乳パックの特徴を生かしたものをいろいろ紹介しています。

『まるごとペットボトル リサイクル工作

ランド』 すずお泰樹著　いかだ社　2000.6　93p　21cm　（遊YOUランド）1300円　④4-87051-095-2

目次 よく飛ぶよ！ 飛ばして遊ぶおもちゃ，きれいだね！ よくまわるおもちゃ，かわいいね！ 動くおもちゃ，みんなで遊ぼ！ 楽しいゲーム，あったら便利だね！ 生活用品，いい音するよ！ 手づくり楽器

内容 動くぞ！ 楽しいぞ！ 空き容器でつくるおもしろグッズ。

『楽しいリサイクルアート　4　家の不用品でリニューアル』 斎藤美樹文・絵，野々下猛写真　汐文社　2000.3　43p　26cm　1800円　④4-8113-7308-1

目次 プラスチックのれん，プラスチックマット，クッキー缶ひき出し，果物バッグ，えんぴつをリメイク，ピアスをリメイク，髪かざりでピアス，リサイクルオブジェ，CD棚，マグネットをリメイク〔ほか〕

『楽しいリサイクルアート　3　不用になった服や布でリニューアル』 斎藤美樹文・絵，野々下猛写真　汐文社　2000.3　43p　26cm　1800円　④4-8113-7307-3

目次 モチーフ編みキャミソール，デニムのスカート，デニムのワンピース，はらまき？ ビスチェ？，ハートのベッドカバー，半ズボンをちょっとリメイク，あなぐま，ポシェット，なべつかみ，ウォールポケット〔ほか〕

『楽しいリサイクルアート　2　街でみつけたものでリニューアル』 斎藤美樹文・絵，野々下猛写真　汐文社　2000.3　43p　26cm　1800円　④4-8113-7306-5

目次 Ｐ・Ｐ・バンドコースター，プラスチックの破片コースター，ペットボトルプティバッグ，クッキー缶トレー，クッキー缶小物入れ，プチプチポシェット，プチプチ紙ばさみ，アミバッグ，ビニールテープトートバッグ，ビン足プチテーブル〔ほか〕

『楽しいリサイクルアート　1　海、山、川でみつけたものでリニューアル』 斎藤美樹文・絵，野々下猛写真　汐文社　2000.3　43p　26cm　1800円　④4-8113-7305-7

目次 貝つきリュック，貝がら額，枝ハンガー，枝のとってバッグ，小枝の小箱，具か

『親子で楽しむモノづくり　リサイクル工作らんどベスト50』 荒堀英二著　大阪清風堂書店　1998.10　91p　26cm　1524円　④4-88313-148-3

目次 1章 たのしいリサイクル工作（ペットボトルを使って，紙筒を使って，竹を使って，小枝・木片・木の実を使って，紙を使ってほか），2章 モノづくり・ひとづくり・環境づくり（工作と人づくり，環境問題は急を要す，環境問題解決への提言—こんな環境文化センターをつくりませんか）

内容 「リサイクル工作」といっても，特別なものではありません。工作の材料に廃材を使っていろいろ工夫して作ってみるといった程度のものです。私たちの日常生活の中から出る廃材廃品，工場や各仕事場から出る端材などの量は膨大です。そうした廃材を，少しでも再利用できないだろうかと考えたのが出発点です。

『最新リサイクル工作図鑑—リサイクルおもちゃ大集合』 黒須和清著，石川篤子，大内すみ江，角慎作絵　東京書籍　1998.8　195p　21cm　1500円　④4-487-79344-0

目次 ビーコロマウンテン，くるくるハウス，回転スコープ，クレーンゲーム，パックヨット，ガーゴーシャトル，ハナケン（花けん玉），モコモコ水上パンダ，はたあげピョン吉，じたばたくまくん〔ほか〕

内容 資源を大切に材料費ほとんど0円!!環境にやさしいおもちゃづくり。発泡スチロールの皿、ペットボトル、カップラーメンの容器、牛乳パックなどの廃品を利用した楽しいおもちゃ工作を満載。

『リサイクル自由研究』 こどもくらぶ編集部編　双葉社　1998.7　63p　27cm　1600円　④4-575-28855-1

目次 牛乳パックで作っちゃおう！，紙で作っちゃおう！，ペットボトルで作っちゃおう！，プラスチックで作っちゃおう！，カンで作っちゃおう！，ビンで作っちゃおう！

内容 この本には、リサイクルについて、きみが知っておくと得をする情報がたっぷり入っているよ。楽しいおもちゃ、役に立つ小物などの作り方もたくさん。

『紙ねんど工作　リサイクル編』 かろく工

房作　大阪　ひかりのくに　1998.3　79p　21×19cm　1180円　①4-564-20345-2

|目次| 貯金箱，鉛筆立て，文具，うずまきのアイデア，プレゼントボックス，小物入れ，かべかけ，おままごとセット，食べ物のミニチュア，テーブル小物

『ペットボトルで動くオリジナルおもちゃをつくろう』実野恒久著　名古屋　黎明書房　1996.10　110p　26cm　（リサイクル工作2）1751円　①4-654-05232-1

|目次| ペットボトルのいろいろ，ペットボトル工作の工具，ペットボトル工作のコツ，アイデアおもちゃ作りによく使う材料，ペットボトルのリサイクル（再生），まわるおもちゃ，はしるおもちゃ，ゲームをするおもちゃ，動かすおもちゃ

『リサイクル工作アイデアBOOK』上条小絵著　民衆社　1996.8　63p　26cm　1200円　①4-8383-0096-4

|目次| かざりをつくろう，役に立つものをつくろう，ふしぎおもちゃをつくろう，動くおもちゃをつくろう，おもしろ楽器をつくろう，わいわいゲームをつくろう

『牛乳パックでアイデアグッズをつくろう』芸術教育研究所編，多田千尋,宮下朋子執筆　名古屋　黎明書房　1996.7　93p　26cm　（子どもと創ろう3）2163円　①4-654-05933-4

|目次| 1 牛乳パックで楽しむ伝承おもちゃ，2 お話ひろがる，ストーリーおもちゃ，3 びっくり！不思議？な牛乳パック，4 すてきなすてきな生活グッズ，5 かんたんかんたんおもしろグッズ，6 ユニークな動きのある，からくりおもちゃ，7 牛乳パックは水にも強い，8 牛乳パックの一部分でアイデアグッズ，9 牛乳パックで思いきり体を動かそう！

|内容| 手軽な素材，牛乳パックで作る楽しいおもちゃや生活グッズを，カラーイラストを交え，完全図解。こま，からくりおもちゃなど室内で遊べるものや，フリスビーなど戸外で生かせるものを紹介。

『牛乳パックで動くオリジナルおもちゃをつくろう』実野恒久著　名古屋　黎明書房　1996.7　109p　26cm　（リサイクル工作1）1751円　①4-654-05231-3

|目次| 牛乳パックでおもちゃを作るコツのコツ，かいせんとうをつくろう，ルーレットをつくろう，いろいろなこまをつくろう，こまを車にしよう，八角車のマイペットをつくろう，ランド・ヨットをつくろう，輪ゴム自動車をつくろう，モーターカーをつくろう，モーター・プロペラカーをつくろう〔ほか〕

『みんなでつくろう！ガラクタ工作でLet'sリサイクル─「牛乳パックでLet'sリサイクル」PART2』今北真奈美著　あゆみ出版　1996.7　90p　26cm　1200円　①4-7519-1889-3

|目次| 牛乳パックでつくる（ふたつき小物入れ，すずめのおやど，ハートのバッグ（Heart Box），マガジンラック，牛乳パックの花びん　ほか），その他の材料でつくる（紅葉・花びらのプレスリーフ，かんたんにつくれる！折りたたみBOX，電子レンジでつくる押し花のポストカード，はがきのひこうき，カード入れ　ほか）

『牛乳パックが動くよ─夢の数だけ創造力はでっかくなる』小関武明著　開隆堂出版　1996.3　63p　30cm　（動く工作シリーズ）3000円　①4-304-03028-0

|目次| 女の子が男の子に，セミがとんだ!!魚もとんだ!!，動きたがりやの虫，くるくるメガネのトンボちゃん，ウナギロケット，空へ！，パックン，ワニ君，ワンワン，犬と遊ぼ！，不思議なお面，12の顔，ダンス！ダンス！，ダンス〔ほか〕

|内容| 牛乳パックはじょうぶで弾力があり，入手も簡単。この材料を利用しない手はないと，機構工作では第一人者の著者が，動きの楽しさを十二分に見せる作品を生み出した。

『牛乳パックで作る　とびだす・からくり』芳賀哲著　誠文堂新光社　1996.3　52p　23×18cm　1200円　①4-416-39601-5

|目次| どっきりカメラ，くすだま，前方ふき出しおばけ，ナイス・キャッチ，トントン宇宙人，ロケット発しゃ，びっくりシューター，とびだすおばけ，スパットその2，へのかっぱ

『ペットボトルで作るおとぎ村』摺本好作著　誠文堂新光社　1996.3　52p　26cm　1200円　①4-416-39603-1

|目次| おとぎ村を作る材料，おとぎ村案内，

クラブ活動　　　　　　　　　　　　　　　　　　　　　　　　　　　　文化系活動を知ろう

必要な用具，ミルちゃんとミル鳥家族，クマさん家族，ミニ恐竜リュウちゃんの子ども，ミニ恐竜のリュウちゃん，プロペラ草，空飛ぶ自転車，きのこハウス〔ほか〕

『牛乳パックで作る　まわる・からくり』
芳賀哲著　誠文堂新光社　1996.2　52p　23×19cm　1200円　①4-416-39602-3
[目次]牛乳パック工作のアドバイス，こんな道具を使います，こんな材料を使います，そこごま，ジャンボごま，人工衛星，パックひこうき，パック・エンジン，はらぺこフィッシュ，糸引き船，風力タービン，マッチング・サークル，ヨーヨー風車，パックツバメ

『ペットボトル＆牛乳パックおもしろ工作ランド─空き容器がオリジナルグッズに大変身！』すずお泰樹，木村研編著　いかだ社　1996.2　93p　21cm　1339円　①4-87051-050-2
[目次]大変身！ペットボトルランド（ペットボトルの加工の仕方，個性派ぞろいの生活用品，おしゃれな楽器をつくろう，ドキドキ大好きゲーム，一人でもウキウキおもちゃ，手をはなしてごらん！動くおもちゃ），牛乳パックを楽しもう！（カッターナイフの安全な使い方，こんなのあったら便利だね，びっくりさせちゃったかな，みんなでつくって遊ぼうよ，わかるかな・なぜかな？，ゲームを始めるよ…）

『ペットボトルで作る　ファンシーペット』
摺本好作著　誠文堂新光社　1996.2　51p　23×19cm　1200円　①4-416-39604-X
[目次]必要な用具・作り方の基本，あーん君，あーん君家族，プロペラクマさん，トックリペンギンとトックリタヌキ，ボトル・ブタさんとボトル・タコさん，たまごの兄弟，ペットボトル・バード，ペット・キノコクラゲ，ジュース飲み鳥〔ほか〕

『リサイクルおもしろグッズをつくろう』
小野修一著　名古屋　黎明書房　1996.2　92p　26cm　（子どもと創ろう　2）　2200円　①4-654-05932-6
[目次]1 アートな気分で，部屋を飾ろう，2 かわいいペットをつくろう，3 仲良しグッズをつくろう，4 びっくりグッズをつくろう，5 戸外であそぼう，6 いたずら心を満足させよう，7 友だちと楽しくあそぼう

[内容]牛乳パック，ペットボトルなど，身のまわりにある材料からおもちゃやインテリア小物など，おもしろくて役に立つ道具がすぐにできる。カラーイラストを交え，つくり方・あそび方を完全図解。

『牛乳パックで作るへんしん・からくり』
芳賀哲著　誠文堂新光社　1996.1　52p　23×18cm　1200円　①4-416-39600-7

◆季節の工作
『わくわくクリスマス─デコレーション＆シアター』ポット編集部編　チャイルド本社　2012.10　95p　26×21cm　（ポットブックス）　1800円　①978-4-8054-0206-1
[目次]年齢表示付きたのしいクリスマスデコレーション（みんなで飾ろう！ジャンボツリー，自分だけの！ミニツリー，作って飾ろう！リース，作って楽しい！オーナメントほか），年齢別かんたんクリスマスシアター（ペットボトルシアター　トナカイのサンタさん，エプロンシアター　サンタさん，用意はできた？，手作り楽器シアター　不思議なクリスマスベル，かんたんマジック　スノーサンタ　ほか），コピーして使おう！型紙コーナー
[内容]クリスマスは，待っている時間も楽しいもの。そんなわくわくする時間を子どもたちといっしょに楽しみましょう。かわいい壁面やオーナメントを飾り付け，サンタの帽子をかぶれば，気分は最高に盛り上がります！クリスマス会では，楽しいシアターや手品に，子どもたちの目がきらきらすること間違いなし！さあ，素敵なクリスマスのはじまりです。

『アイデアいっぱい！　季節＆行事の製作あそび』ポット編集部編　チャイルド本社　2012.1　95p　26×21cm　（ポットブックス）　1800円　①978-4-8054-0194-1
[目次]春の製作あそび（こいのぼり，ありがとうギフト　ほか），夏の製作あそび（七夕飾り，いろいろ水あそび　ほか），秋の製作あそび（「敬老の日」のプレゼント，おいもを作って飾ろう　ほか），冬の製作あそび（クリスマス製作，たこ・こま製作　ほか）
[内容]こいのぼり製作をはじめ，七夕，いも掘り，作品展，クリスマスなど，幼稚園や保育園で欠かせない，季節と行事の楽しい製

子どもの本　楽しい課外活動2000冊　　151

作のアイデアがいっぱい！ 製作活動の目安となる年齢表示付きです。

『まるごとクリスマススペシャル』 コダシマアコ著　京都　かもがわ出版　2010.11　63p　21×18cm　1500円
①978-4-7803-0387-2
|目次| クリスマスがまちどおしい（はこでつくるアドベント・カレンダー，リースのアドベント・カレンダー　ほか），手づくりが楽しいプレゼント（おかしの国のサンタさん，半分だけ手づくりキャンドル　ほか），ほいくえんのクリスマス，クリスマス・クッキング！（いちごのキャンドル・ムース，かんたんチョコフォンデュ　ほか），みんなでパーティー（テーブルをかざろう，パーティーをもりあげるぼうし＆カチューシャ），コダシマさんちのクリスマス
|内容| かわいく，カンタン。ハンドメイドで，クリスマスをまるごとあそべる本。おとなといっしょにつくるなら3歳から，ひとりでつくるなら小学生から。

『クリスマス・正月の工作図鑑―どんぐり・まつぼっくり・落花生，身近な素材ですぐつくれる』 岩藤しおい著　いかだ社　2007.11　79p　21×19cm　1500円　①978-4-87051-216-0
|目次| クリスマス（クリスマスかざりをつくろう，森のクリスマス人形，クリスマスリース，クリスマスツリー，ゆかいなクリスマスかざり　ほか），正月（正月のかざりをつくろう，正月リース，小さな正月かざり，正月ピックかざり，まゆ玉かざり　ほか）

『みんなでつくるふゆのかざりもの』 きうちかつ作・絵，ときわまさと写真　福音館書店　2002.11　27p　26cm　（かがくのとも傑作集―わいわいあそび）　838円　①4-8340-1898-9
|内容| クリスマス・リースからおせち料理まで，クリスマスやお正月用の飾り物は，家の中にある身近なものを使って，親子で作ろう。

『クリスマスをかざろう』 花田えりこ文・絵　岩崎書店　1998.11　31p　25×22cm　（手づくりBOX 6）　1500円　①4-265-02626-5
|目次| リースをかざろう，いろんなツリーをかざろう，オーナメントをつくろう，クッキーでつくろう，カードをつくろう，ねんどでつくろう，ドールハウスをかざろう
|内容| もうすぐクリスマス！ 森のどうぶつたちがかざりつけのコンテストにあつまってきました。みんなすてきなものばかり。あなたもやってみませんか？ ことしのクリスマスは手づくりのかざりで家族や友だちをびっくりさせましょう。

『1がつのこうさく―お正月にあそぼう』 竹井史郎著　小峰書店　1996.2　31p　25cm　（たのしい行事と工作）　1600円　①4-338-12701-5
|目次| たこ，はねつき，こま，さらまわし，ぶんぶん，ししまい，さいころ，すごろく，あみだ，かるた
|内容| 小学校低学年以上。

『9がつのこうさく―けいろうの日のおくりもの』 竹井史郎著　小峰書店　1996.2　30p　25cm　（たのしい行事と工作）　1600円　①4-338-12709-0
|目次| とんぼ，はねるむし，かまきり，あきのむし，おつきみ，たぬき，けいろうのひ，おりがみ，こうくうきねんび
|内容| 小学校低学年以上。

『5がつのこうさく―おかあさんありがとう』 竹井史郎著　小峰書店　1996.2　31p　25cm　（たのしい行事と工作）　1600円　①4-338-12705-8
|目次| こどものひ，おりがみ，あいちょうしゅうかん，ははのひ
|内容| 小学校低学年以上。

『3がつのこうさく―おひなさまつくろう』 竹井史郎著　小峰書店　1996.2　30p　25cm　（たのしい行事と工作）　1600円　①4-338-12703-1
|目次| ひなまつり，おりがみ，みみのひ，ふきのとう，つくし，ふゆごもり，はる・なつ・あき・ふゆ，プレゼント，カメラ，わかれ
|内容| 小学校低学年以上。

『4がつのこうさく―ともだちふえるよ新学期』 竹井史郎著　小峰書店　1996.2　31p　25cm　（たのしい行事と工作）　1600円　①4-338-12704-X
|目次| はな，てんとうむし，あり，ちょうちょ，いもむし，しゃくとりむし，みつば

クラブ活動　　　　　　　　　　　　　　　　　　　　　　　　　　　文化系活動を知ろう

ち，おたまじゃくし，へび，あいさつ〔ほか〕
|内容| 小学校低学年以上。

『7がつのこうさく―たなばたをかざろう』
竹井史郎著　小峰書店　1996.2　31p
25cm　（たのしい行事と工作）　1600円
Ⓘ4-338-12707-4
|目次| たなばた，おりがみ，あさがお，せみ，かぶとむし，くわがた，むし，ぼうし，サングラス，すずしいかぜ〔ほか〕
|内容| 小学校低学年以上。

『11がつのこうさく―がくげいかいでへんしん！』　竹井史郎著　小峰書店　1996.2　31p　25cm　（たのしい行事と工作）　1600円　Ⓘ4-338-12711-2
|目次| えんそく，やきいも，おちば，かみとんぼ，パラシュート，ブーメラン，おりがみ，アニメーション，かざぐるま，げきあそび
|内容| 小学校低学年以上。

『10がつのこうさく―からだうごかそう！』　竹井史郎著　小峰書店　1996.2　31p　25cm　（たのしい行事と工作）　1600円　Ⓘ4-338-12710-4
|目次| くり，どんぐり，りんご，おむすび，かき，あきまつり，たいいくのひ，おてつどうきねんび，でんぽうでんわきねんび，ハロウィーン
|内容| 小学校低学年以上。

『12がつのこうさく―もうすぐクリスマス』　竹井史郎著　小峰書店　1996.2　31p　25cm　（たのしい行事と工作）　1600円　Ⓘ4-338-12712-0
|目次| きたかぜ，ふゆごもり，おりがみ，サッカー，さむくてもげんき，クリスマス，ねんがじょう，しょうぼうしゃ，ふくびき，もちつき
|内容| 小学校低学年以上。

『2がつのこうさく―げんきに「おにはそと！」』　竹井史郎著　小峰書店　1996.2　31p　25cm　（たのしい行事と工作）　1600円　Ⓘ4-338-12702-3
|目次| せつぶん，バレンタインデー，ゆき，スキー，そり，アイスホッケー，うさぎ，おりがみ
|内容| 小学校低学年以上。

『8がつのこうさく―夏休みをたのしもう』
竹井史郎著　小峰書店　1996.2　31p
25cm　（たのしい行事と工作）　1600円
Ⓘ4-338-12708-2
|目次| たいようとつき，ひまわり，みずのいきもの，さかなとり，おりがみ，みずのこうさく，おばけ
|内容| 小学校低学年以上。

『6がつのこうさく―おとうさんにプレゼント』　竹井史郎著　小峰書店　1996.2　31p　25cm　（たのしい行事と工作）　1600円　Ⓘ4-338-12706-9
|目次| つゆ，てんき，かえる，おりがみ，かたつむり，ざりがに，むしば，ときのきねんび，ちちのひ
|内容| 小学校低学年以上。

◆音楽

『リズムにあわせてたいこでどんどん―どうようをうたいながら、たいこをたたこう！』　永岡書店編集部編，石川日向，鶴田一浩イラスト　永岡書店　［200-］　15p　22cm　（サウンドえほん）〈音声情報あり〉　1600円　Ⓘ978-4-522-48512-5　Ⓝ767.7

『わらべうたてあそびうたえほん―お手本のうた16曲つき！　てやからだをつかっていっしょにあそぼう！』　永岡書店　［200-］　35p　22cm　〈音声情報あり〉　1600円　Ⓘ978-4-522-48515-6　Ⓝ767.7

『こころをそだてる春夏秋冬きせつのうた』　ポプラ社　2013.5　55p　23×20cm　（おととあそぼうシリーズ）　2380円　Ⓘ978-4-591-13442-9
|目次| はるがきた，ちょうちょう，ピクニック，おぼろづきよ，そうしゅんふ，かたつむり，あめふり，ちゃつみ，かもめのすいへいさん，われはうみのこ〔ほか〕
|内容| 季節をたのしむ心が、ゆたかにそだつ30曲。

『がくふたんけんたい―分析力をやしなうピアノブック』　春畑セロリ著　音楽之友社　2013.3　47p　31cm　（できるかなひけるかな）　1300円　Ⓘ978-4-276-92151-1　Ⓝ763.2

子どもの本　楽しい課外活動2000冊　153

文化系活動を知ろう　　　　　　　　　　　　　　　　　　　　　　　クラブ活動

『空想ぴあにすと―表現力をそだてるピアノブック』　春畑セロリ著　音楽之友社　2013.3　47p　31cm　（できるかなひけるかな）　1300円　①978-4-276-92153-5　Ⓝ763.2

『すきなおと、ひこう―即興をたのしむピアノブック』　春畑セロリ著　音楽之友社　2013.3　47p　31cm　（できるかなひけるかな）　1300円　①978-4-276-92152-8　Ⓝ763.2

『ずむ・ずむ・りずむ―リズムであそぶピアノブック』　春畑セロリ著　音楽之友社　2013.3　47p　31cm　（できるかなひけるかな）　1300円　①978-4-276-92149-8　Ⓝ763.2

『わぉ～ん・あそび―和音としたしむピアノブック』　春畑セロリ著　音楽之友社　2013.3　47p　31cm　（できるかなひけるかな）　1300円　①978-4-276-92150-4　Ⓝ763.2

『ヴァイオリンを弾こう！―「弾いてみたい」を応援する本』　塚本章著，清水謙二監修　鎌倉　銀の鈴社　2013.1　124p　21cm　1500円　①978-4-87786-385-2　Ⓝ763.42

『ジュエルペットどれみふぁピアノ』　サンリオ著，飯高陽子著　シンコーミュージック・エンタテイメント　2013.1　39p　23×31cm　950円　①978-4-401-02726-2　Ⓝ763.2

『ピアノえほん―ピアノもえほんもとびだすよ！』　宝島社　2013.1　23p　23cm　〈音声情報あり〉　2095円　①978-4-8002-0388-5　Ⓝ763.2
目次　1 ヘビーローテーション，2 勇気100%，3 ちょうちょう，4 おおきなくりのきのしたで，5 おおきなふるどけい，6 かえるのがっしょう，7 かたつむり，8 しゃぼんだま，9 ふるさと，10 ぶんぶんぶん
内容　えほんをみながらメロディーにあわせてすぐひける。10曲いり。

『いのちのヴァイオリン―森からの贈り物』　中沢宗幸著　ポプラ社　2012.12　115p　20cm　（ポプラ社ノンフィクション 13）　1200円　①978-4-591-13189-3　Ⓝ763.42

『必ず役立つ吹奏楽ハンドブック　Q&A編』　丸谷明夫監修　ヤマハミュージックメディア　2012.4　103p　21cm　〈文献あり〉　1500円　①978-4-636-88415-9　Ⓝ764.6

『必ず役立つ吹奏楽ハンドブック　コンクール編』　丸谷明夫監修　ヤマハミュージックメディア　2011.12　103p　21cm　1500円　①978-4-636-87080-0　Ⓝ764.6

『おとのでるどうようのえほんmini―おてほんのうたがながれるよ！』　宝島社　2011.11　15p　16cm　〈音声情報あり〉　933円　①978-4-7966-8603-7　Ⓝ767.7
目次　おおきなくりのきのしたで，こいのぼり，どんぐりころころ，うらしまたろう，かもめのすいへいさん，しょうじょうじのたぬきばやし
内容　おてほんのうたがながれる。歌詞入り6曲。

『すてきなピアノえほん』　多摩　ベネッセコーポレーション　2011.11　43p　24cm　（たまひよ楽器あそび絵本）〈音声情報あり〉　1980円　①978-4-8288-6551-5　Ⓝ763.2
目次　チューリップ，メリーさんのひつじ，むすんでひらいて，ぶんぶんぶん，ロンドンばし，きらきらぼし，おおきなくりのきのしたで，もりのくまさん，はるがきた，うみ〔ほか〕
内容　やさしい童謡からクラシックまで「メリーさんのひつじ」「となりのトトロ」「ジュピター」etc。

『オーケストラ・吹奏楽が楽しくわかる楽器の図鑑―合奏と鑑賞の楽しみ　5　オーケストラと吹奏楽』　佐伯茂樹著　小峰書店　2011.4　47p　29×22cm　3000円　①978-4-338-26605-5
目次　1章 オーケストラ（オーケストラの編成，Q クラシックって何？，Q オーケストラはいつできた？　ほか），2章 吹奏楽（吹

クラブ活動　　　　　　　　　　　　　　　　　　　　文化系活動を知ろう

奏楽の編成，Q なぜ吹奏楽特有の楽器があるの？，Q なぜコントラバスがいるの？ほか），巻末資料 もっと音楽を楽しむために（コンサートへ行ってみよう，楽器博物館へ行ってみよう，楽譜を読んでみよう）

『こどものあそびうた・わらべうた絵本132曲―すべて楽譜つき』　改訂版　ブティック社　2010.12　121p　26cm（ブティック・ムック no.908）　900円　Ⓘ978-4-8347-5908-2　Ⓝ767.7

『文化系部活動アイデアガイド合唱部』秋山浩子文，納田繁イラスト，山崎朋子監修　汐文社　2010.2　63p　27cm〈文献あり 索引あり〉2200円　Ⓘ978-4-8113-8643-0　Ⓝ767.4

『えいごのうた＆ダンスえほん』宝島社　2010.1　33p　21cm〈音声情報あり〉1600円　Ⓘ978-4-7966-7334-1　Ⓝ767.7

『ミニピアノで弾けるかわいいどうぶつのうた』　カワイ出版編　河合楽器製作所・出版部　2010.1　31p　21cm　900円　Ⓘ978-4-7609-0980-3　Ⓝ763.2

『うたっておどってえいごどうよううたのえほん―お手本＆★カラオケ★えいごのうた16曲』　永岡書店ホビーカルチャー部　[2010]　34p　22cm〈イラスト：わたなべちいこほか　うた：Rumiko Varnes　音声情報あり〉1600円　Ⓘ978-4-522-48667-2　Ⓝ767.7

『リズムであそぼう！　えいごのうた』　井口紀子監修　東京書店　2009.12　27p　21cm　（わくわく音あそびえほん）〈絵：西脇せいごほか　音声情報あり〉1800円　Ⓘ978-4-88574-242-2　Ⓝ767.7

『ドンドン！　わっしょい！　おまつりたいこえほん―音の出る絵本』　金の星社　2009.11　1冊（ページ付なし）22cm〈音声情報あり〉1700円　Ⓘ978-4-323-89031-9　Ⓝ767.7

内容　「さんぽ」「アンパンマンのマーチ」「がけのうえのポニョ」などアニメソングとどうよう全10曲。

『はじめてピアノえほんプチ―じょうずにひけるよ』　ポプラ社　2009.11　39p　22cm　（おととあそぼうシリーズ 25）〈絵：上原ユミほか　音声情報あり〉1886円　Ⓘ978-4-591-11208-3　Ⓝ763.2

内容　3つの音からひけるかんたんピアノレッスン。結婚行進曲・エリーゼのためになどクラシックも入っている！　全16曲。

『じょうずにうたえるどうようカラオケほんnew！―じょうずにたのしくうたえるポイントがいっぱい！　人気の童謡アニメソング36曲入り』　ポプラ社　2009.10　87p　31cm　（おととあそぼうシリーズ 24）〈絵：あおきひろえほか　音声情報あり〉2980円　Ⓘ978-4-591-11161-1　Ⓝ767.7

目次　アイアイ，あたまかたひざポン，アルプスいちまんじゃく，アンパンマンのマーチ，いとまき，いぬのおまわりさん，うみ，うれしいひなまつり，ABC Song（英語詞），おおきなくりのきのしたで［ほか］

内容　ぞうさん，がけのうえのポニョ，バスごっこなど…人気の童謡・アニメソング36曲入り。

『Newピアノのドリル―江口メソードステップ2B』　江口寿子著　共同音楽出版社　2009.7　62p　30cm〈カット：長谷川淳〉1200円　Ⓘ978-4-7785-0257-7　Ⓝ763.2

『オーケストラ大図鑑―演奏と鑑賞のすべてがわかる　音楽ってかんたん！　おもしろい！』　東京フィルハーモニー交響楽団監修，PHP研究所編　PHP研究所　2008.6　79p　29cm　2800円　Ⓘ978-4-569-68782-7　Ⓝ764.3

目次　第1章 "音楽を聴くって楽し～い!!"（大宮南小学校・熱田庫康先生の音楽教室），第2章 東京フィルハーモニー交響楽団誌上演奏会（準備，本番，楽器），第3章 代表曲で鑑賞 音楽の表現と演奏形態（自然の美しさに感動する「ピーターとオオカミ」，人の心の動きを追求する交響曲第5番「運命」，地域性や民族性を表現するオペラ「蝶々夫人」，オーケストラで演奏する曲，「東京フィルオススメ」曲で使われるそのほかの楽器，参考情報・オーケストラ発達史）

子どもの本　楽しい課外活動2000冊　155

|内容| オーケストラの演奏会は、はなやかで迫力がありますね。でも、ひとつの演奏会を開くために、実際には1年以上も前から準備していることを知っていましたか。本書では、演奏会が計画されてから終了するまでを、演奏会当日の様子を中心にして1がわかるようにしました。音楽の楽しさにふれることができる鑑賞方法もついています。

『えいごどうようのうた』 成美堂出版 2008.2 35p 22cm （音と光のでる絵本）〈音声情報あり〉 1600円 ①978-4-415-30333-8 Ⓝ767.7
|目次| The Alphabet（ABCのうた），Bingo（いぬのビンゴ），Happy Birthday To You（おたんじょうびのうた），Head,Shoulders,Knees And Toes（あたま，かた，ひざ，つまさき），Sunday,Monday,Tuesday（にちようび，げつようび，かようび），London Bridge（ロンドンばし），Hokey Pokey（ホーキー・ポーキー），The Bear Song（くまのうた），Seven Steps（セブン・ステップス），Under The Spreading Chestnut Tree（おおきなくりのきのしたで），Old MacDonald Had A Farm（マクドナルドじいさんのぼくじょう）
|内容| うた11曲いり。カラオケもできる。

『吹奏楽部』 斉藤義夫監修，中野智美文・イラスト 汐文社 2007.2 63p 27cm （部活動レベルアップガイド） 2000円 ①978-4-8113-8134-3 Ⓝ764.6

『器楽合奏にチャレンジ 3巻 歓送迎会編』 さいとうみのる文，えんどうけんいちイラスト，ゆかわとおる作曲・編曲 汐文社 2005.2 47p 27cm 2000円 ①4-8113-7940-3 Ⓝ764

『器楽合奏にチャレンジ 2巻 地区・学校の音楽祭編』 さいとうみのる文，えんどうけんいちイラスト，ゆかわとおる作曲・編曲 汐文社 2005.2 47p 27cm 2000円 ①4-8113-7939-X Ⓝ764

『器楽合奏にチャレンジ 1巻 やさしい曲から始めよう』 さいとうみのる文，えんどうけんいちイラスト，ゆかわとおる作曲・編曲 汐文社 2005.2 47p 27cm 2000円 ①4-8113-7938-1

Ⓝ764
|目次| 楽しい器楽合奏！，器楽合奏の基礎の基礎からはじめよう！，トライアングル/カスタネット/スズ，タンバリン，鍵盤ハーモニカ，木琴とマリンバ，鉄琴とヴィブラフォーン，大太鼓「バス・ドラム」，小太鼓「スネア・ドラム」シンバル，リコーダー，器楽合奏の楽しいレパートリー，特別収録：器楽合奏曲集，索引
|内容| 本書は、演奏する楽器の紹介と器楽合奏に必要な準備や手順を図版・イラストを多く使ってわかりやすく、ていねいに解説します。

『歌うって楽しい！』 タケカワユキヒデ作，白六郎イラスト 汐文社 2001.3 47p 27cm （タケカワユキヒデのもっと楽しもうよ！ 音楽 1 タケカワユキヒデ作） 1800円 ①4-8113-7367-7
|目次| 1 学校で歌が、うまく歌えない君のために，2 歌うのが下手だったり、音痴だと思っている君のために，3 歌がどこか上手じゃないと思っている君のために，4 歌がうまいと自信のある君に要注意，5 歌の真髄はこれだ！，6 ライブを見に行こう，7 CDを聞きまくろう，8 さあ、練習をはじめよう，9 ミニコンサートをやっちゃお！

『バンドをつくろう！』 タケカワユキヒデ作，白六郎イラスト 汐文社 2001.3 47p 27cm （タケカワユキヒデのもっと楽しもうよ！ 音楽 3 タケカワユキヒデ作） 1800円 ①4-8113-7369-3
|目次| 1 なかまを探せ，2 バンドの基本パターン，3 練習をはじめよう，4 オリジナル曲をつくろう，5 ライブをやろう，6 これが君たちのバンドデビューだ
|内容| バンドはサイコーにカッコいい。ライブに見に行っても、CDを聞いていても、ゾクゾクする。だけど、自分たちでやったらもっといいぞ。

『器楽・合唱クラブ演劇クラブ』 横山正監修，笹沼まり子，大類研治著 ポプラ社 1999.4 47p 27cm （みんなでつくるクラブ活動 7） 2400円 ①4-591-05952-9,4-591-99289-6

『音楽遊び』 島崎篤子著 ポプラ社 1997.4 47p 27cm （リサイクル・作って遊ぶ 4） 2800円＋税 ①4-591-

クラブ活動　　　　　　　　　　　　　　　　　　　文化系活動を知ろう

05347-4,4-591-99173-3
[目次] ふって・こすって音を発見しよう，こんな楽器ができるよ—ふって・こすって音をだす楽器，たたいて・うちあわせて音を発見しよう，こんな楽器ができるよ—たたいて・うちあわせて音をだす楽器，はじいて・ふいて音を発見しよう，こんな楽器ができるよ—はじいて・ふいて音をだす楽器，いろいろな音をくみあわせて音楽あそびをしよう
[内容] 本書で紹介している手づくり楽器は，廃品や日用品にちょっとだけ手をくわえた，だれもが簡単につくれるものばかりです。小学校中・高学年向。

『音をだして遊ぼう』　藤原義勝編　明治図書出版　1996.6　103p　26cm　（手づくり遊びと体験シリーズ—作って遊ぶアイデア集 3）　1860円　①4-18-792303-9
[目次] 1 ふく—管楽器，2 はじく—弦楽器，3 たたく—打楽器
[内容] 本書では，世界に無数に存在する各種の民族楽器を竹，身の回りにある素材を中心に使い，そのしくみを見ながらイラストと文章で音の出る神秘性を探っている。

◆調理

『1年生からひとりでお弁当を作ろう』　坂本広子著，竹下和男監修　共同通信社　2012.10　63p　21×21cm　800円　①978-4-7641-0652-9　Ⓝ596.4

『おべんとうをつくろう！』　碧海酉癸，五味恭子，松田直子文，落合稜子，田中恒子絵　復刊ドットコム　2012.10　31p　27cm　（こどものりょうりえほん 3）〈主婦の友社 1978年刊の再刊〉2000円　①978-4-8354-4844-2　Ⓝ596.4

『調理クイズ』　ワン・ステップ編　金の星社　2012.3　126p　22cm　（脳に栄養めざせ！食育クイズマスター）2000円　①978-4-323-06772-8　Ⓝ596

『お菓子な文房具—たべたあとにもおたのしみ!?』　平田美咲作　汐文社　2011.9　35p　19×19cm　1300円　①978-4-8113-8821-2
[目次] 下準備，道具の紹介，ペリッとふうとう，パラソルチョコペン，おもしろしおり，

ぷくぷくマグネット，クリップマグネット，カラフルジップホルダー，キャラメルトランク，板チョコレターセット，ちくちくペーパーファイル，ミニミニポケットファイル，コロコロペーパーウェイト，ちびでか単語帳

『ひとりでお弁当を作ろう—エダモンおすすめ』　枝元なほみ著，竹下和男監修　共同通信社　2011.4　63p　21×21cm　800円　①978-4-7641-0626-0　Ⓝ596.4

『小学生のチョコレートのおやつマジック—楽しく遊びながら，作れる！』　村上祥子料理製作・監修　学研教育出版，学研マーケティング（発売）2011.1　79p　26cm　（おやつマジックcooking）950円　①978-4-05-203366-7　Ⓝ596.65

『クラブ活動アイデアブック 4　料理クラブ』　杉田洋監修　フレーベル館　2010.12　53p　27cm　3500円　①978-4-577-03854-3　Ⓝ375.18

『未来へ伝えたい日本の伝統料理　夏の料理』　後藤真樹著，小泉武夫監修　小峰書店　2010.4　63p　31cm〈索引あり〉3800円　①978-4-338-25602-5,978-4-338-25600-1　Ⓝ596.21

『未来へ伝えたい日本の伝統料理　春の料理』　後藤真樹著，小泉武夫監修　小峰書店　2010.4　63p　31cm〈索引あり〉3800円　①978-4-338-25601-8,978-4-338-25600-1　Ⓝ596.21

『ひとりでお弁当を作ろう』　多賀正子著，竹下和男，佐藤剛史監修　共同通信社　2009.10　64p　21×21cm　700円　①978-4-7641-0606-2　Ⓝ596.4

『ちびまる子ちゃんの手作り教室—はじめてのお料理，おかし作り，工作，手芸など』　さくらももこキャラクター原作，上田るみ子企画・構成，相川晴ちびまる子ちゃん絵・まんが　集英社　2009.6　133p　19cm　（満点ゲットシリーズ）〈料理・お菓子作り指導：みないきぬこ　工作・手芸指導：河野亜紀，相川晴〉800円　①978-4-08-314046-4　Ⓝ596.4

子どもの本 楽しい課外活動2000冊　157

文化系活動を知ろう　　　　　　　　　　　　　　　　　クラブ活動

|目次| ちびまる子ちゃんとなかまたち、「手作りって楽しいね！」の巻、「いろいろある よ調理道具」の巻、「みんなでピクニック」の巻、お花と水玉のロールサンド、手まりおにぎり、はちみつクッキー、クリスタルゼリー、たまごボーロ、「たまちゃんのバースデーカード」の巻〔ほか〕
|内容| はじめてのお料理、おかし作り、工作、手芸など。

『郷土料理のおいしいレシピ─たべよう！つくろう！47都道府県　西日本編』　教育画劇　2009.4　103p　23×27cm〈索引あり〉　4500円　Ⓘ978-4-7746-0969-0　Ⓝ596.21

『郷土料理のおいしいレシピ─たべよう！つくろう！47都道府県　東日本編』　教育画劇　2009.2　103p　23×27cm〈索引あり〉　4500円　Ⓘ978-4-7746-0968-3　Ⓝ596.21

『きせつの行事りょうり─キッズレシピ』　小学館　2008.2　79p　26cm　（プレneo books）　1200円　Ⓘ978-4-09-217271-5　Ⓝ596.4

『お菓子なカードをつくりましょう！─造形とびきりセレクション』　黒須和清著　鈴木出版　2007.3　63p　26cm　1500円　Ⓘ978-4-7902-7194-9
|目次| まきまきリーフクレープ、のびのびクッキー、とびだすパフェ、ポップアップキャンディー、ひょっこりプチケーキ、ラブラブチョコレター、ジャンボデコレーション、パタパタどうぶつパイ、へんしん六角タルト、天使と悪魔のビスキーサンド、プレゼントにそえるおめでとう・ありがとうカード、丸い紙で作るお誕生日の和菓子カード、カードパティシエからのアドバイス、型紙
|内容| お菓子の形のおしゃれなカード。まいたり、とびだしたり、変身したり…びっくりするような工夫がいっぱい！　基本型をマスターしたら季節の行動からお誕生会までバリエーションは無限大。かんたん楽しい・即戦力のカード本です。

『たのしいイベント料理─みんながよろこぶ、盛り上がる！』　藤井恵料理指導　学習研究社　2006.1　48p　27cm　（手づくり大好きさんの料理・お菓子大百科　基本とコツがよくわかる！　4）　3000円　Ⓘ4-05-202409-5　Ⓝ596.4

『みんなでおいしいイベント料理』　渡辺有子著　あかね書房　2004.4　48p　27cm　（つくりたい！食べたい！料理大百科　2）　2800円　Ⓘ4-251-09362-3　Ⓝ596.4

『子どもがつくる旬の料理─素材を感じる「食育」レシピ　2（秋・冬）』　坂本広子著　クレヨンハウス　2003.8　111p　26cm　1600円　Ⓘ4-86101-006-3　Ⓝ596

『子どもがつくる旬の料理─素材を感じる「食育」レシピ　1（春・夏）』　坂本広子著　クレヨンハウス　2003.8　111p　26cm　1600円　Ⓘ4-86101-005-5　Ⓝ596

『NHKひとりでできるもん！　カラフル！おいしい！おべんとうじょうず』　日本放送出版協会　2002.4　63p　26cm　（NHKシリーズ）　850円　Ⓘ4-14-910444-1　Ⓝ596.4

『NHKひとりでできるもん！　みんなハッピー！おいしいパーティー』　日本放送出版協会　2001.12　63p　26cm　（NHKシリーズ）　850円　Ⓘ4-14-910443-3

『おかしなおかし』　山本ゆりこ著，奥田高文撮影　ブロンズ新社　2001.4　35p　20×22cm　（Kids can！わくわく体験シリーズ）　1300円　Ⓘ4-89309-224-3

『食べ物を育てて楽しく料理しよう─古代米づくり・郷土料理・アジアの料理』　金子美智雄監修，ヴィップス編　ほるぷ出版　2000.3　40p　31cm　（テーマ発見！総合学習体験ブック）　2800円　Ⓘ4-593-57306-8，4-593-09614-6
|目次| 1　人のくらしと食べ物，2　育てて食べよう，3　郷土料理をつくろう，4　パンをつくろう，5　牛乳とその加工品，6　外国の料理をつくろう
|内容| 本書では、食べ物をただ料理して食べ

クラブ活動　　　　　　　　　　　　　　　　　　　　　　　文化系活動を知ろう

るだけでなく、米や大豆などを植物から育て、食べるまでを一貫して体験することや、食べ物の背景にある歴史や文化にも目を向けさせます。古代米づくりや郷土料理、アジアの料理を授業に取りいれている小学校の実践例紹介をはじめ、いろいろな料理を楽しみながら、食べることの意味を総合的にとらえ返します。

『日本と世界の食べ物を比べよう』　水越敏行監修・指導　学習研究社　2000.2　47p　27cm　（わたしは町の探検記者　総合的学習実践集 6)　2800円　①4-05-201086-8,4-05-810577-1
目次　探検記者物語・山形・ナイロビ12000キロの友情交流―山形県山辺町立鳥海小学校、探検レポート(ギョーザづくりで知る中国の食生活―富山県高岡市立横田小学校、リンゴまるごと研究で、長野のよさを発見―信州大学教育学部附属長野中学校、旭川・札幌・東京で校外学習「食」比べ―北海道教育大学附属旭川中学校、おばあちゃんの納豆で家族円満―福岡県三井郡大刀洗町立大刀洗小学校、静岡県のひみつ調べ―静岡県沼津市立第二小学校、大好きさくらんぼ―山形県寒河江市立寒河江小学校　ほか）
内容　「食」は先祖がつくり上げた貴重な文化。

『NHKやってみようなんでも実験　第3集2　ミルクが変身！はいチーズ』　盛口襄監修　理論社　1998.11　40p　23×24cm　2000円　①4-652-00327-7
目次　ミルクってなあに？、乳をのむ動物のなかまたち、ミルクには、何がふくまれているのか？、ミルクでバターをつくろう、ヨーグルトをつくろう、チーズをつくろう、チーズでボタンをつくろう
内容　身の回りにある材料をつかって家でも学校でもかんたんにできるアイデアあふれる実験がいっぱい。

『おいしいものが好き！』　「仕事の図鑑」編集委員会編　あかね書房　1998.4　79p　26cm　（夢に近づく仕事の図鑑 8)　3000円　①4-251-00838-3
目次　板前、市場仲買い、ケーキ職人、ジュースをつくる、醤油をつくる、寿司職人、青果店、鮮魚店、チーズをつくる、チョコレートをつくる、パン職人、ビールをつくる、料理学校教師、料理道具店、レストランシェフ、和菓子職人

内容　本書には、食べることに関連した多くの職業が紹介されています。

『たのしいなおべんとう』　服部幸應,服部津貴子監修・著　岩崎書店　1998.4　47p　31cm　（なりたいな、料理の名人 2)　2800円　①4-265-06242-3,4-265-10146-1

『ちょっぴりじまんのパーティーメニュー』　服部幸應,服部津貴子監修・著　岩崎書店　1998.4　47p　31cm　（なりたいな、料理の名人 8)　2800円　①4-265-06248-2,4-265-10146-1

『パーティクッキング―みんなでつくるバラエティ料理』　坂本広子著、まつもときなこ絵　偕成社　1998.4　125p　21cm　（坂本広子のジュニアクッキング 5　坂本広子著)　1200円　①4-03-623050-6

『わいわいつくるアウトドアメニュー』　服部幸應,服部津貴子監修・著　岩崎書店　1998.4　47p　31cm　（なりたいな、料理の名人 9)　2800円　①4-265-06249-0,4-265-10146-1

『アウトドア・クッキング―君もあなたもみんなシェフ！』　川部米雄著　学習研究社　1998.2　49p　27cm　（「新」ジュニアクッキング全集 7)　2900円　①4-05-500314-5

『おべんとう＆サンドイッチ―きょうからランチ名人！』　河野雅子著　学習研究社　1998.2　49p　27cm　（「新」ジュニアクッキング全集 5)　2900円　①4-05-500312-9

『伝統と郷土の料理―忘れたくない・作ってほしい！』　渡辺あきこ著　学習研究社　1998.2　49p　27cm　（「新」ジュニアクッキング全集 8)　2900円　①4-05-500315-3

『パーティー・クッキング―料理を遊べ！』　有元葉子著　学習研究社　1998.2　49p　27cm　（「新」ジュニア

子どもの本　楽しい課外活動2000冊　　159

クッキング全集 6) 2900円 ①4-05-500313-7

『かんたんアウトドア・クッキング―小学生のおもしろ野外料理』 細川隆平監修 ほるぷ出版 1997.7 79p 25cm 1800円 ①4-593-59341-7

『親子でつくる元気のでるキッチンガーデン―無農薬・有機コンテナ栽培』 小宮山洋夫著 小峰書店 1997.6 79p 26cm 1200円 ①4-338-08128-7

『手づくり料理を楽しもう』 東山明, 山田卓三監修, 福田恵子著 明治図書出版 1996.11 102p 26cm (手づくり遊びと体験シリーズ―自然・生活・科学体験アイデア集 9) 1860円 ①4-18-963906-0

|目次| 1 作ろう！ためそう！キミは食べ物博士, 2 これだけは知っておこう!!名コックさんの基礎知識と料理, 3 今日からキミも名コックさん！みんなの大好きメニュー, 4 楽しく作ってお祝いしよう, 5 これが本物だよ!!手作り加工品

『手作りパーティークッキング』 山梨幹子著 ポプラ社 1996.4 47p 27cm (女の子と男の子のための料理と手芸 3)〈監修：河野公子〉 2500円 ①4-591-05058-0

『みんなでアウトドアクッキング』 ボビー坂田著 ポプラ社 1996.4 47p 27cm (女の子と男の子のための料理と手芸 4)〈監修：河野公子〉 2500円 ①4-591-05059-9

『やいてやいてジュッ』 伊藤睦美料理指導 学習研究社 1996.3 35p 19×23cm (ミッキー＆ミニーはじめてのおりょうりえほん) 980円 ①4-05-200695-X

|目次| きらきらメダルクッキー, トランプトースト, ヨットポテト, うさぎもち, おもちロボット, おちばせんべい, ふわふわカップケーキ, ピポパポUFOピザ

|内容| 4歳からのお料理。本書でご紹介するメニューは、初めてお料理を体験するお子さんでも、安心して楽しめるよう、すべて「火を使わない」「包丁を使わない」レシピばかりです。加熱にはホットプレートやオーブントースター、電子レンジを、切るときはテーブルナイフを使います。作り方には、カラー写真をふんだんに取り入れ、小さなお子さんでも調理の過程が一目でわかるようになっています。

◆科学

『かがくあそび』 高柳雄一監修, 山村紳一郎指導 フレーベル館 2012.6 128p 30cm (フレーベル館の図鑑ナチュラ―ふしぎをためす図鑑)〈索引あり〉 1900円 ①978-4-577-04016-4 Ⓝ407.5

『科学遊び大図鑑―楽しく遊んで、ためになる！』 かざまりんぺい著 主婦の友社 2011.7 239p 21cm 1500円 ①978-4-07-277380-2 Ⓝ507.9

『空気の力でびっくりおもちゃ―見えないチカラで動かす！』 竹井史郎著, 造事務所編 京都 PHP研究所 2011.2 95p 24cm 1300円 ①978-4-569-77875-4 Ⓝ507.9

『クラブ活動アイデアブック 2 科学クラブ』 杉田洋監修 フレーベル館 2010.11 53p 27cm 3500円 ①978-4-577-03852-9 Ⓝ375.18

|目次| 1 グループを決めて計画を立てよう！(クラブ活動を始めよう, クラブ長を決めよう, グループを決めよう ほか), 2 さあ, 科学クラブを楽しもう！(「科学」って何だろう？, 楽しく, 安全に！活動のルール, クラゲが空を飛ぶ？ ほか), 3 活動内容を発表しよう！(発表会の計画を立てよう, 科学によって生まれる感動を伝えたい！わたしたちのノーベル賞を発表！, 科学のおもしろさを味わってほしい！科学マジックショーを開こう！)

|内容| みんなが大好きなクラブ活動の時間を、さらに盛り上げるためのシリーズ。みんなが仲よくなれるコツや、おもしろい活動アイデアがいっぱい。

『びっくり！おもしろ空気遊び』 立花愛子, 佐々木伸著 チャイルド本社 2009.11 80p 26×21cm 2000円 ①978-4-8054-0154-5

|目次| 空気をつかまえよう！(フラフラ宇宙

クラブ活動　　　　　　　　　　　　　　　　　　　　　　文化系活動を知ろう

人，ポッコリUFO ほか），風で遊ぼう！（風力自動車，風採りフラッグ ほか），空気を飛ばそう！（ポリ袋空気砲，ペットボトル空気砲 ほか），吹き出す空気で遊ぼう！（ブーブーメガホン，クルクルUFO ほか），空気を閉じ込めよう！（ポリ袋ボール，ポリ袋ヨーヨー ほか）
内容　遊びがもりあがるかんたんおもちゃと楽しい実験全25種。

『小学生のかんたん！ おうち実験室』 山村紳一郎監修　成美堂出版　2009.7　111p　26cm　900円　①978-4-415-30630-8
目次　キッチン実験室（カラフルゼリー，花氷・色氷 ほか），バスルーム実験室（ぶくぶく入浴ざい，ミラクル浮沈子 ほか），リビングルーム実験室（くるくる風車，インスタント樹氷 ほか），キッズルーム実験室（立体ステンドグラス，どっきり指ハブ ほか）
内容　おうちが楽しい実験室に大変身。親子でできるおもしろ実験がいっぱい。夏休みの自由研究にピッタリ。

『でんじろう先生のカッコいい！科学おもちゃ』 米村でんじろう監修　主婦と生活社　2009.6　120p　26cm　1300円　①978-4-391-13739-2　Ⓝ507.9

『科学工作図鑑―光る・写す太陽の光を利用した工作23　3　光パワー』 立花愛子，佐々木伸著　いかだ社　2009.4　63p　21×19cm　1200円　①978-4-87051-258-0
目次　カガミ（組立式ミラーツリー―ポリカーボネートミラー，2枚のカガミのカレードスコープ―市販のカガミ2枚 ほか），レンズ（レンズ付き逆さまのぞきメガネ，レンズで影絵―かんたんスライドプロジェクター ほか），電球（牛乳パックのステンドグラス，キラキラスノーボール ほか），色（虹色熱帯魚，4色アニメ ほか）

『科学工作図鑑―回る・弾む力を利用した工作29　2　メカパワー』 立花愛子，佐々木伸著　いかだ社　2009.4　63p　21×19cm　1200円　①978-4-87051-257-3
目次　ゴム・バネ（ビックリゾウの鼻・グングンフラワー，クリップ玉入れ ほか），ひも（半分ブンゴマ・ブンブンゴマ，体そう人

形・サーカス人形 ほか），磁石（変身ガエル，クルクルピエロ・つり下げUFO ほか），電池・モーター（モーターで走るネズミ，回転寿司マシーン ほか）

『小学生の100円ショップ大実験』 学習研究社　2006.7　103p　26cm　850円　①4-05-202634-9
目次　第1章 光と音の実験（ガリレイ式望遠鏡―なるほど科学史・発展実験・ケプラー式望遠鏡，ゴミ箱ピンホールカメラ ほか），第2章 電気と磁石の実験（ボルタの電池作り―なるほど科学史・発展実験・レモン電卓，アルミホイルのぶらんこ ほか），第3章 水と空気の実験（くっつきスプーン，あみ目からもれない水 ほか），第4章 おもりと運動の実験（たわしが走り出す，歯ブラシ虫―発展実験・くるくるプロペラを回してみよう！ ほか）
内容　100円グッズでアイデア科学実験にちょうせん。

『あててごらん』 関戸勇文・写真　改訂　偕成社　2006.3　23p　25cm　（みんなで実験楽しく科学あそび 3）　1200円　①4-03-339230-0　Ⓝ479

『いろあわせ』 村田道紀文・絵　改訂　偕成社　2006.3　23p　25cm　（みんなで実験楽しく科学あそび 2）　1200円　①4-03-339220-3　Ⓝ757.3

『おかしなえ』 村田道紀文・絵　改訂　偕成社　2006.3　22p　25cm　（みんなで実験楽しく科学あそび 7）　1200円　①4-03-339270-X　Ⓝ141.21

『けっしょうづくり』 牧衷構成・文，関戸勇写真　改訂　偕成社　2006.3　23p　25cm　（みんなで実験楽しく科学あそび 10）　1200円　①4-03-339300-5　Ⓝ459.9

『しゃぼんだま』 牧衷構成，関戸勇文・写真　改訂　偕成社　2006.3　21p　25cm　（みんなで実験楽しく科学あそび 4）　1200円　①4-03-339240-8　Ⓝ423.86

『電波で遊ぶ』 大久保忠著　電気通信振興会　2006.3　132p　22cm　1496円　①4-8076-0451-1　Ⓝ547.5

『どうぶつのて』 山下恵子文，関戸勇写真 改訂 偕成社 2006.3 23p 25cm （みんなで実験楽しく科学あそび 6） 1200円 Ⓘ4-03-339260-2 Ⓝ489

『レンズあそび』 村田道紀構成・文，関戸勇写真 改訂 偕成社 2006.3 19p 25cm （みんなで実験楽しく科学あそび 1） 1200円 Ⓘ4-03-339210-6 Ⓝ425.3

『サイエンス入門 観察実験であそぼう！ 1 つくってあそべる実験編』 日本宇宙少年団（YAC）監修，いずみえみイラスト 汐文社 2005.10 47p 21×22cm 1800円 Ⓘ4-8113-8004-5
目次 1 ぎゃくもどりをするふしぎな空きカン，2 水時計をつくろう，3 ブンブンゴマをつくろう，4 石けんからキャンドルをつくろう，5 ペットボトルのスプリンクラーをつくろう，6 キラキラ万華鏡をつくろう，7 うきばかりをつくろう，8 大根で水あめをつくろう，9 氷をつかってデザートをつくろう，10 スライムをつくってあそぼう，11 食塩の結晶でキラキラ！ クリスマスツリーをつくろう

『大人も子供も遊んで学べる科学実験キット―科学に親しむ知的創造玩具』 ニュートンプレス 2005.8 112p 28cm （ニュートンムック） 1300円 Ⓘ4-315-51757-7 Ⓝ407.5

『科学あそび』 山城芳郎著 改訂版 京都 同朋舎メディアプラン 2005.4 123p 31cm （手づくり遊びがおもしろい 第6巻 東山明監修）〈東京 リブリオ出版（発売）シリーズ責任表示：東山明監修〉 Ⓘ4-86057-203-3,4-86057-197-5 Ⓝ407.5
目次 1 空気や水で遊ぼう（空気で遊ぼう，おどる10円玉 ほか），2 磁石や電気で遊ぼう（磁石を使った魚つり遊び，自動車や人を磁石で動かそう ほか），3 光や音で遊ぼう（かげで遊ぼう，針穴写真機をつくろう ほか），4 変化させて遊ぼう（花や実の汁遊び，色水の変化 ほか），5 動植物と遊ぼう（水の通り道をしらべよう，葉の蒸散作用をしらべてみよう ほか）

『土と石のじっけん室』 地学団体研究会『シリーズ・自然だいすき』編集委員会編 大月書店 2004.9 123p 21cm （シリーズ・自然だいすき 2） 1800円 Ⓘ4-272-40512-8
目次 1 土のじっけん室（どろんこ遊びにチャレンジ，粘土であそぼう，土のふしぎを調べてみよう，土はどうやってできるのか），2 鉱物のじっけん室（私たちのまわりには鉱物がいっぱい，鉱物であそぼう，鉱物のふしぎを調べてみよう），3 石のじっけん室（石をさがそう，石であそぼう，石のふるさとたんけん隊），4 土や石がだいすきになろう（隕石が地球をつくった，地球の歴史のまきものづくり，土や石と私たちのくらし）
内容 ながーい地球の歴史のなかでつくられてきた土や石。どろんこ遊びをしたり，きれいな石あつめをしながら，さあきみも，土や石の「ふしぎ」や「なぜ」にチャレンジだ。

『子どもと楽しむ自然観察ガイド＆スキル―虫・鳥・花と子どもをつなぐナチュラリスト入門』 芸術教育研究所企画，藤本和典著 名古屋 黎明書房 2004.8 79p 26cm 2200円 Ⓘ4-654-01739-9
目次 ビオトープ生き物図鑑，身近な生き物を発見＆観察してみよう（自然観察の舞台（園庭），自然観察の舞台（街） ほか），自然を五感で楽しもう，実践・ナチュラリストになるには（入門編・生き物を飼ってみる，基礎編・生き物を呼ぶ環境づくり ほか），ビオトープのモデル園，ナチュラリストのスキルアップQ&A
内容 子どもの自然に対する好奇心を伸ばし，身近に生きる小さな命が発するメッセージを読み取るスキルとノウハウがいっぱいの観察ガイド。

『親子で楽しむ手作り科学おもちゃ』 緒方康重，立花愛子，佐々木伸共著 主婦と生活社 2004.7 87p 26cm 1200円 Ⓘ4-391-12965-5 Ⓝ407.5

『100円グッズで遊ぶ・作る・実験するとっても楽しい科学の本』 千葉県教育研究会松戸支部理科部会著 メイツ出版 2004.6 158p 21cm 1500円 Ⓘ4-89577-791-X
目次 遊ぶ（柳の葉に―跳びつくカエル，なぜ浮く？―球の空中遊泳を楽しもう！，N極とS極を考える―ゴム磁石で遊ぼう！ ほか），実験する初級編（推進力はなに？―ミ

ニロケットを発射させよう！，音速を利用した実験―エコーマシンで音を聞こう！，磁石は―ひっくりカエル　ほか），実験する中級編（目で確かめてみよう！―空気の圧力2，電気を通すかな？―テスターで調べてみよう，光弾性を観察―力が見える！　ほか）

『ふしぎ！　かんたん！　科学マジック　6　からだのマジック』　田中玄伯監修　学習研究社　2004.3　48p　27×22cm　2800円　①4-05-201981-4

[目次]　1 指1本で，いすから立てない，2 頭からはなれない手，3 はなれない薬指，4 コインをにぎった手を透視，5 うでの曲がるところがわからない，6 足ぶみテレポーテーション，7 一瞬でもどるねじれたひも，8 指の間に見えるUFO，9 てのひらに穴が開く，10 ぐにゃぐにゃえん筆，11 曲がるボールペン

[内容]　この本は，小学校の理科で学習する，ものの性質や原理などを中心に，科学の原理を利用してできる，ふしぎでびっくりの科学マジックを紹介した本です。

『ふしぎ！　かんたん！　科学マジック　5　力とバランスのマジック』　田中玄伯監修　学習研究社　2004.3　48p　27×22cm　2800円　①4-05-201980-6

[目次]　1 空中で曲がるスプーン，2 コップに入るコイン，3 思い通りに切れる糸，4 3つに分かれる新聞紙，5 好きなようにゆらせられる5円玉，6 5円玉の穴を通りぬけるビー玉，7 びんにふれずに持ち上げる，8 ビー玉がピンポン玉に変身，9 ゴムひもを上る5円玉，10 かってに落ちるボールペン，11 超能力で起き上がる折り紙

[内容]　この本は，小学校の理科で学習する，ものの性質や原理などを中心に，科学の原理を利用してできる，ふしぎでびっくりの科学マジックを紹介した本です。

『ふしぎ！　かんたん！　科学マジック　4　水よう液と燃焼のマジック』　田中玄伯監修　学習研究社　2004.3　48p　27×22cm　2800円　①4-05-201979-2

[目次]　1 ういたり，しずんだりする卵，2 卵白の色変わり，3 くずれない角ざとう，4 ごはんつぶで色変わり，5 ぴかぴかになる10円玉，6 コップの瞬間移動，7 緑，赤，青，そして…!?，8 燃えない角ざとうを燃やし，9 レバーで線香を燃やす，10 魔法のコップで，火を消す，11 水の中のコインを，手をぬらさずに取り出す

[内容]　この本は，小学校の理科で学習する，ものの性質や原理などを中心に，科学の原理を利用してできる，ふしぎでびっくりの科学マジックを紹介した本です。

『ふしぎ！　かんたん！　科学マジック　3　光と温度のマジック』　田中玄伯監修　学習研究社　2004.3　48p　27×22cm　2800円　①4-05-201978-4

[目次]　1 ほのおの瞬間移動，2 消えるガラスコップ，3 シャボン玉の色変わり，4 ふうとうの中を透視，5 数が大きくなったり，小さくなったり，6 ひとりでにふくらむ風船，7 びんに吸いこまれる卵，飛び出す卵，8 超能力で回る風車，9 くるくる回るヘビ，10 まざらない色水，11 にぎったコインを当てる

[内容]　この本は，小学校の理科で学習する，ものの性質や原理などを中心に，科学の原理を利用してできる，ふしぎでびっくりの科学マジックを紹介した本です。

『ふしぎ！　かんたん！　科学マジック　2　空気と水のマジック』　田中玄伯監修　学習研究社　2004.3　48p　27×22cm　2800円　①4-05-201977-6

[目次]　1 リンゴにつきささるストロー，2 しずむピンポン玉，3 水が飛び出すペットボトル，4 巨大サイコロでえん筆をたおす，5 飛び上がらないピンポン玉，落ちないピンポン玉，6 重くなる新聞紙，7 ペットボトルから取り出せない手袋，8 ふくらませられないゴム風船，9 逆さまにしても落ちない水，10 回り出すうずまきの紙，11 消えてしまう水，復活する水

[内容]　この本は，小学校の理科で学習する，ものの性質や原理などを中心に，科学の原理を利用してできる，ふしぎでびっくりの科学マジックを紹介した本です。

『ふしぎ！　かんたん！　科学マジック　1　磁石と電気のマジック』　田中玄伯監修　学習研究社　2004.3　48p　27×22cm　2800円　①4-05-201976-8

[目次]　1 おどるマッチ棒，2 ふしぎな磁石：3 必ず同じ向きに止まるハンガー，4 ゆっくり落ちる磁石，5 苦いスプーン，6 自分だけにしかつけられない電球，7 糸電池，8 ストローで超能力，9 ひらひらまうチョウ，10 ティッシュでふくと，光るけい光灯，11 光るガムテープ

文化系活動を知ろう　　　　クラブ活動

内容　この本は、小学校の理科で学習する、ものの性質や原理などを中心に、科学の原理を利用してできる、ふしぎでびっくりの科学マジックを紹介した本です。

『子どもと遊べる科学の実験―身近な道具で不思議体験』　佐伯平二，左巻健男，米村伝治郎実験監修　ニュートンプレス　2003.9　96p　28cm　（ニュートンムック）〈協力：日本ガイシ〉　1000円　①4-315-51699-6　Ⓝ407.5

『ナチュラリッ子クラブ―身近な自然観察手帳』　埼玉県環境防災部みどり自然課編　改訂　さいたま　埼玉県環境防災部みどり自然課　2003.4　27p　21cm　Ⓝ460.7

『おもしろ実験・ものづくり事典』　左巻健男，内村浩編著　東京書籍　2002.2　517p　21cm　3800円　①4-487-79701-2
目次　1 主に物理的な実験・ものづくり（力と動きをさぐる，空気をとらえる　ほか），2 主に化学的な実験・ものづくり（冷やす・熱する，燃焼・爆発　ほか），3 生物の観察と実験（生きものの世界，ヒトのからだと感覚），4 地球についての観察と実験（水と大気，天体・岩石）
内容　楽しくやさしい本格派。定番のものから最新実験まで，楽しくてためになる実験・ものづくりを満載！「おもしろ実験」書の決定版！「総合的な学習」にも最適。

『科学deクイズ1・2・3 実験観察編』　折井雅子著，おおさわまき絵　大日本図書　2002.2　85p　21cm　1238円　①4-477-01474-0
目次　選択クイズ（人間にもカビが生える？，カミナリの音はなぜおこる？，かとりせんこうはなぜ消える？，鉛の水道管は毒にならない？，どうしてたまごの黄身は青くなるの？　ほか），YES NOクイズ（日本の夏はなぜすごしにくい？，霜柱ってなぁ～んだ？，化石の年れいの当てかたは？，二酸化炭素で火が消せる？，石には水分がある？　ほか）
内容　「カミナリの音はなぜおこる？」「ドライアイスのけむりは何？」…あれ？　おや？　と思うことにばっちり答える科学クイズの本。この本で，身のまわりのふしぎから，地球や宇宙のなぞまでがわかりますよ。

『ガリレオ工房の科学あそび　pt.2』　滝川洋二，山村紳一郎編著　実教出版　2001.7　183p　19cm　950円　①4-407-03058-5

『ガリレオ工房の科学あそび　pt.1』　滝川洋二編著，押田Ｊ・Ｏ絵　増補改訂版　実教出版　2001.7　191p　19cm　950円　①4-407-03057-7

『わくわく実験室―作る・見る・調べる』　森裕美子著　エム・ピー・シー　2001.6　79p　21cm　630円　①4-87197-379-4
目次　食べるものを作りたい（コロコロアイスクリーム―ドライアイスで一気に冷凍，おいしいバターとマーガリン，ほっかほかの豆腐，ふえるヨーグルト―乳酸飲料を手作りで，ワサビで作る水あめ，海水から塩作り），観察力をつけたい（おり姫星と彦星はどれ？　一日の出をおがむ，おそうじするアリ―ミノムシのおうち調べ，デパートで化石を探そう―砂の粒を観察）

『科学マジック工作で遊ぼう』　堂本保著　誠文堂新光社　2000.7　62p　26cm　1200円　①4-416-30003-4
目次　トラをおりに入れろ，木をつつきながら下りるキツツキ，だるまさんのはしご下り，カニが走る，ゴリラ君のつりわ，かた車でこんにちは，鉄ぼうからくり，さか立ちワンチャン，入れたらぬけないハブの口，頭の体そう 知えのわ〔ほか〕

『ガリレオ工房の科学あそび―家族そろって楽しめる新ワザ70選』　滝川洋二編著，押田Ｊ・Ｏ絵　実教出版　2000.7　183p　19cm　950円　①4-407-03050-X

『科学でゲーム屋外で実験』　ヴィッキイ・コブ，キャシー・ダーリング共著，鈴木将訳，田島董美絵　さ・え・ら書房　2000.4　79p　23cm　（やさしい科学）　1400円　①4-378-03887-0

『海と自然を考える―環境』　関根義彦著　国土社（発売）　2000.3　35p　27cm　（みんなで学ぶ総合的学習 3　高野尚好監修）　2600円　①4-337-16103-1
目次　水の惑星「地球」，生命のみなもと，地球の環境をたもつ水，太陽の光をうける

クラブ活動　　　　　　　　　　　　　　　　　　　　　　　　文化系活動を知ろう

地球，海の温度，海の水は塩からい，海は流れている，日本のまわりを流れる海，動く海の底，波の力，海と気象，海がもたらす異常気象，海を調べる，海はよごれている，わたしたちの海を考えるために
|内容| 自分たちの身近な事柄から，海外での取り組みまで，広い視野から紹介。図表，写真など，見てわかりやすい資料を豊富に掲載しています。

『見えないものの重さをはかろう！』　松本泉作，かわうちやよい絵　大日本図書　2000.3　36p　27cm　（まんが小学生の自由研究 7）　1300円　①4-477-01077-X
|内容| 自由研究で，なにをテーマにしたらよいかまよいますが，でも，もうまようことはありません。本書は，すごくかんたんな方法で，身のまわりにあるものを使って，自由研究をはじめます。また，研究方法の順序を，まんがで，たのしく，わかりやすく説明しました。

『NHKやってみようなんでも実験第4集　5　変身！　磁気が電気に・手づくりロケットを飛ばそう！』　米村伝治郎監修，田部井一浩，林煕崇実験指導　理論社　2000.3　40p　24×24cm　2000円　①4-652-00335-8
|目次| 変身！　磁気が電気に（磁石ってなあに？，踊るタコさんをつくろう，電磁石で魚つりをしよう，強力電磁石づくりに挑戦，コイルを使って，マイクをつくろう），手づくりロケットを飛ばそう！（ペットボトルロケットをつくろう，翼のあるロケットに挑戦！）
|内容| わたしたちのまわりはふしぎなことでいっぱいです。どんな小さなぎもんでもたいせつなたからもの。子どもたちが身のまわりの材料でじぶんの手で実験したのしく遊んでいるうちに「科学する心」がはばたきます。さあ！　はじめませんか？　やさしい科学の手づくり実験室。NHK教育テレビ「やってみようなんでも実験」の1995年4月から98年3月までの放送をもとに，小学校低・中学年向きのものをえらんで構成・制作しました。

『くらしの中の科学にせまろう』　松原静郎監修　フレーベル館　2000.2　55p　31×22cm　（なんでも実験ためして発見 8）　2300円　①4-577-02042-4

|目次| どうしてはじける？　ポップコーン—コーンを加熱すると，どうしてはじけるのだろう？，ぷくっとふくらむカルメ焼き—カルメ焼きは，どうしてふくらむのだろう？，黄金色のべっこうあめ—黄金色になるときの，砂糖の温度は何度かな？，とうふづくりにチャレンジ—にがりは，どんな働きをするのだろう？，まほうびんの中で，温泉卵をつくろう—どうして白身がやわらかいのに，黄身がかたまっているのだろう？，ふたつのおもりがくっついた—なぜおもりがくっついたのだろう？，ヨーグルトをふやそう—どうして牛乳がヨーグルトになるのだろう？，ビックリ！　リンゴパワー—どちらの芽がよく育つかな？，オレンジの皮が発泡スチロールを溶かす—どうして発泡スチロールの表面が，溶けたのだろう？，食塩を使って水を取り出そう—器にたまった水は，どうして出てきたのだろう？　〔ほか〕
|内容| このシリーズは，小学校中・高学年のみなさんに，理科のおもしろさを感じ，科学的な考え方の基礎を知ってもらうためのものです。"学ぶ"ということを，実験を通して実際に体験しながら身につけ，生きた力となるよう工夫されています。教科書や参考書などにかかれていることを読んだり，頭の中で想像したりすることも大切なことです。でも，ふしぎでおもしろい現象を目にし，疑問をもち，自分自身で考える。そして，もっと多くのものに興味や関心をもつ。これこそが"学ぶ"ということなのです。本書の中につまっているのは，科学の生きた知識であり，みなさん一人ひとりの"なぜ"から広がっていく，かぎりない興味の世界なのです。

『力と運動の法則をさぐろう』　松原静郎監修　フレーベル館　2000.2　55p　31cm　（なんでも実験ためして発見 7）　〈企画構成：実験クラブ・コペルニクス〉　2300円　①4-577-02041-6
|目次| てんびんばかりをつくろう—さおの右側につけたゼムクリップを右に動かすと，さおはどちらにかたむくかな？，バットで力くらべ—なぜ太いほうをもつほうが勝ちやすいのだろう？，おもちゃの車でしょうつ実験—どうして消しゴムは，止まらずに飛んでいくのだろう？，どっちの糸が切れるかな？—どうしていきおいよく引いたとき，下側の糸が切れやすいのだろう？，走る電車の中でジャンプ！—走る電車の中でジャンプすると，どこに着地する？，こまの回転を調べよう—どちらのこ

子どもの本　楽しい課外活動2000冊　　165

文化系活動を知ろう　　　　　　　　　　　　　　　　　　　　　　　　クラブ活動

まが長く回るかな？，うかんだ磁石の重さ―磁石をうかべると、全体の重さはどう変わる？，ボウルのかべをのぼるビー玉―どうしてビー玉は、ボウルのかべを上にのぼっていくのだろう？，まさつ力をくらべよう―どんな素材が、すべりにくいのかな？，重心を見つけよう―どうして両手は、重心の位置でぶつかるのだろう？〔ほか〕

内容　このシリーズは、小学校中・高学年のみなさんに、理科のおもしろさを感じ、科学的な考え方の基礎を知ってもらうためのものです。"学ぶ"ということを、実験を通して実際に体験しながら身につけ、生きた力となるよう工夫されています。教科書や参考書などにかかれていることを読んだり、頭の中で想像したりすることも大切なことです。でも、ふしぎでおもしろい現象を目にし、疑問をもち、自分自身で考える。そして、もっと多くのものに興味や関心をもつ。これこそが"学ぶ"ということなのです。本書の中につまっているのは、科学の生きた知識であり、みなさん一人ひとりの"なぜ"から広がっていく、かぎりない興味の世界なのです。

『NHKやってみようなんでも実験第4集 3　忍者？　てんとうむしのひみつ・カタツムリの不思議』　山田卓三監修，小川賢一，黒住耐二実験指導　理論社　2000.2　40p　24×24cm　2000円　①4-652-00333-1

目次　忍者？　てんとう虫のひみつ（てんとうむしと友だちになろう，てんとうむしと遊ぼう，てんとうむしは、さむがりやさん!?），カタツムリの不思議（かたつむりと友だちになろう！，かたつむりはサーカスの名人!?，かたつむりは銅がきらい，かたつむりを育てよう！）

内容　身の回りにある材料をつかって家でも学校でもかんたんにできるアイデアあふれる実験がいっぱい。きみも実験名人にチャレンジしよう。小学校低・中学年向き。

『がびょうがういた？』　佐藤早苗作，かわうちやよい絵　大日本図書　2000.1　36p　27cm　（まんが小学生の自由研究1）　1300円　①4-477-01071-0

内容　「水の中では物は軽くなるなんて、ほんとかな？」本書は、さとう水にぽっかりうかんだがびょうを見て、ぎもんに思った舜くんと将太くんが、水やさとう水の重さをはかって、くらべて、そのわけをたしかめよ

うとした実験の記録です。

『NHKやってみようなんでも実験第4集 4　スイスイ推進！　ペットボトル船』　後藤道夫監修，清水潔実験指導　理論社　2000.1　40p　24×25cm　2000円　①4-652-00334-X

目次　海を見ると、なぜわくわくするの？，かんたんな舟づくりに挑戦！，省エネ舟づくりに挑戦！，ペットボトルで外輪船，船のミニ事典

内容　NHKでテレビ全国放送中。身の回りにある材料をつかって家でも学校でもかんたんにできるアイデアあふれる実験がいっぱい。

『ふしぎっておもしろい！　かんたん科学あそび』　江川多喜雄編著　草土文化　1999.12　127p　21cm　1600円　①4-7945-0788-7

『鉱石kids―集める・工作する・遊ぶ・さがす！』　関根秀樹著　小学館　1999.11　111p　21cm　（21世紀こども遊び塾 5）　1000円　①4-09-204205-1

目次　石や砂を集めよう（石を集めよう，砂を集めよう，岩石の種類），石でアートしよう（石に絵をかこう，石の手紙をだそう，石の版画をしよう　ほか），宝石を作ろう（虫入りこはくを作ろう，みょうばん結晶の宝石を作ろう，美しい結晶），石で作ろう（鉄を作ろう，石器を作ろう，楽器を作ろう　ほか），石で遊ぼう（砂金をさがそう，石遊びをしよう，石を焼いてみよう　ほか），鉱物を集めよう（岩石・鉱物の集め方，標本箱を作ろう，鉱物情報）

内容　石は楽しい！　きれいな砂・かわいい砂・かっこいい鉱物、ひろって作って遊んじゃおう。

『電気の正体をさがそう』　松原静郎監修，実験クラブ・コペルニクス企画　フレーベル館　1999.11　55p　30cm　（なんでも実験ためして発見 5）　2300円　①4-577-02014-9

目次　テスターをつくろう，静電気をおこしてみよう，ためてびっくり、静電気，ストローを使って、静電気検知器をつくろう，点火装置（圧電素子）でミニ雷をつくり出そう，極調べ器をつくろう，磁力の働く範囲を見てみよう，電磁石をつくろう，紙コップのス

166

クラブ活動　　　　　　　　　　　　　　　　　　　　　　文化系活動を知ろう

ーカー，手づくりモーターを回してみよう，モーターは小さな発電器，電流計をつくろう，手づくり電池であかりをともそう，発泡スチロールカッターをつくろう，電子レンジの中で光る蛍光管，備長炭の強力ライト
[内容] 小学校中・高学年のみなさんに，理科のおもしろさを感じ，科学的な考え方の基礎を知ってもらうための本。"学ぶ"ということを，実験を通して実際に体験しながら身につけ，生きた力となるよう工夫されている。

『火と熱の秘密にふれよう』　松原静郎監修，実験クラブ・コペルニクス企画　フレーベル館　1999.11　55p　30cm　（なんでも実験ためして発見 6）　2300円　④4-577-02015-7
[目次] ろうそくの，溶けたろうはどこにいく，バターを使ってろうそくをつくろう，線香花火をつくろう，食塩ではのおの色を変えてみよう，木炭をつくろう，ハンドドリルで火をおこそう，川原の石で火をおこそう，感熱紙であそぼう，さわって温度がわかるかな，熱で豆電球のスイッチをオン，熱を使って石をわろう，燃えて軽くなるもの，重くなるもの，重くなる使い捨てカイロ，エタノール爆発で飛ばす紙コップロケット，太陽熱でゆで卵をつくろう，太陽熱温水器をつくろう
[内容] 小学校中・高学年のみなさんに，理科のおもしろさを感じ，科学的な考え方の基礎を知ってもらうための本。"学ぶ"ということを，実験を通して実際に体験しながら身につけ，生きた力となるよう工夫されている。

『たのしく遊べる科学実験』　塚平恒雄，宝多卓男，大山光晴著　永岡書店　1999.8　190p　19cm　（極楽教養サイエンス）　1200円　④4-522-21047-7
[目次] モンキーハンティングの名人，渦の秘密をさぐれ，光通信はだれでもできる，雷から人を守るファラデーのかご，横綱との1対1の綱引きに勝つ，電気は摩擦から始まった？，ドラム缶つぶしの怪力，アインシュタインの時計，放射線を弁当箱で見る!?，電磁推進船レッド・オクトーバーを追え！〔ほか〕

『科学あそび―あなたにもすぐできる』　浜口一郎監修，こどもくらぶ編　国立今人舎　1999.7　63p　26cm　（大人と子どものあそびの教科書）　1400円　④4-901088-08-4

『空気のかたちをとらえよう』　松原静郎監修　フレーベル館　1999.7　55p　30cm　（なんでも実験ためして発見 1）　2300円　④4-577-02010-6
[目次] いろいろなところにある空気を集めてみよう，空気の抵抗力のおかげでゆっくり落下するパラシュート，ペットボトルで空気の輪をつくろう，ペットボトルから噴水―泡の出る入浴剤の秘密，自分でできるぞ！　発泡入浴剤，二酸化炭素は重量級の消防士，酸素をつくろう―ものを燃やす気体，空中でとまるシャボン玉，どうしてあがる，なぜさがる。きまぐれシャボン玉，ソーラーエネルギーでうきあがれ―手づくり熱気球〔ほか〕

『水のすがたをおいかけよう』　松原静郎監修　フレーベル館　1999.7　55p　30cm　（なんでも実験ためして発見 2）　2300円　④4-577-02011-4
[目次] いろいろなところの水さがし，減った水のゆくえ，紙の器で湯をわかそう，泡はどこに消えた？，冷ため湯が，またふっとう，冷凍庫を使わずに氷はつくれる？，できたぞ！　人工の霜，水と湯とどちらが重い？，ペットボトルの中にうかぶ雲，空気入れで雲がつくれるぞ！〔ほか〕

『図解たのしい科学あそび―身近なもので　生物編』　山崎種吉監修，福嶋葉子著　東陽出版　1999.6　175p　21cm　1500円　④4-88593-189-4

『新聞紙の実験』　立花愛子著，田島董美絵　さ・え・ら書房　1999.3　63p　22cm　（たのしい科学あそび）　1262円　④4-378-04214-2

『NHKやってみようなんでも実験第3集5　楽しいキャンドルサイエンス・光も音も折れ曲がる？』　盛口襄，米村伝治郎監修，岩瀬充璋，田原輝夫実験指導　理論社　1999.3　40p　24×25cm　2000円　④4-652-00330-7
[目次] 楽しいキャンドルサイエンス（ろうそくってなぜもえるの？，ほのおの正体をたしかめよう！，まわりどうろうをつくろう！，ろうそくで風車をまわそう），光も音も折れ曲がる？（虹って，どうしてできるの？，みぢかにある光のくっせつさがし！，光のくっせつに挑戦してみよう，しんきろうをつくろう）

子どもの本 楽しい課外活動2000冊　　**167**

文化系活動を知ろう　　　　　　　　　　　　　　　　　　　　　　　　　クラブ活動

内容 NHKでテレビ全国放送中。身の回りにある材料をつかって家でも学校でもかんたんにできるアイデアあふれる実験がいっぱい。

『どろんこ遊びで土を科学』　米村伝治郎監修，金井克明実験指導　理論社　1998.10　40p　24×24cm　（NHKやってみようなんでも実験　理論社版　第3集1）2000円　①4-652-00326-9
目次 土の足音，土ってなあに？，土をほってみよう，土ってすごいんだね！，しもばしらをつくろう，土で遊ぼう！，やきものに挑戦しよう
内容 身の回りにある材料をつかって家でも学校でもかんたんにできるアイデアあふれる実験がいっぱい。一きみも実験名人にチャレンジしよう。小学校低・中学年向き。

『遊びと手づくりおもちゃ―理科好きにする』　鈴木英之著　鋸南町（千葉県）鈴木英之　1998.7　127p　21cm〈彦根サンライズ出版（発売）〉1200円　①4-88325-050-4
目次 花のかざり，草や花のすもう遊び，そら豆の人形，エノコログサの運動会，はねの作り方と回り方，あさがおの花としその葉，花や葉のしぼり汁で遊ぼう，おし花の額・たんざく（短冊），タンポポの水車，水車のいろいろ〔ほか〕
内容 テープの巻き芯や王冠など，身近な材料でつくるおもちゃ100種。切って，貼って，塗って，動くしくみも学んで，親子で楽しいひとときを。

『図解たのしい科学あそび―身近なもので　化学編』　吉田泰三監修，福嶋菓子著　東陽出版　1998.7　175p　21cm　1500円　①4-88593-186-X

『鉄の実験』　馬場勝良文，永井泰子絵　さ・え・ら書房　1998.5　63p　22cm　（たのしい科学あそび）1262円　①4-378-04212-6
目次 1 砂鉄をとろう，2 カードのひみつ，3 コブラはおどる，4 インクを作ろう，5 使いすてカイロのなぞ，6 さびの力，7 角出しスライム，8 鉄を燃やそう，9 ペーパーナイフ，10 焼き入れと焼きなまし，11 つる巻きバネ，12 火打ち金，13 バイメタル
内容 本書は，鉄のもつさまざまな性質―か

たさが変わる，さびる，磁石にくっつくなどを調べる科学あそびを紹介しています。鉄の性質を，自分自身の手を動かし，わざを使い，たのしみながら実感していきます。いろいろ実験するうちに，わざがみがかれ，「科学する心」が芽生えてきます。小学中級～。

『生きているってどんなこと―生物を知る実験』　大原ひろみ文　ポプラ社　1998.4　47p　29cm　（ガリレオ工房のおもしろ実験クラブ　3）2800円　①4-591-05672-4,4-591-99226-8
目次 食卓から学ぶ生き物の世界，植物はどうやって栄養をとっているのだろう？，植物のからだのどこにデンプンがあるのだろう？，植物も生きるために息をする，植物も動く!?，植物にも血管がある？，植物の維管束のようすを調べてみよう，葉っぱにめぐらされた維管束，手作り顕微鏡で見てみよう，動物が食べ物を消化するようすを調べよう〔ほか〕
内容 動物・植物・分解者の関係を実験で調べる。身の回りの自然現象のなぞを，身近な材料を使った，ユニークな実験で解明。独創的な実験と授業を研究している『ガリレオ工房』の本。

『空気を飛ばそう空気で浮かそう―空気を知る実験』　滝川洋二文　ポプラ社　1998.4　47p　29cm　（ガリレオ工房のおもしろ実験クラブ　2）2800円　①4-591-05671-6,4-591-99226-8
目次 見えないものを見てみよう，空気を飛ばそう，風船を横向きに投げると，大きい風船がよく飛んだ!!，空気は物質だ，ブタンガスが液体になった，気体が固体になる，空気の重さがはかれる!?，空気の重さは何グラム？，空気より軽いヘリウムガス〔ほか〕
内容 空気が物質であることを実験でたしかめよう。身の回りの自然現象のなぞを，身近な材料を使った，ユニークな実験で解明。独創的な実験と授業を研究している『ガリレオ工房』の本。

『大地は命のみなもと―地球を知る実験』　佐藤完二文　ポプラ社　1998.4　47p　29cm　（ガリレオ工房のおもしろ実験クラブ　4）2800円　①4-591-05673-2,4-591-99226-8
目次 生命の宿る星，地球をまるごとつかもう，地球の中はどうなっているの？，ものの

168

クラブ活動　　　　　　　　　　　　　　　　　　　　文化系活動を知ろう

浮き沈みを調べよう，液体の上に液体が浮くだろうか？，密度のちがう液体で，ものの浮き沈みを調べよう，鉄の玉を浮かせる液体？，空気にも重さがある，地球の層構造のモデルをつくってみよう，水が溶かすもの，水に溶けているもの，水に溶けているものをとりだそう〔ほか〕
内容　命を育む大地のもつ力を実験によって知ろう。身の回りの自然現象のなぞを，身近な材料を使った，ユニークな実験で解明。独創的な実験と授業を研究している『ガリレオ工房』の本。

『超能力のなぞをとく―マジックのなぞとき実験』　猪又英夫文　ポプラ社　1998.4　47p　29cm　（ガリレオ工房のおもしろ実験クラブ 7）　2800円　①4-591-05676-7,4-591-99226-8
目次　科学的に考える態度を身につけよう，君にもできるスプーン曲げ，かけ声ひとつでスプーンを折る，超能力？　でスプーンを動かす，念力？　でゆらす5円玉，長さのちがす振り子を自由にふらせる，「こっくりさん」って本当にいるの？，かけ声ひとつでペンが落ちる，指一本の力で，あなたは立てなくなる，手ぬぐい2枚にすごい力が発生〔ほか〕
内容　超能力や不思議現象の科学的な種明かし。身の回りの自然現象のなぞを，身近な材料を使った，ユニークな実験で解明。独創的な実験と授業を研究している『ガリレオ工房』の本。

『どこまでもふくらむシャボン玉―石けん水の実験』　武田毅文　ポプラ社　1998.4　47p　29cm　（ガリレオ工房のおもしろ実験クラブ 1）　2800円　①4-591-05670-8,4-591-99226-8
目次　シャボン玉をふくらまそう，夢をふくらまそう，ストローでシャボン玉をふくらまそう，こんなものでもシャボン玉はできる，大きなシャボン玉をつくろう，水の表面張力のふしぎ，シャボン液にもある表面張力，水とシャボン液の力くらべ，巨大にじのカーテンづくり，巨大シャボン膜の中に入ってみよう，はずむシャボン玉〔ほか〕
内容　シャボン玉を作って，水や光の性質を知ろう。身の回りの自然現象のなぞを，身近な材料を使った，ユニークな実験で解明。独創的な実験と授業を研究している『ガリレオ工房』の本。

『飛ばそう熱気球―熱を知る実験』　古田豊文　ポプラ社　1998.4　47p　29cm　（ガリレオ工房のおもしろ実験クラブ 5）　2800円　①4-591-05674-0,4-591-99226-8
目次　熱って何だろう？，大昔のやり方で火をおこそう，太陽の熱を集めて火をおこそう，空気をあたためて上昇気流をつくろう，熱気球を飛ばそう，あたたまるとふくらみ，冷えるとちぢむ，あたためるとビーンとのびる金属，熱はどのように伝わるのだろう？，温度計をつくろう，ものを燃やすとどんな色の炎がでるのだろう？，熱の力をつかってものを動かしてみよう，低温の世界をのぞいてみよう，地球の温暖化と省エネのくふう
内容　太陽熱の力で風船を飛ばしたり，熱の力を体験。身の回りの自然現象のなぞを，身近な材料を使った，ユニークな実験で解明。独創的な実験と授業を研究している『ガリレオ工房』の本。

『遊園地は科学実験室―体で知る力の実験』　八木一正文　ポプラ社　1998.4　47p　29cm　（ガリレオ工房のおもしろ実験クラブ 6）　2800円　①4-591-05675-9,4-591-99226-8
目次　遊園地は科学の野外教室，メリーゴーランドで遠心力を体験，チェーンタワー，おとなと子どもでどちらが高くあがる？，ローター，壁にぴったりくっつくのはなぜ？，エンタープライズ，上になってもなぜ落ちない？，ループコースター，大きいカーブと小さいカーブを乗りくらべる，ジェットコースターで重力を体験，ジェットコースターが走りぬけるエネルギーは？，Gの強いところはどこ？，ジェットコースターで無重力体験〔ほか〕
内容　遊園地の乗り物で「物理学」を体験しよう。身の回りの自然現象のなぞを，身近な材料を使った，ユニークな実験で解明。独創的な実験と授業を研究している『ガリレオ工房』の本。

『NHKやってみようなんでも実験第2集 4　ゴム動力に挑戦・アイディアだこ大集合』　米村伝治郎監修，長浜音一，館野和見，東昭実験指導　理論社　1998.4　40p　24×24cm　2000円　①4-652-00324-2
目次　ゴム動力に挑戦（ゴムでローラーをつくろう，糸まき車をつくろう，ゴム動力でへ

子どもの本 楽しい課外活動2000冊　169

リコプターをつくろう，プロペラとゴムでレースカーづくり），アイディアだこ大集合（たこはなぜ高く上がるの？，かんたんなたこをつくろう，わだこをつくろう，立体だこをつくろう）

内容 本書は，NHK教育テレビ「やってみよう なんでも実験」の1995年4月から96年3月までの放送をもとに，小学校低・中学年向きのものをえらんで構成・制作しました。

『NHKやってみようなんでも実験第2集 3 風パワーに挑戦・おどろき！ うずまきパワー』 米村伝治郎監修，山村紳一郎，佐々木修一実験指導　理論社　1998.4　40p　24×24cm　2000円　①4-652-00323-4

内容 本書は，NHK教育テレビ「やってみよう なんでも実験」の1995年4月から96年3月までの放送をもとに，小学校低・中学年向きのものをえらんで構成・制作しました。

『いろいろいろ色がヘンシーン』　左巻健男監修，鈴木智恵子著，水原素子絵　汐文社　1998.3　43p　27cm　（はじめてのじっけんあそび 4）　1500円　①4-8113-7209-3

目次 ムラサキキャベツの色水，色水のとりかた，色水の色をかえる液（へんしん液）の作り方，色水をへんしん！させてみよう，おりぞめあそびをしよう！，紙のおり方，もようにそめる，いろいろな，液のつけ方のいろいろ，色がわりするハーブ茶，アイスクリームを作ってたべよう，アイスクリームのもとを作る，寒剤を作る，色がわりのひみつ，アイスクリームつくりのひみつ

『NHKやってみようなんでも実験第2集 5 なぜ回る？ コマの不思議・手づくり時計をつくろう』 米村伝治郎監修，福田和弥，佐々木勝浩実験指導　理論社　1998.3　40p　23×24cm　2000円　①4-652-00325-0

目次 なぜ回る？ コマの不思議（回るってどういうこと？，ボール紙でコマをつくろう，コマが回るとき，どんな力が生まれるの？，鳴りゴマをつくろう），手づくり時計をつくろう（かんたんな時計をつくろう，歯車で時計をつくろう）

内容 身の回りにある材料をつかって家でも学校でもかんたんにできるアイデアあふれる実験がいっぱい。NHKでテレビ全国放送中。

『アルミ缶の実験』　立花愛子著，田島董美絵　さ・え・ら書房　1998.2　63p　22cm　（たのしい科学あそび）　1262円　①4-378-04211-8

目次 1 アルミ缶にひびく音，2 すけすけアルミ缶，3 豆電球シェード，4 アルミ缶は強いか？ 弱いか？，5 アルミ缶のたたきのばし，6 口ぶえを吹くアルミ缶，7 アルミ缶のバネはかり，8 生卵キャッチャー，9 電飾ピラミッド，10 アルミ缶の温水器，11 ゼンマイコロコロ，12 アルミ缶のこま，13 アルミ缶のおなべとコンロ

内容 本書は，アルミ缶を使って，アルミニウムの性質や，飲み物を入れる缶としての工夫のされ方など，たくさんのふしぎなことに気がついていく遊びや実験を紹介しています。

『せいでんきっておもしろい』　左巻健男監修，山田善春著，水原素子絵　汐文社　1998.2　43p　27cm　（はじめてのじっけんあそび 3）　1500円　①4-8113-7208-5

目次 電気クラゲをつくろう！，ストローで大じっけん，ストローでころがしてみよう！，水をひっぱってみよう！，氷もひっぱれる？，ふうせんつりをしてみよう，ストロー君で電気のちからをしらべよう，身の回りの静電気をみつけてみよう！，しぜんの中の静電気をさがしてみよう！，静電気のひみつ

『NHKやってみようなんでも実験第2集 2 おかしな砂糖でおかしに挑戦』 盛口襄監修　理論社　1998.1　40p　24×24cm　2000円　①4-652-00322-6

目次 みつのある花ってどんな花？，べっこうあめをつくろう，カルメ焼きをつくろう，わたがしをつくろう

内容 つくって遊んでかんがえよう！ なぜ？ どうして？ わたしたちのまわりはふしぎなことでいっぱいです。でんな小さなぎもんでもたいせつなたからもの。子どもたちが身のまわりの材料でじぶんの手で実験したのしく遊んでいるうちに「科学する心」がはばたきます。さあ！ はじめませんか？ やさしい科学の手づくり実験室！ 本書は，NHK教育テレビ「やってみようなんでも実験」の1995年4月から96年3月までの放送をもとに，小学校低・中学年向きのものをえらんで構成・制作しました。

クラブ活動　　　　　　　　　　　　　　　　　文化系活動を知ろう

『9月のこども図鑑』　フレーベル館
1997.8　55p　27cm　（しぜん観察せいかつ探検）　1600円　①4-577-01716-4
目次　きょうはなんのひ？―9月のカレンダー、しぜんだいすき(1)―空を見よう、しぜんだいすき(2)―秋に鳴く虫、そだててみよう―すずむし・たねのしゅうかく、せいかつたんけんたい―わくわく飛行場、いってみたいね―クリーニングやさん、わくわくクッキング―9月のメニュー、しらべてみよう―お米ができたよ、つくってみよう―しゃぼん玉、しっているかな？―月の話

『科学の工作と実験』　斎藤賢之輔著　新版　誠文堂新光社　1997.7　94p　26cm　（自由研究）　1200円　①4-416-39706-2
目次　工作や実験を始める前に、霧吹きを作って虹を見よう、簡単なLux計を作って草木の育ちを調べよう、一ич레フ式高度計を作って太陽の高さの変化を調べよう、簡単な水平式日時計を作ろう、不思議なプロペラを作ろう、テーブル・キャンドルを作ろう、電池も光もいらないモーターボートを作ろう、スチロールカッターを作って電熱線の発熱の仕方を調べよう、テスターにもなるバッテリー・チェッカーを作ろう〔ほか〕

『砂糖と塩の実験』　高梨賢英著、さとう智子絵　さ・え・ら書房　1997.4　63p　22cm　（たのしい科学あそび）　1262円+税　①4-378-04210-X

『ティッシュの実験』　立花愛子著、さとう智子絵　さ・え・ら書房　1997.4　63p　22cm　（たのしい科学あそび）　1262円+税　①4-378-04209-6

『使い切りカメラの実験』　相場博明著、藤田ひおこ絵　さ・え・ら書房　1997.3　63p　22cm　（たのしい科学あそび）　1262円+税　①4-378-04207-X

『ポリぶくろの実験』　立花愛子著、永井泰子絵　さ・え・ら書房　1997.2　63p　22cm　（たのしい科学あそび）　1300円　①4-378-04206-1
目次　1 飛べ！ポリアロー、2 はずむポリぶくろ、3 びっくりポリハリセンボン、4 ポリ電話、5 強力ポリジャッキ、6 ふしぎなシーソー、7 ふわふわポリ風船、8 ふえふきイモムシ君、9 からくりポリロボット、10 カイワレのポリ栽培、11 帯電ポリぶくろ、12 ムクムクお化け、13 起き上がりポリぶくろ
内容　本書では、ポリぶくろの性質を利用した科学あそびをたくさん集めました。ポリぶくろを使って人間を持ち上げたり、ロボットを作ったり、静電気で遊んだり…、たのしく遊ぶうちに科学する心が芽生えます。小学中級向き。

『わたあめ・水ロケットと13の実験―ぜったい成功！』　左巻健男著、水原素子絵　汐文社　1997.2　41p　26cm　（やってみよう！超おもしろ・かんたん実験アイデア集 3の巻）　1545円　①4-8113-0324-5
目次　わたあめを作ろう！、水ロケットをとばそう！、空気の力であきかんつぶし、たまごがびんにスポン！、ふき矢をとばそう！、ふしぎなコップを作ろう！、ストロー笛を作ろう！、かん笛を作ろう！、入れても入れても、あふれない!?、ストロー検電器を作ろう！〔ほか〕

『カルメ焼き・べっこうあめと10の実験』　左巻健男著、水原素子絵　汐文社　1996.12　43p　26cm　（やってみよう！超おもしろ・かんたん実験アイデア集 1の巻）　1545円　①4-8113-0322-9
目次　べっこうあめをつくろう、カルメ焼きをつくろう、ドライアイスで遊ぼう、ガスてっぽうでせんをとばそう、あがれ、あがれ、熱気球、おどる10円玉、たまごのせんすいかん、水にもぐる魚

『科学遊びをしよう』　東山明、山田卓三監修、稲垣成哲、藤野健司編　明治図書出版　1996.11　99p　26cm　（手づくり遊びと体験シリーズ―自然・生活・科学体験アイデア集 6）　1860円　①4-18-963604-5
目次　1 空気と水で遊ぼう、2 磁石と電気で遊ぼう、3 光と音で遊ぼう、4 温度を変えたり燃やしたりして遊ぼう、5 混ぜたり溶かしたりして遊ぼう、6 色で遊ぼう、7 動くおもちゃや標本で遊ぼう

『科学あそび大図鑑―身近な道具でできるたのしい科学実験集』　津田妍子著、細川留美子絵　大月書店　1996.11　130p　20×21cm　1800円　①4-272-61069-4

子どもの本 楽しい課外活動2000冊　171

文化系活動を知ろう　　　　　　　　　　　　　　　　　　　クラブ活動

『自然観察で楽しく遊ぼう』　東山明，山田卓三監修，国眼厚志著　明治図書出版　1996.11　103p　26cm　（手づくり遊びと体験シリーズ―自然・生活・科学体験アイデア集 5）　1860円　⓵4-18-963500-6

|目次| 1 草花で，2 タケや木，野菜で，3 実やタネで，4 動物で，5 水や風で，6 石や火で，7 五感で

『手づくりの自然遊びをしよう　植物編』　東山明，山田卓三監修，岸本尚美著　明治図書出版　1996.11　102p　26cm　（手づくり遊びと体験シリーズ―自然・生活・科学体験アイデア集 1）　1860円　⓵4-18-963104-3

|目次| 1 かんさつしよう，2 小さなくふう，3 作ってみよう，4 あそびましょう，5 ためしてみよう，6 調べてみよう，7 育ててみよう，8 食べましょう，9 きらめくアート

『牛乳パックの実験』　科学読物研究会編著，藤田ひおこ絵　さ・え・ら書房　1996.6　63p　22cm　（たのしい科学あそび）　1300円　⓵4-378-04204-5

『しぜんあそび』　フレーベル館　1996.6　116p　30cm　（ふしぎをためすかがく図鑑）〈監修：水野丈夫，中山周平〉　2000円　⓵4-577-01655-9

|目次| 草や花であそぼう（たんぽぽであそぼう，たんぽぽのふわーわた毛のびんづめを作ろう　ほか），生きものとあそぼう（虫をさがそう，虫をつかまえよう　ほか），川や海であそぼう（池や川の生きもの，池や川の生きものをつかまえよう―わなを作ろう　ほか），雲・風・雪とあそぼう（雲とあそぼう，風とあそぼう―風こう計を作ろう　ほか）

『小さな科学者のための実験ブック』　ロバート・ハーシェフェルド，ナンシー・ホワイト著，仲村明子訳　ブロンズ新社　1996.5　134p　21×30cm　（わくわく体験シリーズ）　2000円　⓵4-89309-115-8

|目次| 生活の中の科学，植物のパワー，たくみに生きる動物たち，どこにでもある水，生命に欠かせない空気，空を見あげて，足の下に広がる世界，光がつくる世界，力はすべてに

|内容| ピーナッツから300もの製品をつくった人の話。きみもアインシュタインになれる。台所で沸騰しているお湯，雨はなぜふるのか，昼と夜があるわけ，地球は大きな磁石…科学はきみのまわりにあって生活のすべてにかかわっている。科学をわかりやすくかんたんに遊びながら学ぶ実験ブック。

『おもしろ理科実験集』　工学院大学企画部，シーエムシー〔発売〕　1996.4　155p　26cm　1545円　⓵4-88231-008-2

|目次| 宇宙飛行士入り水ロケットを飛ばそう，円い紙の輪に乗ったペンの落下，君の反射神経を測ってみよう，重さのない空間を作って実験しよう，簡単なモンキーハンティング，火の玉ロケット，滑車のはたらき，振り子の共振，ガラスのバネを作ろう，永久機関を作ろう〔ほか〕

『牛乳パックの実験』　科学読物研究会編，藤田ひおこ絵　さ・え・ら書房　1996.4　63p　21cm　（たのしい科学あそび）　1300円　⓵4-378-04204-5

|目次| じょうぶなサイコロ，2色サイコロ，開きつづける立体，牛乳パックで気象観測，鳥のえさ箱，びっくりヘビ，カッパの手，かわりびょうぶ，牛乳パックぶえ，せんぼう鏡〔ほか〕

|内容| 牛乳パックにちょっと手を加えたり，工夫すると，ヘビやカッパなど，ゆかいなものたちに変身します。作ったおもちゃであそんだり，たのしく実験するうちに，科学や自然と友だちになってしまいます。小学中級向き。

『手づくりスライムの実験』　山本進一著，岩永昭子絵　さ・え・ら書房　1996.4　63p　23×19cm　1300円　⓵4-378-03876-5

|目次| 1 真っ黒スライム，2 文化祭に行く，3 スライムのふしぎ科学，4 二人のスライム作り，5 スライムいろいろ実験，6 磁石につくスライム作り，7 磁石につくスライム作りは失敗か？

|内容| 本書を読むと，よくのびるスライムや，磁石にくっつく真っ黒スライムがじょうずに作れます。スライムで遊んだら，こんどはそれを使って，いろいろ実験してみましょう。きっと，科学のふしぎな世界が見えてきます。小学中上級から。

『"のり"の実験』　馬場勝良著，永井泰子

クラブ活動　　　　　　　　　　　　　　　　　　文化系活動を知ろう

絵　さ・え・ら書房　1996.4　63p　22cm　（たのしい科学あそび）　1300円　①4-378-04205-3

[目次]　1 のりを作ろう，2 のり玉，3 食塩の針状結晶，4 スライムボール，5 かくし文字，6 のんびりコロリンびん，7 のり温度計，8 のり時計，9 指紋をとろう，10 つやつや葉っぱ，11 火山のふん火，12 のりで作る偏光板，13 マーブルぞめ

[内容]　デンプンのりやせんたくのりと，身近にあるいろいろな材料を組み合わせると，思いもかけない，たのしい実験や遊びが生まれます。作ったおもちゃでたのしく遊ぶうちに，そのおくにひそむ「科学」が見えてきます。小学中級向き。

『光と見え方実験』　立花愛子著，田沢梨枝子絵　さ・え・ら書房　1996.4　63p　23×19cm　（やさしい科学）　1300円　①4-378-03877-3

[目次]　1 滝を見てめまい？，2 止まっているものが動いて見える，3 見え方のふしぎ，いろいろ，4 透明人間はいるか？，5 鏡に何人映るか？，6 光をそろえる，7 レンズで遊ぶ，レンズで作る，8 光の色と影

[内容]　本書では，レンズや鏡などを使った楽しい実験や遊びをたくさん紹介しました。『光と見え方』のふしぎと，そのしくみをじっくりと考えてみてください。小学中上級～。

『池や川に行こう』　七尾純構成・文　あかね書房　1996.3　48p　28×22cm　（教科書にでてくる生きものウォッチング 4）　2800円　①4-251-07954-X

[目次]　池にもどる生きものたち，にぎわうサケのち魚たち，川から海へ，すいすいメダカ，ち魚のたん生，川魚の産卵，水の上に水の中に，池のギャングたち，池にすむ鳥，ザリガニつり〔ほか〕

『池や水とあそぼう』　やまだたくぞう編，ひらのてつお絵　農山漁村文化協会　1996.3　36p　27×22cm　（校庭の自然とあそぼう 7）　1600円　①4-540-95098-3

[目次]　池や水たまりをつくろう，さあ，どんな池をつくろうか？，水の波もんをながめてみよう，水のうずまきもようをうつしとろう，水のなかのちいさな生きものをのぞこう，ミジンコや，ボルボックスを飼おう，

ウキクサをそだててみよう，ウキクサで銅のどくをしらべてみよう，池や水そうにトンボをよびよせよう，水場があれば，鳥たちもやってくる〔ほか〕

[内容]　小学校低・中学年から。

『海に行こう』　七尾純構成・文　あかね書房　1996.3　48p　28×22cm　（教科書にでてくる生きものウォッチング 5）　2800円　①4-251-07955-8

[目次]　みち潮　ひき潮，ただようプランクトン，にぎわう魚たち，ヤドカリのひみつ，ヤドカリのひっこし，潮ひがり，カニのぎょうれつ，夜の海べで，アカテガニの産卵，いそべのかくし絵〔ほか〕

『音・光ふしぎはっけん―手作りおもしろ実験』　草土文化　1996.3　31p　26cm　1700円　①4-7945-0663-5

[目次]　何の音だろう，なんでもふえになる，すわると「ブーッ」，たたいたらすてきな音がした，音が大きくなった，おもしろ楽器をつくろう，おもしろ楽器を劇につかおう，くらやみであそぼう，外のけしきがカラーでうつった，いろいろレンズ，にじができた，かがみであそぼう，音・光のふしぎ

[内容]　ふえやたいこをつくってあそぶ，くらやみをつくる，にじができた，かがみのまじゅつ。

『学校に行く道』　七尾純構成・文　あかね書房　1996.3　48p　28×22cm　（教科書にでてくる生きものウォッチング 6）　2800円　①4-251-07956-6

[目次]　ウメの花につつまれて，スイセンがさいた，春の花だん，ダンゴムシとあそぶ，アゲハチョウの産卵，アゲハチョウの成長，ツバメがとんできた，すくすくひな鳥，色づくアジサイ，カタツムリとあそぶ〔ほか〕

『空や風とあそぼう』　やまだたくぞう編，とりごえまり絵　農山漁村文化協会　1996.3　36p　27×22cm　（校庭の自然とあそぼう 10）　1600円　①4-540-95101-7

[目次]　ひかげと，ひなた，どうちがう？，学校お天気マップをつくろう，かみの毛で，しつど計をつくろう，風見鶏をつくってみよう，はりあな幻灯機をつくってみよう，にじをつくってみよう，たいようのひかりで，ソーセージをやこう，自然をみつめて，雨を

子どもの本 楽しい課外活動2000冊　　173

しろう，雨をおしえてくれるのは，だれ？，なつの夕立にぬれてあそぼう〔ほか〕
|内容| 小学校低・中学年から。

『田や畑に行こう』 七尾純構成・文　あかね書房　1996.3　48p　28×22cm　（教科書にでてくる生きものウォッチング 3）2800円　④4-251-07953-1
|目次| 花の色につつまれて，モンシロチョウの産卵，カエルの声につつまれて，オタマジャクシをさがす，野さいの花，ふしぎな花，アカトンボの羽化，モンシロチョウの成長，モンシロチョウの羽化，ヘチマの生長〔ほか〕

『地球・夜空ふしぎはっけん』 佐藤完二，小佐野正樹著，吉本宗絵　草土文化　1996.3　31p　26cm　（手作りおもしろ実験）1700円　④4-7945-0664-3
|目次| 坂道だ，ゆるい坂道見つけた，へこんだところに川がかくれてる，坂はどこに向かう，黒い土はもえる，大つぶの雨が降ってきた，雲つぶをつくったよ，つよい風がふいてきた，あした，晴れるかな，一番星見つけた，星座アルバム，望遠鏡で見てみよう

『土や石とあそぼう』 やまだたくぞう編，どいかや絵　農山漁村文化協会　1996.3　36p　27×22cm　（校庭の自然とあそぼう 6）1600円　④4-540-95097-5
|目次| 校庭のかたすみにあなをほってみよう，はだしで歩こう！，においをかごう！，土のなかの宝ものをみつけよう，土のなかの生きものをつかまえてみよう，砂鉄をあつめてみよう，じしゃくからにげるキュウリ，リンゴ，砂を虫めがねでのぞいてみよう，砂えをえがいてみよう，どろダンゴをつくって，どろあそび，いたにえがくどろえ〔ほか〕
|内容| 小学校低・中学年から。

『野原に行こう』 七尾純構成・文　あかね書房　1996.3　48p　28×22cm　（教科書にでてくる生きものウォッチング 1）2800円　④4-251-07951-5
|目次| 春をまちかねて，フキノトウのひみつ・ツクシのひみつ，春の草花，すてきななまえ，タンポポ，タンポポのひみつ，わた毛のお客さま，春の野原へなかまいり，夏をよぶ雨，草花動物園〔ほか〕

『山や森に行こう』 七尾純構成・文　あかね書房　1996.3　48p　28×22cm　（教科書にでてくる生きものウォッチング 2）2800円　④4-251-07952-3
|目次| 春をさがしに，カタクリをさがしに，春をつげる草花，たれさがる花のふさ，わか葉につつまれて，山さいさがし，ひなの声が聞こえる，巣づくりの季節，森の野鳥たち，セミの声につつまれて〔ほか〕

『電気・じしゃく ふしぎはっけん―手作りおもしろ実験』 佐久間徹，佐藤幸雄著，あさのりじ絵　草土文化　1996.2　31p　26cm　1700円　④4-7945-0662-7
|目次| 静電気でパチッ！，静電気がおきると，静電気でけいこう灯を光らせる，クリスマスツリーがぴかぴか，豆電球の信号機，プロペラボード，ホバークラフト，メリーゴーラウンド，電じしゃくで人もぶらさがれる，強い電じしゃくをつくる〔ほか〕

『科学でゲームやっぱりできる！』 ヴィッキイ・コブ，キャシー・ダーリング共著，藤田千枝訳　さ・え・ら書房　1996.1　78p　23cm　（やさしい科学）1300円　④4-378-03875-7

『手作りおもしろ実験 とけているものひみつはっけん』 高橋洋，森岡由理子，近藤理恵絵　草土文化　1996.1　31p　26cm　1700円　④4-7945-0661-9
|目次| シャボン玉であそぼう，いろいろなシャボン玉，大きなシャボン玉をつくろう，もっと大きなシャボン玉つくろう，いろいろなものをとかしてみよう，水にとけるってどんなことかな？，とけた塩をとりだそう，油性ペンのしみが消えた，葉の緑色がとけ出す，たまごのからがとけた，酸がとけているものさがそう，酸性雨ってどんな雨

『森の王国―自然がぼくにくれたもの』 竹田津実著　偕成社　1996.1　169p　21cm　1200円　④4-03-634840-X
|内容| 豊かな自然に恵まれて子ども時代を過ごした著者が，遊びのなかで"自然がくれたもの"の大きさを語る。小学上級から大人まで。

◆◆いきもの
『写真でわかるぼくらのイネつくり　1　プランターで苗つくり』 農文協編，赤

クラブ活動　　　　　　　　　　　　　　　　　　　　　文化系活動を知ろう

松富仁写真　農山漁村文化協会
2001.11　40p　27×22cm　1800円
①4-540-01183-9
[目次] ごはんは、イネの赤ちゃんのおべんとうなんだ、苗を育てよう、種もみを塩水で選ぼう、種もみを水につけて目覚めさせよう、苗箱はプランターがおすすめ、さあ、種まきだ、いろいろなまき方で育ててみよう、青い芽が出てきたぞ、あれっ、かれてきた苗があり！、2まいめの葉が出てきたらプール育苗、分げつが出てきたぞ、もう、おべんとうはからっぽだ、葉が出るたびに、分げつも根もふえていく、うすまきプランタープール育苗の苗が最高、イネの生育調査をしよう
[内容] 都会のビルの屋上で、イネつくりに挑戦だ。春、桜の咲くころ、手はじめは苗つくり。選びぬいた良い種を、水につけて目覚めさせたら、いざ、種まき!!目を覚ました種たちから、ぞくぞく青い芽が出てきたよ。葉っぱに水玉が朝日にきらきら光ってる。ぼくらのイネのたんじょうだ。イネつくりって、わくわくドキドキの連続だね。

『植物や動物を観察しよう！―身近な自然観察』　有田和正監修　ほるぷ出版
2001.4　95p　27cm　（まんが総合学習ガイドブック すぐに役立つ！ 実践活動3年生 2）　2500円　①4-593-57312-2,4-593-09626-X
[目次] ブタさん大きくなあれ！、開成ニコニコいちごちゃんを作ろう、チャレンジタイム、みんな生きている
[内容] 活動を実践した学校の友だちは、学校や地域にある自然と親しみ、自分たちのすぐ近くにいろいろな動物や植物、昆虫がいることを発見して大カンゲキ！ さて、友だちは、観察活動のなかで気づいたことをどんなふうにまとめたり、発表したのでしょう…。この巻では、身近なところにいる動物や植物、昆虫などの飼育・栽培・観察をする3年生の活動をまとめています。

『昆虫採集kids―この虫をゲット！』　石井誠著　小学館　1999.8　127p　21cm　（21世紀こども遊び塾 1）〈索引あり〉1000円　①4-09-204201-9

『生活空間ニッチをつくる』　星の環会
1997.4　79p　27cm　（ビオトープであそぼう生物のすみかをみんなでつくる 2）　①4-89294-271-5,4-89294-269-3

『木を見つめよう』　七尾純構成・文　あかね書房　1996.3　48p　28×22cm　（教科書にでてくる生きものウォッチング 7）　2800円　①4-251-07957-4
[目次] 春をつげるコブシ、サクラの木を見つめよう、サクラの一年、ちかづくサクラ前線、花につつまれて、花のひみつ、わか葉をひろげて、葉のひみつ、サクランボ〔ほか〕

『木とあそぼう 2』　やまだたくぞう編、かねもりよしのり絵　農山漁村文化協会　1996.3　36p　27×22cm　（校庭の自然とあそぼう 2）　1600円　①4-540-95093-2
[目次] オオシマザクラの葉のしおづけ、サトザクラの花のサクラ茶、葉っぱのそっくりさん図鑑、かたいケヤキのひょうし木、ムクノキの葉でみがいて、ヌルデで色ぬり、ヌルデのはしに、ホオノキのおさら、花なしイチジクの花さがし、イチジクの実のジャム、トチ、サイカチの実のシャボン玉、ツバキのミツ、ヤマツツジのサラダ〔ほか〕
[内容] 小学校低・中学年から。

『木とあそぼう 1』　やまだたくぞう編、かねもりよしのり絵　農山漁村文化協会　1996.3　36p　27×22cm　（校庭の自然とあそぼう 1）　1600円　①4-540-95092-4
[目次] 木には、どんなしゅるいがあるんだろう？、学校には、どんな木がはえているんだろう？、木のはだをくらべてみよう、木にのぼってみよう、木の声をきいてみよう、マツの皮のボート、シラカバやサクラの木の皮のはこ、木のねんれいをしろう、木の葉でトランプゲーム、木の葉で葉がきをかこう〔ほか〕
[内容] 小学校低・中学年から。

『雑草とあそぼう』　やまだたくぞう編、しまむらゆかり絵　農山漁村文化協会　1996.3　36p　27×22cm　（校庭の自然とあそぼう 3）　1600円　①4-540-95094-0
[目次] 草のにおいをかいでみよう、校庭や通学路にはえている雑草たち、草のしるしでえをかこう、オオバコで草ずもう、オオバコうらない、エノコログサの毛虫、ネコジャラずもう、オヒシバのころばせわな、メヒシバのてんびん、かんざし、オナモミ合戦〔ほか〕

子どもの本 楽しい課外活動2000冊　175

文化系活動を知ろう　　　　　　　　　　　　　　　　　　　　　　　　　　　クラブ活動

|内容| 小学校低・中学年から。

『花とあそぼう』 やまだたくぞう編, ながいやすこ絵　農山漁村文化協会　1996.3　36p　27×22cm　（校庭の自然とあそぼう 4）1600円　①4-540-95095-9
|目次| 花のにおいをかいでみよう，学校には，どんな花がさくのだろう？，ドライフラワーやポプリをつくろう，花どけいをつくってみよう，おし花の図鑑をつくってみよう，スミレのしおり，オニユリのふうせん，ヤマユリのユリねりょうり，ツユクサのいたずら，色水あそび〔ほか〕
|内容| 小学校低・中学年から。

『虫とあそぼう　2』 やまだたくぞう編, みやわきまさお絵　農山漁村文化協会　1996.3　36p　27×22cm　（校庭の自然とあそぼう 9）1600円　①4-540-95100-9
|目次| ふゆに虫をさがしてみよう，モンシロチョウをそだててみよう，モンシロチョウのさなぎの色をかえよう，クモの巣は，どうやってつくられる？，クモの巣で虫とりアミをつくろう，ハチの巣をさがしだそう，トンボのもけいをつくろう，カメムシのにおいをかいでみよう，バッタつりをしてみよう，タマネギで，キリギリスをつろう〔ほか〕
|内容| 小学校低・中学年から。

『虫とあそぼう　1』 やまだたくぞう編, みやわきまさお絵　農山漁村文化協会　1996.3　36p　27×22cm　（校庭の自然とあそぼう 8）1600円　①4-540-95099-1
|目次| 虫のつかまえかた，学校のどこに，虫はいるのだろう？，つかまえかたいろいろ，カサをつかって，虫をとろう，紙コップのわなで，虫をつかまえよう，ひかりにあつまる虫をつかまえよう，どく虫をみわけよう，木のしるに虫をあつめよう，虫こぶをさがそう，虫こぶをつくる虫たち〔ほか〕
|内容| 小学校低・中学年から。

『野菜とあそぼう』 やまだたくぞう編, はせがわなおこ絵　農山漁村文化協会　1996.3　36p　27×22cm　（校庭の自然とあそぼう 5）1600円　①4-540-95096-7
|目次| 台所の野菜も生きている，菜園で，こんな野菜をつくってみよう，くだもののタネから芽をださせよう，くきはどこだ？　根はどこだ？，コーンのツブの，しろとき，どっちがおおい？，ヘチマ水をつくろう，ヘチマのスポンジをつくろう，ヒョウタンの実のすいとう，ヒョウタンにんぎょう，エダマメ，クロマメでおとうふをつくろう〔ほか〕
|内容| 小学校低・中学年から。

◆囲碁

『井山裕太のいちばん強くなる囲碁入門』 井山裕太著　成美堂出版　2012.7　190p　19cm　900円　①978-4-415-31211-8　Ⓝ795

『よんろのごのほん—張栩からのもんだい100：IGO puzzle』 張栩著　幻冬舎エデュケーション, 幻冬舎（発売）　2012.1　127p　19cm　857円　①978-4-344-97604-7　Ⓝ795

『こども囲碁教室—いちばんわかりやすい：ルールがわかる！　すぐに打てる！』 囲碁編集部編　誠文堂新光社　2011.12　127p　21cm〈索引あり　『ぼくのわたしのこども囲碁教室』（2002年刊）の再編集，新版〉933円　①978-4-416-51111-4　Ⓝ795
|目次| ルールはかんたん9つあるだけ，練習問題と解答，眼とカケ眼，セキ，終局のしかた，やさしいテクニック（シチョウとゲタ，ウッテガエシ，攻め合い，オイオトシ），基本の打ち方（布石，連絡，ヨセ）

『ヒカルの囲碁入門—ヒカルと初段になろう！』 石倉昇著　集英社インターナショナル, 集英社〔発売〕　2011.7　223p　21cm〈第9刷〉1200円　①978-4-7976-7188-9
|目次| 1章 ルールは5つ！（一手ずつ交互に打つ，地（陣地）の多い方が勝ち，相手の石を，囲めば取れる，着手禁止点（打ってはいけない場所）がある，「コウ」のルールがある），2章 小さな碁盤で打とう！（4つの法則を知ろう！，次の手を考えよう！，「生きる」って何だ？，置碁の話），3章 大きな碁盤で打とう！（模範的な碁を並べてみよう！，生き死にに強くなろう！，三々定石後をマスターしよう！），4章 置碁必勝法！（9子局で攻めをマスター！，キリチガイはこわくない），5章 入門編—卒業問題集（全37問と解答）

176

クラブ活動　　　　　　　　　　　　　　　　　　　　　　文化系活動を知ろう

[内容] 大人気コミックと上達最新理論がドッキング。ヒカルと佐為がルールから基本を伝授。

『めざせ名人！　囲碁で勝つための本』　依田紀基監修　メイツ出版　2011.6　128p　21cm　（まなぶっく）〈並列シリーズ名：MANA BOOKS〉1500円　①978-4-7804-0975-8　Ⓝ795

『マンガで覚える図解囲碁の基本―石の持ち方から実戦のコツまで。はじめての人でも囲碁が打てるよ！』　知念かおり監修　土屋書店　2011.5　143p　21cm　1200円　①978-4-8069-1196-8　Ⓝ795

『はじめてでも勝てる囲碁入門―1時間で碁がわかる！』　石倉昇著　PHP研究所　2010.8　175p　19cm　1000円　①978-4-569-77977-5　Ⓝ795
[目次] 1章 基本の3つのルール，2章 ハンディをつけて打ってみよう，3章 互先の対局―1局目，4章 互先の対局―2局目，5章 石の「生き死に」，6章 巻末問題集
[内容] いちばんカンタンな9路盤で説明。基本ルールは、たったの5つ。覚えながら打てる、大きな図解。「4つの法則」をくり返すだけで上達。練習問題で頭を鍛えて実力アップ。

『一人で学べる！　小学生のための囲碁入門』　依田紀基著　日本文芸社　2010.5　175p　19cm　950円　①978-4-537-20813-9　Ⓝ795

『小学生でもわかる囲碁入門―梅沢由香里が教えます　6　定石をマスターしよう！』　梅沢由香里監修　理論社　2010.2　79p　22cm　1700円　①978-4-652-04820-7　Ⓝ795
[目次] はじめに 定石をマスターしよう！，17 19路盤で打ってみよう―その2（三連星の模様作戦！，三々の基本定石！，大ゲイマジマリがあるときの三々定石！），18 19路盤で打ってみよう―その3（ハサミを覚えよう！），19 19路盤で打ってみよう―その4（ワリウチを覚えよう！），20 実戦に登場する石の生き死に（隅の“生き死に”に強くなろう！），21 5級を目指す、認定問題！
[内容] 梅沢由香里が教えます。楽しく読んで、囲碁を覚えちゃおう！ 簡単だから、どんどん読めちゃうぞ！ 囲碁は世界中（60カ国以上）で楽しまれているゲーム。ルールを楽しく覚えて、世界のお友達と囲碁で対決だ。

『小学生でもわかる囲碁入門―梅沢由香里が教えます　5　19路盤にステップアップ！』　梅沢由香里監修　理論社　2010.2　79p　22cm　1700円　①978-4-652-04819-1　Ⓝ795
[目次] はじめに 19路盤にステップアップ！，14 “終局”に強くなろう！（“ダメ”と“手入れ”はどこだ!?，陣地の中のキズを探そう！），15 19路盤で打ってみよう―その1（“布石”は広く、あいている場所へ！，“二間ビラキ”を覚えよう！，“模様”を立体的に広げよう！，“ヨセ”になったら“第二線”に打とう！），16 10級を目指す、認定問題！
[内容] 全6巻で囲碁をマスター！ ステップアップしながら、楽しく学べる。楽しく読んで、囲碁を覚えちゃおう！ 簡単だから、どんどん読めちゃうぞ！ 囲碁は世界中（60カ国以上）で楽しまれているゲーム。ルールを楽しく覚えて、世界のお友達と囲碁で対決だ。

『小学生でもわかる囲碁入門―梅沢由香里が教えます　4　テーマは「石の生き死に」』　梅沢由香里監修　理論社　2010.2　79p　22cm　1700円　①978-4-652-04818-4　Ⓝ795
[目次] はじめに テーマは「石の生き死に」，11 石の“生き死に”に強くなろう！（“生き死に”を覚えよう！，4目の形は生き？ 死に？，カケメを覚えよう！），12 9路盤で打ってみよう―その3，13 15級を目指す、認定問題！
[内容] 楽しく読んで、囲碁を覚えちゃおう！ 簡単だから、どんどん読めちゃうぞ！ 囲碁は世界中（60カ国以上）で楽しまれているゲーム。ルールを楽しく覚えて、世界のお友達と囲碁で対決だ。

『小学生でもわかる囲碁入門―梅沢由香里が教えます　3　攻め合いに強くなろう！』　梅沢由香里監修　理論社　2010.2　79p　22cm　1700円　①978-4-652-04817-7　Ⓝ795
[目次] はじめに 攻め合いに強くなろう！，7 石を取る問題にチャレンジ！―1巻と2巻の復習，8 “攻め合い”に強くなろう！，9 9路盤で打ってみよう―その2，10 20級を目指

す，認定問題！

|内容| 梅沢由香里が教えます。楽しく読んで，囲碁を覚えちゃおう！ 簡単だから，どんどん読めちゃうぞ！ 囲碁は世界中（60カ国以上）で楽しまれているゲーム。ルールを楽しく覚えて，世界のお友達と囲碁で対決しよう。

『小学生でもわかる囲碁入門―梅沢由香里が教えます　2　6路盤から9路盤へ』　梅沢由香里監修　理論社　2010.2　79p　22cm　1700円　①978-4-652-04816-0　Ⓝ795

|目次| 4 9路盤で打ってみよう―その1，5 石を取るテクニックを覚えよう！（シチョウ，ゲタ，ウッテガエシ），6 35級を目指す，認定問題！

|内容| 全6巻で囲碁をマスター！ ステップアップしながら，楽しく学べる。楽しく読んで，囲碁を覚えちゃおう！ 簡単だから，どんどん読めちゃうぞ！ 囲碁は世界中（60カ国以上）で楽しまれているゲーム。ルールを楽しく覚えて，世界のお友達と囲碁で対決だ。

『小学生でもわかる囲碁入門―梅沢由香里が教えます　1　囲碁ってどんなゲーム？』　梅沢由香里監修　理論社　2010.2　79p　22cm　1700円　①978-4-652-04815-3　Ⓝ795

|目次| 1 囲碁の5つのルールを覚えよう！（黒白かわりばんこに，線と線の交点に打つ，陣地が多いほうが勝ち，相手の石を囲うと取れる，打ってはいけない場所がある，"打ってはいけない場所"には，例外がある），2 6路盤で打ってみよう！（はじめての対局！，ステップアップ！），3 40級を目指す，認定問題！

|内容| 楽しく読んで，囲碁を覚えちゃおう！ 簡単だから，どんどん読めちゃうぞ！ 囲碁は世界中（60カ国以上）で楽しまれているゲーム。ルールを楽しく覚えて，世界のお友達と囲碁で対決だ。

『プレッシャーに負けない―夢中になれば奇跡が起こる』　梅沢由香里著　PHP研究所　2009.1　133p　19cm　（心の友だち）　1100円　①978-4-569-68909-8　Ⓝ795

|目次| 1 未来の道のはじまり方は？（「好き」じゃなかった囲碁，負けず嫌い ほか），2 プロ棋士になる（苦しい，でもよくがんばった

た五カ月，ついにプロ棋士に ほか），3 石が輝くとき（石が輝くとき，夢中になると奇跡を起こせる ほか），4 囲碁が教えてくれたこと（集中！，スランプになったときはほか），5 夢にワクワクしていますか？（ワクワクする夢が力になる，日本の心を知るほか）

|内容| 中学2年生でプロをめざしてから7年間で14回もプロ試験に落ちつづけたプレッシャーに弱い著者がプロ棋士，そして女流棋聖に！ 弱さをどう乗り越えたのか？ あきらめず，目の前のことに集中しよう。

『はじめての囲碁―六路盤・九路盤　入門』　囲碁編集部編　誠文堂新光社　2006.6　175p　19cm　（誠文堂新光社囲碁ブックス）　1000円　①4-416-70634-0　Ⓝ795

『スグわかる！ まんが囲碁入門　実戦編　勝ち方のコツ完全マスター』　片岡聡監修，石倉淳一まんが　ハンディー版　くもん出版　2005.1　383p　22cm　1300円　①4-7743-0861-7　Ⓝ795

『スグわかる！ まんが囲碁入門　初級編　囲碁のルール完全マスター』　片岡聡監修，石倉淳一まんが　ハンディー版　くもん出版　2005.1　383p　22cm　1300円　①4-7743-0860-9　Ⓝ795

『囲碁みんなの詰碁―9級から1級』　羽根直樹監修　成美堂出版　2004.12　351p　19cm　1000円　①4-415-02936-1　Ⓝ795

|目次| 1 まずは腕試し！ 8～9級初級編，2 まだまだ序の口6～7級中級編，3 手ごたえあり！ 4～5級上級編，4 あたってくだけろ1～3級超級編

|内容| 9級問題からスタート，ビギナー，初心者でも楽しめる。ボリューム満点！ 選りすぐりの詰碁160問を掲載。羽根先生のわかりやすい解説でどんどん強くなる。豊富な参考図＆失敗図で応用力もしっかり身に付く。囲碁用語もすぐわかるように欄外で解説している。

『カンタン！ 囲碁入門―たったこれだけ覚えれば，だれでも打てる！ 楽しめる!!』　林芳美，林浩美著　日本文芸社　2004.5　159p　21cm　〈付属資料：マグ

ネット碁盤セット1組〉 1000円　④4-537-20271-8　Ⓝ795

『囲碁って、おもしろい』　梅沢由香里著　河出書房新社　2004.4　111p　22cm　（梅沢由香里の囲碁入門　第1巻　梅沢由香里著）〈シリーズ責任表示：梅沢由香里著〉 2000円　④4-309-61471-X　Ⓝ795

『石が生きる、死ぬ?!』　梅沢由香里著　河出書房新社　2004.4　111p　22cm　（梅沢由香里の囲碁入門　第2巻　梅沢由香里著）〈シリーズ責任表示：梅沢由香里著〉 2000円　④4-309-61472-8　Ⓝ795

『これで打てる、十九路盤』　梅沢由香里著　河出書房新社　2004.4　111p　22cm　（梅沢由香里の囲碁入門　第5巻　梅沢由香里著）〈シリーズ責任表示：梅沢由香里著〉 2000円　④4-309-61475-2　Ⓝ795

『スグわかる！　まんが囲碁入門　実戦編　勝ち方のコツ完全マスター』　片岡聡監修，石倉淳一まんが　くもん出版　2004.4　383p　23cm　2900円　④4-7743-0746-7　Ⓝ795
[目次] 1 陣地を大きくするための作戦―十三路盤で戦う！　これだけは覚えたい布石編，2 接近戦で相手の石を攻める！―十三路盤で戦う！　強くなるための手筋編，3 接近戦で自分の石を守る！―十三路盤で戦う！　守りを固める手筋編，4 生き死にのテクニック！―十三路盤で戦う！　石の生き死に編，5 ヨセで地を固めよう！―十三路盤で戦う！　終盤の手筋編，6 逆転勝利で敵をたおせ！―十三路盤で戦う！　一発逆転の戦略編，7 十九路盤の広さを生かせ！―十九路盤で戦う！　置き碁・互先編

『楽しい技を身につけよう』　梅沢由香里著　河出書房新社　2004.4　111p　22cm　（梅沢由香里の囲碁入門　第3巻　梅沢由香里著）〈シリーズ責任表示：梅沢由香里著〉 2000円　④4-309-61473-6　Ⓝ795

『めざせ、ヨセ名人！』　梅沢由香里著　河出書房新社　2004.4　111p　22cm　（梅沢由香里の囲碁入門　第4巻　梅沢由香里著）〈シリーズ責任表示：梅沢由香里著〉 2000円　④4-309-61474-4　Ⓝ795

『ゆかり先生のやさしい囲碁　中級編』　梅沢由香里監修　主婦と生活社　2004.2　160p　21cm　1200円　④4-391-12770-9　Ⓝ795
[目次] 第1章 まずは基本ルールをおさらいしよう（囲碁に使う道具，囲碁のルール　ほか），第2章 対局の基本を知ろう（どこから打ちはじめるか，つながる石は強い！　ほか），第3章 技を覚えて強くなろう（一間トビ，一間トビの攻防　ほか），第4章 実戦に強くなる，囲碁問題集（カタツギで石をつなごう，カケツギで石をつなごう　ほか），第5章 19路盤の囲碁に挑戦しよう（19路盤の対局を見てみよう，効率のよい地の広げかた　ほか）
[内容] イラスト入りでわかりやすい。買ったその日から，ふろくの九路盤で遊べる。問題がたくさんあるので，力がつく。

『ゆかり先生のやさしい囲碁　初級編』　梅沢由香里監修　主婦と生活社　2003.9　160p　21cm　1200円　④4-391-12769-5　Ⓝ795
[目次] 第1章 まずは囲碁の基本を覚えよう（囲碁の道具，囲碁のマナーを知ろう　ほか），第2章 陣地取りのゲームを始めよう（囲碁ってどんなゲーム？，陣地ってどんな場所？　ほか），第3章 勝ち負けの決めかた（終局の確認，どっちが勝ったかな？　ほか），第4章 実戦に役立つワザを覚えよう（両アタリ，シチョウ　ほか），第5章 実力アップのための実戦向き問題集
[内容] イラスト入りでわかりやすい。買ったその日から，おまけの九路盤で遊べる。問題がたくさんあるので，力がつく。

『囲碁の必殺ワザ』　横内猛作，伊東ぢゅん子絵　ポプラ社　2003.7　159p　19cm　（キミにもできる！　必殺ワザ 1）　700円　④4-591-07750-0　Ⓝ795
[目次] 第1章 宝の山をみつけだせ（取れそうな石と取られそうな石，相手がシビれる「両アタリ」のワザ！　ほか），第2章 囲碁の「目」（「目」ってなんだ？，ゼッタイに取られない形　ほか），第3章 捕獲大作戦（相手の

文化系活動を知ろう / クラブ活動

石を囲むワザ)，第4章 ヨセと終局(勝ち負けのきめ方，ハネツギをおぼえよう！)

[内容] キミにはとくいな「必殺ワザ」ってあるかな？ 必殺ワザをマスターすれば，キミはきょうから人気者！ このシリーズで，いっぱい必殺ワザをおぼえちゃおう。

『囲碁はこんなゲーム』 小川誠子著 偕成社 2003.7 142p 21cm (子ども囲碁教室 1) 1000円 ⓘ4-03-533260-7 Ⓝ795

[目次] 1 囲碁は陣取りゲーム，2 五つの基本ルール，3 石の取り方，4 つながった石は強い，5 石の生き死に，6 終局と勝ち負けの決め方

[内容] 1巻は入門編です。ルールや，石の取り方から終わり方まで，囲碁ゲームのすべてをやさしく図解。小学中級から。

『石の生き死に―勝つためのテクニック』 小川誠子著 偕成社 2003.7 126p 21cm (子ども囲碁教室 3) 1000円 ⓘ4-03-533280-1 Ⓝ795

[目次] 1 生きている石とは？(19路盤のよび名，囲まれた石は生き死にが問題になる ほか)，2 石の生き死に二つのポイント(眼形の急所と中手，スペースをせばめるテクニック ほか)，3 スミの生き死に(スミの6目と7目，「スミのマガリ4目は死に」というルール ほか)，4 辺の生き死に(辺の生き死に・二つのポイント，実戦によくできる辺の生き死に ほか)

[内容] 相手の石を殺すことも，囲碁ゲームの魅力です。生き死にの基本とテクニックを順を追って詳しく図解。小学中級から。

『石の取り方―強くなるためのテクニック』 小川誠子著 偕成社 2003.7 126p 21cm (子ども囲碁教室 2) 1000円 ⓘ4-03-533270-4 Ⓝ795

[目次] 1 石を取る基本の考え方(はしっこの第1線に追いつめる，相手の逃げ方を考える，カナメ石を取る，石を取る二つのポイント)，2 石を取るテクニック(シチョウ，ゲタのテクニック，オイオトシ，ウッテガエシ)

[内容] 囲碁ゲームのおもしろさは石を取ること。基本から手筋の工夫まで，そのテクニックを詳しく図解。小学中級から。

『いちばんわかる囲碁の基本入門』 白江治彦著 西東社 2003.7 175p 21cm 1000円 ⓘ4-7916-1171-3 Ⓝ795

『戦いのテクニック―初段になるために』 小川誠子著 偕成社 2003.7 126p 21cm (子ども囲碁教室 5) 1000円 ⓘ4-03-533300-X Ⓝ795

[目次] 1 自分の強い場所で戦え(戦いの鉄則，自分の弱い場所で戦うな ほか)，2 強い場所と弱い場所を見分ける二つのポイント(二つのポイント，力関係と根拠，根拠の要点をみのがすな ほか)，3 連絡と切断の基本(連絡した石は強くなる，切断された石は弱くなる，じょうずな石のツギ方 ほか)，4 戦いの考え方とテクニック(自分の強い場所で戦うとは，どういうことか，自分の弱い場所で戦うとは，どういうことか ほか)

[内容] 石を取ったり殺したり囲碁は戦いのゲーム。初段になるための戦い方と，そのテクニックを詳しく図解。小学中級から。

『布石の打ち方』 小川誠子著 偕成社 2003.7 142p 21cm (子ども囲碁教室 4) 1000円 ⓘ4-03-533290-9 Ⓝ795

[目次] 1 布石はどこから打ちはじめるのか(9路盤と19路盤のちがい，19路盤のよび名 ほか)，2 ヒラキの打ち方・考え方(ヒラキの種類，ヒラキの目的は2種類に分かれる ほか)，3 定石に学ぶ石のツギ方・ヒラキ方(定石から学ぶこと，第3線(根拠線)と第4線(勢力線) ほか)，4 序盤の戦い方(戦いに勝つ二つの鉄則，連絡と切断の急所をみのがすな ほか)

[内容] 囲碁ゲームは，布石で勝敗が決まります。野球でいえば3回までが布石。そのポイントを詳しく図解。小学中級から。

『ぐんぐん強くなる囲碁入門』 加藤正夫監修，伊東大斜丸著 学習研究社 2003.6 159p 21cm 950円 ⓘ4-05-401723-1 Ⓝ795

[目次] 第1ステージ 基本ルール編，第2ステージ 9路盤・実戦コーチ編，第3ステージ 石の取り方・基本テクニック編，第4ステージ 勝つための基本テクニック編，第5ステージ 13路盤・実戦コーチ編，第6ステージ 手筋がピタリ・応用テクニック編，第7ステージ 勝つための応用テクニック編

[内容] 見やすい盤や，ていねいな図解を使った説明でわかりやすく，くわしい。各項目の最初には，『ココがポイント』があり，要点が覚えやすい。練習問題をたくさん入れ

『囲碁のひみつ』 平本弥星監修, 小井土繁まんが 学習研究社 2003.5 128p 23cm （学研まんが新ひみつシリーズ） 880円 Ⓘ4-05-201764-1 Ⓝ795

目次 プロローグ あのスーパースターも囲碁に熱中していた!, 第1章 囲碁の世界（囲碁は陣取りゲーム, 万波佳奈さんの一週間, 棋士ってかっこいい!）, 第2章 囲碁の歴史（飛鳥・奈良時代, 平安時代 ほか）, 第3章 史上最強の棋士はだれ?（伝説の棋士列伝, 現代のスター棋士たち）, 第4章 くらしの中の囲碁（囲碁から来た言葉, こんな人も, こんな所でも碁! ほか）

内容 本書は, 囲碁の歴史や, プロ棋士のすべてなど, 囲碁のいろいろなひみつを, まんがでわかりやすく紹介したものです。知って得するまめちしきや, くらしの中の囲碁などもついています。

『こども囲碁教室—初級突破のイメージ・トレーニング』 横内猛著 誠文堂新光社 2003.5 127p 21cm 800円 Ⓘ4-416-70332-5 Ⓝ795

内容 この本は初級突破を目指すみなさんに, "囲碁脳"を習得していただくためのイメージトレーニングを目的に編集しました。小学校低学年のお子さんでも取り組める内容となっております。

『囲碁の達人 入門編 3 達人の19路盤』 小林千寿著 あかね書房 2003.4 95p 22cm 1800円 Ⓘ4-251-09243-0,4-251-90327-7 Ⓝ795

目次 第1章 19路盤で打ってみよう!（囲碁は世界共通のゲーム, 碁盤と碁石, 囲碁のルール, 打ちはじめる前に）, 第2章 布石を学ぼう!（布石の打ち方）, 第3章 中盤を徹底攻略しよう!（形勢判断, 中盤の打ち方）, 第4章 終盤はヨセをだいじに打とう!（ヨセの要点, ヨセの打ち方, 終局, 知っておきたい囲碁の用語）

『囲碁の達人 入門編 2 勝負の13路盤』 小林千寿著 あかね書房 2003.4 95p 22cm 1800円 Ⓘ4-251-09242-2,4-251-90327-7 Ⓝ795

目次 第1章 囲碁ってどんなゲーム?（囲碁って楽しい!, 囲碁をはじめよう!, 囲碁の歴史, 碁盤と碁石, 囲碁のルール）, 第2章 囲碁の基本テクニック（打ち方の基本, 基本の手筋）, 第3章 13路盤で勝負!, 囲碁実戦のコツ（対局の流れ, 実力に差があるとき, 序盤, 中盤—ヨセ, 終局）

内容 本書では, 本格的な囲碁（19路盤）に最も移行しやすい13路盤をつかった碁の打ち方について解説している。

『囲碁の達人・入門編 1 基本の6路盤』 鶴田郁夫著 あかね書房 2003.4 95p 21cm 5400円 Ⓘ4-251-90327-7

目次 第1章 囲碁の基本を知ろう, 第2章 まず石取りゲームで遊ぼう, 第3章 本碁をマスターしよう, 第4章 強くなるために, 攻めと守り, 第5章 基本技術とことば, 第6章 先生と子どもの指導碁, 第7章 仲間を増やそう

内容 本書では初心者でもやさしく囲碁の世界へ入っていけるように, 碁盤は, 小さくわかりやすい6路盤を使用した。石取りゲーム（石の取りっこ）からはじめ, コツがつかめてきたら本格的な囲碁に移れるようにした。

『スグわかる! まんが囲碁入門 初級編』 片岡聡監修, 石倉淳一まんが くもん出版 2003.4 383p 23cm 2900円 Ⓘ4-7743-0676-2 Ⓝ795

目次 1 囲碁は黒と白の世界だ!—囲碁の基本ルール, 2 囲碁ワールドで戦うには?—打ち方の約束, 3 戦いきって勝負をつけろ!—囲碁の終わり方, 4 打って勝つ, 陣地を作れ!—陣地作りのテクニック, 5 王女を救え, 最後の関門!—実戦の打ち方, 棋力アップ!!実力診断! 詰碁と実戦にアタック

内容 この本を読めば, 囲碁のルールをぜんぜん知らない人でも対局できるようになる。

『ゼッタイできる!!囲碁 実戦編』 日本棋院監修, 飯島博著 ポプラ社 2003.4 95p 24cm （ゲーム＆マジックシリーズ 2） 2400円 Ⓘ4-591-07539-7,4-591-99487-2 Ⓝ795

目次 1 石の「つなぎ」と「切断」をマスターしよう, 2 石の「生き, 死に」をマスターしよう, 3 地の作り方をマスターしよう, 4 小学生囲碁チャンピオンの対局を見よう

内容 「石の生き死に」「2眼」「布石」「ヨセ」などの囲碁の対局でのポイントをわかりや

すぐ解説します。小学生囲碁チャンピオンの対局実況中継で、対局の流れを理解できます。小学校中学年〜中学生向。

『ゼッタイできる!!囲碁　入門編』　日本棋院監修，飯島博和　ポプラ社　2003.4　95p　24cm　（ゲーム＆マジックシリーズ 1）　2400円　①4-591-07538-9,4-591-99487-2　Ⓝ795

目次　ウォーミングアップ 碁石と友だちになろう，1 囲碁のルールをマスターしよう，2 石の囲み方をマスターしよう，3 「アタリ」をマスターしよう，4 石を打てない場所がある？

内容　囲碁の道具の説明から「石の囲み方」「アタリ」「コウ」などの囲碁の基本のルールまでわかりやすく解説します。コピーして使える碁盤と碁石がついています。小学校中学年〜中学生向。

『めざせ5級！ こども囲碁教室』　囲碁編集部編　誠文堂新光社　2003.3　127p　21cm　800円　①4-416-70311-2　Ⓝ795

目次　石を取る基本テクニックのおさらい，布石でたいせつなこと，戦いでたいせつなこと，ヨセでたいせつなこと，石の生き死にに強くなろう，実戦を並べてみよう

『マンガでおぼえる囲碁入門　2 死活編』　藤井ひろし著　山海堂　2003.2　143p　21cm　1100円　①4-381-10458-7

目次　第1章 死活のルール（死活のルール，中手，スミの曲がり4目，中手と外ダメ，セキの概念 ほか），第2章 死活の基礎（スミの6目の地，不完全なスミの6目の地，スミの8目の地，一合マスと呼ばれていないスミの9目の地，一合マスと呼ばれているスミの9目の地 ほか）

内容　囲碁をおぼえたての人がまずはじめに引っかかる石の生き死に（死活）をマンガで解説。初心者の人でもわかりやすいよう順を追って、パターン別にひとつずつ丁寧に説明しており、マンガを読んでいるうちに基本死活をマスターすることができる。

『囲碁のすべてがわかる情報館』　日本棋院監修，藤井レオ著・イラスト　汐文社　2002.12　47p　27cm　（イラストよくわかる囲碁 3）　1800円　①4-8113-7481-9　Ⓝ795

目次　前編 囲碁の情報館（子どもの囲碁大会にはどんなものがあるの？，囲碁をおぼえたいときはどうすればいいの？，日本棋院てどんなところ，囲碁のプロとは？，世界の囲碁，世界・日本のアマチュア棋戦，段級位の取りかた，囲碁の歴史），後編 もっと上をめざして（定石，強くなる打ち方のキーポイント）

『わかる！ できる！ 囲碁入門―小林泉美先生の9路盤ではじめる』　小林泉美監修，仁風会囲碁入門教室著　主婦の友社　2002.12　191p　21cm　1000円　①4-07-234436-2

『すぐに打てる！ 超カンタン囲碁入門』　武宮正樹著　金の星社　2002.11　158p　22cm　1200円　①4-323-05071-2　Ⓝ795

目次　1 囲碁はやさしいゲームだ，2 囲んだ石は取れる！，3 打てないところとコウ，4 石の取り方のテクニック，5 生きている石、死んでいる石，6 戦いのコツをマスターしよう，7 地と終局，8 私の実戦から

内容　碁を覚えたい人、はじめて碁を打つ人にぴったり！ 囲碁入門書の決定版。『すぐに打てる！ 超カンタン囲碁入門』ふりがな付き、ていねいな解説、わかりやすい図解。子どもも、おとなも、この本を読めば、すぐに打てます。

『強くなるための基本テクニック―基本編』　日本棋院監修，藤井レオ著・イラスト　汐文社　2002.11　47p　27cm　（イラストよくわかる囲碁 2）　1800円　①4-8113-7480-0　Ⓝ795

『囲碁ってどんなゲーム？　入門編』　日本棋院監修，藤井レオ著・イラスト　汐文社　2002.10　47p　27cm　（イラストよくわかる囲碁 1）　1800円　①4-8113-7479-7

目次　1 囲碁ってどんなゲーム？，2 五つのルール，3 まずは打ってみよう，4 大きな陣地のつくりかた"布石"，5 石の取りかた・逃げかた，6 石と石のたたかい，7 生きと死，8 ゲームの終わりかた，9 実戦に学ぼう（9路盤），10 囲碁の歴史

『今日からすぐ打てる囲碁book』　知念かおり監修　青春出版社　2002.8　158p　20cm　1000円　①4-413-03355-8

クラブ活動　　　　　　　　　　　　　　　　　　　文化系活動を知ろう

『ゆかり先生の囲碁初級教室　3』　梅沢由
香里著　日本棋院　2002.8　86p　21cm
500円　①4-8182-0475-7
目次　第1章 石の組み合わせ（10手の布石から、一間トビ、ケイマ、大ゲイマ、二間トビ・コスミ、石がくっついたら、押し合いになったら、置き碁の打ち方）、第2章 かんたんな詰碁（基本の復習、打ち欠きの手筋、むずかしい打ち欠き、練習もんだい）

『ゆかり先生のやさしい囲碁入門』　梅沢由香里監修　主婦と生活社　2002.8　159p　21cm　1200円　①4-391-12639-7
目次　はじめに 囲碁遊びを楽しもう！、第1章 基本のルールと遊びかた、第2章 石を取りながら遊ぼう！、第3章 上手な石の取りかたを覚えよう！、第4章 強くなる実戦向き石取りゲーム問題集、第5章 本格的な囲碁の世界をのぞいてみよう！
内容　イラスト入りでわかりやすい。買ったその日から、おまけの九路盤で遊べる。問題がたくさんあるので、力がつく。

『すぐ打てる！ はじめての囲碁』　片岡聡監修　成美堂出版　2002.7　175p　19cm　880円　①4-415-02077-1
目次　1 かんたん！ 囲碁の遊び方、2 囲碁の約束を覚えよう！、3 陣地づくりの基礎テクニック、4 用語でわかる打ち方の基本、5 取って楽しい！ 石取り大作戦、6 石の生き死にが分かれる戦術、7 ライバルに勝つテクニック・中手、8 実戦で学ぼう！ 囲碁の世界、9 実力アップをめざせ詰碁でGO！
内容　はじめてでも打ち方・ルールがすぐわかる。オールカラーの豊富な図でていねいに解説。囲碁の打ち方から戦術までを伝授。詰碁で楽しみながら実力がつけられる。実戦棋譜掲載でゲームでの打ち方がすぐわかる。

『ぼくのわたしのこども囲碁教室―いちばんわかりやすい』　囲碁編集部編　誠文堂新光社　2002.7　127p　21cm　800円　①4-416-70241-8
目次　ルールはかんたん9つあるだけ、練習問題と解答、眼とカケ眼、セキ、終局のしかた、やさしいテクニック、基本の打ち方、おともだちの実戦譜
内容　囲碁のルールはかんたん！ たった9つあるだけ！ くわしい説明と練習問題でよくわかる！ ふろくの9路盤を使って、さぁ始めよう。

『ゆかり先生の囲碁初級教室　2』　梅沢由香里著　日本棋院　2002.7　87p　21cm　500円　①4-8182-0474-9　Ⓝ795
目次　第1章 手筋・打って返し（アタリではだめ、ぎせいにする、打って返しの完成）、第2章 手筋・追い落とし（アタリから、三手の読み、プレゼント？）、第3章 13路盤に挑戦（布石の順番、実戦解説）
内容　第二巻では「石の取り方」の手筋を勉強します。「ポン抜き」はすでにわかったというかたには、本書で学ぶ「打って返し」「追い落とし」は読みが必要なので少しむずかしいかもしれません。しかし、形を覚えてしまえば、これほど痛快な取り方はありません。13路盤の実戦も勉強します。

『3日で覚えるやさしい囲碁―基本ルールをマスターして、すぐ打ってみよう！』依田紀基著　日本文芸社　2002.6　158p　21cm　900円　①4-537-20149-5
目次　1 囲碁は陣地取りゲーム、2 囲碁ゲーム5つの基本ルール、3 囲碁ゲームをやってみよう、4 石を取る基本、5 石の生き死にの基本、6 石の連結と切断、7 終局と勝ち負けの決め方

『ゆかり先生の囲碁初級教室　1』　梅沢由香里著　日本棋院　2002.6　87p　21cm　500円　①4-8182-0473-0
目次　第1章 強い石と弱い石（つながると強い、切られると弱くなる）、第2章 石を取る手筋（シチョウ、ゲタ）、第3章 攻め合いとセキ（早いもの勝ち、攻め合いに勝つコツ、セキ、セキの見本）、第4章 9路盤対局ポイント解説
内容　本書は『ゆかり先生の頭がよくなる囲碁入門』に続く新シリーズ。入門編ではルールと簡単な石の取り方を学びましたが、囲碁はそのあとが大切です。対局がしっかりできるには、もう少し基本となるテクニックが必要です。特に第2章の石を取る手筋は、対局で活用できると面白いでしょう。本初級シリーズは10級程度の実力がつくように編集されていますが、9路盤の対局を平行して行うとより理解が深まるでしょう。

『早わかり囲碁入門―ゲームの流れが図でわかる！』　山本達夫著　永岡書店　2002.5　255p　19cm　1000円　①4-522-41119-7

『3日で強くなるこども囲碁作戦入門』　横

子どもの本 楽しい課外活動2000冊　183

内猛著　誠文堂新光社　2002.3　159p　19cm　1200円　④4-416-70223-X

『ゆかり先生の頭がよくなる囲碁入門　3』
梅沢由香里著　日本棋院　2002.2　69p　21cm　500円　④4-8182-0506-0
|目次| 第1章 打てない所・コウ（打てない所がある，取れるときは打てる，練習もんだい，コウのルール）．第2章 石の生き・死に（石の生き死に，二眼あれば生き，つながる二眼は一眼，練習もんだい，ニセモノの眼，練習もんだい，相手の眼を取る，三目の場合，最後に）

『3日でわかるこども囲碁ワザ入門』　横内猛著　誠文堂新光社　2001.12　157p　19cm　1200円　④4-416-70153-5

『ゆかり先生の頭がよくなる囲碁入門　2』
梅沢由香里著　日本棋院　2001.12　69p　21cm　500円　④4-8182-0505-2
|目次| 第1章 アタリの復習（アタリの復習，アタリのかけかた）．第2章 石の取り方のコツ（両アタリ，アタリの方向，追いかける），第3章 陣地取り（交差点をかぞえる，自分と相手の地，いよいよ対局！ ほか）
|内容| 本書では上手な石の取り方から解説。そして囲碁のもっとも大切な「地を囲う」という課題に入る。

『ゆかり先生の頭がよくなる囲碁入門　1』
梅沢由香里著　日本棋院　2001.11　63p　21cm　500円　④4-8182-0494-3
|目次| 第1章 ゆかり先生に入門，第2章 囲めば取れる！（囲ってみよう，少ない数で囲む，ナナメには道がない，はしっこはどうなる，カドの取り方，練習もんだい，石数が多いとき，面白い形），第3章 石取りゲームをやってみよう（四つのルール，取られないためには？，練習もんだい，梅沢先生にインタビュー）

『ことわざ・格言で強くなる!! マンガ囲碁必勝法』　藤井ひろし著　山海堂　2001.2　143p　21cm　1000円　④4-381-10390-4
|目次| 第1部 手筋のコトワザ（アキ三角は愚形の見本，ポン抜き30目，サバキはツケよ，アタリアタリはヘボ碁の見本 ほか），第2部 布石のコトワザ（一隅二辺三中央，一間トビに悪手なし，二立三析ヒラキの基本，凝り形をさけよ ほか），第3部 囲碁にまつわるコトワザ・格言・慣用句（上手・下手，手入れ・手を入れる・手ちがい，一目置く，岡目八目 ほか）
|内容| 「なんだか囲碁ってむずかしい」と思っていませんか？ じつはきほん的なルールは，とってもカンタンなのです。この本は，囲碁のルールから打ちかたまで，マンガを読んでいるうちにいつのまにかおぼえられる，初心者の人におすすめの入門書です。

『はじめてでもよくわかる囲碁』　新星出版社編集部編　新星出版社　2001.2　175p　21cm　950円　④4-405-06576-4
|目次| 1 囲碁を覚えよう，2 石の取り方・逃げ方を覚えよう，3 打てるところ，打てないところ，4 コウの打ち方を覚える，5 石の生き死にを覚える，6 陣地（地）を作る・その考え方，7 攻め合いに強くなる，8 実戦に役立つ手筋・10の格言，9 必修・実戦のかけひきから終局まで
|内容| 本書では，囲碁の入門に必要なルールや約束，かんたんな応用を説明しています。

『囲碁ゲーム入門』　白江治彦著　朝日出版社　1999.4　99p　21cm　900円　④4-255-99009-3
|目次| 第1章 石をとる，第2章 勝ち負けの決め方，第3章 石を追いかけてとる，第4章 陣地の守り方と攻め方，第5章 実戦
|内容| 楽に，速く，新プログラム方式で，必ず，碁が打てるようになる。

『囲碁・将棋クラブむかしの遊びクラブ』　横山正監修，倉島民雄，杉山聡著　ポプラ社　1999.4　47p　27cm　（みんなでつくるクラブ活動　2）2400円　④4-591-05947-2,4-591-99289-6

『マンガでおぼえる囲碁入門』　藤井ひろし著　山海堂　1999.2　143p　21cm　1000円　④4-381-10327-0
|目次| 第1章 囲碁の打ちかた（囲碁ってどんなゲーム？，囲碁で使う道具 ほか），第2章 かんたんなテクニック（効率の良い地の作りかた，シチョウの打ちかた ほか），第3章 石の生き死に（欠け眼に注意，中手で死ぬ形 ほか），第4章 手筋と布石（おもしろテクニック，めざせレベルアップ―つめ碁であそぼう！ ほか）
|内容| まったくはじめての人でも，すぐ打て

るようになる‼「なんだか囲碁ってむずかしい」と思っていませんか？ じつは基本的なルールは、とってもカンタンなのです。この本は、囲碁のルールから、基本的な打ちかたまで、マンガを読んでいるうちに、いつのまにかおぼえてしまうという初心者の人にピッタリの入門書です。

◆将棋

『子ども版将棋のルールを覚えた次に読む本』 青野照市著　大阪　創元社　2012.11　190p　21cm　1200円　①978-4-422-75050-7　Ⓝ796

『羽生善治のこども将棋中盤の戦い方入門』 羽生善治監修, 小田切秀人執筆　池田書店　2012.11　191p　21cm　950円　①978-4-262-10150-7　Ⓝ796

『羽生善治の将棋の教科書』 羽生善治著　河出書房新社　2012.9　286p　19cm　1400円　①978-4-309-27352-5　Ⓝ796

『羽生善治のはじめて詰め将棋―動かす駒がすぐわかる！』 羽生善治監修　主婦の友インフォス情報社, 主婦の友社 (発売)　2012.8　175p　19cm　1000円　①978-4-07-283908-9　Ⓝ796

『将棋入門ドリル　ステップ3　「対戦で、もっと強くなりたい！」人に』 くもん出版　2012.6　96p　19×26cm　（日本将棋連盟公式ドリル）〈索引あり〉　800円　①978-4-7743-2067-0　Ⓝ796

[目次] ステップ2のふくしゅうテスト, 実戦のしかた1　初手を指す, 実戦のしかた2　角道をあける, 実戦のしかた3　飛車先の歩を突く, 実戦のしかた4　居飛車と振飛車, 実戦のしかた5　小駒からせめる, 実戦のしかた6　たし算のせめ・数のせめ, 実戦のしかた7　継ぎ歩と垂れ歩, 実戦のしかた8　突き捨ての歩とタタキの歩, 実戦のしかた9　角頭をまもる〔ほか〕

[内容] 「対戦で、もっと強くなりたい！」人に。守りや攻め方など、「勝つための方法」を学びます。小学校低学年から。

『将棋入門ドリル　ステップ2』 くもん出版　2012.3　95p　19×26cm　（日本将棋連盟公式ドリル）　800円　①978-4-7743-2066-3　Ⓝ796

『将棋入門ドリル　ステップ1』 くもん出版　2012.3　95p　19×26cm　（日本将棋連盟公式ドリル）　800円　①978-4-7743-2065-6　Ⓝ796

『羽生善治のこども将棋終盤の勝ち方入門』 小田切秀人執筆, 羽生善治監修　池田書店　2012.3　191p　21cm　950円　①978-4-262-10149-1　Ⓝ796

[目次] プロローグ　終盤とはなにか？, 第1章　相手玉にせまる寄せを覚えよう, 第2章　詰めろと必至をかけてみよう, 第3章　詰みで勝利を決めよう, 第4章　かたい囲いをくずしてみよう, 第5章　相手の攻めを遅らせる受けを覚えよう

[内容] 「詰み」「寄せ」がすぐに分かる。

『やさしい詰みの形―こども向け将棋教室』 高橋和著　日本将棋連盟, マイナビ (発売)　2012.1　158p　21cm　950円　①978-4-8399-4123-9　Ⓝ796

[目次] 第1章　金による詰みの形, 第2章　銀による詰みの形, 第3章　飛車による詰みの形, 第4章　角による詰みの形

[内容] 金・銀・飛車・角による、基本的な詰みの形を集めた問題集。やさしい問題を繰り返し解くことによって、自然と詰みの形がわかるようになっている。

『今日から将棋をはじめる―楽しさいろいろ発見！』 金園社企画編集部編　金園社　2011.12　206p　21cm　1000円　①978-4-321-35201-7　Ⓝ796

『羽生善治の将棋入門』 羽生善治著　日本将棋連盟, マイナビ (発売)　2011.12　158p　21cm　950円　①978-4-8399-4069-0　Ⓝ796

『羽生善治のこども将棋序盤の指し方入門』 小田切秀人執筆, 羽生善治監修　池田書店　2011.10　191p　21cm　950円　①978-4-262-10148-4　Ⓝ796

[目次] プロローグ　序盤とはなにか？（序盤ってなんだろう？, 攻めに向く、守りに向く駒を知る　ほか）, 第1章　戦法の基本を知る（速攻タイプ　相居飛車戦法―相がかり戦法の特徴, じっくりタイプ　相居飛車戦法―相矢倉戦法の特徴　ほか）, 第2章　相居飛車戦法で

戦ってみよう（飛車と銀を協力させて攻めていく―相がかり戦法その一，桂を先頭に相手陣に切り込む―相がかり戦法その二 ほか），第3章 振り飛車戦法で戦ってみよう（飛車と銀の協力ですばやく中央をねらう―中飛車戦法その一，後手の飛車先からカウンターをねらう―中飛車戦法その二 ほか），第4章 さらに将棋が楽しくなるさまざまな戦法を知る（角を交換して飛車と銀で攻める―角換わり棒銀戦法，5筋の歩の上に銀がいって攻める―角換わり腰掛け銀戦法 ほか），第5章 囲いの特徴とつくり方を知る（はやく囲めて攻めやすい―カニ囲い，相手の戦法によって角を移動させる―雁木囲い ほか）

内容 1手目からの指し方と戦法を覚えよう。

『将棋を初めてやる人の本―グングン腕が上がる！ 初歩の初歩から詰め将棋まで』 将棋をたのしむ会編 土屋書店 2011.8 193p 19cm 1000円 ⓘ978-4-8069-1207-1 Ⓝ796

『スイスイはさみしょうぎ』 たかはしやまと作，よりふじぶんぺい画 ポプラ社 2011.6 1冊（ページ付なし）22×30cm 1480円 ⓘ978-4-591-12428-4 Ⓝ796

内容 「お願いします！」「負けました！」親子で楽しむ，カンタンなボードゲームブック。

『マンガでおぼえる棒銀戦法』 高橋道雄原作，藤井ひろしマンガ 大阪 創元社 2011.6 126p 21cm 1000円 ⓘ978-4-422-75151-1 Ⓝ796

『みんなの将棋入門―おもしろいほどよくわかる！』 羽生善治監修 改訂版 主婦の友社 2011.5 175p 21cm （主婦の友ベストbooks） 950円 ⓘ978-4-07-276707-8 Ⓝ796

『羽生善治のやさしいこども将棋入門―勝つコツがわかる5つのテクニック』 小田切秀人執筆，羽生善治監修 池田書店 2011.4 191p 21cm 950円 ⓘ978-4-262-10147-7 Ⓝ796

目次 プロローグ 将棋というゲームを知る（将棋はどこからきたの？，必要な道具をそろえる，駒の種類と名前を覚える ほか），第1章 駒のパワーと使い方を知る（将の編，大駒の編，前進の編 ほか），第2章 強くな

るための5カ条（進む，取る，成る ほか），第3章 トレーニング問題で強くなる

『親子ではじめるしょうぎドリル』 日本女子プロ将棋協会編 講談社 2011.3 46p 26cm 952円 ⓘ978-4-06-216849-6 Ⓝ796

目次 1 駒をおぼえましょう（駒の種類と動き，駒のならべかた，自分のエリアと相手のエリア，駒の住所），2 指しかたをおぼえましょう（将棋の基本ルール，駒を取る，駒を打つ，駒を成る），3 玉をつかまえましょう（王手，王手の受けかた，詰み，詰め将棋），4 禁じ手とマナー（禁じ手，マナー）

内容 駒の名前から「1手詰め」まで，初歩の歩初をやさしく解説しています。手を使って「書きこむ」ことによって頭に残りやすくなります。ドリル形式で一歩一歩進んでいくので達成感があります。女の子にも親しみやすい，かわいいイラスト＆デザインです。対象年齢：5歳から。

『はじめてでも勝てる将棋入門―60分でわかる！』 神吉宏充著 PHP研究所 2011.3 175p 19cm 1100円 ⓘ978-4-569-79445-7 Ⓝ796

『マンガで覚える図解将棋の基本―楽しみながら勝てる将棋を初歩から学べる』 矢内理絵子監修 土屋書店 2011.3 143p 21cm 1200円 ⓘ978-4-8069-1170-8 Ⓝ796

『いちばん勝てる将棋の本―楽しくおぼえてすぐに強くなる！』 里見香奈監修 日東書院本社 2010.8 150p 21cm 1300円 ⓘ978-4-528-01518-0 Ⓝ796

『マンガ版将棋入門―はじめてでもすぐ指せるようになる』 藤井ひろし著 大阪 創元社 2010.7 142p 21cm〈『マンガでおぼえる将棋入門』（山海堂2000年刊）の加筆，改題〉 1000円 ⓘ978-4-422-75047-7 Ⓝ796

『めざせ名人！ 将棋で勝つための本』 屋敷伸之監修 メイツ出版 2009.11 128p 21cm （まなぶっく）〈並列シリーズ名：Mana books〉1300円 ⓘ978-4-7804-0724-2 Ⓝ796

クラブ活動　　　　　　　　　　　　　　　　　　　　　　　　　　文化系活動を知ろう

『一人で学べる！　小学生のための将棋入門』　佐藤康光著　日本文芸社　2009.5　175p　19cm　950円　①978-4-537-20743-9　Ⓝ796
[目次]　第1章　将棋の楽しさを実感しよう！、第2章　駒の特徴をしっかり身につけよう、第3章　一局の流れを見て、全体のリズムと心得を覚えよう、第4章　戦法を身につけよう、第5章　プロの実戦譜を見てみよう、第6章　詰め将棋で"詰みの基本"と"読みの基本"を学ぼう、第7章　序盤から終盤まで、大事な格言を学ぼう

『よくわかる将棋入門』　古作登著，渡辺明監修　小学館　2008.8　199p　19cm（ビッグ・コロタン　112）850円　①978-4-09-259112-7　Ⓝ796
[目次]　第1章　将棋のルール、第2章　実際に指してみよう、第3章　駒の種類別活用法と基本手筋、第4章　知っておきたい平手の基本戦法、第5章　将棋の考え方、第6章　問題を解いてみよう、第7章　上達に役立つ豆知識
[内容]　これから将棋を始めたいと思っている小学生のキミにピッタリの本です。駒の名まえやならべ方、動かし方などの基本からわかりやすく解説します。

『小学生将棋名人戦公式ガイドブック—日本将棋連盟公認』　小学館　2008.4　228p　19cm　1200円　①978-4-09-227119-7　Ⓝ796
[目次]　秘伝インタビュー羽生善治二冠：小学生名人への道，名人からの挑戦状，こうすれば強くなって小学生名人戦で勝てる，これが奨励会員だ，基本戦法と流行形のマスト変化，秘伝インタビュー渡辺明竜王，"将棋を指すと頭がよくなる!?"大研究陰山英男インタビュー，将棋脳活性化クイズ，小学生将棋名人戦名勝負プレイバック〔ほか〕
[内容]　小学生将棋名人戦を目指す全小学生，必読の書！　羽生善治，渡辺明インタビュー。森内俊之，佐藤康光はじめ，小学生将棋名人戦ベスト4進出者から，小学生へ挑戦状！　勝ち抜くためのこれだけは知っておきたいマスト変化を徹底解説。

『親子でたのしむ将棋入門—いちばん上達が早い！』　将棋を楽しむ会編　土屋書店　2008.3　193p　19cm　1000円　①978-4-8069-0964-4　Ⓝ796
[目次]　1　将棋とはどんな競技だろう，2　駒は

どう動き進むのだろう，3　駒が成るとどう変わるのか，4　駒の取りかたと打ちかた，5　将棋の基本ルールについて，6　駒のじょうずな活用法，7　王将のいろいろなまもりかた，8　将棋のじょうせきと戦法，9　詰将棋で棋力をつけよう，10　駒を使った楽しいゲーム
[内容]　初歩の初歩から詰め将棋までグングン腕が上がる。

『これが勝つためのテクニック』　中原誠監修　理論社　2006.4　95p　22cm（「将棋」で脳をきたえよう　5（上級編））1400円　①4-652-04850-5　Ⓝ796
[目次]　1　序盤戦のテクニック（第1手目はどう指すか，有利な駒組みにするために），2　中盤戦のテクニック（駒得をしよう＆敵陣を突破しよう），3　終盤戦のテクニック（駒得よりスピード＆玉を詰める），まとめ　将棋に強くなるために
[内容]　上級編の後半ということで、ズバリ！勝つためのテクニックを紹介します。

『さあ、対局してみよう』　中原誠監修　理論社　2006.4　95p　22cm（「将棋」で脳をきたえよう　3（入門編））1400円　①4-652-04848-3　Ⓝ796
[目次]　1　戦いで駒の能力を生かそう！（飛車と角が活躍するために，玉を攻める飛角銀桂，玉を守る金銀3枚，駒の交換をしてみよう，駒得の両取りをねらおう　ほか），2　上手に駒を使う手筋（歩の上手な使い方，香の上手な使い方，桂の上手な使い方，銀の上手な使い方，金の上手な使い方　ほか），第3巻のまとめ　将棋の格言集
[内容]　第3巻では、将棋のゲームを進めていく上で、マスターしたい戦術（駒の能力や手筋）について勉強していきます。

『対局の実況中継だ』　中原誠監修　理論社　2006.4　95p　22cm　（「将棋」で脳をきたえよう　4（上級編　実践編））1400円　①4-652-04849-1　Ⓝ796
[目次]　対局の前に—対局のマナー，第1局　棒銀戦法（序盤戦の戦い方，中盤戦の戦い方　ほか），第2局　四間飛車戦法（序盤戦の戦い方，中盤戦の戦い方　ほか），第4巻のまとめ　将棋に関するQ&A
[内容]　いよいよ上級編です。「実践！　レッツ、トライ」ということで、第4巻では、じっさいの将棋に挑戦してみましょう。頭で考えているより、まず駒を並べて動かし

『まずミニゲームから始めよう』 中原誠監修 理論社 2006.4 95p 22cm (「将棋」で脳をきたえよう 2 (入門編)) 1400円 ⓘ4-652-04847-5 Ⓝ796
目次 1 詰め将棋に挑戦しよう！, 2 必死にするための次の一手 (必死とは何か, 1手必死と3手必死, 実戦！ 1手必死に挑戦), 第2巻のまとめ 詰め将棋の復習をしよう

『将棋って、どんなゲームなの？』 中原誠監修 理論社 2006.3 95p 22cm (「将棋」で脳をきたえよう 1 (入門編)) 1400円 ⓘ4-652-04846-7 Ⓝ796
目次 1 将棋の基本を覚えよう！, 2 駒の動き方を覚えよう！, 3 駒はパワーアップできる！, 4 上手な駒の取り方・使い方, 5 王手のかけ方を覚えよう！, まとめ 将棋の用語を覚えよう！

『スグわかる！ まんが将棋入門―ルールと戦法完全マスター ハンディー版』 羽生善治監修, 石倉淳一, かたおか徹治まんが くもん出版 2006.2 383p 22cm 1500円 ⓘ4-7743-0877-3 Ⓝ796
目次 1 将棋の仲間を集めて旅立て！ 将棋の基本を知ろう (将棋に使う盤と駒!?の巻, 将棋は二人で行うゲームの巻 ほか), 2 手筋を覚えて勝機をつかめ！ 将棋の手筋を知ろう (駒の特性を生かす手筋！の巻, 駒を交換する手筋を知ろう！ の巻 ほか), 3 駒の個性で攻め勝つ！―一駒の特性を生かそう (8種類の駒を上手に使おう！ の巻, 香車の田楽ざしは強力！ の巻 ほか), 4 実戦での攻め方を覚えよう！―序盤から中盤の戦い方 (守りながら攻めよう！ の巻, 金銀3枚で玉を守れ！ の巻 ほか), 5 相手を追いつめる勝利のコツ！―終盤の戦い方 (寄せの手筋を知ろう！ の巻, 詰みの定型で勝つ！ の巻 ほか)
内容 「まんが」でドキドキ→「解説」でなるほど！ →「練習問題」でばっちり！ 三つのステップで、だれよりも早く将棋のルールと戦法をマスターしよう！ 待ちうけるステージは全部で五つ。各ステージでバトル (練習問題) を重ねてクリアしていく、ロールプレイングゲームのような楽しい入門書です。どこからでも読めるので、一度

『親子でたのしむ将棋入門―いちばん上達が早い！』 将棋を楽しむ会編 土屋書店 2005.12 193p 19cm 1000円 ⓘ4-8069-0827-4 Ⓝ796

『脳をやわらかくする先崎学の子ども将棋』 先崎学著 梧桐書院 2005.7 190p 19cm 940円 ⓘ4-340-07116-1 Ⓝ796
目次 1 将棋ってどんなゲーム, 2 駒の動きを覚えよう, 3 ルールとマナーを覚えよう, 4 さあ、ゲームを始めよう, 5 玉の囲い方を覚えよう, 6 詰将棋で詰め方を覚えよう, 7 実戦で役立つ用語と格言
内容 将棋は、「盤上の格闘技」といってもいいでしょう。とても知的な格闘技です。駒の動かし方、将棋のルール、基本のテクニックなどが書いてありますから、はじめての人でも将棋が指せるようになります。また、楽しく読んでもらえるように、将棋の世界の面白い知識やこぼれ話なども盛りこみました。

『羽生流で強くなるはじめての将棋』 羽生善治監修 成美堂出版 2005.5 175p 19cm 880円 ⓘ4-415-02937-X Ⓝ796

『最強将棋道場―マサルの一手！』 小学館 2005.1 145p 26cm (ワンダーライフスペシャル) 905円 ⓘ4-09-106190-7 Ⓝ796

『羽生善治みんなの将棋入門―おもしろいほどよくわかる！』 羽生善治監修 主婦の友社 2004.4 159p 21cm (主婦の友ベストbooks) 950円 ⓘ4-07-239600-1 Ⓝ796
目次 将棋の基本, 駒の動き方を知ろう, 反則はいろいろある, 敵陣に攻め込み「成る」, 持ち駒はうまく使おう, 相手の駒の動きに注意しよう, 上手な駒の進め方を知ろう, 王手の防ぎ方をおぼえておこう, 相手の玉を追いつめよう, 攻めと守りを実際にやってみよう, 将棋はこんなにおもしろい, 将棋について聞きたいこと, 将棋格言集
内容 将棋のやり方をカンタンに見ておぼえられるように、将棋盤と駒に色を使ったり、

クラブ活動　　　　　　　　　　　　　　　　文化系活動を知ろう

駒に矢印をつけてわかりやすく解説。

『初段をめざす詰め将棋』　羽生善治監修
〔東京〕　成美堂出版　2004.3　175p
19cm　880円　①4-415-02548-X
Ⓝ796
|目次|序章 詰め将棋で詰ませ方を知ろう！，第1章 詰め将棋のルールと攻め方のポイント，第2章 大駒の使い方を覚える詰め将棋，第3章 金銀の使い方を覚える詰め将棋，第4章 桂馬・香車の使い方を覚える詰め将棋，第5章 歩の使い方を覚える詰め将棋，第6章 囲いを破る詰め将棋，実力アップ！ 詰め将棋問題集
|内容|詰め将棋を解き進むうちに実戦の感覚が養える構成。各駒別の構成で，その役割と使い方が覚えられる。初めての人でも，覚えたての人でも楽しめる。実戦に応用できるアドバイスがついている。読んでいるだけでも楽しく学べる。

『将棋の必殺ワザ』　先崎学作，伊東ぢゅん子絵　ポプラ社　2003.12　158p　19cm　（キミにもできる！ 必殺ワザ 5）　700円　①4-591-07946-5　Ⓝ796
|目次|第1章 将棋のルール―おぼえないとはじまらないのだ！（将棋盤に駒をならべよう，駒のうごきをおぼえよう ほか），第2章 駒のソンとトク―大もうけをめざすのだ！（トクするように駒をとる！），第3章 序盤のワザ―はじめがかんじんなのだ！（はじめの一手，角頭ねらいをうけてたつ！ ほか），第4章 中盤のワザ―せめてせめてたたかうのだ！（数で攻めるのだ！，歩で攻めるのだ！ ほか），第5章 終盤のワザ―おいつめてキメるのだ！（これが詰みの必殺ワザ！，これが寄せの必殺ワザ！）
|内容|将棋盤と駒さえあれば，どこでだって，だれとだってたのしくあそべるぞ。さあ，キミも，ルールと必殺ワザをおぼえよう！ たちまち将棋ワールドの魅力にハマることまちがいなしだ。

『やまと先生の入門！ 将棋教室』　高橋和著　日本文芸社　2003.12　159p　21cm　800円　①4-537-20241-6　Ⓝ796
|目次|将棋の魅力大解剖，ルールの説明の章，序盤の章，中盤の章，終盤の章，実力を確認しよう！ 問題にチャレンジ！
|内容|本書は子供の目線から見た序盤・中盤・終盤に必要なエキスを，漫画の導入から発展させ，分かりやすく，詳しく説明して

います。

『将棋のひみつ』　安恵照剛監修，湯川博士構成，加賀さやかまんが　学習研究社　2003.6　144p　23cm　（学研まんが新ひみつシリーズ）　880円　①4-05-201768-4　Ⓝ796
|目次|将棋のルーツと世界の将棋，日本の将棋の歴史，現代の将棋と将棋の道具，将棋のプロと将棋界，歴史に残る強豪たち，将棋の指し方，戦い方を覚えよう，詰将棋パズル，おもしろ将棋ゲーム，カッコ良く指したいっ
|内容|本書は，将棋の歴史や世界の将棋，将棋界のこと，将棋の指し方などを，まんがでくわしく解説した本である。

『ゼッタイできる!!将棋　実戦編』　日本将棋連盟監修，飯島博著　ポプラ社　2003.4　95p　24cm　（ゲーム＆マジックシリーズ 4）　2400円　①4-591-07541-9,4-591-99487-2　Ⓝ796
|目次|1 いよいよ対局！ 基本作戦をおぼえよう，2 有利な駒の取り方をおぼえよう，3 駒の特長をいかした作戦をおぼえよう，4 攻めの戦法と玉の囲い方をおぼえよう，5「詰将棋」で駒の使い方をマスターしよう，6 子供将棋スクールの対局を見てみよう
|内容|「将棋で勝つための作戦」を，日本将棋連盟主催「子供将棋スクール」の先生方がわかりやすく解説します。先生と生徒の対局実況中継で，対局の流れを理解できます。小学校中学年～中学生向。

『ゼッタイできる!!将棋　入門編』　日本将棋連盟監修，飯島博著　ポプラ社　2003.4　95p　24cm　（ゲーム＆マジックシリーズ 3）　2400円　①4-591-07540-0,4-591-99487-2　Ⓝ796
|目次|1 駒の名前をおぼえよう，2 マス目のよび方をおぼえ，駒をならべよう，3 駒の動かし方をマスターしよう，4 駒の成り方をマスターしよう，5 駒の取り方と取った駒の使い方，6 いよいよ子供将棋スクールに入門だ！
|内容|「駒の動かし方」「駒の成り方」などの将棋の基本ルールを，日本将棋連盟主催「子供将棋スクール」の先生方がわかりやすく解説します。コピーして使える将棋盤と駒がついています。小学校中学年～中学生向。

『こども将棋振り飛車で勝とう―どんどん

子どもの本 楽しい課外活動2000冊　189

『強くなる』 中原誠監修 池田書店 2003.2 159p 19cm 930円 ⓘ4-262-10129-0 Ⓝ796

[目次] 序章 これだけは知っておこう振り飛車のきほん，第1章 四間飛車で勝とう！，第2章 ツノ銀中飛車で勝とう！，第3章 升田式石田流で勝とう！，第4章 攻める向い飛車で勝とう！，第5章 船囲いを破れ！ 美濃囲いを守れ！

[内容] 四間飛車をはじめとして，ツノ銀中飛車，升田式石田流，攻める向い飛車の4つの戦い方をやさしく解説。

『一局の流れを知る』 羽生善治著 河出書房新社 2002.3 119p 22cm （羽生善治の将棋入門 ジュニア版 第2巻 羽生善治著）〈シリーズ責任表示：羽生善治著〉ⓘ4-309-61442-6,4-309-61440-X

[目次] 第1章 三手の読み（練習問題），第2章 実力者と初心者の対局，第3章 寄せの考えかた，知っておきたい将棋のことば，コラム（詰将棋を楽しもう，タイトル戦とは）

『考えることを楽しもう』 羽生善治著 河出書房新社 2002.3 119p 22cm （羽生善治の将棋入門 ジュニア版 第5巻 羽生善治著）〈シリーズ責任表示：羽生善治著〉ⓘ4-309-61445-0,4-309-61440-X

[目次] 第1章 将棋とはなにか，考える，第2章 実戦に学ぶ手筋と格言，知っておきたい将棋のことば

『さあ将棋をはじめよう』 羽生善治著 河出書房新社 2002.3 119p 22cm （羽生善治の将棋入門 ジュニア版 第1巻 羽生善治著）〈シリーズ責任表示：羽生善治著〉ⓘ4-309-61441-8,4-309-61440-X

[目次] 第1章 将棋をはじめよう（練習問題），第2章 駒に親しもう（練習問題，卒業問題），知っておきたい将棋のことば，コラム（雑誌や本を読もう，プロの対局風景 ほか）

『攻めと守りの知恵』 羽生善治著 河出書房新社 2002.3 119p 22cm （羽生善治の将棋入門 ジュニア版 第3巻 羽生善治著）〈シリーズ責任表示：羽生善治著〉ⓘ4-309-61443-4,4-309-61440-X

[目次] 第1章 駒組みと戦法のいろいろ，第2章 実力者と初心者の対局，第3章 攻めと守りの知恵，知っておきたい将棋のことば，コラム 駒落ち

『戦法と定跡に学ぶ』 羽生善治著 河出書房新社 2002.3 119p 22cm （羽生善治の将棋入門 ジュニア版 第4巻 羽生善治著）〈シリーズ責任表示：羽生善治著〉ⓘ4-309-61444-2,4-309-61440-X

[目次] 第1章 さまざまな振り飛車戦法，第2章 さまざまな居飛車戦法，知っておきたい将棋のことば

『羽生善治の将棋入門 ジュニア版』 羽生善治著 河出書房新社 2002.3 5冊 21cm 9800円 ⓘ4-309-61440-X

[目次] 第1巻 さあ将棋をはじめよう，第2巻 一局の流れを知る，第3巻 攻めと守りの知恵，第4巻 戦法と定跡に学ぶ，第5巻 考えることを楽しもう

『コミック！ 将棋入門』 羽生善治監修，荒川清晃画 日本放送出版協会 2001.3 254p 21cm 1400円 ⓘ4-14-016095-0

[目次] 序章 ざしきわらし…？，第1章 まずは基本の基本から，第2章 詰みの実践，必至の実践，第3章 勝つのはカンタン…じゃない！，第4章 歩，レベルアップ，終章 そもそもの出会いは…

[内容] 小学生の歩くんと，千絵ちゃんはあるとき，ざしきわらしのナイスくんと出会う。なぜか，ナイスくんの姿はこの2人にしか見えないらしい。このナイスくん，クッキーも好きだが，将棋も大好き！ そこで2人はナイスくんに将棋を習うことになった。すぐにおぼえて，さっそくクラスのガキ大将の源ちゃんと対局がはじまったが…。コミックのおもしろさと，将棋のたのしさがマッチした入門書ここに登場。

『将棋とチェスの話―盤上ゲームの魅力』 松田道弘著 岩波書店 2000.1 215,5p 18cm （岩波ジュニア新書） 700円 ⓘ4-00-500344-3

[目次] 第1章 遊びの知恵の文化遺産，第2章 世界の将棋とチェス，第3章 東は東，西は西―ルールをめぐる見方のちがい，第4章 バリエーション―戦いのゲームはアイディ

アとの闘い，第5章 フィクション中の ゲーム・シーン，第6章 戦いのゲームの心理的な闘い，第7章 勝ち負けのある風景

『みんなの将棋入門―よくわかる・すぐ指せる』 谷川浩司監修 新宿区 池田書店 1999.12 159p 21cm 950円 ①4-262-10141-X

目次 1 将棋ゲームの基本，2 将棋のルールをおぼえよう，3 駒の動き方と特徴，4 将棋ゲームを始めよう，5 相手の"王"のつかまえ方，6 戦いでの上手な駒の使い方，7 自分の"王"の囲い方，8 将棋の戦法

内容 本書では，図解・イラスト・大きな字で，読まずにカンタンに"将棋"を理解できるように解説してあります。

『将棋の基本―完全マスター 勝つためのテクニック』 日本将棋連盟監修，川北亮司著 金の星社 1999.6 143p 21cm （強くなる！ 超カンタン将棋入門 2） 900円 ①4-323-05022-4

目次 6級の巻 玉の囲い，5級の巻 いろいろな手筋，4級の巻 寄せの手筋，サクラちゃんの将棋新聞，すぐに役立つ 将棋用語集

内容 よくわかる，楽しい，おもしろい！子どもたちのための，将棋入門書の決定版。ルールを知っている人，勝ち方のコツを知りたい人向き。勝ち方のコツを完全マスターしよう！

『将棋の戦法―完全マスター 実力アップのテクニック』 日本将棋連盟監修，川北亮司著 金の星社 1999.6 143p 21cm （強くなる！ 超カンタン将棋入門 3） 900円 ①4-323-05023-2

目次 3級の巻 駒落ち将棋（駒落ち将棋の指し方，二枚落ち将棋の定跡 ほか），2級の巻 振り飛車と居飛車（振り飛車戦法と居飛車戦法，振り飛車の戦い方『四間飛車戦法』 ほか），1級の巻 いろいろな戦法（振り飛車編（中飛車戦法，三間飛車戦法 ほか），居飛車編（棒銀戦法，居飛車穴熊戦法）），初段にチャレンジ！ 棋力認定テスト問題集，すぐに役立つ 将棋用語集

内容 よくわかる，楽しい，おもしろい！子どもたちのための，将棋入門書の決定版。「棋力認定テスト」つき！ 実戦でライバルに勝ちたい人向き。パワーアップして，実戦に強くなろう！

『将棋のルール―完全マスター 楽しくおぼえる入門編』 日本将棋連盟監修，川北亮司著 金の星社 1999.6 143p 21cm （強くなる！ 超カンタン将棋入門 1） 900円 ①4-323-05021-6

目次 入門の巻 将棋のルール（将棋って，どんなゲーム？，将棋盤と駒を用意しよう ほか），8級の巻 相手の玉をねらえ！（一手で玉を詰ませてみよう，大駒を使って，玉を詰ませてみよう ほか），7級の巻 有利に戦う（有利か不利かは，ここでわかる，駒の値打ちは，それぞれちがう ほか），すぐに役立つ 将棋用語集

内容 よくわかる，楽しい，おもしろい！子どもたちのための，将棋入門書の決定版。この1冊で，すぐに遊べる！ はじめて将棋を指す人向き。ルールを完全マスターして，友だちと遊ぼう！

『囲碁・将棋クラブむかしの遊びクラブ』 横山正監修，倉島民雄，杉山聡著 ポプラ社 1999.4 47p 27cm （みんなでつくるクラブ活動 2） 2400円 ①4-591-05947-2,4-591-99289-6

『将棋の基本完全マスター―勝つためのテクニック』 日本将棋連盟監修，川北亮司著 金の星社 1999.2 143p 22cm （強くなる！ 超カンタン将棋入門 図書館版 2） 1800円 ①4-323-05162-X

目次 6級の巻 玉の囲い，5級の巻 いろいろな手筋，4級の巻 寄せの手筋，サクラちゃんの将棋新聞，すぐに役立つ将棋用語集

内容 ルールを知っている人，勝ち方のコツを知りたい人は，6～4級クラス。

『将棋の戦法完全マスター―実力アップのテクニック』 日本将棋連盟監修，川北亮司著 金の星社 1999.2 143p 22cm （強くなる！ 超カンタン将棋入門 図書館版 3） 1800円 ①4-323-05163-8

目次 3級の巻 駒落ち将棋，2級の巻 振り飛車と居飛車，1級の巻 いろいろな戦法，初段にチャレンジ！ 棋力認定テスト問題集，すぐに役立つ将棋用語集

内容 棋力認定テストつき！ 実戦でライバルに勝ちたい人は，3～1級，初段にチャレンジ！

『将棋のルール完全マスター――楽しくおぼえる入門編』 日本将棋連盟監修, 川北亮司著 金の星社 1999.2 143p 22cm （強くなる！超カンタン将棋入門 図書館版 1） 1800円 ⓘ4-323-05161-1

|目次| 入門の巻 将棋のルール（将棋って、どんなゲーム？，将棋盤と駒を用意しよう ほか），8級の巻 相手の玉をねらえ！（一手で玉を詰ませてみよう，大駒を使って，玉を詰ませてみよう ほか），7級の巻 有利か不利に戦う（有利か不利かは、ここでわかる，駒の値打ちは、それぞれちがう ほか），すぐに役立つ将棋用語集

|内容| この1冊で、すぐに遊べる！ はじめて将棋を指す人は、10～7級クラス。

『つよくなる将棋――これ一冊で驚くほど実力アップ！』 武市三郎監修 成美堂出版 1999.1 190p 19cm 780円 ⓘ4-415-00729-5

|目次| 1 さあ、キミも将棋が指せるようになろう！（将棋って、どんなゲーム？，八種類の駒の性格をおぼえよう ほか），2 棋譜の読み取り方＋攻めと守りの基本（いよいよゲーム―一手を指すまで，将棋のかなめ，棋譜を読み取ろう ほか），3 駒落ち将棋＋駒の能力をいかした使い方（駒落ち将棋のいろいろ，十枚落ちの戦い方 ほか），4 テクニックを学んで磨く、実戦バトル（序盤戦の戦いのテクニック，矢倉戦法の手順――序盤戦 ほか）

|内容| 本書は、基本的な駒の動かし方から、玉を詰ませる終盤戦の戦い方まで、これから将棋を始める人にとって、とくにわかりやすく解説した入門書だよ。実際に駒を動かしながら順を追っていくと、自然に棋力が身につき、驚くほど実力がアップしていくはずだよ。

『将棋をはじめる』 阪口神士著 金園社 1998.11 206p 19cm 950円 ⓘ4-321-25206-7

|内容| 本書は将棋を広めるために書かれた入門書です。とくに子供さんを対象に、興味を持っていただくよう、イラストをたくさん使っています。内容は分かりやすく説明していますが、大人の方にも気楽に目を通していただけます。

『少年少女のやさしい将棋』 中原誠著 東京書店 1998.10 191p 19cm 1300円 ⓘ4-88574-425-3

|目次| 第1章 将棋の歴史とルール（将棋の起源といろいろな知識，将棋盤と駒 ほか），第2章 実戦に入る前に（先手と後手の決め方，平手と駒落ち ほか），第3章 基本的な戦い方（四間飛車戦法，矢倉戦法 ほか），第4章 駒落ち戦の戦い方，第5章 詰将棋と詰め手筋，第6章 必死の手筋

|内容| 現代はゲームと名がつくものがあふれています。小学生をはじめとしてテレビのゲームソフトを買うのに行列ができることもあります。でもこれらのゲームは考えることよりゲームをあやつる技術が優先します。しかし将棋は相手の手に対して考えることが第一になります。一時将棋を指す小、中学生が少なくなりましたが、羽生さんが七冠王になったのを機会に再び将棋を指す若い人が多くなりちょっとしたブームになりました。新しく将棋を覚えたいという小、中学生が大勢将棋会館の道場にも来ています。そういう方のために本書を執筆しました。本を読んでそして将棋の道場に行って実戦を指せば上達は間違いありません。本書は駒の動かし方からやさしい定跡の解説までしてあります。楽しく読んで早く上達をして下さい。

『将棋』 小暮克洋文・図面作成 ポプラ社 1998.9 127p 19cm （あそびとスポーツのひみつ101 8） 780円 ⓘ4-591-05784-4

|目次| 第1章 ルールをマスターしよう！，第2章 練習問題で基本をゲット！，第3章 戦い方を覚えよう！，第4章 強くなるために，第5章 将棋なんでも質問箱

|内容| 将棋ってどんなゲーム？ 棒銀戦法を教えて、プロになるにはどうすればいいの？ などルールや歴史、プロの対局まで、将棋の秘密がいっぱい！ 世界一難しい頭脳ゲームが楽しく覚えられます。

『ぐんぐん強くなる将棋入門』 谷川浩司監修, 湯川博士著 学習研究社 1998.7 175p 21cm 880円 ⓘ4-05-400975-1

|目次| 第1ステージ 基本ルール編，第2ステージ 対局ルール編，第3ステージ 基本の考え方編，第4ステージ 駒の活用法編，第5ステージ 玉の囲い方編，第6ステージ 序盤の戦法編

|内容| わかりやすく見やすい。要点がズバリつかめる。練習がたくさんある。掲示資料

クラブ活動　　　　　　　　　　　　　　　　　文化系活動を知ろう

もついている。

『将棋入門—かならず強くなる』　佐藤康光監修，田辺忠幸著　小学館　1998.7　159p　19cm　（小学館基本攻略シリーズ）　800円　④4-09-204103-9
|目次| 第1章 将棋とは，第2章 駒のじょうずな使いかた，第3章 実戦編，第4章 実力アップ編，第5章 知っておきたい将棋用語

『学校名人になれる将棋』　日本将棋連盟監修，小暮克洋著，永井けいイラスト　汐文社　1998.4　79p　22cm　（イラスト子ども将棋 3）　1500円　④4-8113-7225-5
|目次| 第1章 詰め方をトレーニングしよう（「王手」を「詰み」につなげよう，まずは例題でウォーミングアップ），第2章 必死をかけよう（「詰めろ」，「必死」とは？，「詰めろ」と「必死」の関係），第3章 手筋をマスターしよう（終盤は，「駒得」，「速度」駒得しながら敵王に迫ろう），第4章 四枚落ちで総仕上げ（四枚落ちにチャレンジ，思いっきりぶつかりげいこ，これからの勉強法，実戦のポイントの総まとめ）

『これができれば強くなる』　日本将棋連盟監修，小暮克洋著，永井けいイラスト　汐文社　1998.4　79p　22cm　（イラスト子ども将棋 2）　1500円　④4-8113-7224-7
|目次| 第1章 序盤の基本を覚えよう（まずは初手から十数手，居飛車と振り飛車 ほか），第2章 やさしい戦法を指してみよう（得意戦法を身につけよう，角換わり棒銀でワザあり！ ほか），第3章 囲いの基本と戦法のカタログ（大事な玉をしっかり囲おう，矢倉囲いとそのバリエーション ほか）

『一人で強くなる将棋入門—基本を覚えれば上達が早くなる』　伊藤果著　日本文芸社　1998.4　222p　21cm　1000円　④4-537-01910-7
|目次| 第1章 これだけで将棋は指せる，第2章 ルールはたったこれだけ，第3章 やさしい実戦の常識，第4章 上手の詰まし方，力をつける詰将棋
|内容| 本書は将棋をまったく知らない人のために書いた入門書です。将棋でもっとも大切な詰みの部分にこだわって解説しています。

『将棋っておもしろい？』　日本将棋連盟監修，小暮克洋著，永井けいイラスト　汐文社　1998.3　79p　22cm　（イラスト子ども将棋 1）　1500円　④4-8113-7223-9
|目次| 将棋ってどんなゲーム？，香子と歩の対局を見てみよう，将棋の駒の種類と名まえ・動かし方，将棋を正しく指すためのルール，王手をかけて詰ますトレーニング，駒得しよう，香子と歩の実戦譜を，じっくり見てみよう，持将棋と千日手，さあ，いよいよ対局だ

『将棋』　前田祐司監修　フレーベル館　1998.2　151p　22cm　（わくわくチャレンジブックス 7）　1300円　④4-577-01824-1
|目次| 第1章 将棋ってこんなゲームだ，第2章 駒の動きかたと使いかた，第3章 居飛車戦法と振り飛車戦法，第4章 玉の囲いと攻めの基本形，第5章 詰め将棋にチャレンジ
|内容| 詰めるための戦法を豊富な図版で再現。めざせ名人位！ 駒の基本的な動かしかたから，先人たちのつくりあげた戦法，戦術，そして思考能力をきたえる詰め将棋にいたるまで，将棋を楽しむためのテクニックがたっぷりとつまった1冊。駒の動きがよくわかる，大きな図版入りです。

『名人になる子ども将棋』　先崎学著　梧桐書院　1997.10　190p　19cm　800円　④4-340-07113-7
|目次| 1 ゲームの前にこれだけは知っておこう，2 さあ，ゲームをしよう，3 キミもこれだけで将棋通になれる，4 実戦でも役立つ用語と格言

『親子でたのしむ 将棋入門—いちばん上達が早い 楽しみながら役に立つ』　将棋を楽しむ会編　土屋書店　1997.8　193p　19cm　900円　④4-8069-0497-X
|目次| 1 将棋とはどんな競技だろう，2 駒はどう動き進むのだろう，3 駒が成るとどう変わるのか，4 駒の取りかたと打ちかた，5 将棋の基本ルールについて，6 駒のじょうずな活用法，7 王将のいろいろなまもりかた，8 将棋のじょうせきと戦法，9 詰将棋で棋力をつけよう，10 駒を使った楽しいゲーム

『めざせ将棋名人』　田丸昇構成・文，高橋タクミまんが　集英社　1997.6　174p

子どもの本 楽しい課外活動2000冊　　193

20cm （まんがでマスター/子ども名人シリーズ）850円 ①4-08-288048-8

|目次| 将棋っておもしろそう，やさしい将棋テスト，いろいろな手筋を知ろう，戦法を覚えよう，実戦を指そう，棋力認定・次の一手，名人をめざそう！，巻末特集 将棋をもっと楽しもう

『少年少女のための将棋』 北村昌男著
東京書店 1997.4 188p 19cm 1200円 ①4-88574-424-5

|目次| 1章 これだけわかれば将棋が指せる，2章 どうしたら強くなれるか，3章 じっさいの戦いかた，4章 駒落ちの戦いかた，5章 実力がつく詰め将棋，6章 寄せに役立つ必死

|内容| 本書は小学生にもわかるように、大きい図をたくさんいれて、やさしく、わかりやすく解説をしました。

『こども詰め将棋入門―1・3・5手 詰めの手筋がばっちりわかる！』 池田書店 1996.12 174p 19cm〈監修：中原誠〉948円 ①4-262-10121-5

|目次| 詰め将棋を始めよう，詰め将棋のルール，詰め将棋を解くポイントは？

|内容| 本書は対局でよく見かける詰みの局面を中心に、1手・3手・5手の詰め将棋を集めた、終盤に強くなるための入門書です。

『超かんたん 絵でわかる将棋入門』 田中寅彦監修 西東社 1996.11 190p 19cm 927円 ①4-7916-0717-1

|目次| 1 将棋の"通"になろう，2 これで将棋が指せる，3 攻めと守りの基本形，4 駒の上手な使い方，5 いざ出陣、戦い方伝授編

『こども将棋囲いの破り方入門―どんどん強くなる』 池田書店 1996.9 190p 19cm〈監修：中原誠〉950円 ①4-262-10120-7

|目次| 第1章 矢倉囲いをくずせ！，第2章 美濃囲いをくずせ！，第3章 船囲いをくずせ！，第4章 穴熊囲いをくずせ！，第5章 早囲い・二枚金・中住居をくずせ！

|内容| 本書は、囲いくずしのポイントがグングンわかる自信の入門書です。

いろいろな遊び

レクリエーションを知ろう

『かこさとしあそびの本　2　こどものげんきなあそび』　かこさとし著　復刊ドットコム　2013.6　63p　24cm〈童心社1971年刊の再刊〉1600円　①978-4-8354-4909-8　Ⓝ781.9
内容　春は草あそび、夏は水あそび、四季おりおりの日本の風土に根ざした子どものあそび。家庭で、子ども会で、みんながたのしみ、また、教育・保育の生きたカリキュラムになる本です。

『かこさとしあそびの本　1　かわいいみんなのあそび』　かこさとし著　復刊ドットコム　2013.5　63p　24cm〈童心社1970年刊の再刊〉1600円　①978-4-8354-4908-1　Ⓝ781.9

『にほんのあそびの教科書—こどもたちへ伝えたい…「生きる知恵」と「豊かな心」を育む』　にほんのあそび研究委員会編　滋慶出版/土屋書店　2013.4　159p　21cm〈文献あり〉1480円　①978-4-8069-1301-6　Ⓝ384.55
目次　外あそび（花いちもんめ、はじめの一歩、かごめかごめ　ほか）、草花あそび（笹舟、草ずもう、風車　ほか）、室内あそび（顔じゃんけん、あっちむいてほい、手あそび—おちゃらか　ほか）
内容　かごめかごめ、通りゃんせ、めんこ、ベーゴマ、おちゃらか…50種以上の「昔なつかしい伝承あそび」が、豊富なイラストとともに甦る。あそびにまつわる意外な起源や歴史がよくわかる豆知識も満載。

『みんなが主役！　学校レクリエーション大百科　5　キャンプファイヤーでもり

あがろう』　北見俊則監修　ポプラ社　2013.4　47p　29cm　2850円　①978-4-591-13304-0,978-4-591-91349-9　Ⓝ374.98

『みんなが主役！　学校レクリエーション大百科　4　遠足・宿泊行事で思い出をつくろう』　北見俊則監修　ポプラ社　2013.4　47p　29cm　2850円　①978-4-591-13303-3,978-4-591-91349-9　Ⓝ374.98

『みんなが主役！　学校レクリエーション大百科　3　全校集会でいっしょに遊ぼう』　北見俊則監修　ポプラ社　2013.4　47p　29cm　2850円　①978-4-591-13302-6,978-4-591-91349-9　Ⓝ374.98

『みんなが主役！　学校レクリエーション大百科　2　学級集会で友だちになろう』　北見俊則監修　ポプラ社　2013.4　47p　29cm　2850円　①978-4-591-13301-9,978-4-591-91349-9　Ⓝ374.98

『みんなが主役！　学校レクリエーション大百科　1　学級・学校生活を楽しもう』　北見俊則監修　ポプラ社　2013.4　47p　29cm　2850円　①978-4-591-13300-2,978-4-591-91349-9　Ⓝ374.98

『飾れる！　遊べる！　わりばしクラフト＆おもちゃ—子どももおとなも楽しい』　滝口明治著　京都　PHP研究所　2013.3　95p　26cm　1300円　①978-4-569-80085-1　Ⓝ507.9

『コミュニケーション力を高める！　レクリエーションアイデアガイド　3　身近なものを使って』　神代洋一編著　汐文社　2013.3　47p　27cm　2300円

レクリエーションを知ろう　　　　　　　　　　　　　　　　　　　　　いろいろな遊び

①978-4-8113-8943-1　Ⓝ781.9
|目次| ボールオニ，ろくむし，かたて，だいがくおとし，むちゃぶつけ，天下（てんか），子どものあそびと自主性，くさばな相撲，ダンゴムシレース，竹とんぼあそび〔ほか〕
|内容| 竹馬，くさばな相撲，だいがくおとし，ほか。遊びの材料の工夫など。

『集会レクリエーション──全校・学年たてわり活動に　おすすめベスト29』　奥田靖二編著　いかだ社　2013.3　63p　26cm　（学校レクリエーション　2）　1300円　①978-4-87051-370-9　Ⓝ374.98

『超速ショートレクリエーション──いつでもどこでも5分でできる　ベスト29』　木村研編著　いかだ社　2013.3　63p　26cm　（学校レクリエーション　4）　1300円　①978-4-87051-372-3　Ⓝ374.98

『教室レクリエーション──クラスがまとまる・なかよくなる』　奥田靖二編著　いかだ社　2013.2　63p　26cm　（図書館版 学校レクリエーション　1）　2000円　①978-4-87051-379-2
|目次| わいわい元気あそび（リーダーをよく見てね──新幹線拍手・ハンカチ拍手，右手と左手，ちがう動きで──2拍子3拍子ソング　ほか），チャンピオンを決めよう！（いろんな漢字，さがしてごらん─漢字であそぼう1，むずかしい漢字も楽しみながら勉強─漢字であそぼう2　ほか），班対抗戦でもりあがる（なかよしかどうか，相性診断テスト──こんにちは，さようなら，よーく耳をすまして聞きわけよう──いい耳どの班？　ほか），机をかこんで少人数でできる（輪になってみんな集まれ！──おせんべやけた，どんどんつなげてうたおう──しりとり歌あそび　ほか）
|内容| みんなでわいわい。クラスがなかよくひとつになるベスト29。

『コミュニケーション力を高める！　レクリエーションアイデアガイド　2　少人数から』　神代洋一編著　汐文社　2013.2　47p　27cm　2300円　①978-4-8113-8942-4　Ⓝ781.9
|目次| だいこんぬき，はないちもんめ，押し相撲，人工衛星，人間知恵の輪，ながうま，子をとろ子とろ，あんたがたどこさ，ふれあいあそび・わらべ歌あそび，ケンパ〔ほか〕

『楽しく遊ぶ学ぶくふうの図鑑』　鎌田和宏監修　小学館　2013.2　191p　27cm　（小学館の子ども図鑑プレNEO）〈文献あり　索引あり〉　2800円　①978-4-09-213187-3　Ⓝ031.3
|目次| くふうはおもしろい（はかる─ものさしがなくてもながさはわかる，かぞえる─はやくかぞえておどろかそう　ほか），くふうをみつけよう（せいかつ─はたらくひとのくふうをみつけたよ！，せいかつ─しごとのどうぐをみてみよう　ほか），くふうすればできる（じかん─とけいがなくてもじかんはわかる，てんき─きみにもできるてんきのよそう　ほか），こんなときどうする？（でんき─でんきがつかえないとどうなる？，でんき─あかりのかわりになるもの　ほか）
|内容| 花のようなリボンのかざりを作る，たまごパックでこぼこのくふう，わすれものをしないくふう，地しんのときのエレベーターでのくふう。日常生活（学校・家庭・社会）にも「いざ！」のときにも。役立つ「くふう」のヒントがいっぱい。知識を「活かす」力を育てます。幼児～低学年向け。

『コミュニケーション力を高める！　レクリエーションアイデアガイド　1　クラスみんなで』　神代洋一編著　汐文社　2012.12　47p　27cm　2300円　①978-4-8113-8941-7　Ⓝ781.9

『みんなであそぼう──いっしょにつくろう24のゲーム』　石井英行文，いたやさとし絵　町田　玉川大学出版部　2012.12　109p　21cm　1600円　①978-4-472-40462-7　Ⓝ786

『学校であそぼう！　ゲームの達人　3　運動場のあそび』　竹井史郎著　岩崎書店　2012.10　47p　29cm　3000円　①978-4-265-08253-7　Ⓝ374.98
|目次| かさなりおに，ここ，きった！，やどおに，めいれいおに，しまおに，しまとり，ごろごろかみなり，ばしょとりかけっこ，じゃんけんじんとり，どろけい〔ほか〕

『学校であそぼう！　ゲームの達人　2　体育館・プールのあそび』　竹井史郎著　岩崎書店　2012.10　47p　29cm　3000円　①978-4-265-08252-0　Ⓝ374.98
|目次| 数あつまり，馬と牛，もりのリス，

| いろいろな遊び | レクリエーションを知ろう |

引っぱりっこ，しっぽとり，手つなぎおに，子をとろ子とろ，川わたり，こおりおに，じゃんけんれっしゃ〔ほか〕

『学校であそぼう！ ゲームの達人 1 教室のあそび』 竹井史郎著 岩崎書店 2012.10 47p 29cm 3000円 ①978-4-265-08251-3 Ⓝ374.98
目次 スピード数あて，親指数あて，せなか文字，えんぴつストップ，さいごの1ぽん，なんと言った？，はな・はな，はんたいゲーム，宝ものは，なに？，パン！ ゲーム〔ほか〕

『びっくり！ おもしろしかけ遊び―動かして遊ぼう！』 立花愛子，佐々木伸著 チャイルド本社 2012.1 79p 26cm 2000円 ①978-4-8054-0191-0 Ⓝ594
目次 伸びる輪ゴムのしかけ，ねじれた輪ゴムのしかけ，糸巻きのしかけ，糸でつなげるしかけ，転がるしかけ，おもりのしかけ，曲がるストローのしかけ
内容 どうしてこんな動きをするのかな？ それを知るには，動きの仕組みを作ってみるのが一番です。シンプルなしかけで，愉快な動きをたくさん作りましょう。

『かんたん！ 楽しい！ バスレク』 阿部直美著 成美堂出版 2011.4 127p 26×21cm〈付属資料：絵カード〉 1500円 ①978-4-415-31024-4
目次 1 定番あそび，2 遠足歌あそび，3 なぞなぞクイズ，4 ゲーム大会，5 言葉あそび，6 帰りのバスあそび
内容 子どもたちが大好きな64のあそびを紹介。みんなの心をつかむコツやヒントがいっぱい。切り取って使える絵カードつき。

『自然のおくりもの―つくる・たべる・あそぶ』 奥山英治絵，こどもくらぶ編，山田卓三監修 農山漁村文化協会 2011.3 32p 27cm （五感をみがくあそびシリーズ 5）〈文献あり 索引あり〉 2200円 ①978-4-540-10257-8 Ⓝ407
目次 木や土でつくってあそぼう（ぶちごまをまわす，マツの皮のボート ほか），自然の色をたのしもう（草花や木の葉でたたきぞめ，草花や木の実でかたぞめ ほか），草や花を食べてみよう（ムラサキツメクサのみつをすう，スイバの葉をかむ ほか），木の実を料理しよう（ドングリクッキーをやく，キイチゴのジャム ほか）

『とことんやろうすきなこと』 斉藤洋，キッズ生活探検団作，森田みちよ絵 町田 玉川大学出版部 2011.1 93p 19cm （キッズ生活探検おはなしシリーズ） 1300円 ①978-4-472-05911-7
目次 みんな何してるの？（斉藤洋，森田みちよ），ノイギルとさがそうすきなこと（キッズ生活探検団，中浜小織）（ならいごとアンケート，スポーツシューズクイズ，すきなことアンケート"しゅみ"，すきなことアンケート"クラブ"，コンテストや，検定にちょうせん！，始めよう，すきなこと，おしえて，センパイ！，ことばクイズ，スポーツにちょうせん！，すきなことさがしのおわりに）
内容 クロヒョウの少年は"こうきしん"でいっぱい!?「物語」と「解説」のダブル構成！ おもしろく，ためになり，役に立つ―新しい児童書シリーズは読まずにいられません。

『びっくり！ おもしろ砂遊び』 立花愛子，佐々木伸著 チャイルド本社 2009.5 79p 26×21cm 2000円 ①978-4-8054-0142-2
目次 びっくり！ 砂遊び（海賊船を作ろう！，コロコロ砂だんご ほか），秘伝！ 砂遊びツール（ざくざくスコップ大・中・小，ふたつきじょうごとらくちんバケツ ほか），ちょこっとどろ遊び（つるぴかだんこを作ろう，ぴかぴかチョコレート ほか），びっくり！ さら砂遊び（さら砂でお絵描き，外でもお絵描き ほか），もじゃもじゃで遊ぼう！（砂の中のもじゃもじゃを探そう！，もじゃもじゃ百面相＆迷路）
内容 固めて，びっくり，ふるって，わくわく。秘伝・砂遊びツール16種ほか，びっくり，ゆかいなアイデア33を紹介。

『ブロックあそびかた大百科―ダイヤブロック公式ガイドブック つくりかた100種類』 幻冬舎エデュケーション，幻冬舎（発売） 2008.11 96p 26cm 952円 ①978-4-344-97517-0 Ⓝ759
目次 1 平らに組んでつくる，2 Aぶひん12個だけでつくる，3 どうぶつをつくる，4 のりものをつくる，5 ロボットやきょうりゅうをつくる，6 おうちをつくる
内容 ブロックは，パーツを組み合わせて小

子どもの本 楽しい課外活動2000冊 197

さなものから大きなものまで、創造力しだいでどんなものでもつくることができるおもちゃです。この本は、ダイヤブロックでつくれる100種類のつくりかたをのせています。

『雪遊び達人ブック―遊び造形実験・観察』 雪遊び達人倶楽部編著　いかだ社　2008.11　95p　21cm　1600円　Ⓘ978-4-87051-244-3　Ⓝ786

『おばけ大集合―おばけやしきを作っちゃおう！』 山本和子，あさいかなえ著　チャイルド本社　2008.4　71p　26cm　2000円　Ⓘ978-4-8054-0116-3　Ⓝ781.9
目次 大首おばけ，かさおばけ，なんにでもおばけ，風船おばけアラカルト，虫おばけザムザム，大口おばけ，おばけの森，新聞紙おばけ，あけてあけておばけ，おばけトンネル〔ほか〕
内容 かわいいおばけから、こわいおばけまで勢ぞろい。いろいろなタイプのおばけが登場します。おばけを作るもよし。おばけになりきるもよし。もちろん、おばけやしきの計画もオススメです！ 行事や劇にも、ぜひ活用してみてください。

『校庭遊び 下』 亀卦川茂文，高村忠範絵　汐文社　2008.1　47p　27cm　（たのしい放課後遊び 2）　2000円　Ⓘ978-4-8113-8428-3　Ⓝ781.9

『みんな大好き！ お店やさんごっこ―かんたんアイテム150』 いしかわまりこ著　チャイルド本社　2007.11　87p　26×21cm　2200円　Ⓘ978-4-8054-0107-1
目次 1「お店やさんごっこ」で遊ぼう！（ケーキやさん，パンやさん，レストランほか），2「お店やさんごっこ」を盛り上げよう！（盛り上げアイテム，売り方と展示のポイント，もっと盛り上がるポイント4か条），3「お店やさんごっこ」のアイテムを作ろう！（よく使う材料と作り方の工夫，アイテムの作り方，アイテムの型紙）
内容 ケーキやさん、レストラン、はなやさん、でんきやさん―。大人気のお店やさんごっこがグンとおもしろくなるアイテム大集合！ お店で売る品物をはじめコスチュームやレジスターなど楽しいアイテム150点以上を収録しました。身近な材料で、子どもたちでもかんたんに作れるものばかり。お店やさんごっこの決定版です。

『校庭遊び 上』 亀卦川茂文，高村忠範絵　汐文社　2007.9　47p　27cm　（たのしい放課後遊び 1）　2000円　Ⓘ978-4-8113-8427-6　Ⓝ781.9
目次 王様陣とり，Sけん，十字おに，なすきゅうり，ひまわりおに，まるおに，ぽこぺん，どろけい，かんけり，くつとり，くつかくし，ろくむし，ナンバー，カラーボール野球，キックベース，どこゆき，あけかおつその，けんぱ，あんたがたどこさ，地面とり

『いっしょにあそぼう―アフリカの子どものあそび』 イフェオマ・オニェフル作・写真，さくまゆみこ訳　偕成社　2007.4　25p　23×29cm　1200円　Ⓘ978-4-03-328550-4　Ⓝ384.55
内容 「あなたがいちばんすきで、とくいなあそびはなに？」エベレのもとに、いとこのンゴニから手紙がとどきました。棒まわし、こま、まねっこあそび…どれもすきだけれど、友だちや兄弟のとくいなあそびばかり。さて、エベレのいちばんお気に入りのあそびはなにかな？ アフリカ（セネガル・ナイジェリア）の子どもたちのあそびや歌を、あざやかな写真とともに紹介する絵本。5歳から。

『あそび力アップゲーム』 篠原菊紀監修，造事務所編集・構成　ポプラ社　2007.3　47p　27cm　（頭げんき！ 超かんたん脳トレ 4）　2800円　Ⓘ978-4-591-09614-7　Ⓝ498.39
目次 1 サッと集中できる（ことばに味つけ！ コショウをふろう，あとだしで楽勝ジャンケン，「4」がきたら手をたたこう！，声にまけずに指に集中！，へそまがりさん大かんげい！，「　」（てんてん）をぬいておしゃべりタイム），2 パッとおもいだせる（色のカードでさかさま神経衰弱，ノリノリリズムでことばをつづけよう！，仲間はずれのことばは、ど〜れだ？，頭のなかでお料理トントン，なが〜くつなげていきなかな？），3 すばやく判断できる（だるまさんは…なにしてた？，いろイロハンカチをつかまえろ！，「×」は右むけ右！「○」は左むけ左！，みたら最後!?オニのウインク，どんなテーマもおまかせ！ ジェスチャー名人，自分のことなら元気よく、ハーイ！，右手と左手でスリスリ・トントン）

『あそぶ・楽しむ』 秋山滋文，田沢梨枝子絵　汐文社　2007.3　47p　27cm

（おばあちゃんの和の知恵 3） 2000円 ①978-4-8113-8185-5 Ⓝ384.55
[目次] 自然とあそぶ（花輪・花かんむり，草花ずもう ほか），つくって楽しむ（紙ずもう，わりばしでっぽう ほか），「むかし」をあそぶ（お手玉，あやとり ほか），ふしぎあそび（からくりカード，からくりびょうぶ ほか），季節を楽しむ（お正月/福笑い，ひな祭り/ひな人形 ほか）
[内容] 手づくりあそびはぬくもりがいっぱい。伝統のなかで守り育まれてきたくらしの知恵と工夫を伝えるシリーズ。

『超やくだつ??へなちょこコワザ大全集』 コワザ研究会作，伊東ぢゅん子絵 ポプラ社 2007.2 159p 18cm （大人にはないしょだよ 53） 700円 ①978-4-591-09670-3 Ⓝ779.3
[目次] 1の巻物 超人気者への道 おもしろコワザ，2の巻物 超能力者への道 フシギなコワザ，番外編巻物 これはつかえる 超ベンリコワザ，3の巻物 ひっかけマスターへの道 イタズラコワザ，4の巻物 おもしろ料理人への道 おいしいコワザ

『からだであそぼう』 久保健，原田奈名子著 草土文化 2006.4 55p 25cm （びっくり！ からだあそび・シリーズ 3） ①4-7945-0937-5 Ⓝ781.9
[目次] 1 走ってとんで転がってみよう，2 ふたりであそぼう，3 からだの感覚であそぼう，4 ものを使ってあそぶ，5 おおぜいであそぼう，6 おとなとあそぼう

『びっくり！ からだあそび・シリーズ』 久保健，原田奈名子著 草土文化 2006.4 3冊（セット） 25×19cm 8000円 ①4-7945-0934-0
[目次] 1 動物になって動いてみよう（イソギンチャクになろう，ウミウシ・ナメクジになろう，魚になろう ほか），2 くらしの中でどう動いてる？（ねる・目ざめる・起きあがる，立つ・しゃがむ，歩く ほか），3 からだであそぼう（走ってとんで転がってみよう，ふたりであそぼう，からだの感覚であそぼう ほか）

『動かす』 古川恵以，坂本博司著 改訂版 京都 同朋舎メディアプラン 2005.4 123p 31cm （手づくり遊びがおもしろい 第1巻 東山明監修）〈東京 リブ

リオ出版（発売） シリーズ責任表示：東山明監修〉①4-86057-198-3,4-86057-197-5 Ⓝ507.9
[目次] 1 変身からくり（かくれんぼ人形，牛若丸 ほか），2 動く折り紙（飛ぶ鳥，かたつむり ほか），3 動かすゲーム（ロープウエイ，紙ケン玉 ほか），4 まわす（こま，ブンブンごま ほか），5 走らせる（ころがるものを見つけよう，ビー玉コロコロ ほか），6 水に浮かべる（プカプカ船，板切れの船 ほか）

『飛ばす』 清水勝広著 改訂版 京都 同朋舎メディアプラン 2005.4 123p 31cm （手づくり遊びがおもしろい 第2巻 東山明監修）〈東京 リブリオ出版（発売） シリーズ責任表示：東山明監修〉①4-86057-199-1,4-86057-197-5 Ⓝ507.9
[目次] 1 いろいろなもので飛ばそう（ねん土を飛ばそう，石を投げよう ほか），2 飛行機飛ばそう（簡単な飛行機，やり飛行機 ほか），3 竹で飛ばそう（水鉄ぽう，ポンプ ほか），4 凧を飛ばそう（凧をつくろう，ますいか凧 ほか）

『ふしぎなハンカチ遊び100』 たきがわたかし，たきがわきょうこ著 鈴木出版 2004.12 95p 26cm 1600円 ①4-7902-7184-6
[目次] ふしぎなハンカチ遊び入門編 いつでもどこでもだれにでも！（くしゃくしゃまるめる「バラの花」，ペタペタ折る「ポシェット」，くるっと結ぶ「ひこうき」，くるくる巻く「へび」，ぐいぐい巻きこむ「キャンディー」），ふしぎなハンカチ遊び大集合 ハンカチタウンへようこそ！（そっくりレストラン，なりきりブティック，なんでも雑貨店，すいすい水族館，どこでも自然公園）
[内容] いつでもどこでもだれでもできる！ハンカチでステキな魔法をかけましょう。まるめて，折って，結んで，巻いて…わかりやすく基本から紹介。スタンダードなネズミ，バナナをはじめエビフライ，くちべに，バラ，バーベル，たわしまで，ユニークな100の遊びにLet'sチャレンジ。

『休み時間ゲーム50―＋バツゲーム10』 亀井耕二監修，なかさこかずひこ！絵 フレーベル館 2004.12 127p 19cm （Asobo国シリーズ） 980円 ①4-577-

『くらべてみよう！日本と世界のくらしと遊び』 石毛直道監修，小長谷有紀編著　講談社　2004.11　159p　21cm　1600円　④4-06-211936-6　Ⓝ384.5

|目次| 第1章 世界の家族と子どものくらし（韓国の家族と子ども，モンゴルの家族と子ども，中国の家族と子ども ほか），第2章 世界の子どもと学校のくらし（世界の子どもたち，世界の小学校探検），第3章 世界と遊ぼうよ！（子どもたちの遊び調べ，大自然と遊ぼうよ！，鬼ごっことかくれんぼ ほか）

|内容| 世界の家族と子どもたち。お友だちのイラストは，未来のくらし，平和への願いなど，夢がいっぱい！ 日本と世界のくらし，くらべてみるとおどろきと発見がたくさんあった！ みんなの学校はどんなところ？ お友だち，学習，お昼ご飯，宿題は，どうしてる？ みんなで遊ぼう！ 鬼ごっこ・じゃんけん・ボール遊び・かけっこなど世界の遊びが満載！ 世界の家族と子どものくらしがよくわかる。

『にほんごであそぼ どや』 佐藤卓絵本構成　日本放送出版協会　2004.11　1冊　22×22cm　1500円　④4-14-036095-X

|内容| NHKの幼児番組「にほんごであそぼ」でおなじみの「どっどどどどうど…」「ややこしや」を素材に，文字そのもののおもしろさ，そこから広がるイメージを大胆に展開した"日本語で遊ぶ"絵本。

『休み時間のおもしろゲーム100連発！』 おもしろゲーム研究会編　実業之日本社　2004.11　205p　15cm　（ヤングセレクション）　676円　④4-408-61637-0　Ⓝ798

|目次| 第1ラウンド 1対1で勝負！（まいりました，股さきジャンケン ほか），第2ラウンド 教室で大バトル！（あわせて何本？，おにぎりころころ ほか），第3ラウンド 車の中もゲーム，ゲーム！（キーワードをさがせ，スモールナンバー ほか），第4ラウンド 体育館で大ハッスル！（十字架鬼，タッチ鬼 ほか），バツゲーム 戦いのあとの大爆笑！（百面相，しり文字 ほか）

|内容| せっかくの休み時間！ でも外は雨…。がっかりするのはまだ早い！ 室内だって，いろんな遊びができるんです。この本では，少人数，大人数，車中など，いろいろな場面ごとにゲームを紹介しているから，その場にぴったりのゲームをさがせます。また，ほとんどじゅんびのいらないものばかりだから，すぐに楽しめます！ さあ，みんなで集まって，さっそくゲームをはじめましょう。

『よく飛ぶ紙ひこうき大百科—空飛ぶファンタジスタ』 丹波純設計・文，茨木スミトデザイン　学習研究社　2004.9　36p　26cm　850円　④4-05-202076-6

|目次| 5分で完成シリーズ（スターウイング，ブルーツインスター ほか），10分で完成シリーズ（X‐ウイング，スーパーシャトル），20分で完成シリーズ（J‐ライナー，グリーンチェッカー ほか），プロフェッショナルシリーズ（サンダージェット，ファイヤージェット ほか）

『あそびのレシピ—つくるたのしみ』 鈴木洋子著，柴原のりこ写真，村山純子構成　福音館書店　2004.6　71p　26cm　1600円　④4-8340-1969-1　Ⓝ594

|目次| 石で遊ぼう，ひな人形，木でつくるメモホルダー，かわいい小物入れ，ひらひらと舞うもの，コップのマリオネット，すごろくゲーム，ひらいて発見，お誕生日カード，落ち葉のセーター〔ほか〕

『みんなでできる足あそび』 竹井史郎作，きやんみのる絵　くもん出版　2004.4　31p　29cm　（からだであそぼう！　4）　2000円　④4-7743-0736-X　Ⓝ781.9

|目次| いろいろなあるきかた，かかとをあげてごらん，右足をあげてごらん，足じゃんけん，じゃんけん足ふみ，足ゆびじゃんけん，足はばじゃんけん，すねずもう，ひざばさみずもう，足のおしずもう〔ほか〕

『みんなでできるかおあそび』 竹井史郎作，きやんみのる絵　くもん出版　2004.4　31p　29cm　（からだであそぼう！　1）　2000円　④4-7743-0733-5　Ⓝ781.9

|目次| 百面相，どうぶつのものまね，かおでたべものをつくろう，音あそび，はなと耳つかみ，かがみで百面相，百面相ゲーム，かおだけにらめっこ，かおと手でにらめっこ，かおじゃんけん〔ほか〕

『みんなでできる全身あそび』 竹井史郎作，きやんみのる絵　くもん出版

いろいろな遊び　　　　　　　　　　　　　　　　　　　　　　レクリエーションを知ろう

2004.4　31p　29cm　（からだであそぼう！　5）　2000円　①4-7743-0737-8　Ⓝ781.9

[目次] どうぶつのものまね，いろいろなものまね，まきもどし，なんとかいた？，けしゴムがひろえない！，あれ？とびあがれない！，あれ？立てないよ！，からだじゃんけん，おんぶじゃんけん，おしずもう〔ほか〕

『みんなでできる手あそび』　竹井史郎作，きやんみのる絵　くもん出版　2004.4　31p　29cm　（からだであそぼう！　3）　2000円　①4-7743-0735-1　Ⓝ781.9

[目次] 手のたいそう，かげえ，手のものまね，音あそび，はなれない手，ひじのうちがわさがし，上にあげた手はどっち？，ひとりでに手が上がる！，おなべふ，りょう手じゃんけん〔ほか〕

『みんなでできるゆびあそび』　竹井史郎作，きやんみのる絵　くもん出版　2004.4　31p　29cm　（からだであそぼう！　2）　2000円　①4-7743-0734-3　Ⓝ781.9

[目次] ゆびのたいそう，もしもしかめよ，しゃくとりむし，ゆびぐるま，ゆびのひっこし，ゆびのどうぶつ，ゆびのサイン，くすりゆびがはなれない？，お金の手じな，だんだんくっつくゆび〔ほか〕

『チャレンジ！あそび大事典―ゲーム機なしでもこんなにオモシロイ』　天野秀昭［ほか］監修　偕成社　2004.3　175p　29cm　4800円　①4-03-527650-2　Ⓝ781.9

[目次] 1 学校であそんじゃおう！（ボールあそび，とんであそぶ　ほか），2 街がぼくらのあそび場だ！（ジャンケン，オニごっこ　ほか），3 アウトドアで自然とあそぼう！（水中観察・水生生物採集，川魚捕り・川釣り　ほか），4 冒険あそび場に行ってみよう！（秘密基地づくり，廃車で基地づくり　ほか）

『あそび名人12人』　クレヨンハウス総合文化研究所，クレヨンハウス〔発売〕　2003.4　171p　30cm　（あそびのメソッドシリーズ）　2667円　①4-86101-002-0

[目次] 1 福尾野歩さんのあそびうた，2 芹沢義泰さんの「あつまりあそび」，3 ケロポンズの「あそびネタ」まるごと，4 新田新一郎さんのあそびじゅつ，5 降旗信一さんのネイチャーゲーム，6 関根秀樹さんのあそびのたまてばこ，7 木村研さんの手づくりあそび，8 金子しゅうめいさんの和太鼓であそぼう，9 米村伝治郎さんの科学でエンターテインメント，10 田村忠夫さんのふれあいあそび，11 藤本ともひこさんのあそびマーケット，12 花輪充さんの元気あそび　劇あそび

[内容] 子どもは，あそびを知っている大人が大好き！子どもたちとあそぶのは，もう，怖くない！それどころか，あなたも，あそびの名人になれる。

『先生たちが選んだ新ゲーム・手づくりあそびセレクト100』　みんなの会編，伊達てるまさ，鶴ひさ子，高橋くにお絵　講談社　2002.6　215p　21cm　1600円　①4-06-210841-0

[目次] ゲーム（場所別）（ねずみとり，ブー・キーン・カンカン，数字ならべ，未知との遭遇，パーマン　ほか），手づくりあそび（材料別）（変身帽子，ゆれる物体，尺とり虫とムックリ，ひとだま飛行機，おさるの山のぼり，アクロバットホース　ほか）

[内容] この本には，数あるゲーム，手づくりあそびのなかから，教師が，現場で毎日実践したものをもとに，子どもたちが熱中したもの，驚きながらも喜んで取り組んだものを集めてある。よく知られているものや昔からあるものも，現場での経験を生かした工夫やアドバイスがあり，現代の子どもたちに即したものになっている。

『先生も子どももできる楽しいスタンプあそび』　芸術教育研究所監修，山口裕美子著，伊藤靖子絵　名古屋　黎明書房　2002.5　27p　27cm　1400円　①4-654-05196-1

『のびのびワクワクからだあそび』　からだほぐし編集委員会監修，原田奈名子著，まるずみかずお，岡野淳子絵　汐文社　2002.4　55p　27cm　（からだほぐしを楽しもう　2）　1800円　①4-8113-7455-X

『からだほぐしを楽しもう　1　ゆったりイキイキからだきづき』　からだほぐし編集委員会監修，高橋和子著，小林綾子絵　汐文社　2002.3　55p　27×19cm

1800円　①4-8113-7454-1
|目次|　1 目をつぶってみて，2 鬼ごっこ，3 全力疾走，4 歩く，5 息めぐらし，6 ごろにゃーん，7 1人・2人・3人，8 いのちの旅，9 新聞紙，10 鏡

『遊具・ゲーム』　檜山永次，中井秀樹，野出正和著，水谷桃子イラスト　大月書店　2002.2　31p　31cm　（みんなでつくろう！　大型クラフト 4）　3000円　①4-272-61304-9
|目次|　つくりはじめる前に，ダンボールでつくる巨大迷路，コロコロすっとん！　大型コリントゲーム，ダンボールで球体をつくる，ペットボトルのビッグボーリング，アルミかんのっぽ輪なげ，つりざおと魚をつくってフィッシングゲーム，ペットボトルの手づくりみこし，ギッコン，バッコンカエルのシーソー，トンネルもあるぞ！　ダンボールすべり台

『目あそび・手あそび・足あそび―なにしてあそぶ？　わらべうた』　佐藤美代子編著，近藤理恵絵　草土文化　2001.11　76p　26cm　1200円　①4-7945-0831-X
|目次|　顔あそび，布あそび，手あそび，腕あそび，わるくち歌，足あそび，手合わせ，鬼決め，動いて遊ぶ，わるくち歌，輪になって遊ぶ，鬼決め，じゃんけん

『あそびとおもちゃ情報事典』　多田千尋監修　日本図書センター　2001.3　55p　31cm　（目でみる子どものあそび百科 5）　4400円　①4-8205-6558-3,4-8205-6553-2

『こころと体で表現あそび』　汐文社　2001.3　55p　27cm　（全学年で楽しめるアニマシオン 3）　1800円　①4-8113-7397-9
|目次|　からだを使ってあそぶ（ミニミニオリンピック，借り芸競争，しっぽふみ，チャンバラ陣取り，あそび振興券，心と心をつなぐ（サマーナイトスクール，6年生を送る会，タイムカプセルビデオ），表現あそびにチャレンジ（見立てごっこ，ジェスチャーゲーム，創造ゲーム，子どものサンタがやってくる，ハロウィン，豆まき隊，みんなでテレビ，物語で遊ぼう，探検を劇に）
|内容|　本巻には，もっともっとなかよくなれるゲーム，想像力をいっぱいはたらかせる

ゲーム，学校の外に出かけるゲーム，そして，みんなのこころがひとつになれるゲームが，つまっています。みんなのあそびの世界が，ぐんとひろがるよ。

『力をあわせてチャレンジゲーム』　汐文社　2001.3　55p　27cm　（全学年で楽しめるアニマシオン 2）　1800円　①4-8113-7396-0
|目次|　グループゲーム，チャンピオンゲーム，グループ対抗リレーゲーム，チャレンジゲーム，自然の中でのゲーム
|内容|　学年のちがうみんなが，いっしょに遊べる，ゲームのやり方を書いた本。教室や体育館や運動場や野外…いろいろなところでできるゲームが，いっぱいつまっています。

『手づくりで楽しむパーティーブック』　高野あや作・絵，村田まり子絵　福音館書店　2001.3　143p　26cm　1900円　①4-8340-1741-9
|目次|　第1章　パーティーの案内をする，第2章　パーティー会場を楽しく準備する，第3章　プレゼントにすてきなラッピングをする，第4章　変装したり，おしゃれをして，パーティーにでかけよう，第5章　ケーキをつくって，テーブルをかざる，第6章　クリスマスパーティーをしよう
|内容|　卒園，卒業のお祝いの会，誕生日の会，クリスマス…，みんなで集まって楽しむパーティーはたくさんあります。招待カードのつくり方から，プレゼントのラッピング，会場のかざりつけ，すてきなテーブルウェアー，おいしケーキのつくり方まで，型紙をつけてやさしく紹介しています。小学校中級から。

『なかまあそび事典』　多田千尋監修　日本図書センター　2001.3　55p　31cm　（目でみる子どものあそび百科 3）　4400円　①4-8205-6556-7,4-8205-6553-2

『新入生といっしょにあそべるゲーム』　汐文社　2001.2　55p　27cm　（全学年で楽しめるアニマシオン 1）　1800円　①4-8113-7395-2
|目次|　キャッチでつかまえて，フルーツバスケット，ねことねずみ，なまえリレー，よろしくキャッチボール，あと出しじゃんけん，じゃんけんカード集め，レッツゴーじゃんけん列車，ドーンじゃんけん，エスカレート

いろいろな遊び　　　　　　　　　　　　　　　　　　　　　レクリエーションを知ろう

じゃんけん〔ほか〕
[内容] これは、ゲームの本です。学年のちがうみんなが、いっしょに遊べる、ゲームのやり方を書いた本です。教室や体育館や運動場や野外…いろいろなところでできるゲームが、いっぱいつまっています。

『先生も子どももできる楽しい指編みあそび』　芸術教育研究所監修，菊池貴美江著，伊藤靖子絵　名古屋　黎明書房　2001.2　27p　27cm　1400円　①4-654-05191-0

『手作りおもちゃ大百科』　遠藤ケイ著　勁文社　2001.2　333p　15cm　（ケイブンシャの大百科）〈1977年刊の一部改訂〉　820円　①4-7669-3722-8

『あそび』　スティーヴン・バトラーえ，かがわけいこやく　大日本絵画　2001　1冊　17cm　（ひもあそびしかけえほん）　933円　①4-499-27938-0

『あそび─すぐにできていっぱいたのしい』　学習研究社　2000.8　64p　26cm　（あそびのおうさまずかん　3）　780円　①4-05-201330-1
[目次] やまがたのしいぞ，うみがたのしいぞ，のはらがたのしいぞ，つくるってたのしいぞ，みんなでするあそび，あそびのちゅうい
[内容] これなんだろう？　好奇心は、自由な「あそびの心」から生まれます。自然や生活のなかでの発見と驚き。「あそびのおうさまずかん」は、子どもたちの心のエネルギーを育てる絵本です。

『遊び』　宮田利幸監修，梨岡基雅著　小峰書店　2000.4　47p　29cm　（日本人の20世紀・くらしのうつりかわり　5）　2900円　①4-338-16805-3,4-338-16800-5

『じゃんけんあそび・ゆびあそび』　嶋野道弘監修　ポプラ社　2000.4　39p　27cm　（みんなであそぼう校内あそび　5）　2200円　①4-591-06304-6
[目次] じゃんけん，顔じゃんけん，足じゃんけん・体じゃんけん，両手じゃんけん，どっちひくの？，あっちむいてホイ！，つまみじゃんけん，しっぺじゃんけん，足ひらきじゃんけん，ペチャンコじゃんけん〔ほか〕

[内容] 特別な道具を使わずルールもやさしいじゃんけんあそびや、昔からこどもたちの間に伝えられてきたなつかしい指あそびなど、だれもがすぐに参加できるあそびを紹介しています。小学校低学年～中学年向き。

『カバディ─おにごっこからはじめよう、道具のいらないスポーツ』　苅宿俊文文，平尾浩二絵　偕成社　2000.3　31p　31cm　（ふだん着でできる新・学校のスポーツ　3）　2500円　①4-03-543330-6
[目次] 母さんがスポーツ大会委員長になっちゃった…，道具なしでできる、カバディってなに？，手つなぎおにをヒントに練習開始，やるぞ！　しっぽ取りゲーム，カバディの歴史，ほんものは迫力満点！　意欲は0点，カバディらしくなってきた，カバディのおもなルール，動きに工夫を加えてみよう！，お兄さんたちもいっしょに1分ゲーム〔ほか〕
[内容] イガりん（五十嵐純）のママが、中台町子ども会の役員会のくじ引きで、「子どもスポーツ大会委員長」になってしまいました…ぼくと同じで、母さんはスポーツが苦手なのに、困ったなあ…と考えながらテレビをつけると、とっくみあいをしているような、"カバディ"というスポーツが紹介されていました…。

『チャレンジ・ザ・ゲーム─チームワークとリズム感がたいせつ、10の種目』　苅宿俊文文，福井典子絵　偕成社　2000.3　31p　31cm　（ふだん着でできる新・学校のスポーツ　6）　2500円　①4-03-543360-8
[目次] 五、六年生がなかよくやれる新しいスポーツ？，チャレンジ・ザ・ゲームにチャレンジ決定！，意外とむずかしい？　キャッチング・ザ・スティック，はさまれると痛い！　バンプー・ダンス，10人もとべない？　ロープ・ジャンピング，チャレンジ・ザ・ゲームの歴史，公認種目のおもなルール，だれともチームを組んでみよう，スティックはつぎの人が取りやすいように，ダンスはリズムに合わせて，ロープは地面にこする感じで〔ほか〕
[内容] 南山小学校に通うイズみん（稲村泉）は、1学期の終わりの「5、6年生合同スポーツ大会」の委員長に立候補して、みごとにえらばれました…5、6年生がなかよくやれる新しいスポーツで大会をやろうと思ったのですが、種目は先生たちにみつけてもらって…それは"チャレンジ・ザ・ゲーム"って

子どもの本　楽しい課外活動2000冊　　203

『手あそび—ママのバッグは魔法の袋』
ブティック社 1999.7 50p 18×19cm （プチブティックシリーズ no.152） 400円 ①4-8347-6152-5

『囲碁・将棋クラブむかしの遊びクラブ』
横山正監修, 倉島民雄, 杉山聡著 ポプラ社 1999.4 47p 27cm （みんなでつくるクラブ活動 2） 2400円 ①4-591-05947-2,4-591-99289-6

『折ってあそぶ』 大橋晧也作, 笹川妙子絵 星の環会 1999.4 47p 18×18cm （ゆびあそびシリーズ 9） 900円 ①4-89294-255-3
目次 使えたり, あそんだりできるもの, ゆびあそびと健康, おしゃべりカラス, 白鳥のキャンディー入れ, ゆびわ, インスタントごみ箱 (伝承), バスケット, 鬼のお面, ゆきんこかぶと (伝承), ソンブレロ (伝承)
内容 ここに紹介した折り紙はとても簡単なもので, できあがった作品は実際に使えたり, またいろいろと遊んだりすることのできるものばかりです。お子さんやお孫さんにも教えてあげてください。また, 小さいお子さんも, 一人でできたらおじいちゃんやおばあちゃんにも教えてやってください。

『チラシであそぶ』 木村研作, 岸本真弓絵 星の環会 1999.4 47p 18×18cm （ゆびあそびシリーズ 5） 900円 ①4-89294-251-0
目次 紙でっぽう, カッパのパクパク, プロペラ, 刀, 吹き矢, しゅりけん, メンコ, ヘソ紙ひこうき, つばめ紙ひこうき, 箱・箱BOX 〔ほか〕
内容 紙の少なかった時代はもちろんですが, 著者たちが子どものころまでは, チラシも大切に使っていました。本書では, 著者たちが, 子どものころにチラシで作ってあそんだおもちゃを, たくさん紹介します。

『ポップ・アップ』 佐藤諒作, 三栗沙緒子絵 星の環会 1999.4 51p 18×18cm （ゆびあそびシリーズ 10） 1100円 ①4-89294-256-1
目次 子どもとあそぼう, かんたんおひなさまカードを贈りましょう, クリスマスツリーに願いをこめて, 節分祭りの案内をユニークに, 友人の誕生日にはお花をプレゼント！, 出産祝いにこうのとりのカードを
内容 自分が思っていることや感じたこと, 考えたことなどを, 他所の人に知ってもらうためには, 文字を使って文章を書いたり, 色を使って絵を描いたりします。可愛いひよこがピヨピヨ鳴いてお母さんに餌をねだっています。おいしそうなケーキに思わず鼻がピクピク, びっくりまなこがパッチリパチリのお母さん。こんな様子は, 文章に書いたり絵に描くより, カードを開いたり閉じたりしてみると, ほんとうにお口がピヨピヨと動いたり, お母さんの鼻がピクピクおめめがパチパチ動いたりすると, 一層楽しさが倍加するのではないでしょうか。さて, どうすればカードの間にはさみこんだ紙が動くのでしょう？ 簡単な動かし方をやってみて, 少しずつ違った動かし方を工夫してみましょう。

『水であそぶ』 木村研作, 岸本真弓絵 星の環会 1999.4 47p 18×18cm （ゆびあそびシリーズ 8） 900円 ①4-89294-254-5
目次 あぶり出し, ニョロニョロヘビ, 花びらのくじ, 魚つり, スイスイボート, 笹舟, 水力船, フワフワ人形, プロペラ船, 船のあそび, 折りぞめ
内容 「水であそぶ」といったら, 海やプールのことを思いがちですが, 室内であそべるものもたくさんあります。本書では, 水をつかってあそぶおもちゃを紹介しています。

『割りばしであそぶ』 木村研作, 岸本真弓絵 星の環会 1999.4 47p 18×18cm （ゆびあそびシリーズ 6） 900円 ①4-89294-252-9
目次 けん玉, インスタントライフル, 割りばしでっぽう, インスタントグライダー, グライダー, やさいでっぽう, 応用くるくるとんぼ, パラシュート, マジックハンド, 占い
内容 割りばしは, 何十年も生きていた木を切りたおして作るものです。だから, 小さくても木なのです。限りある資源の特徴を生かした割りばしのおもちゃを, ぜひたくさん作ってみて下さい。

『ゲームをつくろ』 ヒダオサム作・絵 汐文社 1999.2 43p 27cm （NHK「つくってあそぼ」小学生版 3） 1600円 ①4-8113-7269-7
目次 たまごパックゲーム, サボテンわなげ

ゲーム，すずおとしタワーゲーム，はっけよいかいじゅう大ずもう，あきばこサッカーゲーム，スキースラロームゲーム，ゴロリのホールインワン，ハラハラドキドキドライブゲーム，プラカップのジャンボケンだま，ぺったんさかなつり，発ぽうトレーのジグソーゲーム

『あそんでことばのほん』 学習研究社 1999.1 127p 21×30cm （あそびのおうさまbook）950円 ⓘ4-05-201036-1

『遊び・ゲームびっくりBOX チャイルドランド―楽しさとびだす！ 幼児からの遊び』 木村研編著 いかだ社 1998.8 125p 21cm 1400円 ⓘ4-87051-073-1
目次 バスの中で遊べるよ，ふれあう遊び，外での遊び，楽しい歌遊び，なかよしになる遊び，お店やさんごっこ，夏祭りに，おおぜいで遊ぶ，室内で遊ぶ

『織りものごっこ』 田村寿美恵作，中村有希絵 童心社 1998.3 31p 27cm （手づくりであそぼ）1600円 ⓘ4-494-00824-9

『玉川こども・きょういく百科 [15] あそびとおもちゃ』 小原哲郎監修，和久洋三指導と執筆，平松尚樹装画 新装版 町田 玉川大学出版部 1998.2（5刷）96p 31cm ⓘ4-472-93001-3

『かんたん手づくりおもちゃチャイルドランド―幼児から楽しめる60プラス1』 木村研編著 いかだ社 1997.8 126p 21cm 1400円 ⓘ4-87051-065-0
目次 おともだちをふやそう，まわして遊ぼう，折り紙でつくろう，魚つりをしよう，動くおもちゃをつくろう，ふうふう遊ぼう，とばして遊ぼう，とってもすずしいよ，たこあげしよう，動きがかわいい，こんなかざりはいかが？，お面をつくろう，パズルとゲームをつくろう，水に浮かべてごらん，もひとつあるよ

『頭のゲーム』 新装版 旺文社 1997.6 63p 31cm （図解・世界ゲーム大事典）2505円 ⓘ4-01-071557-X
目次 図形の分類，通り過ぎたのはだれ？，つみきの家，レッドストーン，なんの音かな，さわってみよう，TEN，おめでとう，アルファベットかるた，白対黒〔ほか〕
内容 メインゲームは，体力向上，協調性などを主体にし，だれでも楽しくできるものです。メインゲームのほかに別のゲームがのっているのは，メインゲームのバリエーションです。概略，方法，反則，勝敗，注意，場所にわけ，より理解しやすくなっております。対象年齢，人数，補助用具，効果は，メインゲームを行うのにいちばん適切なものを記しました。

『健康ゲーム』 新装版 旺文社 1997.6 63p 31cm （図解・世界ゲーム大事典）2505円 ⓘ4-01-071560-X
目次 敵陣突破，危険な島，ヒップ競走，お手々つないで，オニのしっぽ，しっぽをつかまえろ，地獄に落ちるな，入替えスタート，カエルの行列，ケンケンオニごっこ〔ほか〕
内容 メインゲームは，体力向上，協調性などを主体にし，だれでも楽しくできるものです。メインゲームのほかに別のゲームがのっているのは，メインゲームのバリエーションです。概略，方法，反則，勝敗，注意，場所にわけ，より理解しやすくなっております。対象年齢，人数，補助用具，効果は，メインゲームを行うのにいちばん適切なものを記しました。

『コンパクト・ゲーム』 新装版 旺文社 1997.6 63p 31cm （図解・世界ゲーム大事典）2505円 ⓘ4-01-071556-1
目次 アメ玉とり合戦，ジャンケン絵かき，ペーパードライバー，フーフー合戦，はさんでごらん，想像あてあそび，紙ずもう，いくつかな？，パイナップル，ウルトラマンパワー〔ほか〕
内容 メインゲームは，体力向上，協調性などを主体にし，だれでも楽しくできるものです。メインゲームのほかに別のゲームがのっているのは，メインゲームのバリエーションです。概略，方法，反則，勝敗，注意，場所にわけ，より理解しやすくなっております。対象年齢，人数，補助用具，効果は，メインゲームを行うのにいちばん適切なものを記しました。

『集いでのゲーム』 新装版 旺文社 1997.6 63p 31cm （図解・世界ゲーム大事典）2505円 ⓘ4-01-071558-8
目次 サイン，My name is…，仲間をさがせ，家族はどこだ，ネックレス，動物園，メ

ンバーをふやせ，魚と海，感度抜群，ぴったしカンカン〔ほか〕

|内容| メインゲームは，体力向上，協調性などを主体にし，だれでも楽しくできるものです。メインゲームのほかに別のゲームがのっているのは，メインゲームのバリエーションです。概略，方法，反則，勝敗，注意，場所にわけ，より理解しやすくなっております。対象年齢，人数，補助用具，効果は，メインゲームを行うのにいちばん適切なものを記しました。

『乗りものゲーム』 新装版 旺文社 1997.6 63p 31cm （図解・世界ゲーム大事典） 2505円 ①4-01-071559-6

|目次| いたいいたい，家来モーション，勝つまでジャンケン，リズミカルジャンケン，ジャンケンソング，チグハグあいさつ，想像ゲーム，ワン・ツー・スリー，仲間ことば，作戦をさぐれ〔ほか〕

|内容| メインゲームは，体力向上，協調性などを主体にし，だれでも楽しくできるものです。メインゲームのほかに別のゲームがのっているのは，メインゲームのバリエーションです。概略，方法，反則，勝敗，注意，場所にわけ，より理解しやすくなっております。対象年齢，人数，補助用具，効果は，メインゲームを行うのにいちばん適切なものを記しました。

『広場のゲーム』 新装版 旺文社 1997.6 63p 31cm （図解・世界ゲーム大事典） 2505円 ①4-01-071552-9

|目次| あきかんボウリング，サッカー野球，バットテニス，整列サッカー，ミニゴルフ，インスタントバレー，オリンピック，くねくねへびさん，25の迷路，馬のり〔ほか〕

|内容| メインゲームは，体力向上，協調性などを主体にし，だれでも楽しくできるものです。メインゲームのほかに別のゲームがのっているのは，メインゲームのバリエーションです。概略，方法，反則，勝敗，注意，場所にわけ，より理解しやすくなっております。対象年齢，人数，補助用具，効果は，メインゲームを行うのにいちばん適切なものを記しました。

『遊び・スポーツでつかうもの』 花形康正著 国土社 1997.4 39p 27cm （どうやってつくるの？ mono知り図鑑 3） 2300円＋税 ①4-337-26803-0

|目次| ゴム風船，ビー玉，カラーフィルム，ビデオテープ，コンパクトディスク，サッカーボール，テニスボール，テニスラケット，ギター

『ハンカチあそび』 タキガワタカシ，滝川恭子共著 鈴木出版 1997.4 111p 27cm （しらべ学習に役立つたのしいあそび・アイデア集 1） 2800円 ①4-7902-7142-0

『生活体験を楽しもう』 東山明，山田卓三監修，初田隆編 明治図書出版 1996.11 102p 26cm （手づくり遊びと体験シリーズ―自然・生活・科学体験アイデア集 2） 1860円 ①4-18-963208-2

|目次| 1 見なおそう，手のはたらき！ 生活のワザ，2 いつでも，どこでも遊びの天才！，3 めざせ，手作り生活！，4 昔の人の知恵にチャレンジ

『使うものを作ろう』 雑賀淳編 明治図書出版 1996.6 103p 26cm （手づくり遊びと体験シリーズ―作って遊ぶアイデア集 5） 1860円 ①4-18-792501-5

|目次| 1 木でつくる文房具や身のまわり品，2 木でつくる道具など，3 竹でつくる道具など，4 紙でつくれるもの，5 金属でつくるもの，6 土や布などでつくるもの

|内容| 本書では，子どものつくれる道具やおもちゃを，木・竹・金属・土などの素材別と，衣・食・住などの目的別に分類。人間が生きてきた原点を考えるものを中心に，革・紙・布など加工された素材はなるべく，リサイクルできるものにして，原材料からつくるものを多くしてある。

『鬼ごっこからSケンまで』 菅原道彦著 ベースボール・マガジン社 1996.4 143p 26cm （あそびの学校 1） 2500円 ①4-583-03288-9

|目次| スキップ鬼，ケンケン鬼，高鬼，すわり鬼：木鬼，色鬼，キズ鬼，対攻子とろ鬼，手つなぎ鬼，ジャンケン鬼〔ほか〕

◆季節の遊び

『はるのあそび』 竹井史郎作，笹沼香絵岩崎書店 2011.3 32p 25cm （季節・行事の工作絵本 4） 1400円 ①978-4-265-03314-0 Ⓝ594

いろいろな遊び　　　　　　　　　　　　　　　　　　　レクリエーションを知ろう

|目次| たんぽぽ，しろつめくさ，つばき，つくし（すぎな），なずな，いし，すな，ひなまつりかざり，はるのいきもの，こどものひこうさく〔ほか〕
|内容| みぢかなもので，こんなにいろいろつくれちゃう。こんなにおもしろくあそべちゃう。はるをたのしむあそびとこうさくがいっぱい。

『ふゆのあそび』　竹井史郎作，笹沼香絵
岩崎書店　2010.12　32p　25cm　（季節・行事の工作絵本 3）　1400円
①978-4-265-03313-3　Ⓝ594
|目次| まつかさ，まつば，みかん，ゆき，クリスマスツリー，クリスマスのあそび，もちつきぺったん，てづくりのねんがじょう，おしょうがつのへやあそび，おしょうがつのそとあそび，せつぶんのこうさく
|内容| みぢかなもので，こんなにいろいろつくれちゃう。こんなにおもしろくあそべちゃう。ふゆをたのしむあそびとこうさくがいっぱい。

『あきのあそび』　竹井史郎作，笹沼香絵
岩崎書店　2010.10　32p　25cm　（季節・行事の工作絵本 2）　1400円
①978-4-265-03312-6　Ⓝ594
|目次| どんぐり（ならべあそび：いろいろなどんぐり，どんぐりネックレス，やじろべえ，どんぐりごま），すすき（ほうき），くず（はがたもよう），かき（おさむらいさん），いちょう（うさぎときつね），おちば（ロボット，かみかざり・ドレス），メッセージカード（おじいちゃんカード，おばあちゃんカード），けいろうのひプレゼント（めがねいれ，ぽんぽんかたたたき），とばしっこあそび（かみぶくろロケット，パラシュート，かみパチンコ），おとのでるこうさく（あきのむしのこえ），うんどうのこうさく（ダンベル，エキスパンダー），あきばこのこうさく（はねばった1，はねばった2），おりがみあそび（へそピこうき）
|内容| みぢかなもので，こんなにいろいろつくれちゃう。こんなにおもしろくあそべちゃう。あきをたのしむあそびとこうさくがいっぱい。

『なつのあそび』　竹井史郎作，笹沼香絵
岩崎書店　2010.6　32p　25cm　（季節・行事の工作絵本 1）　1400円
①978-4-265-03311-9　Ⓝ594
|目次| ささ，おおばこ，ふき，あさがお，えのころぐさ，おしろいばな，すな，かいがら，ちちのひカード，ちちのひプレゼント，たなばたかざり，すずしいこうさく，かみコップこうさく，おりがみあそび
|内容| みぢかなもので，こんなにいろいろつくれちゃう。こんなにおもしろくあそべちゃう。なつをたのしむあそびとこうさくがいっぱい。

『はなをおる―折って，飾って，あそびましょう!!』　ブティック社　2009.8　48p　18×19cm　（プチブティックシリーズ no.514）　476円　①978-4-8347-6514-4　Ⓝ754.9

『「和」の行事えほん　1（春と夏の巻）』
高野紀子作　あすなろ書房　2006.6　59p　21×22cm　1600円　①4-7515-2391-0　Ⓝ386.1
|目次| 3月，4月，5月，6月，7月，8月
|内容| 「ひなまつり」の由来は？「おそなえ」の意味って？「端午の節句」で，かしわもちを食べるのはなぜ？　由来と意味を知れば，季節の行事はますます楽しくなる！　日本人なら知っておきたい「和」の伝統行事と，季節の楽しみを，わかりやすく紹介します。

『1月の自然あそび』　竹井史郎著，中山周平監修　小峰書店　2002.4　31p　27cm　（たのしい自然体験 1）　2000円　①4-338-18301-2,4-338-18300-4
|目次| マツバのあそび，ナンテンのあそび，やさいのあそび，ミカンのあそび，竹のあそび，木のあそび，土のあそび，すなのあそび，こおりのあそび

『9月の自然あそび』　竹井史郎著，中山周平監修　小峰書店　2002.4　31p　27cm　（たのしい自然体験 9）　2000円　①4-338-18309-8,4-338-18300-4
|目次| ススキのあそび，チカラシバのあそび，クズのあそび，ヒガンバナのあそび，コスモスのあそび，オオオナモミのあそび，くっつく草のみのあそび，サトイモのあそび，サツマイモのあそび，9月のたべものあそび〔ほか〕

『5月の自然あそび』　竹井史郎著，中山周平監修　小峰書店　2002.4　31p　27cm　（たのしい自然体験 5）　2000円　①4-338-18305-5,4-338-18300-4

|目次| シロツメクサのあそび，レンゲソウのあそび，ショウブのあそび，カラスノエンドウのあそび，ツツジのあそび，フジのあそび，わか竹のあそび，竹のかわのあそび，ネギのあそび，ダイコンのあそび〔ほか〕

『3月の自然あそび』　竹井史郎著，中山周平監修　小峰書店　2002.4　31p　27cm　（たのしい自然体験 3）2000円　①4-338-18303-9,4-338-18300-4
|目次| ツバキのあそび，ソテツのあそび，マツ・ノビルのあそび，ツクシ・スギナのあそび，スミレのあそび，ナズナのあそび，3月のたべものあそび，おひなさまのあそび，木のあそび，竹のあそび〔ほか〕

『4月の自然あそび』　竹井史郎著，中山周平監修　小峰書店　2002.4　31p　27cm　（たのしい自然体験 4）2000円　①4-338-18304-7,4-338-18300-4
|目次| タンポポのあそび，サクラのあそび，チューリップのあそび，ゼンマイのあそび，ギシギシ・ノアザミのあそび，ヤエムグラ・スズメノテッポウのあそび，イタドリのあそび，4月のたべものあそび，林や森のあそび，虫とあそぶ〔ほか〕

『7月の自然あそび』　竹井史郎著，中山周平監修　小峰書店　2002.4　31p　27cm　（たのしい自然体験 7）2000円　①4-338-18307-1,4-338-18300-4
|目次| アサガオのあそび，ホオズキのあそび，スイカのあそび，カボチャのあそび，ナスのあそび，ピーマンのあそび，キュウリのあそび，ハスのあそび，テントのあそび，虫のあそび，川のあそび〔ほか〕

『11月の自然あそび』　竹井史郎著，中山周平監修　小峰書店　2002.4　31p　27cm　（たのしい自然体験 11）2000円　①4-338-18311-X,4-338-18300-4
|目次| イチョウのあそび，カキのあそび，ツタのあそび，カシワのあそび，カエデのあそび，クリのあそび，おちばのあそび，木のあそび，火のあそび，サツマイモのあそび〔ほか〕

『10月の自然あそび』　竹井史郎著，中山周平監修　小峰書店　2002.4　31p　27cm　（たのしい自然体験 10）2000円　①4-338-18310-1,4-338-18300-4
|目次| ドングリのあそび，クリのあそび，チャのあそび，カラスウリのあそび，ヤマノイモのあそび，ヤマノイモ・オニドコロのあそび，10月のたべものあそび，くだもののあそび，やさいのあそび，木のあそび，すなのあそび

『12月の自然あそび』　竹井史郎著，中山周平監修　小峰書店　2002.4　31p　27cm　（たのしい自然体験 12）2000円　①4-338-18312-8,4-338-18300-4
|目次| ヤツデのあそび，ジュズダマのあそび，ヒイラギのあそび，ジャノヒゲのあそび，マツカサのあそび，マツカサ・ヒノキのあそび，ラッカセイ・木のあそび，イネわらのあそび，イネわらなどのあそび，やさいのあそび〔ほか〕

『2月の自然あそび』　竹井史郎著，中山周平監修　小峰書店　2002.4　31p　27cm　（たのしい自然体験 2）2000円　①4-338-18302-0,4-338-18300-4
|目次| ツワブキのあそび，スイセン・ジンチョウゲのあそび，ヤマブキのあそび，アオキのあそび，ネコヤナギのあそび，イヌマキのあそび，マテバシイのあそび，ラッカセイのあそび，竹のあそび，とりのあそび〔ほか〕

『8月の自然あそび』　竹井史郎著，中山周平監修　小峰書店　2002.4　31p　27cm　（たのしい自然体験 8）2000円　①4-338-18308-X,4-338-18300-4
|目次| オシロイバナのあそび，ヒマワリのあそび，ホウセンカのあそび，ダリアのあそび，オニユリのあそび，エノコログサのあそび，オヒシバのあそび，メヒシバのあそび，カヤツリグサのあそび，カタバミのあそび〔ほか〕

『6月の自然あそび』　竹井史郎著，中山周平監修　小峰書店　2002.4　31p　27cm　（たのしい自然体験 6）2000円　①4-338-18306-3,4-338-18300-4
|目次| ササのあそび，アシのあそび，ヤブカンゾウのあそび，フキのあそび，ホタルブクロのあそび，オオバコのあそび，ムギわらのあそび，ソラマメのあそび，バラのあそび，カキのみのあそび〔ほか〕

『2学期のあそび・ゲーム』　奥田靖二編・著，八戸さとこ絵　教育画劇　2002.3

いろいろな遊び　　　　　　　　　　　　　　　　　　　レクリエーションを知ろう

47p　27cm　（みんなで楽しむ学校イベントあそび・ゲーム集）2800円　④4-7746-0523-9,4-7746-0521-2
[目次] 新学期・2学期がんばるぞ集会，新学期・班がえ，秋の授業参観，敬老の日，運動会，文化祭・うたごえ集会，スポーツの秋，読書の秋，クリスマスお楽しみ会，冬休み直前・2学期ありがとう会

『冬の遊び—年末・年始，3学期に役立つ遊びベストセレクション30』ごくらくとんぼクラブ編　いかだ社　1999.12　94p　21cm　1350円　④4-87051-086-3
[目次] 1 寒さをふきとばそ！室内遊び＆外遊び（みかんの点とりゲーム，みかん送りレース，みかんの皮むき競争　ほか），2 冬の行事を楽しく遊び満載の児童集会（冬のまつり集会—サンタさんはだれだプレゼント集会，お正月遊び集会，お正月クイズ大会　ほか），3 手づくりに心をこめてカード＆おもちゃ＆タコ（クリスマスカード，年賀状，コマまわし大会の案内カード　ほか）

『1月』　増田良子，福田節子編著，金成泰三，古畑恵子絵　岩崎書店　1999.4　39p　31cm　（くらしとあそび・自然の12か月 10）3000円　④4-265-03790-9,4-265-10207-7
[目次] あけましておめでとう，おせち料理とおもち，おぞうに，書き初め，初ゆめ，すごろくをつくってあそぼう，たこたこあがれ，こまをつくってあそぼう，けん玉であそぼう，竹うまであそぼう〔ほか〕

『9月』　増田良子，福田節子編著，増山博絵　岩崎書店　1999.4　39p　31cm　（くらしとあそび・自然の12か月 6）3000円　④4-265-03786-0,4-265-10207-7
[目次] おーい，くもくん，たいへんだ，どうしよう！（9月1日は，防災の日），ちいさい秋，みーつけた，このゆびとまれ，アカトンボ，虫たちの音楽会，きょうは，十五夜お月さま，月はふしぎ，おじいちゃん，おばあちゃん，おげんきですか？（9月15日は，敬老の日），かんたんにできる，手すきハガキ，自然の生きものをまもろう（日本）〔ほか〕

『5月』　増田良子，福田節子編著，田中直樹絵　岩崎書店　1999.4　39p　31cm　（くらしとあそび・自然の12か月 2）3000円　④4-265-03782-8,4-265-10207-7
[目次] 野原で花とあそぼう，野原で葉っぱとあそぼう，大空におよぐこいのぼり，たのしいこどもの日（5月5日は，こどもの日），新聞紙で，あそぼう，ザリガニを飼おう，潮ひがりにいこう，風とあそぼう（風ぐるまと風わ，紙ひこうき，しゃぼん玉　ほか）

『3月』　増田良子，福田節子編著，鈴木びんこ絵　岩崎書店　1999.4　39p　31cm　（くらしとあそび・自然の12か月 12）3000円　④4-265-03792-5,4-265-10207-7
[目次] うれしいひなまつり（3月3日は，ひなまつり），こもりうたと，ちいさいときのうた，こんにちは，あかちゃん，手話ではなそう，かわいい金魚，冬ごもりの虫が，目をさます（3月6日の，啓蟄），ツクシが，かおをだす，菜の花と春の草花，コブシと春の木々の花，春分の日と春の天気〔ほか〕

『4月』　増田良子，福田節子編著，田中直樹絵　岩崎書店　1999.4　39p　31cm　（くらしとあそび・自然の12か月 1）3000円　④4-265-03781-X,4-265-10207-7
[目次] さあ，はじまるよ，あくしゅで，こんにちは，なまえ，おしえて，おいかけうたを，うたおう，体いっぱい，うたってあそぼう，わらべうたで，あそぼう，ジャンケンあそびをしよう，エンピツであそぼう，たのしい絵かきうた，タネまきをしよう〔ほか〕

『7月』　増田良子，福田節子編著，熊谷さとし絵　岩崎書店　1999.4　39p　31cm　（くらしとあそび・自然の12か月 4）3000円　④4-265-03784-4,4-265-10207-7
[目次] 七夕のおはなし，七夕のかざりをつくろう，星とともだち，たのしい星座ものがたり，宇宙へひろがるゆめ—太陽系の星たち，宇宙たんけんごっこ，ささの葉あそび・竹あそび，アサガオの花がさく，ほおずきであそぼう，つゆがあけた〔ほか〕

『11月』　増田良子，福田節子編著，下田智美絵　岩崎書店　1999.4　39p　31cm　（くらしとあそび・自然の12か月 8）3000円　④4-265-03788-7,4-265-10207-7
[目次] おち葉がおどる，おち葉であそぼう，紙をそめてあそぼう，ワンワンワン，ぼくの日だよ（11月1日は，犬の日），きょうは文化の日（11月3日は，文化の日），ハンカチあそび，折り紙，だいすき，うれしい七五三（11

月15日は、七五三)、しょうぎのコマであそぼう、北風とあそぼう―なわとび〔ほか〕

『10月』 増田良子, 福田節子編著, 下田智美絵 岩崎書店 1999.4 39p 31cm (くらしとあそび・自然の12か月 7) 3000円 ①4-265-03787-9,4-265-10207-7
[目次] お米がみのったよ、くだものが、みのったよ、カキとクリの季節、木の実・草の実、きれいだね、草の実であそぼう、タネのふしぎ、豆をたべよう (10月2日は、とうふの日)、海のさかなを、たべよう (10月4日は、イワシの日)〔ほか〕

『12月』 増田良子, 福田節子編著, 金成泰三, 古畑恵子絵 岩崎書店 1999.4 39p 31cm (くらしとあそび・自然の12か月 9) 3000円 ①4-265-03789-5,4-265-10207-7
[目次] 世界の国から、こんにちは、みんなで、たすけあおう、たのしい郵便局、すてきなカードをつくろう、ふしぎな絵がわり、手づくり絵本をつくろう、年賀はがきをかこう、十二支の動物、植物の冬ごし、動物の冬ごし〔ほか〕

『2月』 増田良子, 福田節子編著, 鈴木びんこ絵 岩崎書店 1999.4 39p 31cm (くらしとあそび・自然の12か月 11) 3000円 ①4-265-03791-7,4-265-10207-7
[目次] おには外、ふくは内 (2月3日か4日は、節分)、おにごっこ、春をつげる木の花、春をつげる野山の花、春をつげる鳥、針はふしぎな道具、毛糸でつくろう、あやとりあそび、ゆびあそび手あそび、手ぶくろで、あそぼう〔ほか〕

『8月』 増田良子, 福田節子編著, 増山博絵 岩崎書店 1999.4 39p 31cm (くらしとあそび・自然の12か月 5) 3000円 ①4-265-03785-2,4-265-10207-7
[目次] 海へいこう、貝がらをあつめよう、海べの植物をかんさつしよう、海の中の植物をかんさつしよう、高い山にのぼろう、川へいこう、川原であそぼう、水はいのちのみなもと (8月1日は、水の日)、水ってふしぎ、空気ってなあに、お盆のならわし (7月13日〜16日または8月13日〜16日)〔ほか〕

『6月』 増田良子, 福田節子編著, 熊谷さとし絵 岩崎書店 1999.4 39p 31cm (くらしとあそび・自然の12か月 3) 3000円 ①4-265-03783-6,4-265-10207-7
[目次] つゆいりのころ (入梅)、雨にさく花、ホタルがとんだ、カエルのコーラス、カタツムリのかんさつ、若アユと清流にすむさかな、歯をたいせつにしよう (6月4日は、虫歯予防デー)、手づくり楽器の音楽会、時をたいせつに (6月10日は、時の記念日)、雨あがりに、土とあそぼう〔ほか〕

◆植物で遊ぶ

『こどもの花あそび―金子みすゞの花と緑』 こどもの花あそび編集委員会編集・執筆, 矢崎節夫監修 静岡 静岡教育出版社 [200-] 64p 18cm 476円 ①4-901348-09-4 Ⓝ384.55

『植物あそび図鑑―自然のおもちゃで遊ぼう』 川原勝征写真・文 鹿児島 南方新社 2013.3 129p 21cm 1800円 ①978-4-86124-262-5 Ⓝ384.55
[目次] おもちゃ・ままごと遊び、衣服や体につける、飾り物、笛、自分を飾る、とぶ・とばす、風車と水車、音を出す、包む・容れる、相撲、占い・当てっこ、その他
[内容] 約120種の遊びを収録。作り方と遊び方を写真で解説。親子で楽しめる総ルビ。

『はじめての草花あそび 2 木の実 木の葉 やさい』 おくやまひさし指導 ポプラ社 2010.3 119p 26cm 〈索引あり〉 2200円 ①978-4-591-11714-9 Ⓝ384.55
[目次] 木の実であそぼう (どんぐりで作ろう, どんぐりであそぼう, クリ ほか), 木の葉であそぼう (ササ, イヌマキ, ヤツデ ほか), やさいであそぼう (ジャガイモ, サツマイモ, サトイモ ほか)
[内容] どんぐりで作るこま、まつかさのけんだま、シュロのうちわ、ポプラのかばん、ピーマンの花びんなど、みんなで作ってみましょう。学校の庭や公園でみかける木の葉、木の実、そしてやさいは、どんな遊びが楽しめるでしょう。木の葉、木の実、やさいについてもやさしく説明しています。

『はじめての草花あそび 1 春夏秋冬の花』 おくやまひさし指導 ポプラ社 2010.3 159p 26cm 〈索引あり〉 2500円 ①978-4-591-11713-2 Ⓝ384.55

|目次| 春の草花あそび（タンポポ，レンゲソウ ほか），夏の草花あそび（アサガオ，ヒルガオ ほか），秋の草花あそび（ヒガンバナ，ノギク ほか），冬の草花あそび（ナンテン，ミカン ほか）
|内容| タンポポのおにんぎょう，アサガオのしおり，クズのわなげ，ナンテンのロケットなど，みんなで作ってみましょう。学校の庭や，散歩にいく野原，いつも歩いている道で見かける，いろいろな花や木をつかって，楽しくあそびましょう。四季にかんけいする花や木についてもやさしく説明しています。

『きせつの草花あそび＆うた・おり紙』
小学館　2008.3　79p　26cm　（プレneo books）　1200円　①978-4-09-217273-9　Ⓝ781.9
|目次| 春（草花で遊ぼう，特集，おり紙で遊ぼう，歌って遊ぼう），夏，秋，冬，なるほどじょうほう
|内容| 自然を遊びで体感しよう！　さあ，のはらで工作・ゲームだ。

『こんなにある草花遊び　2（秋・冬）』
千葉幹夫文，宮下まさつら絵　リブリオ出版　2005.4　45p　27cm　（大図解大きな図で解りやすい本―日本の伝承遊びコツのコツ　第2巻）①4-86057-168-1　Ⓝ384.55
|目次| ヒガンバナ，ススキ，ハギ，ツワブキ，タケ，くっつく草の実，クズ，ジュズダマ，カキ，カラスウリ〔ほか〕

『こんなにある草花遊び　1（春・夏）』
千葉幹夫文，宮下まさつら絵　リブリオ出版　2005.4　45p　27cm　（大図解大きな図で解りやすい本―日本の伝承遊びコツのコツ　第1巻）①4-86057-167-3　Ⓝ384.55
|目次| ツバキ，タンポポ，シロツメクサ，スギナ・ツクシ，フキ，ショウブ，イタドリ，ヤマブキ，ポプラ，エノコログサ〔ほか〕

『草花とともだち―みつける・たべる・あそぶ』　松岡達英構成，下田智美絵・文　偕成社　2004.1　35p　25×26cm　1500円　①4-03-437450-0　Ⓝ472.1
|内容| ある朝，やわらかな日ざしがいっぱいになって，野にも山にも春がきた。黄色や白や青や，むらさき色の花たち，赤も桃色も

さまざま。見あげた木のえだにも，川のほとりにも生きものたちがうごきはじめた。たべたり，そめたり，かざったり，春の草花たちとあそんでみよう。小学生から。

『森で遊ぶ　1　草花・葉っぱ・木の実でつくる』　徳村杜紀子文，徳村亜起子絵　雲母書房　2003.10　131p　21×19cm　1600円　①4-87672-144-0
|目次| 野の花であそぼう，かんむり・うでわ・ゆびわ，葉やくきで，お面・ぼうし・エリマキトカゲ，ふえ・はなさし，水車，ささの葉を使って，舟・ささあめ・ハートのしおり，ささの芽を使って，ふえ・かめ，木の枝で，こけし・ペンダント，木の実で，どんぐり人形，こま・やじろべえ，アクセサリーとかご〔ほか〕

『野山で草花あそび―失われゆく子ども文化を次世代につなぐ』　濁川明男編著　上越　北越出版　2003.7　32p　19×15cm　500円　①4-89284-007-6
|目次| 草の葉でっぽう，クズの弓，どこつんだ？，シロツメクサの花輪，笹舟，ヨシのほかけ舟，ヨシの親子舟，タンポポの水車，タンポポの笛，オオイタドリやホオノキのお面〔ほか〕
|内容| 本書は，お父さん，お母さん方が，子どもさんたちと野外へ散策にでかける折に，また，学校などでの野外活動の際に，先生にご活用いただけたらと願って作成したものです。収めた内容は，「なるべく道具を使わず，自分の手で作れるもの」「昔から子どもたちの世界で伝承されてきた代表的なもの」を選りすぐりました。

『たのしい草花あそび』　佐伯剛正文，川添ゆみ絵　岩崎書店　2001.3　31p　25cm　（手づくりbox 13）　1500円　①4-265-02633-8
|目次| 春をあそぼう（タンポポ，ツクシ，スズメノテッポウ，レンゲソウ ほか），夏をあそぼう（ホウセンカ，アサガオ，ササ ほか），秋をあそぼう（ヒガンバナ，コスモス，カヤツリグサ ほか）
|内容| みぢかな草花をつかったあそびを，季節ごとにしょうかいしてます。いつもはあまり気にとめない道ばたの草花でも，いろいろなたのしいあそびができます。草花あそびをとおして，植物のなまえや色，形がわかるようになるだけでなく，季節のうつりかわりを感じ，自然に親しむ気持ちもめば

レクリエーションを知ろう　　いろいろな遊び

えるでしょう。さあ、みんなで外に出かけて草花あそびをたのしみましょう。

『植物あそび』　ながたはるみさく　福音館書店　1998.3　87p　26cm　1600円　①4-8340-1489-4
[目次] 種をまく、球根を植える、寄せ植えづくり、アクアリウムづくり、まどべのスクラップ・ガーデン、もやしの栽培、花の料理、ハーブ・ティーをたのしむ、マーマレードをつくる、イチゴジャムをつくる〔ほか〕
[内容] ガーデニングや草花染め、ジャムの作り方から野草の食べかた、おし花づくりや、昔から伝わる草花あそびまで、みんなが身近な植物と、すぐにあそべて楽しめるように、できるだけくわしく描きました。

『季節の草花あそび―親子でふれあい』
勝連盛豊監修、サークル花かご著　浦添沖縄出版　1996.12　109p　21×22cm　（おきなわあ・そ・び・の図鑑 4）　①4-900668-64-8

『草花あそび　秋・冬の本』　むかいさちこ著、かみくぼよしふみ絵、しげたよしはる写真　偕成社　1996.11　34p　30cm　（つくってあそぼうよ！　8）　2200円　①4-03-461080-8
[目次] すてきな秋のおとしもの、ススキの野原をかきわけて、葉っぱの変身、秋の葉のリース、ままごとにいれてね、おしゃれでしょ、まつぼっくりがあったとさ、りゅうの目玉みーつけた！、くっつくぞ！、葉っぱや実で絵をかこう、おいしいよ、ツバキの花が咲いたら、し・か・けあそび〔ほか〕
[内容] 野山にでて、落ち葉や、木の実をひろってみよう。どんぐりやまつぼっくりだけでも、30種類のあそびかたがあるよ。親から子に伝えたい草花のわらべうたも収録。

『森であそぶ　その1　草花・葉っぱ・木の実でつくる』　徳村彰、徳村杜紀子文、徳村亜起子絵　草土文化　1996.8　131p　21×19cm　1400円　①4-7945-0691-0
[目次] 野の花であそぼう　かんむり・うでわ・ゆびわ、葉やくきで　お面・ぼうし・えりまきとかげ、ふえ・花さし、水車、ささの葉をつかって　舟・あめ・ハートのしおり、ささの芽をつかって　ふえ・かめ、木の枝で　こけし・ペンダント、木の実で　どんぐり人形、コマ・やじろべえ、アクセサリーとかご

〔ほか〕
[内容] 北海道紋別郡滝西の木と水と土との間で育まれた「手づくり遊び」とエッセイ。

『草花あそび―春・夏の本』　むかいさちこ著、かみくぼよしふみ絵、しげたよしはる写真　偕成社　1996.6　33p　30cm　（つくってあそぼうよ！　7）　2200円　①4-03-461070-0
[目次] お花畑のまんなかで、ままごとしましょ、タンポポであそぼう、みんなといっしょに、味がするよ、そっくりだね、お化粧できるよ、風となかよしになろう、あつい夏がやってきた、うごくよ、うごく！、ふしぎな草や木、音がするよ、草花カレンダー
[内容] 野にでて草花にふれよう。すてきな花輪がかんたんにできたり、ちょっと工夫すれば葉っぱのかたつむりやおばけ人形もつくれるよ。母から子に伝えたい草花のわらべうたも収録。

◆手作りおもちゃ

『楽しく遊べる！　おもちゃ＆ゲーム工作』
K&B STUDIO著　いんなあとりっぷ社　2011.5　79p　26cm　（親と子のヒラメキ工作 3）　1429円　①978-4-266-00092-9　Ⓝ594
[目次] 親子で遊ぼう（ストローロケット、フラワートレイ　ほか）、スポーツ大好き（クルクルたいそう、ハイジャンプ　ほか）、元気に飛ばそう（ふき矢ダーツ、輪ゴム飛ばし　ほか）、みんなでゲーム（魚つりゲーム、クレーンゲーム　ほか）

『かんたん！　手づくり工作・おもちゃ大全集』　佐藤和代著　ナツメ社　2007.7　127p　26cm　1500円　①978-4-8163-4338-4
[目次] 季節の工作、10分でできるカンタン工作、つくって遊ぼう、昔ながらの手づくりおもちゃ、じっくり作業、ちょっと難しい工作
[内容] 動かせたり、遊べたりする工作・おもちゃが満載！　少ない素材で手軽に出来る作品を紹介。

『楽しいおもちゃ作り』　学習研究社　2002.3　47p　27cm　（リサイクル工作と手芸 1）　2600円　①4-05-201531-2, 4-05-810655-7
[目次] ころころモンキー、パクパク人形、風

車，皿ごま，びゅ〜んとトンボ，ぶんぶん回し，でんでんだいこ，紙トンボ，カラフルこま，UFOフリスビー〔ほか〕

『つくって遊ぼう！ おもちゃのアトリエ』
吉田れい,吉田未希子編著　いかだ社　2000.12　93p　21cm　（遊youランド）　1300円　Ⓘ4-87051-099-5

目次　劇で遊ぶ，紙皿でつくる，紙コップでつくる，牛乳パックでつくる，紙でつくる，ストローでつくる，空き箱でつくる，マリオネットで遊ぶ，車をつくる

内容　動くもの，しかけのあるもの、きれいなもの…。この本では、編著者の10年の実践のなかで子どもたちに人気のあったヒット作品を掲載し、型紙とキャラクターのイラストも利用できるようにしています。

『弁当箱で作るおもしろ自動車―エネルギーをつかまえる』山村紳一郎著　学習研究社　1999.2　48p　31cm　（リサイクルでふしぎびっくり理科実験　6　米村伝治郎監修　〈表紙の責任表示（誤植）：米村伝次郎〉　2800円　Ⓘ4-05-500406-0,4-05-810561-5

『手づくりおもちゃ―親子でたのしめる』
うえのよしお編　東京書店　1997.6　157p　21cm　1200円　Ⓘ4-88574-741-4

目次　カタマラン型ヨット、外輪船、キャット・ボート（カタマラン型）、パトロール・ボート、シー・ウルフ号（海の狼号・潜水艦）、プロペラ船（カタマラン型）、プロペラとスクリュー、カヌー、ヘリコプター、紙トンボ〔ほか〕

『手づくりおもちゃ55―ゆめと創造力を育てる』芹沢義泰著　小学館　1997.1　135p　26cm　（教育技術mook）　1600円　Ⓘ4-09-104522-7

屋外の遊びを知ろう

『冒険遊び大図鑑―元気と勇気がわいてくる！』かざまりんぺい著　主婦の友社　2010.8　239p　21cm　1500円　Ⓘ978-4-07-273264-9　Ⓝ786

目次　第1章　初めての冒険遊び（アルミ缶のカマドと新聞紙でラーメンを作り、ご飯を炊く！、サラダオイルと空き缶でランタンを作る！　ほか）、第2章　野原や森で冒険遊び（誰にでもできる焚き火の方法、トム・ソーヤの小屋を作る！　ほか）、第3章　海や川で冒険遊び（磯で冒険遊びをしよう！、ザリガニ釣りに挑戦！　ほか）、第4章　サバイバル冒険遊び（大自然の中に、寝る場所を確保しよう！、木を使って火をおこしてみよう！　ほか）

内容　太陽熱で料理する。秘密基地を作る。野原や海や川で、生き物と出合う…。45種類の「冒険遊び」を楽しむうちに、「生きるための知恵と技術」が身につく。

『「冒険力」ハンドブック―イザ！ というときの101のヒント』クリス・マクナブ著、藤原多伽夫訳　原書房　2010.3　125p　21cm　1600円　Ⓘ978-4-562-04556-3　Ⓝ786

『みんなでトライ！ ネイチャーゲーム』
降旗信一監修・著　金の星社　2001.3　47p　30cm　（自然・環境体験シリーズ　フィールドワークで総合学習　3）　2800円　Ⓘ4-323-05123-9

『公園でできるネイチャーゲーム』降旗信一著　ポプラ社　1999.4　63p　29cm　（自然とあそぼう　5）　3000円　Ⓘ4-591-05931-6,4-591-99286-1

目次　「自然の中で体を動かしてみよう！」（木のシルエット、木の葉のカルタとり、フクロウとカラス、ハビタット）、「自然にとけこんでみよう！」（同じものを見つけよう、くらやみをてらせ、いねむりおじさん、わたしの木　ほか）、「自然の中で感じてみよう！」（ミステリーアニマル、動物紳士録、サウンドマップ、カメラゲーム　ほか）

内容　ゲームを通して公園にある自然を五感で感じ、自然への気づきをうながす。自然保護や環境問題を考える総合的な学習の導入に最適。

『校内でできるネイチャーゲーム』降旗信一著　ポプラ社　1999.4　63p　29cm　（自然とあそぼう　4）　3000円　Ⓘ4-591-05930-8,4-591-99286-1

目次　「動物になってみよう」（動物ジェス

屋外の遊びを知ろう　　　　　　　　　　　　　　　　　　　　いろいろな遊び

チャー，ノアの箱舟，コウモリとガ，アニマルウォーク），「見てごらん聞いてごらん」（ミクロハイク，カモフラージュ，目かくしイモ虫，フィールドビンゴ ほか），「考えてみよう組みたてよう」（生き物のピラミッド，わたしはだれでしょう，自然の流れ，ネイチャービンゴ ほか）

内容 校内の身近な自然に目を向け，遊びながら自然や環境に興味が持てるように構成。学級活動のレクリエーションや生活科の授業にも役立つ。

『野山でできるネイチャーゲーム』 降旗信一著　ポプラ社　1999.4　63p　29cm （自然とあそぼう 6）3000円　①4-591-05932-4,4-591-99286-1

目次 「みつけてあそぼう自然の宝もの」（宝さがし，大きな葉っぱ，きこりの親方，動物あてゲーム），「耳をすまそう目をこらそう」（目かくし歩き，はだしで歩こう，フィールドパターン，字かき虫の日記 ほか），「深く静かに…自然にとけこもう」（大地の窓，音いくつ，感覚の輪，森の設計図 ほか）

内容 野山で行うゲームを通して，楽しみながら自然を体験し，感動をわかちあう。機動教室のプログラムにも最適。

『先生！これやろうよ!!みんなで楽しい屋外あそび』「子どものしあわせ」あそび研究会編　草土文化　1997.12　107p　21cm　1200円　①4-7945-0734-8

目次 1 5～15人くらいでやるゲーム，2 おにごっこ大集合，3 リーダー対集団のゲーム，4 グループ対抗のゲーム，5 バツゲーム大集合，6 むかしのあそび

内容 本書は，あそびの過程を図解することで，おもしろいけど複雑なあそびも，絵を見るだけでもすぐわかるように編集しました。また，そのときの人数や場面に最もあったあそびを探せるようになっています。

『ウォーター・ゲーム』 新装版　旺文社　1997.6　63p　31cm （図解・世界ゲーム大事典）2505円　①4-01-071555-3

目次 人間輪投げ，くるくるターン，ビーチドッジ，プッシュ，砂の城，するりするり，ジャンプで進め，獲物はどこだ，ナイスシュート，輪くぐり〔ほか〕

内容 メインゲームは，体力向上，協調性などを主体にし，だれでも楽しくできるものです。メインゲームのほかに別のゲームが

のっているのは，メインゲームのバリエーションです。概略，方法，反則，勝敗，注意，場所にわけ，より理解しやすくなっております。対象年齢，人数，補助用具，効果は，メインゲームを行うのにいちばん適切なものを記しました。

『オリエンテーリング・ウォークラリー』 師岡文男著　国土社　1997.4　63p　25cm （校外活動ガイドブック 2）2000円＋税　①4-337-26902-9

目次 オリエンテーリング（オリエンテーリングってなに，用語と用具，ポイント・オリエンテーリング，スコア・オリエンテーリング ほか），ウォーク・ラリー（ウォーク・ラリーってなに，ウォーク・ラリーの特徴，コース図の読みかた，ウォーク・ラリーの課題 ほか）

『サバイバル活動』 山口泰雄，原田宗彦著　国土社　1997.4　63p　25cm （校外活動ガイドブック 3）2000円＋税　①4-337-26903-7

目次 サバイバルとは，サバイバル活動の心がまえ，サバイバル活動にそなえて（服装，非常食 ほか），サバイバル活動（水をさがす，シェルターを作る ほか），サバイバルゲーム（Tシャツゲーム，丸太ごえ ほか）

◆キャンプ

『ぼうけん図鑑―自然の中を歩こう・キャンプをしよう・自然を感じよう・危険にそなえよう』 ホールアース自然学校監修　PHP研究所　2013.7　127p　27×22cm　1900円　①978-4-569-78327-7

目次 自然の中を歩こう（着るものを考えよう，くつの選び方 ほか），キャンプをしよう（テントについて知っておこう，テントをはろう ほか），自然を感じよう（草花で遊ぼう，山菜をさがそう ほか），危険にそなえよう（山道で注意したい場所，道にまよったら ほか）

内容 コンパスや地図の使い方は？火はどのようにしておこすの？化石はどこで見つかるの？川でおぼれそうになったら？「生きる力」がグングン育つ！

『キャンプで使えるアウトドアゲーム集』 日本レクリエーション協会監修　ベースボール・マガジン社　2009.4　159p　21cm　1500円　①978-4-583-10115-6

214

Ⓝ786

『キャンプをしよう』 成田寛, 小菅盛平, 小林陸編著, 高橋かおる絵 アリス館 2008.3 31p 27cm （大自然とあそぼう 安心・安全 4） 2300円 Ⓘ978-4-7520-0395-3 Ⓝ786.3

[目次] キャンプってなんだろう？，キャンプ場のルールとマナー，シュラフでねる，公園で日帰りキャンプをしよう，テントを張る場所，テントを張る，テントの中では，タープを張る，タープの下をデザインしよう，テントとタープの種類，テントとタープをしまう，カレーを作る

『キャンプ・野外遊びをもっと楽しく』 葉杖健太郎編著 京都 かもがわ出版 2006.7 105p 21cm （シリーズ・子どもとつくるあそび術） 1400円 Ⓘ4-7803-0038-X

[目次] 第1部 野外遊びをバージョンアップ（川や池，野山で遊ぶ，火を楽しもう），第2部 みんなでつくるキャンプの魅力（わくわくドキドキハイキング，キャンプで料理コンテスト，もりあがれキャンプファイヤー）

[内容] 子どもたちが楽しめて，大人（先生・指導員）もいっしょによろこび，感動できる野外での活動を紹介。

『キャンプ術』 風間深志著 旬報社 2001.4 95p 21cm （地球元気村遊びテキスト 3） 1000円 Ⓘ4-8451-0684-1

『海・山・キャンプもこれで安心』 NHK科学番組部編, 吉田しんこイラスト 汐文社 1999.12 47p 27cm （NHKためしてガッテンアウトドアにチャレンジ！ 2000年版 1） 1800円 Ⓘ4-8113-7278-6

[目次] アウトドアそうなん防止術．アウトドアで役立つとっさのときの応急処置，バテない夏山ハイキング，金魚すくいの達人をめざせ！，潮干狩り名人のワザを盗め！

『サバイバルキャンプ入門—はじめの一歩』 浅野拓著 小学館 1998.8 129p 19cm （小学館基本攻略シリーズ） 800円 Ⓘ4-09-204105-5

[目次] 1歩め 森に入ってみよう，2歩め リスクを楽しむ，3歩め かっこよく，心地よく，4歩め 庭でキャンプ，5歩め 野外料理で遊ぶ，6歩め 森に泊まる，7歩め 眠るのはもったいない，8歩め テントサイトでのんびり，9歩め 海のキャンプ，10歩め レスキュー

[内容] 裏山や庭から始める第1歩!!野外キャンプの経験のない人でも大丈夫。自然の中で遊んでみよう。危機にちょう戦してみよう。その体験がキミの"元気のモト"になる。

『キャンプ図鑑—フィールドで遊ぼう』 宇野美貴子文 ポプラ社 1998.7 127p 19cm （あそびとスポーツのひみつ101 6） 780円 Ⓘ4-591-05746-1

『キャンプ＆野外生活ワンダーランド—準備からテクニックまでだいじなことがよくわかる』 神谷明宏, 柴田俊明編著 いかだ社 1998.6 188p 21cm （遊ブックス） 1800円 Ⓘ4-87051-072-3

『キャンプ』 中川祐二監修 フレーベル館 1998.3 151p 22cm （わくわくチャレンジブックス 9） 1300円 Ⓘ4-577-01826-8

『楽しいキャンピング』 関忠志著 誠文堂新光社 1997.5 134p 26cm 1400円 Ⓘ4-416-39704-6

[目次] キャンプの計画と準備，キャンプサイト，テントについて，キャンプの毎日，キャンプでの工作とロープ結び，ハイキング・山歩き，キャンプファイアとゲーム，キャンプの炊事と食事，地図と方位磁石，キャンプの健康と安全，山の気象に気をつけよう

『キャンプ』 川西正志著 国土社 1997.4 63p 25cm （校外活動ガイドブック 1） 2000円＋税 Ⓘ4-337-26901-0

[目次] キャンプにでかけよう（キャンプのいろいろ，計画をたてよう ほか），楽しいキャンプ生活（テントのいろいろ，テントサイトを選ぼう ほか），キャンプファイヤーの夕べ（キャンプファイヤーのいろいろ，キャンプファイヤーのすすめ方 ほか），楽しいプログラム（ハイキング，自然となかよく ほか）

『わくわくキャンプ』 児童憲章愛の会企画 児童憲章愛の会 1996.4 64p 26cm （げんきシリーズ） 1020円

◆野外の遊び

『水辺の生きものとあそぶ12か月』 松橋利光著 アリス館 2011.7 56p 27cm （生きものカレンダー 3）〈絵：すがわらけいこ 索引あり〉 1600円 ①978-4-7520-0553-7 Ⓝ481.7

『里海であそぼう』 奥山英治絵，こどもくらぶ編，山田卓三監修 農山漁村文化協会 2011.3 32p 27cm （五感をみがくあそびシリーズ 4）〈文献あり 索引あり〉 2200円 ①978-4-540-10256-1 Ⓝ407
[目次] いその生きものにふれよう（しおだまりをのぞく，フジツボにさわる ほか），すなはまの生きものをつかまえよう（しおひがり，貝をつる ほか），すなにふれよう（はだしで歩く，すなはまで足がたをとる ほか），からだで海を感じよう（波とび，ぼう立て ほか）
[内容] いそや砂浜の生き物をつかまえたり，砂や波で遊んだりしてみましょう。

『里山であそぼう』 奥山英治絵，こどもくらぶ編，山田卓三監修 農山漁村文化協会 2011.3 32p 27cm （五感をみがくあそびシリーズ 3）〈文献あり 索引あり〉 2200円 ①978-4-540-10255-4 Ⓝ407
[目次] 木の葉であそぼう（ツバキのかんむり，ツバキのサンダル ほか），木と友だちになろう（木のえだのひょうしぎ，木のえだのふえ ほか），虫とあそぼう（かさで虫とり，虫さがし ほか），生きものをさがそう（動物の食べあとさがし，動物の足あとさがし ほか）

『サバイバル！ 無人島で大冒険』 スタジオハレ絵，関根秀樹監修 少年写真新聞社 2011.2 71p 27cm （子ども大冒険ずかん 1）〈文献あり 索引あり〉 2000円 ①978-4-87981-366-4 Ⓝ786
[目次] 放課後の大地震，消えたユキと無人島，たき火がくれた安らぎ，秘密基地を作ろう，対決！ アイコとシンヤ，星が降る夜の浜辺で，自然って厳しい？，人の手でできること，アイコ倒れる，お願い！ 気づいて！，観客ゼロのコンサート，さよなら無人島，ひょっとしてユキ？
[内容] 火のおこし方，水の集め方，食料の確保など，無人島でのサバイバル技術をイラスト，写真で解説。

『水辺であそぼう』 奥山英治絵，こどもくらぶ編，山田卓三監修 農山漁村文化協会 2011.2 32p 27cm （五感をみがくあそびシリーズ 2）〈文献あり 索引あり〉 2200円 ①978-4-540-10254-7 Ⓝ407
[目次] 川や池の生きものにふれよう（オタマジャクシをすくう，オタマジャクシのかんさつ ほか），川や池の魚をつかまえよう（水中をのぞく，川魚の手づかみ ほか），川の流れであそぼう（タンポポの水車，ささ舟レース ほか），石で遊ぼう（水切り，石をつむ ほか）

『野原であそぼう』 奥山英治絵，こどもくらぶ編，山田卓三監修 農山漁村文化協会 2011.1 32p 27cm （五感をみがくあそびシリーズ 1）〈文献あり 索引あり〉 2200円 ①978-4-540-10253-0 Ⓝ407
[目次] 草や花にふれよう（クズの葉をならす，エノコログサのすもう ほか），虫をつかまえよう（クモの巣の虫とりあみ，バッタとり ほか），土にさわろう（あなをほる，土のなかの生きものさがし ほか），光や風を感じよう（小さなにじをつくる，大きなにじをつくる ほか）

『海の工作図鑑 図書館版―貝・石・砂・海草・草花でつくる』 岩藤しおい著 いかだ社 2010.2 77p 22×19cm 1900円 ①978-4-87051-278-8
[目次] 海とあそんでつくろう（貝がら水族館，貝がらレリーフ，貝がら人形，ルームプレート，貝がらのアクセサリー ほか），野山とあそんでつくろう（葉っぱでつくる昆虫，夏の草花あそび，夏の草花あそび，たたき染め，野菜スタンプTシャツ ほか）

『里山百年図鑑―野遊びを楽しむ』 松岡達英作 小学館 2008.8 87p 23×31cm 2200円 ①978-4-09-213191-0 Ⓝ460.7

『海であそぶ』 小林陞，成田寛，小菅盛平編著，高畠ひろき絵 アリス館 2008.4 31p 27cm （大自然とあそぼう 安心・安全 1） 2300円 ①978-4-7520-0392-2

Ⓝ786
目次 海ってどんなところ?，水に入ってあそぼう，波であそぼう，海で泳ごう，磯の生きものをさがす，シュノーケルで海中探検，砂浜であそぼう，海のことを調べてみよう，海で魚をつろう!，浜辺はまるで博物館，潮干狩りをしよう，守ろう! 海あそびのルール

『自然の中で身を守る』 成田寛，小菅盛平，小林陸編著，うすい・しゅん絵 アリス館 2008.4 31p 27cm (大自然とあそぼう 安心・安全 5) 2300円 ①978-4-7520-0396-0 Ⓝ786
目次 野外あそびの服そうともちもの，安全にあそぶための注意点，天気に注意しよう，危険な生きもの，野山の危険な植物，応急手当をおぼえよう，三角巾を使う，けが人や病人のはこび方，森や山で道に迷ったら，遭難してしまったら，便利なロープワーク

『野山であそぶ』 小菅盛平，成田寛，小林陸編著，テラカドヒトシ絵 アリス館 2008.4 31p 27cm (大自然とあそぼう 安心・安全 3) 2300円 ①978-4-7520-0394-6 Ⓝ786
目次 野山ってどんなところ?，虫をつかまえよう，ワナをしかけてクワガタムシをつかまえよう，クワガタムシをかってみよう，木のぼりをしよう，野山の植物であそぼう，秘密基地を作ってあそぼう，竹とんぼを作ろう，野鳥を観察しよう，木の実を食べてみよう，野草をつんで天ぷらにしよう，星を観察しよう，守ろう! 野山あそびのルール

『川であそぶ』 小菅盛平，成田寛，小林陸編著，いとうみき絵 アリス館 2008.3 31p 27cm (大自然とあそぼう 安心・安全 2) 2300円 ①978-4-7520-0393-9 Ⓝ786
目次 川のかたちはこうなっている，川の中流であそぶ，小川であそぶ，川づくりをしよう，川辺の植物であそぶ，川はどこからどこへいくんだろう?，川の上流であそぶ，守ろう! 川あそびのルール

『ビンゴで野あそび』 中山康夫，宮下健一著，藤原道子イラスト 萌文社 2007.7 94p 26cm (現代版 野あそびガイド 2)〈付属資料：CD‐ROM1〉 2190円 ①978-4-89491-125-3

目次 1 かんかくビンゴ，2 きせつビンゴ，3 ばめんビンゴ，4 テーマビンゴ，5 メッセージ，6 バリエーション
内容 いきものは友だち。さあ，あそぼう!! 自然あそびの中に取り入れた楽しいゲーム感覚。よく観てビンゴ! さわってビンゴ! 五感プラス六感，七感を使えば新しい世界の発見だ。シートンもびっくり，ファーブルもびっくり。ぼくもわたしも野あそび博士。さあ好奇心のトビラを開けてみよう!! 幼児から大人までいつでも・どこでも・だれとでも楽しめる自然あそびのビンゴ88種を収録。

『不思議発見 たのしい野あそびカレンダー』 岩井明子，河合正人，久保田有，田代貢，丸山健一郎著 京都 かもがわ出版 2007.5 94p 24×19cm 1800円 ①978-4-7803-0096-3
目次 春(ツクシとスギナ，笛を作ってみよう ほか)，夏(セミの抜け殻，ダンゴムシと遊ぼう ほか)，秋(ドングリと遊ぼう，ドングリのネズミ ほか)，冬(冬芽と葉痕，冬越しの虫たち ほか)

『いっしょに森あそび』 トヨタ自動車，日本環境教育フォーラム著 小学館 2006.3 94p 18×19cm 1200円 ①4-09-726031-6
内容 今度のお休みは，「森」ですごしませんか? クッキングやアート，工作やゲームなど，誰でもすぐ楽しめる，簡単メニューをご紹介。近くの公園で，雑木林で，お家の庭で，思い立ったら，いつでも「森あそび」。

『自然と遊ぶ』 東山直美著 改訂版 京都 同朋舎メディアプラン 2005.4 128p 31cm (手づくり遊びがおもしろい 第7巻 東山明監修)〈東京 リブリオ出版 (発売) シリーズ責任表示：東山明監修〉 ①4-86057-204-1,4-86057-197-5 Ⓝ384.5
目次 1 春の遊び(花かんむり，レイ ほか)，2 夏の遊び(七夕祭り，ジャンボ砂の芸術 ほか)，3 秋の遊び(お月見，秋の七草 ほか)，4 冬の遊び(松の山の楽しみ，松の山での遊び ほか)

『楽しい野外遊び 2(小道具編)』 小山義雄文，ひとみとよじ絵 リブリオ出版 2005.4 45p 27cm (大図解 大きな図で解りやすい本—日本の伝承遊びコ

屋外の遊びを知ろう　　　　　　　　　　　　　　　いろいろな遊び

ツのコツ　第4巻）　①4-86057-170-3　Ⓝ384.55
［目次］石蹴り、ベーゴマ、コマ、ビー玉、メンコ、ボールで遊ぶ、クギ刺し、缶蹴り・縄引き、考えて遊ぶ、縄跳び、ゴム跳び、雪と遊ぶ

『楽しい野外遊び　1（作る歌う競う）』小山義雄文、ひとみとよじ絵　リブリオ出版　2005.4　45p　27cm　（大図解大きな図で解りやすい本—日本の伝承遊びコツのコツ　第3巻）　①4-86057-169-X　Ⓝ384.55
［目次］鬼ごっこ、陣地取り遊び、じゃんけんで遊ぶ、夢中で遊ぶ、作って遊ぶ、歌って遊ぶ

『野外遊びbook—調べ学習・自由研究に役立つ』　大海淳監修　［東京］成美堂出版　2004.6　127p　26cm　900円　①4-415-02448-3　Ⓝ786.3
［目次］1 モノを作って遊ぼう（どの木の実がいちばん長く回るかな？、ドングリやクリが炭に大変身！ほか）、2 小さな生き物と遊ぼう（ペットボトルで小魚＆エビをつかまえる！、かごを使ってカニ＆小魚をゲットする！ほか）、3 自然をじっくり観察してみよう（タイドプールを観察してみよう！、海水が塩にかわるのを観察しよう！ほか）、4 楽しく料理を作ろう（かまどを組んでたき火をしてみよう！、飯ごうでご飯をたいてみよう！ほか）
［内容］森や海、川など自然の中にあるものでできる楽しい遊びをいっぱいしょうかい！オモチャや料理を作ったりペットボトルや特せいミツで小さな生き物をつかまえたりキミならどれにチャレンジするかな？家の近所でできる遊びもあるよ。

『すぐできるしぜん体験ゲーム—フィールドワークに役立つ　冬』　江川多喜雄監修　学習研究社　2004.3　47p　27cm　3000円　①4-05-201990-3,4-05-810734-6　Ⓝ781.9
［目次］学校のまわりの自然、みのむしリレー、冬のカーリング、キツネサギリガニゲーム、じょせつ車レース、林や森へ出かけよう、渡り鳥はたいへん、生き物たし算ゲーム、雪のひとひらゲーム、冬の野山で遊ぼう〔ほか〕

『すぐできるしぜん体験ゲーム—フィールドワークに役立つ　秋』　江川多喜雄監修　学習研究社　2004.3　47p　27cm　3000円　①4-05-201989-X,4-05-810734-0　Ⓝ781.9
［目次］学校の近くの自然、種と花のしんけいすいじゃく、自然とセッション、たぬきつね合戦、おつかいゲーム、秋の原っぱ、紙トンボ、親バッタはだれだ？、しっぽとりゲーム、かかしとスズメ〔ほか〕

『すぐできるしぜん体験ゲーム—フィールドワークに役立つ　夏』　江川多喜雄監修　学習研究社　2004.3　47p　27cm　3000円　①4-05-201988-1,4-05-810734-0　Ⓝ781.9
［目次］学校のまわりの自然、ミクロたんけん、日かげたんてい団、水のお絵かき動物園、かみなりゲーム、川で体験ゲーム、石ころアート、川のロングマップ、海は広いな、大きいなあ、水くみリレー〔ほか〕

『すぐできるしぜん体験ゲーム—フィールドワークに役立つ　春』　江川多喜雄監修　学習研究社　2004.3　48p　27cm　3000円　①4-05-201987-3,4-05-810734-0　Ⓝ781.9
［目次］学校のまわりの自然、花のグループパズル、花と虫のビンゴ、ぴょんぴょんカエルリレー、グリーングリーングリーン、花時計のある公園、自然に変身の術、花から花へ、ぐにゃぐにゃヘビ、木の伝言ゲーム〔ほか〕

『まるごと川あそび—ようこそ！せせらぎ教室へ』　阿部夏丸文・絵、奥山英治絵・写真　PHPエディターズ・グループ　2004.3　79p　27cm　〈東京　PHP研究所（発売）〉　1800円　①4-569-63520-2　Ⓝ481.75
［目次］にゅうがく式でごんす—川あそびは楽しいでごんす、シラサギ先生の魚とり教室—魚とりのテクニック、ゴリ先生のがらき入門—漁師さんのワザから学ぼう、カワウソ先生のすもぐり塾—みんなカワウソじゃぁ！、ドジョウとウナギの川ばなし—こんな川にすみたいニョロ、みんな食われて生きるのだ—『弱肉強食』食う、食われる、カワセミ先生のつり教室—小物つりにチャレンジしよう、キツネとタヌキの大物つり—めざすは大物でんがな！、ササゴイ先生の毛バリつり—これが毛バリじゃ、父

いろいろな遊び　　　　　　　　　　　　　　　屋外の遊びを知ろう

の日、さんかん日―魚とにらめっこ。あっ、ぷっ、ぷっ！〔ほか〕
内容 魚はどうやってつかまえるの？　とった魚は、たべられるの？　川とプールでは、泳ぎ方が、どうちがうの？　水辺には、どんな生きものがすんでいるの？　川あそびは新しい発見の連続だ！　川あそび本の決定版。

『準備いらずのクイック外遊び―空き時間にサッと楽しむ遊びベスト40プラス3』 木村研編著　いかだ社　2003.8　93p　21cm　1300円　④4-87051-135-5
目次 1 校庭や公園ですぐできる遊び（遠いのぞきメガネ，あんよは上手 ほか），2 お弁当の後にぴったりの遊び（フェイスジャンケン，フィンガーリレー ほか），3 野山に行ったらやりたい遊び（にがてな虫捕りゲーム，落ち葉のピッタシカンカン ほか），4 砂浜や川辺で楽しむ遊び（くねくねジャンケン陣とりゲーム，水辺の水くみリレー ほか），5 元気いっぱい！フィールドの遊び（陣とりリレージャンケン，繁殖ビールス鬼 ほか）

『海の楽校―自然と遊ぼう 1』長谷川孝一著　山と渓谷社　2003.5　111p　26cm　1600円　④4-635-52030-7
目次 海は楽しいよ，磯浜に行ってみよう，海のこともっと知りたい，海をアートしてみたよ，大人たちへのアドバイス，海の楽校・こうらぼし
内容 泳ぐだけが海遊びではありません。ビーチでビンゴ、岩場の探険、潮だまり遊び、浜辺の宝さがし、スノーケリング。海ってすごい！　そんなワクワク、教えます。

『川の楽校―自然と遊ぼう 2』皆川哲著　山と渓谷社　2003.5　111p　26cm　1600円　④4-635-52031-5
目次 川ガキ育成完全マニュアル，ガキ哲流川遊びドリル，川遊び自由研究，川の生きもの観察会，夏休み川の冒険，大人たちへのアドバイス
内容 川で遊んでいいの？　ガキ大将の「哲ちゃん」といっしょなら大丈夫。まずは河原で探険だ！　安全で楽しい川遊びのハウツーを満載。これ1冊で「川ガキ」になれます。

『野あそびずかん』松岡達英さく　福音館書店　2003.4　71p　26cm　（福音館のかがくのほん）1500円　④4-8340-1942-X　Ⓝ402.9141

『かっぱ印川あそびブック』阿部夏丸絵と文　ブロンズ新社　2003.3　71p　25cm　1550円　④4-89309-286-3　Ⓝ481.75

『和歌山マザー・リバーガイドブック―川学習・川遊び』和歌山県土木部河川課監修　〔和歌山〕和歌山県河川協会　2002.5　94p　30cm　〈文献あり〉Ⓝ786

『川の安全とマナー』学習研究社　2002.3　47p　27cm　（楽しく学ぶ川の学校 1）2800円　④4-05-500462-1,4-05-810668-9
目次 第1部 ようこそ川へ！，第2部 ここに注意！川遊び，第3部 こんな生き物に気をつけて，第4部 もっと安全のために，第5部 いざというときのために

『楽しいよ川遊び』学習研究社　2002.3　47p　27cm　（楽しく学ぶ川の学校 2）2800円　④4-05-500463-X,4-05-810668-9
目次 1 川原で遊ぶ，2 瀬で遊ぶ，3 川に入って，4 川の生き物，5 水上で

『遊youキッズ海あそび』鯨井保年著　ベースボール・マガジン社　2001.8　160p　21cm　1400円　④4-583-03658-2

『海の遊び方』中村征夫著　旬報社　2001.6　95p　21cm　（地球元気村遊びテキスト 4）1200円　④4-8451-0688-4

『野外冒険大百科』遠藤ケイ著　勁文社　2001.5　303p　15cm　（ケイブンシャの大百科）〈1979年刊の一部改訂〉820円　④4-7669-3795-3

『川と遊ぶ―川と遊ぼう川を知ろう』ポプラ社　2001.4　45p　27cm　（NHKにっぽん川紀行 総合的な学習にやくだつ 5）2800円　④4-591-06754-8,4-591-99374-4

『川の遊び方』佐藤秀明，越谷英雄著　旬報社　2001.4　111p　21cm　（地球元気村遊びテキスト 2）1200円　④4-8451-0683-3

『山の遊び方』大蔵喜福著　旬報社

2001.4　119p　21cm　（地球元気村遊びテキスト 1）　1200円　⑬4-8451-0682-5

『アウトドア入門』　清水国明著，金成泰三イラスト　岩崎書店　2000.4　110p　22cm　（きみもチャレンジ！ジュニア入門シリーズ 10）1500円　⑬4-265-02650-8,4-265-10219-0

|目次|第1章　アウトドアのすすめ，第2章　里山へ行こう，第3章　釣りに行こう，第4章　キャンプに行こう，第5章　カヌーで遊ぼう

|内容|フォークグループ「あのねのね」で芸能界デビュー。音楽活動のかたわら，テレビ，ラジオ番組の司会やコメンテーター，2輪の国際A級ライダー，バスプロと幅広く活躍する著者が，"家族あそび"をモットーに少年少女におくるアウトドア入門。決まりきったかたちにとらわれず，実際に山や海，川に行って，自然とふれあってみようと説く，冒険心いっぱいの書。小学校中学年～中学生向。

『野外活動アイデアブック』　芹沢俊介,稲橋卓,森本巳希代著　刈谷　愛知みどりの会　2000.3　127p　19cm　（しぜんはともだち 4）　⑬4-901255-04-5

『きみもなれるアウトドア名人』　NHK科学番組部編，吉田しんこイラスト　汐文社　2000.2　47p　27cm　（NHKためしてガッテンアウトドアにチャレンジ！2000年版 2）1800円　⑬4-8113-7279-4

|目次|100倍楽しむ動物園，バーベキューの鉄人をめざせ，手作り弁当大研究，おにぎりをきわめる，アウトドアおもしろ日本一

『自然と遊ぶ・作る・観察する』　おくやまひさし監修　主婦の友社　1999.8　82p　26cm　（主婦の友生活シリーズ―Comoブックス）880円　⑬4-07-226483-0

『あそんでたのしむ野外活動入門』　山岡寛人編　ポプラ社　1999.4　63p　29cm　（自然とあそぼう 3）3000円　⑬4-591-05929-4,4-591-99286-1

|目次|野山を歩こう，地図とコンパス，野山で天気を予測しよう，危険防止と応急処置，キャンプをしよう，昆虫採集をしよう，キノコ狩りをたのしむ，野鳥の声を聞いてみよう，木に登ろう，自然の中を走ろう〔ほか〕

|内容|自然の中に飛びこんで，心身ともに自然と親しむための基礎知識や注意事項を解説。

『つくってたのしむ野外活動入門』　山岡寛人編　ポプラ社　1999.4　63p　29cm　（自然とあそぼう 1）3000円　⑬4-591-05927-8,4-591-99286-1

|目次|草木でTシャツを染めてみよう，草木あそび，カゴを編んでみよう，ヒツジの毛で小物をつくろう，身近なもので楽器をつくろう，炭焼きに挑戦しよう，土器を焼いてみよう，木や石の彫刻にチャレンジ，イネを育てよう，アウトドア料理法〔ほか〕

|内容|自然を素材に身近な物をつくることで，自然のしくみを理解できるようなアイディアを紹介。

『見てたのしむ野外活動入門』　山岡寛人編　ポプラ社　1999.4　63p　29cm　（自然とあそぼう 2）3000円　⑬4-591-05928-6,4-591-99286-1

|目次|草むらや林に入ってみよう，ルーペで拡大してみよう，アニマル・トレッキング，石や砂のルーツをさがそう，地層は自然の博物館，湿原のふしぎな世界，干潟の生き物を観察しよう，川の石の下には虫がいる，磯の観察をしよう，天体観測に挑戦しよう〔ほか〕

|内容|自然を再発見し，環境問題にも目を向けられるように，観察力をやしなうための事例の解説。

『アウトドア攻略遊びガイド』　グループ・コロンブス編著　大阪　ひかりのくに　1998.6　80p　21cm　〈索引あり〉1180円　⑬4-564-20347-9

|目次|自然の中で遊ぶ前に，アウトドアの楽しさ，野外で遊ぶときはこんなかっこうで，野山を知る，野山で運動・ゲーム，対戦ゲーム，飛ばして遊ぶ，草花で変身ごっこ，草花で工作，草花の楽器〔ほか〕

|内容|本書は体を動かす遊びはもちろん，身近にある自然の材料を使って簡単にできるゲームなど，楽しい遊びをたくさん紹介しています。

『アウトドアをたのしむ本』　アンジェラ・ウィルクス著，硴文介訳，北村悟志監修　メディアファクトリー　1998.3

| いろいろな遊び | 室内の遊びを知ろう |

64p 32cm （Kids' workshop series）2200円 ①4-88991-438-2
[目次] 自然の中へ，自然探検大作戦，自然には，ひみつがいっぱい，植物とすごす1年間，生き物ウォッチング！，おもちゃと工作
[内容] 集める・描く・組み立てる・育てる・作る・料理するなど，創造的なプロジェクトがいっぱい。全ページ，フルカラー写真による詳細な作り方つき。分かりやすい説明で，驚くほどの仕上がり。子供が，自分のアイディアをつけ加えられるように工夫したプロジェクト。おとなが手伝うなら4歳から。自分でやるなら6歳から。

『川遊びから自然を学ぼう』 三輪主彦著 フレーベル館 1997.12 61p 31cm （地球環境子ども探検隊 3） 1800円 ①4-577-70129-4

『野山であそぼう』 菅原道彦著 ベースボール・マガジン社 1996.4 143p 26cm （あそびの学校 5） 2500円 ①4-583-03292-7
[目次] 追せきゲーム，追せきゲーム―町の中，春の追せきゲーム，追せきゲーム―夏その(1)，大追せきゲーム―夏その(2)，カメラであそぼう！―撮影隊，バンブーダンス，キャンプおもしろ演出，火打石での火おこし，川あそび〔ほか〕

室内の遊びを知ろう

『室内遊び』 亀卦川茂文，高村忠範絵 汐文社 2008.2 47p 27cm （たのしい放課後遊び 3） 2000円 ①978-4-8113-8429-0 Ⓝ781.9

『簡単にできる室内遊び 2（小道具編）』 小川美千子文，西山クニ子絵 リブリオ出版 2005.4 45p 27cm （大図解 大きな図で解りやすい本―日本の伝承遊びコツのコツ 第6巻） ①4-86057-172-X Ⓝ384.55
[目次] かるた遊び，あやとり，ブンブンゴマ，お手玉，将棋遊び，十六むさし，けん玉，おはじき，顔遊び・うらない遊び，手遊び・指遊び，じゃんけん遊び

『簡単にできる室内遊び 1（創作遊び）』 小川美千子文，西山クニ子絵 リブリオ出版 2005.4 45p 27cm （大図解 大きな図で解りやすい本―日本の伝承遊びコツのコツ 第5巻） ①4-86057-171-1 Ⓝ384.55
[目次] 折り紙，切り紙遊び，こより遊び，言葉遊び，ハンカチ遊び，手袋人形，リリアン編み，糸電話，ミカン遊び，相撲遊び〔ほか〕

『うちあそび事典』 多田千尋監修 日本図書センター 2001.3 55p 31cm （目でみる子どものあそび百科 2） 4400円 ①4-8205-6555-9,4-8205-6553-2

『1日を楽しめる室内あそび―休みの日に友だちと』 日本レクリエーション協会監修 学習研究社 2000.3 47p 28cm （アイデア室内あそび160 4）〈索引あり〉 2800円 ①4-05-300769-0,4-05-810586-0
[目次] 秘密の宝をさがせ，ファッションショー，全員に聞きました，ピンポンサッカー，広告ジグソー，ズバリ，1日に何回？，ゴロゴロサファリ，逃亡者をさがせ！，鳥獣魚花，島から島へ！〔ほか〕
[内容] 室内で気軽に楽しめるあそびが，全部で160のせてあります。だれでも知っているあそびや，新しく考え出されたものなどさまざまですが，みんな「友だちづくりに役立つあそび」，「友だちと楽しくあそぶことができるもの」という見方で集めたものです。この本で，あそぶことの楽しさを味わい，本当の友だちをふやしてください。

『5分でできる室内あそび―ちょっとだけの時間でも』 日本レクリエーション協会監修 学習研究社 2000.3 47p 28cm （アイデア室内あそび160 1）〈索引あり〉 2800円 ①4-05-300766-6,4-05-810586-0
[目次] スリーじゃんけんチャンピオン，紙飛行機着陸競争，バラバラインタビュー，ふわふわパチパチ，じゃんけんストレッチ，ゴーあんどストップ，両手，指ずもう，あっち向いてホイ，コイ，紙テープずもう，じゃんけんターン〔ほか〕
[内容] 室内で気軽に楽しめるあそびが，全部

子どもの本 楽しい課外活動2000冊 221

『20分でできる室内あそび―休み時間もフルに使って』 日本レクリエーション協会監修　学習研究社　2000.3　47p　28cm　（アイデア室内あそび160 2）〈索引あり〉2800円　①4-05-300767-4, 4-05-810586-0

[目次] UFO捕獲大作戦，物知りチャンピオン，グニャグニャ止まれ！，しりとりマス埋め競争，パラシュート競争，拍手でイエス，ノー，ビー玉ゴルフ，ハンカチ・ドッジボール，ポイントでパチン，下敷きでピンポン〔ほか〕

[内容] 室内で気軽に楽しめるあそびが，全部で160のせてあります。だれでも知っているあそびや，新しく考え出されたものなどさまざまですが，みんな「友だちづくりに役立つあそび」，「友だちと楽しくあそぶことができるもの」という見方で集めたものです。この本で，あそぶことの楽しさを味わい，本当の友だちをふやしてください。

『45分も楽しめる室内あそび―学級の時間やお楽しみ会に』 日本レクリエーション協会監修　学習研究社　2000.3　47p　28cm　（アイデア室内あそび160 3）〈索引あり〉2800円　①4-05-300768-2, 4-05-810586-0

[目次] 絵しりとり，しょうこ品は，どこだ，わりばしくずし，イラスト伝言ゲーム，ナンバー・コール，ワンタッチ，ポイントかくく！，ざぶとんで仲良く，風船割り剣道，見つけて変身〔ほか〕

[内容] 室内で気軽に楽しめるあそびが，全部で160のせてあります。だれでも知っているあそびや，新しく考え出されたものなどさまざまですが，みんな「友だちづくりに役立つあそび」，「友だちと楽しくあそぶことができるもの」という見方で集めたものです。この本で，あそぶことの楽しさを味わい，本当の友だちをふやしてください。

『あんごうあそび』 竹井史郎著　小峰書店　2000.2　31p　25cm　（たのしい室内あそび 7）1900円　①4-338-16407-7, 4-338-16400-X

[目次] 数字のあんごう，数字とアルファベット，さかさよみ，いったりきたりよみ，たぬきのあんごう，1字おきのあんごう，カタカナのあんごう，かん字のあんごう，えまじり文のあんごう，え文字のあんごう〔ほか〕

[内容] 本書には，あんごうあそびが，いっぱいとりあげてあります。あんごうあそびとは，なかまどうしにしか，わからないようなルールをきめて作った連絡方法です。本書で，たくさんのあんごうあそびをおぼえて，友だちや，きょうだいと，たくさんあそんでくださいね。また，友だちと，自分たちしかわからない，おもしろいあんごうを考えて，たのしくあそんでみましょう。小学校低学年以上。

『うらない・おまじないあそび』 竹井史郎著　小峰書店　2000.2　31p　25cm　（たのしい室内あそび 8）1900円　①4-338-16408-5, 4-338-16400-X

[目次] うらないあそび（うでうらない，ゆびうらない，おりがみうらない，五円玉うらない　ほか），おまじないあそび（おまもり，しあわせのおまじない・ゆめのおまじない，歯のおまじない・のりもののおまじない，いたみのおまじない・しびれのおまじない　ほか）

[内容] 「未来を，しることができたら…」なんて思ったことはありませんか？ うらないは，あなたのそんな願いをかなえてくれるたのしいあそびです。また，おまじないには，いろいろなものがありますが，本書では，みなさんの生活に役立つもの，勇気をあたえてくれるものを，とりあげてあります。本書で，うらないや，おまじないをおぼえて，友だちや，きょうだいとたのしくあそんでください。小学校低学年以上。

『えんぴつ・ものさしあそび』 竹井史郎著　小峰書店　2000.2　31p　25cm　（たのしい室内あそび 3）1900円　①4-338-16403-4, 4-338-16400-X

[目次] えんぴつあそび（あいだとり，えんぴつはさみ，えんぴつまわし，えんぴつキャッチ　ほか），ものさしあそび（てんとりゲーム，バネジャンプ，うごくものさし，えんぴつ立て　ほか）

[内容] みなさんが，いつも使っているえんぴつや，ものさしにはみなさんが知らなかったり，気がつかなかったあそびが，たくさんあります。そんなあそびを，この本では，た

いろいろな遊び　　　　　　　　　　　　　　室内の遊びを知ろう

くさん紹介してあります。本書で、たくさんのえんぴつや、ものさしのあそびをおぼえて、友だちや、きょうだいとたくさんあそんでくださいね。小学校低学年以上。

『けしゴム・したじきあそび』　竹井史郎著　小峰書店　2000.2　31p　25cm　（たのしい室内あそび 4）　1900円　①4-338-16404-2,4-338-16400-X

目次　けしゴムあそび（けしゴムつみ，けしゴムおこし，けしゴムレスリング，けしゴムつかみ　ほか），したじきあそび（ジャンプキャッチ，したじきはねつき，したじきドライブ，したじきのおと　ほか）

内容　みなさんが、いつも使っているけしゴムやしたじきにはみなさんが知らなかったり、気がつかなかったあそびが、たくさんあります。そんなあそびを、この本では、たくさん紹介してあります。本書でたくさんのけしゴムや、したじきのあそびをおぼえて、友だちや、きょうだいとたくさんあそんでくださいね。小学校低学年以上。

『ずけいあそび』　竹井史郎著　小峰書店　2000.2　31p　25cm　（たのしい室内あそび 2）　1900円　①4-338-16402-6,4-338-16400-X

目次　じゃんけん三もくならべ，三ならべ，ご石とび，五もくならべ，はさみしょうぎ，まわりしょうぎ，じゃんけんじんとり，三角じんとり，さいごの1ぽん，ちんぼつゲーム〔ほか〕

内容　本書には、みなさんが大すきなずけいあそびが、いっぱいとりあげてあります。2人であそべるものから、クラス全員で遊ぶものまで、さまざまなずけいあそびを紹介しています。すきなものから、みんなであそびましょう。そして、あそびをおぼえたら、べつの友だちや、きょうだいにも、教えてあげて、いっしょにあそんでくださいね。小学校低学年以上。

『なぞなぞあそび』　竹井史郎著　小峰書店　2000.2　31p　25cm　（たのしい室内あそび 9）　1900円　①4-338-16409-3,4-338-16400-X

目次　がっこうのなぞなぞ，あそびのなぞなぞ，スポーツのなぞなぞ，からだのなぞなぞ，しごとのなぞなぞ，どうぶつのなぞなぞ，とりのなぞなぞ，むしのなぞなぞ，しぜんのなぞなぞ，しょくぶつのなぞなぞ〔ほか〕

内容　なぞなぞは、昔から世界中につたわることばあそびです。あたまを、おもいっきり自由につかって、おもいがけない考え方を見つけ出す——こんなあたまのトレーニングは、なぞなぞあそびがうってつけ。さあ、なぞなぞで、友だちや、きょうだいとたくさんあそんで、あたまをきたえましょう。小学校低学年以上。

『パズルあそび』　竹井史郎著　小峰書店　2000.2　31p　25cm　（たのしい室内あそび 10）　1900円　①4-338-16410-7,4-338-16400-X

目次　ひとふでがき，マッチぼうパズル，一円玉パズル，まほうじん，たん生日までパズル，年れいあてパズル，かずあてパズル，数字よみパズル，かん字パズル，パズルのこたえ

内容　本書には、みなさんのあたまのトレーニングに役立つパズルの問題をたくさん紹介してあります。パズルは知恵のあそびです。パズルは楽しみながら、推理力や独創力をつけたり、アイデアを出したりする能力を身につけることができます。この本で、たくさんのパズルに挑戦して、楽しみながら知恵やアイデアをそだてましょう。小学校低学年向。

『目のふしぎあそび』　竹井史郎著　小峰書店　2000.2　31p　25cm　（たのしい室内あそび 6）　1900円　①4-338-16406-9,4-338-16400-X

目次　なにいろが見える？，きえるにんじゃ，ゆびのユーフォー，手のあな，ライオンとおり，ゆびのこぶ，こうさてんのおばけ，巨人のかげ，うごくはし，フニャフニャえんぴつ〔ほか〕

内容　本書には、人間の目のふしぎなあそびが、いっぱいとりあげてあります。目のふしぎなあそびを、ためしてあそんでみましょう。目のふしぎなあそびをおぼえたら、友だちや、きょうだいに教えてあげましょうね。みんな、そのふしぎさに、びっくりしますよ。小学校低学年以上。

◆おりがみ・切り絵

『たのしいおりがみ』　水野政雄著　bbc　[20--]　127p　21cm　（あそびのたからばこ 8）〈絵：necoほか〉　1200円　①978-4-906774-15-9　Ⓝ754.9

『ガール・マジックお手紙レッスン』　寺

西恵里子作，鈴木衣津子絵　汐文社　2013.4　79p　21cm〈『おりがみ手紙』改題書〉1300円　①978-4-8113-8980-6
[目次]かわいい！おりがみ手紙，かんたん！はじめてのデコ文字，色々使える！はじめてのプチイラ

『おりがみ壁面12か月―5回で折れる！』いまいみさ著　チャイルド本社　2013.2　87p　26×21cm　（potブックス）1800円　①978-4-8054-0210-8
[目次]桜並木を通って行こう，チューリップのお庭でかくれんぼ，屋根より高いよこいのぼり，いちごがた～くさん，虹を渡ってお出かけ，2種類のかえる，きれいなあじさい見つけたよ，七夕の夜に願いを込めて，いろんな色のあさがおが咲いたよ，おいしくいただきま～す〔ほか〕
[内容]お月見，こいのぼり，ハロウィン，クリスマス，季節の美しさや楽しい行事などをおりがみを使った壁面で表現。子どもにも折れる簡単な作品を紹介。

『キャラクター折り紙あそび』いしばしなおこ著　ブティック社　2013.2（第2刷）64p　26cm　（レディブティックシリーズ　3443―折り紙）800円　①978-4-8347-3443-0　Ⓝ754.9

『みんなでつくろう！こどもの切り紙―空のぼうけん』矢口加奈子著　高橋書店　2012.5　111p　23×18cm〈付属資料あり〉1000円　①978-4-471-12323-9
[目次]うちゅう，天空，空，ジャングル，森，まち，庭，部屋

『みんなでつくろう！こどもの切り紙―海のぼうけん』矢口加奈子著　高橋書店　2012.5　111p　23×18cm〈付属資料あり〉1000円　①978-4-471-12324-6
[目次]1 海てい，2 海，3 海岸，4 野原，5 森，6 まち，7 しろ，8 キッチン，9 部屋

『こどもの切り紙遊び　2』ブティック社　2012.4　48p　18×19cm　（プチブティックシリーズ no.592）476円　①978-4-8347-6592-2　Ⓝ754.9

『脳力アップ　頭がよくなるこどものきりがみ』小林一夫，篠原菊紀監修　文化出版局　2012.3　79p　23×19cm　1300円　①978-4-579-21148-7
[目次]第1章 3～6さいのきりがみ（ドーナツ，ジグソーパズル，カールのお花 ほか），第2章 6～9さいのきりがみ（おひさまと小鳥，花火，つながるもよう ほか），第3章 9～12さいのきりがみ（きりがみクイズ，つながるもよう，もようのくさり ほか）

『"切って組むだけ"立体おもちゃ―トレー・ダンボール・牛乳パックが大変身！』柴田泰著　京都　PHP研究所　2012.2　95p　26cm　1300円　①978-4-569-80086-8　Ⓝ507.9

『おりがみでミュージカルごっこ―きったりはったり：全23曲歌詞付き』いまいみさ著　毎日新聞社　2012.1　63p　27cm　1500円　①978-4-620-60661-3　Ⓝ754.9

『きってはってとばして親子であそべる！ガチャピン・ムックのてづくりオモチャ』扶桑社　2011.12　35p　30cm　933円　①978-4-594-06534-8
[目次]ガチャピンひこうき，ムックひこうき，ミラクルふしぎゴマ，とことんとん！かみずもう，ふわふわかみコプター，うちゅうモビール，ふしぎキューブ，ハートのバスケット

『5回で折れるはじめてのおりがみあそび―こどもが夢中になる動物，乗り物，お菓子がいっぱい！　さいしょにつくりたいかわいい96作品』いまいみさ著　［東京］　ベストセラーズ（発売）2011.10　81p　21cm　1200円　①978-4-584-13346-0　Ⓝ754.9

『しんぶんしあそび―おってまるめてやぶいてあそぼう！』藤本ともひこ著　ハッピーオウル社　2011.10　31p　26cm　1300円　①978-4-902528-41-1　Ⓝ754.9

『こどもの切り紙遊び―切って遊んで，切って飾って，魅力の切り紙大集合！』ブティック社　2011.4　48p　18×19cm　（プチブティックシリーズ no.571）476円　①978-4-8347-6571-7　Ⓝ754.9

いろいろな遊び　　　　　　　　　　　室内の遊びを知ろう

『おぼえておきたい！ 伝承おりがみ』 山口真作・絵　ポプラ社　2011.3　59p　17×19cm　（親子であそべるミニブック 1）　500円　Ⓘ978-4-591-12369-0　Ⓝ754.9

『作って遊ぶ！ 飾って楽しい！ おりがみ百科―親切な折り図でラクラク折れる！ オールカラー』杉崎めぐみ著　講談社　2011.3　143p　24cm　1400円　Ⓘ978-4-06-216856-4　Ⓝ754.9

『よいこきらきらおりがみ12かげつ―たのしいぎょうじのかざりつけ』 いまいみさ著　小学館　2011.3　63p　27cm　1500円　Ⓘ978-4-09-227148-7　Ⓝ754.9
[目次] はる（おひなさま，かべかけおひなさま ほか），なつ（あじさいとかたつむり，レターセット＆おまもり ほか），あき（おつきみうさぎ，コスモス ほか），ふゆ（みんなでメリークリスマス！，クリスマスツリーとオーナメントツリー ほか）

『しんぶんしであそんじゃおう！―新聞紙でつくる大人気のおもちゃがいっぱい!! 野球，ゴルフ，バスケット，さかなつり，わなげ，ボウリング…』 いまいみさ著　毎日新聞社　2011.1　79p　26cm　1300円　Ⓘ978-4-620-60655-2　Ⓝ594
[目次] けんだま，じゅうじけんだま，さかなつり，きんぎょすくい，どうぶつのおうち，ハンドバッグ＆ショルダーバッグ，はねつき，わなげ，こままわし，たこあげ〔ほか〕
[内容] 野球，ゴルフ，バスケット，さかなつり，わなげ，ボウリング…新聞紙でつくる大人気のおもちゃがいっぱい。

『立体ハリガミを楽しもう―測量に役立つ知的ゲーム』 紙切虫太郎著　日本測量協会　2010.12　77p　30cm　1334円　Ⓘ978-4-88941-049-5　Ⓝ754.9

『きりがみ＆おりがみで紙あそび』 丹羽兌子監修　泉書房　2010.10　143p　24cm　1200円　Ⓘ978-4-86287-058-2　Ⓝ754.9

『こどものおりがみ教室』 ISAMU ASAHI[著]　ブティック社　2010.9　84p　26cm　（レディブティックシリーズ no.3094）　905円　Ⓘ978-4-8347-3094-4　Ⓝ754.9

『遊べる！ 楽しい！ おりがみおもちゃ―かんたん工作であっというまにできあがり』 いまいみさ著　PHP研究所　2010.8　79p　26cm　1200円　Ⓘ978-4-569-79069-5　Ⓝ754.9
[目次] みんなでゲーム（あしかのわなげ，ストローのわなげ ほか），てとからだをうごかそう（けんだま（チューリップ・けん），ぴょんぴょんかえる ほか），ごっこあそびしよう（くるま・バス，しんかんせん ほか），なりきりあそびしよう（いちごバッグ，めがね ほか），ちいくあそびしよう（かけどけい，ルーレット ほか）
[内容] 子どもたちと一緒に作って楽しむ，手作りのおりがみおもちゃ。かわいく仕上がる「めだまシール」つき。

『おりがみでごっこあそび―みんな大好き！ おみせやさん』 いしかわ☆まりこ著　主婦の友社　2010.7　127p　24cm　（主婦の友αブックス―Hobby）　1100円　Ⓘ978-4-07-271325-9　Ⓝ754.9

『きったりはったり おりがみでおみせやさん 2』 いまいみさ著　毎日新聞社　2010.6　63p　26cm　1500円　Ⓘ978-4-620-60648-4
[目次] アクセサリーやさん，バッグやさん，ファンシーショップ，おけしょうひんやさん，ケータイ・ショップ，おにんぎょうやさん，ケーキやさん，おかしやさん，クレープやさん，おはなやさん
[内容] つくって楽しい，遊んでうれしい「おみせやさんグッズ」を，オールカラーでわかりやすく紹介。

『こどものおりがみあそび―折ったら！ すぐあそべる！ 125点』 ブティック社　2010.5　96p　26cm　（レディブティックシリーズ no.3022）　838円　Ⓘ978-4-8347-3022-7　Ⓝ754.9

『チョ〜かんたんおりがみどうぶつえんをつくろう』 たけいしろう著　草土文化　2009.12　59p　20×20cm　950円　Ⓘ978-4-7945-1018-1　Ⓝ754.9

『おりがみあそび123―考える力とゆたか

子どもの本 楽しい課外活動2000冊　　225

『な心を育てる セレクト版』 水原葵
［著］ 日本ヴォーグ社 2009.11 123p
26cm 〈索引あり〉 1200円 ⓘ978-4-529-04751-7 Ⓝ754.9

『伝承おりがみ―ママと遊ぼう 写真で折り方解説』 改訂版 ブティック社
2009.8 56p 18×19cm （プチブティックシリーズ no.511） 400円
ⓘ978-4-8347-6511-3 Ⓝ754.9

『きったりはったりおりがみでおままごと』 いまいみさ著 毎日新聞社
2009.7 63p 27cm 1500円 ⓘ978-4-620-60641-5 Ⓝ754.9
目次 ピクニックべんとう，からあげべんとう，すしべんとう，サンドイッチ，ピザ，エビフライ，ハンバーグランチ，パン，クッキー，わがし〔ほか〕
内容 本書では，こどもから大人まで大人気のメニューをとりそろえました。食材・料理から鍋，ガスコンロ，冷蔵庫，オーブンレンジ，調味料入れまで，すべてハンドメイドのおままごとセットです。

『動物おりがみ教室―2枚のかみでおろう』
山田勝久著 誠文堂新光社 2009.7
70p 23cm 1500円 ⓘ978-4-416-30927-8 Ⓝ754.9

『あたらしいおりがみ 第1集 季節やパーティーをおってみよう！―まいにちがたのしくなる』 榎本宣吉編著 土屋書店 2009.6 133p 26cm 900円
ⓘ978-4-8069-1053-4 Ⓝ754.9

『昆虫立体きりおりがみ―型紙を切って折るだけ！ のりづけなしでリアルにつくれる！』 たけとり著 泉書房 2009.6
63p 30cm 857円 ⓘ978-4-86287-044-5
目次 ヘラクレスオオカブト，カブトムシ，ギラファノコギリクワガタ，ミヤマクワガタ，ノコギリクワガタ，キチョウ，クモ，赤トンボ，スズムシ，アリ〔ほか〕
内容 「きりおりがみ」とは，切って折るだけでつくれる新しい立体。紙とは思えないほどの立体感とリアルさは，子供のみならず，大人でも楽しめる。つくり方もとても簡単で，接着剤を使わず固定できるのも魅

力のひとつ。また，さまざまな紙でつくることができるので，表情のちがうオリジナル昆虫を作ることができる。

『りったい 新昆虫館』 神谷正徳作 小学館 2009.6 48p 28×21cm （小学館の図鑑NEOのクラフトぶっく） 950円
ⓘ978-4-09-734669-2
目次 カブトムシ（オス），オトシブミ，オオクワガタ，カメノコテントウ，カブトムシ（メス），ゴマダラカミキリ，アブラゼミ，マツムシ，アオカナブン，ゴライアスオオツノハナムグリ〔ほか〕
内容 カンタン紙工作でリアルな昆虫24種類つくっちゃおう。

『海と地球のペーパークラフト―つくって・あそんで・学ぶ』 海洋研究開発機構著 ミュール, 創英社/三省堂書店〔発売〕 2009.4 48p 30cm （Blue Earth BOOK）〈付属資料：別冊1〉
1286円 ⓘ978-4-904226-01-8
目次 入門編（オニイトマキエイ），初級編（オオグソクムシ，チョウチンアンコウ，メンダコ），中級編（有人潜水調査船しんかい6500），上級編（ナガヅエソ，地球深部探査船ちきゅう，ユノハナガニ）
内容 あそびながら海の生き物や船のことがわかっちゃう！ さぁ，キミもチャレンジ。

『きせつのおり紙―行事・歳時記・自然 日本人のたしなみ』 新宮文明著 小学館 2009.3 79p 26cm （プレneo books）〈索引あり〉 1200円 ⓘ978-4-09-217274-6 Ⓝ754.9

『シュガーバニーズのおりがみおかいものしましょ！―おかいものごっこができるたのしいおりがみ！』 水野政雄作 サンリオ 2009.2 47p 16cm （サンリオギフトブック 24） 466円 ⓘ978-4-387-08114-2 Ⓝ754.9

『あそびおりがみ』 ブティック社
2009.1 48p 18×19cm （プチブティックシリーズ no.487） 457円
ⓘ978-4-8347-6487-1 Ⓝ754.9

『びっくり！ おもしろ紙遊び』 立花愛子, 佐々木伸著 チャイルド本社

| いろいろな遊び | 室内の遊びを知ろう |

2008.11　79p　26×22cm　2000円　①978-4-8054-0133-0
[目次]　ためしてびっくり！（なにができるのかな？（新聞紙で作る机といす），机といすができた！，新聞紙ハンモック ほか），とばしてびっくり！（くるくるハット＆ロケット，ピロピロかざぐるま，ひらひららっかさん ほか），作ってびっくり！（飛び出すカード，パクパク水族館，雪の結晶 ほか）
[内容]　わたしたちの身近には，紙がたくさんあります。この本では，誰もがよく知っている紙を使って，それぞれの紙がもつ特徴をいかした簡単な工作や，遊びをたくさん紹介しました。遊びながらいろいろな紙のもつおもしろい特徴を存分に味わってください。

『きったりはったりおりがみとあきばこでどうぶつえん』　いまいみさ著　毎日新聞社　2008.9　63p　27cm　1500円　①978-4-620-60635-4　Ⓝ754.9
[目次]　ライオン，キリン，ゾウ，ゾウのあかちゃん，シマウマ，サイ，カバ，ゴリラ，ジャイアントパンダ［ほか］
[内容]　子どもたちに大人気の動物が大集合！つくって楽しい！遊んで楽しい動物園！つくりかたから完成まで，カラー写真でわかりやすく紹介しています。手づくりのあたたかさを伝える動物おもちゃの本。

『ドキドキ!!妖怪きりがみ―切り起こしペーパークラフト　切って起こして組み立てる』　黒須和清著　東京書店　2008.8　111p　21×19cm　1300円　①978-4-88574-777-9
[目次]　用具の準備，あるとべんりな用具，カッターの使い方，型紙の使い方，用紙の大きさ，いったんもめん，かっぱ，やまびこ，うみぼうず，しろぼうず，九尾のきつね，おに，にんぎょ，ろくろくび，ばけねこ，がしゃ，あぶらすまし，あずきあらい，おおてんぐ，からすてんぐ，ゆきおんな，ざしきわらし，つるべ火，ばけだぬき，あまのじゃく
[内容]　切って起こして組み立てる22の妖怪が大集合！おなじみの妖怪たちが，一枚の紙から飛び出す！切りはなさず，つけ足さず，その紙の上で組み立てる，手品のようなペーパークラフトです。

『しずくちゃんおりがみあそび』　クーリア原案，ぎぼりつこイラストデザイン　学習研究社　2008.7　118p　19×26cm　750円　①978-4-05-203050-5　Ⓝ754.9

『ぜんまいざむらいおりがみきょうしつ』　西田良子おりがみ考案　小学館　2008.7　81p　19×26cm　（新おりがみぶっくシリーズ）　667円　①978-4-09-734802-3　Ⓝ754.9

『作って学ぼう！かっこいい恐竜がいっぱい！』　和田洋一作　メイツ出版　2008.7　48p　30cm　1000円　①978-4-7804-0447-0
[目次]　ティラノサウルス，アンキロサウルス，アロサウルス，ベロキラプトル，エオラプトル，ステゴサウルス，パラサウロロフス，マイアサウラ，セイスモサウルス，ミクロラプトル，ディロング，ケツァルコアトルス，パキケファロサウルス，トリケラトプス，デイノニクス，オビラプトル，スピノサウルス

『かわいい！たのしい!!おりがみあそび』　いまいみさ著　高橋書店　2008.5　127p　21cm　900円　①978-4-471-12318-5　Ⓝ754.9
[目次]　おみせやさんをひらいちゃおう（おいしいおちゃとケーキで―カフェ，バニラにいちごたくさんあるよ―アイスクリームやさん ほか），ママになっちゃおう（なんでもおりょうりできる―キッチン，ママみたいにじょうずでしょ―メイクアップ ほか），パパになっちゃおう（パソコンひらいておしごとしちゃうぞ！），アイドルになっちゃおう（ピンクのドレスで―おひめさまになっちゃおう，ステッキでへんしん!!―アイドルになっちゃおう）
[内容]　おりがみと，あきばこやティッシュペーパーでつくれる，かわいいおもちゃがいっぱい。

『切り紙あそび―おりがみをおって，はさみで切る』　Lee,Soon-Rea［著］，［呉星人］［訳］　ブティック社　2008.5　48p　18×19cm　（プチブティックシリーズ no.472）　400円　①978-4-8347-6472-7　Ⓝ754.9

『1枚のかみでおるおりがみおって遊ぶ―アクションおりがみ』　山田勝久著　誠文堂新光社　2008.2　70p　23cm　1500円　①978-4-416-30802-8　Ⓝ754.9

室内の遊びを知ろう　　　　　　　　　　　　　　　　　　　　　　いろいろな遊び

『みんなのおりがみあそび―写真で折り方解説』ブティック社　2007.8　49p　18×19cm　（プチブティックシリーズ no.456）400円　①978-4-8347-6456-7　Ⓝ754.9

『たのしい！ きりがみ―おってきって、あそぼう！』中村頼子著　大泉書店　2007.7　95p　24×18cm　780円　①978-4-278-08332-3

目次　1 きりがみであそぼう！（2つおりのきりがみ（しかく），2つおりのきりがみ（さんかく），4つおりのきりがみ（しかく），4つおりのきりがみ（さんかく），4つおりのきりがみ（じゃばら）ほか），2 もっときりがみを楽しもう！（紙ぶくろをかわいくかざろう，箱と缶をかざろう，フレームを使ったかざり，手作りレターセット，グリーティングカードを作ろう ほか）

『脳をそだてるおりがみあそび―オールカラー版』夢鶴実監修，主婦の友社編　主婦の友社　2007.7　127p　21cm（セレクトbooks）1000円　①978-4-07-256573-5　Ⓝ754.9

『創造力でおるおりがみえほん どうぶつ』しんぐうふみあき著　文渓堂　2007.2　1冊　22×19cm〈付属資料：シール〉860円　①978-4-89423-526-7

内容　1枚の紙からさまざまなものを作りだす折り紙は、子ども、大人問わず、誰をも魅了するすてきな遊びです。みごとな折り紙作品に目をみはった経験をお持ちの方も多いことでしょう。でも、その一方で、折り紙があまりに複雑で挫折してしまった苦い経験をお持ちの方も、これまた多いことと思います。本書は、そのようなことのないように、本当にかんたんな折り紙ばかりをあつめました。

『創造力でおるおりがみえほん みずのなかま』しんぐうふみあき著　文渓堂　2007.2　1冊　22×19cm〈付属資料：シール〉860円　①978-4-89423-527-4

内容　1枚の紙からさまざまなものを作りだす折り紙は、子ども、大人問わず、誰をも魅了するすてきな遊びです。みごとな折り紙作品に目をみはった経験をお持ちの方も多いことでしょう。でも、その一方で、折り紙があまりに複雑で挫折してしまった苦い経験をお持ちの方も、これまた多いことと思います。本書は、そのようなことのないように、本当にかんたんな折り紙ばかりをあつめました。

『作って学ぼう！ みんなの動物園―たのしいペーパークラフト』和田洋一作　メイツ出版　2006.12　48p　30cm　1000円　①4-7804-0120-8

目次　ライオン，ジャイアントパンダ，シマリス，キリン，アカカンガルー，ニホンノウサギ，コアラ，タヌキ，シロサイ，アフリカゾウ〔ほか〕

『親子でカンタン紙おもちゃ―切り抜いて遊べる！』NHK出版編　日本放送出版協会　2006.11　51p　19×19cm　1200円　①4-14-011230-1

目次　あじさいかくれんぼ，絵あわせパズル，おさるのやじろべえ，くるりん着地ねこ，ひらひらヘリコプター，小さなおうち，変身シンデレラ，ゆらゆら雨がさ，ピヨピヨにわとり親子，くるくるフリスビー〔ほか〕

『頭がよくなるおりがみあそび―日に日に伸びる発育、目に見える知育』丹羽兌子監修　泉書房　2006.10　95p　24cm　1200円　①4-900138-99-7　Ⓝ754.9

『ちびまる子ちゃんの折り紙教室』山口真著　主婦と生活社　2006.4　174p　21cm　1200円　①4-391-13213-3　Ⓝ754.9

『遊べる折り紙』山梨明子監修　学習研究社　2006.2　60p　27cm（遊ぶ・かざる・使うデザイン折り紙 図書館版 1）1500円　①4-05-202466-4　Ⓝ754.9

『折り紙動物園』丹羽兌子監修　学習研究社　2006.2　60p　27cm（遊ぶ・かざる・使うデザイン折り紙 図書館版 2）1500円　①4-05-202467-2　Ⓝ754.9

『折り紙ファンシー小物』山梨明子監修　学習研究社　2006.2　60p　27cm（遊ぶ・かざる・使うデザイン折り紙 図書館版 3）1500円　①4-05-202468-0　Ⓝ754.9

『四季の折り紙』 丹羽兒子,山梨明子監修 学習研究社 2006.2 60p 27cm （遊ぶ・かざる・使うデザイン折り紙 図書館版 4) 1500円 Ⓘ4-05-202469-9 Ⓝ754.9

『想像力を育む！ 楽しい「切り紙」あそび』 小林一夫監修,造事務所編集・構成 京都 PHP研究所 2006.1 79p 22cm 1200円 Ⓘ4-569-64645-X Ⓝ754.9

『たのしいおりがみ—季節のこものどうぶつおもちゃ』 小林一夫著 池田書店 2006.1 159p 19cm 650円 Ⓘ4-262-15244-8 Ⓝ754.9

『伝承おりがみ—ママと遊ぼう 写真で折り方解説 既刊掲載人気作品集』 ブティック社 2005.9 48p 18×19cm （プチブティックシリーズ no.396) 400円 Ⓘ4-8347-6396-X Ⓝ754.9

『動物園・水族館へようこそ』 丹羽兒子著 学事出版 2005.8 111p 26cm （子どもと楽しむおり紙あそび 2) 1800円 Ⓘ4-7619-1117-4 Ⓝ754.9

『身近なペットの世界へようこそ』 丹羽兒子著 学事出版 2005.8 111p 26cm （子どもと楽しむおり紙あそび 3) 1800円 Ⓘ4-7619-1118-2 Ⓝ754.9

『紙のおもちゃランドスペシャルセレクション—つくる・遊ぶ・工夫するベスト40＋2』 すずお泰樹編著 いかだ社 2005.7 94p 21cm （遊youランド) 1300円 Ⓘ4-87051-173-8 Ⓝ759
|目次| チラシ・広告をつかって，厚紙をつかって，空き箱をつかって，紙コップ・紙皿・ラップしんなどをつかって，いろいろな素材をつかって，型紙をつかって

『りったい昆虫館』 小学館 2005.5 48p 28×21cm （小学館の図鑑NEOのクラフトぶっく) 950円 Ⓘ4-09-734661-X
|目次| カブトムシ・ハンミョウ，オオクワガタ・ゲンジボタル，ゲンゴロウ・タマムシ，タガメ・アカスジキンカメムシ，ヘラクレスオオカブト，コーカサスオオカブト，キアゲハ，オニヤンマ，オオタマオシコガネ・ミンミンゼミ，オオスズメバチ・ルリボシカミキリ，オオゾウムシ・カブトムシ(サナギ)，トノサマバッタ，オオカマキリ
|内容| 22種類の昆虫をカンタンに組み立てられる紙工作。

『どきどきおりがみ—のりものとスポーツ』 山田勝久著 誠文堂新光社 2005.4 102p 21cm （おりがみあそび) 762円 Ⓘ4-416-30508-7 Ⓝ754.9

『きせつのおりがみ—自然と行事・春夏秋冬』 学研編集部編 学習研究社 2005.3 64p 26×21cm （ピコロの本) 1500円 Ⓘ4-05-402698-2
|目次| 春のおりがみ（シンプルチューリップ，ぎざぎざチューリップ ほか），夏のおりがみ（レインコートの子ども，雨つぶくん ほか），秋のおりがみ（秋色もみじ，色づいたいちょう ほか），冬のおりがみ（わくわくサンタクロース，きらきらベル ほか）
|内容| 季節や行事にぴったりの折り紙が41種。わかりやすい，大きなカラーの折りかた図。壁面飾りや製作帳などへの展開例も豊富。

『はじめてのおりがみ101』 山田勝久著 誠文堂新光社 2004.7 126p 21cm （おりがみあそび) 762円 Ⓘ4-416-30411-0 Ⓝ754.9

『伝承おりがみ』 童話館出版編集部編, ヤスダイクコ絵 長崎 童話館出版 2001.3 47p 19×23cm〈付属資料：折り紙8枚〉Ⓘ4-88750-022-X

『おりがみ・あやとり—ひとりでおれるひとりでとれる』 学習研究社 2000.11 64p 26cm （あそびのおうさまずかん）〈付属資料：ひも1本〉780円 Ⓘ4-05-201337-9

『おって遊べるわんぱくおり紙』 日本エディターズ 2000.9 123p 21cm （日本の伝承おり紙 1) 840円 Ⓘ4-930787-17-3

『遊ぼう！ 飾ろう！ 楽しいおりがみ教室』 石橋美奈子［著］ 小学館 2000.5

室内の遊びを知ろう　　　　　　　　　　　　　　　　いろいろな遊び

96p　26cm　（教育技術mook）　1500円　①4-09-104567-7

『紙あそび・ひもあそび』　嶋野道弘監修　ポプラ社　2000.4　39p　27cm　（みんなであそぼう校内あそび　6）　2200円　①4-591-06305-4

|目次| 紙あそび（おり紙，切り絵），ひもあそび（ひとりあやとり，ふたりあやとり，あやとり手品），ハンカチあそび

|内容| 「紙ひこうき」や「ふね」などこどもたちが自分で作ってあそべるおり紙や，連続あやとり・あやとり手品など，紙やひもを使って手軽に楽しめるあそびを紹介しています。小学校低学年〜中学年向き。

『おりがみ大集合』　阿部恒編　サンリオ　1999.9　98p　26cm　（サンリオ知育ゲームブック）　880円　①4-387-99055-4

|目次| いろえんぴつ，はばたくとり，つぼ，プランター，かさねばこ，おかしのおさら，ランチボックス，テント，ほかけぶね，ギフトケース〔ほか〕

|内容| ふろくおたのしみシール。3〜6歳向。

『うごくおりがみ』　水野政雄作　ポプラ社　1999.4　31p　26×22cm　（紙でつくる・ねんどでつくる　2）　2000円　①4-591-05901-4

|目次| しっぽをふるいぬ，ねずみをおいかけるねこ，はなをクンクンポチくん，にゃあにゃあねこのタマ，はりせんぼん，いたずらからす，くるくるヘリコプター，よくとぶ紙ひこうき，ハンググライダー，すいすいヨット〔ほか〕

|内容| しっぽをふるいぬ，すいすいヨット，ゆらゆらガイコツなど。小学校低学年向。

『ぬりえ・きりえ』　学習研究社　1998.11　65p　21×30cm　（頭脳開発あそびシリーズ　学研版）　680円　①4-05-201025-6

|目次| 1 きんぎょばち，2 すいか，3 こいのぼり，4 おしゃれさん，5 おでかけしましょ，6 ぶらぶらぶらんこ，7 じゅうりょうあげ，8 ぱくぱくかば，9 ぱくぱくわに，10 まどをあけよう，11 おふとんかけよう，12 わくわくバス，13 ぶくぶくたこ，14 いろいろくれよん，15 おすましらいおん，16 すいすいすべりだい，17 おべんとう

|内容| ぬってきってはってたのしめるあそびが32。はっちゃえシール，らくがきボードつき。2〜4さいのこどもむけ。

『親子で楽しむおりがみあそび』　坂田英昭著　東京書店　1998.4　159p　21cm　1200円　①4-88574-746-5

『おるほん』　LaZOOデザイン・イラスト　学習研究社　1998.3　127p　21×30cm　（あそびのおうさまbook）　950円　①4-05-200950-9

|内容| 本書は，きったりやぶいたりしておるほんです。

『いちご新聞キャラクターおりがみ教室』　いちご新聞編集局編　サンリオ　1997.10　47p　16cm　（サンリオギフトブック　30）　466円　①4-387-96057-4

|目次| ハローキティ，ポチャッコ，けろけろけろっぴ，リトルツインスターズ，ぼく，プリン，みんなのたあ坊，パタパタペッピー，てつなぎくま

『おりがみでアウトドア』　阿部恒編，伊藤靖子絵　小峰書店　1997.4　39p　27cm　（かんたんおりがみ　4）　1800円＋税　①4-338-13604-9

『ちぎり紙・きり紙・はり絵』　羽場徳蔵著　国土社　1996.3　32p　27×22cm　（たのしい図画工作　16）　1800円　①4-337-09416-4

|内容| 小学校低学年〜中学生向き。

◆あやとり・けん玉

『わくわくあやとり—はじめてでもかんたん！』　福田けい著　bbc　［20--］　127p　21cm　（あそびのたからばこ　10）〈絵：栗原清ほか〉　1200円　①978-4-906774-21-0　Ⓝ798

『いっしょにやろう！ふたりあやとり』　有木昭久著　ポプラ社　2012.6　35p　17×19cm　（ひもつきあやとりミニブック　2）　500円　①978-4-591-12946-3　Ⓝ798

|目次| のこぎり，もちつき，こと，おとこあやとり，ぶんぶくちゃがま，かわとり，ふたえあやとり，2ほんふたりあやとり，りった

230

いろいろな遊び　　　　　　　　　　　　　室内の遊びを知ろう

いとうきょうタワー，はなび〔ほか〕
|内容| 輪にした一本のひもから、さまざまな形があらわれる、「あやとり」。ふたり、三人、友だち、親子、みんなであそびましょう。さあ、ひもをもって、すてきでゆかいなあやとりの旅に「しゅっぱーつ！」。

『あやとりできた！―ひとりでも、みんなでも、たのしくあそぼう！』　福田けい監修　日本文芸社　2009.12　159p　24cm　（実用best books）〈索引あり〉　1200円　①978-4-537-20785-9　№798

『世界のあやとり大集合―親子であそぼう！』　東京書店編　東京書店　2009.8　215p　21cm〈文献あり〉　1200円　①978-4-88574-778-6　№798

『ほら、できたよ！　たのしいあやとりあそび』　野口広著　金園社　2009.6　127p　21cm　940円　①978-4-321-75503-0　№798

『たのしいあやとり―世界のあやとりがわかる　オールカラー　中級編』　野口広著　土屋書店　2009.1　127p　26cm〈文献あり〉　1300円　①978-4-8069-1032-9　№798

『たのしいあやとり―世界のあやとりがわかる　オールカラー　初級編』　野口広著　土屋書店　2008.12　111p　26cm　1200円　①978-4-8069-1031-2　№798

『たのしいあやとり大集合』　多田千尋監修　ナツメ社　2008.12　207p　21cm　1300円　①978-4-8163-4568-5　№798

『たのしい！　みんなのあやとり』　福田けい監修　西東社　2008.12　175p　21cm　760円　①978-4-7916-1541-4　№798

『はじめてのあやとり』　冨田久枝監修　成美堂出版　2008.6　159p　24cm　950円　①978-4-415-30389-5　№798
|目次| 1 すぐできるやさしいあやとり（自然のなかのあやとり，いきものあやとり　ほか），2 ふたりであやとり遊び（動かして遊ぼう！，とり合って遊ぼう！），3 連続で作ろう！　変身あやとり（小さなハンモック→ブランコ→糸まき→トンボ，ほうき→林の中の家/小さなはさみ/大きなはさみ　ほか），4 おどろき！　ビックリあやとり（あやとりマジック，ふえるあやとり）
|内容| みんなで作ろう！　楽しいあやとり。マークでひもをとる、はずす、おさえるなどのあやとりの動きがわかります。できあがりは写真で作り方はイラストでていねいに紹介。むずかしいひもの動きはポイントで解説しています。

『あやとりしようよ！』　あやとり探検隊編　日本文芸社　2006.1　159p　24cm　（実用best books）〈付属資料：ひも2本〉　1200円　①4-537-20415-X　№798

『DVDではじめるあやとり―1・2・3ステップで、かんたん！たのしい！』　菊地由紀編　池田書店　2005.8　143p　21cm〈付属資料：DVD-Video1枚（12cm）＋ひも1本〉1300円　①4-262-15241-3　№798

『みんなであそぼう！　やさしいあやとり』　野口広監修　［東京］　成美堂出版　2003.7　159p　22cm　800円　①4-415-02340-1　№798

『けん玉』　日本けん玉協会監修，丸石照機，鈴木一郎，千葉雄司文　文渓堂　2003.2　31p　26×24cm　1500円　①4-89423-353-3
|目次| 世界のけん玉，日本のけん玉，けん玉で遊ぼう，けん玉を作ろう，けん玉の歴史

『おりがみ・あやとり―ひとりでおれるひとりでとれる』　学習研究社　2000.11　64p　26cm　（あそびのおうさまずかん）〈付属資料：ひも1本〉　780円　①4-05-201337-9

『けん玉の技百選』　日本けん玉協会著　ポプラ社　2000.11　135p　19cm　（あそびとスポーツのひみつ101 12）　780円　①4-591-06620-7
|目次| 皿系，もしかめ系，とめけん系，飛行機系，ふりけん系，一周系，灯台系，すべり系，まわし系，うぐいす系〔ほか〕
|内容| 日本けん玉協会創立25周年を記念して数多くの技の中から百の技を厳選しました。

子どもの本　楽しい課外活動2000冊　　231

やさしい技から難しい技まで、いろんなバリエーションの技が入っています。百の技を極めてけん玉マスターを目指しましょう。

『あやとりあそび―みんなできてたのしいよ』 西東社出版部編 西東社 2000.6 159p 19cm 600円 ⓘ4-7916-1044-X

『あやとり遊びどうぐやのりもの―つくろう！ あそぼう！』 福田けい監修 婦人生活社 2000.1 50p 20cm （婦人生活ベストシリーズ） 470円 ⓘ4-574-80323-1

『あやとり遊び人気のTVキャラクターやいきもの―つくろう！ あそぼう！』 福田けい監修 婦人生活社 2000.1 50p 20cm （婦人生活ベストシリーズ） 470円 ⓘ4-574-80322-3

『けん玉―けん玉道の奥義101』 ポプラ社 1998.12 127p 19cm （あそびとスポーツのひみつ101 10） 780円 ⓘ4-591-05885-9

|目次| 第1章 けん玉の基本を覚えよう（どんなけん玉を買ったらいいの？，けん玉の部分の名前は何ていうの？，自分に合ったけん玉にするには，どうするの？ ほか），第2章 必殺技にステップアップ（「つばめ返し」ってどんな技？，「つばめ返し」のやり方を教えて，「けん先わざ」ってどんな技？ ほか），第3章 ウルトラテクニックに挑戦（「すべり止め極意」ってどんな技？，「すべり止め極意」のやり方を教えて，ほかにはどんな静止技があるの？ ほか），第4章 けん玉何でも質問箱（けん玉をするときの服装は？，左利き用のけん玉ってあるの？，けん玉を上達させるのに体力トレーニングは必要？ ほか）

|内容| けん玉のかまえを教えて，「地球まわし」ってどんな技？ けん玉の大会ってあるの？ などけん玉の基本から，友達がびっくりするようなウルトラテクニックまで，わかりやすく紹介するよ。けん玉名人めざして，技をみがこう。

『けん玉ウルトラテクニックス最終攻略本』 オフィス・サウス編著 ジャパン・ミックス 1998.7 79p 19cm 780円 ⓘ4-88321-511-3

|目次| けん玉マスターへの道（基本技編），

グランドマスターへの道（応用技編），ミラクルマスターへの道（幻技編）

|内容| 驚きの技の数々を完全紹介。誰でもやればできる超親切解説。Q&A，名人紹介，けん玉あれこれ，級，段の取り方など，けんだまに関する全てを1冊に凝縮!!本書の模範演技はポンキッキーズ出演でも有名なけん玉伝道師：千葉雄司（五段）。

『あやとりあそび』 エキグチクニオ著 永岡書店 1997.11 44p 15×15cm （たのしいあやとりシリーズ no.3） 350円 ⓘ4-522-21383-2

◆マジック

『100円ショップでそろうかんたん工作マジック 3 トランプ、コインをつかった工作マジック』 庄司タカヒト作，舵真秀斗絵 岩崎書店 2013.3 47p 27cm 2800円 ⓘ978-4-265-08273-5 Ⓝ779.3

|目次| 1 ふしぎなファイルリング，2 ペーパーイリュージョン，3 うかぶお札!?，4 バランスコイン!?，5 バランスカード！，6 アラビアン・トランプ，7 アンラッキー7，8 消えるむすび目，9 くっついたカードの入れかわり，10 ささやくクイーン

『かんたん！ めちゃウケマジック 2』 土門トキオ編著 汐文社 2013.2 127p 19cm 〈文献あり〉 1300円 ⓘ978-4-8113-8978-3 Ⓝ779.3

|目次| 入門編（魔法のヘビ，数字の予言 ほか），初級編（秘技！ ロープ結び，くっつく指 ほか），中級編（ドラキュラ退治，ほどけるロープ ほか），上級編（ミラクルダイス，四次元紙袋 ほか）

『100円ショップでそろうかんたん工作マジック 2 チャレンジ！ びっくり！工作マジック』 庄司タカヒト作，舵真秀斗絵 岩崎書店 2013.2 47p 27cm 2800円 ⓘ978-4-265-08272-8 Ⓝ779.3

|目次| 1 うき上がるまほうのほうき，2 ハンドパワー・ボトルとばし，3 ふしぎなお祝いぶくろ，4 みるみるとけるストロー，5 瞬間！ 消えるわりばし，6 おばけマッチBOX，7 水がきれいになるまほうのコップ，8 氷作りの瞬間芸，9 おどろきのコップつり，10 まほうのほうそう紙

いろいろな遊び　　　　　　　　　室内の遊びを知ろう

『なぞかけなぞときポポンのポン　1　遠足とかけて』高村忠範文・絵　汐文社　2013.1　79p　19cm　1500円　Ⓘ978-4-8113-8963-9

『100円ショップでそろうかんたん工作マジック　1　やってみよう！　はじめての工作マジック』庄司タカヒト作，舵真秀斗絵　岩崎書店　2013.1　47p　27cm　2800円　Ⓘ978-4-265-08271-1　Ⓝ779.3
[目次] 1 メッセージ・コースター，2 よみがえるペーパー人形，3 あしかショー，4 お金にかわる？　まほうの紙，5 ふしぎ！ふさがる壁，6 あっとおどろくペーパースプーン曲げ，7 瞬間！　ぬり絵じゅつ，8 たまごをうむハンカチ，9 ピンポン玉のバランス芸，10 ひっつきわりばし

『かんたん！　めちゃウケマジック』土門トキオ編著　汐文社　2012.3　127p　19cm〈文献あり〉1300円　Ⓘ978-4-8113-8884-7　Ⓝ779.3
[目次] 入門編（魔法のスプーン，輪ゴムのワープ　ほか），初級編（インスタント超能力，不死身のヘビ　ほか），中級編（奇跡の動物当て，ミラクルハンド　ほか），上級編（赤チョークの謎，アルミホイル工作　ほか）

『オドロキ!!超ふしぎマジック』上口竜生作，伊東ぢゅん子絵　ポプラ社　2010.10　158p　18cm　（大人にはないしょだよ　64）700円　Ⓘ978-4-591-12079-8　Ⓝ779.3
[目次] 第1章 あざやか!!コインマジックショー（ふえるコイン，テレポーテーション　ほか），第2章 華麗なる!!カードマジックショー（カードシャッフルをおぼえよう！，ハートの7を予言　ほか），第3章 ちょっとブレイク小ネタ部屋へようこそ〜！（不死身の風船，透視ボックス　ほか），第4章 ビックリ!!ワザありマジックショー（手からお札，1000円が1万円に　ほか）
[内容] お楽しみ会などにも役立つ，かんたんにできるけれど，みんなビックリのおどろきマジックが，たっぷりつまっています。

『たのしいマジック』ゆうきとも［著］偕成社　2010.10　114p　23cm　1400円　Ⓘ978-4-03-428470-4　Ⓝ779.3
[目次] 第1章 マジックをやってみよう！（さかだちする紙幣，合計数の予言　ほか），第2章 つたえることってむずかしい（消えたボール，クエスチョン・マーク　ほか），第3章 コミュニケーションには準備がひつよう（突然ノット，ロープとスカーフ　ほか），第4章 「ウケる」ことと「受け入れられる」こと（グラスパズル，私のまねをしてくださいほか），第5章 キャラクターってなんだろう？（はずむマグカップ，ロープの復活　ほか）
[内容] トランプ・コイン・ロープ・ハンカチ…みじかなもので演じられるマジック入門の決定版！　トリックだけでなくマジックを「演じること」が学べます。小学校中学年から。

『超ウケキッズマジック―ふしぎなボディマジック付き　大人気だ！　休み時間・自由時間の巻』藤原邦恭著　いかだ社　2010.3　63p　21cm　1200円　Ⓘ978-4-87051-289-4　Ⓝ779.3
[目次] 輪ゴムのテレポート，安全ピンが…？，そろいでる数字，ちぢむペン，曲がるペン，コインはどこ？，コインのさんぽ，2分の1の確率，ちぎれないストロー，じまんのわりばし〔ほか〕

『超ウケキッズマジック―ドキドキ…スペシャルカードマジック付き　コワおも！　ミステリーマジックの巻』藤原邦恭著　いかだ社　2010.3　63p　21cm　1200円　Ⓘ978-4-87051-290-0　Ⓝ779.3
[目次] 友だちとテレパシー，手のひらに霊気，ろくろ親指（のびる親指），おどるつまようじ，魔のお札，たましいと肉体，生きているヘアピン，死神のいたずら，命のオーラ，テレパシート〔ほか〕

『超ウケキッズマジック―解けるかな？　マジッククイズ付き　注目度アップお楽しみ会・お誕生会の巻』藤原邦恭著　いかだ社　2010.3　63p　21cm　1200円　Ⓘ978-4-87051-288-7　Ⓝ779.3
[目次] キャンディーカップ，魔法の折り紙，ハンカチと謎の通り道，はなれられないカード，ミステリーなロープ，のびる新聞ツリー，移動するわりばし，すり抜けるせん抜き，魔法のストロー，落ちないわりばし〔ほか〕

『みんなをビックリさせる！　かんたんカードマジックがいっぱい！』カル

子どもの本 楽しい課外活動2000冊　233

室内の遊びを知ろう　　　　　　　　　　　　　　　　　　　　　　いろいろな遊び

チャーランド著　メイツ出版　2009.11　128p　21cm　〈まなぶっく〉〈並列シリーズ名：Mana books〉1300円　①978-4-7804-0725-9　Ⓝ779.3
|目次| 基礎知識編（おぼえておきたい—カードマジック用語，カードの扱いになれよう—テクニック紹介，少しの練習でできちゃう！　初級編（移動するダイヤのエース，4つのエースが大集合！　ほか），コツさえおぼえればOK！　中級編（変身するトップカード，カードが見える魔法のことば　ほか），カードテクニックが大切！　上級編（飛び出すカード，びっくりエースの大集合！　ほか）
|内容| 不思議なジャック，逃げるキング，名探偵ブラック，4×4の秘密，サードアイでさがし出せ，百発百中の透視—。普通のトランプをつかうだけ。誰でもできる。イラストでやさしく解説。わかりやすい。

『お笑いの達人になろう！—コミュニケーション力up 4 おもしろ手品』マギー司郎監修　ポプラ社　2009.3　143p　22cm　〈文献あり〉1500円　①978-4-591-10640-2,978-4-591-91074-0　Ⓝ779
|目次| 1章　「おもしろ手品」に挑戦！（二本にふえるスプーン，ジャンプする割りばし，印が浮きでる割りばし　ほか），2章　まだまだあるよ！「おもしろ手品」（再生するつまようじ，カードの数字と模様が入れかわる？，カードの記号と数字が変化する!?　ほか），3章　「おもしろ手品」を体験しよう！（いよいよ本番！　登場から退場まで，お客さんとの会話，お客さんに声をかけてみよう！　ほか）
|内容| 手品を通して笑いをとる「おもしろ手品」の入門書。簡単なネタから本格的なネタまでマギー司郎が実演で紹介します。

『みんなをビックリさせる！　かんたん手品がいっぱい！』カルチャーランド著　メイツ出版　2008.9　128p　21cm　1300円　①978-4-7804-0483-8　Ⓝ779.3
|目次| 超かんたん—タネのないマジック!?（5円玉がとびでるふしぎあやとり，クルクルまくとお札が瞬間移動　ほか），初級編—ちょっとの練習でできるマジック（パッと消えちゃうふしぎな10円玉，コップと腕を通りぬけるコイン　ほか），中級編—練習するほどアッと言わせるテクニックをマスター（ハンカチからにげ出すコイン，コインが入っているレモンにビックリ！　ほか），上

級編—プロのマジシャンへの入口（次から次へと出てくる500円玉，シルクがたくさん出てきたよ！　ほか）
|内容| この本は，今すぐできる超かんたんマジックからちょっとの練習としこみでできる上級マジックまで，小学生のキミたちでも身近な道具でできる手品を紹介。手品のやり方をわかりやすく写真とイラストで説明しています。

『ことばのくにのマジックショー』中川ひろたかことば，大友剛マジック，大庭明子絵　アリス館　2008.7　39p　24cm　1300円　①978-4-7520-0407-3　Ⓝ779.3
|目次| ぜんぶふしぎ，コップがポン！，いかにもいかは，みえないと，まがったスプーン，かみのふくろ，クレヨン，大きくなる木，つながるつな，はしはおどる
|内容| まがったスプーン！　おさらのうえにコップがポン！　びっくり！　手品ができちゃった！　5，6さいから親子でいっしょに。

『ひかりのてじな』村田道紀文・絵，関戸勇写真　改訂　偕成社　2006.3　23p　25cm　〈みんなで実験楽しく科学あそび9〉1200円　①4-03-339290-4　Ⓝ425.7

『つくってあそぼう！　おもしろマジック』奥田靖二監修　教育画劇　2006.2　64p　20×22cm　〈おもしろマジック大集合！　1）1500円　①4-7746-0697-9　Ⓝ779.3
|目次| おもしろマジック（コインマジック　ワープするコイン，カードマジック　ペアカード，かみコップマジック　どんどんふえるボール，すうじマジック　ひみつのすうじあて，すうじマジック　すけてみえるカード　ほか），工作マジック（おじぎにんぎょう，ふしぎな六角カード，えがかわる四角カード，とびだす！　びっくりカード，マジックぶくろ　ほか）
|内容| 「マジック」は難しい？　そんなことありません。マジックは誰だってできるのです。この本では，簡単にできるマジックを紹介しています。前半はロープやトランプ，ハンカチなどでできるマジック，後半は，紙工作のマジックを紹介しています。友だちにみせるとびっくりされるマジックの1冊です。

『魔法使いのびっくりマジック』ジャニス・イートン・キルビー，テリー・テイ

| いろいろな遊び | 室内の遊びを知ろう |

ラー著，井口智子訳，リンディ・バーネット絵　技術評論社　2005.4　146p　24cm　1880円　①4-7741-2305-6　Ⓝ779.3

[目次] 第1章 マジックの歴史，第2章 衣装と道具，第3章 今見えたのに，もう消えた 出したり消したりのマジック，第4章 変身と変形，第5章 空中飛行，空中浮遊，脱出術，第6章 切断マジック，第7章 テーブルマジック，第8章 東洋のマジック，第9章 あなたはねむくなる読心術と，そのほかの心のマジック

[内容] 魔法のトリックを覚えて，みんなをあっと言わせよう。世界のマジシャンたちのお話しも読める，魔法使いのマジック入門。

『マジックのひみつ』　佐藤元一監修，土門トキオまんが　学習研究社　2005.3　120p　23cm　（学研まんが新ひみつシリーズ）880円　①4-05-202165-7　Ⓝ779.3

[目次] マジック大公開!!，マジック見やぶり隊誕生！，見やぶり隊，緑日へ，見やぶり隊マジックに挑戦!!，衝撃!!マジック博士との出会い，マジックにチャレンジ!!，マジック仙人現わる，科学マジックのタネは理科，マジック楽しみ隊オンステージ，イリュージョンマジック

『ウケた！笑った！おもしろマジック大百科』　吉原敏文監修　実業之日本社　2005.2　205p　15cm　（ヤングセレクション）676円　①4-408-61643-5　Ⓝ779.3

『へなちょこマジック大作戦』　まえだともひろ作，いけだほなみ絵　ポプラ社　2004.12　159p　18cm　（大人にはないしょだよ　45）700円　①4-591-08380-2　Ⓝ779.3

[目次] 第1幕 あきれたへなちょこマジック─ぜったい大ウケまちがいなし!!（魔法の手，世紀の大予言，はやがわりスペクタクル，立つロープ，まがるくぎ，ふしぎなテレビ），第2幕 へなちょこカードマジック─百発百中まちがいなし!!（みえる，みえる!!，手のひら透視，紙は知っていた　ほか），第3幕 へなちょこオドロキマジック─びっくりすることまちがいなし!!（秒速テレポーテーション，だ〜れがかいた？，キャラメル・コイン　ほか）

『マジックの必殺ワザ』　上口竜生作，ノリミズミカ絵　ポプラ社　2003.7　159p　19cm　（キミにもできる！必殺ワザ　2）700円　①4-591-07751-9　Ⓝ779.3

[目次] 第1章 いつでもどこでもマジックだ！（磁石スプーン，キャラメル箱のひみつ，見ないで数あて大作戦　ほか），第2章 いつもの持ち物でマジックだ！（きえる10円玉，巨大クラッカーの怪，手でつかめる不思議な水　ほか），第3章 すてる前にマジックだ！（きえる結び目，復活するハンカチ，いきているマッチ箱　ほか）

[内容] キミにはとくいな「必殺ワザ」ってあるかな？必殺ワザをマスターすれば，キミはきょうから人気者！このシリーズで，いっぱい必殺ワザをおぼえちゃおう。

『ゼッタイできる!!トランプマジック』　北見マキ著　ポプラ社　2003.4　95p　24cm　（ゲーム＆マジックシリーズ　5）2400円　①4-591-07542-7,4-591-99487-2　Ⓝ779.3

[目次] トランプマジックベスト11（表と裏が同じ数に，4つの山の上は全部A，KとAが続いて現れる，指紋でカードを当てる，エレベーターカード　ほか），トランプゲームベスト10（ピラミッド，時計，アコーディオン，ウォーゲーム（戦争），スピード　ほか）

[内容] トランプを使ったマジックを，豊富なイラストでわかりやすく紹介します。「スピード」「セブンブリッジ」「ナポレオン」などのトランプゲームも紹介しています。小学校中学年〜中学生向。

『ゼッタイできる!!ハンドマジック』　北見マキ著　ポプラ社　2003.4　95p　24cm　（ゲーム＆マジックシリーズ　6）2400円　①4-591-07543-5,4-591-99487-2　Ⓝ779.3

[目次] あるはずのないボトル，コードからコインが！，破ったページから紙テープが流れ落ちる，切り取ったはずのハンカチがもと通りに，ティッシュがうどんに！，犬はどっち？，移動する！脱出する！安全ピンマジック，一瞬にしてリングにかかるロープ，結んでもほどけるロープ，段ボール箱イリュージョン〔ほか〕

[内容] 身近な道具があればすぐにできるマジックをわかりやすく紹介します。ティッシュペーパーがうどんになったり，段ボールの中の人が消えたりと，楽しいマジック

子どもの本 楽しい課外活動2000冊　235

が満載です。小学校中学年〜中学生向け。

『魔法学校へようこそ!!―手品・トリックを使って魔法使いに変身！』　星野徹義著，タカクボジュン作・絵　高橋書店　2002.12　119p　19cm　660円　Ⓘ4-471-10293-1　Ⓝ779.3
[目次]　1週目　予知の章（透視の魔法，魔法陣，カードの魔法），2週目　変化の章（杖の魔法，水の魔法，生命の魔法，箱の魔法），移動・操作の章（瞬間移動の魔法，ふりこの魔法，消える魔法，脱出の魔法）

『クロッキー校長のマジックdeパーティー』　黒崎正博著，大原英樹編，中西妙子絵　フレーベル館　2002.11　127p　19cm　（Asobo国シリーズ）980円　Ⓘ4-577-02530-2　Ⓝ779.3
[目次]　ステージ1　大ウケマジックでいきなりステージデビュー（浮き上がるピンポン玉，第3の手，数字読み取り術），ステージ2　カンタンマジックでキミも人気者！（コイン製造バケツ，バランスたまご，あふれるハンカチ　ほか），ステージ3　みんないっしょにマジックであそぼう！（ティッシュで力くらべ，新聞テープ切りレース）
[内容]　ちょっとの練習でできるカンタンなマジックばかりを紹介。

『人気バクハツ！　ひっかけ手品＆ゲーム―めざせ！　手品マスター』　説話社編　実業之日本社　2002.11　221p　15cm　（ヤングセレクション）　676円　Ⓘ4-408-61592-7

『クロッキー校長のマジックのじかん』　黒崎正博編，大原英樹編，中西妙子絵　フレーベル館　2002.9　127p　19cm　（ASOBO国シリーズ）980円　Ⓘ4-577-02529-9
[目次]　1時間目　いきなり人気者になれるすご〜いマジック（手の平を通りぬけるコイン，カードの瞬間上下移動，見えない糸），2時間目　かんたんマジック大集合（コップ・腕を通りぬけるコイン，コインとカードのだるま落とし，コインのコップ大脱出　ほか），3時間目　ちょっとの練習で本格マジック（Aはなかよし，キャラメルの瞬間移動，魔法のつえ　ほか）
[内容]　本書では、著者のマジックのレパートリーの中でも、とくに簡単にできて驚きの

大きいものを厳選した。子どもどうし，あるいは子どもとおとなでのコミュニケーションづくりに役立つものを集め，収録。

『先生も親も子どももできるびっくり手品あそび』　三宅邦夫，大竹和美，山崎治美著，中村美保絵　名古屋　黎明書房　2001.9　27p　27cm　1400円　Ⓘ4-654-05193-7

『手品・ゲーム大百科』　勁文社　2001.3　301p　15cm　（ケイブンシャの大百科）　820円　Ⓘ4-7669-3736-8

『やさしいてじなあそび』　竹井史郎著　小峰書店　2000.2　31p　25cm　（たのしい室内あそび　5）　1900円　Ⓘ4-338-16405-0,4-338-16400-X
[目次]　ぼうしとめがね，くっつくストロー，まほうのゆび，くっつくゆび，わゴムのひっこし，くっつくえんぴつ，のぼるわりばし，まほうの糸，つながるクリップ，2はいのながさのわ〔ほか〕
[内容]　本書には、みなさんが大すきなてじながいっぱいつまっています。どのてじなも，準備がかんたんで，たのしいものばかりを紹介してあります。本書を見ながら，てじなのやり方をしっかりおぼえて，友だちや，みんなの前で，手品師になってあそんでください。さあ，ふしぎなてじなのはじまり－，はじまり－！　小学校低学年以上。

『どこでも人気者！　理科手品kids』　山田卓三監修　小学館　1999.8　111p　21cm　（21世紀こども遊び塾　2）　1000円　Ⓘ4-09-204202-7

『クラスの人気者になれる！　理科手品』　酒井かおる文，プロジェット写真，芝正枝，幡谷智子イラスト　ポプラ社　1999.4　127p　19cm　（あそびとスポーツのひみつ101　11）　780円　Ⓘ4-591-06065-9

『ワクワクトランプあそび占いと手品』　南条武著　ほるぷ出版　1997.5　127p　19cm　1200円　Ⓘ4-593-59340-9

『手品あそび』　山野昭典著　鈴木出版　1997.4　93p　27cm　（しらべ学習に役立つたのしいあそび・アイデア集　5）

| いろいろな遊び | 室内の遊びを知ろう |

2800円　Ⓘ4-7902-7146-3

『教室で楽しむ！手品ベスト50』勝田房治著　草土文化　1996.5　111p　21cm　1200円　Ⓘ4-7945-0690-2

◆お笑い

『超ウケる！お笑いネタ大全集』小野寺ぴりり紳作，森のくじら絵　ポプラ社　2010.3　159p　18cm　（大人にはないしょだよ 62）700円　Ⓘ978-4-591-11695-1　Ⓝ779
目次　1時間目 おもいっきり笑えば一日元気!!，2時間目 はりきって笑っていこう!!，3時間目 歩けば笑いにあたる!?，4時間目 とにかく笑いつくそう

『お笑いの達人になろう！―コミュニケーション力up 3 コント』松竹芸能監修　ポプラ社　2009.3　143p　22cm〈お笑いコンビTKOのインタビューつき〉1500円　Ⓘ978-4-591-10639-6, 978-4-591-91074-0　Ⓝ779
目次　1章 ショートコントに挑戦！（コントは何人でやるの？，ボケ役とツッコミ役，チーム名を決めよう　ほか），2章 コントに挑戦！（コントのしくみ，ストーリーをつくるポイント，あらすじの考え方　ほか），3章 お笑いライブに挑戦！（お笑いライブってどんなもの？，お笑いライブの会場のようす，照明と音響について知りたい　ほか）
内容　学校でできるコントを中心に演じ方やネタ作りのコツを解説します。巻頭カラーページでは、人気お笑いコンビTKOが登場。

『お笑いの達人になろう！―コミュニケーション力up 2 漫才』松竹芸能監修　ポプラ社　2009.3　143p　22cm〈ますだおかだのインタビューつき〉1500円　Ⓘ978-4-591-10638-9, 978-4-591-91074-0　Ⓝ779
目次　漫才の基本を知ろう！（ボケとツッコミの役割，ボケとツッコミで会話しよう，「ネタふり」ってなに？，「三段オチ」ってなに？，いろいろなボケを考えよう，相方（パートナー）を選ぼう），2章 漫才をもっとくわしく知ろう！（ボケのテクニックを教えて，ツッコミのテクニックを教えて，キミはボケ役？ツッコミ役？，どんな話題をネタにするの？，漫才の台本を書こう，漫才コントに挑戦しよう），3章 漫談をやってみよう！（漫談ってなに？，漫談のネタのつくり方），4章 漫才を発表しよう！（漫才を発表する前に，舞台で発表するときの基本，漫才のマル秘テクニック，舞台の照明と音響について）
内容　漫才を演じる時のポイントやネタ作りのコツをわかりやすく解説します。巻頭カラーページでは、人気お笑いコンビますだおかだが登場。

『クラスでバカウケ！モノマネのコツ30』本間正夫作，小豆だるまイラスト　汐文社　2008.9　127p　19cm　1300円　Ⓘ978-4-8113-8517-4　Ⓝ779.16
目次　1 基本編―まず自分の個性を知ろう！（観察力をみがこう！，恥ずかしがってはいけない！　ほか），2 入門編―身近な人やものからマネしてみよう！（学校の先生，お父さん　ほか），3 研究編―有名人にチャレンジしてみよう！（モノマネ芸人のマネをしてみる，スポーツ選手のマネをしてみる　ほか），4 応用編―あっと驚くマネをしてみよう！（意外性をついたマネをしよう！，まだだれもやっていない人物のマネをしよう！　ほか）

『ギャハハ!!漫才館　第3巻（えっへっへ編）』しばはら・ち文・絵　汐文社　2006.12　79p　22cm　1400円　Ⓘ4-8113-8141-6　Ⓝ779.14

『ギャハハ!!漫才館　第2巻（うっふっふ編）』しばはら・ち文・絵　汐文社　2006.11　79p　22cm　1400円　Ⓘ4-8113-8140-8　Ⓝ779.14

『ギャハハ!!漫才館　第1巻（あっはっは編）』しばはら・ち文・絵　汐文社　2006.8　79p　22cm　1400円　Ⓘ4-8113-8139-4　Ⓝ779.14

『おやじギャグ大百科―まじめにふまじめかいけつゾロリ』原ゆたか原作・監修　ポプラ社　2005.7　159p　18cm　700円　Ⓘ4-591-08735-2
目次　かいけつゾロリとなかまたち，ブックラこいーたのおやじギャグとくしゅう，これまたブックラこいーた，おやじジャグコレクション1 どうぶつ，ナウなおやじワード「あいさつ」，まわるまわるおやじ回文

子どもの本 楽しい課外活動2000冊　237

おやじギャグコレクション2 しょくぶつ，てんてこおやじ早口「しょきゅうへん」，おやじギャグコレクション3 食べもの，ナウなおやじワード「へんじ」〔ほか〕

◆落語

『こども落語塾―親子で楽しむ』 林家たい平著 明治書院 2012.12 79p 21cm （寺子屋シリーズ 11） 1500円 ①978-4-625-62422-3 Ⓝ779.13
目次 第1章 家族（寿限無，藪入り ほか），第2章 学び（茶の湯，八五郎出世 ほか），第3章 友達（寄合酒，まんじゅうこわい ほか），第4章 遊び（金明竹，みそ豆 ほか）
内容 名作落語に伝わる日本人の人情や知恵，そして日常生活の楽しみ方などをたい平流に紹介。

『子ども落語家りんりん亭りん吉』 藤田富美恵作 文研出版 2012.3 159p 22cm （文研じゅべにーる・ノンフィクション）〈年譜あり 文献あり〉 1300円 ①978-4-580-82154-5 Ⓝ779.13

『落語ものがたり事典―まんが』 勝川克志まんが，矢野誠一監修 くもん出版 2011.3 351p 23cm 〈他言語標題：The Encyclopedia of RAKUGO Stories 文献あり 索引あり〉 1600円 ①978-4-7743-1923-0 Ⓝ779.13

『ちょっとまぬけなわらい話』 たかしま風太文，うちべけい絵 PHP研究所 2009.9 126p 21cm 〈声に出して，演じる子ども落語〉 1200円 ①978-4-569-68986-9
目次 落語・音読用（大じゃの仕返し―原題・田能久，ああ，はつ雪で一句かな―原題・雑俳），小ばなし（当ててみな，くさかった，よく見とどける，手おくれ―原題・医者小ばなし，止まらない小べん―原題・小便，大きな声，小さな声―原題・大声・小声），落語まんざい（ものぐさ親子―原題・ぶしょうねこ），落語コント（そっくり顔―原題・猿が似る，じいさん，ばあさん―原題・おじいさんとおばあさん），落語・りん読用（んの字遊び―原題・ん曲り），落語げき用（まんじゅうこわい）
内容 「まんじゅうがこわい」と泣く男，火事で家がもえているのに「めんどうくさい」

と逃げない親子，ねぼけて，いつまでも小べんをする男…。ちょっとまぬけな人や動物が登場するわらい話を13話収録。友だちといっしょにできる「落語コント」もあるよ。

『ふしぎなへんてこ話―声に出して，演じる子ども落語』 たかしま風太文，うちべけい絵 PHP研究所 2009.5 122p 21cm 1200円 ①978-4-569-68954-8
目次 落語（音読用）―頭山，落語（音読用）―せをのばしたかった男（原題・小男の願い），落語（音読用）―わしが歩いていく（原題・片棒），小ばなし―運の悪いゆめ（原題・ゆめ），小ばなし―かみなりのお手つき（原題・雷），小ばなし―三人の旅（原題・三人旅），小ばなし―足が速すぎる男（原題・走る名人），小ばなし―二人のひきゃく（原題・飛脚），小ばなし―あごとかかと，落語まんざい―手と足のケンカ（原題・手足のケンカ），落語コント―じしゃく宿，落語（りん読用）―大じゃと医者（原題・夏の医者），落語（落語げき用）―わか返りの水〕
内容 さくらんぼのタネを食べて，頭から桜の木が生えた男，"せのびの神様"が教えてくれる，せをのばすおまじない，飲むとわかくなる"わか返りの水"…。こんなおかしくて，わくわくする話が13話入ってるよ。友だちとできる落語コント，落語まんざいもあるよ。

『お笑いの達人になろう！―コミュニケーション力up 1 落語』 林家木久扇監修 ポプラ社 2009.3 143p 22cm 〈林家木久扇のインタビューつき 文献あり〉 1500円 ①978-4-591-10637-2，978-4-591-91074-0 Ⓝ779
目次 1章 小ばなしをやってみよう！（小ばなしってなんだろう？，はなしの内容で笑わせたい，小ばなしのつくり方，小ばなしを練習しよう，小ばなしをやってみよう），2章 古典落語にチャレンジ！（古典落語ってなに？，落語の演じ方の基本，落語で使う小道具，古典落語をおぼえよう，「寿限無」に挑戦，「蛇含草」に挑戦，「初天神」に挑戦），3章 寄席を体験しよう！（プロの落語家とは？，寄席へ行こう，学校で寄席を開こう，ゆかたで演じよう，大喜利にチャレンジ！）
内容 子どもにもできる落語実演の入門書。基本のしぐさから小ばなし，古典落語まで演じ方を解説します。「寿限無」「蛇含草」など収録。

いろいろな遊び　　　　　　　　　　　　　　　　室内の遊びを知ろう

『とってもおかしな動物たち』　たかしま風太文，うちべけい絵　PHP研究所　2009.3　126p　21cm　（声に出して，演じる子ども落語）1200円　①978-4-569-68941-8

[内容]　にげようとして天にのぼるうなぎ，助けてもらったおん返しに，お金のおさつに化けるたぬき，毎ばん"ねこごっこ"であばれまわるねずみ…。こんなおかしな動物たちが登場する落語や小ばなしが11話入ってるよ。友だちとできる落語コント，落語まんざいもあるよ。

『のんきでゆかいな町人たち―声に出して，演じる子ども落語』　たかしま風太文，うちべけい絵　PHP研究所　2009.1　126p　21cm　1200円　①978-4-569-68930-2

[目次]　落語（音読用）きみょうな，みょうが宿（原題・みょうが宿），落語（音読用）ケチべえさん（原題・しわい屋），落語（音読用）あぶないとこ屋（原題・不精床），小ばなし　なくし物（原題・やっとわかった），小ばなし　あわて医者（原題・一大事），小ばなし　つるは千年，かめは万年（原題・浮世根問），落語まんざい　わしはるすじゃ（原題・るす），落語まんざい　馬フンをしたねこ（原題・そこつ小ばなし），落語まんざい　けちケチまんざい，落語コント　アホな目じるし（原題・目じるし），落語コント　どっちどっち（原題・右大臣左大臣），落語コント　ぎゃくてんバカ（原題・バカ売り），落語（りん読用）寿限無，落語（落語げき用）おれはだれだっけ（原題・そこつ長屋）

[内容]　ジコチューのとこ屋さん，けちがじまんのケチベえさん，あわてんぼうの医者，自分が死んでるのかわからない熊さん…。こんな，ゆかいな人が出てくる落語や小ばなしが14話入ってるよ。大人気の「寿限無」はみんなで，りん読できるようになっているよ。

『おとなもびっくりの子どもたち―声に出して，演じる子ども落語』　たかしま風太文，うちべけい絵　PHP研究所　2008.10　125p　21cm　1200円　①978-4-569-68910-4

[目次]　落語（音読用）どっちもどっち桃太郎（原題・桃太郎），落語（音読用）たこあげ親子（原題・初天神），小ばなし　はやとちり（原題・万の字），小ばなし　用心，小ばなし　たんじょう日，小ばなし　落とし物，小ばなし　泳ぎ休み，落語まんざい　あいさつ，落語まんざい　けっこん，落語コント　さぞかわいくて，おりこうで（原題・さぞおりこうで）

『林家正蔵と読む落語の人びと、落語のくらし』　林家正蔵監修，小野幸恵著　岩崎書店　2008.7　159p　22cm　（イワサキ・ノンフィクション 10）〈文献あり〉1200円　①978-4-265-04280-7　Ⓝ779.13

[目次]　1章　落語の舞台　長屋の生活（長屋の暮らしを見てみよう，長屋の人々とその生活，落語の世界（1）長屋編　ほか），2章　江戸の気ままな食生活（棒手振りを待つ暮らし，コンビニ感覚のおそうざいライフ，ごちそうのいろいろ　ほか），3章　江戸暮らしの楽しみ（自然を楽しむ，江戸の信仰，芝居と寄席は最高の楽しみ　ほか）

[内容]　落語では，江戸時代の人びとの暮らしや生き方が生き生きと描かれています。江戸の長屋に住んでいる人びとの喜びや悲しみ，どんな食べ物をどうやって食べていたのか，楽しみは何だったのか。落語のお話の中から，江戸の様子を探ってみましょう。

『落語いってみよう、やってみよう』　林家正蔵著，藤枝リュウジ絵　ホーム社，集英社〔発売〕　2008.2　206p　19cm　1500円　①978-4-8342-5140-1

[目次]　絵本『長短』，正蔵はじめて寄席，ここは落語の一丁目，落語をやってみよう，落語をもっと知ろう，正蔵おすすめ50選

[内容]　はじめて落語をやる人も，はじめて落語を聞く人も九代目正蔵がご案内。古典落語あらすじ紹介『正蔵のおすすめ50選つき』。

『落語・口上・決めぜりふ・ショートコント―これでみんなの人気者』　工藤直子，高木まさき監修　光村教育図書　2007.2　63p　27cm　（光村の国語読んで，演じて，みんなが主役！　3）3200円　①978-4-89572-734-1　Ⓝ779

『落語を楽しもう』　石井明著　岩波書店　1999.2　211p　18cm　（岩波ジュニア新書）700円　①4-00-500314-1

[目次]　はじめに　落語という話芸，第1章　咄の誕生，第2章　小咄から落語に，第3章　近代落語が形成される，第4章　古典落語の世界―江戸の町方社会と風俗，第5章　落語の種別とオチの分類，第6章　現代の落語，お

子どもの本　楽しい課外活動2000冊　　239

昔の遊びを知ろう　　　　　　　　　　　　　　　　　　いろいろな遊び

わりに―落語を楽しもう

昔の遊びを知ろう

『むかしあそび図鑑』　たさききょうこイラスト　bbc　［20- -］　175p　21cm　1981円　①978-4-906774-20-3　Ⓝ781.9

『キミにも作れる！　伝承おもちゃ＆おしゃれ手工芸』　平林浩著，モリナガヨウ絵　太郎次郎社エディタス　2012.12　125p　26cm　（工作絵本）〈文献あり〉　1900円　①978-4-8118-0757-7　Ⓝ594
[目次]　作って遊ぶ（虹がのび～る"虹色シャクトリムシ"，歩くだけで回る"かるがるかざぐるま"ほか），作ってかざる（おしゃれ"ビーズとんぼ"，たねで作るアクセサリー"ひまわりブローチ"ほか），作って使う（松やにニスで本格"和紙皿"作り，足を使って作る"ビニールひもぞうり"ほか），作って食べる（砂糖の変化をたのしむ"べっこうあめ"，氷点下の世界だ！"アイスキャンデー"）
[内容]　「吹き矢」に「紙玉鉄砲」，「指編みマフラー」に「ビニールひもぞうり」，「和紙皿」に「紙ひも編みかご」…。身のまわりにあるさまざまなものを，とことん手づくり。むずかしそうに見えても，作り方は意外にかんたん。じっくり時間をかければ，小学生でもじょうずに作れます。

『江戸の子ども行事とあそび12か月』　菊地ひと美［著］　偕成社　2012.4　1冊（ページ付なし）　27cm　1200円　①978-4-03-332510-1　Ⓝ384.5
[内容]　江戸時代へようこそ。お正月には凧あげ，端午の節句には菖蒲打ち，七夕には回り灯篭…。江戸時代の子どもたちのあそびを月ごとの行事といっしょにおいかけてみましょう。小学校低学年から。

『すてきな日本の伝統―知ろう！　遊ぼう！　1巻　いろいろあそび』　教育画劇　2012.2　47p　27cm　〈文献あり〉　3300円　①978-4-7746-1655-1
[目次]　第1章　室内遊び（遊びのヒーローめざ

して技をみがこう，頭がよくなる？　ボード遊び，手を使って遊ぼう，楽しい！　紙遊び，文房具だけでも，遊べるよ！，家の中にあるものが遊び道具に大変身！，種類がいっぱい！　どれで遊ぶ？），第2章　路地裏遊び（なければ作る自分の遊具，持ちものをかけた熱い戦い，広い道路もボクらの遊び場！，昔なつかし，だがし屋のおもちゃ，近所のみんなが大集合！，身近なもので遊びを発明！，元気いっぱい体を使って！），第3章　野外遊び（野原で草花たちと遊ぼう，虫を追ってどこまでも，水辺の生きものたちと遊ぶ，秋の野山で集めたもの，寒さも平気！，雪や氷の遊び）

『たのしいおもちゃ屋さん―伝承おもちゃリニューアル大作戦』　黒須和清著　鈴木出版　2010.3　71p　26cm　1500円　①978-4-7902-7220-5　Ⓝ759
[目次]　けんだま，かざぐるま，こま，やじろべえ，へびくだり，グライダー，たわらころがし，のぼりくま，トントンきつつき，花火，こめくいねずみ，くねくねへび，ひも手品，くたうま，くびふり，でんぐり，神戸人形，とけい，カタカタ・カラカラ，まんげきょう
[内容]　今の子どもたちにフィットするかたちで昔のおもちゃの魅力をいつまでも伝えていきたい！　その願いをぎっしりつめこんだのが本書です。「けんだま」が「アイスけん」に，「かざぐるま」が「お花のゆびわ」に，「くねくねへび」が「ダンシングフラワー」に変わります。

『子どもにおくる私の遊びの話』　鈴木喜代春他・編　らくだ出版　2009.10　272p　17cm　〈絵：ハルコシモン〉　1200円　①978-4-89777-479-4　Ⓝ384.55

『くらべてみよう！　昭和のくらし　2　学校・遊び』　新田太郎監修　学習研究社　2009.2　48p　27cm　〈文献あり　年表あり〉　2800円　①978-4-05-500599-9,978-4-05-810988-5　Ⓝ382.1

『めんこ』　日本めんこ倶楽部監修，鷹家碧文　文渓堂　2008.3　31p　26×24cm　1600円　①978-4-89423-560-1
[目次]　泥めんこ，鉛めんこ，紙めんこ，めんこを作ろう，めんこで遊ぼう，めんこの歴史
[内容]　日本の伝承遊びの代表格めんこには，長く深い歴史があります。本書では，なじみの深い紙めんこをはじめ，めんこの原形

| いろいろな遊び | 昔の遊びを知ろう |

である泥めんこ、今は使われていない鉛めんこ等を多数のカラー写真で紹介します。めんこの遊び方では、紙めんこの遊び方を多数紹介するとともに、泥めんこの遊び方も紹介しています。ボール紙や粘土でできるめんこの作り方を、写真を使ってわかりやすく説明。めんこの歴史では、泥めんこ、鉛めんこから紙めんこへの変遷や時代背景などを紹介します。

『日本のからくりアイディア工作─日本の伝統玩具のしくみで作れる！』　くもん出版　2007.7　95p　26cm　1000円
Ⓘ978-4-7743-1244-6　Ⓝ594
目次　第1章　おもしろい動きのからくり工作（わんわんランチタイム、イルカがジャンプ、怪獣だるま　ほか）、第2章　ビックリからくり工作（ライオンお面かぶり、伸縮カエルバンド、アヒルのスター　ほか）、第3章　みんなで遊べるからくり工作（激とう！　虫バトル、二連はと笛、ミノムシゆらゆら　ほか）
内容　むかしから日本に伝わる「からくり」「しかけ」を利用した新しいオリジナル工作・全31種！　モデルは全国各地の伝統玩具。小学校中・高学年向け。

『竹がえし・おはじき』　田中邦子編著
京都　かもがわ出版　2007.6　57p　20×21cm　（たのしい伝承あそび　1）　1300円　Ⓘ978-4-7803-0106-9
目次　竹がえしの部屋（もちかえ、やぐら、かえし、つかみ　ほか）、おはじきの部屋（はじきとり（2こはじき）、5ことり（10ことり）、いちりんこ、山くずし　ほか）

『しん太の昔遊び』　安川真慈絵・文　木耳社　2006.8　51p　27cm　1500円
Ⓘ4-8393-5901-6　Ⓝ384.55

『子どもの頃の遊びの思い出』　みのかも文化の森・生活体験ボランティア編　美濃加茂　美濃加茂市民ミュージアム　2006.3　59p　21cm　（昭和のくらし体験集　3）　Ⓝ384.55

『大きな図で解りやすい本　日本の伝承遊びコツのコツ』　リブリオ出版　2005.4　6冊（セット）　26cm　16800円　Ⓘ4-86057-166-5
目次　第1巻　こんなにある草花遊び（1）春・夏、第2巻　こんなにある草花遊び（2）秋・冬、第3巻　楽しい有外遊び（1）作る歌う競う、第4巻　楽しい野外遊び（2）小道具編、第5巻　簡単にできる室内遊び（1）創作遊び、第6巻　簡単にできる室内遊び（2）小道具編
内容　四季の自然のすばらしさ、伝えたい楽しみの数々を358種類の伝承遊びから学ぶよく解かるイラストで、いますぐ使える。

『こまワールドであそぼう』　学童保育指導員専門性研究会監修、四方則行著　京都　かもがわ出版　2004.5　139p　21cm　（シリーズ・子どもとつくるあそび術）　1600円　Ⓘ4-87699-804-3
目次　こまワールドへの旅立ち、こまワールドに上陸だ、床まわしゾーン、床まわしゾーン＝あそびエリア、空中技・手のせゾーン、空中手のせゾーン＝あそびエリア、紐かけゾーン、空中紐かけゾーン＝あそびエリア、空中技・かけ技ゾーン、空中技・アクロバットゾーン、おっとどっこい！　番外ゾーン、こまワールド・リゾートゾーン─究極のゲーム・コマ将棋

『てまり』　日本てまりの会監修、尾崎敬子文　文渓堂　2004.3　31p　26×24cm　1500円　Ⓘ4-89423-385-1
目次　美しいてまりの世界（お正月、ひなまつり、こどもの日、七夕まつり、お月見　ほか）、てまりを作ろう（材料と用具、土台作り、4等分の地割り、巻きかがり（8等分）、上下同時かがり（8等分）　ほか）、てまりの歴史
内容　本書では、美しいてまりの世界を、お正月、ひな祭り、こどもの日、七夕、お月見、クリスマス、四季の花、キャラクターと、テーマ別にカラー写真で紹介します。てまりの作り方では、新聞紙や木綿糸といった身近にあるもので作れる基本のてまりを、4種類紹介しています。基本ができるようになったら、オリジナルてまり作りに挑戦してみてください。てまりの歴史では、飛鳥時代には男性の遊びであった「蹴鞠」から、室町時代には女性が楽しむ遊びとなり、現在でも多くのてまり愛好者がいるようすを資料をまじえて解説します。

『おじいちゃんは遊びの名人─三世代で楽しむ伝承遊び』　多田千尋著　大阪　ひかりのくに　2004.1　80p　22×22cm　1180円　Ⓘ4-564-20373-8　Ⓝ798
目次　1　むかしのあそび、2　からくりおもちゃ、3　工作あそび、4　自ぜんおもちゃ、5　ゲームあそび、6　外あそび、7　体あそび

子どもの本　楽しい課外活動2000冊　241

『おばあちゃんは遊びの達人―三世代で楽しむ伝承遊び』 多田千尋著 大阪 ひかりのくに 2004.1 80p 22×22cm 1180円 ⓘ4-564-20374-6 Ⓝ798
[目次] 1 つくってあそぼう,2 なつかしあそび,3 あやとりあそび,4 おりがみあそび,5 手あそび・ゆびあそび,6 絵かき歌,7 外あそび,8 切り紙あそび,9 草花あそび

『西東京市むかしのあそび・わらべうた』 西東京市中央図書館編 [西東京] 西東京市中央図書館 2003.3 61p 31cm (合併記念誌 2) Ⓝ384.5

『ビー玉』 玉の博物館監修,森戸祐幸文 文渓堂 2003.3 31p 26cm〈他言語標題:Marbles〉1500円 ⓘ4-89423-354-1 Ⓝ781.9
[目次] 世界のビー玉,日本のビー玉,創作のビー玉,いろいろな材質のビー玉,ビー玉グッズ,ビー玉の作り方,ビー玉で遊ぼう,ビー玉の歴史
[内容] 本書では,世界のビー玉をはじめ,ガラス工芸の技術を使った,美しい創作のビー玉,日本の初期のビー玉,現代のビー玉,また,メノウや大理石,粘土で作られたいろいろな材質のビー玉を,約80種類,カラー写真で紹介します。ビー玉で遊ぼうのページでは,7種類の遊びを,楽しいイラストで紹介しています。ビー玉の歴史では,アメリカやイギリスで行われているビー玉選手権大会の様子も,写真をまじえて解説します。

『お江戸ミニブックセット』 杉山亮文,藤枝リュウジ絵 カワイ出版 2002.3 3冊(セット) 16×14cm〈付属資料:絵ハガキ3〉2200円 ⓘ4-7609-4595-4
[目次] お江戸はやくちことば,お江戸決まり文句,お江戸なぞなぞあそび

『くらしのうつりかわり展―あそびと学び2002企画展』 明石市立文化博物館編 [明石] 明石市立文化博物館 [2002] 16p 30cm〈会期:平成14年2月6日-3月24日 奥付のタイトル:くらしのうつりかわり〉Ⓝ384.55

『ベーゴマ』 菅原道彦ベーゴマ指導,山内ススム文,赤沢英子,芝正枝イラスト ポプラ社 2001.9 127p 19cm (あそびとスポーツのひみつ101 13) 780円 ⓘ4-591-06906-0
[目次] 身につけよう!ベーゴマの基礎知識(ベーゴマってどんな遊び?,どうしてベーゴマっていうの? ほか),覚えよう!ベーゴマのルールとテクニック(ベーゴマ用語ってあるの?,どんなベーゴマを使ってもいいの? ほか),作ってみよう!最強の改造ベーゴマ(ベーゴマはどうやって改造するの?,改造するにはどんな準備が必要なの? ほか),のぞいてみよう!ベイブレードの世界(ベイブレードってどんなコマ?,ベイブレードのしくみを教えて ほか),チャレンジしてみよう!ベイブレード改造講座(ベイブレードの改造ってどうやるの? 改造の手順を教えて ほか)
[内容] ベーゴマってどんな遊び?ベーゴマはどうやって改造するの?ベイブレードのしくみを教えてなど,ベーゴマとベイブレードの情報が満載!きみも必勝テクを身につけて,興奮のバトルを体感しよう。

『はるなつあきふゆえかきうた―伝承から創るあそびへ』 おばらあきお編著,せきしいずみ絵 アイ企画 2001.7 114p 30cm 1800円 ⓘ4-900822-14-0
[目次] はる(くまさん,おひなさま ほか),なつ(でんでんむし,はしらどけい ほか),あき(とんぼ,じゅうごやおつきさん ほか),ふゆ(みみずく,きつね ほか)
[内容] 本書は,主に伝承のえかきうたを集めた前の『えかきうたのほん』の発展として,新しい創作えかきうたを中心に集めたものです。

『伝承あやとり』 童話館出版編集部編,ヤスダイクコ絵 長崎 童話館出版 2001.3 47p 19×23cm〈付属資料:毛糸2本〉ⓘ4-88750-022-X

『遊びの本―みんなでやってみよう』 [東京] 児童憲章愛の会 1997.7 222p 21cm〈東京 人間の科学社(発売)〉1200円 ⓘ4-8226-0149-8
[目次] 1 みんなで遊ぼう(外で)(鬼ごっこ遊びの王様,かくれんぼするものこの指止まれ ほか),2 こんなで遊ぼう(室内で)(ことば遊びしよう,当てっこゲームをしよう ほか),3 自然と遊ぼう(山で…,海で…),4 つくって遊ぼう(折り紙をしよう,自分だけのオリジナルをつくろう),5 お楽

いろいろな遊び　　　　　　　　　　　　　　地域の遊びを知ろう

しみ会を楽しく（お楽しみ会を楽しく，お誕生会を楽しく）
内容　本書には，たくさんの遊びが紹介されています。なかに，みなさんの知らない遊びがあっても，その遊び方がていねいに解説されていますので，やさしく理解できます。また，最後の章には，学校でするお楽しみ会やお誕生会が，より一層楽しくなるように解説されています。

『伝承葉っぱあそび―楽しく作れる』　勝連盛豊監修，宜野湾市レクリエーション協会，レクサークルあだん著　浦添　沖縄出版　1996.12　95p　21×22cm　（おきなわあ・そ・び・の図鑑 2）　①4-900668-64-8

『昔ながらの楽しい手作りおもちゃ』　大西栄保編著　浦添　沖縄出版　1996.12　127p　21×22cm　（おきなわあ・そ・び・の図鑑 3）　①4-900668-64-8

『たのしいまりつき　いちリト・ラ～ラ』　田中邦子編著　一声社　1996.11　80p　21×19cm　（シリーズ　つくってあそんで 8）　1236円　①4-87077-145-4
目次　はじめてまりつきをする人へ，やさしいいちもんめ，いちリト・ラ～ラ　応用編，ラショライショ，2コのまりをつかって

『みんな集まれ―手づくり伝承あそび』　竹森康彦著，池原昭治え　丸山学芸図書　1996.7　198p　20cm　1400円　①4-89542-141-4
目次　春の章（あやとり，糸巻戦車，折り紙　ほか），夏の章（糸でんわ，紙しばい，しょうぎ　ほか），秋の章（絵あそび，王冠勲章，紙ずもう　ほか），冬の章（あぶりだし，石あそび，いも版　ほか）
内容　むかしの子供達は，春，夏，秋，冬，季節を通して，身の辺りの紙，竹，木，土など素材を用い知恵と工夫で遊んだ。忘れ去りつつある玩具のルーツ伝承児童文化財「遊び・遊び方・作り方」70種を紹介。

『伝承おもちゃを作ろう』　竹井史編　明治図書出版　1996.6　103p　26cm　（手づくり遊びと体験シリーズ―作って遊ぶアイデア集 6）　1860円　①4-18-792605-4
目次　1 音のなるおもちゃを作ろう，2 飛ぶおもちゃを作ろう，3 動くおもちゃを作ろう，4 かざる・みるおもちゃを作ろう，5 遊べるおもちゃを作ろう，6 郷土玩具を作ろう

『えかきうたのほん―伝統のこどものあそび』　尾原昭夫編著　アイ企画　1996.5　107p　30cm　1545円　①4-900822-02-7

『子どもの遊びのうつりかわり』　本間昇作，高橋透絵　岩崎書店　1996.4　47p　31cm　（学習に役立つくらしのうつりかわりシリーズ 2）　2200円　①4-265-02532-3
内容　むかしのくらしをのぞいてみましょう。この100年のあいだには，いろいろなことがありました。くらし方もずいぶんかわりました。なくなってしまったものもあります。本書のなかから，いろいろなことを見つけてください。

『子どもの喜ぶ伝承あそび入門』　多田信作著　名古屋　黎明書房　1996.2　182p　26cm　（遊びのアイディア 4）　2000円　①4-654-05914-8
目次　ひなまつりカード，椿の花のあそび，草びな，貝がらびな，カンゾウびな，たんぽぽのあそび，紙けん，えかきうた，カップけん玉，笹の葉細工〔ほか〕
内容　絵かき歌，わら人形，草笛，折り紙でっぽうなど，日本の素朴な風土の中で子どもたちがつくりあげてきた四季折々のあそびを月別に86種紹介。つくり方，あそび方を懇切に図説。

地域の遊びを知ろう

『あそびのための郷土玩具―たこ・こま・からくり人形…』　畑野栄三，岩井宏実監修　くもん出版　2005.3　47p　28cm　（「郷土玩具」で知る日本人の暮らしと心 発見！地域の伝統と暮らし 5）　2500円　①4-7743-0869-2　Ⓝ759.9

『お祝い事の郷土玩具―年中行事・お祭り…』　畑野栄三，岩井宏実監修　くもん出版　2005.3　47p　28cm　（「郷土玩

『安全を願う郷土玩具―魔よけ・天災よけ・どろぼうよけ…』 畑野栄三,岩井宏実監修 くもん出版 2005.2 47p 28cm (「郷土玩具」で知る日本人の暮らしと心 発見！ 地域の伝統と暮らし 4) 2500円 ⓘ4-7743-0868-4 Ⓝ759.9

『安全を願う郷土玩具―魔よけ・天災よけ・どろぼうよけ…』 畑野栄三,岩井宏実監修 くもん出版 2005.2 47p 28cm (「郷土玩具」で知る日本人の暮らしと心 発見！ 地域の伝統と暮らし 3) 2500円 ⓘ4-7743-0867-6 Ⓝ759.9

『健康を願う郷土玩具―長寿・安産・病気よけ』 畑野栄三,岩井宏実監修 くもん出版 2005.1 47p 28cm (「郷土玩具」で知る日本人の暮らしと心 発見！ 地域の伝統と暮らし 2) 2500円 ⓘ4-7743-0866-8 Ⓝ759.9

『豊かな暮らしを願う郷土玩具―大漁・豊作・開運』 畑野栄三,岩井宏実監修 くもん出版 2004.12 47p 28cm (「郷土玩具」で知る日本人の暮らしと心 発見！ 地域の伝統と暮らし 1) 2500円 ⓘ4-7743-0865-X Ⓝ759.9

『おきなわ昔あそび―野外で仲よく元気よく』 勝連盛豊編著 浦添 沖縄出版 1996.12 153p 21×22cm (おきなわ あ・そ・び の図鑑) ⓘ4-900668-64-8

今の遊びを知ろう

『3D日本地図めいろ―3Dメガネつき』 横山験也著, 松島浩一郎絵 ほるぷ出版 2013.6 39p 25×19cm 〈付属資料：3Dメガネ1〉 1600円 ⓘ978-4-593-59429-0
目次 8つの地方めいろ、九州地方めいろ、四国地方めいろ、中国地方めいろ、近畿地方めいろ、中部地方めいろ、関東地方めいろ、東北地方めいろ、北海道地方めいろ、おのつく県めいろ、がのつく県めいろ、わのつく県めいろ、工業地帯・工業地域のめいろ、米の生産高ベスト3めいろ、農作物ナンバー1めいろ、こたえのページ
内容 ぱっと見は、ふつうの日本地図めいろなのに、メガネをかけるとあら不思議！ まるで立体映像を見るように、日本地図やめいろが浮きあがる！

『あそんでおぼえるよくばりあいうえおえほん―ひらがな・カタカナ』 沢井佳子監修 多摩 ベネッセコーポレーション 2012.10 27p 19×26cm (たまひよ音でまなべる絵本) 〈付属資料：電子モジュール〉 1980円 ⓘ978-4-8288-6597-3
目次 あそびかた、あいうえお、かきくけこ、さしすせそ、たちつてと、なにぬねの、はひふへほ、まみむめも、やゆよ、らりるれろ、わをん、ゲームであそぼう！、ろくおん・さいせいであそぼう！
内容 これ1冊でひらがなもカタカナもあそんでまなべるあいうえお絵本の決定版。1才〜6才。

『びっくりトリックワールド』 竹内竜人監修, 入沢敏幸, おまけたらふく舎, 桑原正俊, 阪本純代, サタケシュンスケ, 吉本早苗イラスト 学研教育出版, 学研マーケティング(発売) 2012.9 43p 31cm (トリックアートで脳のたいそう！) 〈文献あり〉 1600円 ⓘ978-4-05-203621-7 Ⓝ141.7
目次 びっくりトリック動物園(さる、ライオン、ゴリラ、とら、ぞう ほか)、びっくりトリック水族館(タコ・イカ、しろくま、いるか、ペンギン、さめ ほか)
内容 だまし絵、かくし絵、動いて見える絵など、ふしぎでびっくりがいっぱいのトリックアートの世界へようこそ！ たくさんのトリックアートを見て脳をはたらかせよう。

『おもしろトリックワールド―トリックアートで脳のたいそう！』 竹内竜人監修, 青木朗, 入沢敏幸, 大窪志乃, おまけたらふく舎, 阪本純代, 鶴田一浩, まつながかずイラスト 学研教育出版, 学研マーケティング(発売) 2012.7 43p 31cm 〈文献あり〉 1600円 ⓘ978-4-05-203570-8 Ⓝ141.7
目次 1 ようこそ！ トリックワールド(ふしぎのつぼとはこ、ふしぎな小鳥？ ほか)、2 ドッキリ！ くらべるワールド(どちらが大きいねこ？、どちらが長い？ どちらが大

いろいろな遊び　　　　　　　　　　　　　今の遊びを知ろう

きい？　ほか)，3　はちゃめちゃ！ふしぎ絵ワールド(あやしくうかび上がるはい色のかげ？，白い点の中に，色のついた点が見えたり消えたり？　ほか)，4　へんてこ！ゆらゆらワールド(リングがくるくる？，光の世界に入っちゃう？　ほか)
内容　点がちかちか!?目と目の間は？　光が広がる!?脳のはたらきっておもしろい。話題のトリックアートでふしぎ体験。ふしぎ工作もできる。

『超ふしぎ体験！立体トリックアート工作キットブック』　杉原厚吉著　金の星社　2012.7　16p　30cm　1000円　①978-4-323-07246-3　Ⓝ141.21

『だまし絵でわかる脳のしくみ——遊びながら体験する脳のスゴい機能』　竹内竜人著　誠文堂新光社　2012.2　95p　24cm　(子供の科学・サイエンスブックス)〈文献あり〉2200円　①978-4-416-21213-4　Ⓝ141.21

『ウワサの学校なぞなぞ』　ワン・ステップ編, 本条里美絵　ハンディ版　金の星社　2011.7　127p　19cm　(先生ビックリめざせ！学校なぞなぞキング)　700円　①978-4-323-04151-3　Ⓝ798
目次　なぞなぞチャレンジ1——こくごやさんすう，ドレミのおもしろなぞなぞがあるよ！，なぞなぞチャレンジ2——ならべかえなぞなぞや，パズルがあるよ！，なぞなぞチャレンジ3——もっとむずかしいなぞなぞや，めいろもでてくるよ！，なぞなぞチャレンジ4——あるなしなぞなぞや暗号なぞなぞ，なぞなぞドリルもあるよ！
内容　こくごやさんすう，ドレミのおもしろなぞなぞがあるよ！　めいろやパズル，まちがいさがしもたのしんでね！　小学1年生・2年生向き。

『学校あるなしクイズ』　夢現舎編　ほるぷ出版　2011.7　127p　19cm　1300円　①978-4-593-59420-7　Ⓝ798
目次　第1章　国語であるなし，第2章　算数であるなし，第3章　理科であるなし，第4章　社会であるなし，第5章　体育であるなし，第6章　音楽・図工であるなし，第7章　給食であるなし，第8章　生活であるなし
内容　「ある」と「なし」にならんでいる言葉をよーく見て，どんな共通点があるのか

考えてみよう。学校で習ったことを思い出しながら，108問のクイズにちょうせんだ。

『ABCかけたよ！』　アクシア編　成美堂出版　2011.4　1冊　26×20cm　(音のでる絵本)〈付属資料：電子モジュール〉1800円　①978-4-415-31028-2
内容　音のでる絵本。なんどでもアルファベットがかけるボードがついているよ。

『LaQランド地下迷宮の謎——LaQあそびかた・つくりかた研究室』　ヨシリツ株式会社監修　毎日コミュニケーションズ　2011.2　64p　26cm　1200円　①978-4-8399-3751-5　Ⓝ759
目次　おはなし(謎の地下迷宮の巻，これがニュージョッシュだ！，ニュージョッシュバリエーション，発見された地下迷宮，四神獣とは？，スーパー四神獣大公開！，スーパー青竜を追いかけろ！　ほか)，登場モデルのつくりかた(本物スプレー，スーパーヤタガラス，スーパーヤタガラス変形せよ!!)
内容　飛行形態からロボット形態へチェンジ。君のLaQがトランスフォームするぞ。

『かおノート』　tupera tupera作・絵　大阪　コクヨS&T　2010.10　1冊　19×19cm　(WORK×CREATEシリーズ)〈第9刷，付属資料：シール1〉1000円　①978-4-903584-55-3
内容　tuperatuperaのあそび心と洗練されたグラフィックによる，"アートな福笑い"。"かお"に見立てた写真やイラストに，目・鼻・口・ひげなどのシールをはって完成させます。パーツの組み合わせはもちろん，はる場所や向きのちがいで，さまざまな表情に！　単純そうで奥の深いあそびです。

『かおノート　2』　tupera tupera作・絵　大阪　コクヨS&T　2010.10　1冊　19×19cm　(WORK×CREATEシリーズ)〈付属資料：シール1〉1000円　①978-4-903584-72-0
内容　『かおノート』第2弾。表紙の裏までしっかりあそべる，52種類の"かお"がそろいました。パーツシールは『かおノート』『かおノート2』のどちらでも使えるため，2冊あわせれば，あそびの幅がいっそう広がります。

子どもの本　楽しい課外活動2000冊　　245

『LaQランドの大冒険—LaQあそびかた・つくりかた研究室』　毎日コミュニケーションズ　2009.4　64p　26cm　1400円　⓵978-4-8399-3038-7　Ⓝ759

目次　LaQの基礎知識（LaQってなあに？，どんなものがつくれるの？（平面モデル編，立体モデル編）），おはなし（LaQランド大ピンチの巻，ヨシオくんとリツコちゃん登場，It's aチビチビマシン！，LaQランドに行こう！　ほか），つくりかた（ジョッシュ1号，スーパーハマクロン号，スーパーブルドーザー，超変形！　スーパーブルドーザー）

内容　大型変形ロボットのつくりかたを初掲載。なんでもLaQでできているとってもフシギな世界を大冒険。

『だまされる目錯視のマジック—じっと見てると起こるフシギ体験』　竹内竜人監修・解説　誠文堂新光社　2009.2　95p　24cm　（子供の科学・サイエンスブックス）　2200円　⓵978-4-416-20908-0　Ⓝ141.21

『クラスメイトのことがまるわかり！　おもしろ心理ゲーム決定版』　実業之日本社　2008.5　204p　15cm　（ヤングセレクション）　695円　⓵978-4-408-61707-7　Ⓝ140.49

『チャレンジ！　オリンピッククロスワード王』　横山験也著　ほるぷ出版　2008.3　159p　19cm　1200円　⓵978-4-593-59390-3

内容　クロスワードはだれでも知ってる、楽しいことばの遊びだね。そのクロスワードの問題全部をオリンピックと人気スポーツから出題しました。サッカー、テニス、バレーボールなど、楽しいスポーツの話題がいっぱい。さあ、スポーツのおもしろさにクロスワードでチャレンジしよう。

『友だち力アップゲーム』　篠原菊紀監修, 造事務所編集・構成　ポプラ社　2007.3　47p　27cm　（頭げんき！　超かんたん脳トレ 3）　2800円　⓵978-4-591-09613-0　Ⓝ361.454

目次　1 気もちを伝えられる（目かくし「だーれだ？」，長いしっぽであっちむいてホイ！，ぼくはだれ？　みんな教えて！，さかさことば名人になろう！，形をつかって天才画家！），2 相手の気もちがわかる（せなかやうでで、ボール運びレース！，なりきり動物あてっこ，「いいえ」としか答えちゃダメ！，口の動きでことばあて！，ニョキニョキ！　天までのろろ，からだをひねって頭もひねって！），3 もっともっとなかよくなれる（声と手でつなげよう！　「食パン」ゲーム，人間数字カードをならべよう！，ワン・ツー・スリーで立ちあがれ！，ちっちゃくなって、輪をくぐろう！，お絵かき伝言ゲーム！，カエルの歌で大コーラス！，テレパシーで答えをあわせよう！）

『勉強力アップゲーム』　篠原菊紀監修, 造事務所編集・構成　ポプラ社　2007.3　47p　27cm　（頭げんき！　超かんたん脳トレ 1）　2800円　⓵978-4-591-09611-6　Ⓝ498.39

目次　1 文字に強くなる（ことばをつくれ！　ひらがなビンゴ，ラッパ、ラッパ、ラッパンダ!!，めざせ！　しりとりキング！，「漢字はかせ」になろう！，暗号？　ふしぎなかがみ文字），2 文章がうまくかける（新聞でひらがなさがし，落〜ちた、落ちた、な〜にが落ちた？，「いつ」「どこで」「だれが」「なにを」「どうした」？，早口ことばで、リレー対決！，名前入り日記をかこう！），3 数や図形に強くなる（数字でジャンケン、ポン！，指さし計算，ピンポン、ピンポン！，3の段だけ、ぬかしてかぞえろ！，新聞ビリビリ！　ジグソーパズル，おもいだそう！　学校まわりの地図クイズ！，○△□で、お絵かき対決！，最後の1こは、とらないぞ！，つみ木はいくつあるのかな？）

『IQスポーツ・音楽・家庭科クイズ＆パズル』　ワン・ステップ編　金の星社　2007.3　126p　22cm　（脳力アップめざせ！　IQクイズマスター）　2000円　⓵978-4-323-06605-9　Ⓝ798

『脳力をきたえよう！　小学生のIQパズル高学年』　河瀬厚著　メイツ出版　2006.11　128p　21cm　（まなぶっく）　1200円　⓵4-7804-0115-1

目次　IQパズル問題，できるんマンのちょっとひと休み！　1 数パズルって？，できるんマンのちょっとひと休み！　2 推論パズルって？，できるんマンのちょっとひと休み！　3 図形パズルって？，答と解説，得意なパズルでわかる!!　キミの脳力タイプ

『脳力をきたえよう！　小学生のIQパズル　中学年』　河瀬厚著　メイツ出版　2006.11　128p　21cm　（まなぶっく）　1200円　Ⓘ4-7804-0114-3
[目次] IQパズル問題，できるんマンのちょっとひと休み！　1　数パズルって？，できるんマンのちょっとひと休み！　2　推論パズルって？，できるんマンのちょっとひと休み！　3　図形パズルって？，答と解説，得意なパズルでわかる!!　キミの脳力タイプ

『脳力をきたえよう！　小学生のIQパズル　低学年』　河瀬厚著　メイツ出版　2006.11　128p　21cm　（まなぶっく）　1200円　Ⓘ4-7804-0113-5
[目次] IQパズル問題，できるんマンのちょっとひと休み！　1　数パズルって？，できるんマンのちょっとひと休み！　2　推論パズルって？，できるんマンのちょっとひと休み！　3　図形パズルって？，答と解説，得意なパズルでわかる!!　キミの脳力タイプ

『学校のなぞ　2』　草土文化　2006.5　103p　18cm　（めいろ＆クイズ学校のなぞ・シリーズ）　1400円　Ⓘ4-7945-0929-4　Ⓝ376.21
[目次] 給食のなぞ（給食はいつからはじまったの？，パンと脱脂粉乳，そしてクジラを食べた？　ほか），教科書のなぞ（むかしは，どんな教科書が使われていた？，教科書は，どのようにして，わたしたちに届くの？，教科書は，だれが買ったの？，転校したら，教科書はどうするの？），授業のなぞ（外国にも九九はあるの？，先生が1人だけじゃない授業って？　ほか），生徒・先生のなぞ（学校で殺虫剤をかけられた？，ランドセルで通学するようになったのは？　ほか），教具のなぞ（緑色なのに，なぜ黒板というの？，学校で，なぜニワトリやウサギを飼うの？　ほか）

『学校のなぞ　1』　草土文化　2006.5　103p　18cm　（めいろ＆クイズ学校のなぞ・シリーズ）　1400円　Ⓘ4-7945-0928-6　Ⓝ376.21
[目次] 学校のしくみのなぞ（「寺子屋」って，なに？，「小学校」って，いつできたの？　ほか），いろいろな学校・世界の学校のなぞ（病院に学校があるのって，ほんと？，日本語学級って，どこにあるの？，外国にも日本の学校があるの？，外国では「飛び級」があるの？，世界には，学校に行けない子どもがいるの？），先生・生徒・保護者のなぞ（どうしたら学校の先生になれるの？，「代用教員」って，どんな先生？　ほか），学校の建物のなぞ（日本で最初の小学校は？，廊下は北側，教室は南側って決まっているの？　ほか），学校の行事のなぞ（運動会はいつからあるの？，むかしの運動会　ほか）

『モテコに変身！　クラス・アイドル大作戦』　マイバースデイ編集部編　実業之日本社　2006.4　205p　15cm　（ヤングセレクション）　676円　Ⓘ4-408-61670-2　Ⓝ140.49

『心理テスト＆夢占い』　マーク・矢崎著，中野サトミ，米良絵　金の星社　2006.2　127p　22cm　（クラスの人気者めざせ！　学校占いクイーン）　2000円　Ⓘ4-323-05253-7　Ⓝ140.49

『指先できたえる子供の右脳IQドリル』　児玉光雄著　学習研究社　2005.10　135p　26cm　（右脳IQ開発シリーズ）　800円　Ⓘ4-05-302162-6
[内容] 本書は，指先を使って子供たちの右脳を活性化する目的でつくられています。脳は左右で機能分担があり，左脳は論理や分析が，右脳はイメージ処理が得意といわれています。右脳を鍛えることにより，詰め込み学習で左脳偏重になりがちな子供たちの脳のバランスを整えてください。問題はステップ1から10まで各5問ずつ収録。何度も繰り返し問題を解くことで右脳の機能が向上し，勉強への集中力も高まります。

『チャレンジ！　学校心理ゲーム』　さくら美月著　ポケット版　ほるぷ出版　2005.9　189p　17cm　750円　Ⓘ4-593-59525-8　Ⓝ140.49
[目次] 第1章　キミの性格をあばいちゃえ！（どの種目が楽しみかな？，どっちかの矢印に進もう，そうじ日誌を完成させて　ほか），第2章　キミの才能や能力をアップ！（授業参観日の科目は？，赤かグレーの矢印に進もう，今日のできごと日記　ほか），第3章　キミの友情，愛情の行方は？（「はい」にいったり「いいえ」にいったり，「とけい」の詩を完成させて，はいの数はいくつ？　ほか）
[内容] 学校でも家庭でも，キミはまわりの人からまるでちがったイメージをもたれてい

『チャレンジ！ 学校心理ゲーム 2』 さくら美月著 ポケット版 ほるぷ出版 2005.9 191p 17cm 750円 ⓘ4-593-59526-6 Ⓝ140.49
目次 第1章 ○1日（月曜日）（全校集会，1時間目―国語 ほか），第2章 ○2日（火曜日）（ホームルーム，1時間目―算数 ほか），第3章 ○3日（水曜日）（ホームルーム，1時間目―音楽 ほか），第4章 ○4日（木曜日）（学年集会，1時間目―算数 ほか），第5章 ○5日（金曜日）（ホームルーム，1時間目―理科 ほか）
内容「自分はどんな性格なんだろう？」…ふと、そんなことを考えたことはないかな。もしそうなら、心理ゲームでほんとうの自分をさがしてみよう。この「学校心理ゲーム2」では、学校の時間割でキミの性格がわかっちゃう。さあ、楽しい「学校心理ゲーム」にチャレンジしよう。

『ドキドキ・スクールうらない』 My birthday編集部編 実業之日本社 2005.8 205p 15cm （ヤングセレクション） 676円 ⓘ4-408-61657-5 Ⓝ140.49

『大人気・スクールライフ心理ゲーム』 マイバースデイ編集部編 実業之日本社 2005.4 237p 15cm （ヤングセレクション） 676円 ⓘ4-408-61648-6 Ⓝ140.49

『チャレンジ！ 学校パズル王』 夢現舎編 ほるぷ出版 2005.1 159p 19cm 1300円 ⓘ4-593-59371-9 Ⓝ798
目次 第1章 ドキドキ1学期（新しいクラスへようこそ！，同じ顔はど～れだ？，どのくらい大きくなったかな？ ほか），第2章 ワクワク2学期（本物の先生はど～こだ？，泳ぎならだれにも負けないぞ！，工作の宿題で作ったものは？ ほか），第3章 ソワソワ3学期（おかしな神社で初もうで，もっと高～く上げたいな，えとの動物がかくれんぼ ほか）
内容 夏休みの工作で作ったものは？ 秋の遠足で見つけたへんなものって？ 音楽室にあらわれたニセモノの肖像画とは？ 学校でおなじみの、授業や行事がパズルに大変身！ さあ、楽しいパズルがいっぱいの『学校パズル王』にチャレンジしよう。

『究極の選択心理ゲーム』 究極の選択研究会編著 実業之日本社 2004.7 231p 15cm （ヤングセレクション） 648円 ⓘ4-408-61627-3 Ⓝ140.49

『めっちゃドキドキ・心理ゲーム』 マイバースデイ編集部編 実業之日本社 2004.5 239p 15cm （ヤングセレクション） 676円 ⓘ4-408-61621-4 Ⓝ140.49

『笑ってドッキリ！ 心理ゲーム』 マイバースデイ編集部編 実業之日本社 2003.12 240p 15cm （ヤングセレクション） 676円 ⓘ4-408-61616-8 Ⓝ140.49

『ドキドキ相性心理ゲーム』 早花咲月著 ［東京］ 成美堂出版 2003.10 142p 19cm 740円 ⓘ4-415-02442-4 Ⓝ140.49

『ゼッタイ大人気！ 心理ゲーム』 マイバースデイ編集部編 実業之日本社 2003.8 239p 15cm （ヤングセレクション） 676円 ⓘ4-408-61603-6 Ⓝ140.49

『ミルモでポン！ うらない＆ゲームbook』 篠塚ひろむ,ちゃお編集部編 小学館 2003.8 81p 21cm 762円 ⓘ4-09-179808-X Ⓝ140.49

『学校が10倍楽しくなる心理ゲーム―キミのココロとアタマに挑戦！』 本間正夫著 主婦の友社 2003.7 191p 19cm 750円 ⓘ4-07-238687-1 Ⓝ140.49
目次 1 ほんとうの自分がわかる（食卓で4つのまちがいさがし，雨上がりの日に4つのまちがいさがし ほか），2 自分にピッタリの勉強・スポーツがわかる（国語―漢字が書けるかな？，算数―こんな計算ができるかな？ ほか），3 ともだちのことがわかる（キミは

| いろいろな遊び | 今の遊びを知ろう |

どこに写っている？，漢字でしりとりをしよう ほか），4 好きな子とのつきあいかたがわかる（キミって，どんな男の子なんだろう？，キミって，どんな女の子なのだろう？ ほか），5 未来の自分がわかる？（みんな忙しそうだね．なにをしているのかな？，クロスワードパズルがとけるかな？ ほか）

[内容] 自分でも知らなかったほんとうの自分ってどんな自分？ 自分にピッタリの勉強・スポーツはなに？ えっ？ ともだちはそんなことを思っていたの？ 自分にピッタリの子はどんなひと？ その子とどうつきあえばいいの？ 自分の未来は…？ すべて，この本がお答えします．

『ABCなあに』 わだことみ作・構成 学習研究社 2003.6 1冊 15cm （ケータイ頭脳開発） 450円 ⓘ4-05-201879-6

[内容] アルファベットを読むこと，書くことへの関心が高まる頭脳開発えほん．「なにかな？」と考えてページをめくるあてっこえほんの形式になっているので，お子さまが楽しくアルファベットに親しめる．アルファベットを何回も練習できるれんしゅうノートがついている．

『チャレンジ！ 学校心理ゲーム 2』 さくら美月著 ほるぷ出版 2003.5 191p 19cm 1300円 ⓘ4-593-59365-4 Ⓝ140.39

[目次] 全校集会，国語，社会，休み時間，理科，音楽，給食，昼休み，体育，掃除〔ほか〕

[内容] 「自分はどんな性格なんだろう？」ふと，そんなことを考えたことはありませんか？ もし考えたことがある人は，心理ゲームで本当の自分をさがしてみましょう．「学校心理ゲーム2」は，時間割であなたの性格がわかっちゃいます．今日の1時間目はなんでしょう？ さぁ，心ちゃんと一緒に「学校心理ゲーム2」にチャレンジ．

『ド～ンと100本！ 心理ゲーム』 マイバースデイ編集部編 実業之日本社 2003.5 239p 15cm （ヤングセレクション） 676円 ⓘ4-408-61601-X Ⓝ140.49

『迷路ゲーム・ブックピラミッド探検』 横山験也著，鈴木留未南絵 ほるぷ出版 2002.6 79p 25cm 1800円 ⓘ4-593-59359-X

[目次] 黄金のピラミッド—はしご迷路，クフ王のピラミッド（大きさ調査アミダ迷路，すっごく重いぜ！ カクカク迷路），王の間へGO！—そっくりジャンプ迷路，どうやってつくったピラミッド—ロープ迷路，おどろき発見！—東西南北迷路，古代エジプトの神々—ジグザグ迷路，スフィンクスの秘密—サーキット迷路，スフィンクスは巨大だ！—ジロリ迷路，太陽の船—くもくも迷路，なぜ，ミイラをつくるのか？ バーとカー—ぴょんぴょん迷路〔ほか〕

[内容] ふしぎや謎でいっぱいのピラミッドを探検して楽しく遊ぼう！ 楽しい迷路を進んでいくうちにピラミッドの秘密がどんどんわかるよ．ピラミッドや世界各地の不思議について楽しく調べよう．

『どっきん!!心理テスト集—クラスの人気者になれる』 東野良軒著 実業之日本社 1996.5 147p 19cm （My birthdayの本 128） 750円 ⓘ4-408-39124-7

[目次] 1 性格バレバレ1問1答心理テスト，2 本心まる見えイラストDEテスト，3 気になる恋の行方は？ ラブラブチェックテスト，4 みんなの心のぞいちゃお！ WAHAHA心理ゲーム，5 彼のことも〜っと知りたいBOYs大研究テスト，6 人間関係どんなかな？ 友情分析心理テスト

地域活動

ボーイスカウトを知ろう

『ボーイスカウト・フィールドブック』ボーイスカウト日本連盟著　改訂版　朝日ソノラマ　2001.5　452p　19cm〈文献あり　索引あり〉1900円　Ⓘ4-257-03634-6

季節の行事を知ろう

『いちねん―くらしとぎょうじ』ゆきのゆみこ文，武田美穂，間瀬なおかた，村松カツ絵，アフロ，藤井旭他写真，竹下昌之監修　チャイルド本社　2013.1〈第5刷〉28p　22×25cm〈チャイルド科学絵本館―なぜなぜクイズ絵本10〉571円　Ⓘ978-4-8054-2346-2　Ⓝ386.1

『かこさとしこどもの行事しぜんと生活 12月のまき』かこさとし文・絵　小峰書店　2012.11　36p　29cm〈年表あり〉1400円　Ⓘ978-4-338-26812-7　Ⓝ386.1
目次　12月の別のいいかた（日本），師走，乙子の朔日・川浸り朔日（12月1日），秩父夜祭（12月2日・3日），アエノコト（12月5日），雪見，大雪（12月7日ごろ），針供養（12月8日），太平洋戦争開戦の日（12月8日），ノーベルとノーベル賞〔ほか〕

『母と子の心がふれあう12か月のたのしい行事えほん』グループ・コロンブス編　ナツメ社　2012.11　127p　27cm〈索引あり〉1800円　Ⓘ978-4-8163-5328-4　Ⓝ386.1

『かこさとしこどもの行事しぜんと生活 11月のまき』かこさとし文・絵　小峰書店　2012.10　36p　29cm〈年表あり〉1400円　Ⓘ978-4-338-26811-0　Ⓝ386.1
目次　11月の別のいいかた（日本），文化の日（11月3日），灯台記念日（11月1日）/小春日和，酉の市，立冬（11月7日ごろ）/ふいごまつり（11月8日），刈り上げまつり，亥の子・十日夜/わら，いろいろなおち葉，11月の鳥/11月の魚，いろいろな紙ひこうき〔ほか〕
内容　日本の子どもたちが出会う，さまざまな行事やならわしの，はじまりやわけが，この本でわかるように，やさしくかきました。先祖の人たちがおまつりやしきたりにこめた願いや心が，ただしくつたわるようにくふうしましたので，どうぞたのしんでよんでください。

『かこさとしこどもの行事しぜんと生活 10月のまき』かこさとし文・絵　小峰書店　2012.9　36p　29cm〈年表あり〉1400円　Ⓘ978-4-338-26810-3　Ⓝ386.1
目次　10月の別のいいかた（日本），衣がえ（10月1日），いわし雲，「冬鳥」の渡りの季節，寒露（10月8日ごろ）/冬ごもりのはじまるころ/高山祭（10月9日・10日），おくんち，豆名月，いろいろな豆とどんぐり，体育の日，目の愛護デー（10月10日），お会式（10月12・13日），秋の魚，秋の星，べったら市（10月1920日），いもに会，おめでとう結婚式，きのこの季節，時代祭り（10月22日），霜降（10月23日ごろ），ハロウィン（10）月31日），10月の行事の歴史年表，10月の別のいいかた（海外），全巻もくじ
内容　日本の子どもたちが出会う，さまざまな行事やならわしの，はじまりやわけが，この本でわかるように，やさしくかきました。

『かこさとしこどもの行事しぜんと生活

9月のまき』　かこさとし文・絵　小峰書店　2012.8　36p　29cm〈年表あり〉　1400円　Ⓘ978-4-338-26809-7　Ⓝ386.1

『かこさとしこどもの行事しぜんと生活　8月のまき』　かこさとし文・絵　小峰書店　2012.7　36p　29cm〈年表あり〉　1400円　Ⓘ978-4-338-26808-0　Ⓝ386.1
目次　八朔—8月1日，ねむりながし—青森ねぶた祭・弘前ねぷたまつり，秋田竿灯まつり—8月3日〜6日，仙台七夕まつり—8月6日〜8日，山形花笠まつり—8月5日〜7日，立秋—8月8日ごろ，いろいろな夏のおかし，夏の花，原爆忌—8月6日・9日，敗戦忌・終戦記念日—8月15日，お盆—8月13日〜16日〔ほか〕

『かこさとしこどもの行事しぜんと生活　7月のまき』　かこさとし文・絵　小峰書店　2012.6　36p　29cm〈年表あり〉　1400円　Ⓘ978-4-338-26807-3　Ⓝ386.1
目次　7月の別のいいかた（日本），山びらき・海びらき（7月1日ごろ），半夏生（7月2日ごろ），小暑（7月7日ごろ），「七夕」とかいて「たなばた」とよむのは，なぜ？，いろいろな七夕かざり，夏の星，あさがお市（7月6日〜8日），ほおずき市（7月9日・10日），虫おくり〔ほか〕
内容　日本の子どもたちが出会う，さまざまな行事やならわしの，はじまりやわけ。行事にこめられた願いと心。

『「夏はかせ」になろう！—こん虫・植物から行事まで，日本の「四季」を大解剖』　長谷川康男監修　PHP研究所　2012.6　95p　21cm〈「6月のえほん」（2011年刊）と「7月のえほん」（2011年刊）と「8月のえほん」（2011年刊）の改題，合本，再編集　文献あり〉648円　Ⓘ978-4-569-80528-3　Ⓝ386.1
目次　夏の風物詩（こん虫さいしゅうに行こう，夏の旬の食べもの，夏に見られる植物，暑中見舞いを書こう，ホタル狩りをしよう，花火のいろいろ，雲のいろいろ，夏の俳句と季語），6月（衣替え，入梅，ジューンブライド，時の記念日，6月の行事いろいろ），7月（山開き・川開き・海開き，七夕，7月の行事いろいろ），8月（夏祭り，お盆，8月の行事いろいろ），日本と世界　夏の行事・お祭り（日本の夏のお祭り，世界の夏の行事・お祭り）

『かこさとしこどもの行事しぜんと生活　6月のまき』　かこさとし文・絵　小峰書店　2012.5　36p　29cm〈年表あり〉　1400円　Ⓘ978-4-338-26806-6　Ⓝ386.1
目次　6月の別のいいかた（日本），衣がえ（6月1日ごろ），歯がため（6月1日）/氷室の日（6月1日），虫歯予防デー（6月4日），芸事はじめの日（6月6日），芒種（6月6日ごろ），時の記念日（6月10日），梅雨入り（6月11日ごろ），田植えまつり，チャグチャグ馬コ〔ほか〕

『かこさとしこどもの行事しぜんと生活　5月のまき』　かこさとし文・絵　小峰書店　2012.4　36p　29cm〈年表あり〉　1400円　Ⓘ978-4-338-26805-9　Ⓝ386.1
目次　八十八夜（5月2日ごろ），メーデー（5月1日），博多どんたく港まつり（5月3日・4日），端午の節句（5月5日），ちまき，ゴールデンウィーク（4月29日〜5月5日ごろ），立夏（5月6日ごろ），いずれ，アヤメかカキツバタ，桃太郎まつり，ハーリー〔ほか〕

『かこさとしこどもの行事しぜんと生活　4月のまき』　かこさとし文・絵　小峰書店　2012.3　36p　29cm〈年表あり〉　1400円　Ⓘ978-4-338-26804-2　Ⓝ386.1
目次　4月の別のいいかた（日本），みんな一年生（4月1日），エイプリルフール（4月1日），サクラサクラ，いろいろなサクラ，花びえ/花ぐもり，清明（4月6日ごろ）/花祭（4月8日），復活祭（イースター・パスカ・パスハ），十三まいり（4月13日），春雨〔ほか〕
内容　日本の子どもたちが出会う，さまざまな行事やならわしの，はじまりやわけが，この本でわかるように，やさしくかきました。先祖の人たちがおまつりやしきたりにこめた願いや心が，ただしくつたわるようにくふうしましたので，どうぞたのしんでよんでください。

『かこさとしこどもの行事しぜんと生活　3月のまき』　かこさとし文・絵　小峰書店　2012.2　36p　29cm〈年表あり〉　1400円　Ⓘ978-4-338-26803-5　Ⓝ386.1
目次　3月の別のいいかた（日本），ひなまつり・上巳の節句（3月3日），ながしびな，おひながゆ，ひな人形のあそび，春一番，三寒四温/フェーン現象，お水おくり（3月2日）・お水とり（3月1日〜14日），春日祭（3月13日），啓蟄（3月6日ごろ）〔ほか〕

季節の行事を知ろう　　　　　　　　　　　　　　　　　　　　　地域活動

|内容| 日本の子どもたちが出会う、さまざまな行事やならわしの、はじまりやわけが、この本でわかるように、やさしくかきました。先祖の人たちがおまつりやしきたりにこめた願いや心が、ただしくつたわるようにくふうしました。

『まるごときせつの行事』　コダシマアコ著　京都　かもがわ出版　2012.2　63p　21cm〈写真：みやづかなえ　文献あり〉1500円　Ⓘ978-4-7803-0519-7　Ⓝ386.1

『かこさとしこどもの行事しぜんと生活　2月のまき』　かこさとし文・絵　小峰書店　2012.1　36p　29cm〈年表あり〉1400円　Ⓘ978-4-338-26802-8　Ⓝ386.1
|目次| 2月の別のいいかた（日本）、節分（2月3日ごろ）、豆まき、立春（2月4日ごろ）、二十四節気、針供養（2月8日）、初午（2月1日〜12日ごろ）、十二支・十干、雪・ゆき・ユキ　雪のいろいろ、雪あそび、バレンタインの日（2月14日）〔ほか〕
|内容| 日本の子どもたちが出会う、さまざまな行事やならわしの、はじまりやわけを、わかりやすく、やさしくえがき、先祖の人たちがおまつりやしきたりにこめた願いや心を、ただしくつたえる絵本。

『かこさとしこどもの行事しぜんと生活　1月のまき』　かこさとし文・絵　小峰書店　2011.12　36p　29cm〈年表あり〉1400円　Ⓘ978-4-338-26801-1　Ⓝ386.1
|目次| 1月の別のいいかた（日本）、お正月おめでとう（1月1日）、しめかざり／門松、おせち料理、節句、鏡もち／雑煮、お年玉、初ゆめ（1月1日〜3日）、年賀状／かきぞめ（1月2日）、初もうで・初まいり／絵馬〔ほか〕
|内容| 日本の子どもたちが出会う、さまざまな行事やならわしの、はじまりやわけを、わかりやすく、やさしくえがき、先祖の人たちがおまつりやしきたりにこめた願いや心を、ただしくつたえる絵本。

『ぎょうじのえほん―ぎょうじのゆらいとみちしき』　西本鶏介文、新谷尚紀監修　ポプラ社　2011.12　125p　26cm（のびのび総合知育絵本）〈索引あり　文献あり〉1500円　Ⓘ978-4-591-12672-1　Ⓝ386.1
|目次| 1月　おしょうがつ、2月　せつぶん、3月

ひなまつり、4月　おはなみ、5月　こどものひ、6月　むしばよぼうデー、7月　たなばた、8月　おぼん、9月　おつきみ、10月　うんどうかい、11月　しちごさん、12月　クリスマス
|内容| おしょうがつにどうしてもちをたべるの？　クリスマスプレゼントはなぜくつしたにいれてもらうの？　行事のおはなしを楽しみ、豊富な写真や絵で知識をチェック。親子でいっしょに行事を楽しめる本。

『くらしとぎょうじのせいかつ図鑑』　竹下昌之総監修　チャイルド本社　2011.10　84p　28cm（チャイルドブックこども百科）1600円　Ⓘ978-4-8054-3629-5　Ⓝ590

『季節を感じる！12ケ月のぎょうじ工作』　早未恵理著　いんなあとりっぷ社　2011.5　79p　26cm（親と子のヒラメキ工作 2）1429円　Ⓘ978-4-266-00091-2　Ⓝ594
|目次| 春の工作（おうちでお花見、かわいいお花畑　ほか）、夏の工作（モダンな七夕かざり、船で水遊び　ほか）、秋の工作（赤とんぼのモビール、ぐんぐん競争　ほか）、冬の工作（クリスマスギフトボックス、クリスマスツリー　ほか）

『伝統行事がわかる図鑑　5　くらしのしきたり』　新谷尚紀監修　ポプラ社　2011.3　39p　27cm〈索引あり〉2600円　Ⓘ978-4-591-12314-0,978-4-591-91208-9　Ⓝ386.1
|目次| 誕生のしきたり、七五三のしきたり、成人式のしきたり、結婚のしきたり、食事のしきたり、家をたてるときのしきたり、日本家屋のくふう、厄年のしきたり、福をまねくえんぎもの、長寿のいわいのしきたり、葬式のしきたり

『伝統行事がわかる図鑑　4　冬のしきたり』　新谷尚紀監修　ポプラ社　2011.3　39p　27cm〈索引あり〉2600円　Ⓘ978-4-591-12313-3,978-4-591-91208-9　Ⓝ386.1
|目次| お歳暮、正月事始め、冬至、大みそか、からだをあたためる道具、正月、むかしながらの冬の食べもの、七草がゆ、鏡びらき、小正月〔ほか〕

『伝統行事がわかる図鑑　3　秋のしきた

り』　新谷尚紀監修　ポプラ社　2011.3
39p　27cm〈索引あり〉2600円
①978-4-591-12312-6,978-4-591-91208-9
Ⓝ386.1
目次　二百十日，重陽の節句，十五夜，むかしながらの秋の食べもの，秋の彼岸，紅葉狩り，秋の虫の声，えびす講，酉の市，秋まつり〔ほか〕

『伝統行事がわかる図鑑　2　夏のしきたり』　新谷尚紀監修　ポプラ社　2011.3
39p　27cm〈索引あり〉2600円
①978-4-591-12311-9,978-4-591-91208-9
Ⓝ386.1
目次　衣がえ，山びらき，川びらき，夏を快適にすごすくふう，七夕，お中元，暑中みまい，夏の土用，むかしながらの夏の食べもの，お盆，夏まつり

『伝統行事がわかる図鑑　1　春のしきたり』　新谷尚紀監修　ポプラ社　2011.3
39p　27cm〈索引あり〉2600円
①978-4-591-12310-2,978-4-591-91208-9
Ⓝ386.1
目次　ひなまつり，春の彼岸，花見，潮干狩り，むかしながらの春の食べもの，花まつり，八十八夜，春の生きもの，端午の節句

『まんがでわかる日本の行事12か月』　よだひでき著　改訂版　ブティック社　2011.1　165p　21cm　（ブティック・ムック no.915）　1000円　①978-4-8347-5915-0　Ⓝ386.1

『2月のえほん―季節を知る・遊ぶ・感じる』　長谷川康男監修　PHP研究所　2010.12　47p　26cm〈文献あり〉1300円　①978-4-569-78106-8　Ⓝ386.1
目次　節分 3日ごろ，バレンタイン・デー 14日，2月の旬の食べもの，2月の俳句と季語，2月に見られる植物，2月の記念日，2月の行事，日本の2月のお祭り，世界の2月の行事・お祭り，ウィンタースポーツに親しむ〔ほか〕
内容　節分，バレンタイン，立春，初午のいなりずしづくり，スケート…。2月の行事，自然，旬の食べもの，遊びなどを絵で楽しく紹介するとともに，季語，記念日，できごとなども掲載。

『行事のおはなし12か月―読み聞かせにぴったり全17話と暦の解説付き 子どもに伝えたい日本の季節の行事の由来がたのしくわかる！』　左近蘭子作，くすはら順子絵　世界文化社　2010.10　111p　29cm〈文献あり〉1200円
①978-4-418-10812-1　Ⓝ386.1
目次　おうちの方へ 日本の行事と暦について，一年の暦，一年間のおもな行事と記念日，どうしておせちりょうりをたべるの？，せつぶんってなあに？，なぜおひなさまをかざるの？，はなまつり，どうしてこいのぼりをかざるの？，ははのひ，はのえいせいしゅうかん，とけいってどうしてあるの？，ちちのひ，たなばたってなあに？，おぼんってなあに？，けいろうのひ，なんでおつきみをするのかな？，たいいくのひ，ハロウィンってなあに？，きんろうかんしゃのひってなあに？，なんでクリスマスにケーキをたべるの？
内容　行事にはひとつひとつ意味があります。季節と深くかかわり，人々の願いや生活の知恵がぎゅっと詰まっている行事を，子どもたちに伝えていきたいものです。

『大絵馬ものがたり　4　祭日の情景』　須藤功著　農山漁村文化協会　2010.3
174p　27cm〈文献あり〉5000円
①978-4-540-09142-1　Ⓝ387.7

『ちびまる子ちゃんの春夏秋冬教室―季節のことばと行事を楽しむ』　さくらももこキャラクター原作，関根健一著，相川晴ちびまる子ちゃんまんが・絵　集英社　2010.3　205p　19cm　（満点ゲットシリーズ）　850円　①978-4-08-314049-5　Ⓝ386.1
内容　昔から季節にまつわるいろいろな行事や言葉がありますが，意味を知ると春夏秋冬を大切にする気持ちを今でも感じることができると思います。季節を楽しみ感じながら毎日を過ごせるといいですね。

『こどもきせつのぎょうじ絵じてん』　三省堂編修所編　増補新装版　三省堂　2009.12　184,6p　26cm〈文献あり 索引あり〉2500円　①978-4-385-15852-5　Ⓝ386.1
目次　おしょうがつ，せいじんのひ，こしょうがつ，せつぶん，ひなまつり，そつえんし

子どもの本 楽しい課外活動2000冊　253

季節の行事を知ろう　　　　　　　　　　　　　　　　　　　　地域活動

き，はるやすみ，にゅうえんしき，おはなみ，はなまつり〔ほか〕
[内容] 年中行事・記念日の由来や歴史がわかる，新しく「さとやまのくらし」を追加，3歳から7歳むけ。

『年中行事を五感で味わう』　山下柚実著　岩波書店　2009.12　182p　18cm　（岩波ジュニア新書　645）〈並列シリーズ名：Iwanami junior paperbacks　文献あり〉840円　①978-4-00-500645-8　Ⓝ386.1

『ひなちゃんの歳時記』　南ひろこ著，久保田裕道解説　産経新聞出版，日本工業新聞新社（発売）　2009.12　143p　21cm　（産経新聞社の本—産経コミック）1300円　①978-4-8191-1076-1　Ⓝ386.1

『こどもとはじめる季節の行事』　織田忍著　自由国民社　2009.6　87p　21×19cm　（親子のじかん　01）1200円　①978-4-426-10771-0
[目次] お花見，山菜摘み，灌仏会（花祭り），十三参り，端午の節句，潮干狩り，八十八夜，田植え，入梅，衣替え〔ほか〕
[内容] ゆかたは楽しい。ハロウィンもやってみたい。お正月だってもっともっと楽しくなる。衣替えや暑中見舞いだって，親子でやればこんなに楽しい。季節を親子であじわうためのヒントがいっぱい。

『年中行事』　新谷尚紀監修　ポプラ社　2009.3　215p　29cm　（ポプラディア情報館）〈並列シリーズ名：Poplardia information library　索引あり〉6800円　①978-4-591-10686-0,978-4-591-91058-0　Ⓝ386.1
[目次] 日本の暦と四季のくらし（暦と年中行事，暦のしくみと歴史，二十四節気と五節句・雑節　ほか），日本の年中行事と祭り（1月，2月，3月　ほか），人生の節目の行事としきたり（通過儀礼と冠婚葬祭，子どもから大人へ，結婚　ほか）
[内容] 日本の伝統的な年中行事を，12か月に分けて紹介。行事の意味や由来がよくわかります。豊富なカラー写真を収録。四季のうつりかわりを目で見て楽しむことができます。年中行事とかかわりのある，全国各地の代表的な祭りを多数紹介。通過儀礼・冠婚葬祭についても，イラストとともにわかりやすく解説。

『年中行事のお話55—行事の前に読み聞かせ』　深山さくら文，谷田貝公昭監修　チャイルド本社　2009.2　119p　26cm　〈文献あり〉2000円　①978-4-8054-0136-1　Ⓝ386.1
[目次] 4月1日　エープリルフール「ペンタ空を飛ぶ」，4月初めごろ　入園式「手をつなごう」，4月6日〜15日　春の交通安全運動「飛びだし禁止」，4月8日　花まつり（灌仏会）「お花のおまつり」，4月23日〜5月12日　こどもの読書週間「この本，読んで！」，4月ごろ　お花見「にこにこお花見」，5月5日　こどもの日（端午の節句）「お父さんのこいのぼり」，5月10日〜16日　愛鳥週間「がんばれ，子スズメ」，5月第2日曜日　母の日「プレゼントなあに？」，6月4日〜10日　歯の衛生週間「ムシバキンの敵」〔ほか〕
[内容] 年中行事は，私たちの生活に欠かせない存在です。季節のおとずれを感じたり，神様やご先祖様に感謝したり，歴史や文化を知るためにも，子どもたちにぜひ伝えたい事柄ですよね。本誌では，創作のおはなしを読み聞かせながら，楽しく行動を学ぶことができます。また，由来を教えてあげることで，子どもたちの「なぜ？」「どうして？」の好奇心を満足させることができます。

『はじめて知るみんなの行事とくらし』　学習研究社　2008.12　271p　26cm　（学研の新まるごとシリーズ）2700円　①978-4-05-203028-4　Ⓝ386.1
[目次] 一月　睦月—歌・お正月（お正月，初もうで，七草がゆ　ほか），二月　如月—歌・雪（節分，バレンタインデー），三月　弥生—歌・うれしいひなまつり（ひな祭，春の彼岸，卒業式　ほか），四月　卯月—歌・チューリップ（入学式），五月　皐月—歌・こいのぼり（端午の節句，母の日），六月　水無月—歌・あめふり（衣替え，父の日，入梅），七月　文月—歌・たなばたさま（山開き・川開き，七夕，夏祭り），八月　葉月—歌・うみ（花火大会，お盆），九月　長月—歌・赤とんぼ（二百十日，十五夜，敬老の日　ほか），十月　神無月—歌・まっかな秋（神無月，体育の日，紅葉狩り），十一月　霜月—歌・たき火（七五三，勤労感謝の日，酉の市），十二月　師走—歌・スキー（冬至，大晦日，冬の自然　ほか）
[内容] 1年間の年中行事が150種以上！　行事

『日本のしきたり絵事典―行事や儀式の「なぜ？」がわかる 衣食住から年中行事まで』 武光誠監修，深光富士男著 PHP研究所 2008.11 79p 29cm 2800円 ⓘ978-4-569-68912-8 Ⓝ382.1
 目次 第1章 生活に根づいたしきたり（はしの長さの選び方と持ち方・つまみ方，畳のへをふまないで，気持ちが伝わるおじぎ，和服は右前が基本，神社のおまいりのしかた，大安の日仏滅の日，達磨大師がだるまになった!?，めでたいときの赤飯，おきよめの塩，土地の神様と地鎮祭，江戸時代に流行したまねき猫），第2章 季節のしきたり（初日の出と初詣，縁起のいいおせち料理，胃をいたわる七草がゆ，節分の豆まき，彼岸とは，先祖の霊がいる「向こう岸」のこと：平安時代から行われていた衣がえ，お中元とお歳暮，土用の丑の日にウナギを食べるのは？，神輿をはげしくゆさぶるわけ，冬至は太陽がよみがえる日，除夜の鐘はなぜ108回つくの？），第3章 人生のしきたり（お祝いの行事が続く子どもの誕生，七五三で成長に感謝，二十歳で行う成人式，意外に新しい神前結婚式，男女でちがう厄年，長寿の祝いは「還暦」から，葬式のしきたり（仏式））

『食で知ろう季節の行事』 高橋司著 長崎出版 2008.5 127p 21cm （親子で楽しむものしりBOOK） 1500円 ⓘ978-4-86095-246-4
 目次 1章 年中行事（正月，人日の節句 ほか），2章 通過儀礼（誕生，お食い初め ほか），3章 記念日（1月の記念日，2月の記念日 ほか），4章 暦（暦の歴史，節句/二十四節気 ほか）
 内容 日本の伝統的な行事とそれにまつわる行事食をイラストでわかりやすく説明。

『新きょうはなんの日？―記念日・人物・できごと・祭り 11月・12月』 次山信男監修，小林祐一，新西和子，田中由貴文 ポプラ社 2008.3 75p 27cm 3000円 ⓘ978-4-591-10110-0 Ⓝ386.1

『新きょうはなんの日？―記念日・人物・できごと・祭り 9月・10月』 次山信男監修，早野美智代，小川洋，田中由貴文 ポプラ社 2008.3 75p 27cm 3000円 ⓘ978-4-591-10109-4 Ⓝ386.1

『新きょうはなんの日？―記念日・人物・できごと・祭り 7月・8月』 次山信男監修，布施孝子，田中由貴文 ポプラ社 2008.3 75p 27cm 3000円 ⓘ978-4-591-10108-7 Ⓝ386.1

『新きょうはなんの日？―記念日・人物・できごと・祭り 5月・6月』 次山信男監修，香取夕記子，高田勝弘，田中由貴文 ポプラ社 2008.3 75p 27cm 3000円 ⓘ978-4-591-10107-0 Ⓝ386.1

『新きょうはなんの日？―記念日・人物・できごと・祭り 3月・4月』 次山信男監修，早野美智代，香取夕記子，田中由貴文 ポプラ社 2008.3 75p 27cm 3000円 ⓘ978-4-591-10106-3 Ⓝ386.1

『新きょうはなんの日？―記念日・人物・できごと・祭り 1月・2月』 次山信男監修，小川洋，高田勝弘，田中由貴文 ポプラ社 2008.3 75p 27cm 3000円 ⓘ978-4-591-10105-6 Ⓝ386.1

『きせつの行事あそび―＆うた・おり紙』 小学館 2008.2 79p 26cm （プレneo books） 1200円 ⓘ978-4-09-217272-2 Ⓝ594
 目次 春（ひなまつり，たんごのせっく，母の日にプレゼントをおくろう！），夏（七夕，雨の日は何をして遊ぶ？，キャンプ，父の日にプレゼントをおくろう！），秋（月見，ハロウィン，敬老の日にプレゼントをおくろう！），冬（クリスマス，正月，節分，誕生日にプレゼントをおくろう！）
 内容 伝統行事で遊びで体験。さあ、工作して楽しもう。

『みんなが知りたい！「四季の行事」がわかる本』 ニコワークス著 メイツ出版 2007.12 160p 21cm 1200円 ⓘ978-4-7804-0319-0 Ⓝ386.1
 目次 一月（大正月），七草粥，成人の日，だるま市，鏡開き，東京消防出初式，小正月，左義長，藪入り，小寒，大寒），二月（節分，初午，建国記念の日，針供養，バレンタインデー，立春・雨水），三月（ひな祭り，卒園・卒業，東大寺修仁会，ホワイトデー・耳の日，復活祭，春の彼岸，啓蟄，春分），四月（花見，エイプリル・フール，入

季節の行事を知ろう　　　　　　　　　　　　　　　地域活動

園・入学、花祭り、十三詣り、清明・穀雨・発明の日、五月(端午の節句、ゴールデンウィーク、八十八夜、母の日、立夏・小満・愛鳥週間)、六月(入梅、衣替え、父の日・時の記念日、夏越の祓い、芒種・夏至・歯の衛生週間)、七月(七夕、山・海・川開き、盂蘭盆会、ほおずき市、お中元・海の日、土用、小暑・大暑)、八月(盆、八朔、広島平和記念日・長崎原爆忌・終戦記念日、花火大会、夏祭り・地蔵盆、立秋・処暑)、九月(月見、二百十日、重陽の節句、敬老の日・防災の日、白露・秋分・動物愛護週間)、十月(紅葉狩り、稲刈り、体育の日・目の愛護デー、十三夜・読書週間、恵比寿講、ハロウィン、寒露・霜降)、十一月(七五三、酉の市、文化の日、亥の子の祝い、勤労感謝の日、新嘗祭、立冬・小雪・火焚き神事)、十二月(クリスマス、事納め(事八日)、正月事始め、お歳暮・年の市、浅草なごいた市、餅つき、大晦日、除夜の鐘、年越しそば、なまはげ、大雪・冬至)

[内容] 知れば知るほどおもしろい、日本の行事がいっぱい。お正月・節分・ひな祭り・端午の節句・七夕・クリスマスetc.わかりやすく解説します。

『秋から冬のしきたり‐月見・七五三・大晦日など―大図解 大きな図で解りやすい本』　味元敬子著　リブリオ出版　2007.4　47p　27cm　(年中行事コツのコツ　4)　2800円　Ⓘ978-4-86057-300-3

[目次] 9月・長月(八朔、重陽の節句、秋のお彼岸、月見)、10月・神無月(衣がえ、ハロウィン)、11月・霜月(亥の子、七五三新嘗祭、雪囲い)、12月・師走(事おさめ、歳暮、冬至、クリスマス、大掃除、餅つき、門松、しめ縄、お節料理、神棚、大晦日)

『新年のしきたり‐門松・初詣・お年始など―大図解 大きな図で解りやすい本』　味元敬子著　リブリオ出版　2007.4　47p　27cm　(年中行事コツのコツ　1)　2800円　Ⓘ978-4-86057-297-6

[目次] 1月・睦月(門松、新年のしつらい、しめ飾り、若水汲み、お屠蘇、お節料理、お雑煮、祝い箸、初詣、書きぞめ、仕事始め、初夢、年始回り、七草粥、鏡開き、小正月)

『年中行事コツのコツ』　味元敬子,遠藤サホ文　リブリオ出版　2007.4　4冊(セット)　26cm　(大図解 大きな図で解りやすい本)　11200円　Ⓘ978-4-86057-296-9

[目次] 1 新年のしきたり―門松・初詣・お年始など(門松、新年のしつらい ほか)、2 冬から春のしきたり―節分・ひなまつりなど(節分、バレンタインデー ほか)、3 春から夏のしきたり―端午の節句・七夕・お盆など(八十八夜、端午の節句 ほか)、4 秋から冬のしきたり―月見・七五三・大晦日など(八朔、重陽の節句 ほか)

『春から夏のしきたり‐端午の節句・七夕・お盆など―大図解 大きな図で解りやすい本』　遠藤サホ著　リブリオ出版　2007.4　47p　27cm　(年中行事コツのコツ　3)　2800円　Ⓘ978-4-86057-299-0

[目次] 5月・皐月(八十八夜、端午の節句、母の日)、6月・水無月(父の日、衣がえ、夏越の祓)、7月・文月(七夕、土用、お中元、暑気払い)、8月・葉月(お盆、各地の夏まつり、花火)

『冬から春のしきたり‐節分・ひなまつりなど―大図解 大きな図で解りやすい本』　遠藤サホ著　リブリオ出版　2007.4　47p　27cm　(年中行事コツのコツ　2)　2800円　Ⓘ978-4-86057-298-3

[目次] 2月・如月(節分、バレンタインデー)、3月・弥生(ひなまつり、お水取り、ホワイトデー、春のお彼岸、山遊び、磯遊び)、4月・卯月(花まつり、春まつり、花見)

『地域の伝統行事』　農山漁村文化協会　2007.3　160p　27cm　(調べてみようふるさとの産業・文化・自然　2　中川重年監修)　3000円　Ⓘ978-4-540-06323-7　Ⓝ386.1

[目次] 祭り(岩手山を背景にチャグチャグ馬コが進む(岩手県滝沢村)、空也念仏踊りを伝える里(福島県会津若松市河東町) ほか)、伝統芸能(農村歌舞伎を継承する里(群馬県沼田市白沢町)、山あいの村で受け継がれる伝統の歌舞伎(長野県大鹿村) ほか)、行事(アメッコ市と秋田犬、比内鶏の里(秋田県大館市)、迫力満点のなまはげは村々の伝統行事(秋田県男鹿市) ほか)、信仰(富士山の麓でたくさんの伝統行事と新しい町おこし(静岡県富士宮市)、登拝、お遍路、秋祭り…信仰と行事とともに暮らす町(愛媛県西条市) ほか)

[内容] 日本全国、それぞれの土地でご先祖さまたちが知恵と工夫を重ねてつくってきた

地域活動　　　　　　　　　　　　　季節の行事を知ろう

産業や文化。その土地ならではの自然をたくみに生かした暮らしを訪ねる「見る地理の本」。本書では子どもも大人も待ち遠しい祭りや行事の数々を紹介する。

『年中行事』　須藤功著　農山漁村文化協会　2006.11　238p　27cm　（「写真ものがたり」昭和の暮らし 8）5000円　Ⓘ4-540-06109-7　Ⓝ386.1

[目次] 第1章 新年・一年の幸を寿ぐ初春（正月準備，大晦日 ほか），第2章 春・花に託す実りの願い（暖かな日差し，花咲く日を待つ），第3章 夏・しのびよる悪霊を払う（若葉の季節，にぎわう田 ほか），第4章 秋・収穫前に迎える祖先（暑い秋，盆三日 ほか），第5章 冬・くる年の輝きを祈る（春に備える，霜月神楽）

[内容] 今はわからなくなっている太陰太陽暦を基調に行われた家ごとの年間行事を中心に，生活に息づいていた季節感や自然への思いをつづる。

『イラスト版子どもの伝統行事——子どもとマスターする40の行事・その由来とやりかた』　谷田貝公昭監修，長沢ひろ子，本間玖美子，高橋弥生共著　合同出版　2006.10　111p　26cm　1600円　Ⓘ4-7726-0363-8

[目次] 正月（1月1日〜3日），七草粥（七日正月）（1月7日），鏡開き（1月11日），小正月（1月13日〜15日），節分（立春の前日），事始めと事納め（2月18日と12月8日），バレンタインデー（2月14日），初午（2月初めの午の日），ひな祭り（3月3日），お彼岸（春分の日・秋分の日）〔ほか〕

『学習に役立つわたしたちの年中行事　12月』　芳賀日出男著　クレオ　2006.4　35p　27cm　1800円　Ⓘ4-87736-094-8，4-87736-095-6　Ⓝ386.1

[目次] 諸手船神事，春日若宮の御祭り，正月の準備，年の市，冬至，松例祭，年越しの夜，物語・大歳の火，12月の各地の祭り，クリスマス，サンタクロースがやって来た，クリスマスの食べ物，クリスマスの記念切手，12月のことば，12月の祭りごよみ，総目次索引（1月〜12月）

『学習に役立つわたしたちの年中行事　11月』　芳賀日出男著　クレオ　2006.4　35p　27cm　1800円　Ⓘ4-87736-093-X，4-87736-095-6　Ⓝ386.1

[目次] 神のおとずれる祭り，高千穂の夜神楽，各地の神楽，秋祭りの怪物，七五三と人生儀礼，十日夜と亥の子，巨人の祭りと伝説，物語・信濃の巨人，11月の各地の祭り，11月の世界の祭り，11月のことば，11月の祭りごよみ，総目次索引（1月〜12月）

『学習に役立つわたしたちの年中行事　10月』　芳賀日出男著　クレオ　2006.4　35p　27cm　1800円　Ⓘ4-87736-092-1，4-87736-095-6　Ⓝ386.1

[目次] 稲の収穫，収穫の行事，神へのごちそう，収穫のよろこび，役に立つ稲のワラ，海からの幸，天狗と猿田彦，歴史の祭り，物語・花の窟の神話，10月の各地の祭り，10月の世界の祭り，10月のことば，10月の祭りごよみ，総目次索引（1月〜12月）

『学習に役立つわたしたちの年中行事　9月』　芳賀日出男著　クレオ　2006.4　35p　27cm　1800円　Ⓘ4-87736-091-3，4-87736-095-6　Ⓝ386.1

[目次] 風祭り，相撲，やぶさめ，綱引き，お月見，そらよい，遠野祭り，祭りの楽器，物語・陰陽師 安倍晴明，9月の各地の祭り，9月の世界の祭り，9月のことば，9月の祭りごよみ，総目次索引（1月〜12月）

『学習に役立つわたしたちの年中行事　8月』　芳賀日出男著　クレオ　2006.4　35p　27cm　1800円　Ⓘ4-87736-090-5，4-87736-095-6　Ⓝ386.1

[目次] 盆をむかえる，盆の日，念仏踊り，盆を送る，地蔵盆，夏の夜の火祭り，花火，動物に変身，お化け屋敷，物語・地獄を見にいく，8月の各地の祭り，8月の世界の祭り，8月のことば，8月の祭りごよみ，総目次索引（1月〜12月）

『学習に役立つわたしたちの年中行事　7月』　芳賀日出男著　クレオ　2006.4　35p　27cm　1800円　Ⓘ4-87736-089-1，4-87736-095-6　Ⓝ386.1

[目次] 七夕，大東町の七夕祭り，水とみそぎ，京都の祇園祭，各地の祇園祭り，夏の縁日，河童の季節，雨乞い，土用の丑の日，物語・竜神になった甲賀三郎，7月の各地の祭り，7月の世界の祭り，7月のことば，7月の祭りごよみ，総目次索引（1月〜12月）

『学習に役立つわたしたちの年中行事　6

月』 芳賀日出男著 クレオ 2006.4 35p 27cm 1800円 ①4-87736-088-3, 4-87736-095-6 Ⓝ386.1
目次 時の記念日, 花田植, 稲への祈り, 昔の稲作, 今の稲作, ウマと農家, チャグチャグ馬っこ, 舟くらべ, 富士山と富士信仰, 茅の輪, 物語・蘇民将来, 6月の各地の祭り, 6月の世界の祭り, 6月のことば, 6月の祭りごよみ, 総目次索引(1月〜12月)

『学習に役立つわたしたちの年中行事 5月』 芳賀日出男著 クレオ 2006.4 35p 27cm 1800円 ①4-87736-087-5, 4-87736-095-6 Ⓝ386.1
目次 端午の節句, ショウブとヨモギ, 子供の祭り, 神になった子供, たこあげ, 村の芝居, 神輿, 葵祭り, 茶つみと山菜とり, 養蚕, 物語・博多どんたく, 5月の各地の祭り, 5月の世界の祭り, 5月のことば, 5月の祭りごよみ, 総目次索引(1月〜12月)

『学習に役立つわたしたちの年中行事 4月』 芳賀日出男著 クレオ 2006.4 35p 27cm 1800円 ①4-87736-086-7, 4-87736-095-6 Ⓝ386.1
目次 桜咲く, 桜前線, 花と行事, 花と祭り, おシャカさまの花祭り, 春の山のぼり, 潮干がり, 火ぶせの祭り, 山車の祭り, 物語・聖徳太子と聖霊会, 4月の各地の祭り, 4月の世界の祭り, 4月のことば, 4月の祭りごよみ, 総目次索引(1月〜12月)

『学習に役立つわたしたちの年中行事 3月』 芳賀日出男著 クレオ 2006.4 35p 27cm 1800円 ①4-87736-085-9, 4-87736-095-6 Ⓝ386.1
目次 春をよぶお水取り, ひな祭り, 手作りのひな人形, 水辺のひな祭り, 郷土玩具のおひなさま, 人型, 人形芝居, 物語・人形芝居の巡礼おつる, 四国のおへんろさん, 春の彼岸, 3月の各地の祭り, 3月の世界の祭り, 3月のことば, 3月の祭りごよみ, 総目次索引(1月〜12月)

『学習に役立つわたしたちの年中行事 2月』 芳賀日出男著 クレオ 2006.4 35p 27cm 1800円 ①4-87736-084-0, 4-87736-095-6 Ⓝ386.1
目次 節分から立春へ, 鬼とは?, 祭りで活躍する鬼, 鬼のきらいなもの, 鬼とあそぶ, 初午の行事, わら馬引き, たこ市とたこ, だるま市とだるま, 事八日の行事, 雪国の祭りとあそび, 物語・雪国のかまくら, 2月の各地の祭り, 2月の世界の祭り, 2月のことば, 2月の祭りごよみ, 総目次索引(1月〜12月)

『学習に役立つわたしたちの年中行事 1月』 芳賀日出男著 クレオ 2006.4 35p 27cm 1800円 ①4-87736-083-2, 4-87736-095-6 Ⓝ386.1
目次 正月をむかえる, 鏡餅, 雑煮とおせち料理, 年神のおとずれ, 正月と小正月の行事, 正月の占いとおまじない, 正月の祝福芸, 獅子舞, 獅子舞のルーツ, 正月を送る, 暦, 十二支, 物語・おしらさま, 1月の各地の祭り, 1月の世界の祭り, 1月のことば, 1月の祭りごよみ, 総目次索引(1月〜12月)

『日本のくらし絵事典―国際理解にもやくだつ 年中行事から伝統芸能まで』 PHP研究所編 PHP研究所 2005.1 79p 29cm 2800円 ①4-569-68518-8 Ⓝ386.1
目次 第1章 行事=春から夏へ(サクラがさいた, 八十八夜 ほか), 第2章 行事=秋から冬へ(月見, 七五三 ほか), 第3章 日本のくらし(日本の家, くらしのくふう ほか), 第4章 伝統芸能と文化(歌舞伎を見る, 能と狂言 ほか)

『ちびまる子ちゃんのはじめてのぎょうじ絵じてん―はるなつあきふゆ』 学習研究社 2004.12 79p 26cm 1300円 ①4-05-202192-4 Ⓝ386.1
目次 おしょうがつ(一月一日), せつぶん(二月三日ごろ), バレンタインデー(二月十四日), ひなまつり(三月三日), けいちつ(三月五日ごろ), おはなみ(四月のはじめごろ), たんごのせっく(五月五日), ははの日(五月のだい二日よう日), ちちの日(六月のだい三日よう日), つゆいり, たなばた(七月七日), おぼん(八月十三日ごろ), はなび, おつきみ(九月のおわりごろ), たいいくの日(十月のだい二月よう日), あきのむし, 七五三(十一月十五日), クリスマス(十二月二十五日), おおみそか(十二月三十一日)

『日本の年中行事 11月・12月』 深光富士男著, 竹内誠監修 学習研究社 2004.3 55p 29cm 3000円 ①4-05-301610-X,4-05-810729-4 Ⓝ386.1

地域活動　　　　　　　　　　　　　　　　　　　　　　　季節の行事を知ろう

|目次| 11月のカレンダー(箱根大名行列，文化の日，芸術祭，出雲大社神在祭，七五三 ほか)，12月のカレンダー(人権週間，障害者の日，お歳暮，赤穂義士祭，冬至 ほか)

『日本の年中行事　9月・10月』 深光富士男著，竹内誠監修　学習研究社　2004.3　51p　29cm　3000円　Ⓘ4-05-301609-6, 4-05-810729-4　Ⓝ386.1
|目次| 9月のカレンダー(防災の日，台風の被害が多い時期，敬老の日，鶴岡八幡宮流鏑馬，月見(中秋の名月) ほか)，10月のカレンダー(長崎くんち，体育の日，目の愛護デー，リデュース・リユース・リサイクル推進月間，時代祭 ほか)

『日本の年中行事　7月・8月』 深光富士男著，竹内誠監修　学習研究社　2004.3　55p　29cm　3000円　Ⓘ4-05-301608-8, 4-05-810729-4　Ⓝ386.1
|目次| 7月のカレンダー(富士山山開き，川開き・海開き，七夕，ホタル鑑賞，入谷朝顔市 ほか)，8月のカレンダー(青森ねぶた祭，弘前ねぷたまつり，秋田市竿灯まつり，よさこい祭り，盆 ほか)

『日本の年中行事　5月・6月』 深光富士男著，竹内誠監修　学習研究社　2004.3　55p　29cm　3000円　Ⓘ4-05-301607-X, 4-05-810729-4　Ⓝ386.1
|目次| 5月のカレンダー(八十八夜，緑茶の日，博多どんたく，憲法記念日，自転車の日 ほか)，6月のカレンダー(衣替え，歯の衛生週間，時の記念日，住吉大社の御田植神事，チャグチャグ馬コ ほか)

『日本の年中行事　3月・4月』 深光富士男著，竹内誠監修　学習研究社　2004.3　53p　29cm　3000円　Ⓘ4-05-301606-1, 4-05-810729-4　Ⓝ386.1
|目次| 3月のカレンダー(ひな祭り(桃の節句)，曲水の宴，耳の日，ホワイトデー，春分の日 ほか)，4月のカレンダー(花見(サクラ)，エイプリルフール，発明の日，春の全国交通安全運動，花祭り ほか)

『日本の年中行事　1月・2月』 深光富士男著，竹内誠監修　学習研究社　2004.3　71p　29cm　3000円　Ⓘ4-05-301605-3, 4-05-810729-4　Ⓝ386.1
|目次| 1月のカレンダー(正月，獅子舞，書き初め，けまり始め，だるま市 ほか)，2月のカレンダー(節分，さっぽろ雪まつり，立春，春一番，針供養 ほか)

『ぎょうじのゆらい―えほん百科』 講談社　2002.10　79p　26cm　1400円　Ⓘ4-06-211545-X
|目次| 1月 おしょうがつ，2月 せつぶん，3月 ひなまつり，4月 おはなみ，5月 たんごのせっく，6月 ころもがえ，7月 たなばた，8月 おぼん，9月 おつきみ，11月 七五三，12月 としこし・おおみそか
|内容| 幼児から親しめる代表的な日本の行事をとりあげた，知育絵本。「なぜ，おせち料理を食べるの？」「なぜ，おひなさまを飾るの？」お子さまの「なぜ」に答えながら，親子でいっしょに楽しく学べる一冊。行事にちなんだ歌やおはなし，工作，クイズなどの遊びも紹介。第一線で活躍中のイラストレーターによって描かれた美しい絵で構成。内容に興味と親しみをもちやすく，また，お子さまの感性を豊かにはぐくむ。

『もち―人々の行事を知ろう』 次山信男監修　ポプラ社　2002.4　45p　29cm　(発見！体験！日本の食事 6) 2800円　Ⓘ4-591-07119-7,4-591-99436-8
|目次| みんなは，どんなときに，どんなもちを食べる？，むかしは，どんなときに，どんなもちを食べていたのだろう，もちを食べはじめたのは，いつからだろう，正月に雑煮を食べるのは，なぜ？，正月に鏡もちをかざるのは，なぜ？，もちをつくる行事をさがそう，もちをつくって豊作をいのる行事は，今もあるかな？，米づくりの行事以外に，もちをつくる行事をさがそう，人にかかわる行事につくるもちは，どんなものだろう，端午の節句に，かしわもちを食べるのは，なぜ？〔ほか〕
|内容| むかしからいろいろな行事で人々に食べられてきた，もち。日本の文化と深くかかわるもちについて紹介します。小学校中・高学年向。

『行事の名前のひみつ』 国松俊英文，熊谷さとし絵　岩崎書店　2002.2　95p　22cm　(名前のはじまり探検隊 8) 1200円　Ⓘ4-265-03948-0
|目次| 暦はかよみから，十二カ月の名前，お正月さまをむかえる，門松はなぜたてるの？，神さまとたべるお雑煮，むかしの正月のあそび，鬼はうち―福はそと―，ヴァレン

子どもの本　楽しい課外活動2000冊　　259

季節の行事を知ろう　　　　　　　　　　　　　　　地域活動

タインはチョコの日？，ももは邪悪なものをおいはらう，暑さ寒さも彼岸まで〔ほか〕

『ふるさと鳥取—私たちが伝える祭と伝統行事』「とっとり県民の日」記念イベント実行委員会編　鳥取　「とっとり県民の日」記念イベント実行委員会　2001.3　78p　30cm　非売品　Ⓝ386.172

『12か月・行事のマナー』峯村良子作・絵　偕成社　2000.3　31p　28cm　（子どものマナー図鑑 5）1500円　①4-03-406350-5
目次　1月（お正月，お正月の伝統的な遊び），2月（節分，雪国のくらし ほか），3月（ひなまつり，卒業式 ほか），4月（ひっこし，花見 ほか），5月（こどもの日，母の日），6月（父の日，つゆ），7月（星を見てみたい，夏休み），8月（夏休み，夏まつり），9・10月（学習発表会，作品展 ほか），11月（ハロウィン，七五三），12月（クリスマス，しわす ほか）
内容　こんなときどうする？　初もうでにいったとき，卒業式や新学期のとき，母の日と父の日，作品展や運動会，結婚式によばれたとき…。四季の行事やもよおしのとき，子どもはどうふるまったらいいか。行事の意味といっしょに基本的なマナーをおぼえよう。

『夏の遊び—工作，プール・野外遊び，科学遊びベストセレクション30』ごくらくとんぼクラブ編　いかだ社　1999.6　94p　21cm　1350円　①4-87051-082-0
目次　1 さあ，つくろう！ 夏の工作（手づくりの風鈴，1つ目おばけのろくろっ首，潜水てい（イエローサブマリン）ほか），2 プールでの水遊び＆野外遊び（おじぞうさんごっこ，あひるのさんぽ，水中計算遊び ほか），3 ふしぎがいっぱいの科学遊び（炎の上の風車はまわるかな？，レモン汁をたらした紅茶の色は？，3枚の鏡の間で火はどう映る？ ほか）

『きょうはなんの日？—記念日・人物・できごと・お祭り・事件 11月・12月』次山信男監修，小林祐一，新西和子文　ポプラ社　1999.4　75p　27cm 〈索引あり〉3000円　①4-591-05938-3,4-591-99287-X
目次　11月（11月ってどんな月？，きょうはなんの日？，11月の祭りと行事），12月（12月ってどんな月？，きょうはなんの日？，12月の祭りと行事）
内容　この本は，月ごとに，各地の伝統的な行事をはじめ，国民の祝日，発明や制定の記念日，いろいろな分野で活躍した人びとの誕生日やなくなった日など，「その日」のことをとりあげています。そして，それを，みなさんの心や知識をいっそうゆたかにする「文化情報」として，やさしく説明しています。

『きょうはなんの日？—記念日・人物・できごと・お祭り・事件 9月・10月』次山信男監修，早野美智代，小川洋文　ポプラ社　1999.4　76p　27cm　3000円　①4-591-05937-5,4-591-99287-X
目次　9月（9月ってどんな月？，きょうはなんの日？，9月の祭りと行事），10月（10月ってどんな月？，きょうはなんの日？，10月の祭りと行事）
内容　この本は，月ごとに，各地の伝統的な行事をはじめ，国民の祝日，発明や制定の記念日，いろいろな分野で活躍した人びとの誕生日やなくなった日など，「その日」のことをとりあげています。そして，それを，みなさんの心や知識をいっそうゆたかになる「文化情報」として，やさしく説明しています。

『きょうはなんの日？—記念日・人物・できごと・お祭り・事件 7月・8月』次山信男監修，布施孝子文　ポプラ社　1999.4　75p　27cm　3000円　①4-591-05936-7,4-591-99287-X
目次　7月（7月ってどんな月？，きょうはなんの日？，7月の祭りと行事），8月（8月ってどんな月？，きょうはなんの日？，8月の祭りと行事）
内容　この本は，月ごとに，各地の伝統的な行事をはじめ，国民の祝日，発明や制定の記念日，いろいろな分野で活躍した人びとの誕生日やなくなった日など，「その日」のことをとりあげています。そして，それを，みなさんの心や知識をいっそうゆたかになる「文化情報」として，やさしく説明しています。

『きょうはなんの日？—記念日・人物・できごと・お祭り・事件 5月・6月』次山信男監修，香取夕記子，髙田勝弘文　ポプラ社　1999.4　75p　27cm　3000円　①4-591-05935-9,4-591-99287-X
目次　5月（5月っとでんな月？，きょうはなんの日？，5月の祭りと行事），6月（6月って

どんな月?, きょうはなんの日?, 6月の祭りと行事)
|内容| この本は、月ごとに、各地の伝統的な行事をはじめ、国民の祝日、発明や制定の記念日、いろいろな分野で活躍した人びとの誕生日やなくなった日など、「その日」のことをとりあげています。そして、それを、みなさんの心や知識がいっそうゆたかになる「文化情報」として、やさしく説明しています。

『きょうはなんの日?―記念日・人物・できごと・お祭り・事件 3月・4月』 次山信男監修, 早野美智代, 香取夕記子文 ポプラ社 1999.4 75p 27cm 3000円 ①4-591-05934-0,4-591-99287-X
|目次| 3月(3月ってどんな月?, きょうはなんの日?, 3月の祭りと行事), 4月(4月ってどんな月?, きょうはなんの日?, 4月の祭りと行事)
|内容| この本は、月ごとに、各地の伝統的な行事をはじめ、国民の祝日、発明や制定の記念日、いろいろな分野で活躍した人びとの誕生日やなくなった日など、「その日」のことをとりあげています。そして、それを、みなさんの心や知識がいっそうゆたかになる「文化情報」として、やさしく説明しています。

『きょうはなんの日?―記念日・人物・できごと・お祭り・事件 1月・2月』 次山信男監修, 小川洋, 高田勝弘文 ポプラ社 1999.4 75p 27cm 3000円 ①4-591-05933-2,4-591-99287-X
|目次| 1月(1月ってどんな月?, きょうはなんの日?, 1月の祭りと行事), 2月(2月ってどんな月?, きょうはなんの日?, 2月の祭りと行事)
|内容| この本は、月ごとに、各地の伝統的な行事をはじめ、国民の祝日、発明や制定の記念日、いろいろな分野で活躍した人びとの誕生日やなくなった日など、「その日」のことをとりあげています。そして、それを、みなさんの心や知識がいっそうゆたかになる「文化情報」として、やさしく説明しています。

『日本人は行事をどのようにたのしんできたのだろう―芸能・スポーツの歴史』 PHP研究所編 PHP研究所 1998.9 39p 31cm 〈絵や写真で調べる日本の文化の歴史 6〉〈年表あり 索引あり〉 2900円 ①4-569-68126-3,4-569-29509-6

『イベント』 菱田清和著 ポプラ社 1997.4 47p 27cm (リサイクル・作って遊ぶ 3) 2800円+税 ①4-591-05346-6,4-591-99173-3
|目次| こんなことができるよ―1学期 1年生をむかえる会・子ども祭り・プールあそび(1年生をむかえる会, ふたのペンダント, 段ボールの時間割表 ほか), こんなことができるよ―2学期 秋祭り・運動会・展覧会(秋祭り, 子どもみこし, 木の実うつし大会 ほか), こんなことができるよ―3学期 お正月大会・節分・6年生をおくる会(お正月大会, ジャンボ大会, たこあげ大会 ほか)
|内容| 本書では、春・夏・秋・冬と、四季の変化にともなっておこなわれる学校の行事(イベント)で、リサイクル工作でたのしむことができるものを、紹介していきます。小学校中・高学年向。

『せつぶんにはどうしてまめをまくの?―ぎょうじ』 横山正文, 鈴木幸枝絵 ポプラ社 1996.4 39p 25×25cm (みぢかなふしぎ絵本 8) 2000円 ①4-591-05023-8
|目次| おしょうがつには、なぜおもちをたべるの?, せつぶんにはどうしてまめをまくの?, にちよう日じゃないのに、やすみの日があるのはなぜ?, どんなしゅくじつがあるのかな?, ひなまつりにおひなさまをかざるのはなぜ?, おひがんに、おはかまいりをするのはなぜ?, 5月5日に、こいのぼりをあげるのはなぜ?, たなばたは、なんのおまつりなの?,「ぼんおどり」ってなんのこと?, お月見にはどうしておだんごやススキをかざるの?〔ほか〕

◆祭り

『吉田の火祭のヒミツ』 富士吉田市歴史民俗博物館編 [富士吉田] 富士吉田市教育委員会 2012.6 34p 21cm 〈会期・会場: 平成24年 富士吉田市歴史民俗博物館〉 Ⓝ386.151

『日本の祭り大図鑑―知れば知るほどおもしろい!: 由来・歴史・見どころがわかる』 芳賀日向監修 PHP研究所 2012.3 63p 29cm 〈索引あり 文献あり〉 2800円 ①978-4-569-78205-8 Ⓝ386.1
|目次| 第1章 春のお祭り―3・4・5月(諏訪大

社の御柱祭（式年造営御柱大祭）—長野県，三社祭—東京都 ほか），第2章 夏のお祭り—6・7・8月（祇園祭—京都府，博多祇園山笠—福岡県 ほか），第3章 秋のお祭り—9・10・11月（岸和田だんじり祭—大阪府，灘のけんか祭り（松原八幡神社秋季例大祭）—兵庫県 ほか），第4章 冬のお祭り—12・1・2月（秩父夜祭—埼玉県，西大寺会陽—岡山県 ほか）

『探Q！ 日本のひみつ〜日本のまつり〜』 青山邦彦絵 帝国書院 2010.2 32p 31cm 1800円 ①978-4-8071-5895-9 Ⓝ386.1

『ほうねんまんさくむらまつり—「ありがとう」がいっぱい！』 西沢杏子ぶん，うつみのりこえ，小泉武夫監修 チャイルド本社 2009.9 28p 25×27cm （エコ育絵本ちきゅうにやさしくなれるかな？ 6） 952円 ①978-4-8054-3289-1 Ⓝ386.1

『みんな大好き！ お祭りあそび—かんたんアイテム100』 いしかわまりこ著 チャイルド本社 2009.5 79p 26×21cm 2000円 ①978-4-8054-0145-3
|目次| 1 屋台で楽しいお祭りあそび（焼きそば，お好み焼き ほか），2 みんなで遊ぼうお祭りゲーム（パッチン的当て，カラフル輪投げ ほか），3 お祭りあそび盛り上げグッズ（大きなおこみし，小さなおみこし ほか），4 作ろう！ お祭りあそび—作り方と型紙（よく使う材料＆作り方のヒント，さらに楽しい！ お祭りあそびのヒント ほか）
|内容| 屋台あそびやゲームから，おみこし＆はっぴまでお祭りあそびの決定版。身近な材料でかんたんに作れる。

『日本の祭り事典』 芳賀日出男著 汐文社 2008.2 103p 27cm 3000円 ①978-4-8113-8490-0 Ⓝ386.1

『つな引きのお祭り』 北村皆雄文，関戸勇写真，高頭祥八絵 福音書館 2006.1 39p 26cm （たくさんのふしぎ傑作集） 1300円 ①4-8340-2137-8 Ⓝ386.1
|内容| 秋田から沖縄まで，日本全国には様々なつな引きのお祭りがあります。稲ワラをよりあわせてつくった一本のつなを，力いっぱい引きあうことに人々がこめる願いとはなんでしょうか。写真絵本。

『チャレンジ！ 日本全国お祭りクイズ王101』 横山験也著 ほるぷ出版 2005.7 207p 19cm 1300円 ①4-593-59375-1 Ⓝ386.1
|目次| 北海道・東北（北海道の祭り，青森県の祭り ほか），関東（茨城県の祭り，栃木県の祭り ほか），中部（新潟県の祭り，富山県の祭り ほか），近畿（三重県の祭り，滋賀県の祭り ほか），中国・四国（鳥取県の祭り，島根県の祭り ほか），九州（福岡県の祭り，佐賀県の祭り ほか）
|内容| 日本全国のお祭り101が大集合！ むかしからさまざまな祈りや願いをこめて，お祭りがうまれ，つづいてきたんだ。いまでも日本全国でたくさんのお祭りがおこなわれているよ。さあ，どんなお祭りがあるか，探検してみよう！ ぜんぶのお祭りがクイズになっているから，おもしろいよ。

『祇園祭』 田島征彦作 新版 童心社 2005.3 1冊（ページ付なし） 27×31cm 〈付属資料：1枚〉 1700円 ①4-494-00556-8 Ⓝ386.162
|内容| むかし，京のみやこではたびたびえきびょうがはやった。ひとびとはねつにうかされ，つぎつぎにたおれていった。「はやりやまいをしずめてくだされ。」まちのひとたちはかみにいのったり，なくなったひとたちのたましいをなぐさめようと，まつりをはじめた。いまからせんひゃくねんもまえのことだ。そのまつりがことしもはじまる。第6回世界絵本原画展金牌受賞。

『海に入るみこし—房総大原の秋祭り』 浅野陽作・絵 秦野 古今社 2003.7 1冊（ページ付なし） 22×31cm 2000円 ①4-907689-32-2 Ⓝ386.135

『なんででんねん天満はん—天神祭』 今江祥智ぶん，長新太え 童心社 2003.6 31p 26×26cm 1500円 ①4-494-01238-6 Ⓝ726.6

『まつりのあそび事典』 多田千尋監修 日本図書センター 2001.3 55p 31cm （目でみる子どものあそび百科 4） 4400円 ①4-8205-6557-5,4-8205-6553-2

『むら祭り—むらの仕来たり2』 みなみ信

地域活動

青少年施設を知ろう

州農業協同組合文，熊谷元一絵　新装版　農山漁村文化協会　2000.2　27p　27cm　（ふるさとを見直す絵本 10）1429円　Ⓘ4-540-00020-9,4-540-00010-1

青少年施設を知ろう

『動物園・水族館で働く人たち―しごとの現場としくみがわかる！』　高岡昌江著　ぺりかん社　2013.3　158p　21cm　（しごと場見学！）1900円　Ⓘ978-4-8315-1339-7　Ⓝ480.76

『特別名勝栗林公園わくわく探検隊―特別名勝栗林公園子ども公式ガイドブック』　［高松］　香川県　2012.3　51p　26cm　〈三つ星ミシュラン・グリーンガイド　年表あり〉　Ⓝ629.21

『どうぶつえん・すいぞくかん101大しゅうごう』　講談社　2011.2　21p　19×19cm　（BCキッズ新・はじめてのずかん）571円　Ⓘ978-4-06-358525-4　Ⓝ480

『わくわくどうぶつえん！―動物の作品が大集合　展示ガイドパンフレット　夏休み子どもミュージアム』　高松　香川県立ミュージアム　2009.7　15p　21cm　〈会期：2009年7月18日―8月31日　編集・執筆：三好賢子〉　Ⓝ707.9

『日本全国海の友達に会いに行こう！』　中村元監修　昭文社　2008　79p　30cm　（なるほどkids―わくわく！　水族館・動物園探検　パート1）1600円　Ⓘ978-4-398-14627-4　Ⓝ489

『美術館・科学館』　深光富士男著，松田博康監修　リブリオ出版　2007.4　47p　27cm　（新・みぢかなくらしと地方行政　写真でわかる小学生の社会科見学　第5巻）2800円　Ⓘ978-4-86057-288-4　Ⓝ706.9

目次　金沢21世紀美術館（この巨大な円形総ガラス張りの建物が，「金沢21世紀美術館」だ！，「これまでにない美術館を！」熱い思いが魅力あふれる建物を生んだ，「ここは，だれでも気軽に入れて，何度でも楽しめる美術館なんです」，学芸員ってどんな人？　美術館には多くの人が働いているよ，「学芸員はひとつの企画を実現させるまでに，さまざまな仕事をします」　ほか），名古屋市科学館（名古屋市科学館は，40年以上も市民に親しまれている科学博物館，さわってみよう，くっつけてみよう，飛ばしてみよう，動かしてみよう！，びっくり！どっきり！　実験や体験できる実演もたくさんあるよ！，「子どもたちを科学好きにさせることは，科学館の重要な仕事」，暑い国，寒い国のくらしを実感。雲をつくり，竜巻にさわっちゃおう！　ほか）

『動物園・水族館―生きものを見せる仕事』　学習研究社　2006.2　47p　28cm　（生きものと働きたい！　1）2800円　Ⓘ4-05-202397-8　Ⓝ480.76

『公民館・児童館・スポーツ公園』　島田恵司監修，林義人文，後藤真樹写真　小峰書店　2004.4　39p　29cm　（まちの施設たんけん　4）2600円　Ⓘ4-338-19804-4　Ⓝ379.2

目次　公民館のたんけん，公民館を使うには，公民館の仕事，公民館のイベント，公民館があるところ，文化会館，児童館，スポーツ公園，公園，わーい，お祭りだ

内容　人々が集まる施設から，まちのようすを調べる。小学校中学年以上。

『いきもの感動博物館―動植物園・水族館編』　梅棹忠夫監修　フレーベル館　2003.4　88p　31cm　（探検・体験！　博物館　5）〈奥付のタイトル：いきもの探検博物館〉2800円　Ⓘ4-577-02591-4,4-577-02586-8　Ⓝ480.76

『わくわくエネルギー探検―エネルギー環境学習施設ガイドブック』　福井原子力センター編　福井　福井県原子力安全対策課　2003.3　101p　30cm　Ⓝ543

『アートで学ぼうアートを遊ぼう―美術のなかの国語・算数・理科・社会…　子どものための美術展2000』　広島市現代美

子どもの本　楽しい課外活動2000冊　263

術館編　広島　広島市現代美術館　c2000　87p　30cm〈会期・会場：2000年月31日―9月24日 広島市現代美術館〉Ⓘ4-939105-04-0

『工作の会＆やるやるクラブ作り方集―平成11年4月―平成11年10月』　調布　調布市福祉部児童青少年課東部児童館　1999.11　33p　30cm

『ワクワク・ワークブック―公園はエコ・ファンタジーランド』　日本造園修景協会編　大蔵省印刷局　1996.7　51p　21×30cm〈監修：建設省都市局公園緑地課〉1000円　Ⓘ4-17-554100-4

『「冒険美術」展冒険ガイドブック―アートベンチャーぼうけんびじゅつ』　平田健生文・マップ作成，佐々木まなび怪獣イラスト　[大津]〔滋賀県立近代美術館〕　c1996　24p　21cm

◆動物園

『みんなどきどき動物園　キリン、ゾウ、コアラほか』　横浜市立動物園, アドベンチャーワールド監修, 松橋利光写真, 池田菜津美文　新日本出版社　2013.3　32p　21cm　(飼育員さんひみつおしえて！)〈イラスト：すみもとななみ〉1400円　Ⓘ978-4-406-05664-9　Ⓝ480.76

『みんなどきどき動物園　ライオン、パンダ、サルほか』　横浜市立動物園, アドベンチャーワールド監修, 松橋利光写真, 池田菜津美文　新日本出版社　2013.3　32p　21cm　(飼育員さんひみつおしえて！)〈イラスト：すみもとななみ〉1400円　Ⓘ978-4-406-05663-2　Ⓝ480.76

『ひとことパンダ―リーリーとシンシンat上野動物園』　アーチパブリケイションズ著, 恩賜上野動物園監修　朝日新聞出版　2011.8　93p　18cm　1000円　Ⓘ978-4-02-330965-4　Ⓝ489.57

『旭山動物園100』　内山晟写真, 旭川市旭山動物園監修　講談社　2006.12　1冊(ページ付なし)　26cm　(講談社のえほん―どうぶつアルバム 7)　650円　Ⓘ4-06-265629-9　Ⓝ487

『日本全国動物に会いに行こう！―全国の動物園から22しゅるい、88の人気者が大集合！』　昭文社　2006　63p　30cm　(なるほどkids)　1600円　Ⓘ4-398-14606-7　Ⓝ489

『たんけん！はっけん！動物園』　内山晟監修　ポプラ社　2003.11　67p　22×22cm　(超はっけん大図鑑 14)　780円　Ⓘ4-591-07892-2　Ⓝ480

『上野動物園100』　小宮輝之監修　講談社　2003.6　1冊(ページ付なし)　26cm　(講談社のえほん―どうぶつアルバム 11)　650円　Ⓘ4-06-265620-5　Ⓝ487

◆水族館

『サンシャイン水族館リニューアル大作戦』　深光富士男文　佼成出版社　2012.8　143p　22cm　(このプロジェクトを追え！)　1500円　Ⓘ978-4-333-02555-8　Ⓝ480.76

『みんなわくわく水族館　お魚いっぱい編』　竹嶋徹夫監修, 松橋利光写真, 池田菜津美文　新日本出版社　2012.8　32p　21cm　(飼育員さんひみつおしえて！)〈イラスト：すみもとななみ〉1400円　Ⓘ978-4-406-05622-9　Ⓝ480.76

『みんなわくわく水族館　海の動物いっぱい編』　竹嶋徹夫監修, 松橋利光写真, 池田菜津美文　新日本出版社　2012.8　32p　21cm　(飼育員さんひみつおしえて！)〈イラスト：すみもとななみ〉1400円　Ⓘ978-4-406-05597-0　Ⓝ480.76

『がんばっぺ！アクアマリンふくしま―東日本大震災から立ちなおった水族館』　中村庸夫著　フレーベル館　2012.2　129p　22cm　1200円　Ⓘ978-4-577-03974-8　Ⓝ480.76

地域活動　　　　　　　　　　　　　　　　　　　　青少年施設を知ろう

『水族館で発見！　いきもの100』　グループ・コロンブス構成　講談社　2011.7　1冊（ページ付なし）26cm（講談社のアルバムシリーズ—知育アルバム 9）650円　Ⓘ978-4-06-283408-7　Ⓝ481.72

『ほんとのおおきさ水族館』　松橋利光写真，柏原晃夫絵，高岡昌江文，小宮輝之監修　学研教育出版，学研マーケティング（発売）2010.3　48p　37cm　1500円　Ⓘ978-4-05-203091-8　Ⓝ481.72

『水族館と小学生—わかるほど楽しい水族館』　鳥羽山照夫編著　リバティ書房　1997.7　159p　21cm　950円　Ⓘ4-947629-97-5

『早わかり！　水族館のしくみ』　久田迪夫監修，安部義孝著，白井憲三構成，熊倉いさお漫画　集英社　1997.7　175p　23cm（集英社版・学習漫画）1170円　Ⓘ4-08-288050-X
[目次]第1章 水族館はすばらしい！，第2章 水族館の動物たち・海獣，第3章 水族館はいつごろできたか，第4章 飼育係の仕事・収集する，第5章 飼育係の仕事・飼育する，第6章 飼育係の仕事・展示する，第7章 飼育困難種への挑戦・マグロ，第8章 水族館の舞台裏・一日飼育係，第9章 淡水魚の生態・古代魚の謎，第10章 とっておきの話

◆図書館

『図書館のすべてがわかる本　4　図書館をもっと活用しよう』　秋田喜代美監修，こどもくらぶ編　岩崎書店　2013.3　47p　29cm〈索引あり〉3000円　Ⓘ978-4-265-08269-8　Ⓝ010
[目次]第1章 図書館の新しい活用法（本のさがし方について考えてみよう！，目録って知ってる？　参考図書って何？　ほか），第2章 身近な図書館は，なんといっても学校図書館！（学校図書館の現在と変化，学校図書館を活用する授業のようすを見てみよう！　ほか），第3章 現代の図書館の役割（新アレクサンドリア図書館を見てみよう！，もっと知りたい！ アレクサンドリア図書館で何がおこった？　ほか），第4章 専門図書館・大学図書館あれこれ情報（全国のユニークな専門図書館いろいろ，マンガを集めた専門図書館があるのを知ってる？　ほか）

『図書館のすべてがわかる本　3　日本と世界の図書館を見てみよう』　秋田喜代美監修，こどもくらぶ編　岩崎書店　2013.3　47p　29cm〈索引あり〉3000円　Ⓘ978-4-265-08268-1　Ⓝ010
[目次]第1章 ユニークな図書館（えっ！ 駅が図書館？，なんと，本物の車両が！　ほか），第2章 子どものための図書館（子どもたちがよい本に出あえるように，もっと知りたい！ 世界最大の国際児童図書館　ほか），第3章 学校図書館と大学図書館（小学校・中学校・高校・大学の図書館，もっと知りたい！ 写真で見る世界の学校図書館），第4章 国立図書館（国立図書館の役割，もっと知りたい！ 写真で見る世界の国立図書館）

『図書館のすべてがわかる本　2　図書館の役割を考えてみよう』　秋田喜代美監修，こどもくらぶ編　岩崎書店　2012.12　47p　29cm〈索引あり〉3000円　Ⓘ978-4-265-08267-4　Ⓝ010
[目次]第1章 図書館を見てみよう！（公共図書館には何がある？，書だなはどうなっているの？，読みたい本をさがすには？，本はどのように分類されているの？，書だなには，本がどのようにならべられているの？，児童室・児童コーナーの書だな），第2章 いろいろたのしめる公共図書館（本を読むだけではない！，本を借りるには？，知りたいことが調べられる！"レファレンスサービス"），第3章 地域のなかの図書館の役割（図書館のさまざまな役割，図書館の種類はいろいろ，公共図書館はどんどんふえている），第4章 図書館ではたらく（公共図書館の一日，おもてに出てこないさまざまな仕事，図書館ではたらく人ってどんな人？，図書館をささえるボランティアの仕事）

『図書館のすべてがわかる本　1　図書館のはじまり・うつりかわり』　秋田喜代美監修，こどもくらぶ編　岩崎書店　2012.12　47p　29cm〈索引あり〉3000円　Ⓘ978-4-265-08266-7　Ⓝ010
[目次]第1章 図書館って何だろう？（「図書館」ということばの意味，図書館の歴史は文字の歴史にはじまる，文字の歴史をのこす），第2章 図書館のはじまり（図書館ができた！，古代最大の図書館の誕生，古代に生まれた公共図書館，中世の修道院図書館，大学図書館と貴族図書館の登場），第3章 図書館のうつりかわり（印刷技術の発明，会員制

子どもの本 楽しい課外活動2000冊　　265

図書館の広まり，公共図書館の誕生と発展，現代の図書館へ，進化する図書館)，第4章日本の図書館のあゆみ（昔の図書館はどんなところ?，近代図書館のはじまり，戦後の図書館，日本の学校図書館の歴史，日本の児童図書館の歴史)。

『図書館で調べものをするときに…―高学年の人へ：自分で調べてみよう☆本をさがしてみよう!!』　調布市立図書館編　第8版　調布　調布市立図書館　2012.6　17p　21cm　Ⓝ015.2

『本にチャレンジ!!―山梨県立図書館から小学生のみなさんへ』　山梨県立図書館編　甲府　山梨県立図書館　2012.1　14p　21cm　Ⓝ028.09

『本と図書館の歴史―ラクダの移動図書館から電子書籍まで』　モーリーン・サワ文，ビル・スレイヴィン絵，宮木陽子，小谷正子訳　西村書店東京出版編集部　2010.12　70p　27cm　1800円　Ⓘ978-4-89013-923-1　Ⓝ010.2
目次　第1章 古代図書館の誕生，第2章 破壊と崩壊の暗黒時代，第3章 印刷機がもたらした黄金時代，第4章 新大陸へ，第5章 バック・トゥ・ザ・フューチャー，インターネットで調べてみよう。

『エンジョイ！ 図書館』　二村健監修　鈴木出版　2010.4　31p　27cm　（図書館が大好きになるめざせ！ キッズ・ライブラリアン 2）〈索引あり〉2800円　Ⓘ978-4-7902-9135-0　Ⓝ015
目次　第1章 図書館をもっと使いこなす！（図書館で大好きなことを見つけよう！，キッズ・ライブラリアン・ゲーム 何に当たるか！ NDCスロットゲーム，差がつく！ 調べ学習のコツ)，第2章 まちの図書館で調べよう！（調べものの強～い味方！ まちの図書館，まちの図書館司書さんにインタビュー！ 図書館をじょうずに使う方法を教えて！)，第3章 まちの図書館のお仕事見せて！（まちの図書館司書さんの1日)。
内容　調べ学習で図書館を活用する。

『図書館』　田村俊作監修，林義人文，菊池東太写真　小峰書店　2004.4　39p　29cm　（まちの施設たんけん 2）2600円　Ⓘ4-338-19802-8　Ⓝ010.21

『ブックリスト《戦争》と《平和》　ブックリスト戦争と平和―小学生・中学生編』　鎌倉市中央図書館編，鎌倉市中央図書館編　鎌倉　鎌倉市中央図書館　2003.8　28,24p　30cm　Ⓝ028.09

『図書館で調べてみよう―小学生のための調べ学習』　札幌市中央図書館業務課企画・編集　札幌　札幌市中央図書館　2003.3　28p　30cm　Ⓝ015

『図書館へ行こう』　田中共子著　岩波書店　2003.1　192,4p　18cm　（岩波ジュニア新書）〈文献あり〉740円　Ⓘ4-00-500423-7　Ⓝ010
目次　1 まちの図書館を探検しよう，2 本を読むということ，3 図書館を使いこなそう，4 もっと知りたい図書館のこと，5 図書館の仕事―人と本をつなぐ，6 図書館は生きている
内容　図書館ではどんなサービスがうけられる？　調べ学習で使うには？　司書の仕事をしてみたい！―図書館を最大限に活用するためのテクニックについて，まちの図書館員がていねいに語ります。読書の初心者でも達人でも，きっと今すぐ図書館へ行ってみたくなる楽しい入門書。

『いろんなことを調べてみよう』　紺野順子著，小泉陽子イラスト　ポプラ社　2001.4　49p　27cm　（学ぶ力をそだてる〈新〉図書館シリーズ 3）2400円　Ⓘ4-591-06685-1,4-591-99362-0
目次　調べることは，楽しい！，図書館をつかって調べてみよう，図書館のしくみと機能（はたらき)，調べるための専門の本＝参考図書，参考図書をじょうずにつかうために＝参考図書の各部の名前と役割，ことばを調べる，国語辞典をつかってみよう，漢字（漢和）辞典をつかってみよう，いろいろなことばの辞典をつかってみよう，年鑑をつかってみよう，百科事典＝参考図書の王様―ことがらを調べよう，人物について調べてみよう，地名を調べよう，動物・植物を調べよう，本について調べよう
内容　辞書や事典など，参考図書をつかって調べる方法を。

『調べるって，どんなこと？』　山崎哲男

著，伊東美貴イラスト　ポプラ社　2001.4　49p　27cm　(学ぶ力をそだてる〈新〉図書館シリーズ 2)　2400円　Ⓘ4-591-06684-3,4-591-99362-0

目次「調べる」とは？，情報って，なんだろう？，調べる学習の進め方，テーマを決めよう，答えを予想してみよう，調べる計画を立てよう，調べる方法，図書館にはどんな資料があるの？，図書館の資料はどう整理されているの？，資料のさがし方，情報の集め方，情報を記録しよう，調べたことのまとめ方と発表，まとめたものを保存しよう

内容　調べる学習の進め方と、図書館のつかい方を解説。

『図書館』　秋山滋文，かどたりつこ絵　岩崎書店　2001.4　39p　27cm　(くらしをまもる・くらしをささえる　校外学習 20)　2400円　Ⓘ4-265-02580-3,4-265-10232-8

目次　図書館ができた！，みんなのための図書館，図書館をたんけんしよう，図書館をもっと楽しもう，3000年前から図書館があった，動く図書館がやってきた！，子ども室のひみつ，図書館の本の背番号，分類番号のひみつ，コンピューターで本をさがす〔ほか〕

内容　図書館は、本を借りるところ。これは、だれでも知っていることだよね。でも、図書館にはいろいろな利用法があるといえば、きみは知っているかな…？　本を借りて読んだり、調べたりするだけでなく、図書館では、ビデオを見ることも、音楽を聴くこともできるんだよ。そんな図書館を、もっと有効に利用しよう。

『図書館・公民館・児童館』　羽豆成二監修　リブリオ出版　1998.4　38p　27cm　(写真でわかる小学生の社会科見学—みぢかなくらしと地方行政 第6巻)　2500円　Ⓘ4-89784-627-7,4-89784-621-8

目次　図書館(まちのみんなが、楽しく学べる公共施設、さあ、藤沢市総合市民図書館の探検に出発だ、市民図書館には、いろいろな種類の本があるよ ほか)，公民館(大きな部屋で、楽しそうにダンスをしているよ、公民館は、わたしたちの地域の自由学校だ、教室や行事には、だれでも参加できるんだ)，児童館(楽しそうに遊んでいるね、大鋸児童館、地域の人たちの協力で、楽しいもよおしを)

『図書館版わくわく体験シリーズ』　エイヴァリー・ハート，ポール・マンテル著，滝口峯子訳　理論社　1997.4　5冊(セット)　30cm　15000円　Ⓘ4-652-09197-4

目次　小さな芸術家のための工作ブック，小さな生活者のための週末ブック，小さな科学者のための実験ブック，小さな動物学者のための観察ブック，小さなミュージシャンのための音楽ブック

内容　工作、実験、音楽、自然観察など子どもたちが自由時間を生かしてかんたんにできる遊びと学びの本。

◆博物館・資料館

『博物館の一日』　いわた慎二郎作・絵　講談社　2012.10　[32p]　27cm　(講談社の創作絵本)　1400円　Ⓘ978-4-06-132530-2　Ⓝ406.9

内容　恐竜の化石や、ハチ公のはく製など、さまざまなものが展示されている博物館。そこではたらく研究者は、どんなおしごとをしているのでしょうか？　クジラのような大きなものはどのようにして展示するのでしょうか？　あそんで学ぼう！　国立科学博物館の一日。

『みんなの博物館—調べてナットク！　別巻　博物館ガイド・さくいん』　「みんなの博物館」編集委員会編，河合雅雄，岩井宏実監修　河出書房新社　2012.4　79p　30cm　3000円　Ⓘ978-4-309-61496-0　Ⓝ069

『みんなの博物館—調べてナットク！　5　くらしと伝統工芸について調べよう—いのり・あそび・ものづくり』　「みんなの博物館」編集委員会編，河合雅雄，岩井宏実監修　河出書房新社　2012.4　79p　30cm　3000円　Ⓘ978-4-309-61495-3　Ⓝ069

『みんなの博物館—調べてナットク！　4　日本の歴史を調べよう 2 安土・桃山時代から現代まで』　「みんなの博物館」編集委員会編，河合雅雄，岩井宏実監修　河出書房新社　2012.4　79p　30cm　〈年表あり〉　3000円　Ⓘ978-4-309-61494-6　Ⓝ069

『みんなの博物館―調べてナットク！　3　日本の歴史を調べよう　1　原始・古代から戦国時代まで』　「みんなの博物館」編集委員会編，河合雅雄，岩井宏実監修　河出書房新社　2012.4　79p　30cm　〈年表あり〉3000円　Ⓘ978-4-309-61493-9　Ⓝ069

『みんなの博物館―調べてナットク！　2　地球のはじまりと生物の進化を調べよう―恐竜の出現・人類へのあゆみ』　「みんなの博物館」編集委員会編，河合雅雄，岩井宏実監修　河出書房新社　2012.4　79p　30cm　3000円　Ⓘ978-4-309-61492-2　Ⓝ069

『みんなの博物館―調べてナットク！　1　日本列島の自然を調べよう―地震のしくみ・大地のなりたち』　「みんなの博物館」編集委員会編，河合雅雄，岩井宏実監修　河出書房新社　2012.4　79p　30cm　〈年表あり〉3000円　Ⓘ978-4-309-61491-5　Ⓝ069

『ナウマンゾウ―おおさかにいたゾウのはなし』　樽野博幸，釈知恵子作，樽野博幸，佐久間大輔解説，寺田麻紀，樽野博幸，小島まみ絵　大阪　大阪市立自然史博物館　2012.3　32p　15×21cm　（大阪市立自然史博物館ミニガイド no. 24）Ⓝ457.89

『よみがえれ！　恐竜たち―大むかしの生命をさぐる：第55回特別展：特別展図録』　長野　長野市立博物館　［2012］61p　30cm　〈会期：平成24年7月21日―9月23日〉Ⓝ457.87

『あつぎあきのむしかんさつブック―厚木市郷土資料館第14回特別展「あつぎあきのむし」図録』　［厚木市教育委員会］文化財保護課,厚木市郷土資料館編　［厚木］厚木市教育委員会　2011.10　36p　21cm　〈会期・会場：2011年10月2日―11月3日　厚木市郷土資料館〉Ⓝ486.02437

『トロベーの「とろはくガイド」―静岡市立登呂博物館ガイドブック』　静岡市立登呂博物館編　［静岡］　静岡市立登呂博物館　2011.3　35p　30cm　Ⓝ069.6154

『美術館・博物館で働く人たち―しごとの現場としくみがわかる！』　鈴木一彦著　ぺりかん社　2011.3　157p　21cm　（しごと場見学！）1900円　Ⓘ978-4-8315-1284-0　Ⓝ069.3

『水辺の生きものあれこれ―外房の豊かな海と川から―平成22年度マリンサイエンスギャラリー　展示解説書』　勝浦　千葉県立中央博物館分館海の博物館　2011.2　10p　30cm　〈編集・執筆：菊地則雄〉Ⓝ482.135

『自然科学30のなぜ？　どうして？―国立科学博物館の展示から』　国立科学博物館編著　さ・え・ら書房　2010.8　172p　20cm　1500円　Ⓘ978-4-378-03912-1　Ⓝ406.9

『どんぐりコロコロ―どんぐりからつながる多くのいのち　北海道開拓記念館第66回特別展』　北海道開拓記念館編　札幌　北海道開拓記念館　2010.8　63p　30cm　〈会期・会場：2010年8月6日―11月3日　北海道開拓記念館特別展示室　文献あり〉Ⓝ468

『カメ・カニ・スナ―埼玉で海あそび　平成22年度夏期企画展　展示図録』　寄居町（埼玉県）　埼玉県立川の博物館　2010.7　32p　30cm　〈会期：平成22年7月17日―8月31日〉Ⓝ454.7

『1000年前のハローワーク―見て触れて，親子で楽しい愛知の考古学　愛知県陶磁資料館企画展　愛知県埋蔵文化財センター埋蔵文化財展』　愛知県陶磁資料館,愛知県埋蔵文化財センター制作・編集　［弥富］　愛知県埋蔵文化財センター　2010.7　22p　21×21cm　〈会期・会場：2010年7月3日―9月26日　愛知県陶磁資料館本館〉Ⓝ215.5

『ナガスケ―おおさかのうみでみつかったクジラのおはなし』　中原まみ絵・文,

『樽野博幸解説，大阪市立自然史博物館編　大阪　大阪市立自然史博物館　2010.1　32p　15×22cm　（大阪市立自然史博物館ミニガイド no.23）　Ⓝ489.6

『長崎原爆資料館—資料館見学・被爆地めぐり「平和学習」の手引書』　有田嘉伸，高橋真司監修　第3版（増補）/今田斐男，築城昭平，川原竹一，末永浩/補訂　［長崎］　長崎平和推進協会　2009.9　104p　21cm〈執筆：川原竹一ほか　年表あり〉　300円　Ⓝ369.37

『恐竜たちと出会った夏—博物館探検の話　理科』　早瀬長利監修　数研出版　2009.7　127p　21cm　（チャートブックス学習シリーズ）　1100円　Ⓘ978-4-410-13920-8　Ⓝ069

『みる・かんさつ・しらべるあつぎのむし—厚木市郷土資料館第12回特別展　図録』　［厚木市教育委員会］文化財保護課,厚木市郷土資料館編　［厚木］　厚木市教育委員会　2009.7　36p　21cm　Ⓝ486.02137

『昆虫がいっぱい—姫の昆虫図鑑　夏休みこどもミュージアム　特別展』　水戸市立博物館編　水戸　水戸市立博物館　2008.7　15p　15×21cm　Ⓝ486

『萩ものしりブック—さぁ，君も萩まちじゅう博物館を探検しよう！』　高木正煕，樋口尚樹監修，柳井和彦,大藤理恵子企画・編集　萩　萩まちじゅう博物館出版委員会　2008.6　63p　26cm　500円　Ⓝ217.1

『おおきな博物館』　つだかつみ絵，九州国立博物館企画・原案　フレーベル館　2008.3　1冊（ページ付なし）　22×22cm　（きゅーはくの絵本 7（建物））　1000円　Ⓘ978-4-577-03627-3　Ⓝ069.61

『むかしの建物を調べてみよう—亀山建物資料めぐり　第6回企画展こどもも！　おとなも！　調べて納得博物館』　亀山市歴史博物館編　亀山　亀山市歴史博物館　2008.3　44p　30cm　Ⓝ521.8

『玄海と有明海—ふるさとを育んだふたつの海』　佐賀県立宇宙科学館編　［武雄］　佐賀県立宇宙科学館　2007.7　55p　30cm　（佐賀県立宇宙科学館夏の特別企画展　平成19年度）　Ⓝ462.19

『徹底探究‼考古学おもしろブック—博物館見学ガイド』　奈良県立橿原考古学研究所附属博物館編　橿原　奈良県立橿原考古学研究所附属博物館　2007.7　99p　30cm　Ⓝ216.5

『博物館へ行こう』　木下史青著　岩波書店　2007.7　192,7p　18cm　（岩波ジュニア新書 571）　840円　Ⓘ978-4-00-500571-0,4-00-500571-3　Ⓝ069

『江戸東京博物館』　佐藤広基,本地桃子イラスト・文　汐文社　2006.5　48p　27cm　（ビジュアルガイド—博物館・科学館へ行こう）　2000円　Ⓘ4-8113-8055-X　Ⓝ213.6
目次　江戸時代と明治時代，江戸から東京へ，江戸東京博物館って何？，5階と6階の常設展示スペース，地層やレンガに見る江戸東京の暮らし，体験展示，ワークシートから博物館を作ろう，いろいろな施設，周辺の博物館

『日本科学未来館』　佐藤広基,本地桃子イラスト・文　汐文社　2006.5　48p　27cm　（ビジュアルガイド—博物館・科学館へ行こう）　2000円　Ⓘ4-8113-8054-1　Ⓝ406.9

『わくわく博物館　関東編』　フォース・ナイン企画企画・編　人文社　2006.5　141p　21cm　（ものしりミニシリーズ—親子の充実時間）　1500円　Ⓘ4-7959-1985-2
目次　国語・社会（国際子ども図書館（東京都台東区上野公園），世田谷文学館（東京都世田谷区南烏山）ほか），算数・理科（地図と測量の科学館（茨城県つくば市北郷），とうけいプラザ（東京都港区芝公園）ほか），家庭・生活（コカ・コーラ多摩工場（東京都東久留米市野火止），キッコーマンもの知りしょうゆ館（千葉県野田市野田）ほか），音楽・図工・体育（民音音楽博物館（東京都新

宿区信濃町)，太鼓館（東京都台東区西浅草）ほか)，特別活動（靖国神社遊就館（東京都千代田区九段北)，JAXA（宇宙航空研究開発機構（東京都千代田区丸の内）ほか）

内容　「知りたい」をもっと知る。どれだけ「知っているか」を確かめる…。「知る」楽しさ、「わかる」喜びを満喫。学習に役立つ博物館を科目毎に紹介。

『博物館でタイム・トリップ―子ども向け展示ガイド』　流山市立博物館編　流山　流山市立博物館　2006.3　74p　30cm　（流山市立博物館調査研究報告書 23）　Ⓝ213.5

『標本をつくろう　岩石・化石編』　豊橋市自然史博物館編　豊橋　豊橋市自然史博物館　2006.3　63p　21cm　（豊橋市自然史博物館ガイドブック 5）〈文献あり〉　Ⓘ4-924906-19-0　Ⓝ460.73

『国立科学博物館』　佐藤広基,本地桃子イラスト・文　汐文社　2006.1　47p　27cm　（ビジュアルガイド―博物館・科学館へ行こう）　2000円　Ⓘ4-8113-8053-3　Ⓝ406.9

『はくぶつかんへ行こう―小学生用展示解説書』　彦根城博物館編　彦根　彦根城博物館　2005.11　14p　21cm　Ⓝ069.02161

『「人」をみつける旅―土偶からピカソまで！　夏休み子どもミュージアム　県立文化施設共同展示』　高松　香川県歴史博物館　2005.7　11p　30cm　（部門展示解説シート no.107）〈会期：平成17年7月7日―9月4日　香川県歴史博物館部門展示室―1・2・4・5〉　Ⓝ469

『子ども自然教室―ミュージアム・スクールの記録』　上月啓輔マネジメント，足立勲,長谷川太一,毛利敏治講師，三谷雅純撮影・編集　［三田］　兵庫県立人と自然の博物館　2005.3　58p　30cm　Ⓝ460.7

『標本をつくろう　植物・菌類編』　豊橋市自然史博物館編　豊橋　豊橋市自然史博物館　2005.3　61p　21cm　（豊橋市自然史博物館ガイドブック 4）　Ⓘ4-924906-17-4　Ⓝ460.73

『ふかく味わう！　亀山神社の宝物―こどもも！　おとなも！　調べて体験博物館開館十周年記念特別展』　亀山市歴史博物館編　亀山　亀山市歴史博物館　2005.3　72p　30cm〈会期・会場：平成16年7月3日―8月30日　亀山市歴史博物館　年表あり〉　Ⓝ702.17

『郷土の化石大探検！―キシワダワニとモササウルスを科学しよう!!』　岸和田　きしわだ自然資料館　2004.12　37p　26cm〈独立行政法人科学技術振興機構平成16年度地域科学館連携支援事業〉　Ⓝ457.87

『体験シート「森の調査隊」』　松山みよ子監修，浅田正彦,平田和弘製作　千葉　千葉県立中央博物館　2004.12　1冊（ページ付なし）　30cm　（生態園観察ノート）　Ⓝ460.7

『博物館・郷土資料館』　村上義彦監修，林義人文，後藤真樹写真　小峰書店　2004.4　39p　29cm　（まちの施設たんけん 3）　2600円　Ⓘ4-338-19803-6　Ⓝ069.021

『なにわ歴博探検―大阪歴史博物館の利用の手引き（中学生版）』　大阪市中学校教育研究会社会部編集執筆　大阪　大阪歴史博物館　2004.3　48p　30cm〈年表あり〉　Ⓝ216.3

『標本をつくろう　昆虫・貝編』　豊橋市自然史博物館編　豊橋　豊橋市自然史博物館　2004.3　63p　21cm　（豊橋市自然史博物館ガイドブック 3）　Ⓘ4-924906-15-8　Ⓝ460.73

『耳をたよりに自然を観察！―体験シート集　音声認識技術活用学習プログラム』　大庭照代企画・監修，大庭照代,丸山聡栄編　千葉　千葉県立中央博物館　2004.2　1冊（ページ付なし）　30cm　Ⓝ460.7

『調べてみよう！ 身のまわりの外来の生きものたち─どこからやってきたの？～生きものたちのふるさと～ 平成16年度夏季企画展』 ［園部町（京都府）］ 園部文化博物館 ［2004］ 4枚 30cm 〈会期：2004年7月24日─9月5日〉 Ⓝ481.7

『地層と化石の観察ガイド─地域の自然を学習の場とした体験学習プログラム』 埼玉県立自然史博物館編 長瀞町（埼玉県） 埼玉県立自然史博物館 2003.12 22p 21cm 〈科学技術振興機構平成15年度地域科学館連携支援事業〉 Ⓝ456.9134

『川原の石や地形の調査─地域の自然を学習の場とした体験学習プログラム』 埼玉県立自然史博物館編 長瀞町（埼玉県） 埼玉県立自然史博物館 2003.10 22p 21cm 〈科学技術振興機構平成15年度地域科学館連携支援事業〉 Ⓝ458.2134

『みぢかな野鳥観察─地域の自然を学習の場とした体験学習プログラム』 埼玉県立自然史博物館編 長瀞町（埼玉県） 埼玉県立自然史博物館 2003.10 22p 21cm 〈科学技術振興機構平成15年度地域科学館連携支援事業〉 Ⓝ488.2134

『身の回りの植生調査─地域の自然を学習の場とした体験学習プログラム』 埼玉県立自然史博物館編 長瀞町（埼玉県） 埼玉県立自然史博物館 2003.10 22p 21cm 〈科学技術振興機構平成15年度地域科学館連携支援事業〉 Ⓝ470.75

『土壌動物の観察と調査─地域の自然を学習の場とした体験学習プログラム』 埼玉県立自然史博物館編 長瀞町（埼玉県） 埼玉県立自然史博物館 2003.9 20p 21cm 〈科学技術振興事業団平成15年度地域科学館連携支援事業〉 Ⓝ481.76

『指標生物を利用した川の環境調査─地域の自然を学習の場とした体験学習プログラム』 埼玉県立自然史博物館編 長瀞町（埼玉県） 埼玉県立自然史博物館 2003.7 22p 21cm 〈科学技術振興事業団平成15年度地域科学館連携支援事業〉 Ⓝ519.4

『おもしろ冒険博物館─企業・一般編』 梅棹忠夫監修 フレーベル館 2003.4 88p 31cm （探検・体験！ 博物館 4） 2800円 Ⓘ4-577-02590-6,4-577-02586-8 Ⓝ069.021

『はじめて体験博物館─国立編』 梅棹忠夫監修 フレーベル館 2003.4 88p 31cm （探検・体験！ 博物館 1） 2800円 Ⓘ4-577-02587-6,4-577-02586-8 Ⓝ069.021

『ふるさと探検博物館─市町村立編』 梅棹忠夫監修 フレーベル館 2003.4 88p 31cm （探検・体験！ 博物館 3） 2800円 Ⓘ4-577-02589-2,4-577-02586-8 Ⓝ069.021

『まるごと発見博物館─都道府県立編』 梅棹忠夫監修 フレーベル館 2003.4 88p 31cm （探検・体験！ 博物館 2） 2800円 Ⓘ4-577-02588-4,4-577-02586-8 Ⓝ069.021

『学習テキスト「雪とあそぼう」実験教室』 ［加賀］ 中谷宇吉郎雪の科学館「雪の体験学習」実行委員会 2003.3 12p 30cm 〈平成14年度科学系博物館教育機能活用推進事業（文部科学省委託事業）〉 Ⓝ451.66

『環境を調べる福祉を考える─自然史博物館・国立公園・動物園・水族館・清掃工場・浄水場・介護施設』 次山信男監修 リブリオ出版 2003.3 79p 27cm （見学体験おもしろ情報 4） Ⓘ4-86057-092-8 Ⓝ069.035

『産業を調べる─大規模工業・空港・発電所・マスコミ・科学館・博物館』 次山信男監修 リブリオ出版 2003.3 79p 27cm （見学体験おもしろ情報 1） Ⓘ4-86057-089-8 Ⓝ069.035

『伝統的な産業を調べる―農場試験場・資料館・農場・牧場・漁業・伝統工芸・地場産業』　次山信男監修　リブリオ出版　2003.3　79p　27cm　（見学体験おもしろ情報 2）　①4-86057-090-1　Ⓝ069.035

『都道府県別総さくいん』　次山信男監修　リブリオ出版　2003.3　38p　26cm　（見学体験おもしろ情報）　Ⓝ069.035

『歴史と文化を調べる―歴史博物館・遺跡・城・歌舞伎・能・狂言・文楽・祭り』　次山信男監修　リブリオ出版　2003.3　79p　27cm　（見学体験おもしろ情報 3）　①4-86057-091-X　Ⓝ069.035

『知識の森へ行こう！ ～夏休み子ども博物館―特別展「知識の森へ行こう！ ～夏休み子ども博物館～」展示図録』　香川県歴史博物館編　高松　香川県歴史博物館　2002.7　45p　30cm〈会期：平成14年7月13日―9月1日〉　Ⓝ218.2

『秘法薬・竜心湯～亀山の薬の歴史を調べてみよう―こどもも！ おとなも！ 調べて体験博物館　第二十三回企画展』　亀山市歴史博物館編　亀山　亀山市歴史博物館　2002.7　32p　30cm〈会期：平成14年7月20日―9月2日〉

『自然と語ろう！ びほろふるさと体験隊 2001年度』　美幌町マナビティーセンター, 美幌農業館, 美幌博物館編　美幌町（北海道）　美幌農業館　2002.3　34p　26cm〈共同刊行：美幌博物館〉

『はくぶつかん探検隊』　かみつけの里博物館企画・編集　群馬町（群馬県）　かみつけの里博物館　2002.3　82p　30cm〈付属資料：2枚〉

『博物館へ行こう！―野田のまち新発見・再発見　「親子で楽しむ文化財展」図録』　野田　野田市郷土博物館　2001.10　40p　31cm〈会期：平成13年10月13日―11月18日〉

『瀬名秀明奇石博物館物語』　NHK「課外授業ようこそ先輩」制作グループ, KTC中央出版編　名古屋　KTC中央出版　2001.9　204p　20cm　（課外授業ようこそ先輩　別冊）　1400円　①4-87758-210-X

『はくぶつかんはタイムトンネルスタンプ帳―夏休み限定！ 子どものための常設展』　杉並区立郷土博物館編　杉並区立郷土博物館　2001.7　15p　19cm

『和紙でできたもの和紙をつかったもの―どうやってできとるの？　第二十一回企画展こどもも！ おとなも！ 調べて体験博物館』　亀山市歴史博物館編　亀山　亀山市歴史博物館　2001.7　37p　30cm〈会期：平成13年7月20日―9月3日〉

『博物館・郷土館』　恵美裕江文, 下田智美絵　岩崎書店　2001.4　38p　27cm　（くらしをまもる・くらしをささえる校外学習 19）　2400円　①4-265-02579-X, 4-265-10232-8
[目次]　世界でさいしょの博物館，博物館って，どんなところ？　なにがある？，いろんな部屋をのぞいてみよう，ほんとうにいた！　大むかしの巨大な生物たち，恐竜の化石にかかわるさまざまな仕事，恐竜が博物館にやってくるまで（化石の発見，化石の発掘，化石の調査・研究，化石の復元，化石の展示・保存）〔ほか〕
[内容]　博物館や郷土館をたずねてみると，わたしたちのくらしや文化の歴史，生物の進化などが，よくわかる。そこには，過去・現在・未来をむすぶ「タイムマシーン」がある。恐竜の化石は，どう発掘され，はこばれ，組み立てられているのだろう？　発見の森で，じっさいの森にいるような感覚を味わってみない？　わたしたちが生まれ育った，郷土の歴史にふれてみるのもいいね。さあ，博物館，郷土館の見学だ。

『博物館を楽しむ―琵琶湖博物館ものがたり』　川那部浩哉編著　岩波書店　2000.10　228, 8p　18cm　（岩波ジュニア新書）〈文献あり〉　740円　①4-00-500360-5
[目次]　1 博物館へようこそ，2 博物館の歴史と未来，3 博物館をつくる，4 あなたも私も博物館員，5 作りあげたい博物館のこれから
[内容]　展示物をへだてるガラスの壁は略さ

れ、来館者は生きた魚に触れ、昔の家の座敷に上り当時のくらしを体験する。多くの催しに参加し、活動は館外におよぶ。琵琶湖博物館の掲げる数々の新しい理念の実現に向けて、関係者たちはどのような論議をし、困難をのりこえてきたのだろうか。その創設の生きたドラマを通し、現代の博物館活動の深い理解とその楽しみ方をガイド。

『おもしろやきもの展ハンドブック—夏休み子ども博物館』　名古屋　名古屋市博物館　2000.7　1冊　30cm

『夏休み子ども博物館ガイドブック—特別展コメはじめ物語　企画展古地図と絵解き展』［神戸］　神戸市立博物館　1998.7　20p　30cm〈会期：1998年7月11日—8月30日〉

『こども博物館鎧・兜・刀—平成10年度企画展』　徳島市立徳島城博物館編　［徳島］　徳島市立徳島城博物館　1998.5　1冊　30cm

『遊んで学ぼう！　原体験』　小野市立好古館編　小野　小野市立好古館　1998.4　54p　30cm　〈小野市立好古館特別展図録 16〉〈平成10年度春季特別展：平成10年4月24日—5月31日〉

『博物館ワークシート』　鹿児島　鹿児島県立博物館　1998.3　23p　26cm

『キッズプラザ大阪—こどものための博物館』　大阪市教育振興公社企画　小学館　1997.8　95p　21cm　1000円　Ⓘ4-09-290171-2

『きょう土博物館の見学』　吉田忠正文, 叶げん写真　ポプラ社　1997.4　37p　27cm　〈新しい小学生の社会科見学 10〉〈指導：次山信男〉2200円＋税　Ⓘ4-591-05300-8

『ワクワク長野県の博物館—親子でウォーク』　信州大学教育学部歴史研究会編著　長野　信濃教育会出版部　1997.1　188, 20p　26cm　1900円　Ⓘ4-7839-1042-1

『わかるかな？—博物館見学ワークブック』　福井市自然史博物館編　福井　福井市自然史博物館　1996.7　113p　26cm

『子どもはくぶつかん教室—小学生用展示解説書』　彦根　彦根城博物館　［1996］　14p　21cm

◆美術館

『世界の美術館・博物館まるわかりガイド—あの名画や至宝はここにあった！』　カルチャーランド著　メイツ出版　2013.6　128p　21cm　（まなぶっく A-71）　1500円　Ⓘ978-4-7804-1322-9　Ⓝ706.9

『美術館にもぐりこめ！』　さがらあつこ文, さげさかのりこ絵　福音館書店　2013.5　40p　26cm　（たくさんのふしぎ傑作集）〈文献あり〉1300円　Ⓘ978-4-8340-2794-5　Ⓝ706.9

『美術館へ行こう』　草薙奈津子著　岩波書店　2013.3　176,12p　18cm　（岩波ジュニア新書 737）　820円　Ⓘ978-4-00-500737-0　Ⓝ706.9

『マジカル・ミュージアム—美術鑑賞入門びじゅつの魔法をといてみよう！』　北海道立函館美術館編　函館　北海道立函館美術館　2002.1　14p　21cm

『こどもギャラリー冒険！　古美術不思議世界ガイド—夏休みこども美術館2002』［福岡］　福岡市美術館　［2002］　19p　15×21cm〈会期：2002年7月23日—9月1日〉Ⓝ702.1

『「こどもとおとなの美術入門う・ご・き」展ガイドブック』　群馬県立近代美術館編　高崎　群馬県立近代美術館　c2001　20p　21cm〈会期：2001年7月20日—9月2日〉

『「こどもとおとなの美術入門むし・虫・ワールド」展ガイドブック』　群馬県立近代美術館編　高崎　群馬県立近代美術館　c2000　16p　21cm〈会期：2000年7月29日—9月3日〉

『夏休みこども美術館2000―古美術ワンダーランド―楽しさいっぱいむかしの絵をもっと楽しく見るための本』 鬼本佳代子編　［福岡］　福岡市美術館　［2000］　26p　15×21cm

『美術の中に描かれた物語の主人公たち―企画展 こども博物館』 徳島市立徳島城博物館編　［徳島］　徳島市立徳島城博物館　1999.4　4枚　30cm〈会期：平成11年4月27日―7月4日〉Ⓝ721.087

『美術館へようこそ―画材から表現までロンドンナショナル・ギャラリーの名画に学ぶ絵の見方・楽しみ方12のポイント』 ジョイ・リチャードソン著, 潮江宏三日本語版監修, 岩坂彰訳, シャーロット, ヴォークイラストレーション　神戸　BL出版　1999.3　78p　26×26cm　3000円　Ⓘ4-89238-700-2

『夏休みこども美術館よーく見るガイド』 ［福岡］　福岡市美術館　［1998］　14p　21cm

『こわいって何だろう？―みえけん版』 三重県立美術館編　［津］　三重県立美術館　1997.7　1冊　30cm　（子ども美術館シリーズ pt.2）

『パパ、美術館へ行こう　第6巻　北日本編』 結城昌子, 体験文化研究会編・著　小池書院　1997.7　31p　20×27cm　（親子で文化を旅するシリーズ）　1390円　Ⓘ4-88315-466-1

『パパ、美術館へ行こう　第5巻　東京編』 結城昌子, 体験文化研究会編・著　小池書院　1997.7　31p　20×27cm　（親子で文化を旅するシリーズ）　1390円　Ⓘ4-88315-465-3

『パパ、美術館へ行こう　第4巻　関東編』 結城昌子, 体験文化研究会編・著　小池書院　1997.7　31p　20×27cm　（親子で文化を旅するシリーズ）　1390円　Ⓘ4-88315-464-5

『パパ、美術館へ行こう　第3巻　中部・北陸編』 結城昌子, 体験文化研究会編・著　小池書院　1997.7　31p　20×27cm　（親子で文化を旅するシリーズ）　1390円　Ⓘ4-88315-463-7

『パパ、美術館へ行こう　第2巻　近畿・東海編』 結城昌子, 体験文化研究会編・著　小池書院　1997.7　31p　20×27cm　（親子で文化を旅するシリーズ）　1390円　Ⓘ4-88315-462-9

『パパ、美術館へ行こう　第1巻　九州・瀬戸内海編』 結城昌子, 体験文化研究会編・著　小池書院　1997.7　31p　20×27cm　（親子で文化を旅するシリーズ）　1390円　Ⓘ4-88315-461-0

『美術博物館ガイドブック』 富岡　富岡市立美術博物館・福沢一郎記念美術館　1997.3　21p　22cm

『冒険美術―アートベンチャー　大地のささやき』 滋賀県立近代美術館編　［大津］　滋賀県立近代美術館　c1996　61p　25cm〈奥付のタイトル：アートベンチャー冒険美術図録　会期：1996年2月24日―3月31日〉

ボランティアについて考えよう

『イラスト版からだに障害のある人へのサポート―子どもとマスターする40のボランティア』 横藤雅人編, 北海道生活科・総合的な学習教育連盟ネット研究会著　合同出版　2010.3　110p　26cm〈文献あり〉　1600円　Ⓘ978-4-7726-0459-8　Ⓝ369.27

『あなたにもできる災害ボランティア―津波被害の現場から』 スベンドリニ・カクチ著, 大倉弥生訳　岩波書店　2005.12　182p　18cm　（岩波ジュニア新書 525）　840円　Ⓘ4-00-500525-X　Ⓝ369.31

地域活動　　　　　　　　　　　　　　　　　　　ボランティアについて考えよう

『"ちょボラ"アイディア集―ちょっとしたボランティア だれでも、いつでも、どこでもできる！』　日比野正己監修・指導　学習研究社　2004.4　52p　27cm　（"ちょボラ"で福祉のまちづくり 体験と実践を通してはぐくむ「勇気と優しさ」　4）　2800円　Ⓣ4-05-202003-0　Ⓝ369.14

『"ちょボラ"を世界に広げよう―ちょっとしたボランティア 21世紀の"福祉の地球づくり"』　日比野正己監修・指導　学習研究社　2004.4　52p　27cm　（"ちょボラ"で福祉のまちづくり 体験と実践を通してはぐくむ「勇気と優しさ」　5）　2800円　Ⓣ4-05-202004-9　Ⓝ369.14

『"ちょボラ"から始めよう―ちょっとしたボランティア 好きなこと・身近なこと』　日比野正己監修・指導　学習研究社　2004.4　52p　27cm　（"ちょボラ"で福祉のまちづくり 体験と実践を通してはぐくむ「勇気と優しさ」　1）　2800円　Ⓣ4-05-202000-6　Ⓝ369.14

『"ちょボラ"から"ほんボラ"へ―ちょっとしたボランティア 福祉・医療施設で実戦！』　日比野正己監修・指導　学習研究社　2004.4　52p　27cm　（"ちょボラ"で福祉のまちづくり 体験と実践を通してはぐくむ「勇気と優しさ」　3）　2800円　Ⓣ4-05-202002-2　Ⓝ369.14

『"ちょボラ"でバリアフリーのまちづくり―ちょっとしたボランティア』　日比野正己監修・指導　学習研究社　2004.4　52p　27cm　（"ちょボラ"で福祉のまちづくり 体験と実践を通してはぐくむ「勇気と優しさ」　2）　2800円　Ⓣ4-05-202001-4　Ⓝ369.27

『お年よりといっしょに』　鈴木宏明,田中ひろし著,こどもくらぶ編　岩崎書店　2003.3　47p　29cm　（福祉ボランティア 体験しよう！発見しよう！　2）　3000円　Ⓣ4-265-05162-6　Ⓝ369.26

『障害をもつ人といっしょに』　田中ひろし著,こどもくらぶ編　岩崎書店　2003.3　47p　29cm　（福祉ボランティア 体験しよう！発見しよう！　1）　3000円　Ⓣ4-265-05161-8　Ⓝ369.27

『病気の人といっしょに』　高原綾子,田中ひろし著,こどもくらぶ編　岩崎書店　2003.3　47p　29cm　（福祉ボランティア 体験しよう！発見しよう！　3）　3000円　Ⓣ4-265-05163-4　Ⓝ498.16

『もっと調べよう福祉ボランティア』　田中ひろし著,こどもくらぶ編　岩崎書店　2003.3　47p　29cm　（福祉ボランティア 体験しよう！発見しよう！　5）　3000円　Ⓣ4-265-05165-0　Ⓝ369.14

『あいさつだってボランティア―考えよう！ボランティアの第一歩』　田中ひろし著　光村教育図書　2002.12　31p　27cm　（「こころ」を伝えるボランティアの本　2）　1500円　Ⓣ4-89572-708-4　Ⓝ369.14

『ボランティアはきらい!?―考えよう！家族みんなのボランティア』　田中ひろし著　光村教育図書　2002.12　31p　27cm　（「こころ」を伝えるボランティアの本　3）　1500円　Ⓣ4-89572-709-2　Ⓝ369.14

『まちがいだらけのボランティア―考えよう！だれのためのボランティア』　田中ひろし著　光村教育図書　2002.11　31p　27cm　（「こころ」を伝えるボランティアの本　4）　1500円　Ⓣ4-89572-710-6　Ⓝ369.14

『リサイクルもボランティア―考えよう！ボランティアってなんだろう』　田中ひろし著　光村教育図書　2002.11　31p　27cm　（「こころ」を伝えるボランティアの本　1）　1500円　Ⓣ4-89572-707-6　Ⓝ369.14

『ボランティアみんな知ってる？―ボランティア活動の基礎知識 ジュニア版』　全国社会福祉協議会・全国ボランティア活

動振興センター編　全国社会福祉協議会　2002.7　71p　21cm　500円　①4-7935-0686-0

『福祉を知る体験学習』　佐々木定治監修，佐瀬順一著，こどもくらぶ編　ポプラ社　2002.4　45p　27cm　（体験学習アイデアブック　4）　2800円　①4-591-07105-7，4-591-99434-1

|目次| ボランティアをはじめよう（いろいろな福祉のボランティア，はじめてのボランティア（保育園でお手伝いしよう，町をきれいにしよう）），障害があるってどんなことだろう（もしも目が見えなかったら，車いす体験をしよう，もしも耳が聞こえなかったらほか），お年寄りの方と交流しよう（お年寄りになってみよう，お年寄りにインタビューしよう，ふれあい給食をしよう　ほか）

|内容| お年寄りや障害のある人と交流をするために，気をつけることは？　わたしたちにできることは？　ボランティア活動のABCを紹介する。小学校中〜高学年向き。

『お年よりと楽しく』　学習研究社　2002.3　47p　27cm　（学校ボランティア活動・奉仕活動の本　3）　2700円　①4-05-201539-8，4-05-810656-5

|目次| 実践編（毎日交代で放課後のボランティア，動物を通し老人ホームと交流，ゲームやダンスでふれあい，里孫交流で笑顔いっぱい　ほか），資料編（お年よりとの楽しい接し方，老人ホームでのボランティア活動のヒント，お年よりとの話題の選び方，暮らしのお手伝いのヒント　ほか）

『障害のある人と仲よく』　学習研究社　2002.3　47p　27cm　（学校ボランティア活動・奉仕活動の本　2）　2700円　①4-05-201538-X，4-05-810656-5

|目次| 実践編（全校児童で手話コーラス，目の不自由な人に『タッチマップ』プレゼント，車いすマラソン大会，盲学校のお友だちと交流　ほか），資料編（これが車いすのしくみ，車いすの人との散歩のしかた，目の不自由な人との散歩，目の不自由な人とのすごし方　ほか）

『すみよい環境づくり』　学習研究社　2002.3　47p　27cm　（学校ボランティア活動・奉仕活動の本　1）　2700円　①4-05-201537-1，4-05-810656-5

|目次| 実践編（この浜にもどっておいで，村のシンボル，タンチョウにえさを，足尾のはげ山に緑をとりもどせ，毎日続く学校前の野鳥観察　ほか），資料編（美しい自然をめざそう，減っていく森林，増え続けるごみ）

『ボランティア活動資料編』　学習研究社　2002.3　47p　27cm　（学校ボランティア活動・奉仕活動の本　6）　2700円　①4-05-201542-8，4-05-810656-5

|目次| ボランティア活動と奉仕活動，ボランティア活動の歴史，ボランティア活動の精神をつらぬいた人，ボランティア活動の三原則，ボランティア活動ウソ・ホント，ボランティア活動への意識，今，広がるボランティア活動，NPOとNGOについて，ボランティア活動をする上での問題点，ボランティア活動に参加して〔ほか〕

『守ろうみんなの文化財』　学習研究社　2002.3　47p　27cm　（学校ボランティア活動・奉仕活動の本　4）　2700円　①4-05-201540-1，4-05-810656-5

|目次| 実践編（うけつがれる高千穂の夜神楽，卒業証書は伝統の杉原紙，世界遺産のブナの森を守る少年団，気分そうかい屋久島の岳参り　ほか），資料編（日本の文化財，世界の文化遺産・自然遺産）

『あなたにもできる車いす介助―ボランティアガイドブック』　東京都板橋ナーシングホーム介護保健課編　東京都板橋ナーシングホーム介護保健課　2001.4　33p　30cm

『はじめようボランティア活動―福祉・人権』　坂本辰男監修，佐瀬順一著，こどもくらぶ編　ポプラ社　2001.4　55p　29cm　（中学生のための「総合」アイデアbook　3）　3000円　①4-591-06746-7，4-591-99372-8

『黄色いハンカチはSOSの合図―だれでもできるボランティア』　宇野弘信監修，サトウワカバ文　ポプラ社　2000.12　47p　20cm　1200円　①4-591-06519-7

|内容| 「黄色いハンカチ」って知ってた？　外出先で動けなくなったときや，ケガをして助けてほしいとき，だれでも，「黄色いハンカチ」をふれば，それが，「助けてください」

地域活動　　　　　　　　　　　　　　　　　　　　　　　　　　　ボランティアについて考えよう

「手を貸してください」の合図になるんだよ。「黄色いハンカチ」は、「手を貸してほしいひと」と「手を貸したいひと」とを結ぶ魔法のハンカチなんだ。そんな「黄色いハンカチ」のことを、シンボル犬のフクが、みんなに教えてあげるね。

『みんなのボランティア大百科』　フレーベル館　2000.6　167p　25cm　1500円
①4-577-02113-7
[目次]　1 ボランティアってなに？, 2 自然と地域を守るボランティア, 3 人をささえるボランティア, 4 外国の人を助けるボランティア, 5 ボランティアのためのデータ集
[内容]　本書では、実際にボランティア活動をはじめている子どもたちの姿を中心に取材をしました。活動のなかには、小さなお子さんが参加できないものもあります。この本を読んで、子どもたち自身がボランティアについて考え、たとえ小さなことでも、自分のできることからはじめてもらえればと願います。

『やってみようよ！　社会につながるボランティア』　加藤優監修　旺文社　2000.4　63p　27cm　（ドキドキワクワクやってみようよボランティア 4）　2500円　①4-01-070999-5
[目次]　クリーン作戦で町をきれいに、ぼくらのゲームはまつりの目玉?!, 進め！ゴミ0探検隊, わたしたちの活動を世界に伝えよう, 21世紀に伝える綱島囃子, テレカを集めて役立てたい, ユニ研を作って募金アップ, ネパールの子どもを元気にするイチゴ, 元気なミルクを送りたい, 国際色ゆたかなわたしたちの運動会, ぼくらは小さな親善大使, 家でもできる国際交流ボランティア
[内容]　「身のまわりの社会」に対するボランティアを紹介。わたしたちは今、家族をはじめ多くの人たちに支えられながら、楽しく幸せにくらしています。でも世界中の人たちみんなが幸せなくらしをしているわけではありません。地域や国境をこえ、たくさんの人たちと手をとりあい、みんなが幸せにくらしていくためには、どんなことができるか考えてみましょう。小学生の実際の活動を紹介していきます。全学年対象。

『やってみようよ！　地球をはげますボランティア』　加藤優監修　旺文社　2000.4　63p　27cm　（ドキドキワクワクやってみようよボランティア 3）

2500円　①4-01-070998-7
[目次]　生きている地球、つながっている命, 地球のピンチ！どうすればいいの？, きれいな海岸を取りもどそう, ぼくらは川のパトロール隊, 雑誌やノートがキウイに変身!?, ケナフは地球のサポーター, ビオトープは生き物たちの自然の団地, メダカの学校をみんなの手で, 1トンのアルミ缶が車いすに, よごれた油が石けんに？, 自然のなかのくらしは大冒険だ, みんなで始めて地球を守ろう, ゴミだらけの地球にしないために, 環境家計簿をつけてみよう
[内容]　「地球」を対象にしたボランティアを紹介。現在、地球はたくさんの問題をかかえています。そして、その問題を解決するには、地球にすんでいるわたしたちひとりひとりの力が必要と言われています。青い空と海、山や川、そして動物や植物など、地球や自然に対して何ができるか、それをみんなで考え、「？」から「！」に変えていきましょう。小学生の実際の活動を紹介していきます。全学年対象。

『やってみようよ！　人とふれあうボランティア』　加藤優監修　旺文社　2000.4　63p　27cm　（ドキドキワクワクやってみようよボランティア 2）　2500円
①4-01-070997-9
[目次]　こまっている人はだれかな？, 心をつなぐふれあい郵便, 老人ホームを訪問してみよう, 実際に車いすを動かしてみよう, 目で見る歌って楽しいな, 点字図書館に行って考えた！, 朗読ボランティア体験学習, パピーウォーカーになろう, わたしが作った福祉マップ, みんなで遊べるスポーツを考えたよ, 初めての布の絵本作り
[内容]　「人とふれあうボランティア」を紹介。わたしたちのまわりには、からだが不自由でこまっている人や、だれかの助けが必要な人がたくさんいます。そんな人たちの力になりたいと思っても、その方法がわからなければかえって迷惑になることだってあります。でも自分がだれかの力になれたとき、きっとあなたのこころはホクホクしてくるはず。小学生の実際の活動を紹介していきます。全学年対象。

『やってみるまえにボランティアってなに？』　加藤優監修　旺文社　2000.4　63p　27cm　（ドキドキワクワクやってみようよボランティア 1）　2500円
①4-01-070996-0

子どもの本　楽しい課外活動2000冊　277

ボランティアについて考えよう　　　　　　　　　　地域活動

|目次| 第1章 ボランティアってこんなこと（ボランティアってどんなこと？，ボランティアってやらなくちゃいけないものなの？，ボランティアって目標が必要なの？　ほか），第2章 どんな種類のボランティアがあるの（ボランティアの種類を教えて！，あなたにぴったりのボランティアはコレ！，社会福祉のボランティアってどんなもの？　ほか），第3章 さぁ，ボランティアを始めてみよう（どうやってボランティアを始めればいいの？，ボランティアセンターをどのように利用したらいいの？，ボランティアはしたいけど時間がない。どうすればいいの？　ほか），第4章 おとなになってもボランティア（おとなになったらかんたんにできるボランティアって何？，ボランティアを仕事にすることはできるの？，ボランティアについて教えてくれる学校ってあるの？　ほか）
|内容| ボランティアがどんなことなのか一問一答形式で詳しく説明しています。小学校全学年が対象です。

『学校でできるボランティア』 こどもくらぶ編著　偕成社　2000.3　39p　29cm （総合学習に役立つボランティア 6） 2500円　①4-03-543460-4
|目次| 1 ボランティア部の活動報告（3泊4日で老人ホームに訪問合宿，合宿記録を見てみよう，参加してよかったこと　ほか），2 地域とつながるボランティア（近所の老人ホームを訪問（節分祭りでいっしょに豆まき，リハビリの時間をいっしょに遊ぶ），学校にお年寄りをご招待「ふれあい給食」で楽しく会話，学校行事で地域交流），3 さらにひろがるボランティアの世界（授業や行事をとおして盲学校と交流，交流をとおして，おたがいに理解したこと，日本にやってきた外国の研修生と国際交流　ほか），4 全校で協力してボランティア（朝10分のボランティア集会，空き缶で大道具づくり）
|内容|「交流」をテーマに学校単位でできるボランティアを考えます。地域との交流，お年寄りとの交流，外国人との交流，障害者との交流など，クラブ活動としてできることから，学校全体の行事として取りくめるものまで，はばひろく紹介します。

『クラスでできるボランティア』 こどもくらぶ編著　偕成社　2000.3　39p　29cm （総合学習に役立つボランティア 5）2500円　①4-03-543450-7
|目次| 1 クラスのなかまで楽しくボランティア（アースレンジャー（地球防衛隊）になった4年1組，4年1組「こどもエコクラブ」の活動記録，楽しかった「エコ活動」），2 クラスでボランティア学習─インターネットや体験学習（クラス討論会でわかったこと，インターネットで調べてみよう，サーチエンジンやキーワードで調べる　ほか），3 できることからボランティア（かんたん「ユニークリサイクル」や「1円玉貯金」）
|内容| クラスごと「こどもエコクラブ」に参加してボランティア活動をはじめた4年生を紹介し，クラスでできるボランティアの可能性を考えます。つぎにインターネット体験学習を紹介します。ボランティアのことを調べたり，ネットワークを作ったり，ボランティア学習の方法を具体的に説明。そのほか，車いす体験，アイマスク体験などクラス単位でできる活動のいろいろを紹介します。

『健康・福祉・ボランティアを体験』　横山正著　金の星社　2000.3　47p　28cm（総合的な学習のテーマがみつかるアイデア新聞 4）2800円　①4-323-06454-3
|目次| さわってみよう新聞─この点，知ってる？，車いす探検新聞─このマーク，みたことある？，手で話そう新聞─声を出さないでコミュニケーション！，助けてくれるもの新聞─盲導犬や共用品を知る，できることは何新聞─みんなが楽しく暮らしていくために，お年よりと友だち新聞─お年よりの知恵に学ぶ，やさしいまち新聞─わたしたちのまちを探検しよう！，強いからだ新聞─え!?ショック！ 子どもの体力・運動能力が落ちている？，何でも食べよう新聞──一週間の食べもの日記をつけてみよう，たいせつな栄養素新聞─栄養って何？ 元気なからだをつくる主役とわき役をみつけよう！〔ほか〕
|内容| この本は，総合的な学習の時間に，おもしろいテーマをみつけて，アイデアいっぱいの研究をしてもらうための本です。あなたの大好きなこと，ふだん何となく気になっていること，ちょっとした疑問をテーマにして，研究をすすめるヒントがたくさんつまっています。ひとつのテーマごとに読みやすく，「新聞」の形でまとめました。

『参加しよう福祉活動』　苅宿俊文著　大日本図書　2000.3　58p　27cm（みんなの総合学習100のテーマ 4）2600円　①4-477-01092-3
|目次| 福祉（バリアフリー商品ってなに？，バリアフリー設備はどこにある，みんなで経験，未来の自分，みなおそうシルバー世

代，老人ホームってどんな場所　ほか），健康（こんなにかんたん食品添加物検査，塩分のとり過ぎってどんなこと？，たばこってけっこう危険，こんなに危険無理なダイエット，健康食品ってどんなもの　ほか）

内容　このごろ，バリアフリーということをよく聞きます。これは障害のある人やお年よりの人たちが，この社会で楽しく生きていくことができるようにする。という考え方のことです。この本もその考え方をもとに作りました。

『障害のある人へのボランティア活動』山崎美貴子監修，滝沢利行文，折原恵写真　偕成社　2000.3　31p　28cm　（バリアフリーの本　「障害」のある子も"みんないっしょに" 9）2500円　①4-03-543290-3

目次　ボランティアを体験してみて，ボランティア活動―三つの約束，どんなボランティア活動があるの？，交流はボランティア活動の第一歩，施設でのボランティア活動で大切なこと，手助けするのも身近なボランティア，手話や点字を学ぶ，直接，交流しなくてもできるボランティア，きっかけづくりとボランティア・センター

内容　「ボランティア」って知っていますか？　自分からすすんで，人や社会のためにつくす活動のことですね。この本では，障害のある人へのボランティア活動についていろいろと考えてみましょう。

『友だちとできるボランティア』こどもくらぶ編著　偕成社　2000.3　39p　29cm　（総合学習に役立つボランティア　3）2500円　①4-03-543430-2

目次　1　友だちといっしょにボランティアサークルに参加してみよう（「にっぽんこどものじゃんぐる」―世界の友だちといっしょに熱帯林を守る，空き缶回収で資金を集める，世界に広がる，ボランティアネットワーク　ほか），2　友だちといっしょに，住んでいる町を調べよう（障害をもつ人にやさしい町を考える―「ボランティアマップ」づくり，調べる範囲を広げてみよう，ボランティアマップをまとめてみよう　ほか），つよしときょうこのまんがで見るボランティア―みんなでノリノリボランティア，3　友だちといっしょに手話をおぼえよう（子ども手話サークル訪問―友だちといっしょにやると10倍楽しい，手話で自己紹介してみよう，手話で気持ちをあらわそう　ほか）

内容　友だちといっしょだとボランティア活動のはんいが，ぐんとひろくなります。熱帯林を守る運動をしているグループ「にっぽんこどものじゃんぐる」を紹介して，友だちとできるボランティアを考えます。また，住んでいる地域，町などのボランティアマップづくりを提案。さらに，友だちといっしょだと楽しく覚えられる手話を，基本から遊びやゲームまで，わかりやすく解説します。

『ひとりでできるボランティア』こどもくらぶ編著　偕成社　2000.3　39p　29cm　（総合学習に役立つボランティア　2）2500円　①4-03-543420-5

目次　1　ひとりではじめたボランティア（椚原瑞貴さんが歩んだ道，「こどもエコクラブ」の活動，1999年，6年生になった瑞貴さんが考えていること　ほか），2　知る・調べる・理解する（ボランティアセンターや社会福祉協議会へいってみよう，図書館で調べてみよう，コンピューターで検索），3　ボランティアのABC（ひとりではじめてみようボランティア，ボランティア活動の心がまえ），4　点字でボランティア（町の中の点字を発見してみよう，おぼえよう，点字の「あいうえお」，おぼえよう，点字の123，ABC　ほか）

内容　ボランティア活動に参加してみたい…と思ったら，どうすればいいか。「知る・調べる・理解する」を基本テーマに，ひとりではじめられるボランティアを実例にそってわかりやすく説明。また，ひとりでできる学習として点字をとりあげ，点字についての基礎知識，学び方，点字を使った遊びなどを紹介します。

『ボランティア情報館』こどもくらぶ編著　偕成社　2000.3　39p　29cm　（総合学習に役立つボランティア　7）2500円　①4-03-543470-1

目次　1　地域ボランティア，2　環境ボランティア，3　福祉ボランティア，4　文化・教育ボランティア，5　国際ボランティア，6　集めてボランティア，7　募金でボランティア，8　まだまだあるよボランティア，9　インターネットで情報収集

内容　環境，福祉，国際交流など各分野のボランティア団体，ボランティアについての相談窓口や問い合わせ先，ボランティア団体のホームページなど，ボランティア活動に役立つ情報をわかりやすく整理。また，シリーズの総さくいんを掲載，知りたいこと，調べたいことがすぐさがせます。

ボランティアについて考えよう　　　　　　　　　　　　　　　　　　　　　地域活動

『ボランティア入門―好きなことを・できる時間に・楽しみながら』　こどもくらぶ編著　偕成社　2000.3　39p　29cm　（総合学習に役立つボランティア　1）　2500円　①4-03-543410-8

[目次]　1　いつでもだれでもボランティア（楽しいからボランティア「エーデルワイスの会」、「エーデルワイスの会」の1年間の活動報告、「エーデルワイスの会」が考えるボランティア活動「あつまれ！みらいの国際人」―学生NPO、CCSの活動、黄色いハンカチ運動―ひとりではじめたボランティア、巣箱づくりの「グリーンアドベンチャークラブ」ほか）、2　いろいろあるよ　ボランティア活動（「あつまれ！みらいの国際人」―学生NPO、CCSの活動、黄色いハンカチ運動―ひとりではじめたボランティア、巣箱づくりの「グリーンアドベンチャークラブ」ほか）、3　広がるボランテイアの世界（日本のボランティア、ボランティア・コーディネーターの必要性、新たなボランティアの時代へほか）、4　ボランティアに参加しよう（ボランティアをはじめる前に，こんなボランティアに注意しよう，はじめてのボランティア）

[内容]　ボランティアって、なんだろう　ボランティアサークル「エーデルワイスの会」の活動をとおして、ボランティアの基本的な考え方を説明。さらに、いろいろなボランティアの実践例を紹介しながらボランティアの多様性、意義などをわかりやすく解説します。

『みんなでできる福祉のための体験をしよう―車いす・アイマスク体験・ボランティア』　金子美智雄監修，ヴィップス編　ほるぷ出版　2000.3　39p　31cm　（テーマ発見！　総合学習体験ブック）　2800円　①4-593-57303-3,4-593-09614-6

[目次]　1「いのち」「健康」「助けあい」、2　お年寄りとふれあおう、3　車いす体験をしよう、4　アスマスク体験をしよう、5　点字を学ぼう、6　手話を学ぼう

[内容]　本書では、健康と福祉をテーマに取りあげています。まず、お年寄りやさまざまなハンデキャップをもつ人の不自由さを実体験し、それを通じてハンディキャップをもつことはけっして特別なことではなく、だれにも関わりがあることを理解し、それを克服するための方法について学びます。そして、こうした人びととの交流や、ボランティア活動への取りくみについて考えます。

『福祉とボランティア』　宮川八岐監修　PHP研究所　1999.9　47p　27cm　（体験活動・クラブ活動・部活動の本　第2巻）　2500円　①4-569-68192-1,4-569-29452-9

『ボランティアの考え方』　秦辰也著　岩波書店　1999.6　191p　18cm　（岩波ジュニア新書）　700円　①4-00-500324-9

『さまざまなボランティア―実践編2』　新谷弘子監修　文研出版　1999.3　55p　27cm　（わたしたちにもできるこれからのボランティア　3）　3200円　①4-580-81226-3,4-580-88104-4

『ひろがるボランティアの世界―情報・国際編』　新谷弘子監修　文研出版　1999.3　55p　27cm　（わたしたちにもできるこれからのボランティア　4）　3200円　①4-580-81227-1,4-580-88104-4

『ボランティアをはじめよう―実践編1』　新谷弘子監修　文研出版　1999.3　55p　27cm　（わたしたちにもできるこれからのボランティア　2）　3200円　①4-580-81225-5,4-580-88104-4

『ボランティアってなんだろう―基礎編』　新谷弘子監修　文研出版　1999.3　55p　27cm　（わたしたちにもできるこれからのボランティア　1）　3200円　①4-580-81224-7,4-580-88104-4

『ボランティアはきらい！―マンガ式ボランティア基礎のキソ』　田中ひろし監修，中田ゆみ作，こどもくらぶ編　国土今人舎　1999.3　63p　14×19cm　1000円　①4-901088-04-1

『わたしたちにもできるこれからのボランティア』　新谷弘子監修　文研出版　1999.3　5冊（セット）　26×22cm　16000円　①4-580-88104-4

[目次]　1　ボランティアってなんだろう―基礎編、2　ボランティアをはじめよう―実践編〈1〉、3　さまざまなボランティア―実践編〈2〉、4　ひろがるボランティアの世界―情報・国際編、5　手話・点字によるボランティア―情報・資料編

[内容]　小中学生にも取り組める身近なボランティア活動をたくさん取り上げ、その進め

地域活動　　　　　　　　　　　　　　　　ボランティアについて考えよう

方を実践例に即して具体的に紹介。小学校中学年〜中学生向き。

『あなたにできるボランティア・ハンドブック—難易度別』　こどもくらぶ編　同友館　1999.2　95p　21cm　（はじめてのボランティア 15）　1500円　④4-496-02772-0
内容　難易度別あなたにできる実践ボランティア。

『世界のボランティア』　鈴木真理子[著]　草の根出版会　1998.8　135p　23cm　（母と子でみる A3）　2200円　④4-87648-130-X

『うちでもできるかな子犬の飼育ボランティア』　こどもくらぶ編　同友館　1998.6　63p　21cm　（はじめてのボランティア 12）　1200円　④4-496-02680-5
目次　1「ラブの贈りもの」の森尾由美さんの飼育ボランティア体験，2 花野さんちのフラワー日誌，3 飼育ボランティアがしたいなと思ったら—飼育ボランティア 基礎知識，コラム 小学校で里親ボランティア—サティルンは2年1組の卒業生，4 実録飼育ボランティア家族
内容　盲導犬の子犬を1年間愛情こめて養育する飼育ボランティアをとりあげた。マンガでの導入の後には，飼育ボランティアをしたいと思ったら，どうしたらいいか？などの基礎知識から，飼育ボランティアってどんなことをするの？などの疑問に答える体験談まで，具体的でわかりやすい内容になっている。

『ボランティアはじめて体験』　全国児童館連合会監修，こどもくらぶ編　同友館　1998.4　63p　21cm　（はじめてのボランティア 10）　1200円　④4-496-02658-9
目次　心理テスト（ボランティア度チェック，ボランティア準備チェック ほか），1 はじめての車イス体験（車イスで街体験，車イス基礎知識 ほか），2 ボランティア体験報告集（水をたいせつにするボランティア，牛乳パックでボランティア ほか），3 児童館手話サークル訪問（ゲゲゲの鬼太郎）

『この子もなれるかなボランティア犬』　こどもくらぶ編　同友館　1998.3　63p　21cm　（はじめてのボランティア 9）　1200円　④4-496-02612-0
目次　1 目で見るボランティア犬，2 ボランティア犬になるには，3 基本的なしつけ，4 この子もなれるかなボランティア犬

『私の生き方—ボランティア活動が教えてくれたもの』　工藤英一，広川あい作，福田素子画　大分　大分県　1998.3　64p　21cm　（ボランティアハートコミックス 2）

『ささえあい助けあうなかま—わたしたちにできるボランティア』　伊藤隆二監修　学習研究社　1998.2　52p　27cm　（からだが不自由って，どんなこと？　6）　3000円　④4-05-500331-5,4-05-810525-9

『マザー・テレサへの旅—ボランティアってだれのため？』　寮美千子文・写真　学習研究社　1997.12　134p　22cm　（学研のノンフィクション）　1200円　④4-05-200956-8

『グッドジョブ—はじめての一歩をふみだすために ボランティアハートコミック』　阿川佐和子作，牧村ジュン画　大分　大分県　1997.3　112p　21cm

『ありがとながんばろな—阪神・淡路大震災でのたすけあい』　今関信子文，中村景児絵　学習研究社　1997.2　31p　27cm　（ボランティアふれあいのえほん 15）　1648円　④4-05-500283-1,4-05-810500-3

『一本のえんぴつありがとう—世界の友だちをたすける』　ゆうきえみ文，山野辺進絵　学習研究社　1997.2　30p　27cm　（ボランティアふれあいのえほん 5）　1648円　④4-05-500273-4,4-05-810500-3

『小さな学校の大きなおもいやり—プルタブをあつめて車いすプレゼント』　宮川ひろ文，沢田あきこ絵　学習研究社　1997.2　29p　27cm　（ボランティアふれあいのえほん 9）　1648円　④4-05-500277-7,4-05-810500-3

ボランティアについて考えよう　　　　　　　　　　　　地域活動

『手ぶくろ人形パクパクパク―おもちゃ図書館であそぶ』　七尾純文，箕田美子絵　学習研究社　1997.2　30p　27cm　（ボランティアふれあいのえほん 11）　1648円　④4-05-500279-3,4-05-810500-3

『土よう日はおみまいの日―病院をほうもんする』　今関信子文，狩野ふきこ絵　学習研究社　1997.2　31p　27cm　（ボランティアふれあいのえほん 4）　1648円　④4-05-500272-6,4-05-810500-3

『ボランティアしあおうよ―車イスのぼくから君へ』　松兼功著，渡辺則子絵　岩崎書店　1997.2　78p　22cm　（おとなになること 8）　1300円　④4-265-03828-X
[目次]　ボランティアとの出会い，アワと消えないボランティア，あたりまえのこと，ボランティアしあう関係，屋台のふたり，「自分はこうしたい」を応援する，心のアンテナを伸ばそう，みんなの力を引きだす，カッコだけのパフォーマンスはノー，受験のためのボランティア!?〔ほか〕
[内容]　ボランティアって，何ですか？ ボランティアの「心」って？ まわりの人たちや社会全体に役立つことだろう。そんな中でボランティアしている人自身の喜びや，生きがいもうまれてくるものさ。だから，ボランティアって「世のため，人のため，自分のため」なんだ。ボランティアって，決して一方的なものでなく，お互いのやさしさ，知恵と情熱さえあれば，それを，自分のできることを生かせばいいのさ。きっと，胸がワクワクする新しい世界が待っているよ。

『ボランティア・ワールドへようこそ』　グループ環編著，いとうまりこまんが　朝日新聞社　1997.2　253p　21cm　1957円　④4-02-220614-4

『みんなでのぼろう日本一高いところ―車いすといっしょに富士登山』　松美里枝子文，夏目尚吾絵　学習研究社　1997.2　31p　27cm　（ボランティアふれあいのえほん 1）　1648円　④4-05-500269-6,4-05-810500-3

『やった！ およげたよ！ がんばったよ！―体のふじゆうな人に水えいを教える』　早野美智代文，西山史真子絵　学習研究社　1997.2　31p　27cm　（ボランティアふれあいのえほん 13）　1648円　④4-05-500281-5,4-05-810500-3

『これだけ手話―これだけはおぼえておきたいな』　田中ひろし企画・著　同友館　1996.12　74p　21cm　（はじめてのボランティア）　1200円　④4-496-02475-6
[内容]　本書は，こどもにかたりかけるように，とてもわかりやすく書かれています。もちろんおとなの人にも手話の入門書として最適な本です。

『ボランティアや地域活動をしよう』　東山明，山田卓三監修，寺村忠司編　明治図書出版　1996.11　102p　26cm　（手づくり遊びと体験シリーズ―自然・生活・科学体験アイデア集 3）　1860円　④4-18-963302-X
[目次]　1 ぼく・わたしをみつめて，2 わたしをとりまく人とともに，3 地域とわたしのかかわり，4 社会とともに歩むわたし
[内容]　本書では，生活科で行われる経験活動のなかで，特に社会性，交流性の強いものを原点として，それらから派生し，学校ばかりではなく家庭や子ども会などのサークル活動においても，活動可能な社会的活動の事例とそのねらいや，展開の方法を紹介した。まだ学校で学んだことや他の公共施設でのイベントや地域にある素材を活かして，環境や国際，人権問題など新しい教育課題にも対応できるように，発想の幅を広げた事例を紹介する。

『いっしょにたのしもう―お年よりとともに』　坂倉みなみ文　ポプラ社　1996.4　47p　27cm　（ボランティアわたしたちにできること 1）〈監修：池田明彦　付（1枚）〉　2500円　④4-591-05066-1
[目次]　おじいさんチームはつよいぞ，お年よりは，わたしたちの先輩，おじいさんは，やさしかった，「孫ができました」って，老人ホームの納涼祭は，たのしいな，ゲートボールのお手伝い，昔の遊びをならったよ，絵手紙を交かんしたよ，おばあさんたちと配食ボランティア，もっと気軽に声をかけよう，ふれあおう，マナーやルールを守って，おつきあい，長生きをよろこびあえる社会にしよう，お年よりのことを知ろう，いっしょに話そう，遊ぼう，たのしもう

地域活動　　　　　　　　　　　　　　　　　ボランティアについて考えよう

『住みよい地域をつくろう―地域社会を考える』 嶋田泰子文　ポプラ社　1996.4　47p　27cm　（ボランティアわたしたちにできること　6）〈監修：池田明彦〉2500円　①4-591-05071-8
|目次| MOONへようこそ，地域は出発点，じぶんの住んでいる地域を知る，障害も国籍のちがいもけっとばせ，奉納太鼓を打つ，小さい子っておもしろい，びわ湖，大すき，いざというときにそなえて，みんなにやさしい街を考える，地図をつくってみよう，一人でもできることからはじめよう，たずねてみよう，足もとからはじめよう

『ボランティアガイドブック』 嶋田泰子文　ポプラ社　1996.4　47p　27cm　（ボランティアわたしたちにできること　8）〈監修：池田明彦〉2500円　①4-591-05073-4
|目次| 手をつなごう，集める，まなび，生かす，遊ぶ，つくる，育てる，自然を守る―会員になる，リサイクル，国際協力―手をつなぎあう，里親になる，ボランティア活動の相談

『やさしい心をとどけよう―災害にあった人に』 嶋田泰子文　ポプラ社　1996.4　47p　27cm　（ボランティアわたしたちにできること　3）〈監修：池田明彦〉2500円　①4-591-05068-8
|目次| 阪神・淡路を大地震がおそった，中学生・高校生，被災地へ，被災者やからって，これでいいのんか，こどもたちにもできることを見つけよう，いつまでも，わすれない

『ゆたかな自然を守ろう―環境を考える』 嶋田泰子文　ポプラ社　1996.4　47p　27cm　（ボランティアわたしたちにできること　4）〈監修：横山隆一〉2500円　①4-591-05069-6
|目次| ゆたかな森をとりもどそう，森は働きもの，森は大きな教室だ，自然はたいせつな友だち，ニホンカワウソ探検隊がいく，ホタルのすみかを知る，りっぱに育ったよ，メダカを救え，自然に親しもう，くらしのなかでできること，人も地球の生き物

『わたしたちにできるボランティア』 樋口恵子著　岩崎書店　1996.4　62p　27cm　（お年よりを理解する本　4）〈監修：樋口恵子，岡本祐三〉3000円　①4-265-05444-7
|目次| 1 子どもとお年よりの交流，2 子どもたちのボランティア，3 ボランティアってなに？，4 よりよい社会をつくる

子どもの本　楽しい課外活動2000冊　283

書名索引

【あ】

あいさつだってボランティア（田中ひろし） ………………………………………… 275
あいさつは元気よく（鈴木喜代春） ………… 28
アイデアいっぱい！季節&行事の製作あそび（ポット編集部） …………………… 151
アイデアいっぱい!!子どもの工作（寺西恵里子） ………………………………………… 131
アウトドアをたのしむ本（アンジェラ・ウィルクス） ……………………………………… 220
アウトドア・クッキング（川部米雄） ……… 159
アウトドア攻略遊びガイド（グループ・コロンブス） ……………………………………… 220
アウトドア入門（清水国明） ………………… 220
秋から冬のしきたり‐月見・七五三・大晦日など（味元敬子） …………………… 256
あきのあそび（竹井史郎） …………………… 207
朝原宣治のだれでも足が速くなる（朝原宣治） ……………………………………………… 95
旭山動物園100（内山晟） …………………… 264
足が速くなるこけし走り（斉藤太郎） ……… 94
あそび（スティーヴン・バトラー） ………… 203
あそび ……………………………………………… 203
遊び（宮田利幸） ……………………………… 203
あそびおりがみ ………………………………… 226
あそび・音楽・スポーツで国際交流（ピーター・バラカン） ……………………………… 57
遊び・ゲームびっくりBOX チャイルドランド（木村研） ……………………………… 205
遊び・スポーツでつかうもの（花形康行） … 206
あそびとおもちゃ情報事典（多田千尋） …… 202
遊びと手づくりおもちゃ（鈴木英之） ……… 168
遊びと勉強（梅沢実） ………………………… 59
あそびにやくだつ工作（こどもくらぶ） …… 144
あそびのための郷土玩具（畑野栄三） ……… 243
遊びの本 ………………………………………… 242
あそびのレシピ（鈴木洋子） ………………… 200
あそび名人12人 ………………………………… 201
あそび力アップゲーム（篠原菊紀） ………… 198
あそぶ・楽しむ（秋山滋） …………………… 198
あそべるアイディア工作（立花愛子） ……… 139
遊べる折り紙（山梨明子） …………………… 228
遊べる！楽しい！おりがみおもちゃ（いまみさ） ………………………………………… 225
遊ぼう！飾ろう！楽しいおりがみ教室（石橋美奈子） …………………………………… 229
あそんでおぼえるよくばりあいうえおえほん（沢井佳子） ……………………………… 244
あそんでことばのほん ………………………… 205

あそんでたのしむ野外活動入門（山岡寛人） ………………………………………………… 220
遊んで学ぼう！ 原体験（小野市立好古館） … 273
頭がよくなるおりがみあそび（丹羽兌子） … 228
頭のゲーム ……………………………………… 205
あたらしいおりがみ（榎本宣吉） …………… 226
あたらしいボールゲーム（こどもくらぶ） … 86
あつぎあきのむしかんさつブック（[厚木市教育委員会]文化財保護課） ………… 268
アッというまにさかあがりができたよ（下山真二） ………………………………………… 118
あててごらん（関戸勇） ……………………… 161
アートで学ぼうアートを遊ぼう（広島市現代美術館） ………………………………… 263
あなたにできるボランティア・ハンドブック（こどもくらぶ） ………………………… 281
あなたにもできる車いす介助（東京都板橋ナーシングホーム介護保健課） ……… 276
あなたにもできる災害ボランティア（スペンドリニ・カクチ） ……………………… 274
余部ふるさとガイド（余部ふるさと教育応援団） ……………………………………………… 17
アメリカの友だち（佐藤郡衛） ……………… 59
あやとりあそび（西東社出版部） …………… 232
あやとりあそび（エキグチクニオ） ………… 232
あやとり遊びどうぐやのりもの（福田けい） ………………………………………………… 232
あやとり遊び人気のTVキャラクターやいきもの（福田けい） ……………………… 232
あやとりしようよ！（あやとり探検隊） …… 231
あやとりできた！（福田けい） ……………… 231
ありがとう！ きゅうしょく（平田昌広） … 39
ありがとながんばろな（今関信子） ………… 281
有馬隼人の楽しい！ はじめてのアメフト（有馬隼人） ……………………………………… 89
アルミ缶の実験（立花愛子） ………………… 170
暗記しないでうまくなる百人一首（田口貴志） ………………………………………………… 127
あんごうあそび（竹井史郎） ………………… 222
安全を願う郷土玩具（畑野栄三） …………… 244

【い】

イエス・ママ！（岩田健） …………………… 24
生きているってどんなこと（大原ひろみ） … 168
いきもの感動博物館（梅棹忠夫） …………… 263
池や川に行こう（七尾純） …………………… 173
池や水とあそぼう（やまだたくぞう） ……… 173
囲碁ゲーム入門（白江治彦） ………………… 184
囲碁・将棋クラブむかしの遊びクラブ（横山正） ……………………………… 184, 191, 204

子どもの本 楽しい課外活動2000冊　**287**

いこつ　書名索引

囲碁って、おもしろい(梅沢由香里) …… 179
囲碁ってどんなゲーム？(日本棋院) …… 182
囲碁のすべてがわかる情報館(日本棋院) …… 182
囲碁の達人(小林千寿) …… 181
囲碁の達人・入門編(鶴田郁夫) …… 181
囲碁の必殺ワザ(横内猛) …… 179
囲碁のひみつ(平本弥星) …… 181
囲碁みんなの詰碁(羽根直樹) …… 178
囲碁はこんなゲーム(小川誠子) …… 180
石が生きる、死ぬ?!(梅沢由香里) …… 179
石の生き死に(小川誠子) …… 180
石の取り方(小川誠子) …… 180
偉大な芸術家に教わる絵の描きかた 人物編(スー・レイシー) …… 131
偉大な芸術家に教わる絵の描きかた スポーツ・レジャー編(スー・レイシー) …… 130
偉大な芸術家に教わる絵の描きかた 静物編(スー・レイシー) …… 131
偉大な芸術家に教わる絵の描きかた 動物編(スー・レイシー) …… 130
1月(増田良子) …… 209
1学期のあそび・ゲーム(奥田靖二) …… 35
1がつのこうさく(竹井史郎) …… 152
1月の自然あそび(竹井史郎) …… 207
いちご新聞キャラクターおりがみ教室(いちご新聞編集局) …… 230
1日を楽しめる室内あそび(日本レクリエーション協会) …… 221
1日でできる自由研究(MPC編集部) …… 69
1―2年生の劇の本(生越嘉治) …… 24, 25
1・2年生の新自由研究(江川多喜雄) …… 70
1・2年生の夏休み工作(服部鋼資) …… 77
いちねん(ゆきのゆみこ) …… 250
1年生からひとりでお弁当を作ろう(坂本広子) …… 157
1年生のみんなの劇(演劇教育研究会) …… 25
いちばんうまくなるジュニアサッカー(福西崇史) …… 103
いちばんうまくなる少年野球(山西英希) …… 98
いちばんうまくなるミニバスケットボール(永田睦子) …… 109
いちばん勝てる将棋の本(里見香奈) …… 186
いちばん強くなる少年野球コーチング(成城ヤンガース) …… 97
一番よくわかる少年野球ルールブック(Winning ball) …… 99
いちばんわかりやすい少年野球「ルール」の本(林秀行) …… 97
いちばんわかる囲碁の基本入門(白江治彦) …… 180
1枚のかみでおるおりがみおって遊ぶ(山田勝久) …… 227
一輪車をはじめよう！(神代洋一) …… 82

一輪車こんなのりかたできるかな？(日本一輪車協会) …… 91
一輪車・竹馬(嶋野道弘) …… 90
一輪車はじめてのれた！(日本一輪車協会) …… 91
一輪車みんなでおどろう！(日本一輪車協会) …… 91
一局の流れを知る(羽生善治) …… 190
いっしょにあそぼう(イフェオマ・オニェフル) …… 198
いっしょにたのしもう(坂倉みなみ) …… 282
いっしょに森あそび(トヨタ自動車) …… 217
いっしょにやろう！ ふたりあやとり(有木昭久) …… 230
行ってみようキャンプ …… 22
いつでもどこでも手話ソング(こどもくらぶ) …… 52, 53
いつでもどこでもフットサル(須田芳正) …… 106
一本のえんぴつありがとう(ゆうきえみ) …… 281
命を守る着衣泳(鈴木哲司) …… 119
いのちのヴァイオリン(中沢宗幸) …… 154
イベント(菱田清和) …… 261
イベント・シンボル(檜山永次) …… 142
★いまいみさの★牛乳パックでつくるエコおもちゃ(いまいみさ) …… 147
いますぐはじめる紙飛行機(二宮康明) …… 140
井山裕太のいちばん強くなる囲碁入門(井山裕太) …… 176
イラスト 子ども俳句(炎天寺) …… 130
イラスト 子ども俳句 クイズ・学習(炎天寺) …… 130
イラストでよくわかる！ ひかる先生のやさしい体育(田中光) …… 88
イラスト版からだに障害のある人へのサポート(横藤雅人) …… 274
イラスト版子どもの伝統行事(谷田貝公昭) …… 257
医療の職場 …… 7
いろあわせ(村田道紀) …… 161
いろいろいろ色がヘンシーン(左巻健男) …… 170
いろんなことを調べてみよう(紺野順子) …… 266
飲食の職場 …… 8
インターネットで国際交流(中島章夫) …… 57
インターネットで自由研究 …… 69
インターネットにおけるルールとマナーこどもばん公式テキスト(インターネット協会) …… 27
インラインスケート楽勝book(インラインスケート普及協議会) …… 121

【う】

ヴァイオリンを弾こう！(塚本章) ………… 154
上野動物園100(小宮輝之) ……………… 264
ウォーター・ゲーム ……………………… 214
ウォッチング雲と星(酒井哲雄) ………… 16
ウォッチング植物と昆虫(永吉宏英) …… 16
ウケた！笑った！おもしろマジック大百科(吉原敏文) …………………………… 235
動かす(古川恵以) ………………………… 199
動く！遊べる！小学生のおもしろ工作(滝川洋二) …………………………………… 132
動く！遊べる！小学生のおもしろ工作eco編(成美堂出版編集部) ……………… 133
動くおもちゃ工作(多田千尋) …………… 145
うごくおりがみ(水野政雄) ……………… 230
兎塚ふるさとガイド(兎塚ふるさと教育応援団) …………………………………… 18
歌うって楽しい！(タケカワユキヒデ) … 156
うたっておどってえいごどうよううたのえほん ……………………………………… 155
うちあそび事典(多田千尋) ……………… 221
うちでもできるかな子犬の飼育ボランティア(こどもくらぶ) ……………………… 281
うまくなるコツとひみつ(栗山英樹) … 92, 93
海であそぶ(小林陸) ……………………… 216
海と自然を考える(関根義彦) …………… 164
海と地球のペーパークラフト(海洋研究開発機構) ………………………………… 226
海に行こう(七尾純) ……………………… 173
海に入るみこし(浅野陽) ………………… 262
海の遊び方(中村征夫) …………………… 219
海の楽校(長谷川孝一) …………………… 219
海の工作図鑑 図書館版(岩藤しおい) … 216
海・山・キャンプもこれで安心(NHK科学番組部) ………………………………… 215
うらない・おまじないあそび(竹井史郎) … 222
ウワサの学校なぞなぞ(ワン・ステップ) … 245
運動会アイデア競技集(楽しい運動会を創造する教師の会) ……………………… 20
運動会・学芸会に使うモノはいくら？(秋山滋) ……………………………………… 60
運動会で1番になる方法(深代千之) …… 20
運動会のゲーム …………………………… 21
運動ができるようになる本(水口高志)
 ……………………………… 83, 84, 119
運輸の職場 ………………………………… 8

【え】

えいごどうようのうた …………………… 156
えいごのうた＆ダンスえほん …………… 155
絵をかこう(福本謹一) …………………… 131
えかきあそび(竹井史郎) ………………… 131
えかきうたのほん(尾原昭夫) …………… 243
駅(秋山滋) ………………………………… 14
エコ・クッキングで地球を救え！(東京ガス「食」情報センター) ……………………… 64
絵てがみのおくりもの(白石範孝) ……… 139
江戸東京博物館(佐藤広基) ……………… 269
江戸の子ども行事とあそび12か月(菊地ひと美) ……………………………………… 240
絵本作りクラブまんが・イラストクラブ(横山正) …………………………………… 131
柄本明「絶望」の授業(NHK「課外授業ようこそ先輩」制作グループ) ……………… 7
演劇は道具だ(宮沢章夫) ………………… 127
エンジニアがつくる不思議おもちゃ(大東聖昌) ………………………………… 140
エンジョイ！スポーツ!!(日本医師会) … 88
エンジョイ！図書館(二村健) …………… 266
遠足でのゲーム …………………………… 22
えんぴつ・ものさしあそび(竹井史郎) … 222
エンマ様もふき出す 学校の法則(花咲乱之介とその一座) ……………………… 27

【お】

おいしいものが好き！(「仕事の図鑑」編集委員会) …………………………………… 159
お祝い事の郷土玩具(畑野栄三) ………… 243
応援しよう(伊藤幸也) …………………… 1
おうちでできる！バレエ・レッスン(クララ) ……………………………………… 124
お江戸ミニブックセット(杉山亮) ……… 242
おおいたものづくり発見！ブック ……… 16
大絵馬ものがたり(須藤功) ……………… 253
大きな図で解りやすい本 日本の伝承遊びコツのコツ ……………………………… 241
おおきな博物館(つだかつみ) …………… 269
おかしなえ(村田道紀) …………………… 161
おかしなおかし(山本ゆりこ) …………… 158
お菓子なカードをつくりましょう！(黒須和清) …………………………………… 158
お菓子な文房具(平田美咲) ……………… 157
沖縄修学旅行ガイドブック ……………… 22

おきな　書名索引

おきなわ昔あそび(勝連盛豊) 244
屋外でできるおたのしみ会(林克己) 36
奥佐津ふるさとガイド(奥佐津ふるさと教育応援団) 17
オーケストラ・吹奏楽が楽しくわかる楽器の図鑑(佐伯茂樹) 154
オーケストラ大図鑑(東京フィルハーモニー交響楽団) 155
おこづかいはなぜもらえるの？(山根法律総合事務所) 60
おじいちゃんは遊びの名人(多田千尋) ... 241
おしばいにいこう！(ヌリア・ロカ) 127
押し花アートを楽しもう(花と緑の研究所) 129, 143
おしゃれな会話(早見優) 27
オーストラリアの友だち(佐藤郡衛) 59
おたのしみ会の計画はこうたてよう(林克己) 36
おつきあいのマナー(武田鉄矢) 27
折ってあそぶ(大橋晧也) 204
おって遊べるわんぱくおり紙 229
お天気まるわかりbook(山内豊太郎) 66
お父さんが教える自由研究の書きかた(赤木かん子) 63
お父さんが教える読書感想文の書きかた(赤木かん子) 78
音をだして遊ぼう(藤原義勝) 157
音を出す(藤原義勝) 139
お年よりといっしょに(鈴木宏明) 275
お年よりと楽しく 276
おとなの歯がはえてきたよ(東京都教育庁都立学校教育部学校健康推進課) 41
おとなの歯がはえてきたよ(東京都教育庁体育部保健給食課) 42
大人も子供も遊んで学べる科学実験キット 162
おとなもびっくりの子どもたち(たかしま風太) 239
おとのでるどうようのえほんmini 154
音・光ふしぎはっけん 173
オドロキ!!超ふしぎマジック(上口竜生) .. 233
おにごっこ(嶋野道弘) 80
鬼ごっこからSケンまで(菅原道彦) 206
おばあちゃんは遊びの達人(多田千尋) ... 242
おばけ大集合(山本和子) 198
お部屋をかざる工作　おし花づくり(柳川昌子) 145
おべんとう&サンドイッチ(河野雅子) 159
おべんとうをつくろう！(碧海酉葵) 157
おぼえておきたい！　伝承おりがみ(山口真) 225
重さで動く(成井俊美) 145

おもしろ学校ごっこ(おもしろ学校職員室) 81
おもしろ紙おもちゃづくり教室(岐阜女子大学文化創造学部初等教育学専攻子ども発達専修) 133
おもしろ紙おもちゃづくり教室(岐阜女子大学) 134
おもしろ工作実験(森政弘) 135
おもしろ実験・ものづくり事典(左巻健男) 164
おもしろ自由研究(あゆみ出版編集部) 72
おもしろ自由工作ベスト20(立花愛子) 76
おもしろトリックワールド(竹内竜人) 244
おもしろ冒険博物館(梅棹忠夫) 271
おもしろやきもの展ハンドブック 273
おもしろ理科実験集 172
おもちゃの工作ランド(成井俊美) 140
「おもちゃの作り方」大図鑑(石川球人) .. 144
おもちゃ博士のかんたん！　手づくりおもちゃ(佐野博志) 134
親子でカンタン紙おもちゃ(NHK出版) .. 228
親子で楽しむおりがみあそび(坂田英昭) .. 230
親子でたのしむ将棋入門(将棋を楽しむ会) 187, 188
親子でたのしむ　将棋入門(将棋を楽しむ会) 193
親子で楽しむ手作り科学おもちゃ(緒方康重) 162
親子で楽しむはじめてのスイミング(稲田法子) 120
親子で楽しむモノづくり　リサイクル工作らんどベスト50(荒堀英二) 149
親子でチャレンジ！はじめてのキッズ&ジュニアテニス(中嶋康博) 113
親子でつくる元気のでるキッチンガーデン(小宮山洋夫) 160
親子でつくるわりばし工作(滝口明治) 142
親子でとりくむ読書感想文(村上淳子) 78
親子ではじめるしょうぎドリル(日本女子プロ将棋協会) 186
親子で学ぼう電気の自由研究(福田務) 64
おやじギャグ大百科(原ゆたか) 237
オリエンテーリング・ウォークラリー(師岡文男) 214
おりがみあそび123(水原葵) 225
おりがみ・あやとり 229, 231
おりがみ大集合(阿部恒) 230
おりがみでアウトドア(阿部恒) 230
おりがみでごっこあそび(いしかわ☆まりこ) 225
おりがみでミュージカルごっこ(いまいみさ) 224
折り紙動物園(丹羽兌子) 228

折り紙ファンシー小物（山梨明子）............ 228
おりがみ壁面12か月（いまいみさ）............ 224
オリジナル自由研究と工作.............. 76, 141
織りものごっこ（田村寿美恵）............ 205
おるほん（LaZOO）..................... 230
お笑いの達人になろう！......... 234, 237, 238
音楽遊び（島崎篤子）.................... 156
音楽室・理科室にあるモノはいくら？（秋山滋）.................................. 60
女の子の手作り自由工作BOOK（いしかわまりこ）............................ 136

【か】

かおノート（tupera tupera）............. 245
課外授業ようこそ先輩（NHK「課外授業ようこそ先輩」制作グループ）........ 13
かがくあそび（高柳雄一）................ 160
科学あそび（山城芳郎）.................. 162
科学あそび（浜口一郎）.................. 167
科学遊びをしよう（東山明）.............. 171
科学遊び大図鑑（かざまりんぺい）........ 160
科学あそび大図鑑（津田妍子）............ 171
科学クラブアウトドアクラブ（横山正）.... 129
科学工作図鑑（立花愛子）................ 161
科学じかけの貯金箱自由研究book（立花愛子）.................................. 63
科学deクイズ1・2・3 実験観察編（折井雅子）.................................. 164
科学でゲーム屋外で実験（ヴィッキイ・コブ）.................................. 164
科学でゲームやっぱりできる！（ヴィッキイ・コブ）............................ 174
科学の工作と実験（斎藤賢之輔）.......... 171
科学マジック工作で遊ぼう（堂本保）...... 164
確実に上達するジュニアテニス（志津テニスクラブ）.......................... 113
学習新聞のつくり方事典（鈴木伸男）...... 32
学習テキスト「雪とあそぼう」実験教室.... 271
学習に役立つわたしたちの年中行事（芳賀日出男）........................ 257, 258
がくふたんけんたい（春畑セロリ）........ 153
かけっこが速くなる1週間おうちレッスン＋なわとび・さかあがり（野村朋子）.... 84
かこさとしあそびの本（かこさとし）...... 195
かこさとしこどもの行事しぜんと生活（かこさとし）.................. 250〜252
飾って遊ぼう（山野てるひ）.............. 30
飾れる！遊べる！わりばしクラフト＆おもちゃ（滝口明治）................ 195
火事・放射能から命を守ろう（川辺重彦）... 46

風の力をつかう風の工作（住野和男）...... 140
片岡鶴太郎「好き」に一所懸命（NHK「課外授業ようこそ先輩」制作グループ）...... 10
学研の自由研究.......................... 71
学研の小学生の自由研究.................. 61
学校（都筑二郎）........................ 26
学校あるなしクイズ（夢現舎）............ 245
学校演劇で平和を学ぶ（上田精一）........ 23
学校が10倍楽しくなる心理ゲーム（本間正夫）.................................. 248
学校給食（戸辺勝弘）.................... 41
学校行事に役立つ楽しい切り紙（寺西恵里子）............................ 28, 33
学校歯科医からの話...................... 41
学校であそぼう！ゲームの達人（竹井史郎）............................ 196, 197
学校で飼う水辺の生き物（小宮輝之）...... 33
学校で楽しむみんなの合唱（さいとうみのる）.................................. 23
学校でできるボランティア（こどもくらぶ）.................................. 278
学校でのひなんと備え.................... 46
学校でもったいない活動（岡本正志）...... 60
学校で役立つ新聞づくり活用大事典（関口修司）.................................. 31
学校と子どもの生活の100年（桜井信夫）.... 26
学校と生活がたのしくなる本（ジョン・F.テイラー）.............................. 49
学校に行く道（七尾純）.................. 173
学校のなぞ............................ 247
学校のまつりをつくろう（千葉昇）........ 23
学校名人になれる将棋（日本将棋連盟）.... 193
かっぱ印川あそびブック（阿部夏丸）...... 219
カップシアター（浅野ななみ）............ 146
家庭・外出先でのひなんと備え............ 46
必ずうまくなる野球・練習法（高畑好秀）... 97
必ず書けるあなうめ読書感想文（青木伸生）.................................. 79
必ず役立つ吹奏楽ハンドブック（丸谷明夫）.................................. 154
カバディ（苅宿俊文）.................... 203
がびょうがいた？（佐藤早苗）............ 166
歌舞伎（市川染五郎）.................... 127
カブトムシ・クワガタムシ・水生昆虫ほか.................................. 34
カブトムシとクワガタ（グループ・コロンブス）.................................. 79
鎌倉をたずねる（桜井信夫）.............. 18
紙あそび・ひもあそび（嶋野道弘）........ 230
紙ねんど工作 リサイクル編（かろく工房）... 149
紙のおもちゃランドスペシャルセレクション（すずお泰樹）.................... 229
ガムQのダンスクール（ウィーヴ）........ 127

カメ・カニ・スナ ……………………… 268
からくりおもちゃ工作（多田信作）……… 147
からくり工作ブック（塩浦信太郎）……… 73
カラクリにんぎょう（塩浦信太郎）……… 143
からだであそぼう（久保健）……………… 199
体と心 保健総合大百科 小学校編（少年写真新聞社）……………………………… 42
からだの不自由な友だち（飯山順子）…… 49
からだほぐしを楽しもう（からだほぐし編集委員会）……………………………… 201
空手道（全日本空手道連盟）……………… 84
カラー版 デジカメ自然観察のすすめ（海野和男）……………………………………… 66
ガリレオ工房の科学あそび（滝川洋二）… 164
ガール・マジックお手紙レッスン（寺西恵里子）…………………………………… 223
カルメ焼き・べっこうあめと10の実験（左巻健男）…………………………………… 171
川遊びから自然を学ぼう（三輪主彦）…… 221
かわいい！ たのしい!!おりがみあそび（いまいみさ）………………………………… 227
川崎和男ドリームデザイナー（NHK「課外授業ようこそ先輩」制作グループ）… 10
川であそぶ（小菅盛平）…………………… 217
川と遊ぶ ……………………………………… 219
川の遊び方（佐藤秀明）…………………… 219
川の安全とマナー ………………………… 219
川の楽校（皆川哲）………………………… 219
川原の石や地形の調査（埼玉県立自然史博物館）………………………………………… 271
考えることを楽しもう（羽生善治）……… 190
ガンガンつくって自由研究（田中力）…… 69
環境を調べる福祉を考える（次山信男）… 271
環境自由研究の手引き …………………… 61
環境問題を考える自由研究ガイド（エコ実験研究会）……………………………… 63
かんさつ名人はじめての栽培（東京学芸大学附属小金井小学校生活科部）……… 31
かんたんアウトドア・クッキング（細川隆平）……………………………………… 160
かんたん！ 遊べる！ビックリ工作（築地制作所）……………………………………… 137
カンタン！ 囲碁入門（林芳美）…………… 178
かんたん・かっこいい「自由研究」実例114（向山洋一）…………………………… 67
かんたん！ 楽しい！バスレク（阿部直美）…………………………………………… 197
かんたん手づくりおもちゃチャイルドランド（木村研）……………………………… 205
かんたん！ 手づくり工作・おもちゃ大全集（佐藤和代）……………………………… 212
かんたんにできるおたのしみ会（林克己）… 36
簡単にできる室内遊び（小川美千子）…… 221

かんたん人形劇（黒須和清）……………… 128
かんたん！ めちゃウケマジック（土門トキオ）………………………………… 232, 233
がんばっぺ！ アクアマリンふくしま（中村庸夫）……………………………………… 264

【き】

黄色いハンカチはSOSの合図（宇野弘信）…… 276
木を見つめよう（七尾純）………………… 175
祇園祭（田島征彦）………………………… 262
器械運動（松本格之祐）…………………… 118
器械運動 …………………………………… 119
器楽・合唱クラブ演劇クラブ（横山正）… 129, 156
器楽合奏にチャレンジ（さいとうみのる）… 156
きこえの障がいってなあに？（エレイン・アーンスト・シュナイダー）…………… 49
季節を感じる！12ケ月のぎょうじ工作（早未恵理）……………………………… 252
きせつのおり紙（新宮文明）……………… 226
きせつのおりがみ（学研編集部）………… 229
きせつの行事あそび ……………………… 255
きせつの行事りょうり …………………… 158
季節の草花あそび（勝連盛豊）…………… 212
きせつの草花あそび＆うた・おり紙 …… 211
義足のロングシュート（祓川学）………… 50
北島康介の水が怖くなくなる魔法の本（北島康介）…………………………………… 120
キッズプラザ大阪（大阪市教育振興会）… 273
きったりはったりおりがみでおままごと（いまいみさ）……………………………… 226
きったりはったり おりがみでおみせやさん（いまいみさ）………………………… 225
きったりはったりおりがみとあきばこでどうぶつえん（いまいみさ）……………… 227
キッチン・おもしろ自由研究（ガリレオ工房）…………………………………………… 62
キッチンでかんたん実験120 …………… 62
"切って組むだけ"立体おもちゃ（柴田泰）… 224
きってはってとばして親子であそべる！ガチャピン・ムックのてづくりオモチャ… 224
木とあそぼう（やまだたくぞう）………… 175
希望のキャンプ（田口ランディ）………… 21
基本がわかるスポーツルール卓球・バドミントン（中村啓子）……………………… 115
基本がわかるスポーツルールバスケットボール（中村啓子）…………………………… 110
基本がわかるスポーツルールバレーボール（下山隆志）……………………………… 108
キミにも作れる！伝承おもちゃ＆おしゃれ手工芸（平林浩）………………………… 240

書名索引　くらす

きみもなれるアウトドア名人（NHK科学番組部） ……………………………… 220
きみはきみだ（斉藤道雄） ……………… 47
きみは、どっち？（静岡県校長会） …… 50
キミはもっと速く走れる！（近藤隆夫） … 94
きむらゆういち・みやもとえつよしのガラクタ工作（きむらゆういち）‥ 133, 134, 136〜138
ギャハハ!!漫才館（しばはら・ち） …… 237
キャラクター折り紙あそび（いしばしなおこ） …………………………………… 224
キャンプ（中川祐二） …………………… 215
キャンプ（川西正志） …………………… 215
キャンプ＆野外生活ワンダーランド（神谷明宏） …………………………………… 215
キャンプをしよう（成田寛） …………… 215
キャンプ術（風間深志） ………………… 215
キャンプ図鑑（宇野美貴子） …………… 215
キャンプで使えるアウトドアゲーム集（日本レクリエーション協会） ……………… 214
キャンプ・野外遊びをもっと楽しく（葉杖健太郎） …………………………………… 215
球技（山本悟） …………………………… 90
究極の選択心理ゲーム（究極の選択研究会） ……………………………………… 248
9歳からのマネープラン（あんびるえつこ） … 60
給食ではじめる食育（宮島則子） ……… 40
給食のしくみ（日本食育学会） ………… 40
牛乳パック＆ペットボトルKids工作図鑑（立花愛子） ……………………………… 147
牛乳パックが動くよ（小関武明） ……… 150
牛乳パックでアイデアグッズをつくろう（芸術教育研究所） …………………… 150
牛乳パックで動くオリジナルおもちゃをつくろう（実野恒久） …………………… 150
牛乳パックで作る　とびだす・からくり（芳賀哲） ……………………………… 150
牛乳パックで作るへんしん・からくり（芳賀哲） ………………………………… 151
牛乳パックで作る　まわる・からくり（芳賀哲） ………………………………… 151
牛乳パックの実験（科学読物研究会） … 172
教育の職場 ……………………………… 8
今日から将棋をはじめる（金園社企画編集部） …………………………………… 185
今日からすぐ打てる囲碁book（知念かおり） ………………………………………… 182
きょうから体育が好きになる！（下山真二） ………………………………………… 89
行事・通学中のひなんと備え …………… 46
教室壁かざりアイディア集 ……………… 30
教室で楽しむ！手品ベスト50（勝田房治） … 237
教室レクリエーション（奥田靖二） …… 196
ぎょうじのえほん（西本鶏介） ………… 252

行事のおはなし12か月（左近蘭子） …… 253
行事の名前のひみつ（国松俊英） ……… 259
ぎょうじのゆらい ………………………… 259
京都をたずねる（三浦はじめ） ………… 19
京都なるほどガイドブック（PHP研究所） … 22
郷土の化石大探検！ ……………………… 270
郷土の史跡を探そう（向井安雄） ……… 16
きょう土博物館の見学（吉田忠正） …… 273
郷土料理のおいしいレシピ ……………… 158
恐竜たちと出会った夏（早瀬長利） …… 269
きょうはなんの日？（次山信男） … 260, 261
キラキラ読書クラブ子どもの本〈644冊〉ガイド（キラキラ読書クラブ） ………… 39
切り紙あそび（Lee） …………………… 227
きりがみ＆おりがみで紙あそび（丹羽兒子） ………………………………………… 225
きりぬいてつくるなつのこうさく（五味太郎） ……………………………………… 142
きれいをつくるバレエ習慣（千田裕子） … 126
キンギョ・川魚・熱帯魚・海水魚ほか … 34

【く】

クイズでサッカートレーニング！（日本サッカー協会） ……………………………… 104
空気を飛ばそう空気で浮かそう（滝川洋二） ………………………………………… 168
空気のかたちをとらえよう（松原静郎） … 167
空気の力でびっくりおもちゃ（竹井史郎） … 160
空想ぴあにすと（春畑セロリ） ………… 154
9月（増田良子） ………………………… 209
9がつのこうさく（竹井史郎） ………… 152
9月のこども図鑑 ………………………… 171
9月の自然あそび（竹井史郎） ………… 207
草花あそび（むかいさちこ） …………… 212
草花染めkids（箕輪直子） ……………… 143
草花とともだち（松岡達英） …………… 211
グッドジョブ（阿川佐和子） …………… 281
くらしとぎょうじのせいかつ図鑑（竹下昌之） ………………………………………… 252
くらしのうつりかわり展（明石市立文化博物館） …………………………………… 242
くらしの中でどう動いてる？（原田奈名子） ………………………………………… 89
くらしの中の科学にせまろう（松原静郎） … 165
くらしの中の人権とは？（戸波江二） … 50
クラスが変わる劇・表現アイデア集（子どもの表現研究会） ……………………… 25
クラス全員でできるアイデアスポーツ（日本レクリエーション協会） ……………… 93

子どもの本　楽しい課外活動2000冊　293

くらす

クラスでできるボランティア（こどもくらぶ） …………………………………………… 278
クラスでバカウケ！モノマネのコツ30（本間正夫） ……………………………… 237
クラスの人気者になれる！理科手品（酒井かおる） ……………………………… 236
クラスメイトのことがまるわかり！おもしろ心理ゲーム決定版 ……………………… 246
クラブ活動アイデアブック（杉田洋） ………………………………… 111, 115, 157, 160
くらべてみよう！昭和のくらし（新田太郎） …………………………………………… 240
くらべてみよう！日本と世界のくらしと遊び（石毛直道） …………………………… 200
クリスマスをかざろう（花田えりこ） ……… 152
クリスマス・正月の工作図鑑（岩藤しおい） … 152
グループ対抗・チャレンジゲーム集（楽しい運動会を創造する教師の会） …………… 20
クレヨンしんちゃんのまんが体育おもしろ上達ブック（臼井儀人） ……………………… 82
クロッキー校長のマジックのじかん（黒崎正博） …………………………………… 236
クロッキー校長のマジックdeパーティー（黒崎正博） ………………………………… 236
クロール完全攻略本（水口高志） ………… 119
ぐんぐんこどもの足が速くなる ……………… 95
ぐんぐん強くなる囲碁入門（加藤正夫） …… 180
ぐんぐん強くなる将棋入門（谷川浩司） …… 192

【け】

警察署と交番（財部智） ……………………… 14
劇・朗読劇（工藤直子） …………………… 127
けしゴム・したじきあそび（竹井史郎） …… 223
けっしょうづくり（牧衷） ………………… 161
ゲームをつくろ（ヒダオサム） …………… 204
玄海と有明海（佐賀県立宇宙科学館） …… 269
げんなまいにち（長屋幸郎） ………………… 42
健康を願う郷土玩具（畑野栄三） ………… 244
健康ゲーム ………………………………… 205
健康・福祉・ボランティアを体験（横山正） …………………………………………… 278
見城徹編集者魂の戦士NHK「課外授業ようこそ先輩」制作グループ ……………… 10
けんたくんとおねえちゃんのこうつうあんぜんいってきまーす！（総務庁長官官房交通安全対策室） ……………………………… 43
けん太とじゅん子のそれ行け!!農業探検隊（滋賀県農政水産部農政課） ……………… 13
けん玉（日本けん玉協会） ………………… 231
けん玉 ……………………………………… 232
けん玉ウルトラテクニックス最終攻略本（オフィス・サウス） …………………………… 232
けん玉の技百選（日本けん玉協会） ……… 231
剣道（こどもくらぶ） ……………………… 122
剣道（栄花直輝） …………………………… 123
剣道・柔道（佐藤成明） ……………… 122, 124
玄侑宗久ちょっとイイ人生の作り方（NHK「課外授業ようこそ先輩」制作グループ） … 10

【こ】

小泉武夫微生物が未来を救う（NHK「課外授業ようこそ先輩」制作グループ） …… 13
公園でできるネイチャーゲーム（降旗信一） …………………………………………… 213
校外学習 くらしをまもる・くらしをささえる（塩浦信太郎） ……………………………… 11
校外学習 くらしをまもる・くらしをささえる（財部智） ………………………………… 11
校外学習 くらしをまもる・くらしをささえる（長崎武昭） ……………………………… 11
校外学習 くらしをまもる・くらしをささえる（小西聖一） ……………………………… 11
校外学習 くらしをまもる・くらしをささえる（川瀬勝彦） ……………………………… 11
校外施設で体験学習（中川志郎） ………… 12
公共の職場 …………………………………… 8
工業の職場 …………………………………… 8
工作あそび（野田則彦） ……………………… 77
工作あそび（沢柳清） ……………………… 146
工作クラブ手品・ゲームクラブ（横山正） … 129
工作の会＆やるやるクラブ作り方集 …… 264
工作のコツ絵事典（霜野武志） …………… 76
工作ワンダーランド（西本修） …………… 141
こうすればかけっこが速くなる（朝原宣治） ……………………………………………… 94
こうすればできる！「自由研究」の選び方＆まとめ方がわかる本1・2・3年生（子ども学力向上研究会） ……………………… 63
こうすればできる！「自由研究」の選び方＆まとめ方がわかる本4・5・6年生（子ども学力向上研究会） ……………………… 63
こうすれば友だちと仲良くできる（香山リカ） …………………………………………… 47
こうすればOK！とび箱・かけっこ・逆上がりが得意になるコツ50（小山スポーツスクール） …………………………………… 117
鉱石kids（関根秀樹） ……………………… 166
こうたくんとおねえちゃんのおつかいだいさくせん（日本交通安全教育普及協会） …… 43

書名索引　こども

こうつうあんぜんうさぎさんとかめさんの
　おつかい (日本交通安全教育普及協会) …… 43
校庭遊び (亀卦川友) ………………………… 198
校内でできるネイチャーゲーム (降旗信一)
　………………………………………………… 213
校内のかざり (菱田清和) …………………… 30
公民館・児童館・スポーツ公園 (島田恵司)
　………………………………………………… 263
小売の職場 …………………………………………… 8
5回で折れるはじめてのおりがみあそび (い
　まいみさ) …………………………………… 224
5月 (増田良子) ……………………………… 209
5がつのこうさく (竹井史郎) ……………… 152
5月の自然あそび (竹井史郎) ……………… 207
国際交流データブック (中島章夫) ………… 57
国際交流入門 (米田伸次) …………………… 58
国際交流のテーマさがし (米田伸次) ……… 58
国際人をめざせ！コミュニケーションの達
　人 (菊池省三) …………………………… 55, 56
国際理解に役立つ　世界の民族音楽 (千葉
　泉) …………………………………………… 56
国際理解に役立つ　世界の民族音楽 (冨浪貴
　志) …………………………………………… 56
国際理解に役立つ　世界の民族音楽 (若林忠
　宏) ……………………………………… 56, 57
国際理解に役立つ　世界の民族音楽 (冨田健
　次) …………………………………………… 57
国際理解に役立つ　世界の民族音楽 (井口淳
　子) …………………………………………… 57
国立科学博物館 (佐藤広基) ………………… 270
こころをそだてる春夏秋冬きせつのうた …… 153
心つながる劇あそび・劇づくり (大門高子)
　………………………………………………… 23
こころと体で表現あそび …………………… 202
こころの二人三脚 (NHK「こども」プロジェ
　クト) ………………………………………… 50
古代体験book縄文土器をつくろう (いのう
　えせいしん) ………………………………… 143
古代の布を織ろう・染めよう (宮内正勝) …… 8
国境なき医師団：貫戸朋子 (NHK「課外授
　業ようこそ先輩」制作グループ) ………… 13
ことばのくにのマジックショー (中川ひろ
　たか) ………………………………………… 234
ことばの障がいってなあに？ (ジョン・E. ブ
　ライアント) ………………………………… 49
ことばの不自由な友だち (大伴潔) ………… 49
こども囲碁教室 (囲碁編集部) ……………… 176
こども囲碁教室 (横内猛) …………………… 181
子どもがつくる旬の料理 (坂本広子) ……… 158
子どもが作る手づくりプレゼント (平井洋
　子) …………………………………………… 138
こどもきせつのぎょうじ絵じてん (三省堂
　編修所) ……………………………………… 253

こどもギャラリー冒険！古美術不思議世界
　ガイド ……………………………………… 273
子ども古代探検！八尾高安古墳群 (八尾市
　立歴史民俗資料館) ………………………… 18
子ども自然教室 (上月啓輔) ………………… 270
こども手話じてん (谷千春) ………………… 52
こども手話じてんセット (谷千春) ………… 52
こども将棋囲いの破り方入門 ……………… 194
こども将棋振り飛車で勝とう (中原誠) …… 189
子どもだってにんげんさ (CAP北九州) …… 50
こども詰め将棋入門 ………………………… 194
子どもと楽しむ科学の実験 (佐伯平二) …… 164
「こどもとおとなの美術入門ろ・ご・き」展
　ガイドブック (群馬県立近代美術館) …… 273
「こどもとおとなの美術入門むし・虫・ワー
　ルド」展ガイドブック (群馬県立近代美
　術館) ………………………………………… 273
子どもと楽しむ工作・実験・自由研究レシ
　ピ (曽江久美) ……………………………… 73
子どもと楽しむ自然観察ガイド＆スキル (芸
　術教育研究所) ……………………………… 162
子どもと作る壁面アイデア12か月 (ポット
　編集部) ……………………………………… 132
こどもとはじめる季節の行事 (織田忍) …… 254
子ども灘百選たんけん手帳 (灘区まちづく
　り課) ………………………………………… 17
子どもにおくる私の遊びの話 (鈴木喜代春)
　………………………………………………… 240
こどものあそびうた・わらべうた絵本132
　曲 ……………………………………………… 155
こどもの遊びのうつりかわり (本間昇) …… 243
こどものおりがみあそび …………………… 225
こどものおりがみ教室 (ISAMU ASAHI) … 225
こどもの救急大事典 (窪田和弘) …………… 42
こどものり紙遊び …………………………… 224
子どもの頃の遊びの思い出 (みのかも文化
　の森・生活体験ボランティア) …………… 241
子どものための手話事典 (全日本ろうあ連
　盟) …………………………………………… 52
子どものためのスポーツ・ストレッチ (杉田
　一寿) …………………………………… 87, 88
子どものためのそうさくえいごげき (柚木
　圭) …………………………………………… 128
子どものための点字事典 (黒崎恵津子) …… 51
子どものためのバレエ用語 (堀口朝子) …… 125
子どものための防災訓練ガイド (松尾知純)
　………………………………………… 43, 44
こどもの花あそび (こどもの花あそび編集
　委員会) ……………………………………… 210
こどものやきものあつまれ (こどものやき
　もの研究会) ………………………………… 146
子どもの喜ぶ伝承あそび入門 (多田信作) …… 243
子どもはくぶつかん教室 …………………… 273

子どもの本　楽しい課外活動2000冊　　295

こども　　　　　　　　　　書名索引

こども博物館鎧・兜・刀（徳島市立徳島城博物館） …………………………………… 273
子ども版将棋のルールを覚えた次に読む本（青野照市） ……………………………… 185
子ども落語家りんりん亭りん吉（藤田富美恵） ………………………………………… 238
こども落語塾（林家たい平） …………………… 238
ことわざ・格言で強くなる!! マンガ囲碁必勝法（藤井ひろし） ……………………… 184
5年生のみんなの劇（演劇教育研究会） ……… 25
この子もなれるかなボランティア犬（こどもくらぶ） …………………………………… 281
このほんば〜った! ……………………………… 38
小林恭二五七五でいざ勝負（NHK「課外授業ようこそ先輩」制作グループ） ………… 11
5分でできる室内あそび（日本レクリエーション協会） ………………………………… 221
こまワールドであそぼう（学童保育指導員専門性研究会） ……………………………… 241
コミック！ 将棋入門（羽生善治） …………… 190
コミュニケーション力を高める！レクリエーションアイデアガイド（神代洋一） … 195, 196
これが勝つためのテクニック（中原誠） …… 187
これができれば強くなる（日本将棋連盟） … 193
これだけ手話（田中ひろし） ………………… 282
これで打てる、十九路盤（梅沢由香里） …… 179
これできみもサッカー博士（滝本茂） ……… 106
5〜6年生の劇の本（生越嘉治） ………………… 24
5・6年生の新自由研究（江川多喜雄） ………… 69
こわいって何だろう？（三重県立美術館） … 274
昆虫がいっぱい（水戸市立博物館） ………… 269
昆虫採集kids（石井誠） ……………………… 175
昆虫立体きりおりがみ（たけとり） ………… 226
こんなにある草花遊び（千葉幹夫） ………… 211
こんにちは（なかむらなおこ） ………………… 52
コンパクト・ゲーム ………………………… 205
コンピュータで調べよう（笠原良郎） ………… 39

【さ】

さあ将棋をはじめよう（羽生善治） ………… 190
さあ、対局してみよう（中原誠） …………… 187
サイ＆スーの自由研究だ〜いすき！（静岡サイエンスミュージアム研究会） ………… 64
サイエンス入門 観察実験であそぼう！（日本宇宙少年団（YAC）） ………………… 162
最強将棋道場 ………………………………… 188
サイクリング入門（栗田秀一） ………………… 91
最新少年野球一番わかりやすいルールブック（小林毅二） ……………………………… 96
最新リサイクル工作図鑑（黒須和清） … 148, 149

逆上がりができるコツかけっこが速くなるコツ（水口高志） ………………………… 87
榊佳之遺伝子小学生講座（NHK「課外授業ようこそ先輩」制作グループ） …………… 10
さがしてみよう！ まちのバリアフリー（高橋儀平） …………………………… 16, 17
探すことから始めよう（滋賀県教育委員会） … 19
差がつく！ 夏休み自由研究小学3・4年生 … 64
差がつく！ 夏休み自由研究小学5・6年生 … 64
ささえあい助けあうなかま（伊藤隆二） …… 281
サッカー入門（加藤久） ……………………… 106
サッカーはともだち（千葉幹夫） …………… 106
雑草とあそぼう（やまだたくぞう） ………… 175
砂糖と塩の実験（高梨賢英） ………………… 171
里海であそぼう（奥山英治） ………………… 216
里山であそぼう（奥山英治） ………………… 216
里山百年図鑑（松岡達英） …………………… 216
サバイバル活動（山口泰雄） ………………… 214
サバイバルキャンプ入門（浅野拓） ………… 215
サバイバル！ 無人島で大冒険（スタジオハレ） ……………………………………… 216
サービスの職場 ………………………………… 8
さまざまなボランティア（新谷弘子） ……… 280
さむらいくんとまなぶこうつうあんぜん（警察庁交通局） …………………………… 43
ザリガニ・カメ・磯の生き物ほか ……………… 34
さるくキッズ …………………………………… 18
3・11を忘れない（東京都教育庁指導部指導企画課） ………………………………… 45
3.11が教えてくれた防災の本（片田敏孝） … 44, 45
参加しよう福祉活動（苅宿俊文） …………… 278
3月（増田良子） ……………………………… 209
3学期のあそび・ゲーム（奥田靖二） ………… 35
3がつのこうさく（竹井史郎） ……………… 152
3月の自然あそび（竹井史郎） ……………… 208
産業を調べる（次山信男） …………………… 271
サンシャイン水族館リニューアル大作戦（深光富士男） …………………………… 264
3年生のみんなの劇（演劇教育研究会） ……… 25
3万冊の本を救ったアリーヤさんの大作戦（マーク・アラン・スタマティー） ……… 36
3〜4年生の劇の本（生越嘉治） ………………… 24
3・4年生の新自由研究（江川多喜雄） ………… 69
3・4年生の夏休み工作（服部鋼資） …………… 78

【し】

しあわせのバトンタッチ（今西乃子） ………… 48
飼育委員会・栽培委員会（杉山聡） …………… 34

しゆう

飼育体験から学ぶヤギのいる学校（今井明夫）………… 33
飼育と観察百科 ………………………………………… 34
しかけおもちゃ工作（多田千尋）………… 146
しかけがいっぱい！手づくりカード集（いしかわまりこ）………………………… 137
しかけのあるカードとえほんを作ろう！（柴田泰）………………………… 136
4月（増田良子）………………………… 209
4がつのこうさく（竹井史郎）………… 152
4月の自然あそび（竹井史郎）………… 208
四季の折り紙（丹羽兌子）………………… 229
しぐさのマナー（市田ひろみ）………… 28
重松清見よう、聞こう、書こう。（NHK「課外授業ようこそ先輩」制作グループ）… 10
地震が起きたらどうするの？（横山裕道）… 46
地しんと安全（東京都教育庁指導部指導企画課）……………………………… 45
地震と安全（東京都教育庁指導部指導企画課）……………………………… 45
地しんと安全（東京都教育庁指導部指導企画課）……………………………… 45
じしんにそなえて（杉並区小学校防災副読本作成委員会）……………………… 45
地しんにそなえて（杉並区小学校防災副読本作成委員会）………………… 45, 46
地震のあとは何をしたらいいの？（横山裕道）……………………………… 46
地震はどうして起こるの？（横山裕道）… 46
地震は防ぐことがむずかしいの？（横山裕道）……………………………… 46
しずくちゃんおりがみあそび（クーリア）… 227
しぜんあそび ……………………………… 172
自然科学30のなぜ？どうして？（国立科学博物館）…………………………… 268
自然観察で楽しく遊ぼう（東山明）…… 172
自然と遊ぶ（東山直美）………………… 217
自然と遊ぶ・作る・観察する（おくやまひさし）……………………………… 220
自然と語ろう！びほろふるさと体験隊（美幌町マナビティーセンター）…… 18, 272
事前に調べる修学旅行パーフェクトガイド 大阪・奈良・伊勢志摩（日本修学旅行協会）……………………………… 22
事前に調べる修学旅行パーフェクトガイド 関東・中部・南東北（日本修学旅行協会）……………………………… 22
事前に調べる修学旅行パーフェクトガイド 九州・沖縄（日本修学旅行協会）…… 22
事前に調べる修学旅行パーフェクトガイド 東京・横浜・千葉（日本修学旅行協会）……………………………… 22

事前に調べる修学旅行パーフェクトガイド 北海道・北東北（日本修学旅行協会）…… 22
自然のおくりもの（奥山英治）………… 197
自然の中で身を守る（成田寛）………… 217
7月（増田良子）………………………… 209
7がつのこうさく（竹井史郎）………… 153
7月の自然あそび（竹井史郎）………… 208
実験観察　自由研究ハンドブック（「たのしい授業」編集委員会）…………… 71
実験・自由研究 ………………………… 67
知って防ごう食中毒（甲斐明美）……… 42
室内遊び（亀井田茂）…………………… 221
自転車ルールを守って楽しく乗ろう（日本交通安全教育普及協会）………… 42, 43
柴山ふるさとガイド（柴山ふるさと教育応援団）……………………………… 16
指標生物を利用した川の環境調査（埼玉県立自然史博物館）……………… 271
自分でつくろう手話ソング（田中ひろし）… 53
自閉症の友だち（吉田昌雄）…………… 49
自閉症・ADHDの友だち（成沢真介）… 47
しもだ（下田市海洋委員会）…………… 17
社会（鈴木寛一）………………………… 65
市役所（長崎武昭）……………………… 14
写真であそぼうスナップ・クラブ（小野寺俊晴）……………………………… 129
写真でわかるぼくらのイネつくり（農文協）……………………………… 174
しゃぼんだま（牧衷）…………………… 161
じゃんけんあそび・ゆびあそび（嶋野道弘）……………………………… 203
11月（増田良子）………………………… 209
11がつのこうさく（竹井史郎）………… 153
11月の自然あそび（竹井史郎）………… 208
集会委員会（川嶋春美）………………… 35
集会レクリエーション（奥田靖二）…… 196
10月（増田良子）………………………… 210
10がつのこうさく（竹井史郎）………… 153
10月の自然あそび（竹井史郎）………… 208
自由研究 ………………………………… 71
自由研究ガイドブック（左巻健男）…… 65
自由研究にも使える！ペットボトル・牛乳パックでかんたん工作（くるくるリサイクル工作研究会）………………… 63
自由研究に役立つ実験工作キットBOX（左巻健男）………………………… 73
自由研究ヒントbook …………………… 63
自由研究わくわく探検大図鑑 ………… 66
自由工作　明かりの工作（五茂健）… 77, 145
自由工作　やさしいモーターの工作（摺本好作）………………………… 78, 146
柔道（こどもくらぶ）…………………… 123
柔道（古賀稔彦）………………………… 124

しゅう　　　書名索引

12か月・行事のマナー（峯村良子）………… 260
12月（増田良子）……………………………… 210
12がつのこうさく（竹井史郎）……………… 153
12月の自然あそび（竹井史郎）……………… 208
10人からできるアイデアスポーツ（日本レクリエーション協会）………………………… 93
ジュエルペットどれみふぁピアノ（サンリオ）……………………………………………… 154
シュガーバニーズのおりがみおかいものしましょ！（水野政雄）…………………………… 226
手芸クラブ料理クラブ（横山正）…………… 129
ジュニアアスリートのための最強の走り方55のポイント（石原康至）…………………… 93
ジュニア硬式テニスコーチングと練習メニュー（田頭健一）………………………………… 113
ジュニアサッカー イングランドのドリル集101（マルコム・クック）……………………… 106
ジュニアサッカー キッズのトレーニング集（豊田一成）…………………………………… 105
ジュニアサッカー トレーニング編（藤田一郎）…………………………………………… 107
ジュニア審判マニュアル（日本ソフトテニス連盟）………………………………………… 113
ジュニアスポーツ上級編（松本光弘）……… 90
ジュニア世代の骨盤力（手塚一志）………… 96
ジュニア・ソフトテニス……………………… 112
ジュニアテニス塾（竹内映二）……………… 114
ジュニアのための考える柔道（向井幹博）… 123
ジュニアのための ベースボールコンディショニング（立花竜司）………………………… 102
ジュニア・ボウリング・ガイド（宮田哲郎）…………………………………………………… 90
ジュニア野球コーチングと練習メニュー（田中慎太郎）………………………………………… 102
ジュニア野球「投手・捕手」練習メニュー150（江藤省三）……………………………… 98
シュプレヒコール脚本集（玉川学園小学部）…………………………………………………… 25
手話で伝えたい（たかねきゃら）……………… 55
手話・点字によるボランティア（新谷弘子）…………………………………………………… 55
手話の絵事典（全国手話研修センター）…… 51
春夏秋冬 自然とつくる（浦部利志也）…… 145
準備いらずのクイック外遊び（木村研）…… 219
障害をもつ人といっしょに（田中ひろし）… 275
障害のある人へのボランティア活動（山崎美貴子）………………………………………… 279
障害のある人と仲よく …………………… 276
小学生体と健康ぎもんランキング（ぎもんランキング編集委員会）……………………… 42
小学生将棋名人戦公式ガイドブック ……… 187
小学生〜中学生に贈るケガ予防＆速く泳ぐためのカラダ作り（小泉圭介）………………… 119

小学生・中学生のためのジュニアサッカー食事バイブル（間宮裕子）…………………… 105
小学生でもわかる囲碁入門（梅沢由香里）‥ 177, 178
小学生熱中！ ニュースポーツ事典（前山亨）…………………………………………… 89
小学生のかんたん！ おうち実験室（山村紳一郎）………………………………………… 161
小学生のクッキングで自由研究（尾嶋好美）…………………………………………………… 62
小学生の実験・観察・工作自由研究（ガリレオ工房）………………………………………… 64
小学生の自由研究（若葉クラブ）…………… 66
小学生の自由研究 ……………………… 66, 72
小学生の自由研究（成美堂出版編集部）…… 74
小学生の自由研究リサイクルとエコロジー（外西俊一郎）………………………………… 68
小学生の自由研究1・2年生（成美堂出版編集部）………………………………………… 66
小学生の自由研究3・4年生（成美堂出版編集部）………………………………………… 66
小学生の自由研究5・6年生（成美堂出版編集部）………………………………………… 67
小学生の自由工作かんたん！ すごい!!アイデアBOOK（成美堂出版編集部）……………… 73
小学生のたのしい自由研究（自由研究指導会）……………………………………… 70, 71
小学生のための元気な体をつくる運動（岡本香代子）………………………………………… 85
小学生のための自由研究・宿題アイディアブック（江川多喜雄）………………………… 72, 73
小学生のための体育基本レッスン（水口高志）…………………………………………… 83
小学生のためのテニスがうまくなる本（増田健太郎）………………………………………… 111
小学生のチョコレートのおやつマジック（村上祥子）……………………………………… 157
小学生の夏休み自由研究（ガリレオ工房）… 62
小学生の100円ショップ大実験 …………… 161
小学生96人のわくわく読書体験 …………… 36
小学校たのしい劇の本（日本演劇教育連盟）…………………………………………………… 23
小学校1・2年生の読書感想文（立原えりか）…………………………………………………… 79
小学校3・4年生の読書感想文（立原えりか）…………………………………………………… 79
小学校5・6年生の読書感想文（立原えりか）…………………………………………………… 79
将棋（小暮克洋）……………………………… 192
将棋（前田祐司）……………………………… 193
将棋を初めてやる人の本（将棋をたのしむ会）………………………………………………… 186
将棋をはじめる（阪口神士）………………… 192
将棋っておもしろい？（日本将棋連盟）…… 193
将棋って、どんなゲームなの？（中原誠）… 188

298

書名	ページ
将棋とチェスの話（松田道弘）	190
将棋入門（佐藤康光）	193
将棋入門ドリル	185
将棋の基本（日本将棋連盟）	191
将棋の基本完全マスター（日本将棋連盟）	191
将棋の戦法（日本将棋連盟）	191
将棋の戦法完全マスター（日本将棋連盟）	191
将棋の必殺ワザ（先崎学）	189
将棋のひみつ（安恵照剛）	189
将棋のルール（日本将棋連盟）	191
将棋のルール完全マスター（日本将棋連盟）	192
上水道・下水道（長崎武昭）	14
じょうずにうたえるどうようカラオケえほんnew！	155
上達法がよくわかる・完全図解少年サッカー（池内豊）	105
上達法がよくわかる・完全図解少年野球（中村順司）	100
正ちゃんといっしょに能登川の遺跡探検ものがたり（東近江市教育委員会埋蔵文化財センター）	17
小・中学生の手話教室（中野善達）	55
小・中学生のためのサッカーの教科書（成美堂出版編集部）	105
小・中学生のための走り方バイブル（伊東浩司）	95
小・中学生のためのバッティングの教科書（成美堂出版編集部）	99
小・中学生のための野球上達法（川口和久）	99
小・中学生のための野球上達法（大島康徳）	99
少年弓道（高橋かおる）	87
少年剣道（テラカドヒトシ）	122
少年剣道基本げいこ（榎本松雄）	122
少年サッカー	106
少年サッカー「基本と上達」のすべて（平野淳）	105
少年サッカー基本プレー完全攻略!!（大岳真人）	104
少年サッカー基本・練習・コーチング（堀池巧）	103
少年サッカーコーチング（木村和司）	106
少年サッカーコーチングブック（高木琢也）	106
少年サッカー必勝バイブル（柏レイソル）	103
少年柔道（いとうみち）	123
少年柔道基本げいこ（中西英敏）	123
少年少女の空手道（内藤武宣）	92
少年少女の柔道（山本秀雄）	124
少年少女のための将棋（北村昌男）	194
少年少女のやさしい将棋（中原誠）	192
少年野球勝つための基本とテクニック（小野寺信介）	101
少年野球「基本と上達」のすべて（本間正夫）	96, 97
少年野球基本とレベルアップ練習法（前田幸長）	96
少年野球基本・練習・コーチング（伊東勤）	97
少年野球教室（沼沢康一郎）	102
少年野球コーチング（本間正夫）	102
少年野球上達パーフェクトマニュアル（ベースボール・マガジン社）	97
少年野球「バッティング」のすべて（本間正夫）	99
少年野球「バッテリー」のすべて（本間正夫）	98
少年野球「よくわかるルール」のすべて（本間正夫）	96
少年野球レベルアップ練習メニュー（小野寺信介）	98
消防署（秋山滋）	15
縄文土器を焼こう（宮内正勝）	8
食事のマナー（服部幸応）	28
食事のマナー・安全・栄養クイズ（ワン・ステップ）	27
食事は楽しく（鈴木喜代春）	28
食で知ろう季節の行事（高橋司）	255
職場体験完全ガイド	1〜7
職場体験実践レポート（池上彰）	7
職場体験にチャレンジ	8
植物あそび（ながたはるみ）	212
植物あそび図鑑（川原勝征）	210
植物観察と天体観察	22
植物や動物を観察しよう！（有田和正）	175
初段をめざす詰め将棋（羽生善治）	189
調べ学習・自由研究に役立つお天気まるわかりBOOK（山内豊太郎）	61
調べ学習・自由研究に役立つ理科の実験まるわかりBOOK（滝川洋二）	61, 65
調べてまとめて新聞づくり（竹泉稔）	31, 32
調べてまとめてはっぴょう名人（中川一史）	30
調べてみよう！身のまわりの外来の生きものたち	271
調べるって、どんなこと？（山崎哲男）	266
シリーズわくわく図書館	37
新きょうはなんの日？（次山信男）	255
新沢としひこのみんなのたいそう（新沢としひこ）	116
しん太の昔遊び（安川真慈）	241
新・苦手な運動が好きになるスポーツのコツ	122〜124
新入生といっしょにあそべるゲーム	202

しんね　　　　　書名索引

新年のしきたり・門松・初詣・お年始など（味元敬子） ………… 256
新版 修学旅行の本 京都（修学旅行研究会） ………… 21
新版 修学旅行の本 奈良（修学旅行研究会） ………… 21
人物、動・植物で調べる国際交流（ピーター・バラカン） ………… 58
新聞委員会・掲示委員会（朝倉深太郎） …… 35
新聞を作ってみよう！（古舘綾子） ………… 30
しんぶんしあそび（藤本ともひこ） ………… 224
しんぶんしであそんじゃおう！（いまいみさ） ………… 225
新聞紙の実験（立花愛子） ………… 167
新聞社（長崎武昭） ………… 12
心理テスト＆夢占い（マーク・矢崎） ………… 247

【す】

水泳（平川譲） ………… 120
水泳（青木剛） ………… 120
水泳（糸井統） ………… 121
水泳 ………… 121
水泳（飯田明） ………… 121
水泳入門（野本敏明） ………… 120
水泳入門（長崎宏子） ………… 121
水泳のコツ大研究（後藤真二） ………… 119
水泳フォーム完全ガイド（村上二美也） …… 119
スイスイはさみしょうぎ（たかはしやまと） ………… 186
スイスイ！ ラクラク!!読書感想文（成美堂出版編集部） ………… 78
吹奏楽部（斉藤義夫） ………… 156
水族館で発見！いきもの100（グループ・コロンブス） ………… 265
水族館と小学生（鳥羽山照夫） ………… 265
「水道道たんけん」がはじまった！（笠原秀） ………… 13
図解たのしい科学あそび（山崎種吉） …… 167
図解たのしい科学あそび（吉田泰司） …… 168
図画宿題お助けブック（MPC編集部） …… 78
スキー教室（三浦雄一郎） ………… 122
すきなおと、ひこう（春畑セロリ） …… 154
すぐ打てる！ はじめての囲碁（片岡聡） … 183
すぐ書ける読書感想文（あさのあつこ） …… 79
すぐできるしぜん体験ゲーム（江川多喜雄） ………… 218
すぐできる！ よくわかる！ 学研キッズネットの自由研究（学研キッズネット編集部） ………… 62

すぐに打てる！ 超カンタン囲碁入門（武宮正樹） ………… 182
すぐに使える学校放送・学級新聞おもしろアイデアシリーズ（WILLこども知育研究所） ………… 33
すぐにできる！ 楽しいダンス（TOSS（東京教育技術研究所）） ………… 126
スクール・ガーデニング＆フィーディング（学校の栽培・飼育活動）（町田植男） …… 34
すぐわかる！ うまくなる！ マンガバレーボール（小室しげ子） ………… 109
スグわかる！ まんが囲碁入門（片岡聡） ………… 178, 179, 181
スグわかる！ まんが将棋入門（羽生善治） …… 188
ずけいあそび（竹井史郎） ………… 223
すてきな日本の伝統 ………… 240
すてきなピアノえほん ………… 154
ストローでカラクリ工作（芳賀哲） ………… 143
頭脳のチャレンジパズル（WILLこども知育研究所） ………… 33
スーパー紙とんぼワンダーランド（鎌形武久） ………… 141
スーパーテクニック ヨーヨーマスター（ジーエフドメイン） ………… 92
スーパーマーケット（財部智） ………… 15
ズバリ当てようクイズ（WILLこども知育研究所） ………… 34
スーパーリサイクル貯金箱おもしろ工作ランド（すずお泰樹） ………… 147
滑って転んでオレ、元気（日本学校保健会） ………… 121
スポーツを得意にする方法（大沢清二） …… 87, 88
スポーツクラブ（横山正） ………… 91
スポーツなんでも事典学校スポーツ（こどもくらぶ） ………… 85
スポーツなんでも事典柔道（こどもくらぶ） ………… 123
スポーツなんでも事典水泳（こどもくらぶ） ………… 119
スポーツなんでも事典スキー・スケート（こどもくらぶ） ………… 121
スポーツなんでも事典ダンス（こどもくらぶ） ………… 125
スポーツなんでも事典武道（こどもくらぶ） ………… 85
スポーツのうそ・ほんと（栗山英樹） …… 93
スポーツの本（宮下充正） ………… 92
スポーツ力アップゲーム（篠原菊紀） …… 88
スポーツは体にいいの？（日本医師会） …… 88
須磨久善心臓外科医（NHK「課外授業ようこそ先輩」制作グループ） ………… 10
すみよい環境づくり ………… 276
住みよい地域をつくろう（嶋田泰子） ……… 283
すみよし歴史探検地図（大阪市住吉区） …… 17

ずむ・ずむ・りずむ(春畑セロリ) ………… 154
相撲(日本相撲連盟) ………………………… 84
スラスラ書ける読書感想文(上条晴夫) ……… 79
3D日本地図めいろ(横山験也) …………… 244

【せ】

生活空間ニッチをつくる ………………… 175
生活体験を楽しもう(東山明) …………… 206
清掃工場とゴミ(小西聖一) ………………… 15
製造の職場 …………………………………… 9
せいでんきっておもしろい(左巻健男) …… 170
世界のあやとり大集合(東京書店) ………… 231
世界のおもちゃを作ろう(堂本保) ……… 77, 78
世界の美術館・博物館まるわかりガイド(カルチャーランド) ……………………… 273
世界の人と友だちになろう(千葉昇) ……… 59
世界のボランティア(鈴木真理子) ………… 281
ゼッタイ大人気! 心理ゲーム(マイバースデイ編集部) ……………………… 248
ゼッタイできる!!囲碁(日本棋院) …… 181, 182
ゼッタイできる!!将棋(日本将棋連盟) … 189
ゼッタイできる!!トランプマジック(北見マキ) ………………………………… 235
ゼッタイできる!!ハンドマジック(北見マキ) ………………………………… 235
絶対にうまくなる少年野球 打撃・走塁編(本間正夫) ………………………………… 101
絶対にうまくなる少年野球 投手・守備編(本間正夫) ………………………………… 101
せつぶんにはどうしてまめをまくの?(横山正) ……………………………………… 261
瀬名秀明奇石博物館物語(NHK「課外授業ようこそ先輩」制作グループ) ………… 272
攻めと守りの知恵(羽生善治) …………… 190
全校でできる集会のアイデア(林克己) …… 36
先生! これやろうよ!!みんなで楽しい屋外あそび(「子どものしあわせ」あそび研究会) ……………………………………… 214
先生たちが選んだ新ゲーム・手づくりあそびセレクト100(みんなの会) ………… 201
先生も親も子どももできるびっくり手品あそび(三宅邦夫) ……………………… 236
先生も子どももできる楽しいスタンプあそび(芸術教育研究所) ………………… 201
先生も子どももできる楽しい指編みあそび(芸術教育研究所) ………………… 203
1000年前のハローワーク(愛知県陶磁資料館) ………………………………… 268
戦法と定跡に学ぶ(羽生善治) …………… 190

ぜんまいざむらいおりがみきょうしつ(西田良子) ……………………………… 227

【そ】

想像力を育む! 楽しい「切り紙」あそび(小林一夫) ……………………………… 229
創造力でおるおりがみえほん どうぶつ(しんぐうふみあき) ………………………… 228
創造力でおるおりがみえほん みずのなかま(しんぐうふみあき) ………………… 228
素材別キッズハンドクラフト 楽しいストロー工作(立花愛子) ……………… 133, 134
素材別キッズハンドクラフト 楽しいテープ工作(立花愛子) ……………………… 134
そのまま使えるカット集(WILLこども知育研究所) ………………………………… 34
ソフトテニス(関岡康雄) ………………… 115
ソフトバレーボール(苅宿俊文) ………… 109
ソフトバレーボールをはじめよう(遠藤則男) ……………………………………… 108
ソフトボール(小川幸三) ………………… 102
ソフトボール(苅宿俊文) ………………… 102
ソフトボール・野球 ……………………… 102
ソフトボール・野球(杉浦俊之) ………… 102
空飛ぶ空き容器(すずお泰樹) …………… 146
空や風とあそぼう(やまだたくぞう) …… 173
それいけ! 子どものスポーツ栄養学(矢口友理) ……………………………………… 87

【た】

体育のコツ絵事典(湯浅景元) …………… 82
対局の実況中継だ(中原誠) ……………… 187
体験学習をはじめよう(佐々木定治) …… 27, 39
体験シート「森の調査隊」(松山みよ子) … 270
体操(こどもくらぶ) ……………………… 117
体操競技(器械運動)(加藤沢男) ………… 118
大地は命のみなもと(佐藤完二) ………… 168
大店舗の職場 ……………………………… 9
大人気・スクールライフ心理ゲーム(マイバースデイ編集部) ……………………… 248
代表委員会(青木知典) …………………… 35
ダウン症の友だち(吉田昌雄) …………… 49
高城剛まぜる!!マルチメディア(NHK「課外授業ようこそ先輩」制作グループ) … 12
炊きたてご飯は棚田米(農林水産省中国四国農政局) ……………………………… 40
タグ・ラグビーをはじめよう(鈴木秀人) …… 89

たけか　　書名索引

竹がえし・おはじき(田中邦子) ………… 241
竹細工(全国郷土玩具館) ………………… 132
竹細工・木工細工をつくろう(宮内正勝) … 141
戦いのテクニック(小川誠子) …………… 180
正しく学んで強くなる少年剣道のきほん(菅
　　野豪) ……………………………………… 122
立花竜司のメジャー流少年野球コーチング
　　小学生編(立花竜司) …………………… 100
卓球(こどもくらぶ) ……………………… 115
卓球(森武) ………………………………… 115
卓球(前原正浩) …………………………… 115
卓球(松下浩二) …………………………… 116
卓球(関岡康雄) …………………………… 116
立浪&野村が教える！ 野球少年が親子でう
　　まくなるプロ思考(立浪和義) ………… 96
棚田はエライ(新潟県安塚町) ……………… 13
たのしいあやとり(野口広) ……………… 231
たのしいあやとり大集合(多田千尋) …… 231
たのしいイベント料理(藤井恵) ………… 158
楽しいおもちゃ作り ……………………… 212
たのしいおもちゃ屋さん(黒須和清) …… 240
たのしいおりがみ(水野政雄) …………… 223
たのしいおりがみ(小林一夫) …………… 229
楽しい！かんたん！小学生の自由工作＆ア
　　イデアクッキング(オオノユミコ) …… 73
楽しいキャンピング(関忠志) …………… 215
たのしい！きりがみ(中村頼子) ………… 228
たのしい草花あそび(佐伯剛正) ………… 211
たのしい自由研究 …………………………… 72
楽しいダンボール工作(立花愛子) ……… 133
たのしい点字(桜雲会) …………………… 51
楽しい！どんぐりまつぼっくり落ち葉の工
　　作BOOK(おさだのび子) ……………… 132
たのしいなおべんとう(服部幸応) ……… 159
楽しいバスレクアイデアガイド ………… 21
たのしいマジック(ゆうきとも) ………… 233
たのしいまりつき　いちリト・ラ〜ラ(田中
　　邦子) ……………………………………… 243
たのしい！みんなのあやとり(福田けい) … 231
楽しい野外遊び(小山義雄) ………… 217, 218
楽しい野鳥観察 …………………………… 22
楽しい！山川遊び ………………………… 219
楽しいリサイクルアート(斎藤美樹) …… 149
たのしい輪ゴム工作(左巻健男) ………… 145
楽しい技を身につけよう(梅沢由香里) … 179
楽しく遊ぶ学ぶくふうの図鑑(鎌田和宏) … 196
楽しく遊べる！ おもちゃ＆ゲーム工作
　　(K&B STUDIO) ………………………… 212
たのしく遊べる科学実験(塚平恒雄) …… 167
たのしくあどろう！ DVDつき手あそびう
　　た(浅野ななみ) ………………………… 126
楽しく実験・工作小学生の自由研究(成美堂
　　出版編集部) ……………………………… 74

楽しく実験・工作小学校5年生の自由研究
　　(成美堂出版編集部) …………………… 75
楽しく実験・工作小学校6年生の自由研究
　　(成美堂出版編集部) …………………… 75
たのしくつかえる！ 親子でつくるリサイク
　　ル工作(岩野絵美子) …………………… 148
たのしく作ろう!!こどもの工作 ………… 73
楽しくつくろう　小学生のリサイクル工作
　　(成美堂出版編集部) …………………… 148
楽しみながらうまくなる！ キッズ野球(ユ
　　メノベースボールクラブ) ……………… 97
食べ物を育てて楽しく料理しよう(金子美
　　智雄) ……………………………………… 158
食べもので国際交流(中島章夫) ………… 58
玉川こども・きょういく百科(小原哲郎) … 205
だまされる目錯視のマジック(竹内竜人) … 246
だまし絵でわかる脳のしくみ(竹内竜人) … 245
だまし絵の不思議な世界(杉原厚吉) …… 130
ためしてみよう！ スポーツのふしぎ(栗山
　　英樹) ……………………………………… 93
だめだめ！ マサルくん(学校保健教育研究
　　会) ………………………………………… 41
田や畑に行こう(七尾純) ………………… 174
だれでもアーティスト(ドーリング・キン
　　ダースリー社) …………………………… 61
だれでも書ける最高の読書感想文(斎藤孝)
　　…………………………………………… 78
タローと作る給食レシピ12ヵ月(関はる
　　子) ……………………………………… 40, 41
短距離・リレー(土江寛裕) ……………… 94
たんけんはっけんじぶんの歯(丸森英史) … 41
たんけん！ はっけん！ 動物園(内山晟) … 264
たんけん昔のくらし(戸田市立郷土博物館)
　　…………………………………………… 17
たんじょうびのおかいもの(内閣府政策統
　　括官) ……………………………………… 43
ダンス・応援パフォーマンス集(楽しい運動
　　会を創造する教師の会) ………………… 20
ダンスでコミュニケーション！(香瑠鼓) … 127
ダンスの教科書(須田浩史) ……………… 124
ダンボールおもしろ工作ランド(すずお泰
　　樹) ……………………………………… 145
探Q！ 日本のひみつ〜日本のまつり〜(青
　　山邦彦) ………………………………… 262

【ち】

地域社会(馬居政幸) ……………………… 19
地域ではじめる体験学習(佐々木定治) … 19
地域の伝統行事 …………………………… 256
地域の特色をいかした活動(宮川八岐) … 91, 129

302

書名索引　つくつ

小さな科学者のための実験ブック（ロバート・ハーシェフェルド）	172
小さな学校の大きなおもいやり（宮川ひろ）	281
力をあわせてチャレンジゲーム	202
力と運動の法則をさぐろう（松原静郎）	165
地球からのSOSエコで応答せよ！（東京ガス「食」情報センター）	63
地球・夜空ふしぎはっけん（佐藤完二）	174
ちぎり紙・きり紙・はり絵（羽場徳蔵）	230
知識の森へ行こう！〜夏休み子ども博物館（香川県歴史博物館）	272
地層と化石の観察ガイド（埼玉県立自然史博物館）	271
ちびまる子ちゃんの折り紙教室（山口真）	228
ちびまる子ちゃんの春夏秋冬教室（さくらももこ）	253
ちびまる子ちゃんの手作り教室（さくらももこ）	74, 136, 157
ちびまる子ちゃんのはじめてのぎょうじ絵じてん	258
着地にご用心（日本学校保健会）	119
茶の湯をはじめよう（秋山滋）	128
茶の湯の心とマナー（秋山滋）	128
茶の湯の楽しみ（秋山滋）	128
チャレンジ！あそび大事典（天野秀昭）	201
チャレンジ！オリンピッククロスワード王（横山験也）	246
チャレンジ！学校心理ゲーム（さくら美月）	247〜249
チャレンジ！学校パズル王（夢現舎）	248
チャレンジ・ザ・ゲーム（苅宿俊文）	203
チャレンジ自由研究（MPC編集部）	71
チャレンジ！日本全国お祭りクイズ王101（横山験也）	262
中長距離・駅伝（両角速）	93
超ウケキッズマジック（藤原邦恭）	233
超ウケる！お笑いネタ大全集（小野寺ぴりり紳）	237
超かっこいい！男の子の手作り自由工作BOOK（近藤芳弘）	75
超かわいい！女の子の手作り自由工作BOOK（いしかわまりこ）	75
超かんたん　絵でわかる将棋入門（田中寅彦）	194
超実戦的ジュニアサッカー（遠藤雅大）	105
超速ショートレクリエーション（木村研）	196
超能力のなぞをとく（猪又英夫）	169
超ふしぎ体験！立体トリックアート工作キットブック（杉原厚吉）	245
超やくだつ??へなちょこコワザ大全集（コワザ研究会）	199
調理クイズ（ワン・ステップ）	157
チョ〜かんたんおりがみどうぶつえんをつくろう（たけいしろう）	225
ちょっとまぬけなわらい話（たかしま風太）	238
ちょっぴりじまんのパーティーメニュー（服部幸応）	159
"ちょボラ"アイディア集（日比野正己）	275
"ちょボラ"を世界に広げよう（日比野正己）	275
"ちょボラ"から始めよう（日比野正己）	275
"ちょボラ"から"ほんボラ"へ（日比野正己）	275
"ちょボラ"でバリアフリーのまちづくり（日比野正己）	275
チラシであそぶ（木村研）	204

【つ】

使い切りカメラの実験（相場博明）	171
使うものを作ろう（雑賀淳）	206
使える！役立つ！はつめい工作（きむらゆういち）	133
作って遊ぶ！飾って楽しい！おりがみ百科（杉崎めぐみ）	225
作って遊ぶ！工作kids（奥山英治）	143
つくってあそぼ（和田ことみ）	144
つくってあそぼう！おもしろマジック（奥田靖二）	234
つくって遊ぼう！おもちゃのアトリエ（吉田れい）	213
つくってあそぼう！ダンボール（ねもといさむ）	146
つくって遊ぼう！ちょっとの時間でできるかんたんおもしろ工作1・2・3年生（立花愛子）	138
つくって遊ぼう！ちょっとの時間でできるかんたんおもしろ工作4・5・6年生（立花愛子）	138
つくってあそぼう発ぽうスチロールとバルサの工作（水上喜行）	146
作って遊んで大発見！不思議おもちゃ工作（平林浩）	132
つくってうたってあそべるパネルシアター（後藤紀子）	136
作って楽しい!!こども工作125点	75
つくってたのしむ野外活動入門（山岡寛人）	220
つくって食べるおたのしみ会（林克己）	36
作って学ぼう！かっこいい恐竜がいっぱい！（和田洋一）	227
作って学ぼう！みんなの動物園（和田洋一）	228

子どもの本　楽しい課外活動2000冊　303

つくつ　書名索引

つくってみよう！(浦嶋洋子) ………… 141
つくってみよう！ 夏休みの自由工作(成美堂出版編集部) ……………… 76, 77
作ろう遊ぼう工作王(かざまりんぺい) … 139, 140
土と石のじっけん室(地学団体研究会『シリーズ・自然だいすき』編集委員会) …… 162
土や石とあそぼう(やまだたくぞう) …… 174
集いでのゲーム ……………………… 205
つなひき(苅宿俊文) ………………… 20
つな引きのお祭り(北村皆雄) ………… 262
つまずき解消！ クイック水泳上達法(牧野満) ………………………………… 119
強くなる剣道入門(香田郡秀) ………… 123
強くなる柔道入門(小俣幸嗣) ………… 124
つよくなる将棋(武市三郎) …………… 192
強くなるための基本テクニック(日本棋院) ……………………………………… 182
強くなるテニス入門(伊良子妙子) …… 114

【て】

手あそび ……………………………… 204
ティアラといっしょ！ やさしいバレエ(Clara) ………………………………… 126
ティッシュの実験(立花愛子) ………… 171
できたできたできた(NHK「できたできたできた」制作班) …………………… 26
できた！ふしぎな形(山本良和) ……… 139
できたよ、一輪車(日本一輪車協会) …… 83
できたよ、鉄棒・平均台(ベースボール・マガジン社) ………………………… 116
できたよ、とび箱・マット(ベースボール・マガジン社) ………………………… 116
できたよ、なわとび(ベースボール・マガジン社) ………………………………… 80
できたらうれしい★ダンス&シェイプアップ(ピチレモンブックス編集部) …… 125
できる！ スポーツテクニック ……………………… 94, 98, 107, 109, 112, 115, 119, 123
できる！ ふしぎ！ 楽しい自由研究と工作(左巻健男) ……………………………… 73
できるよ！ とびばこ、さか上がり(柳沢秋孝) ………………………………… 118
手品あそび(山野昭典) ………………… 236
手品・ゲーム大百科 …………………… 236
手作りおもしろ実験 とけているものひみつはっけん(髙橋洋) ………………… 174
手づくりおもちゃ(うえのよしお) …… 213
手づくりおもちゃ55(芹沢義泰) ……… 213
手作りおもちゃ大百科(遠藤ケイ) …… 203
手づくり工作レクリエーション(木村研) …… 132

手づくりスライムの実験(山本進一) …… 172
手づくりで楽しむパーティーブック(高野あや) ……………………………… 202
手づくりの自然遊びをしよう 植物編(東山明) ………………………………… 172
手作りパーティークッキング(山梨幹子) …… 160
手づくり料理を楽しもう(東山明) …… 160
徹底探究!!考古学おもしろブック(奈良県立橿原考古学研究所附属博物館) …… 269
鉄の実験(馬場勝良) ………………… 168
手でお話うれしいな(七尾純) ………… 55
てですき・きらい(田中ひろし) ……… 52
テニス(こどもくらぶ) ……………… 113
テニス(松岡修造) …………………… 114
テニス入門(沢松奈生子) …………… 114
手ぶくろ人形パクパクパク(七尾純) … 282
テーブルマナーの絵本(高野紀子) …… 27
テーマって…どうやってきめるの？(赤木かん子) ……………………………… 38
てまり(日本てまりの会) …………… 241
テレビ局(小西聖一) ………………… 15
電気・じしゃく ふしぎはっけん(佐久間徹) ………………………………… 174
電気の正体をさがそう(松原静郎) …… 166
点字って、なに？(こどもくらぶ) …… 51
点字であそぼう(田中ひろし) ………… 55
点字で学ぼう(黒崎恵津子) …………… 53
点字どうぶつえん(菊地清) ………… 54
点字のことば百科(黒崎恵津子) ……… 54
点字のひみつ(黒崎恵津子) ………… 54
伝承あやとり(童話館出版編集部) …… 242
伝承おもちゃを作ろう(竹井史) ……… 229
伝承おりがみ ……………………… 226, 229
伝承おりがみ(童話館出版編集部) …… 229
伝承葉っぱあそび(勝連盛豊) ………… 243
でんじろう先生のカッコいい！ 科学おもちゃ(米村でんじろう) ………………… 161
でんじろう先生のわくわく！ 自由研究(米村でんじろう) …………………… 62
伝統行事がわかる図鑑(新谷尚紀) … 252, 253
伝統的な産業を調べる(次山信男) …… 272
伝統と郷土の料理(渡辺あきこ) ……… 159
電波で遊ぶ(大久保忠) ……………… 161

【と】

同級生が選んだ朝の読書のおすすめガイド(青い鳥文庫ファンクラブ) ………… 39
東京江戸たんけんガイド(田中ひろみ) …… 18
東京をたずねる(藤森陽子) …………… 19
東国文化副読本(松島栄治) …………… 16

304

書名索引 なかさ

どうしたらいいの？ じしん・かじ（さくらももこ） ……… 46
動物園・水族館 ……… 263
動物園・水族館へようこそ（丹羽兒子） ……… 229
動物園・水族館で働く人たち（高岡昌江） ……… 263
どうぶつえん・すいぞくかん101大しゅうごう ……… 263
動物おりがみ教室（山田勝久） ……… 226
動物の職場 ……… 9
どうぶつのて（山下恵子） ……… 162
ドキドキ相性心理ゲーム（早花咲月） ……… 248
どきどきおりがみ（山田勝久） ……… 229
ドキドキ・スクールうらない（My birthday編集部） ……… 248
ドキドキちょうせん自由研究（田中力） ……… 70
ドキドキ!!妖怪きりがみ（黒須和清） ……… 227
読書を楽しもう（水野寿美子） ……… 39
読書感想文からオトナの世界が見える（恩田ひさとし） ……… 79
読書かんそう文のかきかた（紺野順子） ……… 78
読書感想文の書き方（笠原良郎） ……… 78
読書感想文の書き方（依田逸夫） ……… 78
読書かんそう文のかきかた（水野寿美子） ……… 79
読書かんそう文のかき方（依田逸夫） ……… 79
読書感想文の書き方（吉岡日三雄） ……… 79
読書感想文のじょうずな書き方（立原えりか） ……… 79
特別名勝栗林公園わくわく探検隊 ……… 263
どこでも人気者！ 理科手品kids（山田卓三） ……… 236
とこんとんやろうすきなこと（斉藤洋） ……… 197
どこまでもふくらむシャボン玉（武田毅） ……… 169
図書委員会（金子卓） ……… 35
土壌動物の観察と調査（埼玉県立自然史博物館） ……… 271
図書館（田村俊作） ……… 266
図書館（秋山滋） ……… 267
図書館へ行こう（田中共子） ……… 266
図書館へ行こう！ 図書館クイズ（五十嵐絹子） ……… 36
図書館へ行こう！ 図書館クイズ（山形県鶴岡市立朝暘第一小学校） ……… 38
図書館をつかおう（笠原良郎） ……… 39
図書館・公民館・児童館（羽豆成二） ……… 267
としょかんだいすき（福岡県学校図書館協議会研究委員会） ……… 39
図書館って、どんなところなの？（赤木かん子） ……… 38
図書館で調べてみよう（札幌市中央図書館業務課） ……… 266
図書館で調べものをするときに…（調布市立図書館） ……… 266
図書館のすべてがわかる本（秋田喜代美） ……… 265

図書館のヒミツ（二村健） ……… 37
図書館版わくわく体験シリーズ（エイヴァリー・ハート） ……… 267
図書館・学びかたノート（全国学校図書館協議会「図書館・学びかたノート」編集委員会） ……… 38
としょかんbook（福岡県学校図書館協議会研究委員会） ……… 39
どっきん!!心理テスト集（東野良軒） ……… 249
ドッジボール（苅宿俊文） ……… 80
ドッジボールをはじめよう（南université健一） ……… 80
ドッジボール必勝攻略book（村上としや） ……… 80
突然うまくなる！ 少年サッカー「上達」の秘密（和賀崇） ……… 104
「とっちゃまん」の読書感想文書き方ドリル（宮川俊彦） ……… 78
とってもおかしな動物たち（たかしま風太） ……… 239
トップアスリートが教える子どものためのスポーツのすすめ（子どもスポーツ編集委員会） ……… 89
都道府県別総さくいん（次山信男） ……… 272
飛ばす（清水勝広） ……… 199
飛ばそう熱気球（古田豊） ……… 169
飛びだすピエロ（木村裕一） ……… 145
跳び箱ができる！ 自転車に乗れる！（下山真二） ……… 117
友だちとできるボランティア（こどもくらぶ） ……… 279
友だちになろうよ（嶋原泰子） ……… 50
友だち力アップゲーム（篠原菊紀） ……… 246
土よう日はおみまいの日（今関信子） ……… 282
ドラえもんの車いすの本（共用品推進機構） ……… 50
鳥の自由研究（吉野俊幸） ……… 60, 61
トロベーの「とろはくガイド」（静岡市立登呂博物館） ……… 268
どろんこ遊びで土を科学（米村伝治郎） ……… 168
どんぐりコロコロ（北海道開拓記念館） ……… 268
どんどんうまくなる！ ミニバスケットボール入門（榎本日出夫） ……… 110
ドンドン！ わっしょい！ おまつりたいこえほん ……… 155
ド〜ンと100本！ 心理ゲーム（マイバースデイ編集部） ……… 249

【な】

ナウマンゾウ（樽野博幸） ……… 268
長井ふるさとガイド（長井ふるさとガイド編集委員会） ……… 17
長崎（原田博二） ……… 18

子どもの本 楽しい課外活動2000冊　305

なかさ　書名索引

長崎原爆資料館(有田嘉伸) ……… 269
ナガスケ(中原まみ) …………… 268
なかまあそび事典(多田千尋) …… 202
仲間でできる応急手当 …………… 23
なぞかけなぞときポポンのポン(高村忠範)
 ……………………………… 233
なぞなぞあそび(竹井史郎) ……… 223
ナチュラリッ子クラブ(埼玉県環境防災部
 みどり自然課) ……………… 164
なっちゃんの声(はやしみこ) …… 47
なつのあそび(竹井史郎) ………… 207
夏の遊び(ごくらくとんぼクラブ) … 260
「夏はかせ」になろう!(長谷川康男) … 251
夏休みエコロジ自由工作(トモ・ヒコ) … 74
夏休みからくり自由工作(トモ・ヒコ) … 74
夏休み工作アイデア貯金箱 ………… 75
夏休み子ども博物館ガイドブック … 273
夏休みこども美術館よーく見るガイド … 274
夏休みこども美術館2000—古美術ワンダー
 ランド—楽しさいっぱいむかしの絵を
 もっと楽しく見るための本(鬼本佳代
 子) …………………………… 274
夏休み自由研究(伸光教育研究会) … 72
夏休み自由研究 小学5・6年生 …… 64
夏休みのかんたん工作(竹井史郎) … 77
夏休みの自由研究料理をつくろう!(講談
 社) …………………………… 62
72時間生きぬくための101の方法(夏緑) … 44
なにわ歴博探検(大阪市中学校教育研究会
 社会部) ……………………… 270
奈良をたずねる(藤森陽子) ……… 19
なりきり歌舞伎体操(湯浅景元) …… 117
なわとび・ゴムとび(嶋野道弘) …… 80
なんででんねん天満はん(今江祥智) … 262

【に】

2月(増田良子) …………………… 210
2学期のあそび・ゲーム(奥田靖二) … 208
2月のえほん(長谷川康男) ………… 253
2がつのこうさく(竹井史郎) ……… 153
2月の自然あそび(竹井史郎) ……… 208
にが手克服運動会(NHK科学番組部) … 20
西東京市むかしのあそび・わらべうた(西東
 京市中央図書館) …………… 242
20分でできる室内あそび(日本レクリエー
 ション協会) ………………… 222
2年生のみんなの劇(演劇教育研究会) … 25
日本一忙しいコーチが書いた!!「サッカー小
 僧」に読ませたい本(保坂信之) … 103
日本科学未来館(佐藤広基) ……… 269

にほんごであそぼ どや(佐藤卓) … 200
日本人は行事をどのようにたのしんできた
 のだろう(PHP研究所) ……… 261
日本全国海の友達に会いに行こう!(中村
 元) …………………………… 263
日本全国動物に会いに行こう! …… 264
にっぽん探検大図鑑 ……………… 18
日本と世界の食べ物を比べよう(水越敏行)
 ……………………………… 159
にほんのあそびの教科書(にほんのあそび
 研究委員会) ………………… 195
日本のからくりアイディア工作 …… 241
日本のくらし絵事典(PHP研究所) … 258
日本のしきたり絵事典(武光誠) …… 255
日本の年中行事(深光富士男) … 258, 259
日本の祭り事典(芳賀日出男) …… 262
日本の祭り大図鑑(芳賀日向) …… 261
ニワトリ・クジャク・ウズラ・アヒルほか
 ……………………………… 34
人気の昆虫図鑑(岩淵けい子) ……… 64
人気バクハツ! ひっかけ手品&ゲーム(説
 話社) ………………………… 236
忍者大集合(山本和子) …………… 87
忍者になろう(アフタフ・バーバン) … 83

【ぬ】

ぬりえ・きりえ …………………… 230

【ね】

熱の力をつかう熱の工作(住野和男) … 140
ネーマワールドの大冒険(西村隆男) … 60
年中行事コツのコツ(味元敬子) …… 256
年中行事(新谷尚紀) ……………… 254
年中行事(須藤功) ………………… 257
年中行事を五感で味わう(山下柚実) … 254
年中行事のお話55(深山さくら) …… 254
ねんど・古新聞でつくる手づくり貯金箱お
 もしろ工作ランド(井上征身) … 144

【の】

野あそびずかん(松岡達英) ……… 219
脳をそだてるおりがみあそび(夢鶴実) … 228
脳をやわらかくする先崎学の子ども将棋(先
 崎学) ………………………… 188

書名索引　　はふお

脳力アップ 頭がよくなるこどものきりがみ（小林一夫） ………… 224
脳力をきたえよう！ 小学生のIQパズル 高学年（河瀬厚） ………… 246
脳力をきたえよう！ 小学生のIQパズル 中学年（河瀬厚） ………… 247
脳力をきたえよう！ 小学生のIQパズル 低学年（河瀬厚） ………… 247
農林水産の職場 ………… 9
ののちゃんの自由研究（朝日新聞社） … 66, 68
野原であそぼう（奥山英治） ………… 216
野原に行こう（七尾純） ………… 174
のびのびゴリラ（木村裕一） ………… 145
のびのびワクワクからだあそび（からだほぐし編集委員会） ………… 201
ノープロブレムの社会に！ ………… 50
野山であそぶ（小菅盛平） ………… 217
野山であそぼう（菅原道彦） ………… 221
野山で草花あそび（濁川明男） ………… 211
野山でできるネイチャーゲーム（降旗信一） ………… 214
"のり"の実験（馬場勝良） ………… 172
乗りものゲーム ………… 206
のんきでゆかいな町人たち（たかしま風太） ………… 239

【は】

萩ものしりブック（高木正煕） ………… 269
バク転完全攻略本（吉田哲郎） ………… 117
博物館へ行こう（木下史青） ………… 269
はくぶつかんへ行こう（彦根城博物館） … 270
博物館へ行こう！ ………… 272
博物館を楽しむ（川那部浩哉） ………… 272
博物館・郷土館（恵美裕江） ………… 272
博物館・郷土資料館（村上義彦） ………… 270
はくぶつかん探検隊（かみつけの里博物館） ………… 272
博物館でタイム・トリップ（流山市立博物館） ………… 270
博物館の一日（いわた慎二郎） ………… 267
博物館ワークシート ………… 273
はくぶつかんはタイムトンネルスタンプ帳（杉並区立郷土博物館） ………… 272
はじめて知るみんなの行事とくらし ……… 254
はじめて体験博物館（梅棹忠夫） ………… 271
はじめてでも勝てる囲碁入門（石倉昇） … 177
はじめてでも勝てる将棋入門（神吉宏充） … 186
はじめてでもよくわかる囲碁（新星出版社編集部） ………… 184
はじめてのあやとり（冨田久枝） ………… 231

はじめての囲碁（囲碁編集部） ………… 178
はじめてのおつかいうさっち・かめっち（日本交通安全教育普及協会） ………… 43
はじめてのおりがみ101（山田勝久） ……… 229
はじめての草花あそび（おくやまひさし） … 210
はじめてのこうさくあそび（ノニノコ） … 139
はじめての飼育（東京学芸大学附属小金井小学校生活科部） ………… 32, 33
はじめての手話（矢沢国光） ………… 54
はじめての手話ダンス＆ソング（立教大学手話サークル「Hand Shape」） ………… 51
はじめての少年軟式野球（高島エイト） … 98, 99
はじめての点字（石井みどり） ………… 55
はじめての8人制サッカー（大豆戸フットボールクラブ） ………… 103
はじめてピアノえほんプチ ………… 155
はじめようボランティア活動（坂本辰男） … 276
走る！動く！あそべる工作（トモ・ヒコ） ………… 138
走る・とぶ・投げる（山本晃弘） ………… 95
バスケットボール（こどもくらぶ） ………… 110
バスケットボール（笠原成元） ………… 110
バスケットボール（佐古賢一） ………… 111
バスケットボール（関岡康雄） ………… 111
バスケットボール（大木喜知） ………… 111
バスケットボールがうまくなる！（塚本清彦） ………… 110
バスケットボール入門（萩原美樹子） …… 111
パズルあそび（竹井史郎） ………… 223
パソコンクラブ手話クラブ（横山正） …… 55
8月（増田良子） ………… 210
8がつのこうさく（竹井史郎） ………… 153
8月の自然あそび（竹井史郎） ………… 208
発見いっぱい動物観察 ………… 23
葉っぱの工作図鑑（岩藤しおい） ………… 135
ハッピー運動会 楽しさいっぱい運動会飾り（ポット編集部） ………… 19
パーティクッキング（坂本広子） ………… 159
パーティー・クッキング（有元葉子） …… 159
バードウォッチング（酒井哲雄） ………… 16
バドミントン（こどもくらぶ） ………… 112
バドミントン（栂野尾昌一） ………… 113
バドミントンノックバイブル（能登則男） … 112
バドミントンノック100選 ………… 113
はなをおる ………… 207
"話しベタ"克服言葉・あそびアイデア集（子どもの表現研究会） ………… 28
花とあそぼう（やまだたくぞう） ………… 176
母とあそびふれあう12か月のたのしい行事えほん（グループ・コロンブス） ………… 250
パパ、美術館へ行こう（結城昌子） ………… 274
ハーブをたのしもう（神田シゲ） ………… 129

子どもの本 楽しい課外活動2000冊　307

はふよ　　　　　　　書名索引

羽生善治のこども将棋終盤の勝ち方入門(小田切秀人) ……………………… 185
羽生善治のこども将棋序盤の指し方入門(小田切秀人) ……………………… 185
羽生善治のこども将棋中盤の戦い方入門(羽生善治) ………………………… 185
羽生善治の将棋入門(羽生善治) ………… 185
羽生善治の将棋入門 ジュニア版(羽生善治) …………………………………… 190
羽生善治の将棋の教科書(羽生善治) …… 185
羽生善治のはじめて詰め将棋(羽生善治) … 185
羽生善治のやさしいこども将棋入門(小田切秀人) …………………………… 186
羽生善治みんなの将棋入門(羽生善治) … 188
羽生流で強くなるはじめての将棋(羽生善治) …………………………………… 188
ハムスター・ウサギ ……………………… 34
速く走るコツ(小田伸午) ………………… 94
速く走るコツ大研究(征矢範子) ………… 94
はやく走れジャンプできる ……………… 96
林家正蔵と読む落語の人びと、落語のくらし(林家正蔵) ………………………… 239
早わかり囲碁入門(山本達夫) ………… 183
早わかり！ 水族館のしくみ(久田迪夫) … 265
バリアフリーをめざして(黒崎恵津子) …… 50
針金細工(中嶋郁子) …………………… 137
春から夏のしきたり‐端午の節句・七夕・お盆など(遠藤サホ) ……………… 256
はるなつあきふゆえかきうた(おばらあきお) …………………………………… 242
はるのあそび(竹井史郎) ……………… 206
バルーンであそぼう(テッド・ランビー) … 142
バレエスクール(ナイア・プレイ モファット) …………………………………… 127
バレエのなやみSOS(クララ) ………… 126
バレーボール(こどもくらぶ) …………… 107
バレーボール(斎藤勝) ………………… 108
バレーボール(高橋和之) ……………… 108
バレーボール(寺廻太) ………………… 108
バレーボール(斎藤勝) ………………… 108
バレーボール(青山繁) ………………… 108
バレーボール(関岡康雄) ……………… 109
バレーボール …………………………… 109
バレーボール(日野原昌弘) …………… 109
バレーボールがうまくなる！(寺廻太) … 107
ハンカチあそび(タキガワタカシ) ……… 206
バンドをつくろう！(タケカワユキヒデ) … 156
ハンドスプリング完全攻略本(吉田哲郎) … 117
ハンドボールをはじめよう(高村忠範) … 90

【ひ】

ピアノえほん …………………………… 154
美化・環境委員会(山村あずさ) ………… 35
光と見え方実験(立花愛子) …………… 173
光の力をつかう光の工作(住野和男) … 140
ひかりのてじな(村田道紀) …………… 234
ヒカルくんのスポーツのコツ絵事典(田中光) ……………………………………… 90
ヒカルの囲碁入門(石倉昇) …………… 176
ビギナー中学生・小学生のためのソフトボール上達はじめて読本(ソフトボール・マガジン編集部) ………………………… 97
ピコロのわくわくリサイクル(学研編集部) … 147
美術館へ行こう(草薙奈津子) ………… 273
美術館へようこそ(ジョイ・リチャードソン) …………………………………… 274
美術館・科学館(深光富士男) ………… 263
美術館にもぐりこめ！(さがらあつこ) … 273
美術館・博物館で働く人たち(鈴木一彦) … 268
美術の中に描かれた物語の主人公たち(徳島市立徳島城博物館) ……………… 274
美術博物館ガイドブック ……………… 274
ヒダオサムの造形のココロ(ヒダオサム) … 135
ビー玉(玉の博物館) …………………… 242
びっくり！ おもしろ紙遊び(立花愛子) … 226
びっくり！ おもしろ空気遊び(立花愛子) … 160
びっくり！ おもしろしかけ遊び(立花愛子) …………………………………… 197
びっくり！ おもしろ砂遊び(立花愛子) … 197
びっくり！ からだあそび・シリーズ(久保健) ……………………………………… 199
びっくりドキドキ心理テスト＆占い(WILLこども知育研究所) …………………… 34
びっくりトリックワールド(竹内竜人) … 244
ビデオ・レッスン(渡辺浩) …………… 128
「人」をみつける旅 …………………… 270
ひとことパンダ(アーチパブリケイションズ) …………………………………… 264
火と熱の秘密にふれよう(松原静郎) … 167
ひと目でわかる少年野球のルール(北島仁) ……………………………………… 100
ひとりでお弁当を作ろう(枝元なほみ) … 157
ひとりでお弁当を作ろう(多賀正子) … 157
一人で強くなる将棋入門(伊藤果) …… 193
ひとりでできるボランティア(こどもくらぶ) …………………………………… 279
一人で学べる！ 小学生のための囲碁入門(依田紀基) ……………………… 177

308

書名索引　へんと

一人で学べる！ 小学生のための将棋入門（佐藤康光）……………………… 187
ひなちゃんの歳時記（南ひろこ）…… 254
秘法薬・竜心湯～亀山の薬の歴史を調べてみよう（亀山市歴史博物館）…… 272
ピーマン村体操CDブック（中川ひろたか）… 118
100円グッズで遊ぶ・作る・実験するとっても楽しい科学の本（千葉県教育研究会松戸支部理科部会）………………… 162
100円ショップでそろうかんたん工作マジック（庄司タカヒト）……… 232, 233
100円ショップで手作り楽器（坂口博樹）… 73
「百人一首」かるた大会で勝つための本（カルチャーランド）………………… 127
病院・保健所（井口弘哉）……………… 12
病気の人といっしょに（高原綾子）…… 275
美容・健康の職場 ……………………… 9
表現・創作ダンス（村田芳子）……… 125
標本をつくろう（豊橋市自然史博物館）… 270
ひろがるボランティアの世界（新谷弘子）… 280
広場のゲーム …………………………… 206
ひろみち&たにぞうの運動会だよ、ドーンといってみよう！（佐藤弘道）…… 19
ひろみち&たにぞうの躍る大運動会！（佐藤弘道）……………………………… 20
ひろみちお兄さんの親子たいそう百科（佐藤弘道）……………………………… 117
ビンゴで野あそび（中山康夫）……… 217

【ふ】

フェレット・ハリネズミ・ヤギ・スナネズミ ……………………………………… 34
ふかく味わう！ 亀山神社の宝物（亀山市歴史博物館）…………………………… 270
部活で大活躍できる!!勝つ！ 剣道最強のポイント60（所正孝）………………… 122
福祉を知る体験学習（佐々木定治）… 276
福祉とボランティア（宮川八岐）…… 280
福祉の職場 ……………………………… 9
ふしぎ！ かんたん！ 科学マジック（田中玄伯）……………………………………… 163
ふしぎっておもしろい！ かんたん科学あそび（江川多喜雄）………………… 166
ふしぎなハンカチ遊び100（たきがわたかし）……………………………………… 199
ふしぎなへんてこ話（たかしま風太）… 238
不思議発見 たのしい野あそびカレンダー（岩井明子）………………………… 217
布石の打ち方（小川誠子）…………… 180

2人からできるアイデアスポーツ（日本レクリエーション協会）………………… 93
ブックリスト《戦争》と《平和》 ブックリスト戦争と平和―小学生・中学生編（鎌倉市中央図書館）…………………… 266
フットサルをはじめよう（遠藤則男）… 105
冬から春へのしきたり・節分・ひなまつりなど（遠藤サホ）………………………… 256
ふゆのあそび（竹井史郎）…………… 207
冬の遊び（ごくらくとんぼクラブ）… 209
フリーテニス（苅宿俊文）…………… 114
プリマをめざす！ 子どものためのバレエとっておきレッスン（厚木彩）…… 125
ふるさと大道（ふるさと大道を掘り起こす会）……………………………………… 18
ふるさと探検博物館（梅棹忠夫）…… 271
ふるさと探検ブック（宍粟町教育研究会（ふるさと教育部））…………………… 19
ふるさと鳥取（「とっとり県民の日」記念イベント実行委員会）………………… 260
ふるさと西区歴史たんけん …………… 18
ふるさとの野山を歩こう（ときがねウォッチング）………………………………… 18
プレッシャーに負けない（梅沢由香里）… 178
ブロックあそびかた大百科 ………… 197
文化系部活動アイデアガイド合唱部（秋山浩子）…………………………………… 155
ブンチョウ・インコ・カナリア・ジュウシマツほか ……………………………… 34

【へ】

ベーゴマ（菅原道彦）………………… 242
ペットボトル&牛乳パックおもしろ工作ランド（すずお泰樹）……………………… 151
ペットボトルおもちゃ（すずお泰樹）… 147
ペットボトルで動くオリジナルおもちゃをつくろう（実野恒久）………………… 150
ペットボトルで作るおとぎ村（摺本好作）… 150
ペットボトルで作る、調べるなるほど自由研究（滝川洋二）……………………… 65
ペットボトルで作る ファンシーペット（摺本好作）………………………………… 151
へなちょこマジック大作戦（まえだともひろ）……………………………………… 235
勉強力アップゲーム（篠原菊紀）…… 246
弁当箱で作るおもしろ自動車（山村紳一郎）……………………………………… 213

子どもの本 楽しい課外活動2000冊　309

【ほ】

ボーイスカウト・フィールドブック（ボーイスカウト日本連盟） ……… 250
冒険遊び大図鑑（かざまりんぺい） ……… 213
ぼうけん図鑑（ホールアース自然学校） ……… 214
冒険美術（滋賀県立近代美術館） ……… 274
『冒険美術』展冒険ガイドブック（平田健生） ……… 264
「冒険力」ハンドブック（クリス・マクナブ） ……… 213
防災授業僕たち自然災害を学び隊！（山本哲朗） ……… 45
放送委員会（石田恒久） ……… 35
ほうねんまんさくむらまつり（西沢杏子） ……… 262
暴風雨・落雷・豪雪から命を守ろう（川辺重彦） ……… 46
ぼく、歌舞伎やるんだ！（光丘真理） ……… 127
ぼくとわたしの「小麦粉」自由研究 ……… 64
ぼくのわたしのこども囲碁教室（囲碁編集部） ……… 183
ぼくらの時間旅行多摩の学校・むかしむかし（多摩市文化振興財団） ……… 18
ぼくはうみわたしはひかり（やべみつのり） ……… 143
保健委員会・給食委員会（杉山真理子） ……… 35
保健室で見るアレルギーの本（近藤とも子） ……… 41
保健室で見る感染症の本（近藤とも子） ……… 41
ポップ・アップ（佐藤諒） ……… 204
ホップ・ステップ・ジャイアンツ！（読売巨人軍ジャイアンツアカデミー） ……… 100, 101
ほら、できたよ！ たのしいあやとりあそび（野口広） ……… 231
ボランティアをはじめよう（新谷弘子） ……… 280
ボランティアガイドブック（嶋田泰子） ……… 283
ボランティア活動資料編 ……… 276
ボランティアしあおうよ（松兼功） ……… 282
ボランティア情報館（こどもくらぶ） ……… 279
ボランティアってなんだろう（新谷弘子） ……… 280
ボランティアで国際交流（米田伸次） ……… 58
ボランティアにやくだつ工作（こどもくらぶ） ……… 144
ボランティア入門（こどもくらぶ） ……… 280
ボランティアの考え方（秦辰也） ……… 280
ボランティアはじめて体験（全国児童館連合会） ……… 281
ボランティアみんな知ってる？（全国社会福祉協議会・全国ボランティア活動振興センター） ……… 275
ボランティアや地域活動をしよう（東山明） ……… 282
ボランティアはきらい!?（田中ひろし） ……… 275
ボランティアはきらい！（田中ひろし） ……… 280
ボランティア・ワールドへようこそ（グループ環） ……… 282
ポリぶくろの実験（立花愛子） ……… 171
ボールあそび（嶋野道弘） ……… 80
ボールゲーム ……… 92
ボールとロープあそび（菅原道彦） ……… 81
本って、どうやって探したらいいの？（赤木かん子） ……… 38
本と図書館の歴史（モーリーン・サワ） ……… 266
本とともだち（「読書ガイドブック」編集委員会） ……… 36
ほんとのおおきさ水族館（松橋利光） ……… 265
本にチャレンジ!!（山梨県立図書館） ……… 266
本のさがし方がわかる事典（金中利和） ……… 38

【ま】

まいにちあそぼ！ 親と子の新体操あそび（日本体操協会新体操委員会） ……… 118
マウンテンバイク（和田肇） ……… 91
マザー・テレサへの旅（寮美千子） ……… 281
マジカル・ミュージアム（北海道立函館美術館） ……… 273
マジックの必殺ワザ（上口竜生） ……… 235
マジックのひみつ（佐藤元一） ……… 235
マスコミの職場 ……… 9
まずミニゲームから始めよう（中原誠） ……… 188
まちがいだらけのボランティア（田中ひろし） ……… 275
松岡修造の楽しいテニス（松岡修造） ……… 112, 113
マット・とび箱・鉄棒（横田誠仁） ……… 118
マット、ボール、なわとび ……… 90
まつりのあそび事典（多田千尋） ……… 262
まねっこまちのひと（田中ひろし） ……… 52
マービーとまなぼう！ こうつうあんぜんどきどきえほん（日本交通安全教育普及協会） ……… 43
魔法学校へようこそ!!（星野徹義） ……… 236
魔法使いのびっくりマジック（ジャニス・イートン・キルビー） ……… 234
守ろうみんなの文化財 ……… 276
まるこをすくった命のリレー（あんずゆき） ……… 44
まるごと川あそび（阿部夏丸） ……… 218
まるごときせつの行事（コダシマアコ） ……… 252
まるごと牛乳パック リサイクル工作ランド（木村研） ……… 148

まるごとクリスマススペシャル(コダシマアコ) ………………………………… 152
まるごと発見博物館(梅棹忠夫) ………… 271
まるごとペットボトル リサイクル工作ランド(すずお泰樹) ……………………… 148
まるごとわかるびっくり! 日本ふしぎ探検百科 …………………………………… 17
丸山浩路クサさに賭けた男(NHK「課外授業ようこそ先輩」制作グループ) ……… 13
マンガ ソフトボール入門(小室しげ子) …… 103
マンガでおぼえる囲碁入門(藤井ひろし) ‥ 182, 184
マンガで覚える図解囲碁の基本(知念かおり) ………………………………………… 177
マンガで覚える図解将棋の基本(矢内理絵子) ………………………………………… 186
マンガでおぼえる棒銀戦法(高橋道雄) …… 186
まんがでわかる日本の行事12か月(よだひでき) ………………………………………… 253
マンガ版将棋入門(藤井ひろし) ………… 186
マンガ野球入門(大沢啓二) ……………… 102

【み】

見えないものの重さをはかろう!(松本泉) ………………………………………… 165
身近なペットの世界へようこそ(丹羽兌子) ………………………………………… 229
身近なもので30分からできるアイデア自由工作 1・2年生(滝口明治) …………… 75
身近なもので30分からできるアイデア自由工作 3・4年生(滝口明治) …………… 75
身近なもので30分からできるアイデア自由工作 5・6年生(滝口明治) …………… 76
みぢかな野鳥観察(埼玉県立自然史博物館) ………………………………………… 271
水遊び・水泳(高柴光男) ………………… 120
水であそぶ(木村研) ……………………… 204
水のすがたをおいかけよう(松原静郎) … 167
水の力をつかう水の工作(住野和男) …… 140
水辺であそぼう(奥山英治) ……………… 216
水辺の生きものあれこれ―外房の豊かな海と川から ……………………………… 268
水辺の生きものとあそぶ12か月(松橋利光) ………………………………………… 216
3日で覚えるやさしい囲碁(依田紀基) …… 183
3日で強くなるこども囲碁作戦入門(横内猛) ………………………………………… 183
3日でできるじゆうけんきゅう1年生(チャイルドコスモ) ……………………… 70
3日でできるじゆうけんきゅう2年生(チャイルドコスモ) ……………………… 70
3日でできる自由研究3年生(チャイルドコスモ) ……………………………………… 70
3日でできる自由研究4年生(チャイルドコスモ) ……………………………………… 70
3日でできる自由研究5年生(チャイルドコスモ) ……………………………………… 70
3日でできる自由研究6年生(チャイルドコスモ) ……………………………………… 70
3日でわかるこども囲碁ワザ入門(横内猛) … 184
みつけてみよう口の中の健康サイン(東京都教育庁都立学校教育部学校健康推進課) ………………………………………… 41
見てたのしむ野外活動入門(山岡寛人) … 220
見ながら作れる 紙ねんど工作(創作紙粘土協会) ……………………………………… 147
港・船(秋山滋) …………………………… 12
ミニバスケットボール(苅宿俊文) ……… 111
ミニバスケットボール基本れんしゅう(目由紀宏) ………………………………… 109
ミニバスケットボール基本・練習・コーチング(原田裕花) ……………………… 110
ミニバスケットボール・バスケットボール ………………………………………… 111
ミニピアノで弾けるかわいいどうぶつのうた(カワイ出版) ……………………… 155
身の回りの植生調査(埼玉県立自然史博物館) ………………………………………… 271
ミヒャルスキィ夫妻の楽しい工作教室(ウーテ・ミヒャルスキィ) ……………… 135
ミヒャルスキィ夫妻の楽しい木工教室(ウーテ・ミヒャルスキィ) ……………… 135
耳をたよりに自然を観察!(大庭照代) … 270
耳の不自由な友だち(桑原隆俊) ………… 49
未来へ伝えたい日本の伝統料理(後藤真樹) ………………………………………… 157
みる・かんさつ・しらべるあつぎのむし([厚木市教育委員会]文化財保護課) …… 269
ミルモでポン! うらない&ゲームbook(篠塚ひろむ) ……………………………… 248
みんな集まれ(竹森康彦) ………………… 243
みんなをビックリさせる!かんたんカードマジックがいっぱい!(カルチャーランド) ………………………………………… 233
みんなをビックリさせる!かんたん手品がいっぱい!(カルチャーランド) ……… 234
みんなを守るいのちの授業(片田敏孝) … 45
みんなが主人公の学校(保井隆之) ……… 49
みんなが主役! 学校レクリエーション大百科(北良俊則) …………………………… 195
みんなが知りたい!「四季の行事」がわかる本(ニコワークス) …………………… 255
みんな大好き! お祭りあそび(いしかわまりこ) ……………………………………… 262

みんな大好き！ お店やさんごっこ（いしかわまりこ） ……………………………… 198
みんなでアウトドアクッキング（ボビー坂田） ……………………………… 160
みんなであそぼう（石井英行） ……… 196
みんなであそぼう！ やさしいあやとり（野口広） ………………………… 231
みんなでおいしいイベント料理（渡辺有子） ……………………………… 158
みんなで考えよう障がい者の気持ち …… 47, 48
みんなでダンスでチュウ！（MANCHU） …… 127
みんなでつくる小学校劇（北島春信） …… 23, 24
みんなでつくるふゆのかざりもの（きうちかつ） …………………………… 152
みんなでつくろう！ 大型クラフト（桧山永次） …………………………… 142
みんなでつくろう学校図書館（成田康子） …… 36
みんなでつくろう！ ガラクタ工作でLet's リサイクル（今北真奈美） …… 150
みんなで作ろう 教室壁かざりアイディア集 ………………………… 28〜30
みんなで作ろう 教室壁かざりアイディア集全4巻 ……………………… 30
みんなでつくろう！ こどもの切り紙（矢口加奈子） …………………… 224
みんなでできる足あそび（竹井史郎） … 200
みんなでできるかおあそび（竹井史郎） … 200
みんなでできる全身あそび（竹井史郎） … 200
みんなでできる手あそび（竹井史郎） … 201
みんなでできる福祉のための体験をしよう（金子美智雄） ………………… 280
みんなでできるゆびあそび（竹井史郎） … 201
みんなでトライ！ ネイチャーゲーム（降旗信一） ………………………… 213
みんなでナットクなぞなぞ（WILLこども知育研究所） ………………………… 34
みんなでのほろう日本一高いところ（松美里枝子） ……………………… 282
みんなどきどき動物園（横浜市立動物園） … 264
みんなのおりがみあそび ……………… 228
みんなの手話ソング（こどもくらぶ） … 52
みんなの将棋入門（羽生善治） ……… 186
みんなの将棋入門（谷川浩司） ……… 191
みんなの博物館（「みんなの博物館」編集委員会） ………………… 267, 268
みんなのバレエ・ストレッチ（Clara） … 126
みんなのボランティア大百科 ………… 277
みんなわくわく水族館（竹嶋徹夫） … 264

【む】

むかしあそび図鑑（たさきょうこ） …… 240
昔ながらの楽しい手作りおもちゃ（大西栄保） ……………………………… 243
むかしの建物を調べてみよう（亀山市歴史博物館） ……………………… 269
虫とあそぼう（やまだたくぞう） …… 176
無茶雄くんのバスケットボール（日本学校保健会） ……………………… 111
むら祭り（みなみ信州農業協同組合） … 262

【め】

目あそび・手あそび・足あそび（佐藤美代子） ……………………………… 202
名人になる子ども将棋（先崎学） …… 193
名探偵コナン理科ファイルデジカメで自由研究！（青山剛昌） ……………… 61
迷路ゲーム・ブックピラミッド探検（横山験也） …………………………… 249
めざせ！ カメラ名人（楠山忠之） …… 128, 129
めざせ将棋名人（田丸昇） …………… 193
めざせ！ ダンスマスター …………… 125
めざせ名人！ 囲碁で勝つための本（依田紀基） …………………………… 177
めざせ名人！ 将棋で勝つための本（屋敷伸之） …………………………… 186
めざせ、ヨセ名人！（梅沢由香里） …… 179
めざせ5級！こども囲碁教室（囲碁編集部） …………………………… 182
めっちゃドキドキ・心理ゲーム（マイバースデイ編集部） ………………… 248
目で見る水泳の手ほどき（上野徳太郎） … 119
目で見る体育がどんどん上達する本（高畑好秀） ……………………………… 85
目のふしぎあそび（竹井史郎） ……… 223
目の不自由な友だち（田中徹二） ……… 49
めんこ（日本めんこ倶楽部） ………… 240

【も】

もち（次山信男） ……………………… 259
もったいないを見つけよう（岡本正志） …… 60
もっと活躍できる！小学生のためのサッカーがうまくなる本（ライフネットスポーツクラブ） ……………………… 103

書名索引　ゆひさ

もっと活躍できる！小学生のためのバレーボールがうまくなる本（山野辺善一）……… 107
もっと活躍できる！小学生のためのミニバスがうまくなる本（小鷹勝義）………… 109
もっと活躍できる！小学生のための野球がうまくなる本（大前益視）………… 99
もっと調べよう福祉ボランティア（田中ひろし）……………………………… 275
もっと速く走れる！（近藤隆夫）……… 93
モテコに変身！クラス・アイドル大作戦（マイバースデイ編集部）……………… 247
ものづくり道具のつかい方事典（峰尾幸仁）………………………………… 142
森で遊ぶ（徳村杜紀子）……………… 211
森であそぶ（徳村彰）………………… 212
森の王国（竹田津実）………………… 174
森の動物たち（山田辰美）………………… 9
モルモット・シマリス・ハツカネズミ … 34
モンゴルに米ができた日（鈴木喜代春）… 59

【や】

やいてやいてジュッ（伊藤睦美）……… 160
野外遊びbook（大海淳）……………… 218
野外活動アイデアブック（芹沢俊介）… 220
野外冒険大百科（遠藤ケイ）………… 219
野球（こどもくらぶ）………………… 101
野球（荒木大輔）……………………… 102
野球上達"特訓"バイブル ……………… 96
野球少年の食事バイブル（日本ハム株式会社中央研究所）………………………… 98
野球選手なら知っておきたい「からだ」のこと（土橋恵秀）…………………… 99
野球・ソフトボール（小川幸三）…… 101
野球で大活躍できる！小学生のためのバッティングがうまくなる本（有安信吾）… 96
やくだつ道具をつくろう（こどもくらぶ）… 144
矢口高雄ふるさとって何ですか（NHK「課外授業ようこそ先輩」制作グループ）… 10
役に立つ野外工作 …………………… 23
野菜とあそぼう（やまだたくぞう）… 176
やさしいオリジナル自由研究と工作 ‥ 67, 76, 141
やさしい心をとどけよう（嶋田泰子）… 283
やさしい詰みの形（高橋和）………… 185
やさしいてじなあそび（竹井史郎）… 236
やさしい理科の自由研究と工作 ……… 71
休み時間ゲーム50（亀井耕二）……… 199
休み時間のおもしろゲーム100連発！（おもしろゲーム研究会）……………………… 200
やった！およげたよ！がんばったよ！（早野美智代）………………………… 282

やったぜ体験学習（中川志郎）………… 12
やってみよう！水泳（東島新次）…… 120
やってみよう！スキー（野沢温泉スキークラブ）………………………………… 121
やってみよう！夏休みの自由研究（成美堂出版編集部）………………… 62〜65
やってみよう！夏休みの自由研究1・2年生（成美堂出版編集部）………… 68, 69
やってみよう！夏休みの自由研究3・4年生（成美堂出版編集部）………… 67, 68
やってみよう！夏休みの自由研究5・6年生（成美堂出版編集部）………… 67〜69
やってみよう農作業 …………………… 23
やってみよう！はじめての手話（こどもくらぶ）………………………………… 53
やってみようよ！社会につながるボランティア（加藤優）…………………… 277
やってみようよ！地球をはげますボランティア（加藤優）…………………… 277
やってみようよ！人とふれあうボランティア（加藤優）…………………… 277
やってみるまえにボランティアってなに？（加藤優）…………………………… 277
やまと先生の入門！将棋教室（高橋和）… 189
山の遊び方（大蔵喜福）……………… 219
山本寛斎ハロー・自己表現（NHK「課外授業ようこそ先輩」制作グループ）…… 13
山や森に行こう（七尾純）…………… 174

【ゆ】

遊園地は科学実験室（八木一正）…… 169
遊具・ゲーム（檜山永次）…………… 202
郵便局（川瀬勝彦）…………………… 16
遊youキッズ海あそび（鯨井保年）… 219
遊youキッズサッカー（松木安太郎）… 107
遊youキッズスキーイング（野沢温泉スキークラブ）………………………………… 121
遊youキッズベースボール（牛島和彦）… 102
ゆかり先生の頭がよくなる囲碁入門（梅沢由香里）………………………………… 184
ゆかり先生の囲碁初級教室（梅沢由香里）… 183
ゆかり先生のやさしい囲碁（梅沢由香里）… 179
ゆかり先生のやさしい囲碁入門（梅沢由香里）………………………………… 183
雪遊び達人ブック（雪遊び達人倶楽部）… 198
豊かな暮らしを願う郷土玩具（畑野栄三）… 244
ゆたかな自然を守ろう（嶋田泰子）… 283
指から広がる世界（黒崎恵津子）…… 54
指先できたえる子供の右脳IQドリル（児玉光雄）………………………………… 247

子どもの本 楽しい課外活動2000冊　**313**

ゆひて　　　　　　　　書名索引

ゆびであいうえお(田中ひろし) ……… 52
夢をかなえるおこづかい帳(やまもとゆか)
　　……………………………………… 60
ゆめ・花・さくし(佐久市学事職員会郷土資
　料委員会) ………………………………… 18

【よ】

よいこきらきらおりがみ12かげつ(いまい
　みさ) ………………………………… 225
八日市地区の遺跡探検(東近江市教育委員
　会埋蔵文化財センター) ……………… 17
ようこそ、ぼくらの図書館へ！(二村健) … 37
よく飛ぶ紙ひこうき大百科(丹波純) …… 200
よくわかる！ うまくなる！ マンガ バス
　ケットボール(本間正夫) ……………… 111
よくわかる将棋入門(古作登) …………… 187
よくわかる！ 少年サッカールール(ファン
　ルーツ) ………………………………… 104
よくわかる少年野球ルール(本間正夫) … 100
よくわかる1ねんのせいかつ(古川鉄治) … 26
よくわかる2年の生活(古川鉄治) ……… 26
吉田の火祭のヒミツ(富士吉田市歴史民俗
　博物館) ………………………………… 261
4年生のみんなの劇(演劇教育研究会) …… 25
よみがえれ！ 恐竜たち ………………… 268
読めばうまくなるスポーツまんが 全8巻 … 89
ヨーヨー(山内ススム) …………………… 92
ヨーヨースーパーテクニック …………… 92
ヨーヨー名人への道(山内ススム) ……… 92
45分も楽しめる室内あそび(日本レクリエー
　ション協会) …………………………… 222
読んで演じたくなるゲキの本(清水曙美) … 23
よんろのごのほん(張栩) ………………… 176

【ら】

ライバルに差をつける！小学生のサッカー
　最強のテクニックが身につく本(バディ
　サッカークラブ) ……………………… 103
落語いってみよう、やってみよう(林家正
　蔵) ……………………………………… 239
落語を楽しもう(石井明) ………………… 239
落語・口上・決めぜりふ・ショートコント
　(工藤直子) ……………………………… 239
落語ものがたり事典(勝川克志) ………… 238
らくらく野外料理 …………………………… 23
ラジオ体操でみんな元気！(スタジオダン
　ク) ……………………………………… 116
ラジオ体操でみんな元気！(青山敏彦) …… 117

【り】

理科の自由研究と工作 …………………… 71
陸上(木下光正) …………………………… 95
陸上競技(こどもくらぶ) ………………… 95
陸上競技 …………………………………… 96
陸上競技・水泳競技(関岡康雄) ……… 95, 120
リサイクルおもしろグッズをつくろう(小
　野修一) ………………………………… 151
リサイクルこうさく ……………………… 148
リサイクル工作アイデアBOOK(上条小
　絵) ……………………………………… 150
リサイクル工作と手芸(松永サチコ) …… 147
リサイクル工作と手芸(久保進) ……… 147, 148
リサイクル自由研究(こどもくらぶ編集部)
　…………………………………………… 77, 149
リサイクルで作る小学生の楽しい工作(成
　美堂出版編集部) ……………………… 147
リサイクルもボランティア(田中ひろし) … 275
リズムであそぼう！ えいごのうた(井口紀
　子) ……………………………………… 155
リズムにあわせてたいこでどんどん(永岡
　書店編集部) …………………………… 153
りったい昆虫館 …………………………… 229
りったい 新昆虫館(神谷正徳) ………… 226
立体ハリガミを楽しもう(紙切虫太郎) … 225

【れ】

歴史と文化を調べる(次山信男) ………… 272
レンズあそび(村田道紀) ………………… 162

【ろ】

ろうそくとはなかざりのあそび(かこさと
　し) ……………………………………… 139
6月(増田良子) …………………………… 210
6がつのこうさく(竹井史郎) …………… 153
6月の自然あそび(竹井史郎) …………… 208
6人からできるアイデアスポーツ(日本レク
　リエーション協会) …………………… 93
6年生のみんなの劇(演劇教育研究会) …… 25
ロボットへの入口(滝口明治) …………… 138

【わ】

- わいわいつくるアウトドアメニュー（服部幸応） ……… 159
- わぁ～ん・あそび（春畑セロリ） ……… 154
- わかやま何でも帳 ……… 17
- わかやま発見（和歌山県教育委員会ふるさと教育副読本編集委員会） ……… 18
- 和歌山マザー・リバーガイドブック（和歌山県土木部河川課） ……… 219
- 分かりやすいソフトボール守備の基本（磯野稔） ……… 96
- わかりやすく伝えよう！学習新聞のつくり方事典（鈴木伸男） ……… 32
- わかるかな？（福井市自然史博物館） ……… 273
- わかる！できる！囲碁入門（小林泉美） ……… 182
- わかる！できる！おやこ手話じてん（全国早期支援研究協議会） ……… 51
- わくわくあやとり（福田けい） ……… 230
- わくわくエネルギー探検（福井原子力センター） ……… 263
- わくわくキャンプ（児童憲章愛の会） ……… 215
- わくわくクリスマス（ポット編集部） ……… 151
- わくわく実験室（森裕美子） ……… 164
- わくわく自由研究工作・観察・実験ブック（山崎健一） ……… 75
- わくわく自由研究ベスト20（白岩等） ……… 67
- ワクワクしらべて自由研究（田中力） ……… 70
- わくわくどうぶつえん！ ……… 263
- ワクワクトランプあそび占いと手品（南条武） ……… 236
- ワクワク長野県の博物館（信州大学教育学部歴史研究会） ……… 273
- わくわく博物館 関東編（フォース・ナイン企画） ……… 269
- ワクワク・ワークブック（日本造園修景協会） ……… 264
- 和紙を漉こう（宮内正勝） ……… 10
- 鷲田清一着飾る自分, 質素な自分（NHK「課外授業ようこそ先輩」制作グループ） ……… 7
- 和紙でできたもの和紙をつかったもの（亀山市歴史博物館） ……… 272
- わたあめ・水ロケットと13の実験（左巻健男） ……… 171
- わたしたちにできるボランティア（樋口恵子） ……… 283
- わたしたちにもできるこれからのボランティア（新谷弘子） ……… 280
- わたしたちの朝倉（「わたしたちの朝倉」編集委員会） ……… 16
- わたしたちの隅田川（荒川区環境清掃部環境課） ……… 17
- 私の生き方（工藤英一） ……… 281
- 「和」の行事えほん（高野紀子） ……… 207
- 和の心を感じよう（永井順国） ……… 7
- わら細工をつくろう（宮内正勝） ……… 10
- 笑ってドッキリ！心理ゲーム（マイバースデイ編集部） ……… 248
- わらべうたてあそびうたえほん ……… 153
- 割りばしであそぶ（木村研） ……… 204
- ワールドスポーツ大事典（日本ワールドゲームズ協会） ……… 89
- ワンタロウくんの交通安全日記（内閣府政策統括官） ……… 43

【ABC】

- ABCかけたよ！（アクシア） ……… 245
- ABCなあに（わだことみ） ……… 249
- DANCE☆generation ……… 124
- DVDつき 少年野球必勝バイブル（有安信吾） ……… 96
- DVDでうまくなる！少年サッカー（前園真聖） ……… 104
- DVDではじめるあやとり（菊地由紀） ……… 231
- G-10（テン）とマナブくんの点字教室（全国視覚障害者情報提供施設協会） ……… 51
- IQスポーツ・音楽・家庭科クイズ＆パズル（ワン・ステップ） ……… 246
- Kids工作BOOK まるごとたこ凧カイト（土岐幹男） ……… 132
- LaQランド地下迷宮の謎（ヨシリツ株式会社） ……… 245
- LaQランドの大冒険 ……… 246
- LD（学習障害）、ADHD（注意欠陥/多動性障害）の友だち（吉田昌雄） ……… 49
- Newピアノのドリル（江口寿子） ……… 155
- NHKひとりでできるもん！カラフル！おいしい！おべんとうじょうず ……… 158
- NHKひとりでできるもん！みんなハッピー！おいしいパーティー ……… 158
- NHKやってみようなんでも実験（盛口襄） ……… 159
- NHKやってみようなんでも実験第2集（米村伝治郎） ……… 169, 170
- NHKやってみようなんでも実験第2集（盛口襄） ……… 170
- NHKやってみようなんでも実験第3集（盛口襄） ……… 167

NHK 書名索引

NHKやってみようなんでも実験第4集（米村伝治郎） ……………… 165
NHKやってみようなんでも実験第4集（山田卓三） ……………… 166
NHKやってみようなんでも実験第4集（後藤道夫） ……………… 166
NHKわくわく自由研究（日本放送協会） ……… 67
Q&A式子ども体力事典（こどもくらぶ） ……… 84
Q&A日本の武道事典（ベースボール・マガジン社） ……………… 85, 86
Q&A陸上競技（滝谷賢司） ……………… 94
Sign dance（新田順子） ……………… 53

事項名索引

事項名索引　　　　　　　　　　　　　　きせつ

【あ】

あいさつ　→あいさつ・マナーについて考えよう ……………………………………………… 27
アウトドア　→キャンプ …………………… 214
あっちむいてほい　→レクリエーションを知ろう ……………………………………… 195
アメフト　→運動系活動を知ろう ………… 82
あやとり　→あやとり・けん玉 ………… 230
アルペンスキー　→スキー・スケート …… 121
アレルギー　→健康について考えよう …… 41
阿波踊り　→バレエ・ダンス …………… 124
あんたがたどこさ　→レクリエーションを知ろう ……………………………………… 195
委員会活動　→委員会活動について考えよう … 30
いきもの　→いきもの ……………………… 174
囲碁　→囲碁 ………………………………… 176
石　→科学 …………………………………… 160
移動教室　→遠足・移動教室を知ろう …… 21
今の遊び　→今の遊び …………………… 244
インラインスケート　→スキー・スケート … 121
ヴァイオリン　→音楽 …………………… 153
ウォーキングラリー　→屋外の遊びを知ろう … 213
歌　→音楽 ………………………………… 153
海　→野外の遊び ………………………… 216
運動会　→運動会を知ろう ………………… 19
運動系活動　→運動系活動を知ろう ……… 82
ADHD　→心の教育について考えよう …… 47
えかきあそび　→美術 …………………… 130
エッチング　→美術 ……………………… 130
演劇　→文化系活動を知ろう …………… 127
演奏　→音楽 ……………………………… 153
遠足　→遠足・移動教室を知ろう ………… 21
お絵かき　→工作・手芸・図工 ………… 131
お菓子　→調理 …………………………… 157
お金　→お金について考えよう …………… 60
屋外の遊び　→屋外の遊びを知ろう …… 213
押し花　→文化系活動を知ろう ………… 127
おつきあい　→あいさつ・マナーについて考えよう ……………………………………… 27
お手玉　→室内の遊びを知ろう ………… 221
お年寄り　→ボランティアについて考えよう … 274
おにごっこ　→昼休み・放課後を楽しもう … 80
おはじき　→昔の遊び …………………… 240
おひなさま　→季節の工作 ……………… 151
お弁当　→調理 …………………………… 157
お盆　→季節の遊び ……………………… 206
お店やさんごっこ　→レクリエーションを知ろう ……………………………………… 195

おもしろ工作　→工作・手芸・図工 …… 131
おやつ　→調理 …………………………… 157
オリエンテーリング　→屋外の遊びを知ろう … 213
おりがみ　→おりがみ・切り絵 ………… 223
お笑い　→お笑い ………………………… 237
音楽　→音楽 ……………………………… 153
御柱祭　→祭り …………………………… 261

【か】

絵画　→美術 ……………………………… 130
会話　→あいさつ・マナーについて考えよう … 27
課外授業　→校外学習・課外授業を知ろう … 1
科学　→科学 ……………………………… 160
科学未来館　→博物館・資料館 ………… 267
かきぞめ　→季節の行事を知ろう ……… 250
学芸会　→学芸会を知ろう ………………… 23
かごめかごめ　→レクリエーションを知ろう … 195
風車　→レクリエーションを知ろう …… 195
かざり　→学級活動について考えよう …… 28
火山　→防災について考えよう …………… 43
火事　→防災について考えよう …………… 43
楽器　→工作 ………………………………… 73
学級活動　→学級活動について考えよう … 28
学校あるなしクイズ　→今の遊び ……… 244
学校イベント　→集会活動について考えよう … 35
学校演劇　→学芸会を知ろう ……………… 23
学校感染症　→健康について考えよう …… 41
学校生活　→学校での生活について考えよう … 26
学校図書館　→学校図書館について考えよう … 36
合唱　→音楽 ……………………………… 153
合奏　→音楽 ……………………………… 153
カードマジック　→マジック …………… 232
歌舞伎体操　→体操 ……………………… 116
紙おもちゃ　→工作・手芸・図工 ……… 131
紙飛行機　→工作・手芸・図工 ………… 131
カメラ　→文化系活動を知ろう ………… 127
カラオケ　→音楽 ………………………… 153
ガラクタ工作　→工作・手芸・図工 …… 131
空手　→運動系活動を知ろう ……………… 82
川　→野外の遊び ………………………… 216
環境委員会　→委員会活動について考えよう … 30
環境問題　→自由研究について考えよう … 60
鑑賞　→音楽 ……………………………… 153
木　→いきもの …………………………… 174
祇園祭　→祭り …………………………… 261
器楽　→音楽 ……………………………… 153
季節の遊び　→季節の遊び ……………… 206
季節の行事　→季節の行事を知ろう …… 250
季節の工作　→季節の工作 ……………… 151

子どもの本 楽しい課外活動2000冊　319

きやく　事項名索引

ギャグ　→お笑い …………………… 237
脚本　→学芸会を知ろう …………… 23
キャンプ　→キャンプ ……………… 214
キャンプファイヤー　→キャンプ …… 214
救急　→健康について考えよう ……… 41
給食　→給食について考えよう ……… 39
給食委員会　→委員会活動について考えよう … 30
弓道　→運動系活動を知ろう ………… 82
牛乳パック　→リサイクル工作 ……… 147
郷土玩具　→地域の遊び ……………… 243
郷土資料館　→博物館・資料館 ……… 267
郷土料理　→調理 ……………………… 157
切り絵　→おりがみ・切り絵 ………… 223
空気　→科学 …………………………… 160
クガワタ　→夏休みを楽しもう ……… 79
草　→いきもの ………………………… 174
草ずもう　→レクリエーションを知ろう … 195
草花　→植物で遊ぶ …………………… 210
クリスマス　→季節の工作 …………… 151
クリスマスツリー　→季節の遊び …… 206
クロール　→水泳 ……………………… 119
けが　→健康について考えよう ……… 41
劇　→学芸会を知ろう ………………… 23
健康　→健康について考えよう ……… 41
言語障がい　→心の教育について考えよう … 47
減災　→防災について考えよう ……… 43
けん玉　→あやとり・けん玉 ………… 230
剣道　→剣道 …………………………… 122
ケンパ　→レクリエーションを知ろう … 195
校外学習　→校外学習・課外授業を知ろう … 1
校外活動　→校外学習・課外授業を知ろう … 1
公共図書館　→図書館 ………………… 265
工作
　→工作 ………………………………… 73
　→工作・手芸・図工 ………………… 131
工作クラブ　→文化系活動を知ろう … 127
豪雪　→防災について考えよう ……… 43
交通安全　→交通安全について考えよう … 42
公民館　→青少年施設を知ろう ……… 263
国際交流　→国際理解について考えよう … 55
国際理解　→国際理解について考えよう … 55
心の教育　→心の教育について考えよう … 47
コーチング
　→野球・ソフトボール ……………… 96
　→サッカー …………………………… 103
こども歌舞伎　→文化系活動を知ろう … 127
木の葉　→植物で遊ぶ ………………… 210
こま　→昔の遊び ……………………… 240
こままわし　→季節の遊び …………… 206
コミュニケーション　→国際理解について考えよう … 55
ゴムとび　→昼休み・放課後を楽しもう … 80

昆虫
　→自由研究について考えよう ……… 60
　→いきもの …………………………… 174

【さ】

災害　→防災について考えよう ……… 43
栽培　→委員会活動について考えよう … 30
逆上がり　→体操 ……………………… 116
作文　→作文について考えよう ……… 78
笹舟　→レクリエーションを知ろう … 195
サッカー　→サッカー ………………… 103
里山　→野外の遊び …………………… 216
三社祭　→祭り ………………………… 261
3.11　→防災について考えよう ……… 43
サンドイッチ　→調理 ………………… 157
飼育　→委員会活動について考えよう … 30
視覚障がい　→心の教育について考えよう … 47
しきたり　→季節の行事を知ろう …… 250
しぐさ　→あいさつ・マナーについて考えよう … 27
磁石　→科学 …………………………… 160
地震　→防災について考えよう ……… 43
自然観察　→科学 ……………………… 160
自然災害　→防災について考えよう … 43
肢体不自由　→心の教育について考えよう … 47
実験
　→自由研究について考えよう ……… 60
　→科学 ………………………………… 160
室内の遊び　→室内の遊びを知ろう … 221
自転車　→運動系活動を知ろう ……… 82
児童館　→青少年施設を知ろう ……… 263
児童図書館　→図書館 ………………… 265
芝居　→文化系活動を知ろう ………… 127
集会委員会　→委員会活動について考えよう … 30
集会活動　→集会活動について考えよう … 35
修学旅行　→遠足・移動教室を知ろう … 21
十九路盤　→囲碁 ……………………… 176
自由研究　→自由研究について考えよう … 60
自由工作　→工作 ……………………… 73
十五夜　→季節の遊び ………………… 206
十三路盤　→囲碁 ……………………… 176
柔道　→柔道 …………………………… 123
手芸　→工作・手芸・図工 …………… 131
手芸クラブ　→文化系活動を知ろう … 127
シュート　→サッカー ………………… 103
ジュニアテニス　→テニス・バトミントン … 111
守備　→野球・ソフトボール ………… 96
手話　→手話・点字 …………………… 51
手話ソング　→手話・点字 …………… 51
障がい　→ボランティアについて考えよう … 274

事項名索引　　　てんと

障がい者　→心の教育について考えよう ………… 47
正月　→季節の工作 ……………………………… 151
小学校劇　→学芸会を知ろう ………………………… 23
将棋　→将棋 ………………………………………… 185
定跡　→将棋 ………………………………………… 185
食育　→給食について考えよう …………………… 39
食事
　　→あいさつ・マナーについて考えよう …… 27
　　→サッカー ………………………………………… 103
食中毒　→健康について考えよう ………………… 41
植物遊び　→植物で遊ぶ ………………………… 210
植物観察　→遠足・移動教室を知ろう ………… 21
しらべる　→学校図書館について考えよう …… 36
資料館　→博物館・資料館 ……………………… 267
新聞委員会　→委員会活動について考えよう … 30
心理ゲーム　→今の遊び ………………………… 244
水泳　→水泳 ……………………………………… 119
水彩　→美術 ……………………………………… 130
吹奏楽　→音楽 …………………………………… 153
水族館　→水族館 ………………………………… 264
スキー　→スキー・スケート …………………… 121
スケート　→スキー・スケート ………………… 121
図工　→工作・手芸・図工 ……………………… 131
ストーンロケット　→手作りおもちゃ ………… 212
スノーボード　→スキー・スケート …………… 121
スポーツ公園　→青少年施設を知ろう ………… 263
相撲　→運動系活動を知ろう …………………… 82
青少年施設を知ろう　→青少年施設を知ろう … 263
背泳ぎ　→水泳 …………………………………… 119
節句　→季節の行事を知ろう …………………… 250
せつぶん　→季節の工作 ………………………… 151
節分　→季節の行事を知ろう …………………… 250
走塁　→野球・ソフトボール …………………… 96
備え　→防災について考えよう ………………… 43
ソフトテニス　→テニス・バドミントン ……… 111
ソフトバレーボール　→バレーボール ………… 107
ソフトボール　→野球・ソフトボール ………… 96
ソーラン　→バレエ・ダンス …………………… 124

【た】

体育　→運動系活動を知ろう …………………… 82
だいがくおとし　→レクリエーションを知ろ
　　う ………………………………………………… 195
大学図書館　→図書館 …………………………… 265
体験学習　→校外学習・課外授業を知ろう …… 1
たいこ　→音楽 …………………………………… 153
体操　→体操 ……………………………………… 116
代表委員会　→委員会活動について考えよう … 30
太陽　→科学 ……………………………………… 160

タグラグビー　→運動系活動を知ろう ………… 82
竹馬　→運動系活動を知ろう …………………… 82
竹細工　→工作・手芸・図工 …………………… 131
凧　→工作・手芸・図工 ………………………… 131
たこあげ　→季節の遊び ………………………… 206
卓球　→卓球 ……………………………………… 115
たなばた　→季節の工作 ………………………… 151
七夕　→季節の遊び ……………………………… 206
短距離　→陸上 …………………………………… 93
たんけん　→地域の生活を体験 ………………… 16
探検　→地域の生活を体験 ……………………… 16
端午の節句　→季節の遊び ……………………… 206
だんじり祭　→祭り ……………………………… 261
ダンス
　　→運動会を知ろう …………………………… 19
　　→バレエ・ダンス …………………………… 124
ダンボール工作　→工作・手芸・図工 ………… 131
地域　→ボランティアについて考えよう ……… 274
地域の遊び　→地域の遊び ……………………… 243
地域の生活　→地域の生活を体験 ……………… 16
地図めいろ　→今の遊び ………………………… 244
知的障がい　→心の教育について考えよう …… 47
茶の湯　→文化系活動を知ろう ………………… 127
中距離　→陸上 …………………………………… 93
抽象画　→美術 …………………………………… 130
聴覚障がい　→心の教育について考えよう …… 47
長距離　→陸上 …………………………………… 93
調理　→調理 ……………………………………… 157
つなひき　→運動会を知ろう …………………… 19
津波　→防災について考えよう ………………… 43
詰め将棋　→将棋 ………………………………… 185
手あそび　→レクリエーションを知ろう ……… 195
ティーボール　→運動系活動を知ろう ………… 82
手作りおもちゃ　→手作りおもちゃ …………… 212
手品　→マジック ………………………………… 232
手づくり　→工作・手芸・図工 ………………… 131
手つなぎおに　→レクリエーションを知ろう … 195
鉄棒　→体操 ……………………………………… 116
テニス　→テニス・バドミントン ……………… 111
テーブルマナー　→あいさつ・マナーについて
　　考えよう ……………………………………… 27
てまり　→昔の遊び ……………………………… 240
天気　→自由研究について考えよう …………… 60
電気
　　→自由研究について考えよう …………… 60
　　→科学 ………………………………………… 160
天災よけ　→地域の遊び ………………………… 243
点字　→手話・点字 ……………………………… 51
伝承おもちゃ　→昔の遊び ……………………… 240
伝承おりがみ　→おりがみ・切り絵 …………… 223
天体観察　→遠足・移動教室を知ろう ………… 21
テント　→キャンプ ……………………………… 214

子どもの本　楽しい課外活動2000冊　　321

てんは　　　事項名索引

電波　→科学 …………………………… 160
点描　→美術 …………………………… 130
動物園　→動物園 ……………………… 264
動物観察　→遠足・移動教室を知ろう … 21
読書　→学校図書館について考えよう … 36
図書委員会
　　　→委員会活動について考えよう … 30
　　　→学校図書館について考えよう … 36
図書館　→図書館 ……………………… 265
とび箱　→体操 ………………………… 116
トリックワールド　→今の遊び ……… 244
トレーニング　→サッカー …………… 103
どろけい　→レクリエーションを知ろう … 195
どろほうよけ　→地域の遊び ………… 243
どんぐり　→植物で遊ぶ ……………… 210

【な】

苗　→いきもの ………………………… 174
ながうま　→レクリエーションを知ろう … 195
なぞなぞ　→室内の遊びを知ろう …… 221
夏休み　→夏休みを楽しもう ………… 79
なわとび　→昼休み・放課後を楽しもう … 80
日本料理　→調理 ……………………… 157
人形劇　→文化系活動を知ろう ……… 127
忍者　→運動系活動を知ろう ………… 82
熱　→科学 ……………………………… 160
ノルディックスキー　→スキー・スケート … 121

【は】

歯　→健康について考えよう ………… 41
俳句　→文化系活動を知ろう ………… 127
博物館　→博物館・資料館 …………… 267
はじめの一歩　→レクリエーションを知ろう … 195
バスケットボール　→バスケットボール … 109
パズル　→室内の遊びを知ろう ……… 221
バスレク　→遠足・移動教室を知ろう … 21
バタフライ　→水泳 …………………… 119
8人制　→サッカー …………………… 103
発達障がい　→心の教育について考えよう … 47
バッティング　→野球・ソフトボール … 96
発表　→学級活動について考えよう … 28
はつめい工作　→工作・手芸・図工 … 131
初もうで　→季節の行事を知ろう …… 250
パーティー　→調理 …………………… 157
バドミントン　→テニス・バドミントン … 111
花いちもんめ　→レクリエーションを知ろう … 195
花火　→季節の行事を知ろう ………… 250

バリアフリー　→心の教育について考えよう … 47
バレエ　→バレエ・ダンス …………… 124
バレーボール　→バレーボール ……… 107
ハンカチ遊び　→レクリエーションを知ろう … 195
ハンドクラフト　→工作・手芸・図工 … 131
ハンドボール　→運動系活動を知ろう … 82
ハンドマジック　→マジック ………… 232
ピアノ　→音楽 ………………………… 153
美化委員会　→委員会活動について考えよう … 30
東日本大震災　→防災について考えよう … 43
光　→科学 ……………………………… 160
ヒカル　→囲碁 ………………………… 176
彼岸　→季節の行事を知ろう ………… 250
美術　→美術 …………………………… 130
美術館　→美術館 ……………………… 273
ビー玉　→昔の遊び …………………… 240
ピッチング　→野球・ソフトボール … 96
ひなまつり
　　　→季節の遊び ……………………… 206
　　　→季節の行事を知ろう …………… 250
避難　→防災について考えよう ……… 43
百人一首　→文化系活動を知ろう …… 127
病院　→ボランティアについて考えよう … 274
平泳ぎ　→水泳 ………………………… 119
昼休み　→昼休み・放課後を楽しもう … 80
フォークダンス　→バレエ・ダンス … 124
福祉　→ボランティアについて考えよう … 274
ふたりあやとり　→あやとり・けん玉 … 230
フットサル　→サッカー ……………… 103
武道　→運動系活動を知ろう ………… 82
フラッグフットボール　→運動系活動を知ろう … 82
プランター　→いきもの ……………… 174
フリースタイル　→スキー・スケート … 121
フリーテニス　→テニス・バドミントン … 111
ふるさと　→地域の生活を体験 ……… 16
ブレルボール　→運動系活動を知ろう … 82
噴火　→防災について考えよう ……… 43
文化系活動　→文化系活動を知ろう … 127
文化財　→ボランティアについて考えよう … 274
平均台　→体操 ………………………… 116
ベーゴマ　→昔の遊び ………………… 240
ペットボトル　→リサイクル工作 …… 147
ボーイスカウト　→ボーイスカウトを知ろう … 250
放課後　→昼休み・放課後を楽しもう … 80
防災　→防災について考えよう ……… 43
防災カルテ　→防災について考えよう … 43
防災教育　→防災について考えよう … 43
防災マップ　→防災について考えよう … 43
放射能　→防災について考えよう …… 43
放送　→委員会活動について考えよう … 30
放送委員会　→委員会活動について考えよう … 30
暴風雨　→防災について考えよう …… 43

事項名索引　　　　　わおん

ボウリング　→運動系活動を知ろう ……………… 82
保健委員会　→委員会活動について考えよう … 30
ボランティア　→ボランティアについて考えよう ……………………………………………… 274
ボールおに　→レクリエーションを知ろう … 195

【ま】

マジック　→マジック ……………………………… 232
マット運動　→体操 ……………………………… 116
祭り　→祭り ……………………………………… 261
マナー　→あいさつ・マナーについて考えよう … 27
豆まき　→季節の行事を知ろう ………………… 250
魔よけ　→地域の遊び …………………………… 243
マラソン　→陸上 ………………………………… 93
漫才　→お笑い …………………………………… 237
水　→科学 ………………………………………… 160
水あそび　→レクリエーションを知ろう …… 195
水辺　→野外の遊び ……………………………… 216
ミニゲーム　→将棋 ……………………………… 185
ミニバスケットボール　→バスケットボール … 109
昔の遊び　→昔の遊び …………………………… 240
むちゃぶつけ　→レクリエーションを知ろう … 195
目　→健康について考えよう …………………… 41
めんこ　→昔の遊び ……………………………… 240
木工　→工作・手芸・図工 ……………………… 131
もったいない　→お金について考えよう ……… 60
ものの値段　→お金について考えよう ………… 60
モノマネ　→お笑い ……………………………… 237
森　→野外の遊び ………………………………… 216

【や】

野外活動　→遠足・移動教室を知ろう ………… 21
野外の遊び　→野外の遊び ……………………… 216
やきもの　→工作・手芸・図工 ………………… 131
野球　→野球・ソフトボール …………………… 96
野菜　→いきもの ………………………………… 174
やじろべえ　→季節の遊び ……………………… 206
屋台　→祭り ……………………………………… 261
山　→野外の遊び ………………………………… 216
山笠　→祭り ……………………………………… 261
ようこそ先輩　→校外学習・課外授業を知ろう … 1
よさこい　→バレエ・ダンス …………………… 124
ヨーヨー　→運動系活動を知ろう ……………… 82

【ら】

落語　→落語 ……………………………………… 238
落雷　→防災について考えよう ………………… 43
理科手品　→マジック …………………………… 232
陸上　→陸上 ……………………………………… 93
リサイクル　→工作 ……………………………… 73
リサイクル工作　→リサイクル工作 …………… 147
リズム　→音楽 …………………………………… 153
料理　→自由研究について考えよう …………… 60
料理クラブ　→文化系活動を知ろう …………… 127
リレー　→陸上 …………………………………… 93
ルール
　→野球・ソフトボール ……………………… 96
　→サッカー …………………………………… 103
　→バレーボール ……………………………… 107
レクダンス　→バレエ・ダンス ………………… 124
レクリエーション　→レクリエーションを知ろう ……………………………………………… 195
レシピ　→給食について考えよう ……………… 39
練習法　→野球・ソフトボール ………………… 96
朗読劇　→文化系活動を知ろう ………………… 127
ろくむし　→レクリエーションを知ろう …… 195
六路盤　→囲碁 …………………………………… 176
ロケット　→科学 ………………………………… 160
ロープあそび　→昼休み・放課後を楽しもう … 80

【わ】

和音　→音楽 ……………………………………… 153

子どもの本 楽しい課外活動2000冊　**323**

子どもの本 楽しい課外活動2000冊

2013年10月25日　第1刷発行

発　行　者／大高利夫
編集・発行／日外アソシエーツ株式会社
　　　　　〒143-8550 東京都大田区大森北1-23-8 第3下川ビル
　　　　　電話 (03)3763-5241(代表)　FAX(03)3764-0845
　　　　　URL　http://www.nichigai.co.jp/
発　売　元／株式会社紀伊國屋書店
　　　　　〒163-8636 東京都新宿区新宿3-17-7
　　　　　電話 (03)3354-0131(代表)
　　　　　ホールセール部(営業)　電話 (03)6910-0519

　　　　　電算漢字処理／日外アソシエーツ株式会社
　　　　　印刷・製本／光写真印刷株式会社

　　　　　不許複製・禁無断転載　　　　〈中性紙三菱クリームエレガ使用〉
　　　　　〈落丁・乱丁本はお取り替えいたします〉
　　　　　ISBN978-4-8169-2436-1　　　Printed in Japan, 2013

本書はディジタルデータでご利用いただくことができます。詳細はお問い合わせください。

子どもの本シリーズ

児童書を分野ごとにガイドするシリーズ。子どもたちにも理解できる表現を使った見出しのもとに関連の図書を一覧。基本的な書誌事項と内容紹介がわかる。図書館での選書にはもちろん、総合的な学習・調べ学習にも役立つ。

子どもの本 教科書にのった名作2000冊

A5・380頁　定価7,980円（本体7,600円）　2013.3刊

「蜘蛛の糸」（芥川龍之介）、「十五少年漂流記」（ヴェルヌ）、「いちばんのねがいごと」（エンデ）、「気もち」（さくらももこ）、「いのち」（日野原重明）など、小学校の国語教科書にのった作品が読める本2,215冊を収録。

子どもの本 美術・音楽にふれる2000冊

A5・320頁　定価7,980円（本体7,600円）　2012.7刊

「美術館に行ってみよう」「オーケストラについて知ろう」など、美術・音楽について小学生を対象に書かれた本2,419冊を収録。

子どもの本 国語・英語をまなぶ2000冊

A5・320頁　定価7,980円（本体7,600円）　2011.8刊

国語・英語教育の場で「文字」「ことば」「文章」についてまなぶ小学生を対象に書かれた本2,679冊を収録。

子どもの本 社会がわかる2000冊

A5・350頁　定価6,930円（本体6,600円）　2009.8刊

世界・日本の地理、政治・経済・現代社会について小学生以下を対象に書かれた本2,462冊を収録。

子どもの本 伝記を調べる2000冊

A5・320頁　定価6,930円（本体6,600円）　2009.8刊

「豊臣秀吉」「ファーブル」「イチロー」など、小学生以下を対象に書かれた伝記2,237冊を収録。

データベースカンパニー
日外アソシエーツ
〒143-8550　東京都大田区大森北1-23-8
TEL.(03)3763-5241　FAX.(03)3764-0845　http://www.nichigai.co.jp/